ロジェ・ブランパン

# ヨーロッパ労働法

小宮 文人
濱口桂一郎 監訳

信 山 社

# 原著者まえがき

　ヨーロッパ労働法は日々重要性を増してきている．これには様々な理由がある．まず，欧州連合(EU)が中・東欧諸国に拡大しつつあることがあげられる．実際，現時点でEUは3億7000万人を擁する15の加盟国からなっている．将来は，多分，25の加盟国，5億5000万人を擁することになる．このように加盟国は増えていくが，それだけではない．

　そこにはまた，EUが，一方ではグローバル化の挑戦，そして他方では労働法の現代化の挑戦に対応しようとしているという事実が存するのである．

　グローバル化の社会的側面は，とりわけ，基本的社会権の導入によって取り組まれている．実際，2000年12月7日のEU首脳会議の折に，EUの首脳たちはEU基本権憲章を採択した．同憲章は基本的な労働法の諸原則を含んでいる．

　労働法の現代化は，一貫したテーマであり，新しい経済と情報社会の挑戦に対する回答である．ここでは，テーマも方法も今日的な関心の中心である．

　特に取り組まれている問題は，とりわけ，エンプロイアビリティ，起業家精神，適応能力および均等待遇であり，これらは継続的な訓練，起業家イニシアティブの発揮，労働市場の適応能力，差別される恐れのある集団に関する公正な条件等々といった問題に関わっている．

　しかし，また，これらの問題を取り扱う注目すべき方法がある．様々な手法が社会政策を導入し発展させるために使用される．たとえば，差別禁止，労働者参加，リストラクチュアリングその他に関する最近の指令を含めた欧州法制という古典的手法もあれば，労使対話の活用という拡張的手法もある．ソーシャル・パートナーは産業別レベルのみならず産業横断レベルにおいても真正な労働協約を締結している．それは，閣僚理事会によって法的に拡張適用されるのである．ソーシャル・パートナーは，また，より非公式な形態の労使対話，すなわち，国内レベルのソーシャル・パートナーによって実施されるべき行為規範と枠組み協定の締結にも関わっている．

　「開かれた協調戦略」という名称のもとで使用される方法が大変興味深いものであることは明らかである．それにより，EUは目標を採択した後，加盟諸国に実施計画を彫琢するよう求める．さらにそれらは，その目標も結果もEUレベルで議論され，加盟国間のピア・プレッシャーにさらされ，国内計画は

## 原著者まえがき

EUの目標と一致させられる．この戦略は特に雇用の分野で成功を収めてきており，5年以上も用いられている．最近，社会保障分野に関しても同じ方法を用いるべきとの提案がなされている．

これらの特徴が，グローバル化と労働法の現代化という同じ問題に直面している他の諸国民にとっても興味深いものであることは疑いない．我々はお互いに学び，理解の架け橋を作らなければならない．

世界の他の地域に生じていることは，多国籍的投資家の特別の興味をひいている．ここでは，日本が大変重要な役割を演じている．多くの日本の主要企業は欧州で事業を行い，その企業目的を追求する環境，特に社会的な環境にも興味を抱いていることは確かである．

私がこの『ヨーロッパ労働法』の日本語への翻訳を歓迎していることは言うまでもない．翻訳することは著作するより困難であるとよく言われる．なぜなら，翻訳者は，他の文化の一部をなす様々な概念の意味を理解する能力と努力が不可欠であるだけでなく，著書が翻訳される文化に対応した形でそのメッセージを伝えるために自国語の適切な表現を見出さなければならないからである．

小宮文人教授と濱口桂一郎氏に対しては，敬意と感謝の気持ちでいっぱいである．小宮教授は，私がベルギーのルーヴァン大学法学部で教鞭をとっていたときの客員教授の一人であり，その国際労働法・労使関係百科全書への貢献および様々な国際会議で行った多くの発言から同教授が優秀な学者であると認識している．

労働法の大海にこの新たな船を送り出し，その「すばらしい航海（ボン・ボワイヤージュ）」を祈る．

2002年10月16日

ロジェ・ブランパン

### ロジェ・ブランパン教授　経歴略歴紹介

　ロジェ・ブランパン博士はベルギーのルーヴァン大学およびオランダのブラバント大学の法学部名誉教授として，ベルギー法，ヨーロッパ法および比較労働法を教えている．

　ルーヴァン大学法学部長（1984年－1988年），国際労使関係協会代表理事（1986年－1989年），国際労働法社会保障学会代表理事（2000年－現在）およびベルギー労使関係学会代表理事（1967年－1997年，現在名誉代表理事）を歴任．ブラッセル，フロリダ，ジョージア，アンセド・フォンテヌブロー，ミシガン州立，ケンタッキー，パリ，上智の各大学の客員教授を歴任．「国際労働法百科全書」の編集者，「国際法律百科全書」および「比較労働法速報」の総編集者であり，またクリス・エンゲルスとの共著「比較労働法・労使関係」（第6版1998年）を有する．著書「ヨーロッパ労働法」は10を超える言語に翻訳されている．ブランパン博士はフレミッシュ・王立科学・アカデミーの会員（1992年－現在）であり，ハンガリー・セゲト大学の名誉博士（1997年）でもある．

## 本書の刊行に際して──監訳者はしがき

　本書は、EU 労働法の第一人者で国際労働法学者として名高いベルギー・ルーヴァン大学名誉教授、ロジェ・ブランパン教授の著作 European Labour Law（国際労働法百科全書の 1 部をなすモノグラフ）の第 8 版を翻訳したものである。同教授は、EU 労働法に関する極めて多くの著書、編著、論文などを出版し、また、国際労使関係協会の代表理事を経験し、現在は国際労働法社会保障学会の代表理事を務めるなど、国際的に労働法・労使関係の学会を牽引してきたスーパースターである。

　1970 年代前半まで、EC の関心は主に通貨・経済統合という経済的側面に向けられてきたのであるが、1970 年代後半から労働法を中心とする社会的側面にも強い関心が向けられるようになった。男女同一賃金指令、集団整理解雇指令、営業譲渡と労働者の既得権に関する指令などはみな 1970 年代後半に採択されたものである。その後、社会的規制を進めようとする加盟諸国とこれを嫌うイギリスのサッチャー政権との熾烈な抗争を経て、EU 労働法は社会的価値と自由市場的価値との調和を図る欧州社会モデルを模索してきた。そうした中で、欧州労使協議会指令、労働時間指令、欧州会社法規則、一般労使協議指令など多くの注目すべき立法が採択された。また、欧州規模の労使間で締結された育児休業に関する協約、パートタイム労働に関する協約および有期雇用契約に関する協約などが閣僚理事会の指令により実施された。わが国では、ここ数年の風潮として、グローバルスタンダードとされるアメリカの経済モデルがもてはやされ、社会的規制は悪であると決め付ける傾向がある。しかし、最近のアメリカ経済の危機は、アメリカモデル賛美に対する警鐘を鳴らしている。こうした状況のもとで、EU 労働法の足跡と今後の動向は、わが国が将来の労働法の進むべき方向を模索する上で、益々重要なものとなるものと確信している。

　監訳者の一人である小宮がブランパン教授から本文だけで 600 頁近い膨大なモノグラフの翻訳の依頼を受けたのは、2000 年春に国際労使関係協会の国際大会が東京・新宿で開催されたときであった。その後、本翻訳書の完成のためには、EU 労働法に強い興味と深い知識を有する研究者の協力を得ることが不可欠であるとの結論に達し、イギリス社会法研究会の有志（中央大学山田省三教授、山口大学有田謙司教授、札幌学院大学家田愛子助教授）と濱口が翻訳

作業に加わった．イギリス社会法研究会の有志3氏は，EU 労働法を知らずしてイギリス労働法の研究は不可能に近いというほど EU 法の影響が大きくなっているという現状認識のもとに協力していただいた．また，濱口は，EU 労働法の専門家としての立場から，小宮とともに監訳者として参加することになった．

　本書の翻訳作業は，まず，山田，有田，家田の各氏および小宮，濱口両名の全員が分担して第一次の翻訳を行い，その後，濱口の作成した訳語一覧表を濱口および小宮が検討し，濱口が翻訳修正案を作り，それを各担当者が確認し修正するという形で行われた．また，濱口が全体にわたり訳注および訳補を担当した．これらの作業に我々は1年以上を費やし，訳語などの正確性および統一性には細心の注意を払ったが，第一次の翻訳作業を分担したこともあって，翻訳上の文章表現まで統一することはしなかった．
各訳者の翻訳分担は以下のとおりである．

　　　　原著者まえがき……………………………小宮
　　　　プロローグ…………………………………小宮
　　　　総　論(第1節・第2節)………………小宮
　　　　　　　(第3節・第4節)………………濱口
　　　　第1部(第1章—第3章)………………濱口
　　　　　　　(第4章)……………………………小宮
　　　　　　　(第5章・第6章)………………山田
　　　　　　　(第7章)……………………………小宮
　　　　　　　(第8章—第10章)……………家田
　　　　第2部(第1章)……………………………有田
　　　　　　　(第2章)……………………………濱口
　　　　エピローグ…………………………………小宮

　なお，翻訳作業がほぼ終わりつつあった時に，第9版の草稿が参考までにということでブランパン教授から送られてきた．内容を検討した結果，EU 拡大やボスマン事件の後日談といった我が国の労働法研究者にとって重要性の乏しいものを除き，法制や判例に関する部分はすべて本訳書に盛り込むこととした．これにより，本訳書は原著よりも最新の情報が盛り込まれた極めて付加価値の高いものになったと考えている．この部分の翻訳はすべて濱口が担当した．

　このような大部の翻訳書を世に出すことができるのは，ひとえに信山社の渡辺左近氏のご理解とご支援の賜物である．同氏に本書の出版につき打診したところ，研究者が真剣に取り組んだ成果であれば，いつでも協力の用意が

本書の刊行に際して――監訳者はしがき

あるとの回答を下さった．われわれは，これを信頼して翻訳作業の完成に漕ぎ着けることができたのである．われわれ一同の心からの感謝の意をここに表したい．

2003年3月10日翻訳者全員を代表して

小宮　文人<br>
濱口桂一郎

目　次

原著者まえがき
本書の刊行に際して──監訳者はしがき
プロローグ ……………………………………………………………… 1

# 総　論

## 第1節　制度的枠組み …………………………………19
### Ⅰ　条　約 ……………………………………………19
#### A　共同体から連合へ ……………………………19
#### B　E　C …………………………………………21
##### 1　目　的 …………………………………21
##### 2　補完性 …………………………………22
#### C　統　合 …………………………………………24
### Ⅱ　諸機関とその権能 ………………………………25
#### A　欧州議会 ………………………………………25
#### B　閣僚理事会 ……………………………………27
#### C　欧州委員会 ……………………………………29
#### D　欧州司法裁判所 ………………………………32
### Ⅲ　その他の機関 ……………………………………34
#### A　経済社会評議会 ………………………………34
#### B　欧州社会基金 …………………………………35
#### C　欧州職業訓練発展センター …………………36
#### D　欧州生活・労働条件改善財団 ………………37
#### E　雇用常任委員会 ………………………………37
#### F　雇用委員会 ……………………………………38
#### G　欧州労働健康安全機構 ………………………39
#### H　地域評議会 ……………………………………40

vii

目　次

　　　　I　その他の諮問委員会 …………………………………………40
　　　　J　産業別合同委員会，非公式グループおよび産業別対話委員会 …40
　　　　K　欧州労使関係センター ………………………………………43
　　　　L　社会保護委員会 ………………………………………………43
　　Ⅳ　立法過程 ……………………………………………………………44
　　　　A　ＥＣ法 …………………………………………………………44
　　　　B　第二次法源 ……………………………………………………45
　　　　　1　規　　則 ……………………………………………………45
　　　　　2　指　　令 ……………………………………………………45
　　　　　3　決　　定 ……………………………………………………47
　　　　　4　勧告および意見 ……………………………………………47
　　　　　5　国際協定 ……………………………………………………48
　　Ⅴ　意思決定過程 ………………………………………………………48
　　Ⅵ　他の国際機関との関係 ……………………………………………50
　　　　A　概　　説 ………………………………………………………50
　　　　B　国際労働機関（ILO）…………………………………………51
　　　　C　欧州経済地域 …………………………………………………59
　　　　D　中東欧諸国との欧州協定 ……………………………………60
第2節　ソーシャル・パートナー ……………………………………………63
　　Ⅰ　使用者団体 …………………………………………………………63
　　Ⅱ　労働組合 ……………………………………………………………73
第3節　労働法に関するＥＵの権能 …………………………………………91
　　Ⅰ　はじめに ……………………………………………………………91
　　Ⅱ　Ｅ　Ｃ ………………………………………………………………92
　　　　A　目的のヒエラルヒー：インフレなき成長 …………………92
　　　　B　社会的目的 ……………………………………………………93
　　　　C　基本権と権能 …………………………………………………94
　　　　　1　基本権 ………………………………………………………94
　　　　　　a　根本原則 …………………………………………………94
　　　　　　b　人権および基本的自由の保護に関する欧州条約 ……94
　　　　　　c　基本的社会権 ……………………………………………94

viii

目 次

|  | **d** 差　別 | 95 |
|---|---|---|
|  | **e** 個人情報 | 96 |
| 2 | 権　能 | 96 |
|  | **a** E　C | 96 |

  (1) 加盟国間の協力 …………………………………………96
  (2) 立法権能 …………………………………………………99
   **(a)** 社会問題 …………………………………………99
    **(a1)** 特定多数決 …………………………………99
     **(aa)** 手　続 …………………………………99
     **(bb)** 分　野 …………………………………100
    **(b1)** 全会一致 …………………………………103
     **(aa)** 手　続 …………………………………103
     **(bb)** 分　野 …………………………………103
    **(c1)** 除外分野 …………………………………104
     **(aa)** 賃　金 …………………………………104
     **(bb)** 団結権 …………………………………105
     **(cc)** ストライキ権またはロックアウト権 ………105
   **(b)** 法の接近 …………………………………………105
  (3) 雇用政策 …………………………………………………106
   **(a)** 雇用のための協調戦略 …………………………106
   **(b)** 欧州社会基金 ……………………………………108
  (4) 均等な賃金，機会および待遇 …………………………110
  (5) 職業訓練 …………………………………………………110
  (6) 有給休暇 …………………………………………………111
  (7) 経済的社会的結束 ………………………………………111
  (8) 報　告 ……………………………………………………112
 D 欧州委員会の役割 ………………………………………………112
E ソーシャル・パートナーの関与 ……………………………………112
 1 EC レベルの協議 …………………………………………………113
  **a** 手　続 …………………………………………………113
  **b** ソーシャル・パートナー ……………………………115

目　次

　　　2　指令の実施 ………………………………………………………121
　　　3　労使対話（第138―139条）………………………………………123
　　　4　ECレベルの労働協約（第139条）………………………………123
　　　　a　1991年10月31日の合意 …………………………………123
　　　　b　マーストリヒトの妥協 ……………………………………126
　　　　　(1)　国内慣行に従った実施 ………………………………127
　　　　　(2)　閣僚理事会決定による実施 …………………………127
　　　　c　欧州委員会のコミュニケーション（1993年）…………128
　　　　　(1)　労働協約の締結 ………………………………………128
　　　　　(2)　労働協約の実施 ………………………………………129
　　　　　(3)　閣僚理事会 ……………………………………………130
　　　　d　1995年12月14日の育児休業に関する労働協約 …………131
　　　　e　1997年6月6日のパートタイム労働に関する労働協約 …132
　　　　f　1999年3月18日の有期雇用契約に関する労働協約 ………132
　　　　g　2002年7月16日のテレワークに関する任意協約 …………133
　　　5　1998年6月17日の第一審裁判所の判決 …………………………135
　　F　評価：ソーシャルダンピングと二重構造社会のシナリオ ………136
　　　1　マクロ経済：インフレとNAIRU …………………………………136
　　　2　弾力性 ………………………………………………………………137
　　　3　評　価 ………………………………………………………………138
第4節　欧州労働法：トレーラーか機関車か？ …………………………139
　Ⅰ　ECSC ……………………………………………………………………139
　Ⅱ　Ｅ　Ｃ …………………………………………………………………140
　　A　1957年―1974年 ……………………………………………………140
　　B　1974年―1989年 ……………………………………………………141
　　C　1990年とそれ以後：EC憲章と社会行動計画――マーストリ
　　　　ヒトの社会政策協定 ………………………………………………144
　　　1　基本的社会権に関するEC憲章 …………………………………144
　　　　a　基　礎 ………………………………………………………144
　　　　b　目　的 ………………………………………………………144
　　　　c　適用範囲 ……………………………………………………145

目　次

　　　　　d　内　容 …………………………………………………145
　　　　　　(1)　十二戒 ……………………………………………146
　　　　　　(2)　実　施 ……………………………………………147
　　　2　行動計画 ……………………………………………………148
　　　3　マーストリヒトの社会政策協定（1991年），グリーンペーパーと白書（1993年） ……………………………………148
　D　成長，競争力および雇用に関する白書（1993年） ………151
　E　欧州社会政策に関する白書（1994年） ……………………153
　F　1996年とそれ以後：失業 …………………………………155
　　　1　エッセン欧州理事会（1994年） ………………………155
　　　2　雇用のための信頼パクト（1996年） …………………157
　G　アムステルダム条約（1997年）——雇用 ………………157
　　　1　欧州雇用首脳会議，ルクセンブルク，1997年11月 …161
　　　　　a　欧州委員会の提案 ……………………………………161
　　　　　　(1)　EUにおける起業家精神の新たな文化 …………162
　　　　　　(2)　EUにおけるエンプロイアビリティの新たな文化 …162
　　　　　　(3)　EUにおける適応能力の新たな文化 ……………163
　　　　　　(4)　EUにおける機会均等の新たな文化 ……………164
　　　　　b　ソーシャル・パートナー ……………………………165
　　　　　c　雇用首脳会議：ルクセンブルクの結論 ……………165
　　　　　d　指針2002 ……………………………………………166
　　　　　　(1)　エンプロイアビリティを高める …………………184
　　　　　　(2)　起業家精神と雇用創出を発展させる ……………187
　　　　　　(3)　事業と被用者の適応能力を奨励する ……………189
　　　　　　(4)　男女機会均等政策を強化する ……………………190
　H　社会行動計画：1998—2000 ………………………………192
　I　社会政策アジェンダ：2000—2005 ………………………194
　　　1　課　題 ………………………………………………………194
　　　　　a　雇　用 …………………………………………………194
　　　　　b　知識基盤経済 …………………………………………195
　　　　　c　社会状況 ………………………………………………195

　　　　**d** 拡　大 ……………………………………………………196
　　　　**e** 国際化 ……………………………………………………196
　　**2** 解決策……………………………………………………………197
　　　　**a** 質の促進 …………………………………………………197
　　　　**b** 関係者 ……………………………………………………198
　　　　**c** 手　段 ……………………………………………………198
　　**3** 目標と行動………………………………………………………199
　　　　**a** フル就業と仕事の質 ……………………………………199
　　　　　(1) より多くのより良い仕事に向けて ……………………199
　　　　　(2) 変化を予測し管理し，新たな労働環境に適応する …………201
　　　　　(3) 知識基盤経済の機会を活用する ………………………202
　　　　　(4) 移動可能性を促進する …………………………………203
　　　　**b** 社会政策の質……………………………………………203
　　　　　(1) 社会保護を現代化し，改善する ………………………203
　　　　　(2) 社会的統合を促進する …………………………………204
　　　　　(3) 男女均等を促進する ……………………………………205
　　　　　(4) 基本権を強化し差別と戦う ……………………………206
　　　　　(5) 労使関係における質の促進 ……………………………207
　　　　　(6) 拡大に備える ……………………………………………207
　　　　　(7) 国際協力の促進 …………………………………………208
　　**4** フォローアップと監視…………………………………………209
　　**5** 結　論……………………………………………………………209
**J** 差別と戦う行動計画：2000—2006 ……………………………………210
**K** ニース条約（2000年12月）：「社会的にはそれほどナイスでないが」…………………………………………………………211
　　**1** EUの基本権憲章（2000年12月7日）…………………………211
　　　　**a** 前　文 ……………………………………………………211
　　　　**b** 内容：権利のリスト ……………………………………212
　　　　**c** 適用範囲と保護の水準 …………………………………213
　　　　　(1) 適用範囲 …………………………………………………213
　　　　　(2) 保護の水準 ………………………………………………213

|  |  | (3) 権利の濫用の禁止 …………………………………213 |
| --- | --- | --- |
|  |  | (4) 評価：拘束力 ……………………………………214 |
|  | 2 | 全会一致と特定多数決 …………………………………216 |
|  | 3 | 欧州会社法規則 …………………………………………217 |
|  | 4 | EC の被用者に対する情報提供および協議のための枠組み指令 …………………………………………………220 |

Ⅲ 収斂か多様性か？ ……………………………………………221

# 第1部　個別的労働法

## 第1章　労働者の自由移動 …………………………………………231

### 第1節　自由移動 ………………………………………………234

Ⅰ 出国権 ……………………………………………………234

Ⅱ 入国および居住 …………………………………………235

　A 入　国 …………………………………………………235

　B 居　住 …………………………………………………237

　　1 雇用の場合 …………………………………………237

　　2 職業活動を止めた場合 ……………………………239

Ⅲ 均等待遇 …………………………………………………242

　A 国内法 …………………………………………………243

　B 労働協約および個別契約 ……………………………247

　C 労　働 …………………………………………………248

　D 労働の遂行 ……………………………………………249

　E 労働組合の自由，労働者参加，公共機関の運営 ……254

　F 住　宅 …………………………………………………255

Ⅳ 労働者の家族 ……………………………………………255

　A 居住権 …………………………………………………256

　B 労働権 …………………………………………………257

　C 子どもの訓練 …………………………………………258

### 第2節　適用範囲 ………………………………………………259

Ⅰ 労働者 ……………………………………………………259

　A 総　論 …………………………………………………259

　　　　B　スポーツ ················································································262
　　　　　1　ボスマン事件とレートネン事件 ······································262
　　　　　2　欧州委員会，FIFA および UEFA 間における協定
　　　　　　（2001 年 2 月）·······················································272
　　　　C　その他 ····················································································273
　　II　家　族 ·····························································································275
　　III　例　外 ·····························································································277
　　　　A　公的部門の雇用 ···································································277
　　　　B　公の秩序，公共の安全および公衆衛生 ····················279
　　　　　1　適用範囲 ··········································································280
　　　　　2　公の秩序または公共の安全の根拠 ························281
　　　　　3　公衆衛生 ··········································································283
　　　　　4　手続的保護 ······································································283
第3節　支援策 ·······························································································285
　　I　職業紹介サービス ········································································285
　　II　職業訓練 ·························································································286
　　III　職業資格と修了証書の承認 ·····················································289
第2章　国際労働私法 ···············································································293
第1節　管轄権を有する裁判官 ·································································293
第2節　適用法 ································································································298
第3節　労働者の海外派遣：1996 年 12 月 16 日の指令 96/71 ···299
　　I　法的根拠 ·························································································300
　　II　適用範囲 ·························································································300
　　III　労働条件 ·························································································301
　　　　A　最低条件 ·············································································301
　　　　B　他の条件 ·············································································305
　　　　C　例　外 ····················································································305
　　IV　協力と透明性（第 4 条）·······················································306
　　V　履　行（第 5 条）········································································307
　　VI　管轄権（第 6 条）······································································307
　　VII　施行（第 7 条）──見直し（第 8 条）···························307

## 第3章　個別雇用契約 ……………………………………………308
### 第1節　テンポラリー労働──パートタイム──有期契約 ……308
- I　指令：健康と安全 ………………………………………308
  - **A**　適用範囲 …………………………………………309
  - **B**　目的：均等待遇 …………………………………310
  - **C**　労働者への情報提供 ……………………………310
  - **D**　労働者の訓練 ……………………………………310
  - **E**　労働者の労務の利用と労働者の健康診断 ………311
  - **F**　防護と予防の担当者 ………………………………311
  - **G**　派遣雇用：責任 ……………………………………311
  - **H**　報　告 ………………………………………………311
- II　パートタイム労働：1997年6月6日の労働協約 ……312
  - **A**　経　過 ………………………………………………312
  - **B**　目　的 ………………………………………………312
  - **C**　適用範囲 ……………………………………………313
  - **D**　定　義 ………………………………………………313
  - **E**　非差別の原則 ………………………………………313
  - **F**　パートタイム労働の機会 …………………………314
  - **G**　実施規定 ……………………………………………315
- III　1999年3月18日の有期契約に関する協約 ……………315
  - **A**　枠組み協約の目的 …………………………………316
  - **B**　適用範囲 ……………………………………………316
  - **C**　定　義 ………………………………………………316
  - **D**　非差別の原則 ………………………………………317
  - **E**　濫用防止の措置 ……………………………………317
  - **F**　情報と雇用機会 ……………………………………317
  - **G**　情報提供と協議 ……………………………………318
  - **H**　実施規定 ……………………………………………318
- IV　派遣労働者の労働条件に関する指令案 ………………319
  - **A**　起　源 ………………………………………………319
  - **B**　指令案 ………………………………………………320

|  |  | 1 理論的根拠 …………………………………………………………320 |
| --- | --- | --- |
|  |  | 2 総　則 ………………………………………………………………322 |
|  |  | 　a　適用範囲 …………………………………………………………322 |
|  |  | 　b　目　的 ……………………………………………………………322 |
|  |  | 　c　定　義 ……………………………………………………………322 |
|  |  | 　d　制限または禁止の再検討 ………………………………………323 |
|  |  | 3 雇用労働条件 ………………………………………………………323 |
|  |  | 　a　非差別の原則 ……………………………………………………324 |
|  |  | 　b　常用の質の雇用へのアクセス …………………………………324 |
|  |  | 　c　派遣労働者の代表 ………………………………………………325 |
|  |  | 　d　労働者代表への情報提供 ………………………………………325 |
|  |  | 4 最終規定 ……………………………………………………………325 |
|  | C | 労使の反応 ……………………………………………………………326 |
| V | テレワークに関する枠組み協約 …………………………………………327 |  |
|  | A | 一般的考察 ……………………………………………………………328 |
|  | B | 定義と適用範囲 ………………………………………………………329 |
|  | C | 自発性 …………………………………………………………………329 |
|  | D | 雇用条件 ………………………………………………………………330 |
|  | E | データ保護 ……………………………………………………………330 |
|  | F | プライバシー …………………………………………………………330 |
|  | G | 機　材 …………………………………………………………………330 |
|  | H | 健康と安全 ……………………………………………………………331 |
|  | I | 労働組織 ………………………………………………………………331 |
|  | J | 訓　練 …………………………………………………………………331 |
|  | K | 集団的権利 ……………………………………………………………332 |
|  | L | 実施とフォローアップ ………………………………………………332 |

第2節　雇用契約に適用される条件：情報提供 ……………………………333
　Ⅰ　適用範囲 …………………………………………………………………334
　Ⅱ　情報提供義務 ……………………………………………………………334
　　A　総　論 …………………………………………………………………334
　　B　海外勤務被用者 ………………………………………………………336

　　　　C　変　更 ································································336
　　　　D　情報提供の時期と方式 ·················································337
　　Ⅲ　権利の防衛 ································································337
　　Ⅳ　実　施 ······································································337
　第3節　募集採用と紹介：公共職業安定所の独占？ ································338
第4章　保育と職場における年少者の保護 ···········································343
　第1節　保　育 ····································································343
　第2節　職場における年少者の保護 ··············································344
　　Ⅰ　序　論 ······································································344
　　Ⅱ　目的と適用範囲 ···························································346
　　　　A　目　的 ································································346
　　　　B　適用範囲 ······························································346
　　Ⅲ　定　義 ······································································347
　　Ⅳ　児童労働の禁止 ···························································347
　　Ⅴ　文化的活動または類似の活動 ·············································348
　　Ⅵ　使用者の一般的な義務 ····················································348
　　Ⅶ　年少者の脆弱性――労働の禁止 ···········································349
　　Ⅷ　労働時間 ··································································350
　　Ⅸ　夜間労働 ··································································351
　　Ⅹ　休息期間 ··································································351
　　Ⅺ　措置，後退禁止条項，最終規定 ···········································352
第5章　均等待遇 ····································································353
　第1節　雇用および職業における均等待遇の一般的枠組み ······················355
　　Ⅰ　一般規定 ··································································356
　　　　A　目　的 ································································356
　　　　B　定義と概念 ···························································356
　　　　C　適用範囲 ······························································357
　　　　D　職業的要件 ···························································357
　　　　E　障碍者に対する合理的な便宜 ········································358
　　　　F　年齢に基づく待遇の相違の正当化 ···································358

目　次

　　　　G　ポジティブ・アクション······················359
　　　　H　最低要件······························359
　　Ⅱ　救済および執行·························359
　　　　A　権利の擁護····························359
　　　　B　挙証責任····························360
　　　　C　不利益待遇···························360
　　　　D　広　報······························360
　　　　E　労使対話····························360
　　　　F　非政府組織との対話·······················361
　　Ⅲ　最終規定·······························361
　　　　A　遵　守······························361
　　　　B　制　裁······························361
　　　　C　実　施······························362
　　　　D　報　告······························362
第2節　人種的または民族的出身にかかわりない均等待遇······362
　　Ⅰ　総　則·······························363
　　　　A　目　的······························363
　　　　B　差別の定義と概念························363
　　　　C　適用範囲····························363
　　　　D　真正かつ決定的な職業的要件·················364
　　　　E　ポジティブ・アクション····················364
　　　　F　最低要件····························364
　　Ⅱ　救済および執行·························365
　　　　A　権利の擁護····························365
　　　　B　挙証責任，不利益待遇，広報，労使対話および非政府組織と
　　　　　　の対話······························365
　　Ⅲ　均等待遇を促進する機関····················365
　　Ⅳ　最終規定：遵守，制裁，実施および報告···········366
第3節　男女均等待遇：原則と適用範囲················366
　　Ⅰ　総　論·······························366
　　Ⅱ　男と女，性的志向························367

xviii

## 第4節　定　義 …………………………………………………………… 368
- I　機会の均等か結果の均等か …………………………………… 369
- II　直接差別と間接差別 …………………………………………… 370
- III　例　外 ………………………………………………………… 381
  - **A**　活動の性質 ……………………………………………… 381
  - **B**　女性の保護 ……………………………………………… 383
  - **C**　積極的差別 ……………………………………………… 385

## 第5節　目　的 …………………………………………………………… 392
- I　同一労働同一賃金か同一価値労働同一賃金か ………………… 392
  - **A**　同一労働か同一価値労働か ……………………………… 392
  - **B**　同一賃金 ………………………………………………… 397
- II　雇用，昇進，職業訓練へのアクセス ………………………… 410
- III　労働条件 ……………………………………………………… 415
- IV　社会保障，年金 ……………………………………………… 426
- V　結社の自由 …………………………………………………… 427
- VI　(改正) 1976年指令のフォローアップ，促進および労使対話 …… 428
  - **A**　執　行 …………………………………………………… 428
  - **B**　労働者代表を含む被用者の保護 ………………………… 428
  - **C**　促　進 …………………………………………………… 428
  - **D**　労使対話 ………………………………………………… 429
  - **E**　市民対話 ………………………………………………… 429

## 第6節　挙証責任 ………………………………………………………… 430
- I　目　的 ………………………………………………………… 430
- II　定　義 ………………………………………………………… 430
- III　適用範囲 ……………………………………………………… 430
- IV　挙証責任 ……………………………………………………… 431
- V　情報提供 ……………………………………………………… 431
- VI　後退禁止 ……………………………………………………… 431
- VII　実　施 ……………………………………………………… 432

## 第7節　実　施 …………………………………………………………… 432
## 第8節　告知，執行，直接的効果 ……………………………………… 433

# 目次

　　Ⅰ　告　知 …………………………………………………………………433
　　Ⅱ　解雇からの保護 ………………………………………………………433
　　Ⅲ　司法手続き ……………………………………………………………433
　　Ⅳ　制　裁 …………………………………………………………………434
　　Ⅴ　直接的効果 ……………………………………………………………439
　　Ⅵ　行為規範 ………………………………………………………………440

## 第6章　母性保護 …………………………………………………………441

## 第7章　労働時間，日曜休日，夜間労働および育児休業 …………445

### 第1節　労働時間 ……………………………………………………………445

　　Ⅰ　概　要 …………………………………………………………………445
　　Ⅱ　1993年11月23日の指令 ……………………………………………447
　　　**A**　前文：適法性，目標と目的 …………………………………………447
　　　**B**　適用範囲と定義 …………………………………………………449
　　　　1　適用範囲 ……………………………………………………………449
　　　　2　定　義 ………………………………………………………………449
　　　**C**　最低休息期間，その他労働時間編成の観点 ……………………452
　　　　1　日ごとの休息 ………………………………………………………452
　　　　2　休　憩 ………………………………………………………………452
　　　　3　週ごとの休息期間 …………………………………………………452
　　　　4　週労働時間の上限 …………………………………………………452
　　　　5　年次休暇 ……………………………………………………………453
　　　**D**　夜間労働，交替制労働，労働形態 ………………………………453
　　　　1　夜間労働の長さ ……………………………………………………453
　　　　2　健康診断と夜間労働者の昼間労働への配転 ……………………453
　　　　3　夜間労働に関する保証 ……………………………………………454
　　　　4　夜間労働者の常態的使用の通知 …………………………………454
　　　　5　安全と健康の保護 …………………………………………………454
　　　　6　労働のパターン ……………………………………………………454
　　　**E**　雑　則 …………………………………………………………………454
　　　　1　より特定的なECの諸規定 …………………………………………454
　　　　2　より有利な諸規定 …………………………………………………454

# 目　次

　　　　3　算定基礎期間 …………………………………455
　　　　4　適用除外 ………………………………………455
　　　　5　最終規定（第18条）…………………………458
　　　　　　a　施行期日 …………………………………458
　　　　　　b　週労働時間の上限 ………………………458
　　　　　　c　猶予期間――年次休暇 …………………459
　　　　　　d　一般的な保護水準 ………………………459
　　　　　　e　法律の原文，報告および情報の伝達 …460
　　F　移動労働者と沖合労働 ………………………………460
　　G　遠洋漁船乗り組み労働者 ……………………………460
Ⅲ　船員の労働時間 …………………………………………462
Ⅳ　民間航空における移動労働者の労働時間 ……………466
　A　適用範囲 ………………………………………………467
　B　定　義 …………………………………………………467
　C　年次有給休暇 …………………………………………467
　D　健康診断 ………………………………………………467
　E　安全と健康 ……………………………………………468
　F　労働時間 ………………………………………………468
　G　解放日 …………………………………………………468
　H　見直し …………………………………………………469
　I　実　施 …………………………………………………469
Ⅴ　移動型道路運送労働者の労働時間 ……………………470
　A　目　的 …………………………………………………470
　B　適用範囲 ………………………………………………470
　C　定　義 …………………………………………………470
　D　週労働時間の上限 ……………………………………472
　E　休　憩 …………………………………………………473
　F　休息期間 ………………………………………………473
　G　夜間労働 ………………………………………………473
　H　適用除外 ………………………………………………474
　I　情報と記録 ……………………………………………474

|   | **J** | 最終規定 … 474 |
| --- | --- | --- |

**第2節　日曜休日** … 474
**第3節　夜間労働と均等待遇** … 476
**第4節　育児休業** … 478
- Ⅰ　目的と原則 … 479
  - **A**　目　的 … 479
  - **B**　価　値 … 479
    - 1　家庭生活 … 479
    - 2　均等待遇 … 479
  - **C**　補完性と比例性 … 480
  - **D**　競争力──中小企業 … 480
- Ⅱ　適用範囲 … 480
- Ⅲ　内　容 … 481
  - **A**　育児休業 … 481
    - 1　概　念 … 481
    - 2　適用条件と詳細 … 481
    - 3　解雇からの保護──職場復帰 … 481
    - 4　既得権──雇用上の地位 … 482
    - 5　社会保障 … 482
  - **B**　不可抗力を理由とする業務からのタイムオフ … 482
- Ⅳ　最終規定 … 482
  - **A**　一　般 … 482
  - **B**　実　施 … 483
  - **C**　紛争と解決 … 483
  - **D**　見直し … 483
- Ⅴ　1996年6月3日の指令：実施 … 483

**第8章　健康と安全** … 485
**第1節　初期の措置** … 485
- Ⅰ　欧州原子力共同体（ユーラトム） … 485
- Ⅱ　EC：輸送 … 485
- Ⅲ　その他の行動 … 486

目次

**第2節　単一欧州議定書と第118A条（EC条約第137条）** ……487
 I 労働環境における健康と安全 ……………………………491
 II 適　用 ……………………………………………………492
  A 1989年6月12日の枠組み指令 …………………………493
   1 適用範囲および定義 …………………………………493
   2 使用者の義務 …………………………………………493
   3 情報提供・協議・労働者参加 ………………………494
   4 雑　則 …………………………………………………495
  B 個別指令 …………………………………………………495

**第9章　利潤と企業業績への被用者参加** …………………………499

**第10章　企業リストラクチュアリング** …………………………502
**第1節　集団整理解雇** ………………………………………………502
 I 定義および適用範囲 ……………………………………503
 II 労働者代表への情報提供・協議 ………………………506
 III 政府の役割 ………………………………………………509
**第2節　企業譲渡および株式会社の合併と分割** …………………510
 I 企業譲渡 …………………………………………………510
  A 定義と適用範囲 …………………………………………510
  B 既得権 ……………………………………………………533
   1 個別的権利 ……………………………………………533
   2 労働協約 ………………………………………………537
   3 社会保障 ………………………………………………538
   4 解雇からの保護 ………………………………………538
   5 労働者代表 ……………………………………………540
  C 情報提供と協議 …………………………………………541
 II 株式会社の合併と分割 …………………………………542
**第3節　使用者の倒産** ………………………………………………543
 I 定義と適用範囲 …………………………………………546
 II 保証賃金 …………………………………………………548
 III 保証機関 …………………………………………………550

Ⅳ　社会保障 ………………………………………………………………551

# 第2部　集団的労働法

## 第1章　団体交渉 …………………………………………………………557

### 第1節　労使対話 …………………………………………………………557

　　Ⅰ　始まり：1985—1996年 ………………………………………………559
　　Ⅱ　1997年EUレベルの労使対話についての第1回年次検討報告 …559
　　Ⅲ　産業別労使対話 ………………………………………………………561
　　　A　欧州商業 ……………………………………………………………561
　　　B　欧州農業 ……………………………………………………………563
　　　C　履物産業 ……………………………………………………………564
　　　D　商業で締結されたテレワーキング協約 …………………………565
　　　　1　テレワークの導入 ………………………………………………565
　　　　2　雇用条件 …………………………………………………………566
　　　　3　職務と機密 ………………………………………………………566
　　　　4　就労場所と機材 …………………………………………………567
　　　　5　健康と安全 ………………………………………………………567
　　　　6　費用の補償 ………………………………………………………567
　　　　7　労働組合権 ………………………………………………………567
　　　　8　労働組合または他の従業員活動 ………………………………568
　　　E　対人サービス産業における行為規範 ……………………………568
　　Ⅳ　労使対話の役割についての異なる見方 ……………………………569
　　Ⅴ　労働組合の戦略：欧州の協調交渉 …………………………………571
　　　A　ETUC ………………………………………………………………571
　　　B　ドールン・グループ ………………………………………………572

### 第2節　欧州労働協約 ……………………………………………………574

　　Ⅰ　序　論 …………………………………………………………………574
　　　A　広義と狭義 …………………………………………………………574
　　　B　多面的役割 …………………………………………………………575
　　　C　二様の内容をもつ協約 ……………………………………………575
　　　　1　規範的部分 ………………………………………………………575

目　次

|  |  | 2 | 債務的部分 | 576 |
|  | D |  | 自由な団体交渉：多元主義的民主主義 | 576 |
|  | E |  | 補完性 | 576 |
|  | F |  | 国際的な（法的）枠組みの自制 | 577 |
|  | G |  | 特定立法 | 577 |
| II | 協約当事者 | | | 578 |
|  | A |  | 欧州企業協約 | 578 |
|  | B |  | 欧州産業別協約 | 579 |
|  | C |  | 欧州産業横断的協約 | 580 |
|  | D |  | 欧州地域横断的協約 | 580 |
| III | 労働協約締結権限 | | | 580 |
| IV | EC 条約第 138 条および第 139 条：特別の法的問題 | | | 581 |
|  | A |  | 国内慣行に従った実施 | 581 |
|  |  | 1 | 協約当事者 | 581 |
|  |  | 2 | 協約の内容 | 582 |
|  |  | 3 | 形式および言語 | 582 |
|  |  | 4 | 適用範囲 | 582 |
|  |  | 5 | 拘束力 | 583 |
|  |  | 6 | 解釈 | 584 |
|  |  | 7 | 期間 | 584 |
|  | B |  | 閣僚理事会決定による実施 | 585 |
|  |  | 1 | どの協約？ | 585 |
|  |  | 2 | 内容 | 585 |
|  |  | 3 | 範囲 | 586 |
|  |  | 4 | 拘束力 | 586 |
|  |  | 5 | 解釈 | 586 |
|  |  | 6 | 所有主かそれとも奴隷か | 587 |
|  |  | 7 | 団体交渉と競争 | 587 |

第2章　労働者参加 …………………………………………………………589
　第1節　情報提供と協議 ……………………………………………………589
　第2節　株式会社における労働者参加 ……………………………………591

# 目　次

- I　会社の構造 …………………………………………………592
  - A　二層制 ………………………………………………592
  - B　一層制 ………………………………………………593
- II　労働者参加のモデル ………………………………………593
  - A　二層制 ………………………………………………595
  - B　一層制 ………………………………………………596

## 第3節　欧州会社 ……………………………………………596

- I　30年以上にわたる議論 ……………………………………596
- II　労働者参加のモデル ………………………………………597
- III　アヴァンティス社の役員レベルの労働者参加 ……………602
- IV　ニースサミット（2000年12月7―10日）：突破 ………603
- V　欧州会社法規則と被用者関与指令 …………………………603
  - A　定　義 ………………………………………………604
  - B　欧州会社の設立 ……………………………………605
  - C　欧州会社の構造 ……………………………………606
    - 1　二層制 ……………………………………………606
    - 2　一層制 ……………………………………………606
  - D　労働者の関与 ………………………………………606
    - 1　交渉手続 …………………………………………606
      - a　特別交渉機関の設置 ………………………606
        - (1)　構　成 …………………………………607
        - (2)　被用者関与の仕組み …………………608
        - (3)　意思決定のルール ……………………608
        - (4)　専門家 …………………………………608
        - (5)　オプトアウト …………………………608
        - (6)　費　用 …………………………………609
      - b　協約の内容 …………………………………609
      - c　交渉期間 ……………………………………610
      - d　協調の精神 …………………………………610
      - e　交渉手続に適用される法制 ………………610
    - 2　準　則 ……………………………………………610

|   |   | a | 被用者代表機関の構成 …………………………………610 |
|---|---|---|---|

        a  被用者代表機関の構成 ……………………………………610
        b  情報提供および協議の準則 ………………………………611
        c  労働者参加の準則 …………………………………………613
        d  準則の適用 …………………………………………………613
     3  雑　　則 …………………………………………………………614
        a  留保と機密 …………………………………………………615
        b  代表機関の運営ならびに労働者への情報提供および協議の手続
           …………………………………………………………………615
        c  被用者代表の保護 …………………………………………615
        d  手続の濫用 …………………………………………………616
        e  本指令の遵守 ………………………………………………616
        f  本指令と他の規定との関係 ………………………………616
第4節　情報提供と協議：欧州労使協議会または手続
　　　　に関する指令 ……………………………………………………618
  I  指令の起源——協調の精神 …………………………………………618
    A  起　源 …………………………………………………………………618
    B  協調の精神 ……………………………………………………………620
  II  指令の目的と適用範囲 ………………………………………………621
    A  目　的 …………………………………………………………………621
    B  適用範囲 ………………………………………………………………622
      1  地域的 ………………………………………………………………622
        a  15のEU加盟国 ………………………………………………622
        b  欧州経済地域（15＋2）……………………………………622
        c  EEA域外に本社を有する企業 ……………………………622
      2  人的：どういう企業？ ……………………………………………622
        a  人　数 ………………………………………………………623
          (1) EC規模企業 ……………………………………………623
          (2) 企業グループ …………………………………………624
        b  経営中枢 ……………………………………………………625
        c  商船の乗組員 ………………………………………………625
  III  定義と概念 ……………………………………………………………625

xxvii

目　次

　　　A　情報提供と協議 …………………………………………625
　　　B　被用者の代表 ……………………………………………626
　Ⅳ　欧州労使協議会または手続の設置 ………………………627
　　　A　協調の精神で交渉する義務 ……………………………627
　　　B　責任と交渉の開始 ………………………………………628
　　　　1　経営中枢の責任 ………………………………………628
　　　　2　交渉の開始 ……………………………………………629
　　　　3　一またはそれ以上の欧州労使協議会――手続 ……629
　　　C　労働協約の交渉 …………………………………………629
　　　　1　労働協約の当事者と特別交渉機関 …………………629
　　　　　a　交渉機関の構成 ……………………………………630
　　　　　b　交渉当事者の責務 …………………………………631
　　　　2　交渉の拒否または打ち切り …………………………631
　　　　3　専門家と費用 …………………………………………632
　　　　4　労働組合と使用者団体の役割 ………………………632
　　　D　労働協約の性質，拘束力，形式および言語 …………632
　　　　1　労働協約の性質と拘束力 ……………………………632
　　　　2　労働協約の形式と言語 ………………………………633
　　　E　労働協約の内容 …………………………………………634
　　　　1　適用範囲 ………………………………………………635
　　　　2　欧州労使協議会の設置 ………………………………635
　　　　3　手続の設置 ……………………………………………637
　Ⅴ　不利益または機密情報，イデオロギー的指導 …………638
　Ⅵ　被用者代表の保護 …………………………………………639
　Ⅶ　指令の遵守――リンク――最終規定 ……………………639
　　　A　指令の遵守 ………………………………………………639
　　　B　リンク ……………………………………………………641
　　　C　最終規定 …………………………………………………641
　Ⅷ　補完的要件：強制的欧州労使協議会 ……………………642
　　　A　欧州労使協議会の構成 …………………………………643
　　　B　権　限 ……………………………………………………644

目 次

　　　　1　一般情報（年次） ………………………………………644
　　　　2　随時の情報 ………………………………………………644
　　　C　手　続 …………………………………………………………645
　　　D　専門家の役割 …………………………………………………646
　　　E　費　用 …………………………………………………………646
　　　F　将来の展開 ……………………………………………………646
　Ⅸ　既存の労働協約──有効 …………………………………………646
　　　A　時期，存在形態，言語および労働協約の形式 ……………647
　　　　1　時期，存在形態，言語 …………………………………647
　　　　2　形式：詳細または恒常的交渉？ ………………………647
　　　B　性質，拘束力および適用法 …………………………………647
　　　C　適用範囲と労働協約の当事者 ………………………………648
　　　D　労働協約の内容 ………………………………………………648
　　　　1　欧州労使協議会，手続またはそれ以外の仕組み ……648
　　　　2　権限：情報提供と協議 …………………………………648
　　　　3　運　営 ……………………………………………………648
　　　　4　専門家の役割──費用 …………………………………649
　　　E　不利益情報と機密情報 ………………………………………649
　　　F　被用者代表の地位 ……………………………………………649
　　　G　労働協約の有効期間 …………………………………………650
　Ⅹ　欧州労使関係に対する欧州労使協議会の重要性 ………………650
　Ⅺ　欧州委員会による指令の見直し …………………………………651
第5節　ECの被用者に対する情報提供および協議の権利の
　　　　一般的枠組みを設定する指令 ……………………………651
　Ⅰ　提案の起源 …………………………………………………………651
　Ⅱ　目的と原則 …………………………………………………………652
　Ⅲ　定　義 ………………………………………………………………653
　Ⅳ　適用範囲 ……………………………………………………………653
　Ⅴ　情報提供および協議の手続 ………………………………………654
　Ⅵ　労働協約に基づく情報提供および協議 …………………………654
　Ⅶ　機密情報 ……………………………………………………………655

xxix

## 目　次

|  |  |  |
|---|---|---|
| Ⅷ | 被用者代表の保護 …………………………………… | 655 |
| Ⅸ | 権利の保護 ………………………………………… | 655 |
| Ⅹ | 本指令と他の EC 規定および国内規定との関係 …… | 656 |
| Ⅺ | 経過規定 …………………………………………… | 656 |
| Ⅻ | 国内法への転換 …………………………………… | 656 |
| ⅩⅢ | 欧州委員会による見直し ………………………… | 657 |
| ⅩⅣ | 発　効 ……………………………………………… | 657 |

**第6節　若干の結論的見解** ………………………………………… 657

エピローグ：ヨーロッパ・ソーシャル・モデル―夢か？―を求めて…… 662

## プロローグ

**1** 労働法は経済的発展の監視を企図する．その目的は使用者と被用者の関係，利害，権利および義務の適切な均衡を確立することである．

**2** 市場経済の諸目的を考えると，この目的をどのように達成するかは困難な問題である．実際，市場経済は企業の経済的な利益を促進しようとする．「コーポレートガバナンスと株主の価値」は競争的世界の推進力である．それは経営者の世界である．その枠組みの中では，被用者の社会保護の水準，すなわち賃金その他の条件の水準は，できるだけ低く抑えなければならず，株主が最終的な決定権を有している．

**3** そのため，経済的な立役者である，株主と経営者は「経営権」を享有している．それは，両者が市場展開を考慮に入れながら適切な経済的，技術的および財政的決定をなす法的な権利を有していることを意味する．

**4** 株主と経営者は，労働者に対しても権限を有している．すなわち，労働者を指揮できるのである．被用者は，実際，その使用者に従属して労働するのである．

**5** もう一つの重要な要素は，市場経済がグローバルで世界規模的な性格を有することである．資本，商品，サービスおよび技術の移動に国境はない[1]．情報技術の使用が高まることにより，この流れは加速されている．実際，多くの会社が世界規模の戦略を有している．また，地域的に活動している小規模企業は，国際競争の重圧を感じている．また，多くの中小企業は，サービスと商品が国境を越えて移動するネットワークの一部になっているのだ．

(1) ILO, *Industrial Relations, Democracy and Social Stability*, *World Law Report*, *1997-1998*, Geneva, 1998.

**6** 新たな技術が労働界に与えた影響は，過大評価されることはない．新経済の発生とともに，企業の組織形態は変形し，製品とサービスは24時間経済で生産され，流通する．知識と情報は，「まさに」付加価値の源なのである．経済は，その純経済によって生み出されつつある新たな応用とサービスによって促進される．創業は最高の頭脳にあり，さらに重要なことに，最高の頭脳を引き寄せる．インターネットは，始まったばかりの電子商取引の肝要な部分となった．目下，新経済は，端的にアメリカ経済である．「アメリカ・オンライン——タイムワーナー取引(2000年)は精神的マクドナルド」である[1]．

新経済は，それに参加する者としない者との格差を増大する二重社会を拡大させている．

　グローバル化はすでに企業のインターネット変容に拍車をかけ，その結果，フラットな階層制とプロジェクト・チーム制に向けて労働組織が変化してきた．移ろい易い生産市場と短縮化しつつある製品寿命に対するより迅速な対応の必要性がまたアウトソーシングの傾向の背景となってきた．「デジタル・グローバリゼーション」時代の幕開けはこれらの組織的変化を加速している．最も地球的な競争が行われている産業にある企業は戦略形成に費やす時間の減少と競争優位性の質的変化を経験してきた．「市場までの時間が競走における決定的な武器である．そしてこれが会社をして基幹被用者の創造性，知識および新たな知識の獲得能力に依存せざるを得なくしているのである．」(2)

　(1) F.Kempe, 'Globalization has a European Pedigree', The Wall Street Journal Europe, 9 February 2000.
　(2) ILO,World Employment Report 2001. Life at Work in the Information Society, Geneva, 2001, CD Rom, p.4.

**7**　被用者の労働を規制する力としての法律が，適切かつ十分たらんとするならば，こうした経済と技術の発展に追随する必要があることは明白である．労働者は柔軟でエンプロイアブルである必要がある．

**8**　このグローバルな枠組みの中で労働法は発展しなければならないのである．問題は，どのような社会保護が必要でありかつ可能であるかということである．同時に，どのレベルにおいて，賃金，労働時間，解雇，リストラクチュアリングその他に関して，社会的措置がとられるべきかという問題も生じる．実際，いろいろなレベルにおいて，被用者の労働関係に影響を与える決定がなされ得るのである．ここでは，企業，国，地域（欧州）および国際的なレベルに分けることができる．

　これらのそれぞれのレベルで措置がとられるべきであろうか．世界的規模で尊重される基本的社会権の樹立を考えるべきであろうか．欧州ルールといったような地域的なルールが必要なのであろうか，それとも立法を国内ルールまたは企業レベルの措置に限定すべきなのであろうか．換言すれば，十分に被用者を保護するためには，異なる法源から生じる労働法を持つことが必要なのであろうか．その答えは自明ではなく，純粋に学問的なものでもない．いずれが適切なレベルなのであろうか．

**9**　法が正義の問題だけにとどまらず権力の問題でもあるということをも考慮しなければならない．実際，経済のグローバル化は労使間の権力関係に膨大な影響を与えてきたことは疑いないのである．労働組合は組合員を失い，

またその市場への影響力も弱まった．組合は，欧州および国際的なレベルにおいて経営者の権力に対する真の対抗力として活動できない．また，使用者組織の影響も消失してきている．主役は，企業，特に，多国籍企業および巨大な年金基金である．

　政府と経済関係者の関係もこうした展開の一つである．両者の関係もまた劇的に影響を受けてきたのである．政治権力を含むあらゆる者が喜んで投資家の要求に大幅に譲歩するだけの投資と雇用への要求が存するのである．

10　国内の労働法制度はこうした展開の熱気を感じ，重圧を受けている．実際，賃金および諸条件の規制緩和と弾力化を求める企業の要求が高まっている．企業は競争力が必要である．ある者は，市場の効率が高まって社会保護は不必要になったと主張し，さらに，社会保護のコストは会社の競争力を低下させ雇用の喪失に繋がるから，労働法は社会的危害を与え雇用を奪うものであるとまで主張する．国家政府は，既定の社会保護のレベルが投資家の意欲をくじき，整理解雇や雇用の再配置を含むリストラクチュアリングに導くことを危惧している．

11　人が住みたいと欲するソーシャル・ヨーロッパに関しては多くの問題が生じることを明確に指摘している人々がいる．必要とされる保護水準の高低のみならず，それが欧州レベルで作り上げられるべきなのか否か，そしてどのような手段によるのかという問題がある．実際，いろいろな選択肢がある．ちなみに，それらは必ずしも相互に相容れないものではない[1]．

　　(1)　See further, Heppel B, 'New Approaches to International Labour Law', *Industrial Relations Journal,* Vol.26, No.4, 1997, 353-366.

12　一つの方法は，諸国がその国内法の実施を確保することである．言及することのできるモデルとしては，NAFTA，すなわち北米自由貿易協定の労働関係協定がある．この協定では，NAFTA加盟国の一つが，他国が適用領域（安全，児童労働，最低賃金）において，同国の労働法を遵守していないと確信する場合，委員会に申立てをなすことができ，その申立手は最終的に仲裁による判定に帰結し得るのである．

13　もう一つの方法は，行為規範，指針または基本原則の承認というより任意的な仕方である．それらは，報告その他のソフトな強制手段によってチェックされるのである．これらの準則は，例えば，ILOやOECDのような国際機関によって設けることができし，また，多国籍企業自身によって広めることもできるのである．それによって，多国籍企業は顧客に適切な社会的印象を与えたいし，また社会的信望を得るのである．

14　3番目の方法は，欧州の統合である．ECは地域的な最低基準の道に向か

っている．その基準は加盟国を直接的に拘束し，または加盟国が国内法に取り入れる義務を課する．ここには欧州労働協約も関係してくる．

**15** 多くの重要な留保がなされなければならない．まず，補完性(subsidiarity)と比例性(proportionality)の原則がある．これについてはさらに検討が加えられる．これらの原則の帰結は，ある問題が国内では適切に処理されない場合においてのみ欧州がその問題を規制する権能を有し，欧州が取りうる手段は必要なものに限定されなければならないということができる．このことは，立法措置は，それが客観的に正当化されない限り，控えなければならないことを意味する．

**16** さらに，経済的な合理性が欧州では支配的である．マーストリヒト条約およびアムステルダム条約以降，株主が明確に最優先されるようになった．マーストリヒト条約(1991年)およびアムステルダム条約(1997年)で描かれているように，欧州建設において，社会的な観点は二次的なものに格下げされた．実際，経済通貨統合(EMU)の枠組みにおけるインフレなき経済の目的がECの一次的な目的なのである．欧州中央銀行は物価上昇を抑制することになる．物価上昇の危険のあるときには，利子率が高められるであろう．このことは，金利が上昇し，特に中小企業はその活動を縮小または停止することを意味する．これは高い失業率をもたらすのである．経済通貨統合の加盟国としての資格を維持するためには，加盟国は低いインフレ率を維持し，公共支出と赤字をコントロールしなければならない．このことは，インフラストラクチャー，教育，文化，研究，社会政策，健康および年金に費やされる財源がますます減少することを意味する．

**17** しかし，EC条約はEUおよびECに等しく極めて高度な目標を設定していることは疑いない．すなわち，

― 雇用の保護促進
― 経営と労働の対話
― 生活と労働条件の改善，その結果として改善が維持される間にその調和が可能となる
― 適切な社会保護
― 長続きする高い雇用を目指した人的資源の育成
― 社会的排除との闘い(EC条約136条)

**18** アムステルダム条約により，EUの複線型社会政策は終結したが，それは賞賛されるべきである．実際，イギリスは1991年にマーストリヒトで締結された社会政策協定のオプト・アウトを放棄した．この協定は今日ではEC条約の「社会政策」と呼ばれる章に編入されている．同章は同条約の社会政策に

関する従来の第8編にかわるものである．事実上，マーストリヒト条約の社会政策協定(1991年)およびEC条約の以前の第3編は，一つに統合された．また，EC条約に挿入された新たな編，すなわち雇用に関する編もある(第8編)．これらの傾向は，2000年に締結されたニース条約で強化された．

**19** EUが追求している様々な目的の順位を分析すると，欧州社会政策，そしてとりわけ雇用政策がEUの経済・通貨目標に従属していることを認識するはずである．この結論は，とりわけアムステルダム条約以降のEC条約の内容分析から明らかである．

実際，EUのいろいろな目的の構造的頂点にあるのは，経済通貨統合と一致するインフレなき成長と経済政策，すなわち，低インフレ，公的赤字その他の目標なのである．これらがよく知られたマーストリヒト基準である．

この結論は雇用に関する編の次の文言から導かれる．第126条は明確に述べる．

「加盟諸国は，その雇用政策を通して，加盟諸国とECの包括的経済政策指針に矛盾しない方法で，……それらの目的の達成に貢献しなければならない．」

換言すれば，加盟諸国の雇用戦略は第一にインフレを伴わないものでなければならないのである．

アムステルダム条約によれば，社会政策はECの経済の競争力を維持する必要性を考慮に入れる(第136条)．

決定的な重要性を与えられたこの結論を繰り返そう．雇用戦略を含む社会政策はインフレを伴わず，欧州経済の競争力維持に連動する．

議長国オランダの結論(1997年)は，これらの選択を次のように要約している．「持続的でインフレのない高い成長率の維持は，ECの失業問題の長続きする解決の実現のために必要でありかつ健全な公的財政に向けて前進するためにも必要である．」

**20** これらの政治的選択は，我々がさらに表明し続けるように，賃金コストと雇用が加盟国の権能(ECは規範的権力を有しない)にとどまっている結果なのである．このことは，賃金，労働条件および社会保障拠出に基づくソーシャルダンピング，すなわち加盟国間の不正競争に導くのである．

**21** 成熟したソーシャル・ヨーロッパは，ずっと先にあり，より均衡の取れた欧州の統合のために我々の努力を傾注し続ける必要がある．実際，社会面と経済面は協調していく必要がある．社会的な不正義をもたらす経済システムは，失敗の原因を保有していることになる．社会的な貧困や排除は，効率的な市場経済が何よりも増して必要とする民主主義を侵食する．それゆえ，我々は，補完性と比例性の原則を十分に尊重つつ，すべての社会的領域に対処す

る能力のある，よりソーシャルなヨーロッパ，を選択し続けるのである．

**22** 最低条件を定め，社会的な競技場におけるルールを設定し，ソーシャル・ダンピングと不均衡の発展を終わらせる，よりソーシャルなヨーロッパは，「不可欠なもの」なのである．

したがって，本書はソーシャル・ヨーロッパを支持するものである．実際，個人は，自由で創造的な企業を支える経済原則によって支配される広大な共通欧州市場の中で，中心的な位置を占めなければならないことは明らかである．正義と自由がすべての人々の幸福を育むような方法で経済発展を監視し指導する社会的な息吹を受けた措置が必要である．「ソーシャル」という用語は，ヨーロッパが社会経済的結束と真正な連帯の枠内で，ヨーロッパを世界の輝く地域とすべき人間的かつ個性的な展望に沿って，使用者，労働者，自営業者，障碍者および年金生活者に基本的人権を保障していることを意味する．

われわれはEUの15の加盟国に適用される欧州労働法を研究する．この法は，欧州経済地域（EEA）にも適用される．それは，アイスランド，リヒテンシュタインおよびノルウェーにも適用されることを意味する．

加盟諸国は，次のような労働力を有している．
―総人口が3億7500万人，
―就業者人口（people in employment）が1億5500万人，
―15-64歳人口の62％が就業している，
―17.4％がパート・タイマー，
―13％が有期契約，
―平均40.4時間の労働時間，
―1,440万人の失業者（8.7％），
―失業者の45％が長期的失業，
―5,500万の貧困者と500万人のホームレス，

欧州の雇用に関する2000年の経済的実績は好調だった．欧州統計局は，2000年の第三四半期における15のEU加盟国の雇用水準において1.5％の増加，欧州地域においては1.6％の増加を記録した．失業率は，8.8％（1999年12月）に比べ8.7％（2000年12月）に減少した[1]．

2001年3月24日と25日のストックホルム欧州理事会（European Council）によれば，「EUの経済実績は近年著しく改善された．回復4年目にして，EUは2000年に約3.5％の経済成長を享受し，250万の雇用が創出された．それらの雇用の3分の2以上を女性が手に入れた．失業は1991年以降の最低水準にまで落ちた．このことは，EUの改善努力が報われていることを意味する．拡

大は，加盟候補諸国と加盟諸国のどちらにおいても，新たな成長と雇用の機会を作り出すであろう。」

同時に，多くのEU加盟諸国において，特に熟練労働者の不足が広がりつつあることも指摘されなければならない．アメリカ合衆国がリードしている頭脳獲得競争が進行しつつある．労働市場が企業に入っている．HRM管理者は希少で有能な労働者を惹きつけかつ維持する不安に直面している．熟練被用者は運転席に座り，労働市場における競争上の優位性を我が物にしている．

これから15年にわたり，24歳から54歳までの労働者層は減少し（3%），55歳から65歳までの労働者層は増加する（20%）することが，熟練労働者の不足と年金と保健費用の増加の問題に加わるのである．

> (1) European Foundation for the Improvement of Living and Working Conditions, 'A review of developments in European industrial relations', *Eiro Annual Review*, 2000, Dublin, 2001,14.

**23** 基本的社会権は，抽象的には国際労働機関（ILO），欧州の諸機関，国家ないし地域によって公布されうる．しかし，私には欧州の特定の措置が必要であると思われるし，これにはいろいろな理由がある．すなわち，

**a** ILOによって定められた国際基準は，世界規模の行為規則として大変重要ではあるが，明らかな理由により，それらの基準は欧州の社会的側面およびより先進的な欧州の発展に対応して修正される必要がある．欧州規範は，もちろん，それが可能かつ適切である場合には，ILOの条約と勧告を基礎としてよりよいものに作り上げられる必要がある[1]．

**b** 国家の規則は，いつも十分ではない．国家の法規の範囲は国境を越えないからである．ECの労働の自由移動や異なる諸国の労働者に影響を与える，例えば，欧州規模で展開する企業のリストラクチュアリングのように，問題と現実が国境を越える場合，経済と司法の協調をもたらす規則が適切なレベルで必要とされるのであり，その基準も当該問題と同様に多国家的または超国家的性格を有するのである．

要するに，ヨーロッパは独自の社会政策を有し，かつその結果として，独自の完備した労働法をもたなければならないのである．

> (1) これに関連して，ILOの総会で採択された1998年6月18日の労働者の基本権の宣言について言及しなければならない．この宣言のなかで，ILOは，
> 1 次のことを想起し
>  **(a)** ILOに自由に加盟したとき，すべての加盟国はILO憲章およびフェアデルフィア宣言の中に規定された原則と権利を支持し，またその資源のある限りかつ十分にその具体的状況に沿ってILOの全般的な目的達成に努める義務を負い，

**(b)** これらの原則と権利はILOの内外で基本的なものと認められている憲章上の特定の権利と義務の形で表現されかつ発展させられてきた．
　2　すべての加盟国は，当該条約を批准していない場合でも，誠実かつ憲章に従って，条約の対象となる基本権の原則を尊重し，促進しかつ実現する義務をILOに加盟したという事実から負うものであることを宣言する．その原則とは，すなわち，
　　**(a)** 団結の自由と団体交渉権の有効な承認
　　**(b)** あらゆる形態の強制労働の排除
　　**(c)** 児童労働の有効な廃絶
　　**(d)** 雇用と職業に関する差別の排除

**24**　本書は，ヨーロッパ法を取り扱う．すなわち，一方でヨーロッパ，他方で労働法を取り扱う．その場合，ヨーロッパはECが権能を有する領土をカバーする．ヨーロッパはまたEU法を必要とする．この概念は適度に単純である．しかし，労働法の概念はより困難である．「労働法」という表現は，EC条約第140条で使用されている．同条には，社会領域における加盟国間の緊密な協力の促進が規定されている．しかし，明確かつ一般的に認められている欧州労働法の定義は，現在，存在しない．「被用者の権利と利益に関する諸規定」は，1986年の単一欧州議定書(Single European Act)に従って，国内の――ヨーロッパのではない――管轄権に服するものと考えられるので，それがいっそう顕著である．実際，これらの権利と利益に関する措置は，閣僚理事会による全会一致に服する(EC条約第95条第2項)．その結果，後にもっと詳しく説明されるように各加盟国は拒否権を享有する．しかし，アムステルダム条約以来，労働法の相当広い概念はその枠内で支配的なのである．実際，EC条約第136条は，次のとおり規定する．

「ECと加盟諸国は，1961年10月18日にトリノで署名された欧州社会憲章(European Social Charter)および1989年の労働者の基本的社会権に関するEC憲章(Community Charter of the Fundamental Social Rights of Workers)に定められているような基本的社会権を考慮に入れて，雇用の促進，生活および労働条件の改善を目的としなければならない．その結果，右改善中の調和，適切な社会保護，労使の対話，永続的雇用のための人的資源の開発および排除との闘いを可能にする．この目的のため，ECおよびその加盟諸国は，とりわけ契約関係の領域におけるいろいろな種類の国内慣行およびECの経済競争力を維持する必要性を考慮した措置を実施しなければならないのである．」

　にもかかわらず，労働者は労働法の中心的な存在であるがゆえに労働法のヨーロッパ的な定義を提出することが可能であるし，労働者に関するヨーロ

ッパの定義も存在するのである．このヨーロッパの定義は，労働者の自由移動の実施に関する争いを解決する間に裁判所により形成されたのであり，またEC条約第39条には次のように表れている．

「労働者の移動の自由はECの基本原則の一つを形成しているので，EC条約第39条の『労働者』という文言は，各加盟国の法律に従って異なった解釈をすることは許されず，ECにおける統一した意味を有しなければならない．それがECの基本的自由の範囲を定義するものであるから，『労働者』のECにおける概念は広義に解釈されなければならない．その概念は，当該関係者の権利義務に照らして，その雇用関係を区別する客観的基準に従って定義されなければならない．しかし，雇用関係の基本的なエッセンスは，ある一定の期間，ある者が他の者のために働き，その者から見返りとして報酬を得るということである．」[1]

解釈を行うにあたって，欧州司法裁判所は，これを加盟諸国において一般的に認められている「労働者」の文言の定義と結び付けている[2]．労働法はそれゆえ従属的に労働する被用者に関するものである．労働者は使用者，すなわち，賃金に対応して従属労働がなされる相手方，を前提としている．欧州労働法は，その結果，加盟諸国における国内労働法と同様に，使用者と労働者の関係を取り扱うものである．

(1) C.O.J., 3 *July 1986, Lawrie-Blum v. Land Baden-Württemberg*, No.66/85, ECR, 1986, 2121. これは，一定の欧州の法令に関して，国内法の定義に言及されるという事実を否定しない．これは1997年2月14日の企業譲渡に関する指令についていえることである (*Foreningen of Arbejdsledere i Danmark v. A/S Danmols Invernar*, No. 105/85, ECR, 1985, 2639).

(2) 'Employed or Self-employed,' Special Issue, *Bulletin of Comparative Labour Relations*, B.Brooks and C.Engels (Guest Editors), No.24, 1992, p.175.

**25** 国内労働法は，通常，民間部門の雇用規制に限定されている．しかし，欧州労働法は，公的部門の雇用をもカバーしている．これは賃金および労働条件に関する男女の均等待遇，または労働者の自由移動の規定に関してもそうである．欧州労働法の適用範囲は，したがって，ケース・バイ・ケースに定義されてきた．

欧州労働法は，労働者に関する欧州の諸規則が個別的労働関係（例えば，労働者の自由移動または男女の均等待遇）と集団的労働関係（例えば，集団整理解雇の場合の労働者代表への情報提供と協議または欧州会社への労働者参加）の両方を取り扱うという事実を考慮しつつ，「使用者と労働者，すなわち従属的に労働する者の個別的および集団的労働関係を支配する欧州の法規」として定義さ

れ得る．

**26** 1991年12月9日から10日のマーストリヒト首脳会議は，約1億5000万人の経営者および被用者の社会的共同体としてのヨーロッパ12カ国がどの方向に進むかに興味を抱く者達にとっても重要な出来事であった．マーストリヒトでの討議は，社会的問題に関するECのより積極的な姿勢に関するイギリスと欧州大陸諸国の間の争いに終始した．イギリスがオプト・アウトして，少なくとも一定期間，独自の路線を歩んだという意味で痛みを伴うものであり，イギリスを含む12カ国が社会的な領域において到達した「ECの蓄積された成果(acquis communautaire)」を確認することに合意したにとどまらず，社会政策議定書において，イギリスを除く11の加盟諸国が等しく自ら望むところを行いかつより積極的社会政策を推進することができることに合意した．

**27** 6編を擁するアムステルダム条約(1997年6月16日から17日)に言及する必要があることは明らかである．なによりも，多くの議定書(protocols)と宣言書，すなわち14の議定書と46の宣言書が含まれていた．

　欧州理事会(European Council)によって取り扱われた相当多数の問題が雇用，労使関係および労働法に直接的に関係している．「ソーシャル・ヨーロッパ」に関する限り，関係領域は明らかである．EC条約における雇用(第8編)，社会政策(第11編第1章)の新たな編および章の導入，差別禁止の一般原則，欧州評議会の社会憲章への言及などによる若干の重要な策が講じられた．

　新しい第11編は，マーストリヒトの社会協定を編入した．これは相当重要である．イギリスのオプト・アウトによるソーシャル・ヨーロッパの複線方式はアムステルダム条約批准によって終了する．社会的領域において欧州レベルで今まで以上のことをなす可能性ができた．

　同条約は，直接的に執行可能な新たな個別的または集団的な社会権を定めてはいない．しかし，それは，一定の領域，例えば，差別禁止または雇用政策において，適切なEUの機関の行動に法的な根拠を与えるのである．したがって，政治的意志が存在し，補完性の原則が十分に成熟したヨーロッパの行動を認めるならば，ダイナミックなプロセスが開始され得るのである．

　アムステルダム条約は1999年5月1日に施行された．

**28** 次の事項について特に言及されなければならない．

—欧州人権保護条約(European Convention for the Protection of Human Rights)，欧州社会憲章，差別禁止，障碍，男女平等，情報保護などの問題に関する基本権．

—第8編雇用：雇用政策は明らかに加盟諸国の管轄に委ねられてきたので，

国内政策を調和させる．
―社会政策の章：これは，社会政策に関するマーストリヒト協定を統合し，また，積極的差別の可能性を定める．
―環境：これは環境と高雇用のバランスを求める．
―文化とアマチュアスポーツ．
―補完性と比例性の原則の適用に関する議定書：これは，明らかに，二重の管轄権の問題に関し，付加的な（ヨーロッパ）価値がある場合にのみ，かつ，必要な限度内でのみ，EU が介入することができ，加盟諸国そして結果的にはソーシャル・パートナーに最大の権限を残すことを示している．
―雇用，競争および成長に関する欧州理事会議長の結論：その枠組みにおいて，アムステルダム首脳会議に提出された単一市場に関する閣僚理事会の行動計画に触れなければならない．

**29** 2000 年 12 月のニースの欧州首脳会議は，多数決の増加と基本権憲章に関する限り，全く失望するものであった．多数決に関してはほとんど何も変わらなかった．社会政策問題の中心は加盟国の排他的権能にとどまったが，基本権憲章は宣言という形で採択された．

いうまでもなく，憲章は多くの社会権を定めている．あるものは必須であり，あるものは重要ではあるが必須ではない．ここで，欧州条約に含まれるべき憲章に関する限り，我々は社会権の膨張について語ることができる．我々は，例えば，職業紹介の利用や不当解雇の保護を得る権利のような権利および公正ないし妥当な労働条件について考える．これらは実際に重要な問題であるが，人が基本権憲章を論じる際に考える「中核的権利」ではない．1998 年 ILO 宣言は一方で真に中核的な社会権に焦点をあてたのであり，ILO の決議の方がより妥当であるように見える．

憲章の拘束力に関する限り，ニース会議は失望的であった．憲章に関するニース首脳会議の議長国結論は次のようなものである．

「欧州理事会は，これまで国際，欧州および国家の各種法源に存した民事的，政治的，経済的，社会的および慣行的な権利を一つの文書にまとめた基本権憲章の閣僚理事会，欧州議会および欧州委員会による合同宣言を歓迎する．欧州理事会は，憲章が EU の諸国民の間にできるだけ広く普及することを願う．ケルン欧州理事会の結論に従って，憲章の効力の問題が後に検討されるであろう．」

後にとは連合拡大後の意味であり，27 の加盟国は憲章に拘束力を与えることに全会一致で合意することが必要になるかもしれない．

しかし，それには希望がある．いつものように，欧州司法裁判所が助け舟

プロローグ

を与えるかもしれない．

BETCU 事件(C-173/99)で，法務官がニース宣言に言及した(2001年2月8日)．その意見によれば，憲章は「EC法の一般原則として加盟諸国に共通の憲法上の伝統から生じる」基本的権利を構成する(EU条約第6条第2項)．これは，もちろん，極めて重要である．

長年の交渉の後で，欧州会社法の採択がより多くの労働者の参加の道への更なる一歩を画することは自明のことである．

**30** 本書は総論と二つの部，すなわち個別的労働法を取り扱う第1部と集団的労働法を取り扱う第2部を有している．本書はエピローグ，付録文書，文献リスト，欧州司法裁判所の判例のアルファベット順リストおよび索引で終わる．

総論においては，EC法にいたる制度的枠組み(第1節)に注意が注がれる．そこでは，三つの欧州条約(欧州石炭鉄鋼共同体(ECSC)，欧州原子力共同体(ユーラトム)および欧州共同体(EC))のみならず，ECの各機関（欧州議会，閣僚理事会,欧州委員会および欧州司法裁判所）ならびに経済社会評議会,欧州社会基金，一定の諮問機関などの機関が検討される．次に，各共同体の立法過程，ECと他の国際機関，特に国際労働機関，欧州経済領域およびいくつかの中東欧諸国と結んだ欧州協定が検討される．第2節は，ヨーロッパのソーシャル・パートナー，特に欧州産業経営者連盟(UNICE)と欧州労連(ETUC)に関心が向けられる．第3節は EC，すなわち ECSC，ユーラトムおよび EEC の労働法の問題に関する管轄権を取り扱う．総論の最後の節(第4節)は，欧州労働法の起源と発展を検討する．EC問題の経済的側面と社会的側面との関係に特別な関心が向けられ，労働者の基本的社会権の厳粛な宣言(1989年)およびその宣言の実施を目的とした社会行動計画に相当の関心が払われる．1991年12月のマーストリヒト首脳会議において達せられた著しい前進(少なくとも法的にはそういえる)に我々が十分な注目を寄せることは自明のことである．そこでは，既に述べた社会政策の議定書と協定が締結された．同様に，成長を育み，失業や排除と闘うための手段を示したドロール白書(1993年)，エッセン欧州首脳会議において閣僚理事会により合意された失業解消措置(1994年7月)，雇用のための信頼パクト(Confidence Pact for Employment)(1996年)，1996年に開始され1997年に終わった政府間会議(IGC)，ルクセンブルグ雇用首脳会議(1997年11月21日から22日)，2002年雇用指針及び2000年から2005年までの社会行動計画にも十分な注目を寄せる．この枠組みの中で，われわれがEU条約に基本的社会権を含める必要があるか否かという問題が提起される．答えは「イエス」である．

アムステルダム条約(1997年)はその方向に沿わなかった．しかし，同条約は既に指摘しておいたように基本権，労働法および労使関係に関する多くの規定を含んでいる．

**31** こうした考えの順に沿って，EC 加盟諸国における労働法制の収斂と多様化の問題の思索と議論が当然「当為」とされる．この議論は総論に収められている．

**32** 第1部は個別的労働法に割かれる．そこには，特に，裁判所の重要な役割に由来する重要な発展があった．我々は，労働者の自由移動(第1章)，男女の均等待遇(第5章)ならびに集団整理解雇，企業譲渡および使用者の倒産に関する企業のリストラクチュアリング(第10章)を論じる．かなり技術的ではあるがそれでも重要な進歩を画したテーマは労働環境における労働者の健康と安全である(第8章)．もう一つの遠大な事項は，国際労働私法の要素に関する1980年の欧州条約である(第2章)．他の領域におけるいろいろな発展が指摘される．これは，労働時間(第4章および第7章)，母性保護(第6章)および個別雇用契約(第3章)の領域における発展である．最後の点，すなわち，パートタイム雇用，派遣労働，有期契約および使用者の被用者に対する雇用関係契約に適用される諸条件の通知義務については，若干の具体的措置がとられた．

**33** 第2部は集団的労働法を取り扱う．そこでは，欧州規模の労働協約の可能性が欧州社会の現状のもとで EC 条約第138条と第139条に照らして評価される(第1章)．第2章において，我々は株式会社における労働者の参加と欧州会社ならびに欧州労使協議会および国境を跨いだ情報提供・協議手続に関する非常に重要な指令を検討する．

第2部の第1章は EC 条約の第138条と第139条に照らし締結されうる欧州労働協約の一般的枠組を提示する．実際，欧州労働協約を可能とする地歩は，多くの複雑な問題，そして，また，団体交渉過程を構成しかつ最終的に労働協約の締結に導く可能性のある困難かつ繊細な関係に優れた洞察力を持つ場合にしか取り組み得ない法律問題をもたらす．二つのより困難な問題は欧州労働協約の適用範囲と拘束力であることはいうまでもない．ソーシャル・パートナーは欧州労使協議会および均等待遇に関する挙証責任の転換のような問題に合意することには失敗したが，1995年12月14日の育児休業に関する最初の欧州労働協約，1997年6月6日のパートタイム労働に関する2番目の欧州労働協約および1999年3月18日の有期契約に関する3番目の欧州労働協約の締結には成功した．そして，これらの協約はいずれも閣僚理事会指令によって実施された．

欧州団体交渉の枠組みのなかで最近議論された他の問題は，テレワークと

派遣労働に関するものである。これに関連して，産業別の労使対話の枠組みのなかで作られた協定についても言及されるべきである。

**34** 私は使用される言語と専門用語について付け加えたい。私が外国語で記述していることはいうまでもない。それは，最高の言語校正者による最大の努力を得ているがやはり厄介な仕事であることに変わりはない。EC で用いられる言語と専門用語はこの仕事を簡素化しない。「国の法定社会保障制度の枠外にある補足的な企業内または企業間の年金制度に基づく遺族給付を含む老齢給付の即時もしくは将来的な受給権を付与する権利」というような文章は，確かに英語を母国語としないものにとっては，この問題を例示している。多くの EU の原文はフランス語で起草されてきたのであり，人はその翻訳を読むときこの事実に明確に気づくのである。これは，私の母国語であるオランダ語のようなより小さな EC 言語に関してもいえることである。オランダ語は，特に，EC の法律文書を書きかつ作成する原文言語として使用されることはない。このことは，本書に使用される言語に深い影響を与えている。法的な正確性を担保するため，われわれは EC 法の文言に可能な限り近いものとなることに執着しようとするという意味においてである。のみならず，異なる EC 言語において同一のメッセージを伝えるために使用される用語は必ずしも同一の意味を有しない。典型的な例は企業譲渡(transfer of enterprises)に関する指令(1977年)の中に見出すことができる。そこに用いられた文言，すなわち bedrijfstak, company or intercompany, professionel ou interprofessionel, betrieblichen order überbetrieblichen, professinali o interprofessionali, fagliche eller fvaerfagliche は決して同一の意味を有していない。EC の法律文書は一つの独立した言語の版に基づいて解釈されえないのであり，他の EC 言語の版と密接に関連させ，当該文書の目的およびその方向性に従って説明されなければならない[1]，ことを欧州委員会が示唆したのはけだし妥当である。

同じ問題しては Rockfon 事件（デンマーク）の例がある[2]。この事件では，集団整理解雇に関する指令(1975年)に使用されている 'establishment' という文言の意味が議論された。実際，この 'establichment' という用語は指令上定義されていない。Rockfon はそこには大規模な解雇に独立して効力を与える経営陣がないから，そこは，establishment ではないと主張した。

欧州司法裁判所は 'establishment' という文言は EC 法の用語であり各加盟国の法律に照らして定義することはできないと述べた。

指令の異なった言語版はその概念を意味する若干異なった文言を用いている。すなわち，

プロローグ

「デンマーク版は "virksomhed"，オランダ語版は "plaatselijke eenheid"，英語版は "establishment"，フィンランド版は "yritys"，フランス語版は "établissement"，ドイツ語版は，"Betrieb"，ギリシャ版は "επι ερηση"，イタリア語版は "stabilimento"，ポルトガル語版は "estabelecimento"，スペイン語版は "cebtro de trabajo"，スウェーデン語版は "arbetsplats" である.」

用いられた文言は，それらが当該言語に従えば，事業所，企業，作業センター，ローカルユニットおよび労働の場所を意味するところの異なった含蓄を有していることを示している．ブシェロー(Bouchereau)事件において判示されたように，EC文書の異なった言語の版には統一的解釈が与えられるべきであり，それゆえ，各言語の版の間に隔たりがある場合には，当該規定はそれがその一部を構成している規則の目的と一般的仕組みに鑑みて解釈されなければならない[3]．

エジンバラ首脳会議(1992年12月11日から12日)は「EC法の簡潔化と参照の容易化」というテーマでその問題が取り上げられた．首脳会議は次のような宣言をなすに至った．

「新しいEC法をより明確かつ簡潔にすること

ほとんどのテキストの技術的な性格と異なるある国内事情のもとでの妥協の必要はしばしば草案過程を複雑にするのであるが，それでもEC法の質を向上させるために次のような実践的措置がとられるべきである．

(a) EC法の草案の質をチェックするEC法の草案の指針が合意されるべきである．

(b) 各加盟国の代表は，ECの手続のあらゆるレベルで，立法の質を今まで以上十分にチェックするよう努力すべきである．

(c) 閣僚理事会法制局(Council Legal Service)は法案が閣僚理事会によって採択されるまで定期的に点検し，できるだけ簡潔かつ明確な法律となるようにするため，必要なら書き直しを指示するべきである．

(d) すべての立法の最終的な編集を行う法律言語学者集団は，(各国の法律専門家の参加を得て)その立法が閣僚理事会により採択される前に，その本質的部分を変更しないで原文の言語を簡潔かつ明確にするための指示を与えるべきである．

これに関し，アムステルダム条約は「透明性」という見出しを付した第10章を有していることに留意すべきである．EU条約の第1条第2項は，次のように修正された．すなわち，「市民に対し可能な限り開放されかつ可能な限り市民の立場で決定を行う」と．新たな第255条がEC条約に導入されたが，それには「EU市民は……欧州議会，閣僚理事会および欧州委員会の文書を閲覧

する権利を有している」と規定されている．

(1) *Commission v. Denmark,* 11 April 1990, No.100/90, ECR, 1991, 8. Action brought on 11 April 1990 by the Commission of the European Communities against the Kingdom of Denmark.
(2) C.O.J., 7 December 1995, Case C-449/93, ECR, 1995, 4291.
(3) *See further* No.442b.

**35** このプロローグを終えるにあたり，心からの感謝の言葉を送らなくてはならない．本書の執筆にあたり，特に法律や判決の膨大な資料が使用された．ミシェル・コルッチ(Michele Colucci)がいつものとおり資料収集に大変助力してくださった．本書の誤りや不手際はわれわれ自身のものであることは申し上げるまでもない．談話はこれでおしまいにする．

　　2001年6月31日

　　　　　　　　　　　　　　　　　　　　ルーヴァンにて
　　　　　　　　　　　　　　　　　　　　ロジェ・ブランパン

# 総　論

## 第1節 制度的枠組み

### I 条約

#### A 共同体から連合へ

**36** アムステルダム以降，条約は四つとなった．すなわち，欧州連合(European Union(EU))(1997年)，欧州石炭鉄鋼共同体(European Coal and Steel Community(ECSC))(1951年)，欧州経済共同体(European Economic Community (EEC))[訳注1]および欧州原子力共同体(European Atomic Energy Community (Euratom))(1957年)に関する条約である．

三つの欧州の共同体(European Communities)，すなわち，ECSC，EECおよびユーラトムは，法人格を有する独立の組織として加盟諸国間で締結された三つの条約で設立されたものである．(1)

ECSCとユーラトムはかなり限定された分野の統合を目的とするものである．他方 EC は共通の市場によるずっと広い経済的な統合を構想するものである．このことは後に述べる EC 条約第2条からいえるのである．

> (1) 2000年12月，ニースにおいて，「欧州石炭鉄鋼共同体設立条約の期間満了に関連する若干の問題を解決するため，ECSC 基金の所有権を EC に譲渡すること．2002年7月23日に存在した ECSC のすべての資産と責任は 2002年7月24日に EC に譲渡される」ことが決定された．[訳注]現在，ECSCは既に廃止された．
>
> [訳注1] マーストリヒト条約により，それまでの EEC (欧州経済共同体) は EC (European Community)(単数の欧州共同体)に改称されており，現時点では EEC というものは存在しない．39参照．

**37** アムステルダム条約は，「可能な限り市民の立場で決定を行ういっそう緊密な欧州市民の連合」を創造する過程の新たな段階を画した．「いっそう緊密な連合」という文言は「連邦を目指す連合」を修正したものである．後者の文言は，マーストリヒト条約の際の議長国オランダにより同条約の最終案文の一部であったが，イギリスはそれに基本的に反対した．実際 多くのイギリス人にとって「連邦制」は受け入れることのできないブリュッセルの官僚的中央集権を意味するのである．

しかし，EC から EU へという新しいヨーロッパの建設の名称変更は，重要な意義を表明するものである．連合は単なる共同体より緊密かつ強靱な関係を構成する．すなわち，連合は遠大な取組み，共通の目標への緊密な協同を

意味するのである．その違いは知り合いと（うまくいった）結婚の差のようなものである．もちろん，われわれは，その途上にあり，真の連合に至るにはまだ多くの段階がある．新たなEUのもっとも統合された部分が（欧州）共同体であるのはやや具合がわるい．

マーストリヒトとアムステルダム条約は戦後ヨーロッパにおける極めて重要な出来事であると見ることができる．実際，この二つの条約は，単一欧州通貨（ユーロ）を擁する経済通貨統合（EMU）及びドイツ型の独立中央銀行へと導く．

経済通貨統合は，とりわけインフレと公的債務（国民純生産の最大60％）という加盟諸国による厳しい経済的自制を求めている．

**38** EUは次のような目的を有する．
―特に，域内に境界のない地域を設立し，経済的社会的結束を強化し，最終的には単一通貨をも含む経済通貨連合を設立することを通じて，経済的および社会的進歩と高水準の雇用を促進し，均衡が取れかつ持続可能な発展を達成すること．
―特に，将来の共通防衛につながる共同防衛政策の漸進的枠組形成を含む共通の外交および安全の保障政策の実施を通じて，国際社会において主体性を主張すること．
―EU市民権の導入を通じて加盟諸国の国民の権利および利益の保護を強化すること．
―司法と内政の領域における緊密な協力を発展させること．
―「ECの蓄積された成果」を完全に維持し，それを基礎において建設すること．

EUの諸目的はEC条約の第5条に規定されているように補完性の原則を尊重しながら達成されるであろう．

EUは，その諸目的の達成とその諸政策の遂行のために必要な資金を独自に調達するが，それには二つの特定された制限がついている．すなわち，EUはその政府組織が民主主義に基づく加盟諸国の国家的アイデンティティを尊重し，欧州人権条約により保障された権利と自由を尊重しなければならない．それらは，加盟諸国に共通の憲法上の伝統に由来するEC法の一般原則であるからである（EU条約第6条）．

これと関連して，EUの閣僚理事会の次のような質問に対する欧州司法裁判所の見解[1]は興味深いので書き留めておく．

「1950年11月4日の欧州人権条約への加入はEC条約と矛盾しないか？」

欧州司法裁判所は次のような見解を示した．

第1節　制度的枠組み

「ECはEC条約によって与えられた権限および設定された目的の範囲内で行動することができると規定する同条約第5条の規定により，ECにすでに与えられている権限のみを有するに過ぎない．同条約のいかなる規定も人権に関する規則を制定しまたはその分野の国際条約を締結するための一般的権限を与えていない．これに関する明示または黙示の権限が存しない場合，同条約の第308条が加入の法的根拠となるか否かを考える必要がある．同条は，付与された権限の原則に基づく制度体系の不可欠な部分であるから，同条約の規定全体により，特に，ECの使命および活動を定義する諸規定によって構成されている一般的な枠組みを超えてECの権限の範囲を広げるための根拠とはなり得ない．それらを考慮して，欧州人権条約へのECの加入が条約第235条を根拠とすることが許されるか否かという問題が検討されなければならない．人権尊重の重要性は加盟諸国およびECの諸機関のいろいろな宣言において強調されてきたということがまず特筆されなければならない．単一欧州議定書の前文およびEU条約の前文，第6条第2項，第11条第1項第5号および第30条1項にも人権の尊重が書かれている．基本権は欧州司法裁判所がその遵守を確保する法の一般的原則の不可欠な部分を構成するというのは確立された考えである．人権の尊重は，それゆえ，EC法の適法性の条件である．しかし，欧州人権条約への加入は同条約の全規定のEC法秩序への統合のみならずECの別個の国際的制度体系への加入を伴う．ECにおける人権保護に関する制度の変更とECおよび加盟諸国への同等に基本的な制度的影響は憲法的な意義を有し，したがって，第308条の範囲を超える性格を有する．それは，条約の改正によってのみ可能である．」

　結論として，欧州司法裁判所は「EC法が今のままでは，ECは欧州人権条約に加入する権能を有しない」と述べた．

　　(1)　Opinion 2/94 of 28 March 1996, issued under Article 22(b) of the EC Treaty.

## B　EC

**39**　欧州経済共同体設立条約はマーストリヒトで改正され，EECはECと名称変更された．

### 1　目的

**40**　1997年のアムステルダム条約は，ECの目的を次のように定めた．

「ECは，共通の市場，経済通貨統合を確立し第3条および第4条に定める共通の政策または活動を実行することによって，調和的で均衡の取れた経済活

動の展開，男女の平等，持続可能でインフレのない経済成長，経済達成の高度の競争性と集中化，環境の質の高水準の保護と向上，生活の水準と質の向上，および加盟諸国の経済社会的な結束と連帯をEC全体において促進することを使命とする。」(第2条)

この目的遂行能力は，とりわけ第3条に従えば，次の事項に関係する．
―域内市場における人の入国と移動に関する措置(第d号)
―共通市場の運営に必要な限度における加盟諸国の国内法の接近(第h号)
―雇用協調戦略を発展させることによって効果を高める目的をもった加盟諸国の雇用政策間の調整の促進(第i号)
―欧州社会基金を含む社会分野における政策(第j号)
―経済的社会的結束の強化(第l号)
―高水準の健康保護を達成するための貢献(第p号)
―質の高い教育・職業訓練および加盟諸国の文化的繁栄のための貢献(第q号)

ECは同条約によって与えられた権限と設定された目的の範囲内で行動するものとする(第5条第1項)．

## 2　補完性

**41**　その排他的管轄権に入らない領域では，ECは補完性の原則に従って行動しなければならない．初めて補完性の原則を定義して，第5条は，ECは次の場合に行動すると規定している．
「提案された措置の目的が加盟諸国によっては十分に達成できず，それゆえ，当該提案された措置の規模または効果からみて，ECによってよりよく達成できる場合に限られる．ECのいかなる措置も本条約の目的達成に必要な限度を超えてなされてはならない．」

**42**　問題は二つある．第1に，どのレベルで決定がなされるべきかである．ECのレベル，国のレベル，それともより地方のレベル，すなわち，地域，地区または町，あるいは産業，企業または工場レベルか？　第二に，労働法および労使関係に関しては，問題は誰がその決定をなすべきかである．国家，その他の政府機関，したがって公的機関，あるいはソーシャル・パートナーすなわち経営側と労働側，労働条件の領域で使用者と被用者の代表者による自治規範設定の余地を残した多元的社会の枠組みで，例えば，労働協約によって．補完性は，また，自由市場経済を有する社会で承認された権利としての経済分野の「経営権」の枠組みの中で経営者によってなされる一方的な決定をも許容する．

## 第1節　制度的枠組み

　補完性は，まず，他の何らかのレベルで同等またはより良く行えることは，ECレベルで行うべきでないことを意味する．それは，ECの権能に関する限り，その黙示的な権限に関しても対外的な権限に関しても制限的な意味を持つ．したがって，その適切なレベルたり得るためには，ECは他のレベルにおけるより「より良い結果」を達成しなければならない．第5条が規定するように，ECはその提案された措置の目的が加盟諸国によって十分に達成できない場合に限ってその措置をとることができる．より良い結果はその提案された措置の規模と効果のゆえに達成されるのである．規模とは労働者の移動の自由，学生，移民労働その他の交換のように国境を跨いだ措置のことを指すことは疑いがなく，その決定はそれほど困難ではない．

**43**　同じ理由付けが，第2に，公的機関とソーシャル・パートナーの関係にも適用される．結果が同一であれば，ソーシャル・パートナーの自治が優先すべきである．これは，しかし，ソーシャル・パートナーが，実際に，代表すべきものと考えられている使用者と被用者の代表者であることを前提とする．これは，組合が例えばフランスにおけるように，例えば20％以下の労働者しか組織していない国々においては問題を生ぜしめることは疑いない．同じことは，他の事情が同じならば，使用者団体についても当てはまる．特に，ILOの第87号及び第98号条約を批准しているEC加盟国に関しては，自明のことながら，「代表しているか否か」に関する国内的基準とともにILOの基準が適用される．

**44**　行動のレベルおよび（または）権能を有する当事者が決定すれば，補完性原則の効果は次の意味で停止する．すなわち，補完性は，実際のところ，認められている権能(competence)を限定的に解釈するための原則を包含していない．一度ある適切なレベルに権能が与えられると，それは，言語が意味を持つのと同様に，そういうものとして解釈されなければならない．

　多くの場合，どこが適切なレベルで誰に権能を与えるかを決定することは容易ではない．それは，EC条約第137条に沿って，異なった加盟国においてこれらの問題への対応に基本的な相違を認めながら「ECが加盟諸国の『活動』を支持し補足する」領域においては特にそうである．これは，社会的なECの蓄積された成果の枠内でいえば，法的干渉主義を採るベルギー，ドイツ，フランスその他のような欧州大陸のほとんどの加盟国に対して法的不干渉主義を採るイギリスにおいて特に妥当する．

**45**　補完性は法的な概念であると同時に政治的概念である．共通市場の政治的諸機関，まず，欧州委員会，欧州議会，閣僚理事会は提案された行動の目的，規模及び効果を評価する際に補完性の原則を視野に入れ適用して決定す

る．EC条約第5条に定義された補完性の意味を解釈することを通じて，欧州司法裁判所がこの領域に干渉すべきか否かは，その余地は排除され得ないとしても，疑問とするところである．

(1992年12月11日と12日に行なわれた)エディンバラの欧州首脳会議において，欧州理事会は「閣僚理事会による補完性原則とEU条約第5条の適用に対する全般的な対処の仕方」を決定した．

**46** 閣僚理事会によれば第5条は主に次の三つの要素をカバーする．

1 権限の限定の原則．ECは権限を与えられた場合にのみ行動できるという原則——これは加盟国の権限が原則であり，ECのそれは例外であることを意味している——は，いつでも，ECの法秩序の基本的な特徴であり続けてきた．

2 厳密に法的な意味での補完性の原則．ECはある目的が個々の加盟国のレベルよりECのレベルにおける方がよりよく達成され得る場合にのみ行動しなければならないという原則はECSC条約とEEC条約のいくつかの規定に萌芽的または黙示的に存在している．この原則はECの排他的権限に属さない事項について維持される．

3 均衡性ないし強度性(intensity)の原則．ECによって採用されるべき手段は追及されるべき目的と均衡すべきであるという原則は，排他的権限の内外を問わずECのすべての行動に適用される．

アムステルダム条約は補完性と均衡性の原則の適用に関する議定書第7号を導入することによりこの合意と欧州理事会の決議の法的地位を明らかにした．この議定書はエディンバラにおける1992年欧州理事会の決議及び1993年欧州機関間協定の決議に関する主な条項を挿入し，それらに条約上の地位を与えた．

## C 統 合

**47** 3共同体とそれらが作った法律とが一つの統合された結束体を構成していることは疑いない．EC条約第305条は，明らかに，同条約の諸条項がその他の条約の諸条項に影響を与えないことを示している．しかし，同条約の一般的な目的を重要視するなら，この条文は，(同条約から派生する二次的な法とともに)同条約の諸規定は，石炭，鉄鋼および原子力の産業に関しても，それらの条約によって規制されないか完全には規制されない諸事項が問題となれば，法的拘束力を有するものとして解釈される．換言すれば，一般法としてのEC法は，当該事項が特別法としての二分野の条約の一つにおいて取り扱

われるときにのみ，放棄されるのである．

一例をあげると，ECSC 条約第 69 条は石炭又は製鋼業に資格を認められている労働者の自由移動のみを規制している．その結果，労働者の移動の自由に関する EC 条約の第 39 条以下の規定は，これらの分野で働く他の労働者に適用される．原子力の分野に雇われている労働者に関しても，他の事情が同じならば，同じことが当てはまる．

**48** EC の 15 の加盟国は，オーストリア，ベルギー，デンマーク，フィンランド，フランス，ドイツ，ギリシア，アイルランド，イタリア，ルクセンブルク，オランダ，ポルトガル，スペイン，スウェーデンおよびイギリスである．

## II 諸機関とその権能

**49** EC は多くの共通の機関を有している．欧州議会，閣僚理事会，欧州委員会および欧州司法裁判所がそれである．これに加え，ECSC の諮問委員会，EC およびユーラトムの経済社会評議会，そして助言の権能を有するものとしての既述の地域評議会(EC 条約第 265 条)のような補完的機関がある．

### A 欧州議会

**50** 欧州議会(The European Parliament)は 626 名の「EC に参加した諸国の国民の代表」から構成される(EC 条約第 189 条)．欧州議会の議員は直接普通選挙によって選ばれる．任期は 5 年で，各加盟国で選ばれる代表の定数は以下の通り．

| | | |
|---|---|---|
| オーストリア…21名 | フランス…………87名 | オランダ………31名 |
| ベルギー………25名 | ギリシア…………25名 | ポルトガル……25名 |
| デンマーク……16名 | アイルランド……15名 | スペイン………64名 |
| ドイツ…………99名 | イタリア…………87名 | スウェーデン…22名 |
| フィンランド…16名 | ルクセンブルク …6名 | イギリス………87名 |

EU 拡大の見地から，現在の 626 議席を 2004 年 1 月 1 日から 535 議席に減らし，欧州議会の議員の上限を 732 議席に限定する決定がニースで行われた (2000 年 12 月)．

**51** 欧州議会は大変特別な議会である．第 1 に，欧州の建設には国家政府のように議会の信任を得る必要がある実際的な政府が存しない．議会が欧州委員会に対して一定の監督権を行使しかつその活動を非難するための動議は投票

数の3分の2の賛成を得かつ全議員の過半数を代表するものでなければならない．しかし，実際には，この手続は困難な仕事となるので現実的な意味はない．欧州議会の立法上の役割はゆっくりと拡大しつつある．条約に定めのある場合を除き，欧州議会は絶対多数の投票で決定する．

　アムステルダム条約は，相当多くの領域，例えば次のような領域に拡大されている共同決定手続によって欧州議会の役割を強化した．
―雇用に関する促進措置
―雇用および職業に関する男女の機会均等と均等待遇の原則の適用

**52**　相当多くの場合，EC条約およびユーラトム条約は閣僚理事会が欧州議会と協議すべきことを定めている．それゆえ，まさに重要なEC条約第94条は次のように規定しているのである．
「閣僚理事会は，欧州委員会の提案に基づき，欧州議会および経済社会評議会と協議した後，共通市場の確立または運営に直接影響をおよぼすような加盟国の法律，規則または行政規定を接近させるための命令を全会一致で定める．」
　この協議は閣僚理事会のために求められるのである．しかし，その助言的権能は，欧州委員会から発せられる提案に関するものである．それは，例えば，欧州議会の決議を考慮にいれて，閣僚理事会が決議をなすまではいつでも欧州委員会の提案を変更し得る．その三者間の相互作用がこういったかたちで明確に表明されている．しかし，1991年のマーストリヒト条約以来，欧州議会は議員の過半数で行動することにより「EC法が本条約の履行のために必要とされる」（EC条約第192条）と考えられる事柄について適切な提案を提出するように求めることができるようになった．これは欧州議会に主導権を与えるものである．

**53**　欧州議会の監督は，基本的に欧州委員会の活動に関わるものである（閣僚理事会は欧州議会議員からの書面または口頭の質問に答えるが，閣僚理事会の活動に関わるものではない）．予算案については，しかし，欧州議会は共同決定を行う権能を有する．欧州議会は予算案を承認する．欧州議会は，過半数を代表しかつ投票数の3分の2を得て，予算案を否決し提出されるべき新たな予算案を求めることができる（EC条約第272条第8項）．欧州議会はまた予算案を修正しECの必要経費に関し閣僚理事会の修正を提案する権利を有する．欧州議会の提案にかかる修正は予算総額を増加させる効果を有する場合，閣僚理事会の承認を必要とする．

　欧州議会はまた欧州諸国のEC加盟申請に関して決定的な発言力を有する．この場合，欧州議会は同意を与えなければならないのである（EU条約第49

条)．

**54** 単一欧州議定書第6条は立法に関する欧州議会の役割を積極的に増進させる協力手続(cooperation procedure)を確立した．調停と拒否権手続もまた重要である(EC条約第252条)．

## B 閣僚理事会

**55** 3共同体統合条約第1条で設立されたEC閣僚理事会(The Council of the European Communities)はECの主たる立法機関であるからECのもっとも重要な機関であることは疑いない．

同条約第2条に従い，閣僚理事会は加盟諸国の代表で構成される．各国政府はその閣僚を閣僚理事会に派遣している．特定の会議でどういった閣僚が協力するかはその会議事項による．社会相理事会(Social Council)が開かれるときには，そのテーマに対する権能を有する大臣，例えば，雇用大臣が出席する．社会相理事会はいわゆる産業または専門閣僚理事会に属する．一般的な問題が会議事項になる場合は，外務大臣が外務相理事会に会する．欧州理事会は元首と首相の理事会であり，それらの者が外務大臣とともに年3回会する．

**56** 閣僚理事会はECの機関である．このことは，閣僚理事会において国家の利益が防衛され，各大臣がそれぞれの政府の見解を防御したとしても，加盟諸国はECの目的実現のために必要なあらゆる措置をとらなければならないことを意味する．このことはEC条約第10条の規定から明らかである．

「加盟国はこの条約に基づくかまたはECの機関の法令に基づく義務の遂行を確保するため一般的または特別のすべての適切な措置をとる．それらはECの任務の達成を容易にする．加盟国はこの条約の目的の実現を危うくする恐れのあるいかなる措置もとってはならない．」

**57** 閣僚理事会はEC条約によって与えられた権限のみを行使する．それゆえ，閣僚理事会は，EC条約第308条との関係で後述する事項を除き，一般的な権能を享受しない．同条約第202条は同条約に定められた目的を達成するために閣僚理事会は「加盟国の一般的経済政策の調整を確保し決定権を行使する」ことを示している．したがって，閣僚理事会は一般的拘束力ある決定をなす権限を有する．

**58** 労働法に関する閣僚理事会のもっとも重要な任務としては，次の事項をあげることができる．

―労働者の自由移動の促進措置(EC条約第39条―第42条)

―(労働)法の接近(EC条約第94条―第96条)
―社会政策の推進(EC条約第136条―第145条)
―社会基金に関する決定の実施(EC条約148条)
―質の高い教育と職業訓練の発展(EC条約149条―第150条)
―より強力な経済的社会的結束の促進(EC条約第158条―第162条)
―社会憲章(1989年)の実施.

**59** ECの目的を達成するためにはECの行動が必要であるが条約がそのために必要な権限を規定していない場合，閣僚理事会は欧州委員会からの提案に基づき，欧州議会との協議の後に全会一致で適切な措置をとることができる(EC条約第308条).

**60** 閣僚理事会は絶対多数決，特定多数決または全会一致で議決するというのが一般原則である．EC条約第205条第1項は「本条約に異なる規定がない限り，閣僚理事会の議決は構成員の多数で行われる」と定めている．しかし，実際には，この一般原則は例外である．

**61** ほとんどの場合，特定多数決投票が用いられる．閣僚理事会が特定多数決による議決を求められる場合，その加盟国の票は次のような重さとなっている．

| | | |
|---|---|---|
| オーストリア …4票 | ドイツ…………10票 | オランダ ………5票 |
| ベルギー ………5票 | ギリシア ………5票 | ポルトガル ……5票 |
| デンマーク ……3票 | アイランド ………3票 | スペイン ………8票 |
| フィンランド …3票 | イタリア………10票 | スウェーデン …4票 |
| フランス………10票 | ルクセンブルク …2票 | イギリス………10票 |

　総計87票中62票が賛成なら欧州委員会の提案に関する議決には十分である．その他の議決については，最低10の加盟国による賛成票を含む62票が必要である(EC条約第205条第2項)．この原則は小さな加盟国を保護するために作られた．すなわち，欧州委員会はその提案を作る際に，小さな加盟国の利益を考慮するという考えである．さらに，EC条約第250条第1項は閣僚理事会が欧州委員会の提案を修正するには全会一致を要求する．

　ニース(2000年12月)で，2005年1月から各加盟国に適用される票数の決定が行われたが，五つの大国の票数がより優勢になる(60%)．現在の15の加盟国の上限は237分の169ないし71.3%となる．特定多数決の獲得はより困難となる．

　労働法に関して，特定多数決が必要な事項は次のとおりである．
―労働者の自由移動(EC条約第40条)
―域内市場の確立(EC条約第95条)

―労働者の健康と安全
―労働者の情報提供と協議
―男女の均等(EC条約第137条および第141条)
―雇用促進措置(EC条約第128条および第129条)
―欧州社会基金(EC条約第148条)
―職業訓練(EC条約第150条)
―経済的社会的結束(EC条約第162条)

**62** 15加盟国に関する労働法の一般的事項については全会一致の要請が極めて重要であることに変わりはない．

全会一致は，
―被用者の権利と利益(EC条約第95条)
―経済的社会的結束(EC条約第161条)
に関して必要である．

**63** 全会一致は次の事項にも必要である．
―社会保障
―労働者の社会保護
―雇用契約の終了における労働者の保護
―労働者と使用者の利益の代表と集団的防衛
―第三国国民に関する雇用条件

**64** (ECの権限が)適用除外される領域は，
―賃金
―団結の権利
―ストライキの権利
―ロックアウトの権利(EC条約第137条)

「議決阻止少数票」は特定多数決による決定を阻止するために必要とされる最低票数である．現在は，26票である．

## C 欧州委員会

**65** 欧州委員会(The Commission of the European Communities)はECSCの最高機関，EECおよびユーラトムの委員会に代わるものである(統合条約9条)．欧州委員会は「全般的能力を基準として選出され，かつ十分な独立性を有する」20名の委員で構成されている(EC条約第213条第1項)．小国は1人の委員を有し，大国は2人の委員を有する[1]．任期は5年で再任可能である(EC条約第214条第1項)．欧州委員会は多数票(11票)で議決する．

総　論

　アムステルダム条約は欧州委員会委員の任命に関し欧州議会に発言権を与える．この手続は次のとおりである．加盟国政府は，欧州議会と協議の上，欧州委員会の委員長として指名したい者を合意により指名する．この指名は欧州議会によって承認されなければならない．各国政府は，次に，欧州委員会の委員に指名したい者を委員長に指名された者との合意により指名する．こうして指名された委員長と委員は欧州議会の承認投票に服する．欧州議会により承認された後，欧州委員会の委員長およびその委員は加盟国政府の合意によって任命される（EC条約第214条）[2]．
　(1)　ニース条約に従えば，「2005年1月1日およびその日以降において欧州委員会が最初にその任務を遂行するときから，EC条約第213条第1項は次の規定に置き換えられる．
　　『1　欧州委員会の委員は全般的能力を基準として選出され，かつ十分な独立性を有する．欧州委員会は各加盟国の国民1名を含むものとする．欧州委員会の委員数は全会一致により閣僚理事会によって変えることができる．』
　2　EUが27の加盟国からなるときには，EC条約第213条第1項は次の規定に置き換えられる．
　　『1　欧州委員会の委員は全般的能力を基準として選出され，かつ十分な独立性を有する．欧州委員会の委員数は加盟国数未満とする．欧州委員会の委員は均等原則に基づくローテーション制度に従って選出され，その実施の仕組みは全会一致により閣僚理事会が採択するものとする．
　　2　欧州委員会の委員数は全会一致により閣僚理事会が設定するものとする．』
　　この改正は，EUの27番目の加盟国が加盟した日以後に初めて欧州委員会がその任務に就いた日から適用するものとする．
　3　EUの27番目の加盟国が加盟条約に調印した後，閣僚理事会は全会一致により，
　　―欧州委員会の委員数
　　―以下の原則に基づき自動的に順次の委員を決定するのに必要な基準とルールを含む均等原則に基づくローテーション制度の実施の仕組み
　　　(a)　加盟国は，欧州委員会の委員として国民の順序および在任期間の決定に関して厳格に均等に扱われるものとする．その結果，いかなる2カ国の国民の総在任期間の差も，一在任期間以上にならない．
　　　(b)　(a)に従い，各順次の委員はEUの全加盟国の人口学的および地理学的範囲を十分に反映するように構成されるものとする．
　4　EUに加盟したいかなる国も，第2項が適用されるまでは，加盟の時点において，その国民の一人を欧州委員会の委員とする資格を有する．」

第1節　制度的枠組み

(2)　2　ニース条約は次のように予定している。

　『閣僚理事会は，元首または政府首脳から構成され特定多数決により，欧州委員会の委員長として任命しようとする者を指名するものとし，この指名は欧州議会によって承認される．

　閣僚理事会は，特定多数決により委員長に指名された者との合意により，各加盟国の提案に従って，欧州委員会の委員として任命しようとする他の者のリストを作成するものとする．

　こうして指名された欧州委員会の委員長および他の委員は一体として欧州議会の承認投票に従う．欧州議会の承認の後，欧州委員会の委員長および他の委員は特定多数決により閣僚理事会によって任命されるものとする．

**66**　欧州委員会は，閣僚理事会よりも一段と優れて欧州的である．すなわち，EC条約第213条第2項によれば「欧州委員会の委員は，ECの一般的利益のため，任務の遂行に際して完全に独立していなければならない．」各加盟国は欧州委員会の委員に対し影響を及ぼさない義務を負う．しかし，欧州委員会は，既に指摘したように，欧州議会に説明義務を負い，かつ欧州議会により総辞職させられる．実際，欧州委員会は合議体である．すなわち，各委員は欧州委員会のすべての議決につき説明責任を負う．にもかかわらず，職務分担の形式で分業が存する．すなわち，各委員は多くの行政総局(directorate general)に対する権能を有している．これは，例えば，社会担当委員は「雇用，労使関係，社会問題，教育訓練[訳注1]」に責任を有することを意味する．行政的にいえば，欧州委員会はいろいろな行政総局と法制局のようないくつかの総務部門に分かれている．第5総局は雇用，労使関係および社会問題に権能を有する．

　　［訳注1］　この記述は古い．1995年から教育訓練担当委員が設置され，部局も別になっている．

**67**　欧州委員会の最も重要な任務は疑いなく欧州の立法過程への参加である(EC条約第211条第3項)．相当多くの場合，条約は，閣僚理事会は欧州委員会の提案につき議決するだけであることを示している．換言すれば，欧州委員会はECの立法に関する主導権を享有しており，その提案なくしては何も始まらない．閣僚理事会は欧州委員会の提案を修正する場合には全会一致の議決をしなければならないのに対し，欧州委員会は閣僚理事会が自身の発議または欧州委員会，欧州議会または経済社会評議会の要請で議決をしない限りその提案を変更することができる．

**68**　欧州委員会のもう一つの重要な任務は「本条約の規定および本条約に基づきECの諸機関が採択する規定の適用」を確保することである(EC条約第

211条)。欧州委員会が加盟国の条約上の義務の遵守を監督するのはこの主旨においてである。加盟国が条約に基づく義務の履行を怠り，欧州委員会の見解に従わない場合には，欧州委員会は欧州司法裁判所に提訴することができる(EC条約第226条)。また，欧州委員会は閣僚理事会によって与えられた権能を行使する(EC条約211条3号)。欧州委員会はまた固有の決定権限を有している。さらに，国際的な協定の締結に導く交渉を行い，あらゆる国際組織と適切な関係を維持する権限を有する(EC条約第300条―第302条)。

## D 欧州司法裁判所

**69** 欧州司法裁判所(The Court of Justice)は「本条約の解釈および適用について，法規の遵守を確保する」(EC条約第220条)。加盟国は条約の解釈および適用に関する紛争について欧州司法裁判所の権能を尊重する義務を負う(EC条約第292条)。

　欧州司法裁判所は15人の裁判官で構成され，8人の法務官により補佐される。完全に公正かつ独立して行動する法務官の職務は，欧州司法裁判所規則(Statute of the Court of Justice)に基づき必要とされる事件について公開裁判で理由を付した見解を提示する(EC条約第222条)。

「裁判官および法務官は，十分な独立性を有し，自国において最高の司法上の職務を遂行するため必要とする条件を満たすか，または周知の能力を有する法律専門家である者のうちから選定する。裁判官および法務官は，加盟国政府の合意により6年の任期で任命される」(EC条約第223条)。

**70** 欧州司法裁判所は加盟国が条約に基づく義務を遵守しているか否かを判断し(EC条約第226条―第227条)，閣僚理事会及び欧州委員会の立法の合法性およびその無効を宣言すべきか否かを審査する(EC条約第230条―第231条)権能を有する。欧州司法裁判所は，また，加盟国の裁判所または裁判官の要請に基づきEC法の解釈に関する先行的判決をなす権能を有する(EC条約第234条)。これは，例えば，国内裁判官がある事件において自身にとってその意味の明らかでないEC法に直面したとき，当該EC法の意味に関し欧州司法裁判所にいくつかの質問をなすことができる。欧州司法裁判所は最終的には国内裁判官を拘束する先行判決を下す。

**71** アムステルダム条約は，また，EUにおける基本権の保護に関する欧州司法裁判所の権限をも規定した。EU条約第46条第d号はEU条約第6条第2項の管轄権を(1)諸機関の議決及び(2)他の条約に基づいて欧州司法裁判所がすでに有している管轄権に限定する。

第1節 制度的枠組み

欧州司法裁判所の判決は最終的措置として行われるので上訴はありえない。判決はEC加盟国のどこでも執行されうる。執行はそれが実施される領土を有する国における民事訴訟手続の規定に服する。該当する国の裁判所は，その執行が違法な仕方でなされているとの訴えに関する管轄権を有する（EC条約第256条）。加えて，自然人や民間人も欧州司法裁判所に提訴できるのである。

**72** EC条約第225条に従い，欧州司法裁判所の事件処理負担を緩和するため，第一審裁判所が欧州司法裁判所に設置された。第一審裁判所は新たな機関ではなく，欧州司法裁判所内におかれている。その裁判官達は，独立性に疑いがなくかつ司法職に任命される能力を有する者の中から選ばれる。裁判官たちは，6年の任期をもって，加盟諸国の政府の合意によって任命される。

### 欧州司法裁判所の一般的手続
### 1999年の一般的手続＊

|       |       |        |
| ----- | ----- | ------ |
| 結審   | 378件 | （395件） |
| 新規訴訟 | 543件 |        |
| 係属中  | 801件 | （896件） |

＊ この表と次の表において，カッコ内の数字（総計数）は事件の総数を表し，類似の理由に基づく併合訴訟を考慮しないものである（1事案＝1事案）。カッコのない数字（純計数）は併合訴訟を1事案としたものである（一連の事案＝1事案）

### 終結事案
### 訴訟手続きの形態

|          |       |        |
| -------- | ----- | ------ |
| 先決的判決の付託 | 180件 | （192件） |
| 直接的訴訟   | 136件 | （141件） |
| 上訴      | 57件  | （57件）  |
| 意見      |       |        |
| 特別訴訟形態  | 5件   | （5件）   |
| 総計      | 378件 | （395件） |

＊ 次のものは特別訴訟形態と考えられる。訴訟費用税（訴訟規則74条），法律扶助（訴訟規則76条），判決取り消しの訴え（訴訟規則94条），第三当事者訴訟（訴訟規則97条），判決の解釈（訴訟規則102条），判決の職権による訂正（訴訟規則98条），判決の申立に

よる変更(訴訟規則66条)，付属手続(特典と免責の付随書)，免責に関する事案(特典と免責の付随書)

1999年における訴訟対象事項一覧[訳注1]

　[訳注1]　本訳書では省略．

## III　その他の機関

**73**　上述の4つの機関のほか，ECの枠内には，それを社会的事項に限定しても，使用者と労働者の代表が組織するその他の多くの重要な機関がある．それらの機関のあるもの，例えば，ECの経済社会評議会や欧州社会基金といったものは，条約自体によって明示的に設立された．他のものは閣僚理事会や欧州委員会の執行の際にそれを補佐するために時を経て創設されてきた．

### A　経済社会評議会

**74**　経済社会評議会(The Economic and Social Committee)は，「経済生活および社会生活の各産業の代表者，特に生産者，農民，運輸および一般労働者，商人および職人，自由業の代表者および一般利益の代表者で構成する」(EC条約第257条)．同評議会の委員は閣僚理事会により4年間の期間を付して任命される．その任期は更新可能である．委員は「いかなる強制的指示も受けてはならず」また「ECの一般的利益のために，その職務の遂行に関して完全に独立していなければならない」(EC条約第258条)．大きな加盟国からはそれぞれ24名，スペインからは21名，オーストリア，ベルギー，ギリシャ，オランダ，ポルトガルおよびスウェーデンからは12名，デンマーク，フィンランドおよびアイルランドからは9名，ルクセンブルグからは6名が任命される(1)．委員は，使用者代表グループ，被用者代表グループおよびいわゆる残余グループ（多様な利益）の三つのグループに分かれる．

　経済社会評議会は条約に定めがある場合に閣僚理事会または欧州委員会による協議を受け，また閣僚理事会または欧州委員会が適当と思料する場合にも協議を受ける．1972年のパリ首脳会議以来，経済社会評議会はECの事項に関して率先して助言する権限を有している．

　(1)　ニース条約に従い経済社会評議会の委員の人数は350を超えることはできない．

## B 欧州社会基金

**75** 欧州社会基金(The European Social Fund)は，次のように定めるEC条約第146条によって設立された．

「域内市場における労働者の雇用機会の改善およびそのことによって生活水準の向上に寄与するために，次に定める規定に従って，ここに欧州社会基金を設立する．同基金は，労働者の雇用をより容易にし，ECにおける労働者の地理的および職業上の移動性を高め，かつ産業的変化および生産システムにおける変化に対し，特に職業訓練および再訓練を通じて労働者の適応性を高めることを目的とする．」

閣僚理事会は，共同決定手続に従いかつ経済社会評議会および地域評議会との協議の後，欧州社会基金に関する実施決定を定める(EC条約第148条)．

EC条約第161条に従い，閣僚理事会は構造基金の任務，その優先的目標および諸基金（欧州農業指導保証基金，欧州社会基金，欧州地域開発基金）のリストラクチュアリングを含むその組織の確定を行う義務がある．

欧州社会基金に関して，この任務は
「失業を防止し失業と戦い，高度の雇用水準，男女の平等，継続的発展，経済的社会的結束を推進するための人的資源と労働市場への社会的統合を展開する措置を支持することである．特に，欧州社会基金は欧州雇用戦略および年次雇用指針の遂行においてとられるべき措置に寄与する．」

より具体的には，同基金は，特に多年度国別雇用行動計画との関係で下記の政策領域における労働市場と人的資源の発展に向けた加盟国の活動を支持，補完する．

**(a)** 失業を防止し失業と戦い，女性と男性が長期的失業に陥ることを防止し，長期失業者の労働市場への再統合を促進し，若者および一定期間の離脱後に労働市場へ復帰する者の職業的統合を支援するための積極的労働市場政策の発展と促進，

**(b)** 社会的な排除にさらされている人々に特別な力点を置いた，あらゆる人々の労働市場参入への平等な機会の促進，

**(c)**
―労働市場への参入および統合を促進し改善するため
―エンプロイアビリティーを改善し維持するため
―労働移動を促進するため
生涯学習政策の一環としての

―職業訓練

―教育

―カウンセリング

の促進および改善

**(d)** 熟練の,訓練された,または適応能力のある労働力,労働組織における革新と適応能力の促進,起業家精神と雇用の創出を促進する諸条件の促進,技能の向上,研究,科学および技術における人的可能性の促進,

**(e)** キャリア開発,新たな雇用の機会および起業の機会を含む労働市場への女性の参入を改善するため,および労働市場における性別に基づく垂直的水平的男女職務分離を減少するための特別な措置

これらの政策領域において,欧州社会基金は次のことを考慮に入れる.

**(a)** 雇用に関する地方のイニシアティブ,とりわけ地域雇用および特定地域雇用の協定を支持するイニシアティブに対する支援

**(b)** 情報社会の社会的および労働市場的な次元,とりわけ,情報社会の雇用ポテンシャルの活用を企図した政策と計画を発展させることおよび施設と給付に対する平等な機会を確保すること.

**(c)** 主流化政策の一部としての男女の機会均等[1].

> (1) 1. Regulation (EC) No.1784/1999 of 12 July 1999 on the European Social Fund, O.J., L 213, 13 August 1999.

**76** 欧州社会基金は欧州委員会によって管理される.欧州委員会はその任務遂行につき欧州委員会の1名の委員が議長を務め,政労使の各代表者からなる委員会によって補佐される(EC条約第147条).

## C 欧州職業訓練発展センター

**77** 欧州職業訓練発展センター(European Centre for the Development of Vocational Training)(CEDEFOP)は1975年に設立された[1].同センターの目的は欧州委員会がECレベルの職業訓練および在職訓練の推進および発展を奨励することを援助することである.同センターはテッサロニキ(ギリシア)にある.それは加盟国政府,欧州委員会およびソーシャル・パートナーの代表者たちによって構成される運営委員会によって運営される.同センターは科学的,技術的な証拠による裏付,情報および研究活動を通じて欧州委員会を援助するのである.

> (1) Regulation No.337/75 of 10 February 1975, O.J., 13 February 1975, No. L 39; as amended by Relation No.1946/93, 30 June 1993, O.J., 23 July 1993, No., L 181,

13; No.1131/94 of 16 May 1994, O.J., 19 May 1994, No. L 127; 6 February 1995, No.251/95; O.J., 9 February 1995, L 030 and 20 February 1955, No.354/95, O.J., 23 February 1995, L 041.

## D 欧州生活・労働条件改善財団

**78** 1975年設立[1]の欧州生活・労働条件改善財団(European Foundation for the Improvement of Living and Working Conditions)は「その発展に資すると思われる広範な知識を増大させることを企図した行動を通じてより良い生活と労働条件の計画と設定に貢献するとこを目的とする。」その優先順位は以下のとおりである．
　―勤労者
　―労働組織および特に職務設計，各種の労働者に特別な問題
　―環境改善の長期的側面
　―人間活動の時間的空間的配分
　この財団の所在地はダブリンにある．それは加盟国政府，欧州委員会および労使双方の代表者からなる運営委員会によって運営される．専門家委員会が諮問権能をもって同財団を補佐する．

　(1) Regulation No.1365/75 of 26 May 1975, O.J., 30 May 1975, No. L 139 as amended by Regulation No.1947/73, 30 June 1993, O.J., 23 July 1993, No. L 181, 13.

## E 雇用常任委員会

**79** 雇用常任委員会(The Standing Committee on Employment)は1970年に設立された[1]．それは，加盟諸国の労働市場政策の調整を促進するため閣僚理事会，欧州委員会およびソーシャル・パートナー間の恒常的な対話，協調，協議の設定を目的とした．雇用常任委員会は権能のあるECの機関が決議する前に介入した．雇用常任委員会は社会政策形成に関与するすべての参加者の見解の対立に関し恒常的な可能性のある提案を行った．しかし，それは交渉のフォーラムではなかった．実際，多くの話合いがもたれたが，実際の見解の交流はなかったし，決定には至らなかった．

　(1) Decision No.70/532 of 14 December 1970, as amended by Decision No.75/62 of 20 January 1975, O.J., 28 January 1975, No. L 21.

**80** 1999年，雇用常任委員会は雇用指針の実施に重要な貢献をなすため雇用

協調戦略の全段階にソーシャル・パートナーを関与させる目的に持つことによりモデルチェンジし，以前より高い評判を得た[1]．雇用協調戦略へのソーシャル・パートナーの貢献は，高度の雇用水準という目的をECの諸政策の立案と実施に盛り込むというより大きな協働と目的を与えるために，雇用指針自体の段階においてばかりではなく，それと包括的経済政策指針との一貫性の検討にあたっても考慮されなければならない．

　雇用常任委員会の任務は，雇用指針と包括的経済政策指針とに反映されたECの経済的社会的な目的を考慮して，ソーシャル・パートナーが雇用協調戦略に貢献することを可能にしかつこの分野における加盟国の協調を促進するために閣僚理事会，欧州委員会およびソーシャル・パートナーの間の継続的対話，協調，協議を確保することである．

　閣僚理事会の構成員たる大臣またはその代表，欧州委員会，欧州レベルのソーシャル・パートナーの代表は雇用常任委員会の業務を運営する．

　労使双方から平等に2名ずつの代表者で組織される最大20名のソーシャル・パートナーがいることになる．

　ソーシャル・パートナーの代表は一般的利益または監督的ないし専門的職員および中小企業のより特定的利益を代表する欧州の組織からなり経済全体をカバーするものでなければならない．

　このため，各代表は以下のカテゴリーに該当し，欧州委員会により協議を受けたソーシャル・パートナーの組織の代表者で構成されなければならない．
――一般的な産業横断組織
――一定のカテゴリーの労働者または事業を代表する産業横断的組織
――農業および商業を代表する産業別組織

　労働者代表の実践的調整は欧州労連(ETUC)によって，また使用者のそれは欧州産業経営者連盟(UNICE)によって行われている．

(1) Decision No.1999/20 of 9 March 1999 on the reform of the Standing Committee on Employment and repealing Decision 70/532/EEC (O.J., 18 March 1999, No. L072).

## F　雇用委員会

**81**　アムステルダム条約は雇用および労働市場政策に関する加盟国間の調整を促進する諮問機関的地位を有する雇用委員会(The Employment Committee)の設立を規定している．

　同委員会の任務は次のようなものである．

―加盟国とECにおける雇用状況と雇用政策を監視すること．
―閣僚理事会または欧州委員会の要請に基づき，または自らの発議で，雇用問題（報告，指針，その他）に関し意見を述べ，また閣僚理事会を補佐すること．

　雇用委員会は各加盟国につき2名の委員からなる．同委員会は経営者および労働者と協議しなければならない(EC条約第130条)．

　雇用委員会は2000年1月4日の閣僚理事会決定No.2000/9/ECで設立された[1]．

　(1) O.J., 4 February 2000, No. L 29/21.

## G　欧州労働健康安全機構

**82**　欧州労働健康安全機構(The European Agency for Safety and Health at Work)は1994年7月18日の規則で設立された[1]．ビルバオ（スペイン）がその所在地とされた．同機構の目的は，職場における健康と安全に関するEC条約および相次ぐ行動計画の中に規定されているような労働者の安全と健康の保護に関し，特に労働環境の改善を促進するため，職場における健康と安全の分野で使用される技術的，科学的および経済的情報をECの諸機関，加盟諸国および関係領域の人々に与えることである(第2条)．

　この目的の達成のため，欧州労働健康安全機構の役割は以下のものである．

**(a)**　技術的，科学的および経済的情報の収集と普及
**(b)**　職場における健康と安全に関する研究およびその他の研究活動に関する技術的，科学的および経済的情報の収集
**(c)**　訓練計画に関する情報を含む加盟国間の協力，情報交流および経験の促進と支援
**(d)**　加盟諸国の専門家の会議，セミナーおよび交流の組織
**(e)**　賢明かつ効果的な政策を形成し実施するために必要とする客観的に有用な技術的，科学的及び経済的情報のECの諸機関および加盟諸国への提供
**(f)**　加盟諸国との協力によるネットワークの設立と調整
**(g)**　第三国および国際機関からの，または，それらへの健康と安全の問題に関する情報の収集および提供
**(h)**　予防活動を実施するための方法および手段に関する技術的，科学的および経済的情報の提供
**(i)**　将来のECの行動計画の発展への貢献

(1) No.2062/94, OJ, 20 August 1994, No. L 216/1, amended by Regulation No. 1634/95 of 29 June 1995, OJ, 7 July 1995, No. L 156.

## H 地域評議会

**83** 地域評議会(The Committee of the Regions)は地方および地域の諸機関の代表で構成される協議機関である。閣僚理事会は地域評議会委員を4年の任期で任命する。その任期は更新可能である。

アムステルダム条約は，同評議会が，協議を受けなければならない数多くの新たな領域を導入した。
―雇用指針(EC条約第128条)
―雇用に関するインセンティブ措置(EC条約第129条)
―社会政策の最低要件(EC条約第137条)
―公衆衛生の措置(EC条約第152条)
―環境に関する措置(EC条約第175条)
―欧州社会基金に関する決定の実施(EC条約第148条)
―職業訓練に関する措置(EC条約第150条)

## I その他の諮問委員会

**84** 労使の代表者が構成する他の相当数の協議委員会には次のようなものがある。
―労働安全衛生健康保護諮問委員会
―男女機会均等諮問委員会
―労働者自由移動諮問委員会
―職業訓練諮問委員会

## J 産業別合同委員会，非公式グループおよび産業別対話委員会

**85** 使用者組織および労働者組織の代表を構成員とする多数の合同委員会や非公式グループの委員会が産業レベル，すなわち次の産業に設けられかつ機能してきた。

第1節　制度的枠組み

## 欧州合同委員会及びワーキンググループ(1996年)

| 合同委員会(JC) | 非公式作業委員会 |
|---|---|
| 農業(1963年) | ホテルおよび配膳(1984年) |
| | 砂糖(1984年) |
| 道路交通(1965年) | 商業および小売(1985年) |
| | 保険(1987年) |
| 国内水運(1967年) | 銀行(1990年) |
| 鉄道輸送(1972年) | 家具(1991年) |
| | 履物(1977年) |
| 漁業(1974年) | 建設(1991年) |
| | 清掃業(1992年) |
| 海運(1987年) | 繊維および衣類(1992年) |
| 民間航空(1990年) | 材木(1994年) |
| 遠距離通信(1990年) | 民間警備(1994年) |
| 郵便(1994年) | |

　これらの合同委員会の最も重要な任務は，社会政策の形成と実施において欧州委員会を補佐することである．労使間の対話の機会，情報の交換および協議の推進もまたその任務である．合同委員会は欧州委員会の要請に基づきまたは自らの発意で欧州委員会に助言を与える．

　1996年には，各種の問題について約30の共通意見，勧告および決議が産業別の労使対話の枠組みの中で採択された．非常に少数の拘束力ある協定が締結されている．

　1997年7月24日には，農業の欧州のソーシャル・パートナーがEUにおける農業の賃金労働の改善を目指す枠組み協定に署名した．

　この協定は国内のソーシャル・パートナーのための交渉の基礎となる．それは労働時間の編成，労働条件，労働組織の弾力化および新たな仕方に関する諸問題を取り扱う．それは，より具体的には，労働時間を現在の40時間から39時間に減少させること，および内的にも（通常の労働時間，訓練および育児休業），また有期契約[訳注1]，パートタイム，季節および派遣労働といった新たな契約形態を形成する可能性に鑑みて，外的にも，弾力性の概念を導入すること，を勧告する．パートナーは不法就労とも戦わなければならない．

　　[訳注1]　原著には fixed-time contract とあるが，協定の本文は fixed-term contract とあり，印刷ミスと思われる．

86　1998年5月20日の欧州委員会決定に従い，これらの産業別グループは1998年12月31日までには欧州レベルのソーシャル・パートナーの対話を促進する産業別対話委員会に引き継がれる．
87　2001年3月，35の産業別委員会が次の産業で開催された．
―農業
―航空機産業
―自動車
―銀行
―化学
―清掃
―商業
―建設
―文化
―電力
―ガス
―グラフィック
―ホテル・レストラン・カフェ
―漁業
―保険
―家具
―メディア
―鉱業
―皮革
―国内水運 [訳注1]
―私的サービス
―郵便
―公的サービス（中央）
―公的サービス（地方）
―鉄道
―警備保障
―靴
―砂糖
―鉄鋼
―派遣業
―電気通信

第1節　制度的枠組み

―繊維
―輸送（海上）
―輸送（道路）
―材木

　これらの産業全部で 6,000 万人以上が雇われている．

　欧州委員会は，労使対話の焦点を機会均等，エンプロイアビリティおよび適応能力という現行の EU 雇用指針に示されている中心的テーマないし「柱」に当てることに今まで以上に熱心である．特に，適応能力というテーマのもとに，旅行，民間警備および鉄道産業の労働組織を現代化する協定の締結交渉を行うようソーシャル・パートナーに対する強力な呼びかけが行われた．力点は訓練と職業訓練基準の相互承認に置かれている．商業では，中心的テーマは依然として電子商取引増加の影響である．履物産業では，児童労働が依然として中心的テーマの一つである．清掃産業は闇就労にどのように対処するかという問題を議論している．そして農業，漁業および砂糖産業では健康と安全が議論されるべき課題になっている[1]．

(1) T. Weber, ' New era in sectoral social dialogue takes place', *www.eurofound. ie*, 23 February 1999.

［訳注 1］　原著には navigation on land とあるが，inland の誤りであろう．

## K　欧州労使関係センター

**88**　ソーシャル・パートナーは 1995 年に欧州労使関係センター（The European Industrial Relations Centre）を設立する協定を締結し，その主導が欧州委員会の支持を得た．それは，EU 加盟国の使用者および労働組合が欧州にある異なった労使関係制度を学ぶための学習センターである．それはしばしば欧州のソーシャル・パートナーが合同で使用する汎欧州的な学習，訓練および研究施設を提供する．

## L　社会保護委員会

**89**　ニースでは（2000 年 12 月），閣僚理事会が欧州議会と協議した後，加盟諸国と閣僚理事会との間における社会保護政策に関する協力を推進するための諮問機関としての地位を有する社会保護委員会（The Social Protection Committee）を設立することが決定された．

　同委員会の任務は次のようなものである．

—加盟諸国と EC における社会的な状況と社会保護政策の発展を監視すること，

—加盟諸国と EC との間における情報，経験および好事例の交流を促進すること，

—第 207 条に抵触しない限り，閣僚理事会，欧州委員会の要請に基づきまたは自らの発意で，その権限の範囲内において，報告書を準備し，意見を形成しまたはその他の任務を行うこと．

この任務を達成するため，社会保護委員会は経営者側と労働側とに適切な関係を作らなければならない．

各加盟国と欧州委員会は社会保護委員会の委員を 2 名ずつ任命するものとする (EC 条約第 144 条)．

## Ⅳ 立法過程

### A EC 法

90 EC 法は欧州 3 共同体，すなわち EC，ECSC およびユーラトムの枠内に適用される法体系を内容とする．第一次法源(primary law)と第二次法源(secondary law)とが区別される．第一次法源は三つの条約およびその付属書(accessory documents)である議定書(protocols)や加盟条約(accession treaties)に含まれる規範からなる．第二次法源は右の法律文書から派生する規範および欧州の諸機関が条約によって付与された権限の行使として行った決定に含まれる規範に関わるものである．

EC 法の一部をなしているものとしてはそのほかに EC 条約に従って EC の法的主体(legal subjects)が自ら作った規範がある．労働協約は EC 条約第 139 条に従って締結され得る規範の一例である．「経営者と労働者がそう望む場合には，EC レベルでの両者の対話は，協定も含めた契約関係に導くことができる．」

加盟諸国の法に共通する一般的原則もまた EC 法の一部である．均等待遇，既得権の尊重などに関する諸原則がそれである．基本的人権が EC 法に支配的なのはこのためである．

この点，EU 条約第 6 条は大変重要である．同条は次のように定めている．「(第 2 項) EU は，1950 年 11 月 4 日にローマで調印された人権および基本的自由の保護のための欧州条約により保障され，各加盟国に共通な憲法上の伝統から生じる基本的権利を EC 法の一般原則として尊重する．」

「それらの法の一般原則の統合的な部分を構成する基本的権利の尊重はEC法の適法性の条件であるが，それらの基本的権利自体は，ECの権限を超えて，条約の規定の適用範囲を拡張する効果をもち得ない。」[1]

(1) C.O.J., 17 February 1998, L.J. *Grant/South West Trains Ltd.*, C-249/96, ECR 1998 I-0621.

## B 第二次法源

**91** その任務を遂行するため，閣僚理事会と欧州委員会は条約の諸規定に従って五つの措置を講じることができる．

そのうち，以下の三つは法的拘束力を有する．
―規則(regulation)
―指令(directive)
―決定(decision)

法的拘束力のないものは次のものである．
―勧告(recommendation)
―意見(opinion)

### 1 規則

**92** 規則は「一般的適用性を有する．それは，その全体において拘束力を有し，すべての加盟国において直接適用される」(EC条約第249条第2項)．規則は，国会制定法のように，明らかに一般的拘束力を有する規範である．それは国家機関の特別な介入なしに即時的かつ直接的に法的拘束力を有する．規則は，また，国民に対しても直接的に法的効力を及ぼすから，国民は国内裁判所で規則に訴えることができる．その結果，規則は国内法に取って代わる．すなわち，規則に反する国内法は無効となり，適用できなくなる．規則は，その依拠する理由を述べ，条約に従って得ることを求められているいかなる提案および意見をも引用しなければならない(EC条約第253条)．規則はEU官報(official journal)に掲載され，特定された日または日の特定がない場合には掲載日から20日後に発効する(EC条約第254条第2項)．

### 2 指令

**93** 指令は，達成されるべき結果については，それが宛てられた各加盟国を拘束するが，形式および方法の選択に関しては加盟国の国家機関に委ねられる(EC条約第249条第3項)．指令はこのため規則と比べるとずっと柔軟な手段である．すなわち，指令はもっとも適切な仕方で国内法化することを国家機

関に委ねるものである．重要なのは結果だけである．履行は国会制定法によって達成され得るが，他の方法も可能である．例えば，労働協約は政令によって義務化され，民間産業全般に適用され得る．ほんの一例をあげれば，相当数の加盟諸国，すなわち，ベルギー，フランス，ドイツおよびオランダにおいて，労働協約の拡張適用が可能である．ベルギーでは，企業譲渡に関する 1977 年 2 月 14 日の 77/187 指令は 1985 年 7 月に全国労働協議会で締結されかつ勅令によって拡張された全国規模の労働協約第 32 号に服せしめられた．この拡張適用はベルギー法に従えば労働協約の規範的部分は民間のあらゆる使用者とその被用者を法的に拘束するものとなり，刑罰によって担保される強行法規の一部になるという効果を有する．イタリアの事件で，欧州司法裁判所は，加盟諸国は指令が追及する社会政策の目的の達成をまず経営者と労働者に委ねることが許されるのであるが，加盟諸国は EC のすべての労働者が当該指令による保護を完全に与えられるようにする義務から免れることはできないと宣言した．効果的な保護が他の手段では確保できないすべての場合に国家の保護が与えられなければならない．協約が特定の経済産業のみにしか適用されず，その契約的性格の故にその適用を受ける組合の組合員，使用者あるいは企業の間の義務のみを設定する場合がそれである[1]．

　1994 年 9 月 22 日の欧州労使協議会に関する指令は，後に説明するように，部分的には労働協約によってベルギーおよびノルウェーの国内法に取り込まれたのである．多国間的要素の強い指令が国会制定法に代えて労働協約によって国内法化することができるかということは後にみるように議論のあるところである．

　(1) C.O.J., 10 July 1986, No.235/84, ECR, 1986, 2291.

**94**　指令は，その依拠する理由について述べ，得ることを求められているいかなる提案または意見をも引用しなければならない(EC 条約第 253 条)．指令は，それが宛てられる者に通知され，その通知に基づいて発効する(EC 条約第 253 条第 3 項)．実際，指令は，当然のことであるが，EU 官報に掲載される．指令は，加盟諸国がその規定を実施するために必要な措置をとるべき期限を明記する．加盟諸国はその措置をとったことを欧州委員会に通知しなければならない．加盟国が期限内に実施しなかった場合は，欧州委員会は欧州司法裁判所に提訴することができる．欧州司法裁判所は指令実施に必要な措置を期限内に措置しなかったことによって，加盟国が条約上の義務を履行しなかった旨を判決により宣言することができる．

　欧州司法裁判所がある加盟国が EC 条約上の義務の履行に違反したと判断する場合は，当該加盟国は欧州司法裁判所の判決を履行するために必要な措

置を講じなければならない．

　欧州委員会は，関係加盟国がそうした措置をとっていないと思料する場合には，当該加盟国にその履行の機会を与えた後，当該加盟国の欧州司法裁判所判決の不履行部分を特定した理由つきの意見を発する．

　加盟国が欧州委員会の定めた期限内に欧州司法裁判所判決を履行するための措置をとらない場合は，欧州委員会は欧州司法裁判所に提訴する．その場合，欧州委員会は，諸般の事情に照らし適当と思料する当該加盟国によって支払われるべき課徴金または制裁金の額を特定する．

　欧州司法裁判所は，当該加盟国がその判決を履行していないと思料する場合，当該加盟国に対して課徴金または制裁金を科することができる(EC条約第228条)．

　明白な義務を伴う指令は直接的拘束力を有しまた必要な措置を講じることによる義務の完全な履行を怠る加盟国に対しその国民が依拠することができるものである．この場合，国民は国内裁判所で当該指令を援用することができる．

　ある画期的な判決で，欧州司法裁判所は指令の国内法化を加盟国が怠った場合，すなわち使用者が倒産状態にある被用者の保護に関する事件においては，「特定された期間内にとられるべき措置がなかった場合には，利害関係者は国家に対する権利を国内裁判所の訴訟において主張することはできない」と判示した．しかし，加盟国は指令不履行の結果として個人が被った損害を補償する義務を負うのである[1]．

　　(1)　C.O.J., 19 November 1991, *A. Francovich and D.Others v. Italian Republic*, Nos. C-6/90 and C-9/90; ECR, 1991, 5357.

## 3　決　定

**95**　規則と同様に，決定は名宛人をすべての点で拘束する(EC条約第249条)．決定は一般的な規範ではなく，特定の者に向けられる．加盟国に宛てられた決定は個人に拘束力を与え，当該個人は訴訟において当該決定を援用することができる．決定は名宛人に通知され，その通知に基づいて発効する．法的な義務付けはないものの，決定がEU官報に掲載される場合もある．

## 4　勧告および意見

**96**　意見および勧告は拘束力を有しない(EC条約第249条)．同様に，決議および厳粛な宣言，例えば，1989年12月8日と9日においてストラスブールで11の加盟国によって採択された労働者の基本的社会権の宣言は法的拘束力を有

しない．それは政治的な約束事を内包するに過ぎない．

　しかし，勧告はまったく法的効果を有しないとみることはできないので，国内裁判所は提起された紛争の解決のために勧告を考慮に入れなければならない．裁判所が勧告を実施するためにとった国内法の解釈を解明するときや勧告が拘束力のある EC の決定を補足しようとしているときは特にそうである[1]．

(1) C.O.J., 13 December 1989, *S. Grimaldi v. Fonds des Maladies Professionnelles*, No.322/88, ECR, 1989, 4407.

### 5　国際協定

**97**　EC によって締結された国際協定もまた EC 法の一部である．それらの協定は EC の諸機関および加盟諸国を拘束する (EC 条約第 300 条第 7 項)．閣僚理事会の会議の際に加盟諸国によって締結される国際協定にも触れる必要がある．実は，これらは EC 法には分類されない．

## V　意思決定過程

**98**　欧州立法の意思決定過程は関係諸機関，とりわけ欧州委員会，閣僚理事会および欧州議会の間にある基本的な関係を明確に示している．

**99**　まず，欧州委員会の地位は繰り返さない．欧州委員会は発議権を享有している．すなわち，欧州立法の発議権を独占している．一般に，閣僚理事会は欧州委員会の提案なくして決定を行うことはできない．しかし，この発議権は，閣僚理事会が欧州委員会に提案を求めまた欧州委員会が通常それを承諾するという事実によって侵食されてきた．しかし，1991 年のマーストリヒト条約以来，欧州議会は多数決により欧州委員会に対して，「この条約の履行のために EC 法の制定が必要である」と思料する事項に関し適切な提案をするよう求めることができる (EC 条約第 192 条)．これは欧州議会に発議権を与えるものである．欧州委員会は閣僚理事会が決定を行うまではいつでもその提案を修正することができるということを付言する必要がある．このことは欧州委員会が欧州議会または経済社会評議会の決議ないし意見に対する提案を採択することを認めることである．のみならず，条約に従って閣僚理事会が欧州委員会の提案に基づいて立法を行う場合，その提案を修正する立法のためには全会一致を必要とする (EC 条約第 250 条第 1 項)．

**100**　閣僚理事会は，前に示したように，欧州委員会または欧州議会の意見に従う義務を有しない．閣僚理事会が欧州委員会に従わない場合，閣僚理事会

の決定は全会一致でなければならない．

**101** 欧州議会の役割はアムステルダム条約(1997年)によって著しく豊富になった．ほとんどの場合，協力手続(cooperation procedure)は共同決定手続(codecision procedure)(第251条)に置き換えられた．次の場合には共同決定手続が執られなければならない．

―雇用に関するインセンティブ措置(EC条約第129条)

―男女の機会均等および均等待遇原則の適用を確保する措置(EC条約第141条)

―EC条約第137条における社会的措置

―労働者の自由移動(EC条約第40条)

―法制の接近(EC条約第95条)

―教育(EC条約第149条第4項)

―公衆衛生(EC条約第152条)

**102** EC条約第251条に従い，共同決定は次のように行われる．

「2　欧州委員会は，欧州議会と閣僚理事会に提案を提示する．

閣僚理事会は欧州議会の意見を得た後，特定多数決(qualified majority)によって，

―閣僚理事会が欧州議会の意見の中に含まれる修正をすべて認める場合には，当該原案をそのように修正した形で採択できる．

―欧州議会がいかなる修正もしない場合には，当該原案を採択できる．

―その他の場合は，共通の立場(common position)をとり，それを欧州議会に通知する．閣僚理事会は，その共通の立場をとった理由を欧州議会に十分に説明しなければならない．欧州委員会は，欧州議会に自己の立場を十分に説明しなければならない．

通知後，3カ月以内に，欧州議会が，

**(a)**　その共通の立場を認めるかあるいは何らかの決定を行わない場合は，当該議案が共通の立場に従って採択されたものとみなされる．

**(b)**　構成員の絶対多数によって，その共通の立場を認めない場合には，当該原案は採択されなかったものとみなされる．

**(c)**　構成員の絶対多数によって，共通の立場に対する修正を提案する場合には，修正案を閣僚理事会と欧州委員会に送付し，修正に関する意見を述べなければならない．

3　修正案が送付されてから3カ月以内に，閣僚理事会が特定多数によって，欧州議会のすべての修正を認めた場合には，当該議案は，修正された共通の立場の形で採択されたものとみなされる．ただし，閣僚理事会は，欧州

委員会が否定的な意見を述べた修正案については全会一致で採択する．閣僚理事会が修正のすべてを認めない場合，閣僚理事会議長は欧州議会の議長の合意の下に，6週間以内に調停委員会を開催しなければならない．
4　閣僚理事会構成員またはその代表と同じ数の欧州議会の代表によって構成される調停委員会は，共同案に関し，閣僚理事会構成員またはその代表の特定多数決および欧州議会代表の多数決によって合意に達することを任務とする．欧州委員会は，調停委員会の審議に参加し，欧州議会と閣僚理事会の立場を調整するため，すべての必要な発議を行わなければならない．調停委員会は，この作業を行うにあたり，欧州議会が提案した修正案を基礎にした共通の立場を検討しなければならない．
5　開催後6週間以内に，調停委員会が共同案を承認する場合には，欧州議会は，投票の絶対多数によって，閣僚理事会は，特定多数決によって，承認後6週間以内に，共同案に従って当該議案を採択しなければならない．二つの機関のいずれかがこの期間内に提案された当該原案を承認しない場合，当該原案は採択されなかったものとみなされる．
6　調停委員会が共同案を承認しない場合，当該原案は，採択されなかったものとみなされる．
7　本条に規定される3カ月及び6カ月という期間は，欧州議会または閣僚理事会の発議によって，それぞれ最大1カ月及び2週間の延長される．」

**103**　ここで便宜のため常駐代表者委員会コレペール（Comite des representants permanents）の役割を強調しておく．この委員会は加盟国の常駐代表から構成され，閣僚理事会の会議を準備する．実は，コレペールは欧州委員会からの提案，意見，修正などを処理することにより閣僚理事会の任務の一部を行っている．閣僚理事会によってなされるべき決定につきコレペール内で合意が形成される場合，当該事項は閣僚理事会の議題のパートAに置かれ，自動的に採択される．コレペールはこのように大きな影響力を行使する．閣僚理事会自体は，夜間のマラソン会議によって最終的に決着のつく議論の多い問題を処理する．

## VI　他の国際機関との関係

### A　概　説

**104**　ECの他の国際機関との関係はEC条約第302条ないし第304条によって取り扱われている．「欧州委員会は国際連合およびその専門機関との適切な

関係の維持を確保」する．「欧州委員会は，また，すべての国際組織との適切な関係を維持しなければならない」(第302条)．「ECは欧州評議会(Council of Europe)とのあらゆる適切な協力の形式を確立し」(第303条)，「経済協力開発機構と密接な協力を確立し，その詳細は合意によって定める」(第304条)．

　ECと一ないし複数の国家あるいは国際機関が協定を締結する場合は，欧州委員会は閣僚理事会に勧告し，閣僚理事会は欧州委員会が必要な交渉を開始する権限を与える．欧州委員会は，この任務に関し欧州委員会を援助するために閣僚理事会によって任命される特別委員会と協議しかつ閣僚理事会が欧州委員会に対して発する指示の枠内において，その交渉を遂行する．EC条約第300条により，欧州議会はいろいろな仕方でこれに関与する．

　ECが他の国際機関に法的な義務を負う契約を締結する権限を有するか否かは当該事項に関するECの権能にかかっている．この権能は条約に明示的に導き出され得るか，あるいは条約によって与えられている対内的な権能から黙示的に導き出され得る．問題は，次に，対内的な権能が国際的な義務を約する可能性を包含するかである．対外的な権能が対内的な権能を十分に行使するために必要であるならば，これを肯定することは可能である．したがって，与えられた権能がECだけのものなのか否か，またはその権能が加盟諸国との共有のものなのか否かという問題が検討されなければならない．最後に，この枠組みは国際協定の交渉と締結のみならず他の国際機関の活動に参加する権能にも関係するものであることが強調されなければならない．

## B　国際労働機関(ILO)

**105**　ECはそれ自体として国際労働機関の活動，より具体的には国際条約および勧告の採択という立法活動，に参加する権能を有しているか否かという問題が生じる．この問題は，最近，深夜労働条約(1990年)の議論で再浮上した．

**106**　ECは議論の対象となっている問題に必要な対外的な権能を有するか否かという問題とその権能は排他的なものか否かという問題がまず検討されなければならない．一般にEC法がECの諸機関に対内的な権能を与える場合，ECはECの目的達成に必要な国際的な義務を締結する権能があるということができる[1]．一例をあげれば，ECは，EC条約第95条第2項に従い閣僚理事会の全会一致の投票で処理される「被用者の権利と利益」に関し対外的な権能を有しないようにみえる．他方，ECは，EC条約第137条に従い特定多数決により議決することのできる職場の健康と安全の問題に関して対外的な権能を有するようにみえる．しかし，その権能はECのみのものではなく，む

しろ加盟諸国によって共有されている．まず，加盟諸国は，労働条件の保護に関しより厳しいものを維持，導入できるのであるから，健康と安全に関しては権能がある．のみならず，加盟諸国は，EC によって処理されない健康と安全の問題に関しても措置をとる権能がある．したがって，健康と安全の問題は明らかに共有的権能なのである．

(1) H. Verchueren, Internationale arbeidsmigratie, *De toaegang tot de arbeidsmarkt woor vreemdelingen naar Belgisch, international en Europees Gemeenschapsrecht*, Bruges, 1990. Deel III, 2.1.

**107** 欧州司法裁判所は 1993 年 3 月 19 日に ILO との関係に関する意見を出した[1]．

ILO の要請に基づき，欧州委員会は職場における化学物質の安全に関する ILO 第 170 号条約の EC 条約との相互性に関し，また，特に EC の同条約締結権能およびそれが加盟諸国に与える効果に関し，欧州司法裁判所の意見を求めた．

その意見において，欧州司法裁判所は第 170 号条約が EC の権能の範囲内にあるか，もしあるとすれば，当該権能は排他的性格のものかにつき判断した．

第 170 号条約は職場における化学物質の安全に関するものである．第 170 号条約は EC 条約の「社会条項」の対象になる．したがって，その対象事項が EC 条約第 137 条に基づいて採択された若干の指令のそれと一致さえする第 170 号条約は EC の権能の範囲内にある．

その権能が排他的なものであるか否かを決定するためには，第 170 号条約の諸規定が EC 条約第 137 条に基づいて採択された原則に影響を与える種類のものではないことが注目されなくてはならない．

しかし，EC の立法機能に困難が生じ得るとしても，それを EC の排他的権能の根拠とすることはできない．同じ理由で，EC 条約第 95 条に基づいて採択された EC の諸規定，例えば，特に，職場における化学的，物理的および生物的作用因への被曝の危険からの労働者の保護に関する 1980 年 11 月 27 日の閣僚理事会指令 80/1107 および同指令第 8 条に従って採択されその最低条件を定める個々の指令なども排他的権能の根拠となり得ない．

しかし，第 170 号条約の第 3 部の適用対象領域で採択された多くの指令は，最低条件以上の原則を含んでいる．例えば，危険物質の分類，梱包およびラベル貼りに関する諸指令がそうである．

それらの指令は，ある事項に関しては，第 170 号条約の第 3 部に含まれる諸規定に基づく以上に広範な保護をその労働条件として労働者に与える手段

となる規定を含んでいる．

　しかし，第170号条約の適用範囲はそれらの指令よりも広い．例えば，化学物質の定義は指令の適用される製造物の定義より広い．加えて（指令に含まれる規定に比して）同条約は化学物質の輸送も規制している．

　同条約の諸規定と前記の指令の諸規定との間に矛盾はないが，第170号条約第3部はECの規定がすでに相当程度カバーしている領域に関するものであるということが認識されるべきである．

　こうした事情の下では，上記の指令の適用される領域に該当する第170号条約から生じる責任は，それらの指令によって定められたECの原則に影響を与えるものであり，また，その結果，加盟諸国はECの諸機関の枠を超えてそうした責任を負うことはできないということが考慮されなければならない．

　第170号条約の実体的規定がECの権能に該当することが明らかになった以上，ECはまたそれらの規定を実施する責任を負う権能もあることになる．

　第3条は労使の代表機関のほとんどが第170号条約の諸規定を実施する措置につき協議を受けなければならないとしている．

　EC法が適用されるので，社会政策そして特に労使双方間の協力は優れて加盟諸国の権能に該当する問題だった．

　しかし，この問題はECの権能のみから結論付けられてこなかった．EC条約第138条によれば，欧州委員会は欧州レベルで経営者と労働者の間の対話を促進する努力を求められている．

　その結果，使用者と労働者の代表機関との協議を行う国際的責任が加盟諸国の権能に該当するのかECの権能に該当するのかという問題は，当該協議の目的から切り離すことはできない．

　第170号条約第5条は権能を有する機関は，健康と安全の理由で正当とされる場合，一定の有害化学物質の使用を禁止または制限し，あるいは，そうした化学物質が使用される前の事前通知と認可を求める権限を持つことを要求している．

　たとえ，同条の言及する権能を有する機関が加盟国の機関であったとしても，ECは対外的な目的に関しては上記の義務を負うことができる．対内的目的に関して，EC法の適用される領域において，国家機関が一定の監督権能を与えられるべきであることを定めることができるのと全く同じように，ECは，対外的目的に関しても，ECの権能に属しかつ国家機関への一定の監督権限の分配を示唆する実体的規定の実施を確保する責任を負うことができるのである．

　1978年11月14日の1/7判決において，欧州司法裁判所は，協定または契

約の対象事項の一部がECの権限に属しまた一部が加盟諸国の権限に属すると思料する場合には，交渉および締結の過程のみならず義務の履行においてもECの諸機関と加盟諸国との間に密接な協力を保障することが重要であると指摘した。この協力義務はECの国際的な代表行為における統一の要請の賜物であるから，EC条約の関係でも適用されなければならない。

この場合，ECと加盟諸国との協力は，国際法が適用されEC自体がILO条約を締結できないので加盟諸国の仲介を通じてそれを締結せざるをえなかった事実からみてより必要性が大きかったのである。

したがって，権能を有する機関への提案および第170号条約の批准の手続と同条約から生じる責任の履行において，そのような協力をもっともよく確保するために必要なすべての措置をとるのはECの諸機関と加盟諸国であった。

したがって，欧州司法裁判所は，ILO第170号条約は加盟諸国とECの共同の権能に属する問題であると結論付けたのである。

(1) 2/91, ECR, 1993, Vol.1, 1061.

**108** 次に，ILO憲章に基づく地域グループの権利義務に関するILOの手続を考える必要がある。大雑把に言えば，ECはそれ自体としてILOの開催する会議に参加することができ，オブザーバーの資格で発言することもできるが，修正案を提出することも投票することもできない。したがって，中心はILO加盟諸国にある。しかし，局面を区別しなければならない。

「国際労働基準の準備については，ILO憲章の第14条第2項および議事規則(Standing Order of Conference)第38条および第39条が適用される。第144号条約第5条第1項第a号を批准した国々には，同号も適用される。憲章はILO加盟諸国の協議を要求する。一定の事情の下では，地域組織の機関がその加盟諸国に代わってまたは加盟諸国に加えて応答することができるか否かが問題となる。ILO事務局には，1979年労働時間および休憩（道路輸送）条約（第153号）の準備作業の場合，議事規則は欧州委員会のような機関にその加盟国に代わって応答する権限を与えることを妨げないと捉えられたのである。すなわち，その応答は，ILOの目的に関しては，各国政府からの応答として取り扱われたのである。加盟諸国自身が応答すれば，右の機関からの付加的な応答は，その機能のゆえに，国際基準案の対象事項に利害を有する他のなんらかの国際機関の応答と同様に会議の報告において考慮され得るのである。」

使用者と労働者のほとんどの国内代表組織が各国政府の応答準備に関係して協議されるというのがILO憲章の実務である。第144号条約の当事者たる

第1節　制度的枠組み

国々にとって，そうした協議は法的義務である．しかし，欧州委員会が，その意見を形成する際に，欧州のソーシャル・パートナーの助言を求め，またILO にその助言を知らせる方法に関して決まりはない[1]．

(1) ILO, Governing Body, *The Relationship of Rights and Obligations under the Constitution of the ILO to Rights and Obligations under Treaties establishing regional Groupings*, 215th session, Fourth item on the agenda, February-March 1981.

**109**　国際労働基準の考慮と採択はILO憲章第19条第1項ないし第3項および議事規則第40条の適用を受ける．これらの規定によれば，地域グループに属する加盟諸国の代表者と会議に参加する当該グループの代表者の各々の地位は，次のように要約される．

―いずれの代表も委員会および総会において発言する権利を有する．多くの加盟国政府の代表者達が1人のスポークスマンを擁することに同意することを妨げるものはなく，そのスポークスマンが加盟諸国の代表者達の1人または地域グループの代表者のいずれでもよい．ILOの規則では，いかなる地域協定もそのスポークスマンに加えて加盟国の代表者が発言する権利を奪うことはできない．

―提案に対する修正案の提出権は，通常，加盟国の代表に限定されているが，第153号条約が検討された際には，ILO事務局は，議事規則には，政府代表者たちのグループが地域機関の代表者に対しそのグループの構成員に代わって修正案を提出する権限を与えることを妨げるものはないと判断した．その修正案は当該政府代表者によって提出されたものとして取り扱われた．

―政府代表者のみが投票権を有する．ILO憲章第4条第1項は投票権は個人個人によって行使されなければならないことを示唆していると思われる．

**110**　ILO憲章の第19条第5項第(b)号および第(c)号，第6項第(b)号，第7項第(b)号の第(ⅰ)号および第(ⅱ)号は権能を有する機関に対する条約および勧告の提出につき定めている．権能を有する機関とは当該条約と勧告を実施するための立法および措置をとる権限を有する機関である．第144号条約は，条約と勧告の提出に関して，その権能を有する機関に対する提案について，使用者および労働者の代表的全国組織の協議を義務付けている．これらの提案が当該条約の当事者たる加盟国政府以外の機関からなされた場合，その義務を満足する方法および手段が見つけられる必要がある．加盟国は権能を有する機関に文書を提出するための措置および当該機関によってとられる措置を事務局長に通知する憲章上の義務を負っている．加盟国のグループがその構成員に代わって法務官に通知する権限を地域グループの機関に与えることは可能であると思われる．いずれにせよ，その通知の写しはほとんどの労使双

方の代表組織に与えられなければならない．

**111** 国際労働条約の批准はILO憲章第19条第5項第(d)号で扱われている．同規定の一貫した解釈はILOの加盟国のみがその条約を批准し得るというものである．国際労働基準の適用及び追跡調査（報告）の責任もまた加盟諸国に属する．

**112** 最後に，労働者および使用者の国内組織は地域協定が国家によるILO憲章上の義務の履行に介入するようなものではないとの見解を有していることを指摘しなければならない．これは容易に理解できる[1]．ILOは実際に三者構成機関であり，ILO総会の各国の代表者達も同様に，政府と労使双方で構成される三者構成であるからだ．これは欧州レベルでも同様である．ECの枠の中では，ソーシャルパートナーはせいぜい諮問機関的地位しか有せず，しばしば非常に小さい影響力しか有しないのである．

(1) ILO, Governing Body, *Report of the Committee on Standing Orders and the Application of Conventions and Recommendations*, 215th session, Twelfth item on the agenda, 3-6 March 1981.

**113** 単一欧州議定書の施行やECとILOとの関係の発展によって，とりわけ，両機関の互恵主義の精神による協力と協議の範囲と手続とを強化する観点から，その相互関係の理解を新たにすることが必要となった．これは2001年5月14日の交換文書(exchange of letters)によってなされたのである．

**114** それらには次のようなことが書かれていた（抜粋）．

ILOとECは生活と労働条件の改善および雇用の促進という社会経済的進歩につき責任を共有する．1958年のILOとECの最初の協定以来，両機関はそれらの目的を推進するための協力を次第に発展させてきた．

ILOと欧州委員会によって代表されるECは結論として1989年に書簡を取り交わした．それ以来，グローバル経済が急速に発展するなかで，欧州にも大きな変化が起こった．そしてILOとECは社会・雇用政策の領域における新たな挑戦に応えるための能力を著しく強化，発展させてきた．それ故，交換文書を新たにすることはタイムリーである．新たな交換文書は，第1に，新たな挑戦が両機関のために必要となる領域を明確にすることであり，第2に，ILOと欧州委員会の協力がもっとも有益である優先的領域をその礎とすることである．

1989年以来，社会・雇用問題は欧州レベルでも国際的にもますます発展してきた．グローバル化は疑いなく多くの利益をもたらしたが，その利益は極めて少数の人にしか行き渡っていないとことが広く認識されている．グローバル化の社会的側面が無視されているとの公衆の認識が広がっている．新た

## 第1節 制度的枠組み

なアプローチが国際的ECの諸機関によるものも含め各種のレベルで求められなければならないことも認識されてきている．ILOはグローバル化の中での任務達成に不可欠な四つの戦略的目的を確認した．職場における基本的な原則と権利，男女の雇用の促進，社会保護の強化および労使対話の促進がそれである．これらのすべてが「まっとうな仕事」の要素を構成する．欧州統合の過程は，この部分に関しては，強力かつ活発な社会的次元を獲得してきた．これに関連して，平等の促進は，現在，経済の繁栄，より多くよりよい雇用および統合的社会の推進力として，雇用，社会政策および労使関係に関するECの課題の中心となっている．のみならず，EU拡大の過程において，新たな加盟国はヨーロッパ・ソーシャル・モデルの枠組みに執着するよう求められている．

労働基準と人権に関し，ECとILOが強い共通の利害を有している領域，すなわち，経済的発展と産業の自由化のともに職場の基本的原則と権利の尊重を促進することの重要性は，かつてないほど広く認識されている．1995年，社会的発展のための国際サミットは，四つの社会的基本原則，すなわち結社と団体交渉の自由，強制労働からの自由，差別からの自由および児童労働の廃絶，をカバーするILO条約によってグローバル経済に関するソーシャル・フロアを画定した．これに関係して，ILOは男女が職場における基本的原則と権利の宣言の採択により適切かつ生産的労働を得る機会を促進する国際的な取り組みのための地域の拠点としての役割を強化してきた．EUにおいては，差別と社会的排除に対するECの具体的行動の可能性として，条約自体のなかに基本的社会権の言及がなされている．のみならず，EUは，経済的社会的発展を促進するための取組みの過程で，別の法的文書である基本憲章を宣言した．さらに，ECはその対外関係の政策を通して，また協力の促進の過程で，基本的な労働基準の促進に打ち込んでいる．

労使対話に関しては，1989年以来EUに顕著な発展があった．ソーシャル・パートナーは欧州レベルの社会政策の形成に新しくかつ内容の濃い責務を与えられた．これは社会政策問題の新たな進展方向に向けてEUのレベルにおける労使対話を強化する．これらの発展は，来るべきEUの歴史的な拡大の観点から特に重要である．雇用の促進に関しても同様に，ILOとECは最後の書簡の交換以来その取組みを著しく強化している．実際，女性と男性のより大きな雇用の機会を創造することは，ILOの戦略的目的の一つであると宣言された．これに対し，EUはジェンダーの平等原則を尊重しつつ欧州経済の雇用ポテンシャルを最大限にする広範な雇用戦略を発展させてきた．さらに，ILOとECは社会保護の促進に関しても共通の目標を有していることが指摘され

なければならない．

　協力の促進に関して，ILO と EC の挑戦は，1989 年の書簡の交換以降著しく発展した．国際的システム全体が経済的発展の計画と戦略への社会的な配慮を強めていることは ILO の支持によるところが多い．これは，また，1995 年の社会的発展に関する国際サミットとそのフォロー・アップの不変的重要性を強調するためにも役立っている．

　EU の側では，平等を指導原則とする発展協力政策を通じて，EC が継続的発展を培い，発展途上国が貧困を廃絶して世界経済に統合されることを援助することを目指している．実際，EC は，最近，貧困の減少をその発展に向けた努力の中心的目的とすべきことに合意した．ILO の「まっとうな仕事」という課題は，また，成長，雇用および仕事に基づく発展という課題でもある．発展の協力は，ILO がその加盟国の発展の必要性に即時的に呼応して，その価値を促進しかつ実現するために用いる行動の一手段なのである．

**115**　こうした背景のもとで，欧州委員会と ILO は，次のような優先分野に焦点を当てて協力関係を発展させることが両機関にとって有益となるということに合意した．

―労働基準の推進，特に，1998 年の職場における基本的な原則と権利に関する ILO 宣言に規定された原則と権利に関して

―雇用の促進，特に，女性と男性の雇用の機会を創造するための欧州雇用戦略および ILO の取組みに関する情報と経験の交換を通じて

―労使対話，特に，労使対話の経験のある欧州から世界の他の地域への教訓の可能な限りの普及のために

―EU 拡大の社会・雇用政策の側面．特に，労使対話に関して

―特定のテーマに目標を定めた協力を通じた社会保護，および

―発展の協力，特に，発展の社会的規模の強化と継続的発展の実践的レベルにおける協力のために

　こうした領域とその他の相互利益のある領域における協力の促進のため，欧州委員会と ILO はブリュッセルとジュネーブのいずれかで，既存の協力を見直し次の年の共同活動を計画するための，高いレベルの年次会議を開催することの意義を確認した．

　1989 年の交換文書の次のような諸規定は適用され続けるだろう．

―欧州委員会によって代表される EC は ILO の国際労働総会とその理事会の会議に定期的に招待され続ける．

―欧州委員会は，その返報としてかつ適切に国際労働機関の利益となる見込みのある社会労働問題を取り扱うところの実務レベルにおける欧州委員会

第1節　制度的枠組み

の会議に ILO 事務局を招待する．
―欧州委員会の委員長と ILO の事務局長またはそれらの代理人は，両者間の協力を表す見込みのある相互の機関内部の展開に関する協議を行う．
―利害を共有する領域における適切な形の情報の交換と援助がその事業管理者達により（訪問，文書の準備，作業部会，事業資金調達）ごとに個別に合意することができる．

　事業資金調達による協力を促進するため，ILO と欧州委員会は欧州委員会の資金による事業を ILO が実施する基準となる財政および運営の様式を設定するための話し合いを持ち続けるであろう．

　我々の経験の共有，現代の社会問題に対する新たな対処の仕方に関する共同の思索，場合によっては我々の専門知識の共同負担により，我々は雇用機会を促進し，また世界規模で生活と労働条件を維持改善する必要性にかつてないほど有効に対応できるのである．

## C　欧州経済地域

**116**　1992 年 5 月 2 日，ポルトガルのポルトにおいて，EC と欧州自由貿易連合(EFTA)との間で欧州経済地域(European Economic Area)(EEA)に関する協定が締結された[1]．同協定は 1994 年 1 月 1 日に発効し，3 億 7200 万人を有する 17 加盟国の経済地域を確立した．約 129 条からなる同協定の主要部分はそれに相当するローマ条約の諸規定に非常に近いものである．同協定は 47 の議定書と 22 の付属文書を伴っている．付属文書は，EC の蓄積された成果を形成する約 1700 の EC 法に合意する旨を定めている．それは，立法と判例法などの欧州労働法を含め，全部で，1 万 2000 頁に達する．

　欧州委員会がマーストリヒトの諸協定は EC の実績の統合的部分を構成する，そして，それは社会政策の議定書と協定もまた EEA 協定を批准した EFTA 諸国にも適用されることを意味する，と考えていたことは興味深い．

　EEA 内の発展は活発であるとともに同質的であることになっていた．EEA 協定の第 5 部第 1 章（四つの自由に関する垂直的規定）は社会政策について規定している(第 66 条から第 71 条)．第 66 条は，締結当事者は生活と労働条件の基準の改善を促進する必要があることに合意すると定めており，第 71 条はすべての締結当事者は欧州レベルの経営者・労働者間の対話の促進に努力しなければならないと定めている．

　EEA-EFTA 諸国は EC の立法過程に参加するが投票権を有しない．閣僚理事会で採択された欧州法規は，それが EEA-EFTA 諸国の国内法にされる

59

か否かを決する EEA の合同委員会に付議される。すべての EFTA 諸国がこれに同意しなければならない。それは加盟国による EU 立法の公式的な受諾である。加盟国が受諾すると適用されるべき EC 文書のリストを含む EEA 条約の付属文書が改正される。その付属文書は適用されるべき欧州法のリストを含んでいる。新たな法規が採択されるか否かにかかわらず，EEA 協定の付属文書が改正される。

これはマーストリヒトの社会政策協定の実施のために採択された欧州法規についても同様に当てはまる。したがって，被用者の情報および協議に関する指令は EEA-EFTA 諸国の法律に公式に編入されることが必要となり，少なくとも理論的には適用受諾を拒否し得ることになる。しかし，実際には，EEA-EFTA 諸国はその指令の交渉に関与しているので適用拒否が問題となる。したがって，閣僚理事会のところに来る立法は EEA-EFTA 諸国のものとなる。実際，当初から，EEA 諸国には（若干の例外を許すとしても）一つの法律的経済的社会的領域が存すべきであるとの意図があったのである。EEA 協定第 102 条によれば，EC によって新たな EC 立法が採択された際には，合同委員会は，当該 EC 立法とその付属文書の改正が同時的に適用され得るようにするため，可及的にその付属文書の改正に関する議決を行わなければならない。

EEA 協定の締結事者は，同協定に関する事項に関する合意に達するようあらゆる努力を尽くす義務がある。付属文書改正の合意が成立しない場合には，EEA 合同委員会は協定が円滑に機能するためあらゆる可能性を追求し，そのために必要な決定をしなければならない（EEA 協定第 102 条第 4 項）。そうした決定の中に，同等立法通告の可能性が特に言及される。EEA 合同委員会は，例えば，経過期間を定めることもできる。EEA 合同委員会での議論が不当に長引かないようにするため，EC 閣僚理事会の決定が EEA 合同委員会へ付託された日から 6 カ月が経過するまでに，また，当該 EC 立法の施行日が早い場合にはその日までに，決定がなされなければならない[2]。

(1) Peter Laurijssens, ' De Europese Economische Ruimte: Model voor de relaties met Centraal- en Oost-Europa,' Jura Falconis, 1992-1993, 343-367.
(2) S. Norberg, K. Hokberg, and others, *The European Economic Area.* EEA Law, Deventer, 1993, 143.

## D 中東欧諸国との欧州協定

117 ハンガリー，ポーランド，チェコ・スロバキア連邦共和国との間に 1991

第1節　制度的枠組み

年12月16日に締結され，その後ブルガリア，エストニア，ラトビア，リトアニア，ルーマニアおよびスロベニアとの間に結ばれた最初の欧州協定は欧州労働法の適用をさらに拡大するいくつかの重要な規定を含んでいる．一例として，チェコ・スロバキアとの協定をみてみよう．この協定における労働者の雇用に関する最初の規定は次のとおりである．

「EC加盟諸国の領土において適法に雇用されたチェコ・スロバキア連邦共和国国籍の労働者に対する取扱いは，雇用条件，報酬または解雇に関してその加盟国の国民と比べて，その国籍に基づくあらゆる差別から自由でなければならない．季節労働者の場合を除き，加盟国の領土において適法に雇われた労働者の適法に居住する配偶者および子供たちは，当該労働者の雇用滞在許可期間中は当該加盟国の労働市場に参入することができる．」

チェコ・スロバキアはECの労働者，配偶者および子供に対して同様な取扱を行う．法律の接近に関する諸規定が重要なことは明白である．協定締結当事者は，チェコ・スロバキアのECへの経済的統合の重要な条件がチェコ・スロバキアの既存および将来の法律のECのそれへの接近であることを認めている．チェコ・スロバキアはその法律をが次第にECの法律に適合させるようにするよう努力しなければならない．接近は特に次のような領域に拡大されなければならない．すなわち，税法，会社法，銀行法，会社勘定と会社税，知的財産，職場における労働者の保護，金融サービス，競争規則，人間・動植物の健康と安全の保護，消費者保護，間接税，技術の規則と基準，原子力の法と規則，輸送および環境である．最後に，協定はECに存する保護のレベルに言及した労働者の健康と安全の保護に関する社会的協力の諸規定を含んでいる．

「雇用に関しては，協定の締結当事者間の協力は，産業の再編成を助長するため，特に求職およびキャリア・アドバイスのサービスを改善し，支援措置を与え，また地域的発展を促進することに焦点を当てるべきである．それは，また，研究の遂行や専門家サービス，情報と訓練の提供などの措置をも含まなければならない．」

社会保障に関しては，協定の締結当事者間の協力は，まず，専門家サービス，情報と訓練などを提供することによって新たな経済的社会的状況に社会保障制度を適合させるようにすべきである．

チェコ・スロバキアの分裂の後，その協定はチェコ共和国とスロバキア共和国に適用されることとなった．

1997年，パートナーシップと協力の協定がEC，その加盟諸国およびロシア連邦の間に締結された[1]．同協定の第74条は社会的協力を扱っており，次の

ように定めている．

「1　健康と安全に関し，締結当事者は労働者の健康と安全の水準を向上させるため相互協力を促進しなければならない．

　　協力は特に次の事項を含む．

―危険度の高い活動分野に特別な注意を払った健康と安全に関する教育・訓練

―作業関連疾病その他の職業関連の不調を防止する措置の発展と促進

―主な災害の危険の防止及び有毒化学物質の管理

―労働者の職場環境及び健康と安全に関する知識を発展させる研究

2　雇用に関しては，協力は，特に次の事項に関する技術的な援助を含む．

―労働市場の最適化

―求職及びコンサルティングのサービスの最新化

―地域雇用の発展の促進

―自営業の奨励と起業家精神の促進とを含む柔軟な雇用計画に関する情報の交換

3　締結当事者は，とりわけロシアにおける社会保護の改善を計画し実施することの協力を含む，社会保護の領域での協力に特別の注意を払う．

　　これらの改革は，ロシアにおいて，市場経済に内在的な保護手段を発展させることを目的とし，あらゆる角度の社会保障活動を包含している．

　　その協力は，貢献と社会的援助の保護形態の混合からなる制度への漸次的な移行を目的とする社会保障機関のみならず社会的サービスを提供するそれらに相当する非政府機関の発展のための技術的援助をも含む．」

1998年5月20日のコミュニケーション「ECレベルにおける労使対話の適応と促進」において[2]，欧州委員会は，パートナーシップ加入条約に反映されているように，加入を求める国家は，労使対話の骨組みと活動を発展させる必要があることを強調した．ソーシャル・パートナーは労使対話の骨組みの中で効果的な役割を演じる覚悟をしなくてはならない．ECの実績をその法律に編入する際，労使対話を考慮に入れることが不可欠なのである．欧州委員会は産業横断的および産業別レベルにおける関係と実際的協力を発展させるために労働組合と使用者団体とを援助する．

　(1)　O.J., 28 November 1997, L 327, 97/800 ECSC, EC, Euratom, p.1.

　(2)　COM (98) 322.

## 第2節　ソーシャル・パートナー

### I　使用者団体

**118**　欧州レベルにおいて，各種使用者団体が活動している．31 の国々の 42 の産業の中枢的な連合体を組織し，したがって，英国の英国産業連盟(CBI)やフランスのフランス経営者全国評議会(CNPF)のような全国的な使用者連盟を組織している欧州産業経営者連盟(UNICE)のほかに，農業の特別組織，すなわち COPA（農業組織欧州委員会）およ公的産業で活動する企業の特別組織，すなわち CEEP（欧州公企業センター）がある．

**119**　UNICE は広範な調整権限を有している．「しかし，UNICE の規約は全会一致を義務付けていない．政策的問題に関して，最低3カ国の連盟が共同投票すれば提案を拒否できる．しかし，実際には，投票はめったに用いられない[1]」．

(1) Z. Tyszkiewicz, 'Unice: the Voice of European Business and Industry in Brussels- A Programmatic Self-Presentation' in: *Employers' Associations in Europe: Policy and Organisation*, D. Sadowski and O. Jacobi (eds.), *Comparative Labour Law and Industrial Relations in Industrialized Market Economies*, 7th and revised edition, The Hague, Kluwer Law International, 2001.

**120**　UNICE は（加盟団体の）会長達の理事会によって選出される会長，加盟団体の事務局長によって構成される執行委員会および常駐代表委員会および事務局長によって構成される．

　EC の非加盟国の使用者団体をも組織する UNICE は欧州レベルの最も重要なソーシャル・パートナーの一つであるということができる．UNICE は労使双方が構成員である各種の欧州の機関において代表される．経済社会評議会の使用者側の構成員が個人ベースで任命されているという事実にもかかわらず，UNICE はその構成員の活動を監視する．UNICE の他の集会の場は，欧州社会基金，欧州職業訓練開発センター(CEDEFOP)，欧州生活・労働条件改善財団などである．さらに，UNICE は欧州のソーシャル・パートナーとの協力で欧州委員会によって設けられた労使対話の枠内で使用者を代表して交渉する[1]．

(1) J. J. Oechslin and J. F. Retournard, 'International Employers' Organisation', IELL, Nos.91-124.

**121**　EC の社会政策に関して，いうまでもなく，UNICE は域内市場の社会的

次元という考え方を支持している．UNICE は労使対話を信頼し，次の主に三つの領域における適切な均衡を追及することがその対話参加者の義務であるとする．
—労働者の願望と競争によって課せられる経済的な制約と必要性
—経営者の経営権維持の必要性と労働者の企業意思決定へ参加したいとの希望
—EU 集権化と分権化，すなわち，補完性の原則に鑑み，EC レベルでなされるべきこととその他のレベルに任せるほうがよいこと．

　UNICE にとって，「適切な均衡点」は欧州企業が自由で開かれかつグローバルな市場で競争に打ち勝つための障碍とならない点をいう．欧州はその主な競争相手によって享有されている世界市場の諸変化に迅速かつ柔軟に対応することができなければならない．新たな硬直性と制約を回避するだけでなく，UNICE によれば，欧州の競争力喪失の大きな原因となっている既存の硬直性と制約をも削減し消滅させなければならない．労働者の参加に関しては，UNICE は欧州立法が必要でないと考えている．EC の諸機関は，多くの EC 加盟国における企業がその伝統に相容れず，その運営の重大な障碍となると考えられる労使関係の持ち方をすべての加盟国に課すべきではない．

**122**　それにもかかわらず，UNICE は使用者と欧州労連（ETUC）が共通の基盤を見つけ，EC 法が事業に付加価値を与え，労働者に利益を与え，競争力を向上させ，それによって雇用を創出させる社会的分野の多くの領域において欧州委員会の仕事を支援することは十分可能であると信じている．

　そうした領域は主に次の五つの範疇に該当する．
—流動性の促進
—教育および訓練の奨励と促進
—職場の健康と安全の改善
—機会均等の保障
—特に，構造基金のより有効な利用による EC の社会的経済的結束（cohesion）の促進

　ストラスブールの社会憲章の実施に関する欧州委員会の提案は UNICE によって，次の六つの基準に基づく妥当性の判断に服せしめられた．
—法案の明白かつ真正な必要性
—補完性
—企業の競争力への影響
—国内の労使関係および各国の労使の均衡に与える影響
—域内市場の創造，成長および雇用創出への貢献

## 第2節　ソーシャル・パートナー

―新たな権利と義務との均衡
　このテストを通過した法案はUNICEの全面的な支持を得るだろう．
**123**　UNICEは社会政策に関するECの過去の業績にかなり批判的である．次のような事項について批判が加えられている．
1　現実との乖離：欧州委員会において現在議論されている提案の多くは1970年代および1980年代前半に考案されたものである．
2　ブリュッセルの官僚たちが一番知っている．
3　法律が詳細すぎる：欧州委員会が過度に詳細かつ規範的な社会立法を作り出す傾向．指令は方法と手続に関する選択の余地を残さず規則により近い．指令は何を行うべきかを定め，どのように行うかの決定を他者の自由に任せるべきである．
4　多くの社会政策指令の質の劣悪さ：例えば，「いわゆる下請け指令」．
5　高いコスト：例えば，最近復活させられた育児休業に関する指令案．
6　不必要な法規：例えば，証拠に反してビジュアル・ディスプレイ装置で仕事をすることが危険であることを示すビジュアル・ディスプレイ装置指令．
7　補完性の原則：「これは補完性の原則のみならず同原則に内在する比例原則という非常に重要な要素の尊重が欠けている．換言すると，欧州委員会は加盟国またはソーシャル・パートナーに委ねるのが最善である領域においては立法しないようにもっと注意しなければならない．立法することを決定する場合には，最低限の目的達成に必要な限度に限定し，それ以上詳細に立ち入るべきではない．
8　法的曲芸：これは，通常全会一致を必要とする立法を特定多数決で足りるEC条約の健康と安全の第138条に押し込めてしまうことを意味する．このより例が労働時間および妊婦に関する指令である．

**124**　ECに対するUNICEのメッセージは次のとおりであった．
1　*21世紀の必要性を予測せよ*：労働の世界は変化してきたしまた変化し続けるという認識によって．新しい競争の源泉，新しい技術，新しい市場の条件，大きな人口学的変化と政治的変化――後者は特に東ヨーロッパおよび中央ヨーロッパにある．したがって，社会政策は21世紀の必要性を予測しなければならず，社会憲章に関し1989年に起こったように――1950年代と1960年代に戻るべきではない．
2　*社会政策と経済政策は緊密な関係を保たなければならない*：失業と戦い社会的進歩のためになる唯一かつ確実な方法は投資と経済成長を生み出す競争力の改善である．過去においては，社会政策担当の第5総局と経済政

策担当の第2総局の間に大きなギャップがあった．

3 欧州の多様性の尊重：欧州の多様性は維持，尊重されなければならない．収斂が必要であるなら，自然の成り行きに任せるべきだ．補完性と比例性が尊重されるべきで過度の調和化（harmonisation）は避けられるべきである．

4 ソーシャル・パートナーに対する均衡の取れた支援：欧州委員会はソーシャル・パートナーの取り扱いについて厳格な中立性を維持すべきである．EC条約第138条は欧州委員会に労使対話の「当事者に対する均衡の取れた支援を確保する」ことを義務付けている．ECの財政のうち組合が利用できる額の大きさからみて，そのことはUNICEにとって非常に重要である．

5 二つの範疇の法規が支持される：二つの主要な範疇においてECの法規が使用者によって支持されるであろう．第1の範疇は，単一市場の円滑な機能を確保するために必要なあらゆる法規（例えば，移動，語学の訓練，国境にまたがる教育と訓練，資格の相互的承認，雇用サービスの国際化，その他）であり，第2の範疇は不当な競争（例えば，健康と安全，平等，若年者の取扱いに基づく競争）を防止するために必要なあらゆる法規である．

6 社会文化問題にEC法は不要：UNICEは社会政策のうち社会文化的色彩の強い分野におけるEC法には強く抵抗するであろう．15の加盟国において長い間にいろいろな形で発展してきた労働者の情報および協議の手続を含む集団的労働法と労使関係制度がこれに該当する．それぞれが地域の文化と歴史の特別な必要性に応じたものであり，調和化によって損なわれてはならない．

7 個別的交渉と集団的交渉：立法は個別的または集団的交渉によって通常解決される問題に立ち入るべきではない．労使間の直接的関係に関する問題がそれである．例えば，仕事の内容，雇用契約，報酬，労働時間，休暇，訓練休暇，その他である．社会政策は特殊なものである．なぜなら，すべてではないとしても他のほとんどの政策に対比して，国家レベルでは，主役は立法者ではなくソーシャル・パートナーだからである．今日では，マーストリヒト条約の付属11カ国協定もまたはECレベルにおけるソーシャル・パートナーの役割を十分に認識している．それはソーシャル・パートナーに，制定法上，協議の権利のみならず彼らがそう決定すれば交渉の権利をも与える．このように，場合によっては，ソーシャル・パートナーは立法者としての役割を果たすことができる．ソーシャル・パートナーがこの役割を成功裏に果たしたか否かは経験が示すところであろう．ソーシャル・パートナーは補完性と比例性に関する自らの教訓を尊重し，ほかの

第 2 節　ソーシャル・パートナー

レベルでは扱われ得ない問題のみを処理すべきである．しかし，うまく処理すれば，この新たな過程は立法者を監視し，職場の実態に指令より適した枠組み協定を生み出すことができる．
8　影響評価と費用便益分析：改良された影響評価手続と十分な費用便益分析が用いられるべきである．しかし，欧州委員会はこのための財源を有しないが，いずれにせよ，影響評価と費用便益分析は独立かつ公平な機関によってなされるべきである．
9　適正な形の指令への回帰：条約が予定していた形の指令への回帰．それは，その地域にもっとも適した履行方法の選択の余地を十分に残しつつ，達成すべき結果に関してのみ拘束力を有する形のものでなければならない．
10　〝双方が得をする〟状態の創造：UNICE は欧州委員会に対し〝双方が得をする〟状態を創造し，労使協議会に関する現在の状況のような〝一方が得をする〟対立を避けるよう要求する．すべての関係者が誠意をもってすれば，全当事者の必要を満足する基本的な社会政策目標達成の方法と手段を工夫することは可能である．UNICE は，多国籍企業の情報提供と協議の相互に満足のいく枠組みを作り出すために，欧州労連といつでも話し合う用意がある．それは，実際，〝双方が得をする〟状態を作り出し，また将来における EC の社会政策の実践的で満足のいく形成に道を拓くことを可能にし得る[1]．

UNICE によれば，政府間会合(IGC)による条約の改正(1996 年)は，次のような二重のアプローチを前提とする競争力と雇用への復帰および EU への欧州市民の信頼のリストラクチュアリングという明確な目的に照らして行われなければならなかった．
1　EU の戦略的選択肢を明確にして再確認すること．
　(a)UNICE は成長と仕事の創出の基本条件であると主張するところの欧州の競争力の回復を全体的優先事項として掲げる．UNICE は条約の雇用の章，社会憲章，さらには一括した基本的社会権を含めることに反対する．それは「法的不安定という副産物」を生むと考えるからである．UNICE は「ソーシャル・ヨーロッパはその経済状況に応じて達成されなければならない．すなわち，まず，世論がよりよい雇用条件を創るための構造改革を確信しなければならない．」と考える．
　(b)UNICE はさらに次のことをする必要性を説く．
　　i　域内市場を完成する，そしてこのために 1999 年 1 月 1 日を新たな期限とする．使用者は，条約に定められた条件の下で，経済通貨統合を達成する決意を再確認する必要性．

ii　市場経済および自由競争の理論を再確認する必要性．

　　iii　国際的場における EU の権限を高める必要性．

2　EU は決定をなしそれを履行する権限を与えられなければならない．UNICE によれば，このことは次のことの前提である．

**(a)**主導権を維持し決定の履行により大きな責任を持った欧州委員会の今より強い役割

**(b)**閣僚理事会の運営の今より大きい透明性と全会一致による議決の厳しい制限

**(c)**財政管理と詐欺防止に対する欧州議会の権限の強化とその簡素な手続

**(d)**補完性と比例性の原則の厳格な実施によって簡素化する観点からの規制枠組みの全面的見直し

　　UNICE によれば，すべてのものがその可能性と限界を知っている場合，EU が雇用問題の口実に利用されない場合，および加盟諸国が失業と戦う責任を回避する口実として用いられない場合には，欧州委員会の雇用対策の提案は有意義な役割を果たし得る．

　　労働市場の弾力化を増加させ，社会保護制度を改善し，法律を簡素化し，よりよい予算財政規律を達成するために行動すべきは主に加盟諸国である．信頼協定の効力を留保しつつも，UNICE は組合と協働する覚悟である．いくつかの議論のテーマ，例えば，若者の労働市場への統合の問題，がすでに UNICE と欧州の労働組合によって決められた．UNICE は労働組合も雇用制度の弾力化のような問題に取り組むことを望んでいる．

　　(1) Z. J. A. Tyskiewicz, 'European Social Policy; the Employers' View' (mimeo, November 1993).

**125**　1999 年 9 月に出版された報告書において，UNICE は 2000 年以降のソーシャル・ヨーロッパの展望を描いている．*欧州の雇用のポテンシャルを解き放つ：2000 年以降の欧州社会政策に関する企業の見解*と題する報告書は，欧州の基本的な経済社会問題が何であるかを確認し，競争力が経済的社会的挑戦の主要な解決手段であると考え，それゆえ，競争力が EU の政策全般の重要な関心事であるべきだと主張している．UNICE は，成長を雇用に結びつけるために，欧州は経済のグローバル化の問題にもっと効率的に取り組まなければならないと述べる．欧州の失業率の高さは需要不足ではなく構造的問題によるものであると主張する．

　　これらの問題に取り組むためには，UNICE は，資本，労働および生産市場が社会政策改革と同時に再検討される必要があると主張する．EU の主な役割は欧州雇用指針を通じて労働市場改革を確実にすることにあると見られる．

しかし，それは加盟諸国による政策の協力と実施にも掛かっている．UNICE は，それは EU の指令に結び付けられるより，むしろ欧州社会政策によってより「質的な」アプローチがとられるべきである．UNICE は「欧州レベルの協約交渉のみに限定されない」より一般的な労使対話におけるより有意義な役割を果たす機会を歓迎する．

UNICE は，欧州の政策がすべての加盟国の同質化を求めるのではなく異なった労働市場モデルを尊重すべきであるとの見解を繰り返す．すなわち「補完性と比例性を尊重しない欧州法の提案は UNICE とそれに加盟する連合体の強い抵抗に遭うであろう」．

労使関係の様相は各々の加盟国内のいろいろなレベルで変化し発展しているといわれる．使用者と被用者の必要性の間で均衡の取れた解決を維持するためには，国内の労使関係制度における違いを尊重し EU レベルの介入は制限されるべきである．

**126** UNICE は，グローバル化，EU の経済通貨統合，技術的変化や人口学的変化が欧州の異なった市場に与える影響を指摘する．グローバル化は，富の増加と消費者の選択の増大という利益をもたらすが，その代わり，それは変化に即座に対応することのできる規制枠組みと価格競争および労働生産性によって域内に設定される労働コストを要求する．

UNICE は，テクノロジーおよびハイスキルの分野の高度成長を認め，広い技術的基礎を有する弾力性のある労働者がこうした変化への取り組みに適しているのと述べた．UNICE は，また，請負契約は重要な役割を有しており，サービス活動を熟慮した規制の枠組みを検討すべきであると考えている．

人口学的変化は今後 20 年間にわたる老齢人口の増加と労働人口の減少を意味するであろう．これは，社会保護制度および訓練と教育に影響を与えるであろう．UNICE は，より多くのものの労働市場への参加を促進する社会保護制度の改革および技術的な変化と歩調を合わせて技術を新しくするための生涯学習の発展を求める．

このほか求めるものとしては，経済的社会的に責任ある仕方で会社を経営することと経済通貨統合の結果生じる雇用機会を最大にするため構造改革を導入することである．UNICE は，また，EU に新たに加盟する諸国の市場利益を強調する．

**127** UNICE はアムステルダム条約の補完性と比例性に関する議定書が見落とされないこと，および最善の慣行を促進するため透明性を促進する「真正な付加価値」が強調されることを特に熱望している．機会均等，年金権の国境を跨いだ移転可能性および資格の透明性はみなこの鍵を握る事項である．立

法は次のものを配慮するものでなければならない．すなわち，加盟国のモデルが異なっていること，企業の弾力性の必要，労働者保護の必要および起業家精神の促進である．立法は，また，十分な経過期間を認めるべきである．UNICE は自らが EU レベルにおける労使対話において演じる役割を歓迎し，「真の意見の交換および事実に基づいた分析に焦点を合わせた」話し合いにより多元的役割の価値を認識する．これは，また，国内慣行を認識して欧州雇用指針を議論する場合にも適用できる．

**128** UNICE は EU レベルの対話において失業分析に明らかに貢献していると主張する．

UNICE は，質的なアプローチが採用されれば，「それは欧州の雇用ポテンシャルを解き放つことを可能にするだけではなく，強制的調和化とは反対に，加盟諸国における最善の慣行に向けた段階的な市場主導の収斂を可能にすると考える」[1]．

UNICE の 10 の優先課題は次のとおりである．
1 健全な成長と高水準の雇用を達成する前提条件としての欧州の競争力
2 3 億 7000 万の消費者の利益のための単一市場の完成と実施
3 健全な単一通貨を持った経済通貨統合の長期的安定
4 広い選択肢と低い物価を提供する EU の開かれた競争政策
5 公正かつ明確なルールに基づく相互的貿易制度を強化することによる世界貿易の自由化
6 全欧州大陸における繁栄を高めるための EU の拡大
7 中小企業の発展に特別な障碍となるコストと制約を最小にするための質の高い立法
8 起業家精神の促進と経済の実態に基づく社会政策の明確化と構造改革（低い税金，より効率的な公的サービスおよびより弾力的な労働市場）
9 欧州産業の活力を刺激しつつ環境保護と折り合いをつける持続可能な発展
10 情報学習社会の挑戦に対応するための——研究，教育，訓練，知的財産権の保護その他に関する的を絞った政策を通じての——技術革新と生涯学習[2]

UNICE の加盟連合体 [訳注1]

(1) UNICE, *Releasing Europe's Employment Potential*, Brussels, 23 September 1999.
(2) www.unice.org.

第2節　ソーシャル・パートナー

　　［訳注1］本訳書では省略．

**129**　中小企業の団体を組織している欧州商工・中小企業協会(UEAPME)にも言及しなければならない．

　その主な加盟団体は次のとおりである［訳注1］．

　　［訳注1］本訳書では省略．

**130**　UEAPME は，もともと，欧州の諸々の中小企業や商工団体の組織の合併の結果として，1979年に結成されたものである．その加盟団体は，現在，約3500万人を雇用する約800万の企業を代表している．この組織は，EU の主な政策領域に跨る多数の委員会を有し，それらの委員会がその政策的立場を策定するために会合する．それらの委員会は行政上の負担の簡素化や事業の創出といった中小企業にとって大変重要な問題を扱う多くの作業グループを設けている．

　UEAPME が掲げている主な目的は，欧州の政策の展開をその加盟団体に知らせ，欧州レベルの国内組織の共同行動を促進し，加盟団体の利益や意見が EU の諸機関において理解されかつ反映されるようにすることにある．

　中小企業は欧州経済に絶対必要な役割を演じる．UEAPME は欧州の7000万人以上の人，すなわち労働人口の70％を雇っていると主張する．加えて，中小企業は大企業より高い割合で雇用を創出し維持している．それは，中小企業の方が市場の動きにより迅速かつ柔軟に対応できることに関係付けられる．さらに，中小企業は現行の EU 雇用指針に基づく雇用創出戦略の鍵となる役割を与えられている．

**131**　1998年12月4日，UNICE と UEAPME は，協力協定に署名して協力を強化することに合意した．

　この協定は，各使用者代表は政策を議論するための使用者団体の準備会議において同一の権利を有するが，いかなる使用者団体も交渉に関する拒否権を有しないと，定めている．同協定は，労使対話において擁護されるべき問題や立場に関しコンセンサスを得ることに最大の努力を注ぐが，同時に，両組織の自治を尊重するという原則に基づいているといわれる．使用者側のリーダーとして，UNICE は欧州労使対話の交渉その他の会合において使用者を代弁してその立場を主張する前に UEAPME と協議することを誓約した．協力協定の理由は，UEAPME が長年にわたり中小企業の真の代表者たることを主張し，また，過去において，中小企業の利益が UNICE によって十分に代表されていないと主張したことにある[1]．

　　(1) Peter Foster, 'European employers' organisations forge closer links within social dialogue', *www.eurofound.ie*, 31 March 1999.

**132** 「小企業の経済的社会的な挑戦に適した手段としての労使対話」という共同宣言は，2001年4月27日にUEAPMEおよびETUCによって立案され，UEAPMEの「未来主義」計画の一部として2001年5月17日と18日の総会で最終的に承認されたものである。右計画は，中小企業の労使対話の将来を展望するものである。

その宣言の中で，両当事者は，2000年3月のリスボン欧州理事会で合意された目的に対する全面的な支持を表明した。同欧州理事会は，経済成長の促進と完全雇用の創出に焦点を当て，その過程における中小企業の役割に光を当てたものである。その両当事者は，2000年6月のサンタ・マリア・ダ・フェイラ欧州理事会の結論に含まれていた小企業に関する欧州憲章にも言及している。

ETUCとUEAPMEはそのとき，次のようなことを行った。

―公的機関および政策立案者に対し，小規模企業と雇用の創出，維持および成長を支援する行政的，財政的，社会経済的な環境を確立し維持することを求める。

―ETUCとUEAPMEはこれらの目的の達成に寄与したいと述べ，弾力性の必要と安定の必要の均衡における使用者と代表的な労働組合の間の労使対話の重要性を強調する。

―特に，職業訓練，資格，健康と安全および労働組織の領域において――良好な雇用条件の設定方法を決定するために商工業者および小企業という顕著な特徴およびそれらに固有の経営環境を考慮する必要性を強調する。

―労使対話は小企業への「手作りの」回答を提供することができ，中小企業の経済的，教育上および社会的発展は産業横断的，産業別，支部門，地域・地方および企業レベルのネットワーク，協力，共同的主導の展開によって促進され得ると述べる。

―労働組織の現代化に関し労使間のあらゆるレベルでの労使対話の役割と利益を強調する。ETUCとUEAPMEは，また，「小企業の労働環境と労使関係の特殊性と質，および従業員代表の組織と構造へのそれらの影響」を認識する。

―UEAPMEの未来主義計画とETUCの主導を通じ，小規模会社に特殊な問題に関する対話を促進することにより欧州レベルの労使対話に付加価値を与えることを希望する。

ETUCとUEAPMEは，これらの努力は協力と共同行動により小企業における労働条件の適応能力を改善することができことを示し，その加盟組織に対して国内での協力を促進し発展させるよう促すと述べる[1]。

第2節　ソーシャル・パートナー

(1) 'ETUC and UEAPME agree joint declaration on development of social dialogue', *www.eurofound.ie*.

## II　労働組合[1]

**133**　最も重要な欧州の労働組合は疑いなく欧州労連(ETUC)である．ETUCは，ブリュッセルに本部を有している．それが最大限の影響力を与えたい欧州機関のほとんどがその近くにある．同じ建物に，ETUCが緊密な関係を有する国際自由労連(ICFTU)がある(ETUCの中には世界労連(WCL)に加盟しているグループもあるが)．ETUCは1973年に創設され，現在6000万人の組合員を代表している．その組合員は33カ国の66の国内労働組合に所属している．

ETUCは統一的ではあるが多元的な組織である．それは，大会(Congress)および執行委員会(Executive Committee)の討議によってその政策を決定する．

大会は4年ごとに開催され(次の大会は1999年ヘルシンキで行われることになっている[訳注1])，その組合員の数に比例して加盟組合の代議委員で構成される．大会は会長，事務局長および2名の副事務局長を選出する．会長の役割はETUCの大会，執行委員会および運営委員会の議長を務めることである．

執行委員会はすべての加盟組合の参加を得て年に4回開催される．必要があれば，3分の2の多数で決定を行うことができる．欧州の使用者団体と交渉する交渉担当者の任命およびその構成について決定し，交渉の結果を評価するのは執行委員会である．

それより小さい運営委員会は執行委員会の合間に執行委員会の決定の実施に責任を負う．

事務局は，ETUCの日常的な活動を行い，欧州機関と使用者団体との関係に配慮する．

事務局長はETUCのトップであり代弁者である．

**ETUCの加盟組合** [訳注2]

　国内組合連合

　地域間労働組合評議会(Interregional Trade Union Councils)

(1) J.P. Windmuller and S.K. Pursey, 'The International Trade Union Movement,' in R. Blanpain and C. Engels (eds.), *Comparative Labour Law and Industrial Relation in Indusrialized Market Economies*, 7th and revised edition, The Hague, Kluwer Law Internatiional, 2001.

［訳注1］　この記述は改訂前の記述が残っているものと思われる．

　　［訳注2］　本訳書では省略．

**134**　38の地域間労働組合評議会(ITUC)の記録を検討し，ETUCは1999年のヘルシンキ大会において，それらの評議会の仕事が国境を跨いで働く労働者(frontier workers)の利益保護に焦点を合わせていると見ることができるとしている．元来，それらのITUCは，ある国で生活し他の国で労働しているという事実から生じる諸問題を明らかにしてそれを報告することに集中してきた．明らかにされた主要な問題は，通貨の交換レートに絡む困難，社会保障と税制の調整，資格の相互承認の不存在だった．国境を跨いだ地域レベル，国内的および欧州の解決方法が提案されてきた．ある国に働きながら他の国に居住している労働組合の組合員の問題も時々生じる．例えば，場合によっては，国内法が，協約上の利益はその雇用されている国の労働組合に所属する組合員にしか適用されないと定めている．

　国境を跨いで働く労働者を支持する労働組合の行動は，上記の諸問題に対する関心を喚起することを任務の一つとする欧州職業紹介サービス(EURES多国間雇用情報システム)の導入と労働組合ユーロ・アドバイザーのお陰で，最近，新たな重要性を獲得した．それらは国境を跨いで働く労働者への個別的サービスの提供，法律の改正に関する公的な情報，この問題について国境を跨いだ地域レベル，国内および欧州のあらゆるレベルでとられた法的ないし行政上の措置を含む．CEEC協定およびEU・スイス協定に向けた拡大はこれらの最優先事項の重要性をいっそう増加させる．

　その結果，労働組合が国境地域の発展戦略，さらには経済活動のリストラクチュアリング，そして地域的雇用により有利な環境を作り出す政策をより重視した行動を求める傾向が徐々に出てきた．しかし，労働組合の行動に対するこうした要求がすべてのITUCに同じように強くなったわけではない．それらの施策は職業訓練，雇用需要調査機関および，または(社会経済評議会のような)三者構成委員会および通信施設に関するものである．

　第3の観点は，労使対話を発展される行動に関係する．これは少数のITUCに限られており，まだ初歩の段階にある．使用者の代弁者を決めるのは必ずしも容易ではない．欧州職業紹介サービス(EURES多国間雇用情報システム)の主導の下で設けられた三つの国境地域における先行的な事業が労使対話に活気を与えたことは確かである．

　個人加盟者の80％以上がEC加盟国の国民である．ポルトガルとスペインの共産主義労働組合はETUCに加盟していないが，フランスとイタリアの共産主義労働組合は加盟しているということを指摘することも重要である．

第 2 節　ソーシャル・パートナー

**2000 年 10 月の地域間労働組合評議会の状態** [訳注 1]

　　[訳注 1]　本訳書では省略．

**135**　ETUC は欧州レベルで労働者を代表する，唯一ではないが最も重要なパートナーである．それは，経済社会評議会における労働者グループを監視し，ソーシャル・パートナーの担当者が活動する各種の諮問委員会において代表され，労使対話の実施における最も優れた労働者側のパートナーなのである．EC の外では，ETUC は，欧州評議会，EFTA および OECD との関係を維持している．

**136**　ETUC の機関は，大会，執行委員会，運営委員会および事務局である．ETUC の組織はルクセンブルグで開催された 1991 年大会において強化された．ETUC 規約の第 11 条に従って，執行委員会は大会によって採択された一般戦略を実施するための政策を決定し，欧州の使用者団体との取引および欧州機関との関係において ETUC が用いる交渉委任状を作成し，その結果を評価し，労働組合の共同の要求や立場を支援するために労働組合の行動を行うか否かを決定する．ETUC は欧州金属労連のような各種の欧州の産業別組織の設立を推進してきた．その産業別組織の諸々の委員会は，例えば，労働時間，男女その他の均等待遇などに関する共通の要求を形成することによって（国内の）団体交渉を統一化し多国籍企業との関係を組織化することを求めて欧州機関のロビー活動を行っている．しかし，それらの委員会は多国籍企業を欧州の交渉のテーブルにつけるための手段も力量も有しないかなり虚弱な組織である．

**137**　ETUC[1] は，設立以来，常に，公的部門と民間部門の両産業において，活動分野にかかわらず，団結，正義，平和，完全雇用および男女の労働者の福利に基づく欧州というコンセプトを擁護してきたのである．これらの目的に基づいて欧州を建設するという決意は，常に，EC の拡大および経済的社会的領域において EC と EFTA の間に発展させられるべき緊密な協力関係を推進する ETUC の活動の背後にある動因だったのである．

　ETUC は，域内市場の完成は単に大きな自由市場を作り出すための物理的，技術的および財政的障害をなくすという問題であるばかりでなく，実は，一次的には，雇用創出と成長，そして欧州労働者に完全雇用と福利をもたらす経済的社会的進歩に続く道へ戻る手段の一つと考えている．域内市場の完成は，労働者の社会保護の促進と密接な関係を保っていかなければならない．国際的および国内的企業と企業の集中化の圧力の下で労働者の不利益になるように，地域的な格差や不均衡が悪化してはならないし，社会的権利が減少ないし侵食されてはならない．したがって，欧州の域内市場の形態，

内容および社会的効果が交渉の対象にされなければならない．域内市場の完成に関連して，商工業の調整と現代化が経済民主主義を発展させる措置によって支えられなければならない．それは，労働者および労働組合が交渉し，情報を与えられかつ協議される基本的権利を意味する．この権利は，また，労働者と労働組合が企業の決定に真に影響を与えることを保証しなければならない．

(1) ETUC, 'Creating the European Social Dimension in the Internal Market,' adopted by the Executive Committee on 11 February 1988 (mimeo).

**138** ETUC によれば，社会的次元が促進されるべき四つのレベル，すなわち，産業レベル，国レベル，地域レベルおよび EC のレベルがある．共通市場の社会的次元を創り出す二つの手段がある．一つは，欧州社会立法であり，もう一つは欧州労働協約である．

欧州理事会と各国政府は基本的社会権を定めなければならないという社会立法を採択すべき基本的義務を負っている．それは次のような権利を内容としなければならない．

―使用者と労働組合の労使関係と経済民主主義（情報提供，協議，交渉，参加）
―雇用する企業の規模を問わず，また雇用契約の性格を問わない，労働条件が不安定な場合には特にそうであるが，すべての労働者の保護
―社会保護（疾病，事故，退職，失業）
―健康と安全の権利
―基礎訓練と高等職業訓練の権利
―職業における平等の権利

**139** ETUC は社会計画，そして特に次の計画に関する拘束力ある EC 法規（指令）を欲している．

―人の自由移動：職業資格の認定（職業訓練手帳），国境を跨いで働く労働者の地位，移民労働者の行政手続，複数の加盟国間の社会保険の権利の移動に関する規則の簡素化―給付を迅速化する措置，複数加盟国間の労働者の収入源（国）による税制上の差別的取扱い，EC 加盟国の国民の他の加盟国における地方選挙投票権，欧州の教育休暇の確立．
―物の移動の自由：三者構成の基準設定機関の創設，職場の健康と安全の枠組み指令，労働者保護と危険物質の限界値を定める技術的な指令，消費財，安全および危険物質からの消費者保護の措置に関する指令．
―経済民主主義：共通市場における企業の行動に関する情報提供，協議および交渉の枠組み指令，会社法の調和化という意味での労働者参加権（第 5 指令―欧州会社），法的形態が欧州規模の企業の協力という形か否かを問わず，

第2節　ソーシャル・パートナー

締結されたあらゆる既得の権利および協定の保護，欧州の社会的報告に関する指令，基本的な労働組合権の実施と共通市場にあるすべての企業への同指令の拡張適用（労働組合の自由，結社の自由，労働組合代表の保護，欧州交渉代表の承認）．
―産業的統合：環境保護指令（汚染者支払い原則，防止原則，国境を越えた上訴権，人工的状態の適用），産業別発展領域における指令（産業的法規と社会的法規の統合），競争を制限し寡占状態を防止する指令．
―社会的結束 (social cohesion)：労働時間と労働組織に関する枠組み指令（週および年間の労働時間の上限，最低休憩時間，時間外労働，深夜労働，交替制労働），男女の機会均等に関する指令の拡張と完全実施，育児休業指令，社会立法および社会保障制度をあらゆる労働に適用する枠組み指令，採用および解雇に関する労働者の権利（集団整理解雇に関する指令の更なる発展），すべての者が保健サービスと公的機関を利用する最低限の権利，あらゆる市民に対する生活保障の最低限の権利（特に失業および老齢の場合）．

**140**　不可欠の法的介入に加え，ETUC によれば，社会的次元の発展は労働協約を基盤するものでなければならない．労使対話は，EC 条約第 139 条にいう欧州，地域および産業の各レベルで刺激され促進されなければならない．

欧州レベルは，特に多国籍企業および産業にとっては新たな交渉レベルとなり得る．EC はそうした交渉を促進する法的枠組みを創造し，得られた結果が適切に適用されるようにしなければならない．こうした考えによって，
―労使対話は，欧州レベルに生じる問題に関する真の取組みを招来し得る．右の枠組み協約は，諸般の事情および現在効力を有する協定に基づいて，国，産業および企業レベルにおいて実施されかつ明確化された具体的な形のものでなければならない．
―労使対話は，欧州委員会の立法イニシアティブへの付託点として役立ち得る．その付託は，協約を法律に拡大したいというソーシャル・パートナーの願望により，あるいは域内市場の要素における「社会的空白」をなくすための不一致点の克服手段として，促されるのである．

**141**　1991 年 5 月 13 日から 17 日にルクセンブルグにおいて開催された第 7 回大会において，ETUC は次のような「社会的進歩と団結に関する政策」に関する決議案を承認した．

「1　EC 法のレベルで，ETUC は欧州委員会の社会行動計画に定められた基本的社会権に関する進捗を達成するための行動をとる．
　この行動計画は可及的かつ漸進的に実施される必要がある．
2　社会権は EC および EFTA によって設立された欧州経済地域において

も精力的に推進されなければならない．
3　しかし，ETUC は現行の社会行動計画に満足せず，とりわけ次のような諸規定を加えるよう求める．
　—法律または労働協約により決定される最低保障賃金の権利，最低保障所得の権利
　—年金受給者，病人，失業および障碍者といった人々が労働者の購買力にリンクした給付を受ける権利
　—労働者の個別的または集団的解雇からの保護
　—EC 域外労働者の均等待遇」
……
5　非典型労働および不安定雇用契約が無制限に発展しつつあり，これはよりよい雇用という労働組合の目的に反するものである．
　ETUC は，この種の労働は制限されるべきである（この種の契約の利用には被用者の数，契約の期間および更新回数に厳格な制限をおくべきである）こと，並びに企業内で労働者代表機関の監督を受けるべきであることを要求する．ETUC は，さらに非典型労働者の（社会福祉，賃金，訓練，労働条件および健康と安全における）均等待遇を求める．
　ETUC は，不安定雇用にある労働者の割合を実質的に減少させる具体的な措置の採択を求める．
6　労働時間の編成及びその短縮は，雇用の創出及び生活と労働条件の改善という課題を担っているがゆえに，欧州の労働組合政策の基本的な関心事であり続ける．ETUC は，EC 当局があらゆるレベルで労働時間を労使対話の主要な目的とする支援措置を実施すべきことを要求する．
　加盟組織は団体交渉によって週 35 時間労働の目的を達成しようとし続ける．
7　労働時間の編成の仕方は，その変化を導入するための現実の交渉がなされる前にますます多様化しているのである．これは，時々，関係労働者の労働条件の悪化を招くのである．ETUC は労働時間の再編成は，次のようなものでなければなければならないと考える．
　—正確な労働環境要素（組織，人間工学的側面および労働条件や訓練など）を考慮に入れなければならない．
　—労働条件，より具体的にはその変化が女性の雇用可能性に与える影響を考慮に入れなければならない．
　—労働者およびその代表者との情報提供，協議および交渉の手続を伴うものでなければならない．

第2節　ソーシャル・パートナー

　　―収入の喪失なくして労働時間を短縮するというかたちで関係労働者への
　　補償を保証しなければならない．こうした時短はいろいろな形態をとり
　　得るし，また雇用によい影響を与えるものであるべきである．
　　　後者に関連する具体的な問題を考慮して，深夜労働の実施に関する綿密
　　な規則が工夫されなければならないし，またそうした規則は1990年6月の
　　ILO条約および勧告に依拠するものであるべきである．
8　一般的な訓練，特に職業訓練は将来の雇用及び熟練労働の形態のみなら
　ず個々の人々の個性的，社会的及びキャリアの発展に関して演じるべき継
　続的かつ不可欠な役割を有している．そのことを留意しつつ，
　　―通常の労働時間において生涯的訓練及び有給教育休暇を取る権利が生涯
　　の労働期間にわたりすべての労働者に保証されるべきである．
　　―職業訓練の基準と認定証が欧州労働市場全体に承認されるべきである．
　　―ソーシャル・パートナーは教育及び訓練の政策により大きな発言力を与
　　えられるべきである．訓練がどこで行われようと行政機関は訓練に関す
　　る責任を負うべきである．
　　―ソーシャル・パートナーは，FORCE, COMETT, EUROTECNE及び
　　IRISのようなECの計画の実施に平等に参加することが認めらなけれ
　　ばならない．
　　―使用者は自身のニーズのみならず被用者のニーズにしたがっても訓練を
　　与える義務がある．
　　……
10　ETUCは，労働組合運動によって，*男女同権*の領域で考え方を変革し真
　の前進を達成するために，強力な行動を促進するつもりである．
　　労働市場における機会均等の原則は，まず，同一価値労働に対する同一
　賃金の原則を要求する．近年，一定の国々や産業で男女の賃金格差が増加
　してきた．適切な出発点は，法律をより有効に適用しまた改正することで
　あろう．しかし，男女の労働はより平等に評価されて報酬が与えられるべ
　きことを要求して，その要求をより広く団体交渉で追及する責任は労働組
　合組織にある．そのことは，また，女性が熟練のポストを手に入れ，職業
　訓練および資格および企業における職階のあらゆるレベルに平等にアクセ
　スできなければならないことを意味する．職場においても女性の地位の尊
　重がなければならない．
　　男女の機会均等は職業と家事の責任の公正な分配を要求する．そのこと
　は，また，次のことを意味している．
　　―父母としての責任を有する人々が有するべき，適切な情報と教育及びそ

の権利を行使するために必要な手段にアクセスする権利．
—妊婦及び育児を行う女性の仕事とその職場における健康の保護．
—所得の喪失を伴わない16週の産前産後休暇の保証
—必要かつ十分な地域行政機関の託児所，保育所，簡易食堂などの施設の充実
—男女が使いやすいように設計された育児休業及び家族的理由の休暇の権利

11　ETUCは，健康と安全と業務災害に関する有効な政策，勤労者及びその代表が新たな技術と製品に関する専門的知識を得てそれらの導入と発展に貢献する機会を認められるよう労働組織と調和する労働条件を要求している．

予防的措置はすべての労働者がその企業の規模および契約の種類にかかわりなく高いレベルの健康の保護と安全を享受できるようにすることを目的としなければならない．この目的のためには，中小の規模の企業においては特定の代表措置に加えて諸々の指令の効果的な適用のための措置が必要とされるのである．

その目的を念頭に置いて，ETUCは，最近設立した欧州労働組合健康安全技術局の仕事を通じて，特に欧州の技術の基準化と関連する問題に関する権能と影響力を育むつもりである．

ETUCは，EC指令の適用懈怠をなくすための不服申立てや是正の手続が導入されるべきことを要求する．ETUCは，欧州委員会が履行を監視し強制する権限を拡大するために労働監督指令案を作成することを要求する．
……

14　第三国からの移民労働者に関する限り，ETUCは，次のことを要求する．
—加盟国に適法に居住する第三国の労働者に対する均等待遇および機会均等に関する権利．
—移民はECの権能のひとつであるという明確な規定を含めるように条約が改正されること．
—人種，性別，年齢，宗教，または民族ないし国民的出身を理由とする差別からある国に居住するすべての勤労者を保護するための効果的な措置がとられること．
—国民としての地位に関係なく黒人その他の少数民族に対する差別をなくすために欧州法が採択されること．

15　障碍をもつ勤労者に関し，彼らを国家と欧州のレベルにおける社会と労働市場に完全に統合するために行動がなされなければならない．ETUCは

次のものを獲得するために即時的行動を要求する．
　―仕事を障碍者の手に入りやすくする人間工学的な設備と建物に対する権利，より手厚い解雇保護の権利．
　―会社による障碍者に関する仕事の固定の廃止．
16　特別な問題を有する勤労者に関し，アルコールや麻薬依存のような特別の困難を有する労働者に対する差別をなくすために政策が導入されるべきであり，またそれらの者にはリハビリテーションの援助が必要である．エイズの血清陽性または発症の勤労者は職場におけるいかなる差別にも曝されるべきではない．HIVに関連する疾病のために労働能力が限定される場合は，労働条件変更のための適切で合理的な措置がとられるべきである．
**142**　労使対話に関しては，次の決議が採択された．
「……
2　欧州統合の過程におけるソーシャル・パートナーの役割，責任および自治は，明確に定義されかつ承認されるべきである．域内市場の社会的次元の成功の如何は右の役割の一般的な承認に掛かっており，その承認は，ECの法律並びに共通規定，枠組み協定および欧州規模の労働協約に導く労使対話よって表明されなければならない．
3　この目的のため，EC条約の改正は，ストライキ権を含む国境を跨いだレベルにおける団結，交渉および団体行動の権利のような基本的社会権を公私産業の労働者に保障すべきである．
4　同条約の改正は，ソーシャル・パートナーに関する欧州委員会主導の立法に関してはソーシャル・パートナーの事前の協議に関する規定を含むべきである．
　さらに，ETUCは，EC条約第139条が欧州レベルの労使関係の法的枠組みを与えることを要求する．それは，欧州レベルで行われるべき交渉の実施を批准し保証すべきである．また，それが労使対話のための機構の創設を定めることを要求する．
5　ETUCは，欧州労使対話の即時的強化を要求する．それは，その内容の質的改善とその結果に基づいて行動する交渉当事者側の十分な取組みの両方による強化である．ETUCは，CEEPとの間で締結された枠組み協定の方針に沿って，しかも，以下の四つの労使対話の領域での協議と交渉を通して，欧州労働協約の当事者となる用意がある．
　**a**　職種横断的レベル．そこでは，ETUCはUNICEおよびCEEPと欧州社会政策の優先順位を決定するために協働する．
　**b**　産業および小分類レベル（公的および民間）．これは，域内市場完成の

枠組みにおける目的と優先順位を決定するため，域内市場からのあり得べき悪影響を予測しそれを労働市場の進取の管理によって取り除くため，特に雇用の創出に関し域内市場の積極的可能性を最大限に利用するためである．
- **c** 多国籍企業のレベル．そこでは，リストラクチュアリングと合併がますます一般化し，労働者は関係する多国間問題に関する情報提供，協議および交渉の国境を跨いだ代表機関を必要としている．
- **d** 国境を跨いだ地域のレベル．それは新たな経済的，社会的及び文化的領域である．関係諸国のソーシャル・パートナー間で対話が発展されるべきである．国境を跨いだ社会問題を処理するための対話の機関が設けられるべきである．必要ならばそれらの機関は行政機関の代表をも含むべきである．

6 社会的目的を促進し収斂性を高めるため，ETUC は，国および産業の両レベルにおいて交渉担当者が対象とし得る団体交渉の優先順位を勧告する年次報告を発表することによって団体交渉政策を統合する．」

143 経済民主主義に関して，ETUC は次の決議を採択した．

「1 経済的統合がリストラクチュアリング，合併および買収をいっそう激しくさせているとき，そしてより多くの決定が地域や国のレベルを飛び越えるようになっているときには，勤労者に次のようなものが保証されることが不可欠である．
—とりわけ雇用と新技術の導入に関して欧州で営業している企業および多国籍企業の内部における情報提供，協議，交渉，参加および確認の権利
—ストライキ行為を含む国境を跨いだ団体行動の権利とともに情報提供と協議を含む合併の管理と既得権の保護のための規則
—倒産の場合における労働者とその諸権利，とりわけ賃金に関する権利，の保護
—欧州規模のすべての企業における年次社会監査(social audit)の導入
—すべての労働者の職業生活全般にわたる通常労働時間中の職業訓練および有給教育休暇の権利

2 欧州規模の多国籍企業に関する限り，ETUC は，いくつかの加盟国で営業している支店を持つ企業における欧州労使協議会[訳注1]の設置に関する指令案の早期の採択を支持する．ただ，同制度の改善を希望するものである．EC 法は情報提供，協議および参加の権利の実効性ある発展を可能にする保証と十分な措置（費用は企業が負担する）が導入されなければならない．

3 ETUC は，欧州会社法が迅速に採択されることを望み，それが企業およ

第2節 ソーシャル・パートナー

び企業グループレベルの労働者参加に関する無条件の規定を含むべきだと主張する.」

ETUC は, IGC (政府間会合) (1996 年) に関しては, 雇用と単一通貨とは相容れないものではないとの意見だった. ETUC によれば, 欧州建設はその信頼性が回復されるべきであり, 労働者および国民の関心は, 現在彼らが直面しているニーズと同様に応えられるべきなのである. ETUC は IGC の政策課題に EU の社会的内容, すなわち, 欧州雇用建設, ソーシャル・ヨーロッパ建設および民主的欧州の建設という三つの事項を勧告する「雇用と社会権」を盛り込む必要性を擁護している.

単一通貨と雇用とは相容れないものではないということは証明の必要な事項にとどまる. 反対に, 両者は同時に達成されるべきである. しかし, 「社会」問題は社会議定書とともに前進してきたという事実にもかかわらず, 「社会法規は通貨法規より拘束力が弱い. 経済ないし通貨移動に関しては, 社会問題には存しない法規や拘束力ある決定が存する」.

EU は, 2000 万の失業者の問題を解決するだけでよいのでなく, 「雇用に付加価値を創り出す責任を有している」.

結論として, ETUC は通貨統合の基準ないし形式に関する議論を再開したいとは思わないが, EU と加盟国政府が失業をなくすことおよび統一通貨実現と同様に社会権のためにも努力をすることを期待する.

使用者との対話において, ETUC は (1996 年5月) 次のことを提案した.
「**(a)** 雇用に従った構造基金の方向付けと『ソーシャル・パートナー』の発展に関する欧州委員会との共通手続

**(b)** 労働の弾力性と労働者の雇用保障に関する欧州委員会の協議を経て新たな雇用形態に関する欧州枠組み協定を創ることの可能性

**(c)** 職業生活を通した訓練機会に関する欧州枠組み協定の交渉の可能性

**(d)** 労働時間指令とそのイギリスへの拡大指令を現在適用除外されている産業へ適用する見通しの検討, および雇用に有利な労働時間の設計, 労働時間の減少, 労働組織に関し, 各国の適切なレベルにおける交渉を指導することができる欧州の参照枠組みを創ることの妥当性

**(e)** 職場における年少者の統合に関するソーシャル・パートナー主導の可能性, それはとりわけ策定中または策定準備中の年少者に関する計画に関する欧州委員会の勧告を引き出し得る.」

　　［訳注1］　原著では European Company Councils とあるが, これはおそらく仏語版からの重訳（欧州企業委員会）のせいで, 欧州労使協議会のことである.

144　ETUC は, 1999 年7月ヘルシンキで開催された第9回定期大会で次の

ような決議を行った．

## I 総論

「あらゆるレベルにおけるヨーロッパ・ソーシャル・モデルの基本的な価値と制度を推進し擁護する．

　経済的社会的結束の原則がEUの諸政策において尊重されかつ統合されることを確保するため努力する．

　世界の他の地域の基準的モデルになるヨーロッパ・ソーシャル・モデルの発展，強化をリードする．

　経済的効率，競争力および勤労者の社会権の均衡に基づくヨーロッパ・ソーシャル・モデルの改良と現代化を確保する．特に，そのモデルは男女の役割の変化を反映しなければならない．

　必要とされる社会的変革を達成するための最良の手段として団体交渉と社会的協力を強化することをあらゆるレベルにおいて，かつ欧州の観点においてキャンペーンする．

　欧州議会と協力して顕著な社会的次元の問題に最低限の基準を設ける行動をとるよう欧州委員会に要請する．

　ETUC憲章に基づく公的サービスを擁護し促進する.」

## II 欧州とグローバル化

145 「EUと個々の加盟国政府にグローバル化が社会に及ぼす負の効果を回避することを可能にするルールと政策の枠組みを確立し，それを効果的な経済発展に向けて機能させるように圧力をかける．

　新たな世界の労働力の区分において，女性が低賃金労働力の大部分を形成することを考慮すると，グローバル化が労働市場の男女間のさらに大きな不平等を生じ続けないようにするために行動することが不可欠である．

　EUがそうした枠組みの促進において影響力を高めるため国際的な経済金融機関において統一見解を述べる必要性を支持する．

　ILOとの協力を推進し，税を含む投機的金融の流れを管理する措置を推進し，国際投資と多国籍の会社と銀行の活動を拘束力のある多国間協定によって規制する社会的次元の発展を含めるようにIMFとWTO（ブレトン・ウッズ機関）の改革を推進するため国際的労働組合組織と力を合わせる．

　ILOの基本的な協定に基づき国際貿易を規制するあらゆる条約に（児童，年少者および女性の権利を含む）環境的および社会的規範を挿入させるためILO，WTOその他すべての国際機関におけるキャンペーンにつき国際労働組合組織との協力を継続する．

社会的規範と労働組合の権利の尊重および社会，環境，および公衆衛生の問

題に関わる「ラベル」の導入に関する行為規範について多国籍会社と交渉するため非政府組織および消費者団体と共同して労働組合の行動を推進する．

強制労働，児童労働，差別および労働組合の自由に関する一般特恵関税制度(GSP)規制に含まれるすべての社会条項を適用するようEUに圧力を掛け続ける．

世界の他の地域との貿易および発展の援助・協力に関して，強力な社会的次元をEUの政策全般に含めるよう働きかける．これは，特に，欧州地中海パートナーシップ，ラテンアメリカの協力及びEU―ACP条約の更新に関し重要である．

EUと第三国の間のあらゆる取引に人権，民主的自由およびILOの基本的基準の即時的適用を条件とする規定を含めるように求める．」

### Ⅲ 通貨統合，「経済政策主体」，社会的結束

**146** 「EUが一つの経済的統一体として活動し，欧州中央銀行の政治的対照主体として活動し，継続的な成長と雇用を促進しながら安定性を維持する政策ミックスを達成できるようにするため「欧州経済政策主体」の樹立を支持する．すなわち，欧州レベルの財政政策の協調を推進する．

インフラストラクチャー，技術革新および研究への公的投資による経済および産業の発展を推進，何らかの形態の欧州借款を含む革新的な金融措置を明確にするための欧州規模の戦略を要求する．

特定多数決による会社税，資本収入および環境税の調整とより接近した調和化を求めるキャンペーンを行う．

国レベルと欧州レベルにおいて，雇用を促進し，新たな需要に応じ新たな資源を利用するための財政負担の再配分を求める．このため，労働に影響を与える財政負担を資本（付加価値），貯蓄，環境・エネルギー税に転化し，社会的ニーズを考慮し雇用を促進するため付加価値税を用いる．具体的には，過去15年間の変化を元に戻すため，今後5年間で2％の率で転換されるべきである．これにより上記の変化の3分の1が元に戻される．

地域的な結束と雇用を促進し，構造基金運用の明確化，実施および評価過程へのソーシャル・パートナーの完全参加を求める必要性に直面してEUがより効果的かつより目標を絞った構造政策をとるよう強く求める．

労働者の新たな能力と技術に対する投資は女性と男性のいずれに対しても行われるようにする．

### Ⅳ 雇用の最優先課題

**147** 「継続的な成長と雇用に向けたマクロ経済的政策ミックス，未来志向的構造政策および積極的労働市場政策を含む協調によって大量失業に反対する

キャンペーンを行い，完全雇用の回復を求め続ける．

　労働力率70％で失業率を7％にする5年間の雇用創出計画により完全雇用に復帰する目的を達成する．

　現行の主な労働市場政策目標を超えて，欧州雇用協定(European Employment Pact)の形態をとり，成長志向のマクロ経済的政策を含み，すべての当事者が関与する形で発展するように求めて，欧州雇用戦略を強化する．

　ソーシャル・パートナーが参加してその過程を監視する欧州監視機関の設置を含む構造的産業的変化を制御するための未来志向の戦略を強く要請する．

　産業的変化を形成するため研究，環境政策，構造政策および技術革新の分野における既存の欧州政策文書の方向を変える．

　女性と男性の均等な機会と賃金を求める精力的なキャンペーンを行う．この点に関する具体的な措置が団体交渉の過程に含まれるべきである．

　良質な保育サービスと介護が財政措置と実施計画表を伴って加盟国によって与えられることを強く求める．

　黒人，少数民族および障碍者がEUの雇用政策全般から完全に利益を享受するようにする．

　必要なら適当な立法イニシアティブの仕方で，団体交渉を通した週35時間その他の労働時間の短縮とリストラクチュアリングの方法を求めるキャンペーンを継続する．

　継続的な職業訓練に対するアクセス権を含むすべてのものに対する生涯教育を促進するためのイニシアティブに対する強力な支持を与える．

　地域的雇用イニシアティブ，特に雇用と社会経済のイニシアティブのための地域協定を支持する．

　EURES多国間雇用情報システムを通じて国境を跨いだ地域の労働市場の創造を支持し，雇用と職業訓練の国境を跨いだ地域協力計画におけるETUCの参加を保証する．」

### V　社会保護の将来

**148**　「法的社会保護の諸制度を擁護し，それらの財政をより雇用親和的なものにし，家族構成の変容が考慮されるようにする（権利の個人化）．

　すべての労働者，特に年少者，非典型契約で働く者および『疑似自営業者(false self-employed)』が社会保護の諸制度の適用を受けるべきことを要求する．

　異なる社会保護の諸制度間の放置された競合から生じるあらゆる適用除外の形式を排除するためEUレベルにおける社会的結束に関する指針を求める．

社会保護の財政的基盤を広げ付加的かつ選択的な財源の形成を求める．

ソーシャル・パートナーがその管理に参加することを確保し，EU 域内を移動する労働者の権利の移動可能性を保証する労働協約に基づく補足年金基金の設立に関する EU の法的枠組みを求める．

高齢労働者の雇用からの制度的排除と戦い，早期退職および強制退職制度に加えて雇用から退職への段階的移行を可能にする方法を求める．

育児休業中の社会保障の維持を保証する欧州のイニシアティブおよび権利の個人化と妊娠・出産に関わる権利を強化するために女性と男性の均等待遇に関する既存の欧州法の改定を求める．

規則 1408/71 の改正を求める．

特に EU 内を移動する労働者に関し，税および社会保障制度を調整する一貫した方法を求める．このためには，それらの労働者に関するこの分野の新たな法規の影響の体系的検討が必要となる．」

### VI　平和，権利および連帯のための EU の拡大

**149**　「EU の社会的実績がその過程で広く受け入れられるようにするため加盟候補国との交渉経過を監視し続ける．

統合委員会の既存のネットワークを通して，関係国の ETUC 加盟組織がその過程に関与しすべての関心事に関して政府から適切に協議を受けられるよう援助する．

加盟候補国において EU に存在するものに準拠した労使対話機構および労使関係制度が設けられるよう協力する．

加盟前の戦略が候補国における雇用創造と社会保護政策にも向けられるようにする．

欧州評議会の社会憲章によって与えられた，欧州大陸のすべての国々における社会権と労働組合権の尊重を推進する可能性を最大限に利用する．

EU の新たな北方への拡大とバルト海地域における諸労働組合間の協力を歓迎する．

社会的目標と民主的発展に向けた欧州地中海パートナーシップに影響を与える手段として地中海労働組合フォーラムを支持する．

すべての関係諸国とのパートナーシップの枠組みを通して旧ユーゴスラビアおよびバルカンにおける民主化，政治的安定および経済復興を確保するために EU が行動するよう求める．」

### VII　より効率的で民主的な EU

**150**　「今世紀末までに諸機関の改革のための会議が開催されることおよびその会議は EU の来るべき拡大のため民主化と統合過程の効率化を増進するた

めに諸機関と欧州社会との間の「基本協定(Constitutional Pact)」を目的として会議が開催されることを求める．

透明性を確保し例外を明確にする法律によりEUの諸機関における透明性の強化と情報および記録への自由なアクセスを協力に促進する．

EUが欧州および世界における責任を十分に果たすため真正な共通外交安全保障政策を採択すべきことを要求する．

欧州中央銀行(ECB)が経済活動と雇用を促進する責任を自覚するようにするためECBとの構造化された対話を求める．

ストライキを含む国境を跨いだ同情ストなどの団体行動を含む市民権，社会権および労働組合権が次の改定の機会に条約に定められるべきであるとのキャンペーンを張る．

移民者，黒人および少数民族の平等の権利のために引き続き献身する．

移民と亡命権に関する公正かつ開かれた立法を求める．」

### Ⅷ　職場の新たな権利

**151**　「労働者の権利を保護し，企業が派遣労働を濫用することを防止する規則を労働協約または立法で定める．

枠組み協定または欧州立法により非典型労働および新たな労働形態（派遣労働，在宅労働，テレワークその他）に必要な規制を追求する．

新たな危険を防止するため既存の規則と措置の厳格な実施によって職場の健康と安全を促進し続ける．

労働関係および労働条件のあらゆる点について女性と男性の平等を育成するよう求める．

活動産業ごとに収集される男女の賃金に関する資料および賃金差別の訴えを取り扱う調整手続が求められる．

職場における尊厳の保護[訳注1]に関する指令を求める．

アムステルダム条約の新たな条文(第13条)を用いてあらゆる形態の差別に反対するキャンペーンを行う．

欧州労使議会指令の改正を求める．それにより協議過程に関する規定を強化し，同指令およびその関連法規に違反があった場合の制裁の必要性を考え，労働組合の専門家の地位を向上させる．

国内の諸権利を補完する欧州会社法の確立に関する労働者の情報提供，協議および参加の権利を強く要請し続ける．

中小企業の労働組合代表のみならず社会労働基準のキャンペーンを張る．」

　　［訳注1］　セクシュアルハラスメントのことを意味する．

### Ⅸ　新たな挑戦に合わせて

第2節　ソーシャル・パートナー

**152**　「労使対話と欧州交渉によるのみならず，立法によっても，ソーシャル・ヨーロッパのために戦わなければならない．

　雇用常任委員会の改革を含め欧州レベルにおける『社会的協調』の発展を確保する．

　産業横断レベルと産業レベルの労使対話を発展させる．それは，一方では欧州レベルのソーシャル・パートナー間の自治的交渉を発展させるために機能し，他方では社会政策協定によって与えられた権能を十分に生かす．

　アドホック委員会の設置により経済通貨統合の条件に関する調整された団体交渉を支持するために必要な手段や手続を用意する．

　共通の目標を追求する行動と動員力をいっそう発展させる．

　労働界の構成要素のすべてをよりうまく取り込み，加盟連合体および産業別連合体とともに行うことによりその代表能力を向上させ，労働組合員資格の価値並びに国内，欧州および世界のレベルにおける労働組合の機能についての情宣活動を推進させ，そのことによって若者の組合加入および関与の前途を改善する．

　決議機関および団体交渉におけるものを含み，労働組合活動への女性の参加を一層促進する．そのすべての政策へ平等要素（ジェンダーの主流化）を含めることを推進し，またこの統合を推進するための仕組みを導入する．

　あらゆるレベルにおいてイニシアティブと行動を結束させるための労働組合活動の欧州化を追及する．」

　**X　欧州労使関係制度に向けて**

**153**　「国内の団体交渉における加盟組織を支持し，補完的な欧州の労使対話を十分に利用し，欧州枠組み協定を通じて，欧州レベルの社会的規制および生活条件のおよび改善に向けた調和化を強く要請し続ける．

　欧州委員会が社会政策問題における立法を主導する責任を果たすことを主張する．

　枠組み協定の実施，とりわけ，すべてのレベルとすべての産業における労働条件の改善に対する影響を定期的に評価する．

　すべての民間および公的産業の活動における労使対話を生み出すため欧州産業別連合組織を支援し，1999年1月1日以前に委員会を確立した産業内の労使対話の継続と統合を支援する．

　欧州の使用者団体，UNICE と CEEP に対し，欧州レベルにおける自治的交渉の枠組みを設定するための新たなソーシャル・パートナー協定を提案し，そのことによりソーシャル・パートナーの自主性に基づく欧州の労使関係制度を発展させる．

EUによる基本的労働組合権の承認と欧州レベルにおける労使関係の法的枠組みの樹立を強く求める．

すべての関係者を巻き込み真の社会的統合に基づく欧州雇用協定の締結のため働く．

産業別および産業横断的に調整された欧州団体交渉の戦略を促進し，ETUC内の一貫した調整的アプローチを確保する．

団体交渉の方針を調整する委員会の創設を含め，また，事務局の仕事を再編成し，ETUI[訳注1]およびETUCO[訳注2]の活動をそれぞれの研究・訓練分野に集中させることを通じ，その調整に必要な手段と手続を確立する．

各産業における労使対話の創造のため，およびEUの規則や協約が公共産業労働者に均等に適用されるようにするため，公的産業，とりわけ，自治体や国の産業における使用者に圧力を掛ける．

それが関係する企業のすべてに適用されるように欧州労使協議会を一般化し，既存の欧州労使協議会の活動を促進する欧州産業連合を支援する．

ETUCの加盟組織間における労働組合資格の相互承認憲章の作成に備える」．

　　［訳注1］　欧州労連研究所（欧州労研）．
　　［訳注2］　欧州労連研修所．

**154**　欧州の舞台における新参者，すなわちCESIにも言及しなければならない．欧州独立労働組合連盟，すなわちCESIは，党派的，哲学的または組織的な関係を有しない組合で構成され，17の欧州国家に組合員を有する自治的な上部組織団体である．CESIは700万人を超える組合員を有すると主張している．CESIは民主主義，社会的連帯および複数組合主義を独自の方針としている．

CESIは1990年4月に設立され，本部をブリュッセルに置いている．

CESIは以下のことを求めている．

—ECの政治的統合．
—ECの経済通貨統合．
—強力な欧州議会．
—経済社会評議会の強化．
—欧州意思決定過程におけるソーシャル・パートナーの参加．
—欧州の失業対策におけるソーシャル・パートナーの参加．
—労働者にとって重要な決定への労働者の共同決定と参加．
—職場における男女の均等待遇．
—民間および公共産業における労働者の移動の自由の拡大．

―欧州の強力かつ独立した公共サービス・行政サービス間の協力の改善．
―職場での適切な訓練と安全基準．
―社会保障の最低基準（退職，失業，疾病，事故，看護，母性など）．
―老齢年金を保障する財政．

　欧州アカデミー（CESI の研究・継続教育機構）が 1990 年に設立された．その目的は，情報，助言および職業的，政治的および文化的教育と訓練を通して欧州の民間および公的産業の労働者，その代表およびあらゆる当事者を援助することである．

　CESI の構成組織は，次のものである．
―欧州の上部組織
―国内の労働組合団体
―個々の国内労働組合

**加盟組合**[訳注1]

　　［訳注1］　本訳書では省略．

# 第3節　労働法に関する EU の権能

## I　はじめに

**155**　EC の明示的な目標としての労働者の保護というのは一番最初から議論を呼ぶものであったし，EC の経済的な目的に従属するものであったと断言してよいだろう．社会的貨物車は経済的機関車に引っ張られるものだという議論が広く行き渡っていた．

　1955 年に各国政府に依頼されて問題を検討した専門家グループの大部分は，EC 条約に特段社会条項の必要はないという意見であった．加盟国間で賃金や労働条件が異なると共通市場における競争に影響を与えると強調したのはフランス政府だけであった．かくして EC 条約には純粋な社会・労働法政策を許容するような具体的な権限は殆ど含まれなかった．EC 丸は社会政策の関係では櫂の短い小舟であった．もう一度繰り返せば，EC の機関は（明示的又は黙示的に）条約によって与えられた権限しか有さない．その余の事項は各国政府が主権を維持するのである．

## II　E C

### A　目的のヒエラルヒー：インフレなき成長

**156**　EU は他の何にもまして「とりわけ域内に境界なき領域の形成と，経済的・社会的結束の強化とそして究極的には本条約の規定に従い単一通貨の導入を含む経済通貨統合の構築とを通じて，経済的・社会的進歩と高水準の雇用を促進し，バランスのとれ，持続可能な発展を達成すること」を至高の目的としている（EU 条約第 2 条）．

**157**　欧州の新たな雇用社会政策の社会的関連性と重要性を評価するためには，次の点が検討されなければならない．

1　様々な目的は EU の全体的な目的のヒエラルヒーの中でどのような序列になっているか．

2　社会的目的を実現するために EU に付与された手段は適切か．

3　一般的には与えられた序列と社会的目的を実現するために保持されている手段の結果はどうか．またとりわけ社会全体や市民の福祉への影響はどうか．

4　最後に，欧州の建設に暗黙に埋め込まれている「ソーシャル・モデル」の種類を評価する必要がある．我々はこのモデルを同一の又は同等の社会経済システムが様々な時期に実施されてきた諸国と比較しよう[1]．

　EU が追求する諸目的の序列を分析する際には，欧州社会政策とりわけ雇用戦略が EU の総体的な経済通貨目標に従属していることを認識しなければならない．この結論は EC 条約とりわけアムステルダム条約の文言を分析すると明らかである．

　実際，様々な EU の目的のヒエラルヒーの頂点には EMU に従ったインフレなき成長と経済政策，すなわち低いインフレーションとコントロールされた財政赤字その他が鎮座している．これがよく知られたマーストリヒト基準である．

　この結論は雇用に関する編の用語法からも分かる．第 126 条ははっきりと「加盟国はその雇用政策を通じて，加盟国と EC の包括的経済政策指針と整合的な方法で諸目的の達成に貢献するものとする」と述べている．言い換えれば，加盟国の雇用戦略はまずはインフレをもたらさないものでなければならないのだ．

　アムステルダム条約によれば，社会政策は EC の経済の競争力を維持する必要性を考慮に入れる（第 136 条）．

極めて重要だからこの結論を繰り返そう．雇用戦略を含め，社会政策はインフレをもたらさず欧州経済の競争力を維持するように方向付けられなければならない．

オランダ議長国の結論(1997年のIGC)はこの選択を次のように言い換えている．

「持続的でインフレなき高度成長を回復することはECの失業問題に永続的な解決を達成しさらに健全財政に向けて前進するために必要である．」

「これら社会的諸目的は(まずは[2])共通市場の働きからもたらされるのであり，そのためには社会制度の調和化が好ましい」と第136条はいう．

実際，EUがその野心的な目標を実現するに当たって先制的であることを許す手段は貧弱である．

(1) この最後の点については，R.ブランパン，*Institutional Changes and European Social Policies after the Treaty of Amsterdam*(アムステルダム条約以後の機構変化と欧州社会政策)，Kluwer, the Hague,1998,5-65 を参照．

(2) 著者の追加．

## B 社会的目的

**158** EC条約第XI編は社会政策，教育，職業訓練および若年者を扱っている．第136条を読むと，その基礎となる哲学は十分明らかである．

「ECと加盟国は，1961年10月18日にトリノで調印された欧州社会憲章および1989年の労働者の基本的社会権に関するEC憲章に規定された基本的社会権を念頭に置き，雇用の促進，改善を維持しつつ調和化を可能にするように生活・労働条件の改善，適切な社会保護，経営と労働の間の対話，永続的雇用の観点からの人的資源の開発および社会的排除への取組みをその目的として設定するものとする．

この目的のため，ECと加盟国は，とりわけ雇用契約関係の分野における多様な形態の国内慣行とEC経済の競争力を維持する必要性を考慮に入れて措置を実施するものとする．

両者は，そのような発展は，社会制度の調和化を必要とする共通市場の機能からもたらされるのみならず，本条約に規定する手続および法律，規則または行政規定の接近からももたらされると信ずる．」

## C 基本権と権能

### 1 基本権
#### a 根本原則
**159** EU条約第6条によれば，EUは自由，民主主義，人権と基本的自由の尊重および法の支配という加盟国に共通の原則に立脚している．これらの原則は直接的拘束力は持たないが，深刻で継続的な違反の場合には条約の適用から派生する権利が停止されうる（EU条約第7条）．

#### b 人権および基本的自由の保護に関する欧州条約
**160** EU条約第6条第2項は，「EUは1950年の欧州条約で保証され，加盟国に共通の憲法的伝統に由来する基本権を，EC法の一般原則として尊重するものとする」と規定する．これは上でみたように欧州司法裁判所の変わらぬ意見であり，それゆえそれほど付加価値はない．しかしながら重要なのはこの問題における欧州司法裁判所の役割である．欧州司法裁判所の権限は条約（EU条約第46条）に基づき管轄権を有する限り諸機関の行動に適用されるのである．実務的にいえば，このことは閣僚理事会，欧州委員会および他のEC機関のいかなる行動も，人権条約の観点から欧州司法裁判所によって検討されるということを意味する．

#### c 基本的社会権
**161** 法的強制力を持つ基本的社会権を条約に取り込むという考え方はアムステルダム条約では実現しなかった．しかしながら，そのような権利への言及がEC条約第136条において次のようになされた．「ECと加盟国は，1961年10月18日にトリノで調印された欧州社会憲章および1989年の労働者の基本的社会権に関するEC憲章に規定されたごとき基本的社会権を念頭に置く」．この挿入が法的拘束力ある義務や権利をもたらすにはあまりにも弱いことは確認するまでもない．これは純粋な意図の表明であってそれ以上ではない．

**162** フランスのニースで2000年12月に開かれた欧州理事会という欧州首脳会議において，基本的社会権の問題が取り上げられた．再び希望が見えた．1999年のタンペレ欧州理事会ではEUの基本権憲章の起草を始めることが決められた．加盟国政府の代表，欧州委員会，欧州議会および各国議会の代表からなる合同機関が憲章を起草することになった．他のEU機関，社会集団

や専門家は合同機関に意見を述べるよう招かれた．これは基本権が EU 条約に統合されるいい機会であった．欧州理事会が単なる宣言を超えて，使用者や労働者を含めた欧州市民のための直接執行可能な権利を規定するかどうかは決まっていなかった．法的に執行可能な基本的な基準は「ソーシャル・ヨーロッパ」を決定的に明示することになるであろう．

　基本権憲章は 2000 年 12 月 7 日，ニースで採択された．後に説明するように，実に多くの権利が登載された．しかしながら，憲章の拘束力に関しては失望すべきものであった．ニース首脳会議の議長国結論は憲章について，「欧州理事会は，これまで様々な国際，欧州，国内の源泉に規定されてきた市民的，政治的，経済的，社会的および全社会的な権利を単一の文書に集約した閣僚理事会，欧州議会および欧州委員会による基本権憲章の共同宣言を歓迎する．欧州理事会は憲章が EU の市民の中に可能な限り広く普及することを希望する．ケルン欧州理事会の結論に沿って，憲章の効力の問題は後に検討されよう．」と述べている．「後に」とは，EU 拡大の後，つまり 27 もの加盟国が全会一致で憲章に拘束力を与えることに賛成しなければならないことを意味する．

### d　差　別

**163**　EC 条約第 12 条は，条約の適用範囲内において，国籍を理由とするいかなる差別をも禁止している．閣僚理事会は特定多数決によってそのような差別を禁止するための規則を採択することができる．

　さらに，アムステルダム条約は EC 条約に新たに第 13 条を導入した．これは閣僚理事会に，欧州委員会の提案に基づき，欧州議会に協議した上で，全会一致で，性別，人種的もしくは民族的出身，宗教もしくは信条，障碍，年齢または性的志向を理由とする差別と戦うための適切な行動をとる可能性を与えている．

　ここには，皮膚の色，国民的もしくは社会的出身，文化若しくは言語，政治的意見，婚姻上の地位，家庭責任および障碍といったいくつもの差別の理由となるものが含まれていない[1]．

　さらに，閣僚理事会は差別と戦う一般的な権能を享受している訳ではなく，その可能性は条約によって EC に付与された権限内に限定されている[2]．

(1)　しかしながら，障碍者に関する最終規定に対する宣言があり，「政府間会議は，EC 条約第 95 条に基づく措置を起案するに当たり，EC 諸機関が障碍者のニーズを考慮に入れるべきことに合意した」と述べている．［訳注］ここは改訂前の文章の消し忘れのようである．直前の文にあるように，EC 条約第 13 条は差別禁止の根拠として障

碍を挙げており，障碍が除外されているというのは事実に反する．EC条約第95条は共通市場の機能のための法制の接近に関する根拠規定であり，この宣言は，経済法関係の立案に障碍者のことを考慮せよといっているので，差別禁止とは直接関係がない．

(2) ニース条約は第13条に第2項を加えた．これは「第1項の例外として，閣僚理事会が，加盟国の法律や規則の調和化を除き，第1項に規定する目的を達成するために加盟国がとる行動を援助するインセンティブ措置を採択する場合，第251条に規定する手続に従って行動するものとする」と規定している．

### e 個人情報

**164** 1999年1月1日から，個人情報の処理およびそのような情報の自由移動に関する個人の保護に関するEC法令が，条約に基づき又はそれを基礎として設置された機関および団体に適用されている（EC条約第286条）．

1995年10月24日の個人情報の処理およびそのような情報の自由移動に関する個人の保護に関する指令95/46/EC[1]によれば，加盟国は自然人の基本権と自由とりわけ個人情報の処理に関するプライバシーの権利を保護しなければならない．加盟国は加盟国間の個人情報の自由流通を与えられた保護を理由として制限または禁止することはできない．[訳注1]

(1) O.J., 23 November 1995, No.L 281.

[訳注1] 2001年7月31日，労働者の個人情報の保護に関するソーシャル・パートナーへの第1次協議が行われ，2002年10月31日，具体的な項目を示した第2次協議が行われた．立法化も近いと思われる．

## 2 権 能

**165** EC条約はECが第136条に規定された高い社会的目的を実現するためにEUそれ自身とともにソーシャル・パートナーにもいくつもの権能を与えている．

### a E C

**(1) 加盟国間の協力**

**166** 欧州委員会は社会的領域，とりわけ以下の事項における加盟国間の緊密な協力を促進する任務を与えられてきた（EC条約第140条）．
—雇用[1]
—労働法および労働条件
—基礎的および高等職業訓練

第 3 節　労働法に関する EU の権能

―社会保障
―労働災害および職業病の防止
―労働衛生
―団結権および使用者と労働者の間の団体交渉の権利

　　(1)　C.O.J., 9 July 1987, Germany and Others v. Commission,No.281/285, ECR, 1987, 3203. 非加盟国の労働者の労働力への統合の促進は，それが雇用に密接に関わる限り，社会的領域に，第140条の意味に含まれる．これはまた社会への統合にも適用される．非加盟国からの移民コミュニティの文化的統合に関しては，それが移民政策の効果にある程度まで関わるとはいえ，移民労働者とそれ以外の外国人の区別なく移民コミュニティ一般を対象とし，雇用および労働条件に関する問題との繋がりははなはだ希薄である．

**167**　この重要な任務は加盟国と緊密に連絡して，国内レベルで生じる問題および国際機関と関係する問題について研究，意見の伝達および協議の調整を行うことにより達成される．要すれば，第136条と第140条は広範な目的を抱えているが，十分な手段を含んではいない．

**168**　スペイン市民にして国王陛下の官吏たるフェルナンド・ロベルト・ギメネス・ザエラは，両規定の効果を測定しようとした．これは民間部門での以前の雇用の関係で一般社会保障制度から支給されるべき退職年金の支払を，彼が公務員であるという理由で差し止められるという非友好的な決定によって誘発された[1]．この決定は，一般社会保障制度でカバーされる退職年金の受給はいかなる公行政の給与を伴う機能，職業または活動とも両立しないとするスペインの1983年法を適用したものである．ギメネス・ザエラにとってはこれは第136条が約束した「労働者の生活条件と水準の改善の促進」に反するものであり，フェルナンドは第136条がただの紙屑以上のものであるかどうかを確認しようとした．より正確に言えば，本件を付託したスペインの裁判官は，EC条約第2条，第136条および第140条が，被用者が公共部門で働き給与を受け取っている場合に民間部門の退職年金の支給を停止する決定と両立するかどうかを知ろうとしたのである．

　　(1)　C.O.J., 29 September 1987,Gimenez Zaera v. Instituto de la Seguridad Social y Tesoria General de la Seguridad Social,No.126/86,IELL,Case Law,No.108.

**169**　スペインの裁判官への回答の中で，欧州司法裁判所は大きく深呼吸してEC条約第2条から説き起こした．本条はたしかにECの目的を記述している．その規定に示された目的はECの存在と機能に関わる．それは，ECを通じて調和的でバランスのとれた経済活動の発展，環境を尊重した持続可能でインフレをもたらさない成長，高水準の経済パフォーマンスの収斂，高水準

の雇用と社会保護，生活水準と生活の質の向上，および加盟国間の経済的社会的結束と連帯のために，共通市場と経済通貨総合の設立を通じ，共通政策と行動を実施することにより達成されるべきものである．これら目的の達成は条約の本質的目的である．欧州司法裁判所の結論では，特に生活水準の加速的向上の促進に関しては，これは EC の創設を生み出した目的の一つであり，その一般的な用語と共通市場の設立および経済政策の段階的接近への体系的な依存に基づき，加盟国に法的な義務を課したり個人に権利を付与することはできない．

**170** 欧州司法裁判所は一貫して第136条を本質的にプログラム的性格のものと捉えてきた．しかしながら，このことは第136条がいかなる法的効果をも奪われているということを意味するものではない．本条は特に社会分野における条約および二次的 EC 法令の他の規定の解釈のために重要な手助けとなる．これら目的の達成はしかしながら権限ある機関により定義された社会政策の結果でなければならない[1]．

第140条は，例えば労働者の自由移動，共通農業政策又は共通運輸政策のように条約の他の規定によって対象とされない限り，社会分野における加盟国の権限を浸食するものではない．しかしながら，この権限は欧州委員会によって組織される加盟国間の協同の枠組みの中で行使されなければならないと規定されている．この関係で，EC 条約の条項（この場合第140条）が特定の任務を欧州委員会に付与している場合，当該規定が全体として効力がないとされていない限り，それは必然的にかつそれ自体として欧州委員会に当該任務を実行するために不可欠な権限を付与するのだということが銘記されなければならない．したがって，第140条第2項は欧州委員会に協議を調整するのに必要なすべての権限を付与したものと解釈されなければならない．協議を調整するという任務を達成するために，欧州委員会は必然的に，まずは問題を明らかにするために，次に加盟国の側のいかなる将来の共同行動のための可能な指針を特定するために，加盟国に本質的な情報を通知するように要求できなければならないし，同様に，加盟国に協議に参加するよう要求できなければならない．欧州委員会の権限は協議を開始するという純粋に手続的なものなので，協議の結果を決定することはできないし，欧州委員会が EC の政策や行動と適合していないと考えるような草案，合意および措置を加盟国が実施するのを止めることはできない[2]．

(1) これは，Sloman Neptun Schiffarts AG v. Seebetriebsrat Bodo Ziesemer der Sloman Schiffarts AG, NoC-72/91 and C-73/91, 17 March 1993, ECR, 1993, 887. で確認された．

第3節　労働法に関するEUの権能

(2) C.O.J., 9 July 1987, Germany and Others, No.281/285, IELL, Case Law, No.107.

171　さて，我々はフェルナンド・ロベルト・ギメネス・ザエラを忘れていない．この話の結末は各国政府は社会問題について主権を維持しており，ECは個人の年金の蓄積と公的給与がどう関わろうが発すべきメッセージはないということであった．ギメレス・ザエラは悪いときに悪いところにいたものである！

(2)　立法権能
(a)　社会問題

172　「社会条項」に関する章はECに，「賃金，団結権，ストライキ権またはロックアウト権」を除き，かなり多くの分野で第136条の目的を達成する観点から，規則，指令または勧告を特定多数決または全会一致で策定することを許している．「本条に従って採択された規定はいかなる加盟国にも条約と適合的なより（厳格に）保護的な措置を維持しまたは導入することを妨げるものではない」（第137条第5項）．

173　特定多数決で扱われる問題と全会一致が必要な問題との間には微妙な関係があるように思われる．例えば，男女均等待遇の分野は特定多数決だが，その中に雇用保護の要素を含む措置，例えば差別された労働者が労働監督官に訴えたときにそのことの故に解雇され得ないといった措置が出てきうる．この雇用の安定に関する点は明らかに全会一致の基礎の上に取り扱われるべき問題群である．しかしながら，「従物は主物に従う」という法諺に従い，全体として均等待遇の範囲に含まれる問題は特定多数決の基礎の上に取り扱われる．（閣僚理事会決定による欧州労働協約の実施に関する）第139条第2項の最後の文の用語法から反対の結論を導くこともできよう．そこには「閣僚理事会は，問題の労働協約が全会一致で行動すべき第137条第3項に規定する分野の一に関係する一又はそれ以上の規定を含む場合を除き，特定多数決により行動する」と書いてある．しかしながらこの議論は決定的ではない．第139条第2項はそもそも法の一般原則からの逸脱なのである．もし加盟国がEC立法に関しても第136条，第137条および第138条に従って一般原則から離れたかったのであれば，そのように明確に表現したはずである．

(a1)　特定多数決
(aa)　手続

174　第137条第1項は，ECは第136条の目的を達成する観点から，後で数え上げられるいくつかの分野における加盟国の行動を支援し，補完するものと規定する．

「この目的のため，閣僚理事会は，特定多数決で採択された指令の手段により，各加盟国で行われている条件や技術的規則を考慮しつつ，段階的な実施のための最低要件を採択することができる．当該指令は中小企業の創出を抑制するような行政的，財務的および法的制約を課することを避けるものとする」(第137条第2項)．

第137条第2項の次の文[訳注1]での条約第251条への言及を通じて，これら指令は特定多数決によりとられうる．

　　[訳注1]　原著では「最後の文」となっているが，この後に社会的排除に関する文がアムステルダム条約で追加されており，現在では誤りである．

**(bb)　分　野**

**(健康と安全)**

**175**　特定多数決による指令は特に労働者の健康と安全を保護するための労働環境の改善のためにとられうる．「労働者の健康と安全を保護するための労働環境」という用語の意味は EC 条約第137条について述べたところを参照されたい[(1)]．

　　(1)　第1部第8章第2節Iを見よ．([訳注]　原著に「第1部第7章第2節Aを見よ」とあるのは誤り．)

**(労働条件)**

**176**　「労働条件」はかなり広い内容を持つ概念であり，使用者の利益のために被用者によって遂行される従属労働下のすべての条件と関係がある．例えば，

―異なった範疇の労働者：ブルーカラー，ホワイトカラー，セールスマン，海員，学生アルバイト……

―個別労働契約：期間の定めなき契約，有期契約，派遣労働，試用条項と同時に契約の形式と内容，さらに労働契約を締結する能力（未成年者と移民労働者）

―雇用契約期間中の両当事者の権利と義務，それゆえ命令の実行，損害賠償責任等の労働者の義務．同様に使用者の義務：被用者に個別の合意に基づいて仕事を提供する義務，労働者の所持品に対する使用者の責任，労働条件を変える能力

―労働時間，パートタイム，時間外労働，夜間労働，シフト労働および日曜労働，同様に年次休暇と休日

―病気，労働災害，兵役，宗教行事の場合の労働不能．これには労働義務への結果及び労働不能の場合に（個別労働）契約の履行が延期されるか否かを含む．

―特定の範疇の労働者の保護，雇用における差別からの保護：若年者，高齢

者，障碍者，女性労働者，母親，仕事，昇進と職業訓練に関する均等待遇の促進措置……
―競業避止契約：この契約は被用者がその個別労働契約が終了しまたは終期に達したときでも，使用者と競合する事業又は雇用契約に従事することを防止する約定に関わる．
―被用者による発明に関する条件

**（情報提供と協議）**

**177**　「情報提供」という言葉の意味はわりと単純に見える．知識の伝達である．労働者への情報の開示とは，使用者がその説明が求められ質問が提起されるべき情報を提供することを意味する．しかしながら，「協議」という言葉の意味はあまり明確でなく，より曖昧である．協議はいくつかの観点から定義することができる．イギリスの文脈では，交渉が「経営者と労働組合の共同規制権限の範囲内の事項に関わる」のに対し，協議とは「経営権の範囲内の事項に関わる」[1]．このようにこれは **(a)**協議の対象と同時に **(b)**経営の意思決定に対する労働の影響の次元に関わっている．**(c)**行使の性質を強調するならば，交渉が経営と労働が対立的な関係にある問題に関わるのに対して，協議は利益を共通する問題に関わる[2]．マーシュによれば，「理論的には協議と交渉の区別は，協議が性質上非競争的かつ統合的であるのに対して，交渉が競争的で一時的かつ不満足な妥協に関わるという命題に掛かっており，それゆえ協議が紛争の解決を準備するのに対し交渉は紛争を抑え込むだけである」[3]．

個人的には，我々は協議を経営の意思決定に対する労働による影響の観点から定義したい．そうすると，協議とは使用者に助言が与えられるが，使用者の意思決定には手を着けないで残しておくということになる．使用者は被用者代表の意見を聞いた後に意思決定する権限を保持するということを意味する．この助言には求められない限り全会一致も多数決も必要ではないし，使用者の請求，労働側の請求あるいは法による義務付けのいずれによってもなされうる．協議には意見の交換，提案や反対提案，要すれば突っ込んだ議論もが含まれる．

実際には区別が困難な協議と交渉の間には，多くの EC 指令で用いられる表現「合意に達する目的をもった協議」がある[4]．私にはこの表現は，使用者が被用者の考えのために問題について尋ねるという厳密な意味における協議を超えているように思われる．ここではそれ以上のものが要求される．当事者は合意に達するよう試みることが求められており，実際にはこれは協議の領域を離れ，交渉の領域に着地しているのである．

(1) IELL, Great Britain, 1992, para.42
(2) *La participation des travailleurs aux decisions dans l'entreprise*（企業内の決定に対する労働者の参加），Geneve, ILO, 1981, 22 と ILO Recommendation No.94 of 1952（企業における使用者と労働者の間の協議および協力に関する勧告）を見よ．
(3) *Concise Encyclopaedia of Industrial Relations,* Oxford,1979,100.
(4) 1975年2月の集団整理解雇指令および1977年の既得権指令．

**178** 情報提供および協議の権利の実行はいくつもの疑問を生み出し，これはECの立法者または欧州労働協約を通じてソーシャル・パートナーにより解決されなければならない．もっとも，後者は使用者側が発展を望んでいないのであまり期待できない．

最も重要なのは，
―主題となる事項；どんな種類の情報か：協議の論題，
―企業における関与する組織（工場かグループか）および意思決定者への接近．
―いつ情報が提供され，協議が行われるか，
―誰に情報が提供され，誰が協議を受けるか，
―子会社が必要な情報を提供し意味のある協議を行うことを援助する本社の義務，
―提供された情報や協議の過程に関し機密に関する問題[1]，である．

(1) R.Blanpain, Comparative Labour Law and Industrial relations, 1st ed.,1982,208-219 を見よ．

**179** 「情報提供と協議」を取り扱うECの権限は，それを通じて情報が提供され協議が行われる機構や構造を設立する権限を含むように思われる．すなわち欧州労使協議会の設立であるが，欧州労使協議会の設立は疑いもなく「労働者の代表」，第137条第3項によれば全会一致が必要である領域に属する．ここでもまた「従物は主物に従う」という法諺がフルに活躍している．

**（均等待遇）**

**180** 特定多数決で取り扱われるもう一つの領域が「労働市場機会および職場における待遇に関する男性と女性の間の均等」である．この権能がECの蓄積された成果に属することは自明であり，その意味はEC条約第141条および男女均等待遇に関する諸指令について我々が述べるところを参照されたい[1]．

(1) 第1部第5章を見よ．

**（排除された人々の統合）**

**181** この権能は，条約第150条に抵触しない限り，労働市場から排除された人々の統合に関わる．この第150条はEC条約の（新たな）第XI編の一部である第III章（教育，職業訓練および若年者を扱う）に属する．

第3節　労働法に関するEUの権能

**(b1)　全会一致**
**(aa)　手続**
**182**　EC条約第137条第3項によれば，閣僚理事会は，この直後に数え上げられるいくつもの分野において，欧州委員会の提案に基づき，欧州議会，経済社会評議会および地域評議会に協議して，全会一致で行動するものとされている．

**(bb)　分野**
**（労働者の社会保障と社会保護）**
**183**　労働者の社会保障および社会保護の分野には全会一致が必要である．

**（雇用保障）**
**184**　全会一致は雇用契約が終了する場合の労働者の保護の場合にも要求される．これは雇用関係を終了する様々な方法，すなわち同意によるもの，通知によるもの，即時解雇，司法上の契約解消等々に関わる．これはまた告知期間，解雇の理由，復職，ショップスチュワード，労使協議会や監督役会のメンバー，妊婦等々の特別の保護，あらゆる形態の補償，解雇手当およびこれに類するものをカバーする．私の意見では，雇用保障は集団解雇とともに個別解雇をもカバーする．

**（共同決定を含む代表と集団的防衛）**
**185**　共同決定を含む代表と労働者および使用者の利益の集団的防衛はEC条約第137条第6項とともに読まれなければならない．同項にはEC条約第137条は「賃金，団結権，ストライキ権およびロックアウト権」には適用しないと明示している．

**186**　労働者代表は，例えば労使協議会，ショップスチュワード，健康安全委員会，職員団体およびこれに類するものとともに労働組合を通じた代表，あるいは工場，企業，企業グループ，多国籍企業とか産業別，国別，欧州レベルなどの異なったレベルに関わる．共同決定[1]はあらゆる形態の労働者参加をカバーし，そこでは（選出された）被用者，労働組合代表又は被用者が信任した者（いわゆるオランダモデル）が会社の監督役会または経営陣の席に着く．言うまでもないが，使用者は主として使用者団体によって代表される．

(1) 第2部第2章第3節Ⅱを見よ．「イギリスでは殆ど独占的に西ドイツ型の産業民主主義が描かれてきた」(M.Terry and L.Dickens, European Employment and Industrial Relations Glossary（欧州雇用労使関係小辞典），London, 1991, 48)

**187**　労働者および使用者の利益の集団的防衛は第137条第6項と使用者および労働者の代表を考慮に入れると主として団体交渉に関わる．これは，労働協約を締結する権限のある両当事者に，労働協約の内容と形式，交渉のレ

ベル，労働協約の拘束力，拡張手続その他の指示に関わる．これに斡旋，調停，仲裁による労働争議の解決を付け加えることもできよう．

(第三国国民)

**188** この権限はEC域内に合法的に居住する第三国の国民の雇用条件に関わる．これら国民は労働者としてECにおける自由移動の権利を享受せず，疑いなくこの分野における改善が求められる．

(雇用促進のための財政的貢献)

**189** 全会一致でなされる最後の権限は，社会基金の規定に抵触しない限り，雇用の促進と雇用創出のための財政的貢献に関わる．

**(c1)** 除外分野

**190** 第137条の規定は，既に述べたように「賃金，団結権，ストライキ権およびロックアウト権」には適用しない（第137条第6項）．

団結権，団体交渉権，ストライキ権およびロックアウト権は自明のことだが完全に絡み合っており，個別には一人前の十分な意味は持たない．実際，労働者は市場における強さを基礎に団体交渉によって，そして最終兵器たるストライキを用いることによって，その利益を集団的に守ることができるように団結するのである．同じことは他の事情が等しければ使用者にも言える．ILOは結社の自由にはストライキ権が含まれると言っている[1]．前に述べたように，「ストライキ権のない団体交渉(collective bargaining)は団体陳情(collective begging)に過ぎない．」それゆえ，これらの権利をはっきりと別々に定義することは容易ではない．

 (1) W.B.Creighton,'Freedom of Association' in:Comparative labour Law and Industrial Relations in Industrialised Market Economies,4th ed.,Deventer,Vol.II. 39.

**191** かくして賃金，団結権，ストライキ権およびロックアウト権は純粋に国内問題としてとどまる．いや，団結権，ストライキ権，ロックアウト権にはECレベルの法的意味があるという考え方もある．ECがその権限の範囲内で与えられた問題を処理しうるか否かを判断するためにこの規定の意味するところを正確に知ることがいずれ不可欠となるであろう．社会条項に関する章がソーシャル・ヨーロッパの建設をめざしているという事実に照らしてみると，EC条約第137条第6項は一般原則に対する例外と見られるべきであり，それゆえ厳格に解釈されなければならない．同時に，マーストリヒト条約の締約国がストライキ権とロックアウト権を同等においているのは，フランスやイタリアのように多くの加盟国ではそうなっていないだけに面白い．

**(aa)** 賃　金

第3節　労働法に関するEUの権能

**192**　賃金の概念については，男女労働者の同一賃金を扱う条約第141条の関係の記述を参照することができよう[1]．各加盟国間にはまだ労働コストに重大な格差がある．しかしながらこういった格差は関係国の生産性のレベルの同じような格差に釣り合っている．

(1) 第1部第5章を見よ．（[訳注] 原著に「第1部第4章を見よ」とあるのは誤り．）

**(bb)**　団結権

**193**　団結権には，労働組合，職員団体または使用者団体を結成し，これに加入しまたは加入しない権利，これら組織が規約や規則を制定し，代表を選出し，計画を策定する権利を含む．これはまた使用者団体や労働組合の国レベルの連合体や総連合体，さらには欧州組織や国際組織を結成し，これに加入する権利を含む．これにはまた法人格の取得や財産を所有し，契約を締結するなどの権利も含まれる．

**(cc)**　ストライキ権またはロックアウト権

**194**　ストライキ権は「使用者または政府に圧力を掛けるために，常にではないが通常労働組合によって組織されるところの，労働者による労働を継続することの（集団的な）拒否」に関わる[1]．ロックアウトは「労働争議との関係で被用者に対し働く可能性を拒否する手段」である[2]．

(1) Terry and L.Dickens, 前掲書, 188
(2) 前掲書 ,126

**(b)**　法の接近

**195**　EC条約第95条はECに広大な権限を与えており，閣僚理事会は全会一致により，「共通市場の設立または機能に直接影響を与える加盟国の法，規則，行政規定の接近のために指令を発する」ことができる．

**196**　EC条約第95条は既に，企業譲渡，集団整理解雇，倒産といった社会分野における極めて重要な指令の法的基礎となってきている．

これら3指令については，指令の前文は極めてよく似た表現でEC条約第95条の要件を満たしていることに言及している．

**(a)**　問題の状況（譲渡，集団整理解雇）に直面した被用者に与えられる保護に関して加盟国に相違が残存している，

**(b)**　これら相違を減少するために努力すべき，

**(c)**　相違の存在は共通市場の機能に直接影響を与える．

**197**　アムステルダム条約がEC条約第137条の規定から除外したトピックに関しても同様な議論がなされうる．

議論は，単一通貨の導入が加盟国間に最低賃金の分野において「競争」を開始する強いインセンティブを作り出すという風に進む．「ソーシャル・ダン

ピング」という言葉はしばしばこの文脈で使われる．

そのような形態の競争が賃金低下をもたらしつつ共通市場の機能に直接影響することは疑いを入れない．EC条約第95条を法的根拠として指令によって欧州最低賃金を設定することは法的観点からは完璧に可能である．

欧州最低賃金を設定しようという十分な政治的意思はなかろうが，その創設に法的障碍はないのである．

同様な議論は新第137条第6項に掲げる他の問題にも言えることである．
**198** ストライキの規制や法制とともに政府や裁判所のストライキ行動への介入における相違は，共通市場の機能に直接影響するであろう．さらに，ある形態のストライキは共通市場の機能により直接的な影響さえ与える．

フランスのトラック運転手によるストライキ行動はフランスの交通を麻痺させ，フランス内外の産業生産に直接的結果をもたらし，この点を最も直接に示した．共通市場の機能に直接影響があるのだから，法的観点からはEC行動は完璧に可能である．

改正前と同様，新第137条は，最低要件または基準を設定する指令は中小企業の創出と発展を妨害するような行政的，財務的および法的制約を課することを避けるだろうと見越している．アムステルダム条約への宣言の中で，加盟国は，「中小企業感受性」要件は周囲の環境が認めないようなやり方による中小企業の労働者に対する差別を許すものではないと宣言している．欧州司法裁判所によれば，中小企業感受性要件はこの種の企業に対し特別の経済的措置がとられることを許容するものである．しかしながら，ECが強制的措置をとることを妨げるものではない．[1]

EC行動は完璧に可能である．

(1) ECJ, 12 November 1996, Kingdom of Great Britain and Northern Ireland v. Council of the European Union, Case No.C-84/94, ECR, 1996,5755.
また，ECJ, 30 November 1993, P.Kirshammer-Hack v. Nurham Sidal, Case No.C-189/91, ECR, 1993,6185.

### (3) 雇用政策
#### (a) 雇用のための協調戦略
**199** アムステルダムの会議で，雇用目的は強く定式化された．アムステルダム条約はもっぱら雇用を扱う新たな第VIII編を含んでいる．

EU条約第2条は，「EUは自ら次の目的を設定する：バランスがとれ持続可能な経済的社会的進歩と特に高水準の雇用を促進すること……」と述べる．

EC条約第2条は次のように改正された．「ECはその任務として，ECを通

## 第3節　労働法に関するEUの権能

じて，調和的でバランスがとれ持続可能な経済活動の発展，高水準の雇用と社会保護，男女間の均等，環境を尊重した持続可能でインフレをもたらさない成長，高度の競争力および経済業績の収斂……を有するものとする」．

**200**　この高水準の雇用を獲得する方法はEC条約改正第3条に見いだされる．そこには，「(i)雇用のための協調戦略を発展させることによりその有効性を強化する観点から，加盟国の雇用政策の間の調整の促進」とある．

「雇用のための協調戦略」は新たな雇用に関する編でさらに練り上げられ，次のようにまとめられた．

1　雇用政策に関して第一に権限を有するのは加盟国である．EUの役割は補完的かつ調整的なものである．これは新たな雇用に関する編の第127条の用語法からたどることができる．そこには，「ECは加盟国間の協力を促進し，その行動を支援し，必要であれば補完することことにより，高水準の雇用に貢献するものとする．その際には加盟国の権能は尊重されるものとする．」
2　加盟国は欧州レベルでその雇用戦略を調整しなければならない．これは雇用の編の第125条および第126条に規定されている．「加盟国およびECは，本編に従い，雇用のための協調戦略を発展させるよう作業するものとする．」第126条：「加盟国は，労使の責任に関する国内慣行に配慮しつつ，雇用の促進を共通関心事項であると見なし，この点における行動を第128条の規定に従い閣僚理事会において調整するものとする．」
3　雇用政策はEUの包括的経済政策指針，特にEMUと整合的でなければならない．[1]
4　加盟国とECは，「特に，EU条約第2条および本条約第2条に規定する目的を達成する観点から，技能を有し，訓練され，適応力ある労働力と経済的変化に対応できる労働市場を促進するために」（第125条），協調戦略を発展させるように作業するものとする．
5　欧州戦略は次のものからなる（第128条―第129条）．
　―指針の策定
　―年次報告の作成
　―インセンティブ措置の採択
　―情報および好事例の交換
　―革新的事例の促進およびパイロットプロジェクトの活用
　―拘束力なき勧告の策定
6　各国の政策は次のものからなる（第129条）．
　―欧州の指針の実施

―閣僚理事会への年次報告の作成
7　閣僚理事会のとる措置は,「加盟国の法律および規則の調和化を含まない」(第129条).
8　諮問的地位の雇用委員会が「雇用および労働市場政策に関する加盟国間の調整を促進するため」に設立される(第130条).
 (1)　加盟国はその雇用政策を通じて,第126条に従って採択された加盟国およびECの包括的経済政策指針と整合的な方法により,第125条に掲げる目的の達成に貢献するものとする.

**(b) 欧州社会基金**

**201**　欧州社会基金は域内市場における労働者の雇用機会を改善し,それにより生活水準を向上すること,労働者の雇用を容易にし,EC内におけるその地理的および職業的移動性を増進すること,およびとりわけ職業訓練および再訓練を通じてその産業転換と生産システムの変化への適応を促進することを目的とする(EC条約第146条).

基金は1994年―1999年の期間に15の加盟国の間で470億ECUを費やしており,これはEU予算のおよそ10%に達する.

**202**　1999年7月12日の規則(EC) No.1784/1999によれば,欧州社会基金[1]は高水準の雇用,男女間の均等,持続可能な発展と経済的社会的結束を促進するために,失業を予防しこれと取り組み,人的資源を開発し,労働市場へ社会的統合する措置を支援する.特に,基金は欧州雇用戦略および年次雇用指針に従ってとられる行動に貢献する.

基金は,とりわけ雇用に関する多年度国別行動計画の文脈において,以下の分野における労働市場と人的資源の発展に向けた加盟国の活動を支援し,補完する.

**(a)**　失業と取り組みこれを予防し,男女とも長期失業に移行することを予防し,長期失業者の労働市場への再統合を促進し,ならびに若年者および労働市場に復帰する人々の職業的統合を援助する積極的労働市場政策を促進し発展させること,
**(b)**　社会的排除に曝されている人々に特に強調点を置きつつ,労働市場への参入における万人の機会均等を促進すること,
**(c)**　訓練,教育,カウンセリングを促進改善すること.これは,
　―労働市場への参入と統合を促進改善し,
　―エンプロイアビリティを改善維持し,
　―職業移動性を促進する,
ための生涯学習政策の一環である.

第3節 労働法に関するEUの権能

(d) 技能を有し，訓練され，適応可能な労働力，労働組織における革新と適応能力を促進し，起業家精神と雇用創出を容易にする条件を発展させ，技能を向上させ，研究，科学，技術における人的潜在力を増幅すること，
(e) キャリア開発，新たな雇用機会，事業の開始への参入を含む労働市場への女性の参入および参加を改善するための，ならびに労働市場における性に基づく垂直的および水平的な職務分離の削減のための特別の措置．

(1) O.J.,13 August 1999,No.L213. 本規則は 2006 年に見直しを予定．

**203** 基金は次のものを考慮に入れる．
(a) 雇用に関する地域的なイニシアティブ，特に地域雇用および地区雇用協定を支援するイニシアティブの支援，
(b) 情報社会の社会的および労働市場的次元，特に情報社会の雇用潜在力を活用するための政策を計画を発展させ，その便益と利益への均等な参入を確保することによって，
(c) メインストリーミングアプローチの一環として女性と男性の機会均等．基金の財政的援助は主として個人への援助の形を取り，労働市場統合への通路アプローチの一環として，人的資源を開発するための以下の活動に当てられる．
(a) 教育と職業訓練――義務教育に相当する職業訓練を含む――徒弟制，基礎的技能を付与し向上するための準備訓練，職業リハビリテーション，労働市場におけるエンプロイアビリティ向上措置，指導，カウンセリング，継続訓練，
(b) 雇用補助および自営業への補助
(c) 研究，科学，技術開発の分野においては，卒業後訓練，研究所および研究企業における経営者および技術者の訓練，
(d) 社会的経済(第3のシステム)を含む新たな雇用源の開発．

**204** 効果を増進するため，援助は次のものにも与えられる．
(a) 構造とシステム
 (ⅰ) 教師，訓練指導員および職員の訓練を含め，訓練，教育および技能習得の発展と改善，並びに訓練と資格取得への労働者の参入の改善，
 (ⅱ) 職業紹介サービスの現代化と効率改善
 (ⅲ) 仕事の世界と教育，訓練，研究施設との繋がりの発展
 (ⅳ) 特に新たな仕事パターンや労働組織との関係で，家庭生活と職業生活の両立や高齢労働者が引退まで仕事を続けられるニーズを考慮に入れて，可能な限り，雇用および資格ニーズにおける変化を予測するシステムの発展．これは早期退職制度への補助を含むべきではない．

**(b) 付随的措置**
  （ⅰ） ケアサービスやケア施設を含め，受益者へのサービス提供の援助
  （ⅱ） 労働市場統合への通路アプローチを容易にするため社会教育開発の促進
  （ⅲ） 意識啓発，情報提供，広報．

基金は，労働市場との関係で差別および不平等と取り組む EC イニシアティブの実施にも貢献する．

欧州理事会は 1999 年 3 月末，ベルリンでアジェンダ 2001 パッケージを決定し，新たな欧州社会基金に政治的合意を与えた．既に述べたように，新たな欧州社会基金は 3 つの目的に集中しており，目的 3 は教育，訓練および雇用の政策と制度の適応と現代化を支援する．ここでは三つの目的にどれだけのお金が利用できるのかも決まっている．2000 年—2006 年に 15 の全加盟国に配分される構造基金は，総額 1281.95 億 ECU である．

**(4) 均等な賃金，機会および待遇**
**205** 第 141 条によると，各加盟国は男性および女性労働者の同一労働または同一価値労働への同一賃金の原則の適用を確保する義務がある．

閣僚理事会は特定多数決により，同一労働または同一価値労働に対する同一賃金の原則を含め，雇用および職業の事項における男性と女性の均等機会と均等待遇の原則の適用を確保する措置をとる．

均等待遇の原則は，加盟国が職業生活における男性と女性の間の実際の完全な均等を確保するために，より少数の性が職業生活を追求することを容易にしまたは職業経歴における不利益を防止しもしくは補償するために特定の便宜を提供する措置を維持しまたは採用することを妨げない．

**(5) 職業訓練**
**206** EC 条約第 XI 編第 3 章は教育，職業訓練および若年者を扱っている．この章に従い，EC は，教育内容，教育制度の組織およびその文化的および言語的多様性についての加盟国の責任を十分に尊重しつつ，加盟国間の協力を促進し，必要であればその行動を支援し補完することにより，質の高い教育の発展に貢献する(第 149 条第 1 項)．

EC 行動は次のものをめざす(第 149 条第 2 項)．
—特に加盟国の言語の教育と普及を通じて，教育における欧州次元の発展，
—なかんずく卒業証書と学期の大学における承認を促進することによる学生と教師の移動性の促進，

―教育施設間の協力の促進，
―加盟国の教育システムに共通の問題に関する情報と経験の交流の発展，
―若年者の交流および社会教育講師の交流の発展の促進，
―遠距離教育の発展の促進．

　職業訓練に関しては，EC は，職業訓練の内容および組織についての加盟国の責任を十分に尊重しつつ，加盟国の行動を支援し補完する職業訓練政策を実施する(第150条第1項)．

　EC の行動は次のものをめざす．
―特に職業訓練および再訓練を通じて，産業転換への適応を容易にすること，
―労働市場への職業的統合および再統合を容易にするために初歩的かつ継続的な訓練を改善すること，
―職業訓練への参入を容易にし，講師および訓練生，特に若年者の移動を促進すること，
―教育訓練施設および企業間の職業訓練に関する協力を促進すること，
―加盟国の職業訓練体制に共通の問題に関しての情報と経験の交流を発展させること，

　EC および加盟国は第三国および権限ある国際機関と職業訓練分野において協力を助長する．閣僚理事会は全会一致により，経済社会評議会と地域評議会に協議して，加盟国の法律および規則の調和化を除き，目的の達成に貢献する措置を採択する(第150条第2―4項)．

### (6) 有給休暇

**207**　加盟国は現在の有給休暇制度間の均衡を維持するよう努めるものとする(EC条約第142条)．

### (7) 経済的社会的結束

**208**　その総体としての調和的発展を促進するため，EC はその経済的社会的結束を強化することになる行動を発展させ，追求する．この目的は特にさまざまな地域の開発水準の間の不均衡と最も恵まれない地域や島嶼部(農村を含む)の後進性を減少させることにある(EC条約第158条)．

　EC は以下の構造基金を通じてとる行動によりこれら目的の達成を支援する(EC条約第159条)．
―欧州農業指導保証基金，
―欧州社会基金，
―欧州地域開発基金，
―欧州投資銀行．

(8) **報 告**

**209** 欧州委員会は，ECの人口状況を含め，第136条の目的の達成の進展について，毎年報告を作成する。この報告は欧州議会，閣僚理事会および経済社会評議会に転送される（EC条約第143条）。

## D 欧州委員会の役割

**210** 社会条項の章は，欧州委員会に極めてダイナミックな任務を与え，欧州レベルの発起人兼激励者の役割を確認している。第1に，欧州委員会は，EC条約第136条の目的を達成する観点から，EC条約の他の条項に抵触しない限り，本章のすべての社会政策領域において加盟国の間の協力を奨励し，その行動の調整を促進する（第140条）。

第2に，欧州委員会はECレベルの経営と労働の協議を促進し，両当事者へのバランスのとれた援助を確保することにより両者の対話を促進するための適切な措置をとる（第138条第1項）。

**211** この最後の任務は大変重要なものである。協議の促進はこの後すぐに扱われる。労使対話の促進は，UNICE, CEEP, ETUCのような欧州総連合体の間の相互作用だけではなく，欧州の産業別または企業レベルの関係にも関わる。援助としては，欧州レベルその他の労使対話の行為における域内における労働組合の会合，欧州労使協議会の機能，経営訓練の組織等々への財政的またはロジスティックの援助がありうる。たしかにそれ以前のバランスを欠いた援助に不満の声を上げていたUNICEの要求で設けられたこの援助は，第138条第1項にあるとおり，経営と労働にバランスよく均等に分配されるべきものである。

## E ソーシャル・パートナーの関与

**212** ソーシャル・パートナーの役割はマーストリヒト条約およびアムステルダム条約によって，EC指令の実施に関するECとの協議から欧州レベルの団体交渉へと劇的に強化された。結果として，ソーシャル・パートナーは欧州労働法の形成において第1段階から本格的に関与する資格を得ると同時に，それが法的に可能ないくつかの国では[1]閣僚理事会指令の実施にも本格的に関与する資格を得たのである。同時に，欧州規模の団体交渉のためのより強固な法的基礎とメカニズムが導入され，欧州労働協約の拡張適用の法的拘束力を確かなものとした。しかしながら，特にこの労働協約に関しては実に多

第3節　労働法に関するEUの権能

くの極めて複雑な法的性質の問題が発生し、その解決のためには究極的にはさらなるEC立法が必要であろう。

(1)　これらは、(政府の)措置を通じて労働協約が協約締結当事者のメンバーであるか否かに関わらず地域または職域に属する全ての使用者および労働者に対し拘束力を持ついわゆる拡張手続の存在する国々である。

## 1　ECレベルの協議

**213**　欧州委員会はECレベルの経営と労働の協議を促進する任務を有する(第138条第1項)。この目的のため、社会分野における提案を提出する前に、欧州委員会はEC行動の可能な方向性について経営および労働に協議しなければならない(第138条第2項)。これはソーシャル・パートナーが、何かをするかしないかの決定がなされる前に、初めから関与するということを意味する。もしこの協議の後に欧州委員会がEC行動が望ましいと考えるならば、その検討中の提案を経営と労働に協議することになる。経営と労働は欧州委員会に意見を、あるいは適当であれば勧告を送付する(第138条第3項)。経営と労働はこうしてそれぞれの意見を作成することもできるし、共同して勧告を発することもできる。自明ながら欧州委員会はこれを採り入れるか否かは自由である。

思うに、この協議は欧州立法手続の本質的要素を構成しており、もしこの立法手続の一部が適切に尊重されなかった場合には、欧州司法裁判所によるEC決定の取消しの根拠となりうる。

### a　手　続

**214**　この文脈において、欧州委員会のコミュニケーション(1993年)[1]は労働協約を二つの段階を含むものとして描いている。

第1段階：

第138条第2項は「社会分野における提案を提出する前に、欧州委員会は経営と労働にEC行動の可能な方向性について協議する」と述べている。

第2段階：

「もしこの協議の後に欧州委員会がEC行動が望ましいと考えるならば、その検討中の提案を経営と労働に協議する。経営と労働は欧州委員会に意見を、あるいは適当であれば勧告を送付する(第138条第3項[訳注1])。

既に得られた経験に照らしてみると、

―ソーシャル・パートナーへの第1次協議は欧州委員会からの書簡の受領により開始する。求められる協議は書簡によるか、またはソーシャル・パー

トナーがそう望むならば，アドホックな会合によることもできる．協議期間は6週間を超えない．
― 欧州委員会は第1次協議の間に受け取った意見に照らして，その立場を決定し，第2次協議に進むか否かを決定する．
― 第2次協議は，計画された提案の内容とその可能な法的根拠の表示を示した欧州委員会の第2の書簡の受領によって開始される．

　この第2次協議の際には，ソーシャル・パートナーは欧州委員会に対して書面で，ソーシャル・パートナーが望む場合はアドホックな会合を通じて，草案の文言に対するそれぞれの立場における賛成および不賛成の点を示した意見を伝達する．適当であれば，草案の文言に対する共同の立場を示した勧告を伝達する．この第2次協議の期間もまた6週間を超えない．

　新たな協議手続は，特にうまく設立された三者構成の協議委員会の活用に関わる古い手続に完全に代替することはないであろう．とりわけ次の委員会は，適当であれば第138条の条件の下での協議を含め，ソーシャル・パートナーの協議のためのメカニズムである．職場における安全，衛生および健康保護諮問委員会，労働者の自由移動諮問委員会，移民労働者の社会保障諮問委員会，欧州社会基金，職業訓練諮問委員会および男女機会均等諮問委員会である[2]．この2つの手続は場合によっては特定の提案の主題に応じて並行して運用できる．しかしながら，欧州委員会は二重化を避け，異なった手続のすべての段階において最大限の透明性を確保しようとしている．

　(1)　コミュニケーション (COM (93) 600) Final of 14 December 1993.
　　［訳注1］　原著には「協定の」という一句があるが，改訂の際の消し忘れであろう．
　(2)　欧州委員会コミュニケーション：Adapting and promoting the Social Dialogue at Community Level (EC レベルにおける労使対話の適応と促進)，20 May 1998, COM (98) 322.

**215**　欧州委員会によれば産業別レベルは，雇用，産業転換，新たな労働組織のような一般的な問題と労働市場に迫りくる特定の問題の双方の発展にとって極めて重要な分野である．それゆえ産業別レベルにおける交渉の発展は最重点事項である．

　産業別労使対話の投入を量的にも質的にも改善するために，現在の構造を取り替えてもっと効果的な対話を促進する必要があるように見える．運営手続は簡素化され，毎年一回ハイレベルの総会，制限された労使の代表団，労使各最大15人までしか費用を償還しない．第5総局が事務局機能を提供し，代表団のどちらかのメンバーが議長を務めるという労使の共同の依頼がない場合には，促進役として会議の議長を務める．どの業種も第5総局と他の関

係する総局の協力を通じて，会議の準備やフォローアップの技術的な支援を含め，しっかりと支援される．

**216** 1998年5月20日の欧州委員会決定によれば，産業別労使対話委員会は，ソーシャル・パートナーが欧州レベルで対話に参加したいという共同依頼をした業種に，労使それぞれを代表する組織が次の基準を満たす場合に設置される(第1条)．
(1) 特定の業種または範疇に関係し，欧州レベルで組織されていること，
(2) それ自体が加盟国のソーシャル・パートナー構造の不可欠の一部として認識され，労働協約を交渉する能力を有し，数加盟国で代表的である組織からなっていること，
(3) 産業別労使対話委員会の作業に効果的に参加するに十分な構造を有していること．

産業別労使対話委員会は EC レベルでのそれぞれの業種に社会的な影響を有する発展について協議を受け，労使対話を発展促進させる．委員会のメンバーは最大40名で，労使代表同数である(第2条)．

欧州委員会は代表をソーシャル・パートナーからの推薦で招集する(第3条)．

産業別労使対話委員会は1年に少なくとも1回会合する(第5条)．欧州委員会が産業別労使対話委員会に，論じられた事項が機密事項であると通知したときには，産業別労使対話委員会のメンバーは委員会の会合または事務局から得たいかなる情報も開示しないよう義務づけられる(第6条)．

産業別労使対話委員会は1998年12月31日までに現在の合同委員会に取って代わる．非公式グループについても同様である．

**b** ソーシャル・パートナー
**217** 解決されるべき重要な問題の一つは，明らかにどの組織が協議を受ける資格があるかという問題である．

この極めてデリケートな問題は1993年のコミュニケーションにおいて次のように取り扱われている．
「一般原則の問題として，欧州委員会は，組織は次の基準を満たす限りにおいて EC 条約第138条の条件において協議されるべきであると信ずる．
その組織は，
―産業横断的なものか，特定の業種または範疇に関係するもので，欧州レベルで組織されていること，
―それ自体が加盟国のソーシャル・パートナー構造の不可欠の一部として認

識され，労働協約を交渉する能力を有し，可能な限り全加盟国で代表であるような組織からなっていること,
―協議の過程に効果的に参加するに十分な構造を有していること.」
　同時に，欧州委員会は，UNICE, CEEP, ETUC の間で設立された労使対話の背後に相当な経験の蓄積があることを認識している．社会政策協定によって導入された新たな手続の実施に関する共通見解も考慮している．
　上の基準に合致し，それゆえ協議の過程に関与する潜在的候補者はたくさんある．欧州委員会はこの問題について制限的な見方をとろうとはしないが，同時に潜在的な候補者の複雑性によって引き起こされかねない実際的な問題についても意識している．組織それ自体だけが自らの対話と交渉の構造を発展させる地位にある．欧州委員会は協議の過程を合理化し，改善することを助けるため，すべてのソーシャル・パートナーの間の新たな連係構造の発展を促進するよう努力しようとする．ここでは中小企業の代表に特段の注意が払われるだろう．
　これは，EC 条約 138 条のもとで予測される手続の目的のために，第 1 段階として何らかの形で協議機関なり「アンブレラ的連絡」委員会を創設するか否かという問題を提起する．問題を注意深く検討して，欧州委員会はこの当初の段階においてはこれは最善のやり方とはいえないと考えた．もっとも，この問題は疑いなく事態が進行するにつれ経験に照らして再検討する必要が出てくる．

**218**　社会政策事項に関するソーシャル・パートナーの協議に関する状況は次のとおりである．
―欧州委員会はその政策を経済的社会的現実に可能な限り密着させるために広範に協議するという政策を続けようとする．こういった協議は EC の社会政策によって影響を受けるであろうすべての欧州の，適当であれば国内の，組織をカバーする．
―EC 条約第 138 条の枠組みにおいて，欧州委員会は欧州のソーシャル・パートナー組織と公式の協議を行う．
―欧州委員会はこれら特定の協議手続が，最終的に法的根拠が何になろうとも，すべての社会政策提案に適用されるべきであると考えている．またソーシャル・パートナーの権限の範囲内で（労働協約を含め）他のいかなる水平的または業種別の労使関係についても特定の協議を行う権利を留保している．
　1998 年に協議を受けた欧州ソーシャル・パートナー組織のリスト
1　一般的産業横断的組織*

## 第3節　労働法に関するEUの権能

　―欧州産業経営者団体連盟(UNICE)
　―欧州公企業センター(CEEP)
　―欧州労働組合総連合会（欧州労連）(ETUC)
2　特定範疇の労働者または企業を代表する産業横断的組織
　―欧州商工・中小企業協会(UEAPME―「労使対話合同委員会」：UEAPME―EUROPMI)
　―欧州管理職連盟(CEC)
　―ユーロカードル(Eurocadres)
3　特定の組織
　―欧州会議所(EUROCHAMBRES)
4　産業横断的な加入なき産業別組織
　―ユーロコマース(Eurocommerce)
　―COPA/COGECA
　―ユーロペシュ(EUROPECHE)
　―欧州共済保険協会(AECI)
　―国際保険再保険仲介協会(BIPAR)
　―欧州保険委員会(CEA)
　―EC銀行連盟
　―EC貯蓄銀行集団(GCECEE)
　―EC銀行協同組合協会
　―欧州森林産業連盟(CEI-bois)
　―EC旅館食堂協会連盟(HOTREC)
　―欧州建設産業連盟
　―欧州地域航空協会(ERA)
　―国際空港評議会欧州地域(ACI-Europe)
　―EC航空協会(AECI)
　―欧州航空協会(AEA)
　―欧州船頭組織
　―国際内水海運連合
　―EC船主協会(ECSA)
　―欧州鉄道共同体(CER)
　―国際道路運送連合(IRU)
　―欧州清掃産業連盟(FENI)
＊ UNICEの産業別組織とETUCの委員会もまた必要により協議を受ける。
　欧州委員会のコミュニケーション(1993年)は欧州議会でも経済社会評議会

でも広く批判された[1]．両機関の意見は，代表組織のリストは再検討すべきというものだった．経済社会評議会は代表組織は次の四つの基準を満たすべきだと考えた．

1　欧州代表組織は EU 全域に広く広がっていなければならない．これは少なくとも EU 加盟国の 4 分の 3 の適当な交渉レベルにおいて加盟組織を有し，それ以外の国でも代表されることを求めていなければならないということを意味する．

2　欧州組織は欧州レベルで交渉することについて加盟組織から委任を受けていなければならない．

3　欧州組織に加入するすべての組織は，自らの名においてであれ加盟組織を通じてであれ，加盟国において交渉する資格を有し，欧州レベルで締結された協定を国内慣行および用法に従い実施することができなければならない．

4　欧州組織はその加盟国において代表的と見なされている組織から構成されなければならない．

この形態の代表性と並んで，もう一つ考えるべきことがある．もしソーシャル・パートナーが欧州委員会に労働協約を差し出して閣僚理事会に決定のために送付するよう依頼した場合，ソーシャル・パートナーは交渉相手を選ぶ上で自治権を有しているという前提に立てば，締結された労働協約は十分な量の使用者および被用者を代表する組織によって結ばれたものであろうか．この疑問は数値に立脚した基準を用いて回答されるべきではない．この疑問に答えるに当たり重要なことは，上に規定された基準を満たすすべての代表組織が，希望する限り適当な交渉レベルで対話に参加を認められるべきであるということである．

この批判は 1995 年 12 月 14 日の育児休業に関する欧州労働協約および 1997 年 6 月 6 日のパートタイム労働に関する欧州労働協約の締結の際に繰り返された．UEAPME や CESI のような団体もまた労使対話の枠組みにおける交渉におけるソーシャル・パートナーの代表性に関して異議を繰り返した．UEAPME は解決がつかないのであれば欧州委員会との法的紛争が不可避であると表明した．1996 年 9 月 6 日，2700 万人の労働者を雇用する 600 万社の中小企業を代表すると称する UEAPME は，UEAPME が交渉に参加すべきであった育児休業に関する労働協約に拘束力を付与した 1996 年 6 月 3 日の指令を無効とするよう第一審裁判所に訴えを提起した[2]．

欧州委員会の立場は変わらなかった．EU 加盟国において中小企業は民間部門の雇用の 60% 以上に上るという事実に鑑み，民間部門雇用との関係にお

## 第3節　労働法に関するEUの権能

ける専門性を前提とすれば，そういう企業を代表する組織は対話に参加すべきであり，多くの国の使用者団体は現在欧州規模で合同のアンブレラ組織を設立する努力を行っているところだという質問趣意書[3]の中で，欧州委員会は現実に雇用を作り出している企業である中小企業の利益をよりよく代表するために，いかにして現在の3者対話を公式的な4者対話にするのかと問われた．

欧州委員会は次のように回答した．「最近のコミュニケーションにおいて，欧州委員会は労使対話がヨーロッパ・ソーシャル・モデルの枢要の要素であると指摘した[4]．欧州の経済的政治的統合と社会的安定性はソーシャル・パートナーの関与と積極的参加抜きには考えられない．このコミュニケーションは労使対話のあらゆる側面，その扱う議題と運営方法を扱い，透明性と結果の輪郭，そして代表性の問題等いくつかの側面の有効性について疑問を提起している．

労使対話は異なった状況と慣行をカバーしている．EC条約付属の社会政策協定は一方におけるソーシャル・パートナーに対する協議と，他方における欧州レベルにおける交渉や労働協約の締結につながりうるソーシャル・パートナー間の対話との間に明確な区別を行っている．

欧州委員会は定期的に多数の労働組合と使用者組織にその社会面のイニシアティブの概要と内容について情報提供している．1993年12月14日のコミュニケーションにおいて，欧州委員会はEC条約第138条に基づいて公式に協議を受けるべき組織のリストを示しており，その中には中小企業を代表する組織も含まれている．

交渉本体については，欧州委員会は使用者組織と労働者組織の独立性の原則が確保される必要性，つまり両者が互いを欧州レベルで交渉する資格を有するパートナーとして認識しなければならないと考えている．ということで，欧州委員会は特定の労働組合や使用者組織に交渉のテーブルへの参加を強いる権限は有してはいない．

欧州委員会は，対話と交渉構造の発展はもっぱらソーシャル・パートナーの責任であるということに注意を喚起したい．欧州委員会はソーシャル・パートナーが交渉への適切な参加を確保するために公開性と弾力性を示すことにより可能な限り開かれ代表的な対話を促進するよう奨励する．欧州委員会はこの分野においてソーシャル・パートナーによってとられるすべての積極的措置を支持する用意がある．」

実際，EC条約第138条で用いられる「ソーシャル・パートナー」という概念は欧州司法裁判所が解釈しなければならない法的概念である．ソーシャル・

パートナーの概念に与えられる意味が関係する EC の文言におけるソーシャル・パートナーに与えられた任務の観点から見て適切でなければならないのは自明である．実際，この概念は EC の文言中には定義されていない．

しかしながら，そういうことで文言とソーシャル・パートナーに与えられた任務から，ソーシャル・パートナーが活動すべき 2 つのレベルがあることが分かる．つまり，

**a** 加盟国のレベルでは，
　―ソーシャル・パートナーによる指令の実施(EC 条約第 137 条第 4 項)
　―EC レベルで締結された労働協約の実施(EC 条約第 139 条第 2 項[訳注1])
**b** EC レベルでは，
　―EC レベルにおける経営と労働への協議(EC 条約第 138 条第 1 項[訳注2])
　―労働協約に基づく関係になりうる欧州レベルにおける経営と労働の間の対話(EC 条約第 139 条)

両レベルは明らかに密接に絡み合っている．実際，これらはまず第 1 に国内の規制に転換されるべき欧州レベルの立法過程に関わり，第 2 に国内の手続や慣行に従って国内レベルで実施されるべき欧州レベルの労働協約に関わっている．言い換えれば，ソーシャル・パートナーの概念はこれら一方だけではなく両方のレベルを考慮に入れる必要があるということである．

明らかに，国際労働機構が労働組合の自由と団体交渉に関する第 87 号条約および第 98 号条約に関する判例法で積み上げてきた基準は，EU の全加盟国が ILO に加盟しており，上記条約がすべてではないにせよ大多数によって批准されていることからも，考慮に入れられるべきである．労働組合の自由は ILO 憲章にも明記されている．

ILO によれば，使用者団体と労働組合は代表的である必要がある．繰り返すと，ILO の結社の自由委員会は，最も代表的な労働組合組織の決定は偏向や悪用の機会を避けるために客観的かつ独立した方法でなされなければならないと確認している．代表性の決定のための正確で客観的な基準は立法中に存在すべきであり，そのような決定は政府に委ねられるべきではない．

(1) 経済社会評議会の意見「EC レベルにおける労使対話の発展に関する欧州委員会コミュニケーション」O.J.,19 March 1997,No.C89/28.

(2) この訴えは，閣僚理事会の行動の合法性について利害を有する個人または組織が異議を申し立てることを認めた EC 条約第 173 条に基づくものである．詳細は UEAPME v. Council, C-135/196, ECR, 1998, 2235 を見よ．

(3) E-0447/97 by Kirsi Piha, O.J.,18 October 1997, C 319/87. 欧州議会「EC レベルにおける労使対話の発展に関する欧州委員会コミュニケーションに関する決議」O.J.,

第3節　労働法に関するEUの権能

22 September 1997, C286/338.を見よ．（欧州議会は立法手続の枠組みの中で拒否か承認かの形で共同決定の権限を与えられることを望んだ．）

(4)　COM(96)448

［訳注1］　原著には「マーストリヒト協定の」という一句があるが，改訂の際の消し忘れであろう．

［訳注2］　原著には「マーストリヒト協定の」という一句があるが，改訂の際の消し忘れであろう．

## 2　指令の実施

219　EC条約第137条第4項によれば，加盟国は経営と労働にその共同の申し出により，EC条約第137条第2項および第3項に従って採択された指令の実施を委託することができる．

この場合，加盟国は当該指令が国内法に転換されなければならない日より遅れることなく，「経営と労働が労働協約による必要な措置を導入するよう確保しなければならず，加盟国はいかなる時も当該指令によって要請される結果を保証すべき立場にあることを可能にする措置をとるよう求められる．」（EC条約第137条第4項）

220　現実には，これは指令が国内の産業横断的レベルの経営と労働の間の団体交渉という方法により国内法に転換されうるということを意味する．このことの前提は，このような労働協約は1ないしそれ以上のメカニズムを通じて拡張的効力を有する，言い換えれば労働協約によってカバーしようとするすべての使用者および労働者に対して法的拘束力を持つということである．これはまたこのような労働協約は，私的な当事者（使用者―被用者）が脱退することはできないこと，さらに労働協約の締結当事者が労働協約の廃止を通告した場合であっても，指令を実施する新たな立法が制定されるまではそれを通じて指令が効力を有し続けるメカニズムが存在することを意味する．

221　EC条約第137条第4項は実際のところ何も新たなものを追加していない．労働協約による指令の実施は既に，ベルギーのように国内の産業横断的レベルで締結された労働協約が勅令によって民間部門全体に拡張適用される，つまり政府が関与する国では，広く行われECによって認められた慣行となっている．こういった拡張適用された労働協約は刑事罰が科せられ，いったん告示されれば，少なくとも労働協約の個別的規範的部分は，労働協約によって使用者と被用者の間の個別的義務が（拡張）労働協約によってカバーされる労働者の個別労働契約の内容となると法的に見なされるという拡張された拘束力を有する．

ベルギーにおいては，これは上で述べたように確定した慣行であった．集団整理解雇(1975年)，企業譲渡の場合の既得権(1977年)，情報提供および協議(欧州労使協議会，1994年)のような指令は，全面的にまたは部分的に，拡張された労働協約の方法によってベルギー法に転換されてきた．これはベルギーのソーシャル・パートナーにとっては，ベルギー議会の気持ちを抑えた黙認によって，自分たちの労使自治を実証するやり方であった．この文脈で，1977年の企業譲渡指令を転換する拡張された労働協約が拘束力ある民法の規定を有無を言わさず変えることができることをゲント労働控訴裁判所（ベルギー）[1]が受け入れたことは興味深い．

　しかしながら，ベルギーにおいては，指令を完全に実施するためには政府の干渉が必要である．というのは，拡張された労働協約は必ずしも共通市場の機能に影響を与える公共部門の企業をカバーするわけではないからである．

(1) 11 October 1989,Journal des Tribunaux de Travail, 1989,489.

**222**　ECの加盟国の労使関係制度のうち，その団体交渉制度が指令の国内法への運搬ベルトとして機能する資格のあるのは，劇的な変化が起こらない限り，いくつかに限られるということは言っておくべきであろう．いくつか例を挙げれば，ベルギー，ドイツ，フランス，オランダが，一定の条件の下でいくつかの形態の拡張手続を有する仲間にはいる．

**223**　この問題に関しては，欧州委員会のコミュニケーション(1993年)が次のように述べている．

「EC条約第137条第4項は署名国が『経営と労働にその共同の申し出により，第2項および第3項に従って採択された指令の実施を委託することができる』と述べている．しかしながら，加盟国は『経営と労働が労働協約による必要な措置を導入するよう』確保することと，『いかなる時も当該指令によって要請される結果を保証すべき立場にあることを可能にする措置をとる』ことになお責任がある．この労働協約による指令の実施は『EC条約第250条に従って指令が転換されなければならない日より遅れることなく』行わなければならない.」

　この規定は社会政策協定の文脈において，指令が労働協約によって実施することができるという一般原則を確立した．この原則は欧州司法裁判所の判例法において認められてきた[1]．これはまた国際労働機構[2]および欧州評議会[3]の要請に沿ったものでもある．

　EC条約第137条第4項は加盟国に何らかの特定のまたは特別の手続を導入したり，ソーシャル・パートナーに何らかの公式的な参考条件を示すことを求めている訳ではないし，指令の実施のための労働協約に関して労使間の

交渉に先立って共同の申し出をする必要もない．労働協約を実際に締結し，それを加盟国の権限ある機関に提出することがEC条約第137条第4項第1パラグラフの意味における暗黙の共同の申し出と見なされるべきである．

 (1) Case 91/81(1982)ECR2133: Case 193/83(1985)ECR427.
 (2) ILO Convention Nos.100, 101, 106, 111, 171, 172, etc.
 (3) Article 35(1) of the European Social Charter.

**224** このコミュニケーションは続ける．

「EC条約第137条第4項第2文のもとで，関係加盟国はなおEC条約第250条に従って指令が転換されなければならない日より遅れることなく，ソーシャル・パートナーが労働協約により必要な措置を導入するよう確保し，『いかなる時も当該指令によって要請される結果を保証すべき立場にあることを可能にする措置』をとる責任がある．この用語法はいくつかの指令における対応する規定からは若干修正されている．(1)

EC条約第137条第4項のもとで，加盟国はその実施を経営と労働に委託できるとは言いながら，『指令によって要請される結果を保証』しなければならない．この関係で，『特に契約関係の分野における国内慣行の多様な形態を考慮に入れた』措置というEC条約第136条[訳注1]の言及は適切である．」

 (1) Article2(1) of Council Directive 92/56/EEC of 24 June 1992; Article 9(1) of Council Directive 91/533/EEC of 14 October 1991.
 ［訳注1］ 原著は「社会政策協定第1条」とあるが，改訂の際の見落としであろう．

### 3 労使対話（第138—139条）

**225** 究極的には労働協約を含む契約関係に至りうるECレベルにおける経営と労働の間の会合および意見の交換という意味における労使対話は，ECの率直かつ明白に予見された優先事項となった．EC条約第138条第1項によれば，欧州委員会は「当事者へのバランスのとれた支援を確保することによりその対話を助長する適切な措置をとるものとする．」この文言と接近法は，設立の父祖がECレベルで発展することを望んだ労使関係制度のボランタリズムを裏書きしている．この傾向は，欧州労働協約を締結する可能性と，ソーシャル・パートナーに以下の節で説明されるように欧州法を創造する優先的権利を付与していることによって強化されている．

### 4 ECレベルの労働協約（第139条）
**a** 1991年10月31日の合意

**226** マーストリヒト欧州首脳会議において最終的に欧州労働協約に十分な

合法性が与えられた．これは1991年10月31日にUNICE,CEEP,ETUCの間で締結され，マーストリヒトへの道を切り開いた——ちょうど首脳会議に間に合った——歴史的な合意によって可能となった．この合意は欧州委員会ととりわけ当時の第5総局長J.ドゥジャンブ氏のダイナミックな支援と有能な指導によって練り上げられたものである．[1]

(1) R.Delarue, 'Europees collectief overleg: tussen euroforie en eurofobie.' De Gids op Maatschappelijk Gebied, 1991,1083-1094.

**227** 合意は様々な要素，特に，主として欧州委員会，使用者団体および労働組合といった関係当事者の様々に異なる利害によって可能となった．

欧州委員会は実際，1989年のEC社会憲章および行動計画を通じてはECの社会政策は成功してきていないと結論せざるを得ず，ECに公正な社会的な顔を与える別なやり方を探していた．

ソーシャル・パートナーの方は，労働組合代表と同様使用者も，彼らのECの立法過程へのインプットがよく知られた民主主義の赤字のために最小限にとどまっているという事実に直面しなければならなかった．

使用者はさらにある意味でECの立法，特に事業に不当に制限的な義務を課す恐れのある労働法指令をおそれていた．同時に，UNICEの代表は社会分野における提案に対し慇懃なノーを繰り返すことにいささか疲れていた．

他方，労働組合は，ETUCのルクセンブルク会議がはっきりと示すように，欧州レベルで加盟組織や労働者の利益をさらに進めることにより効果的な役割を果たすことを熱心に求めていた．

UNICEのZ.J.A.ティスケヴィッツ事務局長は次のように説明している．[1]

「なぜUNICEは欧州レベルの交渉という考えを受け入れたのか？　なぜ我々はこの道をおりてゆくのか？　なぜ団体交渉が中央から事業所レベルにまでおりていこうとしている欧州において，我々は交渉を再集中化し欧州レベルに持っていこうとするのか？その理由は，使用者はマーストリヒトが社会分野において欧州委員会と閣僚理事会にさらに広範な権限，すなわち大きく拡大された特定多数決とそれゆえ社会分野における膨大な立法をもたらそうとしていると悟ったからである．今までの経験ではECの社会立法では立法者が物事を悪化させている．

立法者は過度に細部にわたり，過度に差し出がましく，あらゆることをブリュッセルから決定しようとしている．我々は彼らを止める唯一の方法は我々自身でこれらの問題を交渉することによってであると悟った．我々は我々が立法者よりももっと補完性の守護者であると感じている．組合もまたそうであろうと確信する．その理由は我々のメンバーにせよ彼らのメンバー

## 第3節　労働法に関するEUの権能

にせよ国家主権を失いたいとは思わないから厳しく監視するであろうということである．当然彼らは欧州レベルの組織が彼らの領域を踏み荒らすのを望まない．これは極めて健全なことだ．彼らは我々に，欧州委員会から受け取っているような差し出がましく細部にわたった立法ではなく，広範な枠組み的な労働協約にのみ賛成することを許すであろう．

これが我々が交渉することに賛成した理由である．組合側の理由は違っている．もちろん，彼らは欧州の使用者から引き出せるよりも多くのものを欧州の立法者から引き出せる．しかし，彼らにとっては，多くの場合国内レベルで権限と影響力を失いつつあるため，欧州レベルに彼らの役割を集中することが極めて重要なのであり，これが欧州レベルで彼らの権限の一部を取り戻す方法なのである．彼らと我々の動機は同じではないが，我々は同じ目的地にたどり着いたのである．」

事実上の進展がUNICEと同様ETUCにも起こった．第7回大会（1991年）に至るまでETUCは主として44の提携した国別の連合組織の調整機関であった．15の産業別委員会は意思決定構造に統合されていなかった．イギリスのTUCとスカンジナビアの組合はこのやり方を続けることを望んだ．ベルギーなど他の組合はさらに一歩進めて超国家的構造を構築することを望んだ．これは1991年5月のルクセンブルク大会でなされた．産業別委員会はETUCに統合され，欧州労働組合の財政手段は増大し，意思決定構造は強化された．これらの変化がなければ，1991年10月31日の合意は単に組織的な目的のためであっても可能ではなかったであろう．

最近までUNICEは欧州レベルの交渉に反対であった．公式の信条としては，健康と安全，労働の自由移動，職業訓練等々のような特定の分野を別にすれば，労働問題は国内レベルで扱われるべきとしていた．しかしながら，いくつかの欧州労働法が長期的には不可避となるとともに，UNICEの中でゆっくりと精神状態が変化してきた．参加した方がいい．しかしながら，イギリスのCBIは断固として起こりうる欧州レベルの交渉に反対した．協議はイエス，交渉はノー．イギリスの使用者は欧州レベルの労働協約がイギリスにおける強制的な国内交渉につながることをおそれたのである．言うまでもなく，保守党政権はいずれにも不満であった．ギリシアやポルトガルのような他の連合体も疑問を持っていた．しかしながら，ベルギー，フランスおよびイタリアに率いられた多数派は，UNICEが建設的な役割を担うべきだという意見であった．最後にはこのグループが勝った．

ETUCも含め，ソーシャル・パートナーはさらにその意思決定構造を超国家化していかねばならないであろう．全会一致の意思決定の基礎の上で作業

を続けることは不可能である．ここでもまた多数決が要請されているのである．

(1) 'Social Policy after Maastricht. The point of view of the employers,' November 1992(mimeo).

**228** こういった様々な利害が，欧州委員会とソーシャル・パートナーが（喜んで）欧州委員会の役割とソーシャル・パートナーの協議的役割を拡大し，彼らの対話を促進し，経営と労働に欧州の社会的最低基準を，立法過程のこの部分には関与しない欧州議会に対しある意味では優位に立ちつつ，労働協約によって第一次的に練り上げる権利を付与することを受け入れた合意への道を切り開いたのである．ソーシャル・パートナーがうまくいかず，彼らの提案が閣僚理事会決定によって実施されなかった場合にのみ，立法過程はその本来のコースに復帰する．最も大きな技術的困難は，明らかにいかにしてこれら労働協約が拡張的効力，つまり EC を通じて関係する全ての使用者および被用者に拘束力を有するようになる手続に到達するかという問題にある．

この 1991 年 10 月 31 日のソーシャル・パートナー間のブリュッセル合意は上で述べたようにマーストリヒト欧州首脳会議において欧州レベルの団体交渉の法的基礎を含む第 3 条第 4 項および第 4 条[訳注1]の受入れへの道を切り開いた．しかしながらこれは既に上で述べたように膨大で複雑な法的問題を解決すべき課題として残したのであった．労働協約それ自体複雑な機構であり，欧州レベルではもっとそうである．

[訳注 1] 現在の条文では，EC 条約第 138 条第 4 項—第 139 条である．

**b マーストリヒトの妥協**

**229** ソーシャル・パートナーの間の強化された協力に基礎を置く EC の将来の社会政策に関するマーストリヒト協定は次のように語る．

「もし EC 行動の可能な方向性または望ましい EC 行動に関して欧州委員会とソーシャル・パートナーの間に協議が行われる場合に，ソーシャル・パートナーが彼ら自身で関係する問題を取り扱いたいという意向を表明すれば，欧州委員会に対してそのようにしたいという意思を表明して第 4 条に規定する手続を開始することができる．手続の期間は，関係する経営と労働および欧州委員会が共同でこれを延長すると決定しない限り，9 カ月を超えないものとする．」（第 3 条第 3 項—第 4 項[訳注1]）

[訳注 1] 現在の条文では，EC 条約第 138 条第 3 項—第 4 項である．

**230** マーストリヒト協定を統合した EC 条約第 139 条はこうして欧州労働協約の基礎工事を規定した．「もし経営と労働がそのように望むならば，彼ら

第3節　労働法に関するEUの権能

の間の欧州レベルの対話は労働協約を含む契約関係に至ることができる．」

ECレベルで締結されたこれら労働協約を実施するには二つの方法が考えられる．それらは，「次のように実施されるものとする．（第139条第2項[訳注1]）
1　経営と労働および加盟国に特有の手続および慣行に従って，または
2　EC条約第137条でカバーされる事項においては，締結当事者の共同の申し出により，欧州委員会の提案に基づく閣僚理事会決定によって．」

ここで再び欧州議会はこの過程に現実に関与しないこと[1]，閣僚理事会は明らかに常に最終決定権を持ち，いかなる時でも閣僚理事会決定により実施された労働協約を廃棄するなり修正するなりの措置をとったり，あるいは単純に実施決定を撤回することができるということが確認されるべきである．

　［訳注1］　原著では「第4項」とあるが，誤りである．
　(1)　欧州委員会は欧州議会に通知する．

### (1)　国内慣行に従った実施

**231**　ソーシャル・パートナー間の欧州レベル労働協約を国内慣行に従って実施することは，加盟国に対して当該労働協約を直接に適用したりその国内への転換のルールを作り上げたり，あるいはその実施のために現行の国内法制を修正したりするいかなる義務を課すものでもない．これは欧州労働協約が加盟国において各国で行われている団体交渉制度を通じて実施されるであろうということを意味している．この段階において加盟国はいかなる仕方であれ国内の団体交渉制度を変える気はないということをも明確に意味しているのである．

こういう物事のやり方は明らかに多くの複雑な問題を引き起こす．第2部第1章第2節のIV[訳注1]でこの問題を再び取り上げることになろう．

　［訳注1］　原著では「この序論のIVで」とあるが，誤りである．

### (2)　閣僚理事会決定による実施

**232**　閣僚理事会は締結当事者の共同の申し出と欧州委員会の提案に基づき，決定により労働協約を実施することができる．この決定は規則でも指令でも，理論的には少なくとも勧告でさえあり得る．閣僚理事会は特定多数決で行動するが，問題の労働協約がEC条約第137条第3項に規定する分野の一つに関係する一つ以上の規定を含んでいる場合には全会一致で行動するものとする（EC条約第139条第2項）．ここにも全く多くの問題がわき起こってくるが，これについても第2部第1章第2節のIV[訳注1]で議論しよう．そのために「EC

労働協約」はもっと一般的なパースペクティブに置かれなければならず，いくつかの説明的な記述が予定される．

　　［訳注1］　原著では単に「IV で」とあるが，上と同様と考えられる．

### c　欧州委員会のコミュニケーション(1993 年)
**(1)　労働協約の締結**

**233**　欧州委員会のコミュニケーション(1993年)によれば，「欧州委員会から EC 行動の提案の内容に関して協議を受けたソーシャル・パートナーは，欧州委員会に意見または適当であれば勧告を提出する．そうではなく，ソーシャル・パートナーは EC 条約第 138 条第 4 項に規定するように，「EC 条約第 139 条に規定する手続を開始する意図を欧州委員会に通知する」こともできる．ソーシャル・パートナーは後者の行動をとることを決めた場合，当事者間で直接の労働協約に至りうる交渉の過程を独立して開始することができる．交渉の過程には 9 カ月かけることができ，欧州委員会の同意を得て延長することができる．

　一定の職業範疇または産業を代表するソーシャル・パートナーの間の労働協約が欧州委員会がその立法行動を猶予するに十分な根拠を構成するか否かという問題は，特に提案の性質および適用範囲ならびに関係ソーシャル・パートナー間の労働協約の提案が追求しようとする問題への潜在的な影響との関係で，ケースバイケースで検討されなければならないであろう．

　その独立した交渉において，EC 行動は明らかに欧州委員会の提案によってカバーされる産業を越えることができないということを念頭に置きつつ，ソーシャル・パートナーは決して欧州委員会において準備された提案の内容やあるいは単にこれに修正を加えたりすることに限定することを要求されることはない．関係ソーシャル・パートナーはお互いに交渉することに合意したパートナーである．そのような合意は完全に異なった組織の手中にある．しかしながら，欧州委員会は EC 条約第 137 条[訳注1]第 2 項の中小企業に関する規定が労働協約を締結する組織によって銘記されるべきであるとの見解をとっている．

　交渉は，関係ソーシャル・パートナーと欧州委員会が共同で延長するように決定しない限り，9 カ月を超えることはできない．11 カ国による社会政策協定は欧州委員会をこの延長の決定に関与させ，両当事者が設定された期間内に労働協約に達する機会があるかを評価する権限を与えた．これは結果的に欧州委員会の規制する能力を妨害するような不毛な交渉の長期化を防ごうとするものである．そのような評価を行う際には欧州委員会はソーシャル・

第3節　労働法に関するEUの権能

パートナーの独立性を十分に尊重する．」
　［訳注1］　原著では「第138条」とあるが，誤りである．
**234**　コミュニケーションは続ける．
「この9カ月の期間の終期またはそれ以前に，ソーシャル・パートナーは欧州委員会に対し交渉を評価した報告を提出しなければならない．この報告は欧州委員会に対し，
**a**　労使が労働協約を締結し共同して欧州委員会に対し閣僚理事会が実施の決定を採択するよう申し出るか，
**b**　ソーシャル・パートナー間で労働協約を締結したが，それを経営と労働および加盟国に特有の手続および慣行に従って実施することを望むか，
**c**　9カ月の期間を超えて交渉を追求することを希望し，欧州委員会に対し新たな期限を決定するよう申し出るか，
**d**　ソーシャル・パートナーは労働協約に到達できなかった，
ことを通知するものとなろう．
　**d**の場合，欧州委員会は既になされた作業に照らして，問題の分野において法的手段を提案する可能性を検討し，その検討の結果を閣僚理事会に送付する．経済社会評議会および欧州議会もまた条約に規定された手続に従って協議を受ける．
　いかなる場合でも，またソーシャル・パートナーの自治の原則（EC条約第138条および第139条の根底を成す原則）に抵触しない限り，欧州委員会は欧州議会がソーシャル・パートナーが関与するいかなる協議または交渉の手続きのすべての段階において十分に情報提供されなければならないと考える．」
**235**　加盟国の協議は過去に起こった．EFTA諸国の状況に関して，議定書がEC条約の他の規定のようにECの蓄積された成果の一部を構成するという事態は既に起こっている．こうして，EC条約第139条を根拠としてなされた決定はEFTA諸国にも拡張適用されうる．実際，ソーシャル・パートナーの組織は通常EFTA諸国をカバーしており，それゆえ交渉がソーシャル・パートナーの事項であることからも，事実上協議手続の全段階に統合されている．

(2)　労働協約の実施
**236**　欧州レベルで締結された労働協約は次のように実施される．
「**a**　経営と労働および加盟国に特有の手続および慣行に従って；この規定は次の宣言に従う．
　『条約締約国は，EC条約第139条第2項に規定するECレベルの経営と労働の間の労働協約の適用の仕組みの第一は，各加盟国の規則に従った団体

交渉により労働協約の内容を発展させることにあること，それゆえこの仕組みは加盟国に労働協約を直接に適用したりその国内への転換のルールを作り上げたり，あるいはその実施のために現行の国内法制を修正したりするいかなる義務を課すものでもないことを宣言する。』

b　EC条約第138条でカバーされる事項については，締結当事者の共同の申し出により，欧州委員会の提案に基づき閣僚理事会によって；

c　閣僚理事会は特定多数決で行動するが，問題の労働協約がEC条約第137条第3項[訳注1]に規定する分野の一つに関係する一つ以上の規定を含んでいる場合には全会一致で行動するものとする．

　交渉の結果，労働協約はソーシャル・パートナーが自発的なルートを通じて実施すると決定した場合には，この労働協約の条件はその構成メンバーを拘束し，各加盟国で彼らに特有の慣行や手続にのみ従って，構成メンバーのみに影響を与える．」

　［訳注1］　原著は第138条第3項とあるが誤りである．

### (3)　閣僚理事会

**237**　欧州委員会の見解では，ECレベルで締結された労働協約をソーシャル・パートナーの共同の申し出により欧州委員会の提案に基づき閣僚理事会の決定という手段によって実施することは，締結されたように労働協約に関する決定を採択することに至る．

「条約の守護者としての役割のお陰で，欧州委員会は，締結当事者の代表的地位，その代表権と労働協約の各条項のEC法との関係での「合法性」，そしてEC条約第137条[訳注1]第2項の中小企業に関する規定を考慮した上で，閣僚理事会に対し決定案を準備することになる．いかなる場合にも，欧州委員会はこの分野で閣僚理事会に提出されるいかなる提案にも説明的覚書を付し，ソーシャル・パートナーによって締結された労働協約へのコメントと評価を提示する意図である．

　欧州委員会が閣僚理事会に労働協約を実施する決定案を提出すべきでないと考えるときには，欧州委員会は直ちに締結当事者に対しその決定の理由を通知する．」

　［訳注1］　原著では「138条」とあるが誤りである．

**238**　1993年のコミュニケーションは述べる．

「EC条約第139条第2項のもとで，欧州委員会は法的には欧州議会に対し，ソーシャル・パートナーによってなされた理事会決定の手段による労働協約の実施の申し出に関して協議する必要はない．しかしながら，欧州委員会は

欧州議会に情報提供し，欧州議会がもし適当と考えれば欧州委員会と閣僚理事会に意見を提出することができるように，労働協約のテキストをその決定案と説明的覚書とともに送付する意図である．

閣僚理事会決定はソーシャル・パートナー間で締結された労働協約の規定を拘束力あるものにすることに限定されなければならず，それで労働協約のテキストは決定の一部を構成せず，決定に付属することになる．

もし閣僚理事会が EC 条約第 139 条第 2 項の最後の文に規定する手続きに従ってソーシャル・パートナーによって締結された労働協約を実施しないことに決めた場合，欧州委員会は決定案を撤回し，なされた作業に照らして問題の分野における法的手段が適当であるか否かについて検討する.」

**d** 1995 年 12 月 14 日の育児休業に関する労働協約

**239** この労働協約の締結と指令によるその実施に至る土台と階段は次のとおりである．

―経営と労働は上で述べたように，共同で欧州レベルの労働協約を欧州委員会の提案に基づき閣僚理事会の決定によって実施するよう申し出ることができる．

―労働者の基本的社会権に関する EC 憲章の第 16 条（男女均等待遇）はとりわけ「男性と女性がその職業責任と家庭責任を両立させることを可能にする措置も発展されるべきである」と述べている．

―閣僚理事会は広範なコンセンサスがあったにもかかわらず，1984 年 11 月 15 日に修正提案された家庭的理由による育児休業に関する指令案を採択することができなかった．

―欧州委員会は EC 条約第 138 条第 2 項に従って，経営と労働に対し，職業生活と家庭生活の両立に関する EC 行動の可能な方向性について協議した．

―欧州委員会はこの協議の後，EC 行動が望ましいと考えて，再度経営と労働に対し，EC 条約第 138 条第 3 項に従って検討中の提案の内容について協議した．

―一般的な産業横断的組織である UNICE, CEEP, ETUC は，欧州委員会に対して 1995 年 7 月 5 日の共同書簡で，EC 条約第 139 条に規定する手続を開始したいとの意向を通知した．

―上述の産業横断的組織は 1995 年 12 月 14 日，自分たちで育児休業に関する枠組み的労働協約を締結し，この枠組み的労働協約を EC 条約第 139 条第 2 項に従って欧州委員会の提案に基づき閣僚理事会決定によって実施するよう共同の申し出を欧州委員会に対して提出した．

総論

―欧州委員会は締結当事者の代表的地位，その代表権と枠組み的労働協約の各条項の合法性，そして中小企業に関する関係規定との整合性を考慮して，指令案を起草した．
―欧州委員会は1993年12月14日の社会政策議定書の実施に関するコミュニケーションに従って，欧州議会に枠組み的労働協約のテキストをその決定案と説明的覚書とともに送付して情報提供した．
―欧州委員会は経済社会評議会にも枠組み的労働協約のテキストをその決定案と説明的覚書とともに送付して情報提供した．
―閣僚理事会は1996年6月3日，育児休業に関する労働協約を指令の形で実施した．

e 1997年6月6日のパートタイム労働に関する労働協約

**240** 「非典型労働」に関する指令の採択が不可能となり，欧州委員会がこの問題に関してソーシャル・パートナーを関与させることを決めたとき，ソーシャル・パートナーの間の交渉は1996年10月21日に始まった．

労働協約はETUCが望んだようにすべての非典型労働者（例えば，派遣労働者，短期労働契約，季節労働，家内労働，テレワーク）をカバーするものではなく，パートタイム労働のみをカバーするものであった．

労働協約の目的は二重である．

a パートタイム労働者に対する差別の除去を規定し，パートタイム労働の質を改善すること，
b 自発的な基礎の上でパートタイム労働を発展させ，使用者と労働者のニーズを考慮に入れたやり方で弾力的な労働時間編成に貢献すること．

この労働協約は1997年12月15日の理事会指令97/81/EC[1]によって実施された．

(1) UNICE, CEEPおよびETUCによって締結されたパートタイム労働に関する枠組み労働協約に関する．O.J.,20 January 1998, L14/9

f 1999年3月18日の有期雇用契約に関する労働協約

**241** 社会相理事会が競争の歪曲に関しての特定の雇用関係に関する指令案と労働条件に関しての特定の雇用関係に関する指令案について決定に達することができなくなったとき，欧州委員会はもう一度検討していた提案の内容について経営と労働に協議した．一般的産業横断的組織であるUNICE, CEEP, ETUCは欧州委員会に，労働協約に至る手続を開始したいという意図を伝えた．1999年3月18日，ソーシャル・パートナーは有期労働に関する枠

第3節　労働法に関するEUの権能

組み的労働協約を締結した．

　労働協約によって，経営と労働は有期労働に特別の注意を払おうとするとともに，同時に派遣労働に関する同様の労働協約の必要性を考慮する意図を示した．

　締結当事者は，非差別原則の適用を確保し，有期の雇用契約または雇用関係を更新して利用することから生ずる濫用を防止するための枠組みを樹立することによって，有期労働の質を改善する目的で，有期の雇用契約と雇用関係の一般原則と最低要件を規定した．

　この労働協約は，1999年6月28日の指令1999/70/ECにより実施された．(1)

(1) ETUC,UNICE,CEEPによって締結された有期労働に関する枠組み労働協約に関する1999年6月28日の指令1999/70/EC, O.J.,10 July 1999,No. L175


**g　2002年7月16日のテレワークに関する任意協約** [訳注1]

**241-1**　労使対話の分野におけるソーシャル・パートナーの間の新たな戦略が，UNICEのイニシアティブにより，テレワークに関する任意協約（voluntary agreement）の締結によって開始された．

　本協約はその前文でいう．「欧州雇用戦略の文脈において，欧州理事会はソーシャル・パートナーに，企業を生産的かつ競争的にし，弾力性と安定性の必要な均衡を達成する目的で，弾力的な労働編成を含め，労働組織の現代化に関する協約に向けて交渉するよう求めた．

　欧州委員会はその雇用関係の現代化と改善に関するソーシャル・パートナーへの第2段階の協議において，ソーシャル・パートナーにテレワークに関する交渉を開始するよう求めた．2001年9月20日，ETUC（およびEURO-CADRES/CECの連絡委員会），UNICE/UEAPME並びにCEEPは，加盟国およびEEA諸国における締結当事者の構成員によって実施されるべき協約を目指して交渉を開始する意図を明らかにした．これにより，彼らはリスボン欧州理事会で合意された知識基盤経済社会への移行の準備に貢献したいと願う．」

　この任意協約は，経営と労働に特有の国内の手続および慣行に従い，締結当事者の構成員によって実施されるべき欧州レベルの一般的枠組みを設立しようとするものである．締結当事者はまた，加盟候補国におけるその構成組織に本協約を実施するよう求める．

　本協約の実施は本協約の分野において労働者に与えられる一般的保護水準を低下させる根拠とならない．本協約の実施に当たり，締結当事者の構成員

は中小企業への不必要な負担を避ける．

　本協約は，欧州レベルを含めた適当なレベルのソーシャル・パートナーが，関係するソーシャル・パートナーの特有のニーズを考慮に入れて本協約を適応ないし補完する協約を締結することを妨げない．

　実施とフォローアップは次のとおりである．

「条約第139条の文脈において，本欧州枠組み協約は，加盟国の経営と労働に特有の手続と慣行に従って，UNICE/UEAPME，CEEP および ETUC（および EUROCADRES/CEC の連絡委員会）の構成員によって実施されるものとする．

　この実施は本協約の署名の日から3年以内に行われる．

　構成組織は，本協約の実施に関する報告を，労使対話委員会の責任の下に締結当事者によって設置されたアドホックグループに報告する．このアドホックグループはとられた実施行動に関する合同報告書を準備する．この報告は本協約の署名の日から4年以内に準備される．本協約の内容に関する疑問が生じた場合には，当該構成組織は独立にまたは合同して締結当事者に参照することができる．

　締結当事者は，締結当事者の一方から申し出があれば，署名の日から5年後に協約を見直すものとする．」

　本協約は法律的にも政治的にも多くの疑問を引き起こす．

　法律的疑問としては，まず，任意協約とは何か？　実際，すべての協約は任意である．これはおそらく，本協約が法的に拘束力あるものではなく，関係当事者への「道徳的影響力」のみを有し，裁判所において執行可能ではないということを意味している．今回の場合，協約はある種の任意の行為規範を構成しよう．締結当事者またはその構成員に対して，構成員が本協約を実施しないからといって公的措置をとることは不可能である．

　第2の疑問は，締結当事者はその構成組織に対して本協約の実施を義務付けることができるのかである．これは，締結当事者がその構成員から得た委任にかかっている．今回そうであるとは思われず，それゆえいかなる法的義務も認められない．

　本協約の実施に関しては，構成組織は締結当事者に照会することができる．

　結論は自明である．本協約はいかなる法的義務をも課すものではなく，完全にその随意に本協約を実施する構成組織の善意にかかっている．

　さらに，重要な困難が発生する．実施は国内慣行に従って行われる．国内規模の団体交渉が一般的で，拡張手続が利用可能な諸国では，これは問題にはならない．こういった諸国では，労働者はテレワークに関する欧州協約に

含まれる諸権利を享受しうる．イギリスのようにこういった機構が存在しない他の諸国では，国内団体交渉は極めて部分的な回答を提供するのみで，行為規範が本協約を実施するもう一つの手段となりうる．

これが，その解釈に服すべき法的拘束力ある欧州ルールではないので，欧州司法裁判所が介入し得ない極めてソフトな法であることはいうまでもない．このシナリオには欧州議会も何ら果たすべき役割はない．

この新たな「ボランタリズム」の道が欧州労働法を現代化する手段の一つ，つまり非強行的な協約という手段であるというのでない限り，欧州団体交渉に関する欧州規則が必要であることは言うを待たない．しかしながら，これは，私の心には，あまりにもソフトで，既に弱いヨーロッパ・ソーシャルモデルを掘り崩すように思われる．ETUC は正しくもこの発展に疑問を呈したが，欧州委員会は本協約を画期的なものと賞賛した．「このイニシアティブは労働者と事業の双方に益するのみならず，ソーシャル・パートナー自身によって実施されるべき最初の欧州協約である」と．

［訳注1］ 本パラグラフは，著者が第9版のために書いた草稿を挿入したものである．

## 5 1998年6月17日の第一審裁判所の判決[1]

**242** 前に述べたように，UEAPME は育児休業に関する1995年11月6日の欧州労働協約を実施する1996年6月3日の指令96/34/EC を無効とする要求を提起した．これによって UEAPME は一人前の欧州ソーシャル・パートナーとしての認知を得ようとしたのである．UEAPME の意見では，欧州の中小企業の代表として欧州規模の労働協約の交渉と締結に参加する権利がある．

しかしながら，裁判所は次の理由で UEAPME の訴えを退けた．確立した欧州法によればソーシャル・パートナーのどれも交渉に参加する権利があるとはいえない．さらに，UNICE もメンバーとして中小企業を有している．それゆえ，これら企業は十分に代表されている，と裁判所は結論した．

上で述べきたったことからすれば，我々がこの判決を大変遺憾に思っているということで驚く人はいないだろう．第1に，民主的観点から，実際，この立法過程においてソーシャル・パートナーはある意味で民主的に選挙された欧州議会に取って代わることを期待されているのである．とすれば，どうして裁判所は中小企業の大部分を組織しているのに UEAPME が交渉のテーブルにつくことを拒否できたのであろうか．また雇用の観点からも，裁判所の判決は否定されなければならない．実際，抜きんでた雇用創出者であり，永くその地位を保っているのが中小企業であることは誰もが認めるところである．

しかしながら、特に基本的社会権の分野においてこの判決は全く不十分である。団体交渉する権利はILOの規定する基本的諸権利の中核に属する基本権である。既に述べた87号条約と98号条約[訳注1]は明示的に結社の自由と団体交渉権を扱っている。すべてのEU加盟国と各国のソーシャル・パートナーはILOに加盟している。さらにILO条約は法の一般原則の一部であり、裁判所はこれを尊重し適用しなければならない。言い換えれば、代表性基準が欧州レベルでは明確に判読できないときには、裁判所はILO条約に発想を求めなければならない。ILOは繰り返し代表性基準は客観的で精確であらかじめ知られている必要があると述べている。裁判所は欧州委員会に対しこれら基準を確立し、これを尊重するように命ずるべきであった。

しかしながら、これら枠組み的労働協約を実施する指令に関してUEAPMEが提起していた訴訟手続は、1998年11月12日にUNICEとUEAPMEの間で締結された協力協定によって終わりを告げた。(2)

(1) UEAPME v. Council, C—135/96, CER, 1998, 2235.

［訳注1］原著は〝Convention 1987 and 1998〟となっているが、おそらく印刷段階で年号と取り違えたための誤りであろう。

(2) 付録3を見よ。（［訳注］本訳書では省略している。）

### F　評価：ソーシャルダンピングと二重構造社会のシナリオ
#### 1　マクロ経済：インフレとNAIRU

**243**　経済通貨総合はインフレなき経済を維持することを意図している。そのような経済は一定程度の失業を前提とするものである。それで一定水準の失業の増加はインフレ傾向を抑止するための「手段」ということになる。

経済通貨総合のアプローチは、1970年代初頭から初めはイギリスとアメリカを、次に西欧を、そしてラテンアメリカ、アフリカ、アジアときて1990年代初頭には中東欧と、世界を次第に征服してきた供給サイドの経済を愛好するシカゴ学派に代表される一定の経済ビジョンを翻訳したものである。

供給サイドの経済は、ケインズの洗礼を受けた経済政策とは対照的に、需要と完全雇用には関心を集中せず、インフレのコントロールに直進する。この理論はいわゆる国別失業度数を受け入れ、これは主として労働市場の構造的硬直性の結果であると議論を進める。

インフレが加速する恐れがあるときは、（独立した）中央銀行は介入して最終的には利子率を上げる。これは雇用にマイナスの影響を与える。

これは失業が低すぎるときは経済が過熱しているという考えである。指導的な経済学派は一定数の労働者が失業しない限り、インフレの加速は避けら

れないという意見である．

インフレを抑制するのに必要な最低限の雇用は，「インフレを加速しない失業率」の頭文字をとって NAIRU と呼ばれる．この最低限はある基準ではなく，時期によって，また国によって異なるのだ．

**244**　失業をインフレ抑制の武器に使うというのは鈍器であって，永く続く甚大な損害をもたらす．企業は廃業し，機械は無駄になり，投資は減少する．破産は増加する．長期失業者は雇われるだけの能力を失い，もはや仕事には合わなくなる．

さらにいえば，インフレの加速には多くの異なった原因がある．価格上昇は交通のような公共サービス，ワインやたばこへの増税，あるいはこれも政府が決定する医療のようなサービスの値上げの結果かもしれず，石油価格の上昇のように輸入されたものとして我慢しなければならないかも知れない．

要するに，企業や労働者はしばしば，実際にはインフレの結果的な加速には何ら責任がない時に，彼らが生産する財やサービスの価格は下がっているのにインフレは労働市場における彼らの行動とは全く関係がない理由で上昇しているということで，反インフレ政策の犠牲となるのだ．

財務上の債権がより高くつくようになれば，「現金がタイトな時期には，産業横断的に，緩衝剤となる現金準備をたいしてもたない小企業が投資を削減する可能性が高い．」しかしながら，雇用は特に中小企業によって創出されるといわれているのだ．

## 2　弾力性

**245**　ミクロ経済的な供給サイドの経済学は，経済成長を促進しひいてはより多くの雇用を創出するために，企業により多くの弾力性を提供することによりいくつかの規制的拘束から企業を自由にしようとする．最低賃金，労働時間制限，解雇その他の労働保護措置は，成長の障碍物と見なされ，片づけるべきものとされる．

特に労働コストは引き下げなければならない．労働者の賃金は彼が労働過程で付加した経済的価値に見合って払われなければならない．

必要な弾力性が導入されるように見張るべきは加盟国と各国のソーシャル・パートナーの責任である．いずれにしても，市場の力でどのみちそうさせられる以外に他の選択肢はないのだ．

**246**　EU において社会政策が主として国内問題であり続けているという事実は，ソーシャル・ダンピング——賃金コストと労働条件を引き下げることで故意に投資を引きつけること——が単に受け入れられているだけではなく，

グローバルにも欧州規模でも意図的により弾力性を強制する手段として組織されているということを意味する。市場はフルに活動する。コストのかかる操業者はもっと安価にならない限り、つまり操業コストを削減しない限り、諦めるしかない。

　グローバルな市場に追い立てられる経済では、サービスと財は継続的により良くより安くならねばならない。これは企業はコストの一番安い国に投資するだろうということを意味する。たしかに企業が投資を決定する際には他の要素も勘案されるが、労働コストは重要な要素であろう。その結果、お互いに競争する欧州の諸国民は、他のみんながそうしているという理由で労働コストの削減に全力を尽くすのである。そして趨勢は下降線をたどり、欧州における社会的調和化が落ち込んでいく方向となる。

　これは劇場に似ている。第一列の観客が舞台をもっとよく見ようと立ち上がれば、他の観客も何かを見るために立ち上がらなければならず、そうすると最初に立ち上がった観客の利益はなくなってしまう。賃金と労働コストの下降スパイラルについても同様だ。労働コストは削減されなければならない。他の国も同じことをする。そして再び最初の国ももはや競争力はなくなる。こうしてこの国々はコストをどんどんダウンサイズしていく。これはさらなるリストラ、事業所移転、機械による労働者の代替、そして解雇を意味する。各国の社会システムは自力では立てず、激しいグローバル市場経済の面前で崩れてゆかなければならないことは明らかである。社会的最大公約数[訳注1]に道を譲らざるを得ないのである。

　　[訳注1]　原著は数学でいう「最小公分母」であるが、意味はいわゆる「最大公約数」である。

### 3　評　価

**247**　欧州雇用戦略は三つの点に要約できる。

　第1はインフレを加速しない雇用の役割(NAIRU)を達成、維持するという目標である。

　第2は一般的な賃金と労働条件の弾力性であり、これはインフレを抑制する要素として多くの労働者の生活に雇用の不安定を導入する。

　第3点は進行中の競争戦の組織であり、これはEU内外の諸国の社会・財政制度の間で戦われよう。他国より賃金コストが高いか社会政策に多額を使うような国は競争力がなくなる。これはEU加盟国間および域外国との間の制度的ソーシャル・ダンピングを意味する。

　欧州は基本的社会権、欧州の最低基準に立脚した賃金、労働条件――例えば雇用保障――や社会保障に関わるような本当の雇用戦略を含め、真の欧州

社会政策をもたらすような「中核的」な社会的権権能を有していない．

そういった政策はEUが「中核的」な事項や財政問題も含め特定多数決で決定する権能を有するようになったときに初めて可能であろう．

今日の事態は下向きの調和化であり，無邪気に約束された第136条のいうような「改善を維持しつつ」というようなものではない．

明らかにインフレは公財政と同様管理下に置かれなければならない．しかし，欧州が失業に取り組む適切な社会的措置をとったり最低基準を設定したりする能力がないなどということが考えられるだろうか？ 欧州の賃金に関する団体交渉が何ら欧州の法的地位を有しないということはどうか？ 欧州最低賃金は絶対に不可能で，欧州社会保障制度などという考えさえも常に加盟国の拒否権で反対されているということはどうか？

要するに，アムステルダムを過ぎたEC条約は多くが賛成する自由市場経済への選択と選好以上のものである．それはほとんど永遠に雇用を含め欧州社会政策を除外するあるタイプのウルトラ自由（保守）主義政策を決定的かつ最終的に選択することである．いったんアムステルダム条約が批准されれば，この政治的選択はほとんど永遠に近くなろう．このことは，特定多数決が拡大されなかっただけではなくより困難になったニース条約によって再び明らかとなった．

## 第4節　欧州労働法：トレーラーか機関車か？

**248**　前節はこの標題への回答に関し何の疑問も残さない．しかしながら，これは特定の重要な社会的ステップがとられたという事実によっても消えるものではない．まずECSCの達成を二つの産業分野における社会的進歩の実例として見ていき，その上でECの実績を検討しよう．

### I　ECSC

**249**　ECSC[1]は単に経済的ではなく社会的かつ地域的でもある共通政策に向けた最初の試みを構成し，長年にわたって石炭および鉄鋼産業で実施されてきた広範囲のリストラクチュアリングに対して重要なやり方で侵入してきた．1960年から1980年の間に，ECにおける石炭生産は4億5000万トンから2100万トンへと減少した．100万人の雇用が失われた．1984年から1988年まで毎年4万人の仕事が消えていった．ベルギーでは労働者数は68％も減少した．鉄鋼産業もひどい目にあった．1970年代の10年間，80万の雇用のうち

30万が失われた．雇用はなお減り続けている．

ECSC条約第56条はECに，助成金により余剰労働者を生産的な雇用に再吸収することのできる新たな経済的に健全な活動を作り出すことを促進する可能性を提供する．本条に従い，返済不要のリストラクチュアリング資金が他の産業分野に新たな職を創出することを可能にする．鉄鋼産業では重要な職業再訓練計画が策定された．低家賃の住宅を建設する(2)石炭・鉄鋼労働者のための住宅計画にも言及すべきだろう．

ECSC条約は，1952年7月23日に発効し，2002年7月23日に失効した．[訳注1]

(1) EC, A Social Europe, 4th ed., Brussels, 199049-51
(1) European Commission, Social Policy of the Community, Brussels, 1996
［訳注1］ この文は第9版用の著者草稿による．

## II　E C

**250**　ECの社会的発展に関する限り，三つの時期が区別される．第1は1957年から1974年までで，かなり慎重なアプローチで特徴付けられる．第2は1974年から1990年までで，最初は1980年までの労働法の黄金時代であったが，突如として崩壊を見ることとなった．第3期は1990年に始まるが，労働者の基本的社会権に関するEC憲章の採択によって特徴づけられる．

### A　1957年—1974年

**251**　この最初の時期にはECはその経済的信条にはっきりと執着していた．しかし，労働者の自由移動の枠組みの中で労働者の社会保障に関して若干のステップがとられ，また欧州社会基金が開始された．しかしながら，1971年に欧州委員会が起案した「EC社会政策計画のための準備指針」(1)の採択を通じて新たな雰囲気がやってきた．これは1972年のパリ首脳会議の際には「通貨と経済の統合の達成と並んで，社会分野における強力な行動に大きな重要性を付与する」(2)という各国元首と首相の重要な宣言に至った．

(1) 'Preliminary Guidelines for a Community Social Programme,' Bulletin of Comparative Labour Relations, No.3, 1972, 81-149(out of print)
(2) Ph. Van Praag, 'Trends and Achievements in the field of Social Policy in the European Communities,' Idem, No.4, 1973, 150(out of print)

**252**　少しずつ道は切り開かれ，1974年1月21日の決議(1)によって閣僚理事

## 第4節　欧州労働法：トレーラーか機関車か？

会は社会行動計画を採択した．閣僚理事会は次の優先事項を実現するための措置をとる必要性を確認した．
—EC における完全で良質の雇用の達成
1　加盟国間の雇用政策の適切な協議の樹立と各国の雇用サービスの一層の協力の促進
2　加盟国国民または第三国国民である移民労働者のための行動計画の樹立
3　共通職業訓練政策の実施と欧州職業訓練センターの設置
4　雇用，職業訓練への参入，昇進および賃金を含む労働条件に関する男女間の均等を達成するための行動の実施
—その改善を維持しつつ調和化を可能にするような生活労働条件の改善
5　社会保護政策に関する加盟国間の適切な協議の樹立
6　労働条件が最も苛烈な経済分野から始めて，特に職場の健康と安全，労働者の健康および作業組織の改善に関する第1次行動計画の樹立
7　加盟国と協力して，パイロット計画を作成することにより貧困と闘う特別の措置の実施
—EC の経済的社会的意思決定への経営と労働の関与および企業生活への労働者の関与の増進
8　EC 内の企業の生活における労働者またはその代表の漸進的関与
9　EC の経済的社会的意思決定における経営と労働の関与の促進

1976 年の期限が切れたときに行動計画が部分的にしか実施されていなかったことは疑いがない．とはいえ，部分的な成功も否定できない．

(1)　Social Action Programme. Resolution of the Council of 21 January 1974, Bulletin of Comparative Labour Relations, No.5, 1974, 135-187 (out of print)

## B　1974 年—1989 年

**253**　この時期は二つに分けられる．前半は 1974 年から 1980 年であり，後半は 1980 年からおよそ 1989 年までで，こちらはサッチャー夫人に率いられた規制緩和に向けた動きによって特徴付けられる．

**254**　この時期の前半は「調和化の黄金時代」(1)と名付けられてきた．様々な労働法指令が採択された．例えば，
—1975 年：男女同一賃金指令と集団整理解雇指令
—1976 年：労働条件に関する男女均等待遇指令
—1977 年：企業譲渡と労働者の既得権に関する指令

―1978年:社会保障に関する男女均等指令
―1980年:使用者の倒産に関する指令
　1970年代にはまた健康と安全に関する一連の指令も発出され始めた.
　　(1) F.Blanquet, 1992: l'Europe:ver l'harmonisation des legislations sociales, 1987, working paper(l'age d'or de l'harmonisation).

**255**　1980年代には新たな風が吹き始めた.規制緩和ととりわけ弾力性が,経済的社会的危機への,沈滞した経済成長と大量失業への,そして国内や外国市場の制覇に向けての戦いにおける神聖なるスローガンとなったのである.サッチャー夫人と使用者たちのビジョンが広まった.より多くの規制はより多くの失業を生み,労働者に反生産的な影響を及ぼす.多くの指令案が閣僚理事会で承認を得られなかった.複雑な構造の企業の労働者への情報提供と協議に関するかの悪名高きフレデリング指令案(1980―1983),パートタイム労働指令案(1982),有期・派遣労働に関する指令案(1982―1984),さらには労働時間の削減と再編成に関する勧告案.株式会社と労働者参加に関する1972年の第5指令の修正案(1983)も同様に不成功に終わる一方,既に1970年に開始された欧州会社に関する提案はてんでだめだった.1984年6月22日の新たな社会行動計画[1]が野心的でないのは驚くには当たらない.これは五つの点を呼びかけた.
―失業,特に若年失業,
―新技術の導入,
―労働安全,
―社会保障のコストとその企業の競争力および労働者の生活水準への影響,
―欧州レベルにおける使用者と労働者の代表の間の対話の強化.
　職場の安全に多くの注意が向けられ,この目標に向けた多くの指令が採択された.職場における化学的,物理的および生物的要因への曝露に関係する危険からの労働者の保護(1980),特定の産業活動の主な災害の危険(1982),金属鉛(1982),アスベスト(1983),騒音(1986)からの労働者の保護.
　　(1) O.J., 1984. No. C 175/1.

**256**　しかしながら,1980年代後半に最も注目を引いたのは域内市場の樹立をめざした1986年の単一欧州議定書である.1985年の域内市場に関する白書には労働法の調和化に関しては一言も含まれていない.単一欧州議定書はその冒頭で,既に述べたように,「被用者の権利と利益」についての加盟国の国家主権,ECの意思決定の場合には閣僚理事会における全会一致,を確認している.これにより,労働法に関する欧州委員会からの提案に対しどの加盟国も拒否権を持つことになる.この状況の下で社会政策が経済や通貨問題と

第4節　欧州労働法：トレーラーか機関車か？

同様の重要性を維持することは困難であった．疑いなく，EC条約第137条[訳注1]は労働者の健康と安全に関する特定多数決を認めている．これは1989年6月12日の職場の労働者の健康と安全を促進する措置に関する枠組み指令を産み出した．この指令は多くの最低要件と，産業の危険，職業訓練，労働者への情報提供，協議，参加に関する一般原則を含み，職場，機械，個人用防護具，ディスプレイ・スクリーン器具に関する多くの特殊な指令の基礎と見られるべきである．

　　[訳注1]　原著は「第137条」とあるが，ここは単一欧州議定書による改正時点の記述であるから，本来はその時点の条文番号である「第118a条」とあるべきところである．

**257**　新たな規定であるEC条約第158条[訳注1]はECにおける経済的社会的結束の必要性，すなわち地域間格差は構造基金（社会基金，地域基金と農業基金）のダイナミックな活動により低開発地域のために縮小すべきということを主張している．ここでは重要な意思決定が既になされた．1993年からこれら基金は毎年150億ECU以上を支出する．将来の構造政策を導く五つの目的はそのまま維持されている．

―住民1人当たりの国民総生産が欧州平均の75％以下の地域に援助が提供される．
―産業の衰退を被っている地域に，企業のリストラに貢献し，失業と取り組み，新たな経済分野に新たな職を創出する目的で援助が提供される．
―長年の失業との取組みは継続される．
―若年者の職業過程への統合は促進される．
―特に農業分野における構造問題に取り組む．

　　[訳注1]　原著は「第158条」とあるが，ここは単一欧州議定書による改正時点の記述であるから，本来はその時点の条文番号である「第130a条」とあるべきところである．

**258**　これらの措置にもかかわらず，1992年の域内市場に関する1985年の白書は一方的で，自由主義的（保守的）で純粋に経済的であり，社会的には真空だという批判が残った．域内市場の社会的次元を再び訴える声が挙がった．この声に応え，欧州委員会は共通市場の社会的次元に関する報告を起草する部局を超えたワーキングパーティを設置した．これは1988年に「ソーシャル・ヨーロッパ」誌の別冊として刊行された．欧州理事会も関与してきて，1989年のマドリード首脳会議では，経済通貨政策と並んで社会的次元に大きな重要性を付与するという1972年のキャッチフレーズが繰り返された．

こういった展開は欧州委員会委員長であったフランスの社会主義者ジャッ

ク・ドロールのダイナミックなリーダーシップのもとで行われ，1789年のフランスの普遍的人権宣言のちょうど200年後の1989年12月9日，ストラスブールで，イギリスを除いて，各国の元首と首相の会合の場において厳粛に承認され，公布された労働者の基本的社会権に関するEC憲章に至った．将来の社会政策や特に労働法に関する政策は来るべき時期にはこのEC憲章によって考えを吹き込まれることになる．

## C　1990年とそれ以後：EC憲章と社会行動計画
　　　　──マーストリヒトの社会政策協定

### 1　基本的社会権に関するEC憲章
#### a　基　礎
**259**　労働者の基本的社会権は一方で生活水準を他方で社会的コンセンサスを促進しようとする硬い意思の上に立脚している．憲章はEC条約第136条の初めのところに基礎付けられ，その条件下で加盟国は改善を持続しつつ調和化を可能とするために労働者の生活労働条件の改善の促進の必要性に合意している．憲章の前文は経済社会分野の優先的目的の一つは雇用の促進であり，この目的のために域内市場の完成は成長と雇用創出の大きな機会を提供すると述べている．社会的コンセンサスは企業の競争力，経済全体，雇用の創出の強化に貢献し，それゆえ持続的な経済発展を確保する枢要の条件である．

#### b　目　的
**260**　憲章はILOの諸条約と欧州評議会の欧州社会憲章を引き寄せつつ，社会的改善，特に次の事項を保証する．
—移動の自由
—生活と労働の条件
—職場における健康と安全
—社会保護
—教育と訓練
—性別，人種，皮膚の色，意見および宗教を理由とする差別を含め，あらゆる形態の社会的排除と差別と取り組む均等待遇
—移民労働者および第三国国民の均等待遇

第4節　欧州労働法：トレーラーか機関車か？

**c　適用範囲**

**261**　憲章の適用範囲に関しては，異なった意見が示されなければならない．まず，厳粛な宣言は政治的な結果しか有さず，何ら法的拘束力を持たない．これは憲章を支持した11の政府の政治的な意思の表明であって，それ以上でもなければそれ以下でもない．憲章が法的拘束力がないという事実から出発して，欧州司法裁判所が憲章の規定を「EC法の一般原則」であると描くことができるかどうかを問うことができる．答はノーである．結局，欧州司法裁判所が整合的な意見を構築するためには，すべての加盟国が署名した条約がなければならず，ここではイギリスがオプト・アウトしているためにこれに当てはまらない．要するに，憲章はEC法の手段ではないし，EC法が欧州司法裁判所によって憲章に含まれる原則との適合性を判断されることができるような全加盟国が署名した条約でもない[1]．憲章はなおECの諸機関の政策決定によって実施されなければならない．ECがとろうとする意思決定は1989年11月29日に欧州委員会によって提出された行動計画に含まれている．

(1) L.Betten, 'EG Handvest van sociale grondrechten een hol vat?,' Sociaal Maandblad Arbeid, 1990, 127.

**262**　憲章の実施は条約によって諸機関に付与されたECの権能の拡張をもたらし得ないということに前文は何の疑問も残していないことが銘記されるべきである．同様に重要なのが補完性の原則である．基本的社会権の実施に関してとられるイニシアティブの責任は補完性の原則に従って適用されなければならず，事情に応じて，加盟国もしくはその構成部分またはECに属する．その実施は法律，労働協約または既存の慣行の形を取りえ，適当であれば関係する様々なレベルの労使双方の活発な関与を要請する．要するに，EC，各国政府およびソーシャル・パートナーのそれぞれの役割は尊重される．最後に，憲章は社会的レベルにおいて加盟国，ソーシャル・パートナーおよびECの活動を通じて既に達成されてきたものを統合しようとしており，ECレベルの基本的社会権の厳粛な宣言が現在加盟国に存在する状況と比較していかなる後退の理由ともなってはならないことが前文の中に読みとれる．憲章は被用者だけに向けられたものではなく，自営業者やある点では欧州市民一般にも向けられたものであることも付け加えておく．

**d　内　容**

**263**　憲章は上で分析した前文と二つの編からなる．第1編は労働者の基本的社会権からなり，第2編は憲章の実施を扱う．

総論

(1) 十二戒

**264** 第1編は12の見出しからなり，さらに26の項目に分けられる．見出しは次のとおり．
—移動の自由の権利
—雇用と賃金
—生活労働条件の改善
—社会保護の権利
—結社の自由と団体交渉の権利
—職業訓練の権利
—男性と女性の均等待遇の権利
—労働者への情報提供，協議および参加の権利
—職場における健康の保護と安全の権利
—児童と青年の保護
—高齢者の保護
—障碍者の保護

**265** この列挙から，憲章に含まれる社会権のほとんどが既に他の条約やECの手段に含まれており，それゆえ大して社会的付加価値を含んでいないことが明らかである．労働者の自由移動の権利は既にEC条約第39条から第42条に含まれている．職業訓練はEC条約第150条で扱われ，均等待遇は既存の諸指令によって広範にカバーされており，例外は男性と女性が職業責任と家庭責任を両立させることができるような措置が発展させられるべきという規定(第16条)である．職場における健康の保護と安全は既にEC条約第137条で扱われている．

**266** しかしながら他の見出しは新たな要素を含んでいる．雇用と賃金の見出しのもとでは次の権利が保証されている．職業選択の自由(第4条)，公平な賃金，これはまっとうな生活水準を可能にするに十分で，非典型雇用契約の場合にも，差し引かれ，差し押さえられ，委譲される時にもである(第5条)，無料の公共職業紹介サービスの利用(第6条)．生活労働条件の改善は，特に労働時間の長さと編成や期間の定めなき契約以外の雇用形態，例えば有期契約，パートタイム，派遣労働および季節労働などに関し改善が維持される一方で，これら条件の接近から生じなければならない．改善は，必要であれば集団整理解雇の手続や破産に関する手続のような雇用規制の特定の側面の発展をカバーしなければならない(第7条)．週休と年次有給休暇は同様に保証される(第8条)．雇用条件は法律，労働協約または雇用契約に規定されなければならない(第9条)．社会保護は十分なレベルの社会保障給付，十分な資源および社

## 第4節　欧州労働法：トレーラーか機関車か？

会扶助を含む(第10条)．

**267**　結社の自由と団体交渉のもとでは，(積極的な意味でも消極的な意味でも)労働組合の自由が保障され(第11項)，同様に団体交渉し，労働協約を締結する権利も，特に欧州レベルだけでなく，職種横断的レベルや産業別レベルでも保障される(第12条)．ストライキ権は，斡旋，調停，仲裁の手続の設立と活用を通じて労使紛争の解決を奨励する必要性とともに明示的に認められている(第13条)．これらの権利が軍隊，警察および公務員にいかなる条件下でかつどの程度まで適用されるかは国内法秩序が決定する．

**268**　労働者への情報提供，協議および参加は特に1以上の加盟国に事業所または子会社を有する会社または会社グループにおいて発展されなければならない．これら情報提供，協議および参加は適当な時期に，そして特に技術的変化が導入されるとき，企業のリストラクチュアリングまたは合併の場合，集団整理解雇の場合，そして国境を跨いだ労働者が雇用されている企業の雇用政策によって影響を受けるときに，実施されなければならない(第17条─第18条)．児童と若年者の保護の観点では，雇用可能年齢は15歳を下回ってはならない(第20条)．若年労働者は公正な賃金を受け(第21条)，若年者特有の発達と職業訓練，雇用への参入を保証する措置がとられると同時に，18歳未満の労働者については労働時間が制限され(時間外労働はなし)，夜間労働は禁止されなければならず(第22条)，職業訓練は労働時間内に行わなければならない(第23条)．高齢者は退職の時にまっとうな生活水準を送れるだけの資源を享受する資格を有する(第24条)とともに，そのニーズに特に合った医療および社会扶助を享受する資格を有する(第25条)．最後に，障碍者はその社会的および職業的統合を改善するための追加的な具体的措置を受ける資格がなければならない．これらの措置は職業訓練，人間工学，参入可能性，移動可能性，交通手段および住居に関わらなければならない(第26条)．

　多くの場合，これらの措置は「各国で適用される手続きに従い」「国内法に従い」「国内慣行に従い」「国内法制および慣行で規定される条件の下で」あるいは(一度は)「国内法秩序」で執られなければならないと規定されている．もう一つ使われている表現は，主として「労働者への情報提供，協議および参加」に関して「様々な加盟国において通用している慣行を考慮に入れて」というものである．これら異なった表現は絶対に偶然ではなく，ECか加盟国かその一部か，ソーシャル・パートナーか個々の自然人か法人かといった，誰がこの措置を実行する権限を有しているかを併せて決定しているのである．

(2)　実　施

**269**　第2編(第27条─第30条)は憲章の実施を扱っている．各国の慣行に従

い，主として立法措置と労働協約（これはソーシャル・パートナーの仕事であるが）によって，基本的社会権を保証し，経済的社会的結束の戦略の一部として域内市場の円滑な運営に不可欠な社会的措置を実施することはいっそう特に加盟国の責任である．それゆえ，これが重要なのだが，憲章を実施する前線にいるのは加盟国なのである．その次に欧州委員会がくる．欧州理事会は欧州委員会に，条約に規定しているように，効果的な実施のための法的手段を採択する観点から，その権限内に属するイニシアティブを提出するよう求める．毎年末の3ヵ月，欧州委員会は加盟国とECの憲章の実施状況報告を作成する．この報告は欧州理事会，欧州議会および経済社会評議会に送付される．

### 2 行動計画

**270** 欧州委員会は1989年11月29日，労働者の基本的社会権に関するEC憲章の実施に関する行動計画を通知した[1]．この行動計画には，欧州委員会によれば，憲章の諸原則の最も緊急な側面を実施するために発展させる必要があるいくつもの措置が含まれている．設定された目的が加盟国のレベルにおけるよりもより効果的に達成しうる場合にECが行動するという既に述べた補完性の原則に従い，欧州委員会の提案は憲章の各条項で提起された問題の一部にしか関わっていない．欧州委員会は実際，社会権の実施に関して，とられるべきイニシアティブの責任は，権限の制限内においてECにあるとともに，加盟国，その構成部分またはソーシャル・パートナーにあると表明している．

多くの場合，欧州委員会は提出されるべき提案の性質を示している．指令案，規則案，決定案，勧告案またはコミュニケーションやEC条約第140条の意味における意見である．最初の提案のセットは欧州委員会の1990年計画で提示された最も緊急の優先課題を表している．2番目のセットは1991年の作業計画に含まれた．それ以外の提案は1992年に提出された．欧州委員会は閣僚理事会に対し，提案が欧州議会，経済社会評議会およびソーシャル・パートナーに送付されてから18ヵ月以内，いかなる場合でも2年以内に，欧州委員会の提案に関する決定を採択するように求めた．全体的な結果は，後で見るように，諸提案や指令を検討すると不成功ではなかった．

(1) COM(89)568 final.

### 3 マーストリヒトの社会政策協定(1991年)，グリーンペーパーと白書(1993年)

**271** 1997年にアムステルダム条約に統合されたマーストリヒトの協定は

## 第4節　欧州労働法：トレーラーか機関車か？

1993年11月1日に発効した．それゆえその実施を評価するのはまだ早い．しかしながら，社会的方面においてはマーストリヒト欧州理事会が1991年10月31日にソーシャル・パートナーによって締結された協約を概ね承認してから，大したことは起こっていないということができよう[訳注1]．欧州委員会は上記の十二戒の枠組みでの欧州労使協議会指令案への合意に失敗した後，被用者への情報提供および協議に関する協議手続を開始した．

1993年末，フリン委員は「ヨーロッパ社会政策，未来への選択肢」というグリーンペーパーを提出した．

グリーンペーパーによれば，欧州の社会政策は重大な局面に入りつつある．これは三つの要素からくる．

（ⅰ）　現在の社会行動計画はその終期を迎えつつある．欧州委員会は全部で47の提案を提出し，いくつかの最も重要な提案はなおペンディング状態であるが，多くは採択されている．

（ⅱ）　EU条約の発効は，特にソーシャル・パートナーにより強い役割を与えることにより，社会領域におけるEC行動の新たな可能性を開いた．

（ⅲ）　深刻な失業水準に反映されるような社会経済状況の変化は，国内とEC双方のレベルにおいて，経済政策と社会政策の間のリンクに新たに目を向けることを必要としている．この状況は個々の提案を提出する前に社会政策の未来の方向についての広範な議論を打ち上げることを要請していると，欧州委員会は考える．

このグリーンペーパーを準備するために，欧州委員会は一般に意見とコメントを求めた．

その意図はEUの社会政策の未来の方向について全加盟国における広範な議論を巻き起こそうというところにあった．欧州委員会はこれらの議論を注意深くフォローし，将来の白書の主要なテーマを引きだそうと努めた．このグリーンペーパーは新たなマーストリヒトの規定の手続的な含意を取り扱ってはおらず，これらは別のコミュニケーションの主題である．

もちろんこの過程は，失業の増加と欧州が21世紀にも競争力を維持する能力についての関心の増大に直面して，ECの注意がいかにして経済的目的と社会的目的を調和させるかという大問題に集中している時点におこるのである．

すべての加盟国において，今や構造的な性質であると認識されている失業[訳注2]にいかに取り組むかについて多くの議論がされた．議論された問題にはもっと労働市場の適応能力を増大する必要性や，賃金格差を拡大すべきだとか賃金は経済状況に応じてもっと多様であるべきだといった示唆，社会的給

付は減らすべきか，求職へのインセンティブを拡大するように目指すべきかといった問題が含まれていた．これはすべての加盟国が増大する社会保護制度への需要をどう賄うかという問題やこれらを節約する手段としてその運営の効率性を高める問題とつながっている．

同時に，ローマ条約とマーストリヒト条約の双方に明確に宣言された経済的進歩と社会的進歩が協調していくことを確保する目的とは反対に，統合過程のネットの影響は社会的基準を引き下げることになるのではないかという公衆の懸念が高まりつつあった．これは単一市場の形成が一種のソーシャル・ダンピング，すなわちEC内で受け入れられないような低い社会的基準を通じて不公正な競争上の利益を得ることへの道を開くのではないかという恐れに反映している．しかしまた，そこには欧州レベルにおける行動の権限が国内レベルにおける社会的基準の変化のいいわけにされるのではないかという懸念もある．

この文脈において，グリーンペーパーとそれが引き起こそうとした議論の過程は，1993年12月10日に欧州理事会で採択された成長，競争力および雇用に関する白書をめぐる議論と絡み合っている．

このグリーンペーパーの核心にある前提は，欧州社会政策の発展の次の段階が社会進歩は経済的競争力を回復するために後退しなければならないという考えには立脚できないということである．逆に，欧州理事会が繰り返し言明してきたように，ECは経済的進歩と社会的進歩が協調していくことに完全にコミットしている．実際，欧州の影響力と権力の多くは富の創造と人々のための便益と自由の拡大を結びつけるまさにその能力からきているのだ．

現在の状況ではこれは容易ではないとグリーンペーパーは認める．しかし，経済的ダイナミズムと社会的進歩を結びつける持続的な発展のモデルを求めての欧州の絶え間ない貢献は，問題が広く議論されコンセンサスに到達してこそなされるのである．EU内の文化や社会制度の豊富な多様性は急速に変化する世界において競争上の優位である．あらゆる社会が同じ学習の過程にある．しかし，欧州社会のはっきりした価値観を体現しEU条約に規定された共通の目的が加盟国と人々自身によって擁護されないならば，多様性は混乱に陥るであろう．

グリーンペーパーの第1部はECが社会分野において既に達成してきたものを示している．第2部は我々みんなが直面している社会的な課題を検討している．欧州における社会的結束の衰退の危険と社会保護，連帯，高水準の雇用といった重要な共通の目標への脅威を検討している．経済政策と社会政策が互いに争うのではなく協力し合うように引きつける新たな中期戦略が必

第4節　欧州労働法：トレーラーか機関車か？

要である．こうやってこそ，持続可能な成長，社会連帯，公衆の信頼は回復されよう．欧州の生産システムは新たな技術に立脚する必要があるという．富の創造なくして社会進歩もあり得ない．しかし，結果として起こる構造変化は雇用の強度，労働・生活条件，生活の質，労使関係の発展といった他の重要な領域に重大な影響を与える．第3部はEUのこういった課題に対する可能な応答を，加盟国は何を望み，ECは何を達成しようとしているかという両方の観点から論じている．第4部は簡単な結論を述べている．第5部はグリーンペーパーの他の部分で提起された疑問を提示している．これらはこれに続くべき議論に焦点を合わせている．

　欧州は転換点にある，とグリーンペーパーは結論する．来るべき時期にとられる決定は今後長年にわたる社会政策の方向を決めるものだ．今こそどんな意見でも明らかにすべき時である．

　　［訳注1］　このあたりの文章は改訂前の文章がそのまま残っているように思われる．現時点での評価としては適当とは思われない．
　　［訳注2］　原著は"employment"とあるが，誤りであろう．

## D　成長，競争力および雇用に関する白書(1993年)

**272**　1993年12月10日，11日のブリュッセル首脳会議で，欧州理事会は，欧州委員会が準備した成長，競争力および雇用のための中期戦略に関する白書に照らして，経済状況の検討と失業と戦う措置に焦点を当てた．欧州理事会は短期および中期の行動計画を採択し，その実施を欧州理事会自らがEUおよび加盟国レベルの短期的には趨勢を逆転し，その後世紀末までには失業者数を顕著に減少させることを目指した特定の措置に基づいて監視することとした．

　この行動計画は，
—加盟国レベルで雇用を促進することを追求する政策のための枠組み
—ECレベルで実行されるべき特定の付随的措置
—監視手続
からなっている．行動計画の第一の目的は欧州経済の競争力を強化することである．欧州経済は新たな要請に応えなければならない．生産システム，労働組織および消費様式の空前の変化を経験しつつある世界に適応しなければならない．行動計画は四つの必要条件に基礎をおく．
（ⅰ）　健全な経済
（ⅱ）　開かれた経済

（iii） 連帯に向けた経済

「必要な調整は我々の社会のモデル，すなわち経済的社会的進歩，高レベルの社会保護および生活の質の絶え間ない改善に基づいたモデルに疑義を呈してはならない．連帯はまず第一に職のある者とない者の間で示されなければならず，このような連帯の一つの表現が生産性の利益の一部を特に賃金抑制政策を通じて投資と雇用創出に優先的に配分することである．付け加えれば，連帯は社会的排除との戦いにもその予防と再統合双方をカバーする包括的な政策によって貢献しなければならない．連帯はまた経済的社会的結束の文脈において地域間でも示されなければならない．」

（iv） より分権的な経済（地域レベルの重要性の増大を踏まえて）

　経済は新技術が提供する可能性に向けられ，これまで以上に中小企業の雇用創出ポテンシャルを一層動員する必要がある．

　各加盟国の制度的，法制的，契約的特殊性から，ECの行動は目的の設定に焦点を絞り，加盟国には共通に設定された一般枠組みの中でその状況にふさわしい手段を選択する自由を残さなければならない．加盟国は以下の措置に特段の注意を払うべきである．

―教育訓練制度の改善．特に継続訓練は技能を競争力の必要性に調節し失業と戦うために促進されるべきである．

―規制から生ずる過度な硬直性を除去するとともに移動性を高めることによる企業内部と労働市場の弾力性の改善．

―企業内部では労働組織の経済的に健全な方法の検討．そのような措置は仕事の一般的な再分配を目指すのではなく，生産性の改善と両立しうる内部的な調整を目指さなくてはならない．

―様々な生産要素のコストの間のバランスをよくするために，特に低技能労働者の間接的労働コスト（法定保険料）の狙いを絞った削減．出来得ればなかんずく環境に関連する財政措置が，全ての社会保険料を安定させ，税負担を軽減させるという一般的な文脈において，社会保険料の下落を補う措置の一つとなりうる．

―公的であれ私的であれ専門機関を通じて求職者への情報提供，動機付けおよび指導のより積極的な政策の手段により失業と戦うために取っておかれた公的基金のよりよい活用．

―十分な訓練なしに教育制度を離れた若年者に関する特別の措置．

―生活の質と環境保護に関連した新たな要請に応える関係の雇用の発展．

　このように設定された共通枠組みは加盟国の政策の参照となる．これらの政策は結果を分析し経験から将来の行動がどう実行されるべきかを学ぶため

に理事会において定期的に検証される．
　ECレベルの特定の行動は次のものからなる．
1　単一市場の完全な活用
2　交通とエネルギーにおけるトランス・ヨーロピアン・ネットワーク
3　情報分野におけるインフラストラクチャー
4　エネルギー，交通および環境のネットワークと情報分野におけるインフラストラクチャーへの投資
5　研究開発（特に情報技術）（1994―1998の枠組み計画）
6　労使対話
　行動計画の成功は社会的結束の保持に関わる全ての人々の関与を前提とする．これはもし追求されるべき目的と採用されるべき手段について全ての適当なレベルで対話が樹立されればたやすく達成されよう．この関係で欧州理事会は欧州委員会に労使対話をリードし，社会政策議定書の規定に従って新たな可能性をフルに活用する努力を続けるよう求めるとともに，労使双方に建設的に反応するように呼びかけた．
　1994年12月から始めて毎年，欧州理事会は行動計画の結果を評価し，同時に自ら設定した目的を達成するのに必要と見なしたいかなる措置をもとる．
　欧州理事会の議論はとりわけ次のものに基づく．
―欧州委員会の要約報告（新たな示唆を付けて）．この文脈で欧州理事会は特に欧州委員会に新たな雇用源の問題を研究するよう要請する．
―各国の雇用政策から引き出せる教訓に関する閣僚理事会の報告

## E　欧州社会政策に関する白書(1994年)

**273**　1994年7月27日，欧州委員会は欧州社会政策に関する白書を採択した．同白書は社会政策の発展の次の段階(1995年から1999年)への欧州委員会のアプローチを設定するとともに，社会政策に関するグリーンペーパー「EUの選択肢」が始めた広範な議論をフォローしている．全部で500を超える反応が広範な分野からあった．欧州委員会の成長，競争力および雇用に関する白書も，もっと雇用を創出すると同時に社会保護の基礎を保持する必要性についての議論に価値ある補完的な焦点を提供した．
　同白書は1995年に次期欧州委員会が合意すべき新たな社会行動計画について議論する基礎となることを意図したいくつもの提案を行っている．
　同白書は欧州社会政策が全体としてのEUおよびその仕事のある人もない人も双方，全ての人々の利益に奉仕しなければならないと強調している．EU

の社会政策は経済発展や域内市場の運営に対して二次的であることはできない。欧州は経済成長と社会進歩の二重の目的を両立させる新たな道を探す必要がある。

社会政策白書の主な特徴は次のとおりである。
1　経済政策と社会政策の新たなミックスの必要性。同白書は特に現在の大きな社会経済的変動にあって社会政策についてより広い視野をもつことの必要性を強調している。社会政策は単純に労働市場や労働法にだけではなく，すべての人々を全体としての経済と社会に，とりわけ有給の雇用への参入の拡大によって統合することに焦点を合わせるべきである。
2　仕事―最優先事項。白書の中心的メッセージはよりよい安定的な仕事の追求がEUの中心的目的であり，EUの広範な社会的目的の多くをより効果的に差し向ける手段であるということである。同白書は既に「成長，競争力および雇用」の白書で計画された1994年12月のエッセン首脳会議での新たな行動計画の採択に至る過程に貢献した。

同白書は雇用との関係でもう二つの重要な問題を強調している。それは，
―別の章を設けて特に技能の問題と欧州社会基金を通じて訓練への投資に大規模な努力が必要であること，
―真の欧州労働市場の発展を促進するための一連の行動，
を取り上げている。
3　立法ベースの発展と集約。同白書は長々しい立法予定表を提案していない。しかしながら二つの主たるテーマに焦点を合わせている。
（ⅰ）　現在の立法計画を促進する。
「直近18カ月の労働時間指令と年少者指令の採択および欧州労使協議会指令の共通の立場の採択のための進歩は現在の立法集成が以前の行動計画で提起された主たる関心事項をカバーしていることを意味する。本白書は，
―労働者の海外派遣
―非典型労働
に関する審議中の指令について現在と本年末の間に進歩を見ようとする欧州委員会の決意を強調する。もし進歩がなければ，欧州委員会はこれら指令案で提起された問題についてソーシャル・パートナーとの協議を再開するつもりである。」
（ⅱ）　欧州法の適用
同白書は既存の立法の実施を厳格に追求する欧州委員会の決意を強調している。例えば，健康と安全分野では，たった一国しかすべての採択

された指令を国内法に転換していない．
4　協力と行動の強化．同白書は関連するテーマのすべての領域にわたって具体的な提案と将来の行動についての示唆を明らかにしている．いくつかの重要な要素は次のとおり．

―人の自由移動の観点から単一市場の運用を再検討するハイレベルのパネルの設置

―翌年に予定される男女間の機会均等に関する新たな行動計画

―欧州レベルの経営と労働の間の労使対話の役割とともにボランタリー組織その他の非政府組織との協力へのさらなる強調

同白書はまた社会政策の発展の関係でより長期的な観点を求めている．特に，次の事項が1996年に予定されている次回の条約改定政府間会合で真剣に考慮されるよう示唆している．

―欧州社会政策が再び単一の法的枠組みの上に立脚されるようにする必要性．これは法の整合性と万人の均等待遇の原則が尊重されるべきであるならば極めて重要である．

―現在の形の条約が欧州委員会に対し人種差別と戦ういかなる明示的な権限も与えていないという事実．もし条約の改定がEUにこの領域における権限を与えるのであれば，人種，宗教，年齢および障碍といった理由に基づくものを含めすべての種類の差別と戦う立法が考慮されよう．

―労働者の基本的社会権に関するEC憲章を前進させ，EUのすべての市民の社会的権利を規定するような社会的権利に関する市民憲章に向かってEUが前進するのに時期が熟しているかどうか．


## F　1996年とそれ以後：失業

### 1　エッセン欧州理事会(1994年)[1]

**274**　欧州経済の成長，競争力の改善およびより多くの仕事を創出する必要性を結合する1993年の白書の戦略に従って，1994年12月9―10日のエッセン欧州理事会は以下の五つの重要な領域で措置をとることを決めた．

1　職業訓練への投資を促進することで労働力の雇用機会を改善すること．この目的のために最も重要な役割は，特に若年者による職業資格の取得にある．可能な限り多くの人々が，その雇用を失うリスクを減少させるために，生涯学習を通じて技術進歩によってもたらされる変化に適応することを可能にするような初期訓練とさらなる訓練を受けなければならない．

2　成長の雇用集約性を高めること．特に，

## 総　論

―被用者の希望と競争の要請の両方を充足するようなやり方でより弾力的な労働組織によって，
　　―雇用創出的な投資を促進し，現在の状況において生産性の上昇以下の穏健な賃金協約を要請する賃金政策，そして，
　　―特に地域や地方レベルにおいて，環境や社会サービス分野のような新たな要請を考慮に入れた雇用創出のイニシアティブの促進．
3　被用者，とりわけ資格を持たない被用者の採用に関する決定に顕著な影響を与えることを確保するに十分なほど広範囲にわたって非賃金労働コストを減少させること．非賃金労働コストの問題は経済セクター，労働組合および政治分野の共同の努力を通じてのみ解決されうる．
4　労働市場政策の有効性を改善すること．雇用政策の有効性は仕事への意欲の障碍となる慣行を避け，消極的労働市場政策から積極的労働市場政策に移行することによって増進されなければならない．一般労働市場で雇用を追求し続ける個人のインセンティブは維持しなければならない．所得補助措置を作ろうとするときには特にこのことが考慮されなければならない．労働市場政策の諸手段の有効性は定期的に検討されなければならない．
5　失業により特に厳しく痛めつけられているグループを援助する措置を改善すること．ほとんど何の資格も有していない若年者，なかんずく学校中退者に雇用か訓練を提供することにより援助を与える特段の努力が必要である．

　長期失業との戦いは労働市場政策の主たる側面でなければならない．さまざまな労働市場政策の措置は長期失業者のさまざまなグループや要請に応じたものであることが必要である．

　特段の注意が失業女性および高齢被用者の困難な状況に払われるべきである．

　この欧州理事会は加盟国にこれら個別政策への勧告を，その経済社会状況の特徴を考慮しつつ，多年度計画に転換することを求めた．また，労働社会相理事会と経済財務相理事会および欧州委員会に対し，雇用トレンドを密接に追跡し，加盟国の関係する政策をモニターし，1995年12月に始まる雇用市場のさらなる進展について欧州理事会に毎年報告するよう求めた．

　こうして，毎年欧州理事会は行動計画の結果を棚卸しし，同時に自ら設定した目的を達成するのに必要と見なすいかなる措置をもとることになる．

　欧州理事会の議論は次のものに基づく．
―欧州委員会の要約報告とこれに付属する新たな示唆；この文脈において，欧州理事会は特に欧州委員会に対し新たな雇用源の問題を研究するよう求

第4節 欧州労働法：トレーラーか機関車か？

める．
―各国の雇用政策から引き出される教訓に関する閣僚理事会の報告．
 (1) R.ブランパン 'Work in the XXIst Century,' (21世紀の労働) in: Comparative Labour Law and Industrial Relations, 6th ed. (ed. R.Blanpain-C. Engels), Kluwer, The Hague, 1998.を見よ．

### 2 雇用のための信頼パクト(1996年)

**275** その間に，欧州委員会の委員長は勇敢にもすべての欧州および各国のアクターを欧州雇用のための信頼パクト(1996年)に引き込もうと戦った．しかしながら，壮大なる宣言以上のものは得られはしなかった．各国政府はいかにそれが必要なものであっても欧州(情報)インフラに投資するような金はなかった．EU は実際その意欲的な計画を実行に移すのに失敗した．雇用状況は悪化し続けた．

## G アムステルダム条約(1997年)――雇用

**276** アムステルダム条約は雇用に関する新たな編(第 VIII 編)と社会政策に関する新たな章(第 XI 編第1章)，非差別の一般原則，そして欧州評議会の社会憲章への言及など重要な改善を含んでいる．

社会条項に関する新たな章はマーストリヒトの社会協定という全く重要なものを取り込んだものである．アムステルダム条約が批准されれば，イギリスのオプト・アウトでもたらされた二重軌道のソーシャル・ヨーロッパは終わりを迎える．社会分野においてヨーロッパレベルでもっと何かをする可能性が出てくるであろう．

この条約は新たに直接に執行可能な個人や集団の社会的権利を規定してはいない．しかしながら，非差別とか雇用政策のようないくつかの領域で適切な EU 機関による行動の法的基礎を提供している．それゆえ，もし政治的意思があり，補完性の原則が完全な欧州レベルの行動を認めるならば，ダイナミックなプロセスが開始されうる．

次の論点が特に言及に値する．
―欧州人権保護条約や欧州社会憲章への言及による基本権，非差別原則，障碍，男女均等，個人情報保護といった問題，
―雇用の編：雇用政策は明確に加盟国の権限に残されているので，各国の戦略の調整，
―マーストリヒトの社会政策協定を取り込み，ポジティブな差別の可能性も

規定した社会政策の章,
―環境：環境と高水準の雇用のバランスを求めて,
―文化とノンプロのスポーツ,
―権限が競合する事項に関してはEUは欧州レベルでの付加価値がある時に必要な限りで関与することができ，最大限の権限を加盟国に，結果的にはソーシャル・パートナーに残すことを明確に示した補完性と比例性の原則の適用に関する議定書,
―雇用，競争力，成長に関する議長国結論．この枠組みで，アムステルダム首脳会議に提出された欧州委員会の単一市場のための行動計画に言及しなければならない．以下がより重要な結論の項目である．

1 経済成長を促進し，失業と戦う弾みを維持するため，ルクセンブルクの議長国のもとで特別欧州理事会が，成長と雇用に関する欧州理事会決議に述べられた中小企業の雇用創出ポテンシャルに関するイニシアティブ，新たな競争力諮問グループ，加盟国の雇用政策に関する好事例の研究，雇用機会の創出における欧州投資銀行のイニシアティブ等の実施の進展を検討することとする．欧州理事会は欧州委員会と閣僚理事会に欧州投資銀行と協力して進捗状況報告をこの欧州理事会に報告するよう求める．

2 欧州理事会は，加盟国を完全雇用の目標に向かってさらに進めるため，安定したマクロ経済枠組み，単一市場の完成，積極的雇用政策と労働市場の現代化を目指した積極的で整合的な雇用創出へのアプローチの必要性を繰り返す．

3 欧州理事会は経済財務相理事会，労働社会相理事会および欧州委員会が準備した暫定合同雇用報告と，欧州委員会委員長提出の欧州における雇用のための行動に関する信頼パクトに関する進捗状況報告を歓迎する．

4 持続的でインフレなき高率の成長の回復はECの失業問題の永続的な解決を達成し，さらに健全な公財政に向かって進展するために必要である．構造的赤字は成長と成長が追加的な雇用に転換される程度の双方を制約し続ける．

5 欧州理事会は加盟国において技能を有し適応力ある労働力と経済変化に反応しうる弾力的な労働市場を促進する条件を創り出すことに最高の重要性を見いだす．これは加盟国が労働市場において人々がそのエンプロイアビリティを発展させることを援助する積極的関与を必要とする．そのような行動はもしEUがグローバルに競争力を維持し，失業の災禍と闘おうとするなら重要である．

第4節　欧州労働法：トレーラーか機関車か？

6　多くの加盟国において，全般的な税負担の軽減，特に労働への税負担の軽減が望ましい．また，公共支出の制限的リストラクチュアリングが，競争力に不可欠な人的資本，研究，開発，技術革新およびインフラへの投資を奨励するために求められる．

7　さらに，雇用の訓練と生涯学習との関連が強化されるべきであり，税制や社会福祉制度はさらに雇用機会を拡大するために再検討されるべきであり，より積極的な労働市場政策が実施されるべきである．社会的移転をより積極的な方法で用い，給付制度を労働者のエンプロイアビリティを改善するような先制的な制度に転換することにより，効率と公正利得を改善されるべきである．

8　欧州理事会は満足をもって，加盟国がその多年度雇用計画のもとで追求する措置と政策のベンチマーキングを可能にする指標についてなされた作業を記録する．欧州理事会は雇用労働市場委員会と経済政策委員会がこの問題を加盟国が特に好実績と効果的な慣行を明らかにし，それを政策の形成において勘案することを可能にする観点で議論することを求める．

9　賃金の緩和について労使によってなされた努力は承認され，追求されるべきである．さらに，賃金協約は雇用創出を促進するため資格による違いや地域による違いを勘案すべきである．

10　欧州理事会はパートタイム労働について労使間で締結された協約を強く歓迎し，彼らがエンプロイアビリティを増進するために労働市場の適応能力と社会保障のバランスをとる必要性を議論の際考慮することを呼びかける．

11　欧州理事会は，地域的雇用パクトのパイロットプロジェクトの候補として活動する地域や都市を選定するフィレンツェでの招待に対する加盟国の圧倒的に積極的な反応を，満足をもって記録する．

12　欧州理事会は良好に機能する域内市場をEUを通じて競争力と経済成長，雇用を促進する全面的な戦略の本質的な要素とする重要性を再確認する．同理事会は欧州委員会の「単一市場への行動計画」[1]を歓迎し，その全体的な目的を裏書きする．行動計画の4つの戦略目標は，単一市場の潜在的な利益をフルに確保するために残存する障壁を除去する新たな政治的努力の基礎をなす．

アムステルダム条約が批准される前に，一定の時間がいる．それゆえ，我々は条約を付録の方法で扱い，条約が批准されて発効したら本書の本文にその規定を採り入れることにする[訳注1]．

(1) 行動計画は欧州委員会の単一市場の影響と効果に関する報告に基づいており，今何が必要かの明確で戦略的なビジョンに優先順位を与えている．

4つの戦略的目標が設定される．これらは等しく重要であり，並行して追求されなければならない．

1　ルールをより効果的にする．単一市場は信頼に立脚している．共通ルールの適切な実施がこの目的を達成する唯一の道である．ECと国内レベルにおけるルールの簡素化もまた事業の負担を軽減し，より多くの雇用を創出するのに不可欠である．

2　最重要な市場の歪曲への取り組み．租税の障壁と競争制限的行動が取り組む必要のある歪曲を構成することに一般的な合意がある．

3　市場統合への分野的な障碍を除去する．単一市場は残存する，そしてもちろん新たに生じる障壁が除去されてこそその潜在力をフルに発揮しうる．これは単一市場枠組みにおけるギャップを埋める立法行動を必要とするだけでなく，各国行政の単一市場への態度の顕著な変化を求める．

4　単一市場を全ての市民の利益のために解放する．単一市場は雇用を産み出し，個人の自由を増進し，消費者に利益があるとともに，高水準の健康と安全および環境保護を確保する．しかし，単一市場の社会的側面を促進するものを含め，さらなるステップが必要である．単一市場の権利を完全に享受するためには，市民はこれに気づき，速やかな矯正を得ることができるようにならなければならない．

これら戦略的目標のうちで，欧州委員会は1999年1月1日までに単一市場の機能を改善することを目指した限られた数の重要な特別行動を明らかにしている．(E.C., Forum. Special Jobs Summit, Brussels, 1997, p.11)

［訳注1］　この文章は改訂前の文章がそのまま残っているようである．現行版ではアムステルダム条約の規定は付録ではなく本文で記述されている．

**277**　雇用の編がアムステルダム条約に導入されたという事実は，失業が第一の社会的仇敵であると見なされていることを裏書きしている．

この編は，エッセン欧州理事会で規定され，1997年7月2日の「加盟国とECの包括的経済政策指針に関する勧告」に唱われた各政府とソーシャル・パートナーの努力の一部である．この指針は拘束力あるルールのセットではないが，各国政府のための参照である．その目標は，健全な公財政を通じた持続的でインフレなき成長と高水準の雇用，成長，雇用，収斂に至るマクロ経済政策ミックス，価格と為替レートの安定性，生産物とサービスの市場の機能，雇用と労働市場の改革の促進である．欧州理事会は加盟国にエッセン戦略を実施する努力を強化するようもとめた．

勧告は，
—労働市場の硬直性を根絶し，より効率的な運営を確保するとともに，「社会

第4節 欧州労働法:トレーラーか機関車か?

保護制度における公平性と効率性の双方を確保する」ことを求めている.

労働の職業的および地域的移動性が改善され,職業紹介サービスの効率性が「成長プロセスを早期に終わらせかねないボトルネックを縮小する」ように強化されるべきである.

―全ての教育制度―職業訓練を含め―が市場のニーズと「人的資本の改善」の双方に適応すべきである.失業者,特に低技能で未経験の労働のエンプロイアビリティを改善し,労働市場における技能のミスマッチを縮小することが最優先とされるべきである.

若年者と女性の雇用展望を改善することにも注意がなされるべきである.

―より高い雇用成長は「適切な賃金トレンドの維持とある場合には生産性の相違をよりよく反映する賃金によって」促進される.可能であれば,非賃金労働コストは雇用を奨励するためにカットされるべきであり,不利益を被っているグループの雇用のインセンティブに注意が向けられるべきである.「企業と労働力の相互の利益における」労働時間と労働組織の適応もまた雇用を促進しよう.そして,

―新たな労働集約的サービスの分野における地域的なイニシアティブが奨励されるべきである[1].

1996年11月29日,ソーシャル・パートナーであるCEEP,ETUCおよびUNICEは,EUレベルにおける雇用に関する協調戦略を呼びかける共同声明を採択した.

しかしながら,これらの努力は全て失業問題を解決するのに成功したようには見えない.労働市場の弾力性の主張の高まりと一体となった欧州通貨戦略は,何百万人もの失業者という膨大な問題に対処するには不十分なようである.

(1) European Industrial relations Review, September 1996, No.272,2.

## 1 欧州雇用首脳会議,ルクセンブルク,1997年11月

### a 欧州委員会の提案

278 1997年11月20日から21日のルクセンブルクにおける雇用に関する特別欧州理事会は,様々な提案を含む欧州委員会の文書によって進められた[1].

欧州委員会は欧州雇用指針を起草するに当たり,起業家精神,エンプロイアビリティ,適応能力,機会均等という四つの優先項目なり柱の上に統合された戦略が構築されなければならないと示唆した.

(1) Forum special. Jobs summit, 1997

総論

(1) EUにおける起業家精神の新たな文化

**279** この考えは，より多くの仕事，よりよい仕事の創出を刺激する新たな雰囲気や精神を産み出すことである．我々は計画で安定して予測可能なルールのセットを提供することを通じ，事業を開始し運営することをより容易にしなければならない．加盟国は中小企業への行政的負担を再検討し簡素化すべきである．

―追加的な労働者を雇い入れる企業の一人当たりのコストを顕著に縮減すること，

―現行の規制を自営業への容易な移行を助長するように適応すること，

特に現行社会保障制度における雇用労働から自営業に移行することや零細企業を設立することへの障碍と取り組む必要がある．

ベンチャーキャピタル市場を発展させ，これにより企業家と革新者の背後のヨーロッパの富を動員せよ．加盟国は中小企業の金融，主としてエクイティや保証資本の形の特別の必要性を検討するべきである．

2000年までに特に中小企業のために作られた重要性の劣る株の取引のためのヨーロッパ全体の第二資本市場を設立せよ．

税制をより雇用親和的にせよ．企業が新たな雇用を創り出すことを奨励するために，加盟国は労働に対する高い税金と保険料への平均的な長期的トレンド(1980年の35%から1995年には42%以上に上昇した)を逆転しなければならない．

予算の中立性を維持しつつ，2000年までに実質的な進歩を達成する観点から労働への税負担を削減する目標を設定せよ．

(2) EUにおけるエンプロイアビリティの新たな文化

**280** この考えは，教育訓練制度を現代化し，その職場との繋がりを強化することで技能較差に取り組み，労働者，とりわけ求職者が新たな雇用機会を得られるようにしようというものである．現在，EUの若者の20%が認定資格なしに教育訓練を中退している．正式に失業している成人のわずか10%しか訓練を受けていない．つまり，求人はちゃんとあるのに，採用されるだけの十分な技能を持ったものがいないということである．人々のエンプロイアビリティを改善するためには，

―長期失業と若年失業に取り組まねばならない．

加盟国は，すべての成人失業者が失業後12カ月以内に，就職，職業訓練，再訓練，職場実習その他のエンプロイアビリティを高める措置の形で，新

たなスタートを提供されるよう，個別のニーズを早期に確定し，早期の行動をとるべきである．すべての若年失業者は失業後6カ月以内にそのような新たなスタートを提供される．
―学校から仕事への移行を容易にする．若者の10％が学校制度からドロップアウトし，45％が後期中等教育を完遂しないが，彼らの雇用の見通しは暗い．加盟国は早期に学校制度からドロップアウトする者の数を5年以内に半減させるとともに，後期中等教育を完遂しない者の数を徐々に減らしていかなければならない．

加盟国の一番いい事例に沿って，徒弟制度を改善し，徒弟訓練への参加者を増やす．
―消極的な措置から積極的な措置に移行する．給付や訓練制度は，積極的にエンプロイアビリティを支援し，失業者が仕事や訓練機会に就こうとする明確なインセンティブを提供すべきである．各加盟国は消極的な所得援助から積極的な措置に移行する人の数に目標を設定すべきである．
―パートナーシップ・アプローチを発展させる．企業とソーシャル・パートナーは，必要な職業経験/訓練の機会を提供することにより，欧州の未来の富に投資する共同の努力に関与すべきである．ソーシャル・パートナーはできるだけ早く，欧州を通じて職業訓練，職場実習，訓練生制度その他の形のエンプロイアビリティを高める措置のために職場を開放する枠組み協約を決定し，その条件に合意するよう求められる．

過去5年間に経済の見通しの改善と新たな雇用創出に貢献してきた賃金抑制の印象的な貢献を継続する．

(3) EUにおける適応能力の新たな文化
**281** この柱の背後にある考えは，企業と労働力に新たな技術と新たな市場条件を受け入れる能力を付与することにある．
適応能力を促進奨励するために，
―労働組織を現代化する．ソーシャル・パートナーと加盟国は現行の労働パターンを再考すべきである．ソーシャル・パートナーは適当なレベルで，労働時間の短縮を含め，労働組織や弾力的な労働編成について交渉することが求められる．

加盟国は，より適応能力のある形の雇用契約の枠組みを設定すべきである．非典型労働者はより多くの安定性と職業上の地位を与えられるべきである．短時間労働を選択した者がキャリアの進展や社会保障の保護を維持する条件において不利な扱いを受けないようにすべきである．

―企業における適応能力を支援する．企業内の技能水準を更新するために，加盟国は人的資源への投資の促進に対する経済的その他の障碍を取り除き，企業内訓練の発展へのインセンティブを付与すべきである．労働者が訓練機会を利用するインセンティブも奨励されるべきである．

　国家補助政策を労働力の水準向上，安定した職の創出および労働市場の円滑な運用に向け直す．

### (4) EUにおける機会均等の新たな文化

**282** この考えは，男性と女性が均等な条件で，均等な責任で，我々の経済のフル成長能力を発展させるために働くことができるように社会を現代化することにある．機会均等を強化するために，

―男女較差と取り組む．加盟国はその機会均等へのコミットメントを実行に移し，性別による職務分離を打破し，女性の雇用を積極的に支援することにより男女間の失業率の格差を縮小するたえまない努力をすべきである．

―職業と家庭生活を両立させる．キャリア休暇，育児休暇，パートタイム労働は女性にとって特に重要である．子供や他の要介護者のための良質の保育介護サービスが十分に提供されることも同様である．加盟国は優良な実績を上げている加盟国の水準を基準として用いて，保育介護サービスの水準の向上を図るべきである．

―仕事への復帰を容易にする．仕事をいったん辞めたあとで賃金労働に復帰しようと考えている女性に特段の注意が払われるべきである．彼女らは技能が古びているためにエンプロイアビリティに乏しいという問題に直面し，「求職者」として登録されてきてなければ訓練機会への参入も困難である．さらに，消極的な効果を持つ税制や社会給付制度のため，仕事を探そうというインセンティブも減少する．加盟国はこういった障碍に取り組むべきである．

　これら四つの柱は優先すべき行動についての欧州委員会の見解を示している．転換する欧州にとっての優先順位を示している．これら指針は加盟国の雇用政策に言及し，新たなEUレベルのイニシアティブには言及していない．指針は長期的な目標を宣言することで伝統的な考え方に課題している．

　欧州は，使用者と被用者が，新たなより多様で技能とプロセスが推進する欧州経済にフルに関わる用意をすることを確実にするように協働することにより，雇用状況を変えることができる．

第4節　欧州労働法：トレーラーか機関車か？

**b　ソーシャル・パートナー**

**283**　ソーシャル・パートナー（CEEP, UNICE, ETUC）は首脳会議会合の準備にフルに関わり，常に協議を受けた．彼らは広く欧州委員会が提出した戦略と四つの柱に同意した．使用者は特定の雇用目標を受け入れるのには慎重なように見えた．労使が労働時間の再編成，特に35時間制や，国内レベルの情報提供・協議問題については互いの立場がかけ離れていたことはいうまでもない．

**c　雇用首脳会議：ルクセンブルクの結論**

**284**　欧州理事会はアムステルダム条約の雇用に関する新たな編の関係規定を直ちに実行に移すことを決めた．この決定により，加盟国の雇用政策の調整の規定を先行して1998年に実施することが可能になった．この調整は，通貨統合に向けた収斂において成功を収めた経済政策の多角的審査の経験に立脚して，目的と手段の双方への共通のアプローチである「雇用指針」に基づいている．この考えは，二つの分野の違いと各加盟国の状況の違いを尊重しながらも，経済政策と同様に雇用政策にも，共同して検証可能で定期的に向上されるべき目標のセットを収斂させる決意を創り出した．

「指針」の実施は，その性質，加盟国への影響，名宛人が誰かによって様々である．それは補完性の原則と加盟国の雇用に関する責任を尊重し，包括的経済政策指針と調和するものでなければならない．

欧州委員会の提案に沿って閣僚理事会で採択されたあと，「指針」は加盟国が多年次にわたるものとして策定した国別雇用行動計画に統合されねばならない．これにより，指針は可能で適当なら定量化された国別の目的の形で実効性を得，さらに各国の規制，行政的その他の措置に転換される．「指針」で示された問題との関係で各国により状況が異なることから，解決策や強調点も個別の状況に従って異なってくる．加盟国は望ましい結果の達成について，とりわけ調達可能な行政的財政的資源に照らして期限を設定する．しかしながら，このアプローチが全体として整合的で効果的であるためには，すべての加盟国が自国の状況を分析し，政策を組み立てるに当たって「指針」を活用し，その双方への態度をその国別雇用行動計画において確立することが枢要である．

経済収斂プロセスにおいて適用された多角的監視原則と同様に，加盟国は毎年閣僚理事会と欧州委員会に国別雇用行動計画とその実施報告書を送付する．これを基礎にして，閣僚理事会は，加盟国が「指針」をその国内政策において実行した方法について年次検査を行い，欧州理事会に送付する．欧州

理事会は翌年の「指針」を策定するのに必要なアプローチを確立する.

定期的な閣僚理事会との接触によって，欧州理事会会合の前に元首や政府首脳レベルのトロイカ（前期，今期および次期の議長国）および欧州委員会とソーシャル・パートナーとの6ヶ月ごとの会合が準備される．このような閣僚理事会とソーシャル・パートナーとの接触の過程で，特に1989年の労働者の基本的社会権憲章の実施について突っ込んだ意見の交換が行われる．

**d 指針2002**[訳注1]

285 閣僚理事会は1998,1999,2000,2001，2002年の雇用指針を採択した．

> [訳注1] 原著では「指針2001」と題して2001年の雇用勧告と雇用指針がそのまま掲載されているが，本訳では第9版草稿に基づき，最新の2002年の雇用勧告と雇用指針を掲載する．

286 加盟国は雇用指針を国内行動計画(NAPs)に取り入れ，その実施状況を欧州委員会に報告した．

287 欧州委員会と共同で準備された2001年合同雇用報告はECの雇用状況を描写し，加盟国が指針に沿って雇用政策を実施するに当たり執った行動を検討している[1]．

「閣僚理事会は，加盟国の雇用政策の実施の検討に照らして，勧告を行うことを適当と考える．これらは控えめに用いられ，優先的問題に集中して，確実で適切な分析に基づくべきである．

完全雇用の達成に向けて貢献する観点で加盟国によって執られた行動を補完する上で，加盟国の権限が尊重されるべきである．

閣僚理事会は2001年1月19日の雇用指針と勧告を実施する観点で加盟国によって既に執られた顕著な努力を認識する．これら政策の影響の評価に当たり，雇用指針の多年度にわたる観点が考慮に入れられるべきである．

加盟国は完全雇用を目指す整合的な全体戦略において，生涯学習の包括的で整合的な戦略とソーシャル・パートナーとの包括的なパートナーシップについての加盟国の異なった出発点，発展および実施を認識しつつ，四つの柱のもとで指針に対する対応を策定すべきであり，男女均等の主流化と地域的不均衡を是正し，四つの柱のもとで指標に基づき進展を評価する必要性に適切な考慮が払われるべきである．

若年失業と長期失業の趨勢に影響を与えるために，すべての若年者が失業後6カ月以内に仕事の世界に参入する機会をもち，すべての成人失業者が失業後12カ月以内に新たな出発を提供されるべきである．

加盟国はその公共職業安定サービスの現代化を追及すべきである．

第4節　欧州労働法：トレーラーか機関車か？

女性と高齢者における高い労働力率の確保のために税制や給付制度に組み込まれた雇用へのディスインセンティブを削減することが重要である．

初等，中等，高等教育制度，成人教育と職業訓練の発達と国内目標の設定をカバーする生涯学習の発展と実施は競争力あるダイナミックな知識基盤社会の発展に必須であり，公的機関，ソーシャル・パートナー，個人，さらに関係市民団体の貢献も含め，すべての関係者の活発な関与を必要とする．

不利な立場にある集団や個人の仕事の世界への統合を支援することにより社会的統合を促進し，労働市場への参入とその中での差別と戦う整合的な政策のセットが求められる．

より多くのよりダイナミックな企業による雇用創出を刺激するために，事業環境の改善と個人が企業活動を開始するための能力向上が必要である．

持続的な雇用創出には，現在労働にかけられている高い負荷をエネルギーや環境のような別の財政収入源にシフトするより雇用親和的な税制が必要である．

雇用のための地域的行動は欧州雇用戦略の目標の達成に顕著に貢献する．

あらゆる適当なレベルにおけるパートナーシップの確立は労働組織の現代化と企業とその被用者の適応能力の促進に不可欠である．

労働市場における男女較差，特に雇用，失業，賃金に関わるものとともに，業種や職種による男女の分離は，包括的なメインストリーミング戦略と仕事と家庭生活をよりよく両立させる措置を必要とする．」

個別加盟国への勧告
　(1) Council Recommendation on the implementation of Member States' employment policies

I　ベルギー
288　雇用パフォーマンスにおける問題

ベルギーの労働市場は 2000 年，就業率が 60.5% に増加し，リスボン目標の 70% よりはずいぶん下だが，改善を見た．さらに，失業率も 7% に下がって EU 平均の 8.2% を下回り，雇用成長は EU 平均の 1.8% に並ぶところまで上がった．しかしながら，長期的な課題は徐々にしか達成されていない．

—長期失業への流入は高く，さらなる減少にもかかわらず長期失業者のストックは 2000 年の労働力の 3.8% と EU 平均よりも高い．

—高齢者の就業率はなお 26.3% と EU 平均よりも 11.4% も低く，EU で最低であり，女性の就業率は 51.5% と EU 平均を下回っている．

—労働への税負担は依然 EU でもっとも高い中に入る．

―労働組織はより現代化し，労使を関与させる必要がある．
―労働力と技能の不足は明らかであり，完全に整合的で包括的な生涯学習戦略は未だ設定されていない．
―失業の地域的不均衡は依然として顕著である．

分析を踏まえると，以下に関する雇用指針と勧告への対応においてさらなる努力が必要である：特に成人のための予防的政策の実施，高齢者と女性の就業率の向上，労働への税負担の軽減，生涯学習の発展，地域間の労働移動の増進．

それゆえ，ベルギーは，
1 成人失業者への適切な早期介入制度を実施する決定的なステップをとることにより長期失業者への流入を削減し，すべての若年失業者への新たな個人別のアプローチの影響を検証すべきである．
2 全体の就業率，特に女性と高齢者の就業率を高める観点で強い行動をとるべきである．ベルギーは，特に近年の措置の影響を検証し，労働者の早期引退を防止するための措置とともに，高齢者が継続就業する能力を高めるインセンティブを考慮すべきである．
3 労働者の就職を奨励し，使用者が新たな雇用を創出するように労働への税負担を軽減するさらなる措置を執り，社会保障負担の軽減に関係するものを含め，既に執られた措置の影響を綿密に監視し，安定性と労働市場の弾力性を結合するソーシャル・パートナーとの努力を強化すべきである．
4 技能不足を防止し，技術教育や職業教育の魅力を増し，知識基盤経済社会のよりしっかりとした基礎を構築するために，すべての関係者と協同して，包括的な生涯学習戦略の発展と実施を強化すべきである．
5 労働市場情報の提供と労働市場政策の調整へのさらなる改善を通じて地域間の労働移動を増加させる協調行動をとるべきである．

## II デンマーク

### 289 雇用パフォーマンスにおける問題

労働市場の状況は，女性の就業率が71.6％とEUでもっとも高く，男性の就業率も80.8％ともっとも高いうちの一つであり，失業率も4.7％ともっとも低いうちに属するなど，極めて良好である．デンマークはリスボン目標を超えているが，デンマークにとっての課題は，
―全体の税負担がなお高いことである．給付と最低賃金の差が小さいことが低賃金集団への労働インセンティブへの税制改正の影響を限定されたものにしている．

―相当量の労働年齢人口が早期退職したり社会的給付を受けているにもかかわらず，2000年には労働市場が逼迫し，移民労働者の就業率がなお低いことである．

　分析を踏まえると，以下に関する雇用指針と勧告への対応においてさらなる努力が必要である：税負担の軽減，労働市場への参加の促進．

　それゆえ，デンマークは，
1　とりわけ低賃金・中賃金層への高い限界有効税率の引き下げを通じて，労働への全体的財務圧力を軽減する現在進行中の改革の実施を追求ししっかりと監視すべきである．
2　とりわけ統合的な労働市場のさらなる発展と移民労働者の統合に向けたさらなる努力を通じて，より多くの人々に就職を促進するインセンティブを追求すべきである．

## III　ドイツ

**290**　雇用パフォーマンスにおける問題

　ここ数年間の積極的な全体的な雇用と失業の趨勢は2000年に確認された．全体の雇用率は65.3％とEU平均を超えているが，リスボン目標にはまだ5％足りない．ドイツがなお直面している重要な課題は，
―なお労働力の4％を占める長期失業の比較的緩慢な減少と，特に旧東独地域に見られる失業率におけるしつこい地域格差である．加えて，東部ドイツにおける積極的労働政策の結果は混合している．
―37.3％とEU平均を少々下回るまで減少した55歳から64歳層の就業率．
―技能格差を克服し，一般的に労働力の資格水準を高めるための労働組織の現代化と実質的な継続的生涯学習の必要性．
―現在進行中の改革にもかかわらずなお高い労働への税負担．
―EUでもっとも高い中に入る性による賃金較差と比較的低い育児施設，である．

　分析を踏まえると，以下に関する雇用指針と勧告への対応においてさらなる努力が必要である：予防的政策，高齢者の労働市場への参加の増加，生涯学習，労働への税負担，機会均等．

　それゆえ，ドイツは，
1　長期失業を実質的に削減するために，特に東部ドイツと少数民族，移民労働者における長期失業への流入の防止と積極的労働市場政策の有効性の増進への追加的な努力を傾けるべきである．
2　高齢労働者や他のリスクに曝されている集団の労働市場への参加を抑制

しがちな障碍やディスインセンティブを除去し続け，55歳を超える労働者のエンプロイアビリティを改善するための既に始まっている行動の有効性に関する報告を検証し，さらなる措置を採択すべきである．
3　「雇用のための同盟」の枠組みにおいて適当であれば，労働契約と労働組織をより柔軟にするための措置を執り，基礎訓練と継続訓練の改善を通じ，また定性的，定量的な目標によって支えられた生涯学習の包括的戦略をさらに発展させることを通じて，労働市場の技能格差に取り組むべきである．ソーシャル・パートナーと政府はその権限の範囲で継続訓練の質を向上させ，公式非公式の学習の資格付与と認定の制度の設立する努力を強化するよう求められる．
4　仕事を割に合うものにし，実行可能で受け入れられる雇用の見通しを高めるため，賃金水準のもっとも低い者の税負担と社会保障負担を軽減する努力を追求し，執られた措置の影響について検証し，報告すべきである．
5　男女の賃金較差を縮小し，女性の雇用への税制と給付制度の影響を向ける行動を強化し，保育施設の利便性とより家庭親和的な労働時間と学校時間を促進するべきである．あらゆるレベルの関係者を巻き込んだこれらの政策の実施は適切な検証しうる指標と目標によって監視されるべきである．

## Ⅳ　ギリシア

**291**　雇用パフォーマンスにおける問題

　ギリシアはなお全体で55.6％，女性は40.9％とリスボン目標をかなり下回り，EUでもっとも就業率の低いうちに入る．失業率はいまなお11％とEU平均より相当上に高止まりし，雇用成長は長期的な構造的労働力増加に追いついていない．長期失業率は6.2％に減少したが，なおEU平均より顕著に高い．この状況は労働市場における次のような構造的問題を反映している．
―中小企業やサービス基盤経済にはなお活用されない雇用創出ポテンシャルがあるにもかかわらず，低い就業率．
―高い若年失業，女性失業，長期失業にもかかわらず，公共職業紹介サービスは未だ予防的で個人に合わせたアプローチを執っていない．フローの統計をモニターしようという努力にもかかわらず，包括的なシステムはなお入手可能となっていない．
―低い就業率を背景に，税制や年金受給のルールが労働供給を増加させるために見直されるべきである．
―教育改革は生涯学習の発展への一歩を含んでいるが，なお全体的な戦略はなく，教育制度と職業訓練制度はさらなる改善を必要としている．

第4節　欧州労働法：トレーラーか機関車か？

―ソーシャル・パートナーの貢献を通じたものを含め，労働組織の現代化にさらなる改善の余地がある．
―雇用と失業に広範な男女較差があり，これはとりわけ保育施設の増加によって取り組まれるべきである．

　分析を踏まえると，以下に関する雇用指針と勧告への対応においてさらなる努力が必要である：全体的な政策アプローチ，失業の予防，税制や給付の改革，生涯学習，労働組織の現代化，男女均等の主流化．
　それゆえ，ギリシアは，
1　特に女性と若年者における雇用と就業率を増加させる観点で四つの柱を通じて雇用指針の実施のための良く協調されバランスのとれた政策のセットを発展させることにより，戦略枠組みを改善すべきである．
2　公共職業サービスのリストラクチャリングを加速し，特に個人別のアプローチの迅速な実施を通じて若年失業者や成人失業者が長期失業に漂流していかないように決定的で整合的な行動をとるべきである．
3　労働課税と年金受給資格から生ずるゆがみを調査し，根絶して，働くインセンティブを改善するべきである．
4　目標の設定を含め，生涯学習の包括的戦略をさらに発展させ，実施し，労働力の技能を向上させ，労働市場のニーズに応えるために，徒弟制を含め，教育制度と職業訓練制度への投資を増やし，さらに改善すべきである．
5　最近の労働市場改革パッケージをフルに実施し，弾力性と安定性のバランスを達成しつつ，あらゆる適切なレベルで労使による具体的な取り組みを促進することにより労働組織の現代化への努力を構築すべきである．
6　女性の就業率を増加させ，雇用と失業の男女較差を減少させる効果的で包括的な行動をとるべきである．このため，保育施設や介護施設が拡充されるべきである．

Ｖ　スペイン
**292**　雇用パフォーマンスにおける問題
　スペインは近年，着実で積極的な経済と雇用の成長を経験しているが，深刻な問題が残っている．
―1996年以来顕著に減少しているとはいえ，失業はなお14.1％と極めて高い．
―55％という就業率は，増加しつつあるとはいえ，EUの中で最も低いうちに属し，リスボンの目標の遥か下にある．女性の就業率は着実に増加しつつあるとはいえ，40.3％とEUでもっとも低いうちに属する．雇用と失業にお

ける男女較差は(それぞれ 29.8% と 10.8% と) EU でもっとも高いうちに属する．
― 教育の達成水準と上級教育への参加水準は低く，生涯学習への十分に整合的で包括的なアプローチは未だ実施に至っていない．
― 有期契約の雇用の割合が高く，これら臨時雇用契約の多くは短期で圧倒的に女性と若年者で占められている．
― 地域的不均衡が大きく，地域間の移動は極めて低調である．

分析を踏まえると，以下に関する雇用指針と勧告への対応においてさらなる努力が必要である：失業者の活動化と予防，男女均等の主流化，生涯学習，適応能力，地域的不均衡．

それゆえスペインは，

1 公共職業サービスの効率を改善するために現代化を完遂し，特に成人失業者に関してすべての潜在的な受給者をカバーするように予防的アプローチの実施を推進すべきである．これら努力は統計的監視システムの完成を含むべきである．
2 全体の就業率を引き上げ，雇用と失業における男女較差を縮小する効果的で包括的な行動をとるべきである．男女均等の主流化・アプローチの一環として，子どもや他の要介護者に対する保育介護施設の目標を設定し，実施されるべきである．
3 教育達成と成人の教育訓練への参加レベルを引き上げ，低水準の技能に取り組み，非公式の学習を発展させる観点で，検証可能な目標設定を含め，包括的で整合的な生涯学習戦略を目指して職業訓練の改革を強力に完遂すべきである．
4 高いシェアを占める有期雇用契約を減少させ，パートタイム契約を増加させる観点で，ソーシャル・パートナーの活発な関与により，労働市場と労働組織をさらに現代化すべきである．
5 後進的な地域における雇用創出につながるような条件を奨励し，労働移動への障壁をなくすことにより，雇用と失業における地域的不均衡を縮小すべきである．

## VI　フランス

### 293　雇用パフォーマンスにおける問題

雇用状況は改善を続けている．全体の就業率は 62.2% と EU 平均に接近しており，女性の就業率は EU 平均を超えている．しかしながら，顕著な構造的問題が持続している．

―55〜64歳層の就業率は2000年に29.7％まで上昇したが，EU平均の37.7％より遥かに低い．

―若干の進歩にもかかわらず，限界有効税率はなお相対的に高い．

―失業率は9.5％とEU平均の8.2％を超えており，予防的アプローチを実施するプログラムの追求と評価を必要としている．

―労働組織の現代化の追求が必要であり，労働時間規制の実施は小規模企業にとって重要な新たな課題を構成している．

―生涯学習は促進されなければならず，この領域で労使対話が強化されなければならない．

分析を踏まえると，以下に関する雇用指針と勧告への対応においてさらなる努力が必要である：高齢者の労働市場への参加の増進，労働への税負担の減少の努力，失業の予防，週35時間労働法制の実施，生涯学習．

それゆえ，フランスは，

1　ソーシャル・パートナーを巻き込んで，活動的な高齢化に向けたより包括的なアプローチを発展させることにより，高齢労働者の職業生活からの早期引退をくい止める努力を強化すべきである．

2　近年の税制・給付改革の上に，労働者が仕事を求め，働き続けることを奨励するための政策措置の影響，特に低技能，低賃金労働者への影響を実施し，監視すべきである．

3　失業者への個人別の早期の関与の制度の実施を追求し，新たな出発イニシアティブへの個人別の行動計画の実施の有効性を調査，報告し，若年者の新たな雇用機会を創出する現在進行中の努力の中期的な影響を評価すべきである．

4　雇用の安定と雇用への参入を容易にする適応能力をよりよく組み合わせる観点で労働組織を現代化する努力を強化し，週35時間労働制の実施の特に小規模企業に対する純効果を密接に監視すべきである．

5　労使対話の枠組みの中で，継続訓練制度の効率を改善し，包括的な生涯学習戦略を促進する努力を追求すべきである．

## Ⅶ　アイルランド

### 294　雇用パフォーマンスにおける問題

アイルランドの経済雇用パフォーマンスは極めて好調である．2000年の全体の就業率は65.1％と2年続けてEU平均を上回り，既に低い失業率はあらゆる集団について低下し続けている．こういった発展はさらなる労働市場の逼迫を示し，いくつかの構造的な問題もなお存在している．

―近年労働供給不足が増加し，賃金インフレ圧力を加熱しているが，女性の就業率は近年増加しているとはいえようやく EU 平均の 54% に到達したところであり，雇用における男女較差は依然として高い．
―この文脈で，特に就業している者の学校卒業後の学習への参加率の低さを引き上げるためさらなる努力が必要である．
―就業率と失業率に加え，教育水準と所得においても，顕著な地域的不均衡は持続的でバランスのとれた発展を阻害する危険がある．

分析を踏まえると，以下に関する雇用指針と勧告への対応においてさらなる努力が必要である：特に女性における労働市場参加率の増加，特に企業内の生涯学習，地域的不均衡．

それゆえアイルランドは，
1 労働供給と就業率を増加させる包括的な戦略をさらに追求すべきである．税制の障壁を除去し，利用可能な保育施設の数を増やし，男女間の賃金較差を減少させるための行動をとることにより，経済的に不活動な人々，特に女性を労働市場にさらに動員し，統合するために特段の努力がなされるべきである．
2 全体的な目標設定を含め，企業内訓練と生涯学習のさらなる発展をさらに強調することを通じて，生産性の向上を維持し，職場における技能と資格を向上させる努力を追求するとともに，この観点から繁栄と公正のプログラムの実施にソーシャル・パートナーの活発な関与を促進すべきである．
3 空間戦略プログラムの文脈において，アイルランドの各地域間の雇用，失業，雇用創出，人的資本形成のアンバランスに取り組むべきである．

## VIII イタリア

**295 雇用パフォーマンスにおける問題**

2000 年には雇用は増加し，失業は減少した．しかしながら，これらの改善はイタリア労働市場のいくつもの構造的問題を未解決のまま残している．
―53.5% という低い就業率は EU 平均よりもなお 10% も低く，リスボンの目標よりも遥かに下回っている．女性の就業率 39.6% は EU でもっとも低く，高齢者の就業率 27.8% も EU でもっとも低いうちにはいる．
―労働組織はさらなる現代化が必要であり，社会的給付制度の全面的見直しの計画は 2 回にわたって延期された．
―失業は 10.5% に低下したが，EU 平均よりもほとんど 2% も高い．失業率の地域的不均衡は，近年南部で急成長が記録されているとはいえ，5% 以下から 20% 以上までと顕著である．

第4節　欧州労働法：トレーラーか機関車か？

―27.9%という就業における大きな男女較差は，特に南部地域の労働市場の特徴であり，14.4%という女性の失業率は男性の失業率8.0%のほとんど2倍近い．
―教育達成と学校卒業後の教育への参加の低水準という文脈において，就業している者を含め，生涯学習へのアプローチにおける改善が必要である．

分析を踏まえると，以下に関する雇用指針と勧告への対応においてさらなる努力が必要である：雇用成長を助長し，地域的不均衡を縮小し，闇就労と戦う適切なポリシーミックス，税制と給付制度，失業者の活動化と予防，男女均等の主流化と男女較差，生涯学習．

それゆえイタリアは，

1　特に女性の就業率の成長を持続する政策改革を追求すべきである．かかる改革は，ソーシャル・パートナーの活発な関与により，エンプロイアビリティ政策をさらに強化し，雇用創出を促進し，闇就労を減少させることにより地域的不均衡と取り組むべきである．
2　雇用の安定と雇用への参入を容易にする適応能力をよりよく組み合わせる観点で労働市場の弾力性の増加を続け，労働市場からの退出を減らす目的で，2001年に計画されている見直しを通じて年金制度の改革の実施を追求するとともに他の給付制度の見直し計画を実施し，特に低賃金，低技能労働者に対する労働への税負担を軽減する努力を追求すべきである．
3　エンプロイアビリティ政策の文脈で，若年失業者や成人失業者の長期失業者への流入を防止するさらなる行動をとるべきである．そのような行動には，全国を通じた公共職業サービスの改革の全面的実施，雇用情報システムの速やかな導入，統計的監視システムのレベルを上げる現在の努力を継続することが含まれる．
4　積極的労働市場政策の有効性を改善し，特に子どもや他の要介護者のための保育介護施設についての目標を設定することにより，全体的な男女均等の主流化・アプローチにおける雇用と失業における大きな男女較差を縮小する特別の措置をとるべきである．
5　国内目標の設定を含め，生涯学習に関する整合的な戦略の採択と実施に向けた努力を強化すべきである．ソーシャル・パートナーは労働力により多くの訓練機会を提供する努力を継続すべきである．

## IX　ルクセンブルク
**296**　雇用パフォーマンスにおける問題

ルクセンブルクでは，力強い経済成長(8.5%)と雇用の増加(5.5%)に支えら

れて，労働市場は望ましい環境を享受している．失業率は2.4%とEUでもっとも低い．しかしながらいくつかの構造的問題が残っている．
—大変好調な雇用状況にもかかわらず，就業率は62.9%と共通目標を下回っている．しかしながら，この結果は大部分が高水準の国境を跨いだ就労によるものである．労働力率は高齢者が27.4%，女性が50.3%と，いずれも1996年以後増えつつあるとはいえ，大変低い．
—24.8%という就業男女較差はEUにおいてもっとも高いままである．
—継続訓練について進行中の努力は，現代的でダイナミックな経済の必要に適合するように追求されなければならない．

分析を踏まえると，以下に関する雇用指針と勧告への対応においてさらなる努力が必要である：高齢者と女性における労働市場への参加の増加，生涯学習政策の整合性．

それゆえルクセンブルクは，

1　早期退職と障碍年金制度を見直すことにより，55歳以上の労働者の労働市場参加率を顕著に増加させるための行動をさらに強化すべきである．

2　職業と家庭生活のよりよい両立を容易にするサービスを改善し，労働市場の外部に長らくいた後で仕事に復帰することを奨励し，特に男女間の賃金較差に関して男女間の均等を促進する措置をとることにより，女性の労働市場参加率を増加させるための努力を強化すべきである．

3　ソーシャル・パートナーの強力な関与により，継続訓練に関する枠組み法制の効果的な実施を確保し，早期学校中退と戦い，異なった教育訓練分野間の整合性を達成する観点で全体的学習制度の修正を実施すべきである．

## X　オランダ

**297　雇用パフォーマンスにおける問題**

2000年には雇用成長は健全で就業率（全体で73.2%，女性は63.7%）はEU平均やリスボン目標よりもかなり高い．公式の失業率は2000年にも3%以下にまで減少し，EU平均を顕著に下回っている．しかしながら，重要な構造的不均衡が労働市場を特徴付けている．
—次第に現れてきた労働市場の逼迫にもかかわらず，労働年齢人口のかなりの部分が障碍，失業，福祉給付に引きずり込まれている．

分析を踏まえると，以下に関する雇用指針と勧告への対応においてさらなる努力が必要である：労働供給と給付制度．

それゆえオランダは，

1　障碍給付への流入を減少させる措置に加えて，現在そのような給付を受

給している人々を,その残存労働能力を考慮に入れつつ雇用に再統合する効果的な政策を発展させるべきである.
2 あらゆる潜在的な労働供給可能性を開発し,不活動状態を減少させるため,低所得受給者への生活費補助金を含め,給付の累積に取り組むべきである.

## XI オーストリア
### 298 雇用パフォーマンスにおける問題
オーストリアの労働市場のパフォーマンスは昨年改善し,全体の就業率は68.3%(女性は59.4%)とリスボン首脳会議で設定された目標に近づき,EU平均のかなり上にある.全体の失業率は2000年には3.7%に低下し,若年失業や長期失業とともにEUでもっとも低いうちにはいる.全体的な良いパフォーマンスにもかかわらず,労働市場には構造的な問題が残っている.
―逼迫する労働市場における十分な労働供給を確保する文脈で,高齢者や低賃金労働者とともに,少数民族や移民労働者の労働市場への参加を促進する余地がある.
―雇用における顕著な男女較差があり,EUで賃金較差がもっとも大きいうちの一つであり,職業と家庭生活の両立を容易にする新たな措置が必要である.保育のカバーする割合はEUでもっとも低いうちに属し,拡大する必要がある.
―定量的な目標とすべての関係者の適切な関与による,包括的で整合的な生涯学習戦略がなお欠如している.

分析を踏まえると,以下に関する雇用指針と勧告への対応においてさらなる努力が必要である:労働市場への参加の増加,男女較差と保育施設,生涯学習.

それゆえオーストリアは,
1 将来において十分な労働供給を確保する政策を発展させるべきである.この文脈において,オーストリアは,高齢労働者と低技能,低賃金労働者の労働市場参加を増加させる税制と給付制度の改革を追求,拡大し,労働市場における少数民族と移民労働者の機会均等を改善するべきである.
2 ソーシャル・パートナーとの合意により,男女間の賃金較差を縮小する目標に立脚した戦略を発展させるべきである.保育施設を拡大するとともに,職業と家庭生活の両立を容易にする政策を促進することにより,雇用における男女較差を縮小するあらゆる水準の行動を促進すべきである.
3 あらゆる関係者との合意により,指標と国内目標を含み,義務教育と高

等教育，初期訓練と継続訓練，成人教育の間の構造的連携を支援するために適切な資源が利用可能となるような包括的で整合的な生涯学習戦略を採択，実施すべきである．

## XII　ポルトガル
### 299　雇用パフォーマンスにおける問題

全体の就業率は 68.3％で，雇用状況は改善してリスボン目標に近づいている．失業率も 4.2％と EU でもっとも低いうちに属し，長期失業も 2.7％と低水準である．しかしながら，労働市場には行動が必要な構造的弱点がある．

―低水準の教育達成と学校卒業後の教育への参加とともに，低下しているとはいえ EU でもっとも高水準の早期学校中退(43.1％)という文脈において，生涯学習の分野における改善が必要である．

―ポルトガルの労働市場が直面する主な課題，特に低い技能水準，労働組織と雇用関係の現代化に取り組むために，ソーシャル・パートナーからのさらに強力な入力が必要である．

―ポルトガルは女性の就業率についてはよい記録を有し，現在リスボン首脳会議で設定された 60％の目標に到達している．しかしながら，ポルトガルの労働市場は EU で業種別に雇用を見た場合，もっとも著しい男女間の不均衡の一つを示している．

分析を踏まえると，以下に関する雇用指針と勧告への対応においてさらなる努力が必要である：生涯学習と技能，パートナーシップアプローチ，男女間の不均衡．

それゆえポルトガルは，

1　技能不足を回避するために教育訓練制度を改善することにより，生涯学習戦略をより明確にし，技能ある労働供給を増加させ，こうして中程度や高度の技能を有する雇用の創出を促進し，労働生産性を向上すべきである．

2　パートナーシップアプローチを実施し，既に政府とソーシャル・パートナーの間で締結された合意の実施を注意深く監視しつつ，特に労働組織の現代化と労働規制を含め，雇用関係の適応の分野におけるソーシャル・パートナーからの具体的なコミットメントを促進する努力を追求すべきである．

3　特に保育施設を拡大することにより家庭と職業生活を両立させる努力を追求し，業界レベルで男女のよりよいバランスを促進する新たな方法を検討すべきである．

## XIII　フィンランド
### 300　雇用パフォーマンスにおける問題

　フィンランドは過去5年間強力な雇用成長を維持してきて，全体の就業率は67.5%とリスボン目標に近づき，女性の就業率は64.4%とEU平均とリスボン目標を超えているが，若干の構造的問題が残っている．

―全体の失業率はなお9.8%と高く，若年失業と高齢労働者の長期失業率とともに失業における大きな地域的相違が特に注意を引く．

―フィンランドは高い女性就業率と良く発展した機会均等政策を有する．しかしながら，フィンランドの労働市場はEUの中で業種や職種で見た雇用の男女不均衡がもっとも著しいものの一つに属するとともに，顕著な男女間賃金較差がある．

―フィンランドは（高技能，低技能両方について）いくつかの業種で，またいくつかの地域で技能労働力不足に直面しており，参加者の雇用契約という意味での積極的労働市場政策の結果は不分明である．

　分析を踏まえると，以下に関する雇用指針と勧告への対応においてさらなる努力が必要である：労働市場参加を増加させるための税制と給付のインセンティブ，男女間賃金較差と男女間不均衡，地域的不均衡．

　それゆえフィンランドは，

1　労働市場への参加を奨励し，労働の利用可能性を確保する観点で，税制と給付制度の見直しを続け，特に低賃金労働者への高い限界有効税率を引き下げ，給付制度，特に年金において人々が仕事に就き，労働力として留まろうとするインセンティブを改善する努力を強化すべきである．

2　男女均等の主流化アプローチの文脈で，男女間の賃金較差を縮小し，職種と業種の双方において男女間のバランスを改善する行動をとり続けるべきである．

3　失業と戦い，地域的不均衡と労働市場のボトルネックを縮小する観点で，長期失業者と若年失業者のニーズに焦点を合わせながら，積極的労働市場プログラムの有効性と質を増進すべきである．

## XIV　スウェーデン
### 301　雇用パフォーマンスにおける問題

　全体の就業率が73%，女性の就業率が71%と，スウェーデンはリスボン目標を超え，いずれもEUでもっとも高い．全体の失業率も2000年には5.9%に低下した．しかしながら，いくつもの構造的問題が労働市場に残っている．

―多数の労働年齢の人々が給付に依存しており，労働への税負担はなお高く，

労働への税制と給付のインセンティブはもっと高められる．
— スウェーデンは高い女性の就業率と良く発達した機会均等政策を有している．しかしながら，スウェーデンの労働市場はEUの中で業種や職種で見た雇用の男女不均衡がもっとも著しいものの一つに属する．
— 失業における地域的不均衡が著しく，少数民族や移民労働者の労働市場状況は改善の余地がある．さまざまなタイプの積極的労働市場政策の有効性は不分明である．

分析を踏まえると，以下に関する雇用指針と勧告への対応においてさらなる努力が必要である：労働への税負担と仕事への税や給付のインセンティブ，男女間の不均衡，積極的労働市場政策の効率．

それゆえスウェーデンは，

1　国内状況を考慮した目標の設定を含め，労働とりわけ低賃金労働者への高い税負担を顕著に縮減する改革を追求し，税制や給付制度を働くインセンティブを促進するような改革を追求すべきである．
2　1999年に始まった男女均等の主流化改革の一環として，(業種と職種の双方について) 男女間の現在の不均衡に取り組む新たなイニシアティブを執るべきである．
3　特に長期失業との関係で，積極的労働市場プログラムの有効性を見直し，この文脈で少数民族と移民労働者のニーズに特段の注意を払うべきである．

## XV　イギリス

### 302　雇用パフォーマンスにおける問題

イギリスは2000年，さらなる雇用の成長を見，男性と女性の就業率もそれぞれ77.8%と64.6%とEU平均やリスボン目標を優に上回っている．失業率は2000年も低下し続けて5.5%になり，EU平均を下回っている．しかしながら，重要な構造的問題が持続している．

— 国内レベルでは，役割や目に見える姿は増大しているが，ソーシャル・パートナーの関与への一般的なアプローチが存在せず，それゆえ多くの特殊な問題に制約されている．
— 減少しつつあるとはいえ，男女間の賃金較差と（業種，職種双方の）男女間不均衡はEU平均に比べてもなお高い．利用可能な保育施設は改善を始めたとはいえこの点で重要である．
— 若年者と成人における長期失業への流入は2000年になってようやく僅かながら（16%から10%へ）縮小したが，なおかなり高い．不活動状態，長期失業，低い就業率は，誰も働いていない世帯，特定の地域，特定の不利益を

第4節　欧州労働法：トレーラーか機関車か？

被っている集団（単親，特殊な少数民族，男性高齢労働者，障碍者，低技能労働者）に集中している．
―労働力における基本的技能のレベルの低さは，近年の技能較差や最近改善しつつあるとはいえなお低い労働生産性水準の原因となっている．

　分析を踏まえると，以下に関する雇用指針と勧告への対応においてさらなる努力が必要である：パートナーシップアプローチ，男女間の不均衡，特に成人と不利益を被っている集団に対する活性化政策，技能較差に取り組むための仕事に基づく訓練の役割．

　それゆえイギリスは，
1　政策の実施と発展を改善するために，国内レベルで労使のパートナーシップをさらに助長すべきである．特に，生産性と技能の改善，職業生活の現代化に向けて努力がなされるべきである．
2　ソーシャル・パートナーを含め全ての関係者を巻き込み，適切な検証可能な指標と目標による監視を可能にすることにより，男女間の賃金較差を縮小し，職種と業種を通じた男女間の不均衡をバランスさせる努力を強化するとともに，利用可能な保育施設を改善するために執られる措置を実施し，その影響を監視すべきである．
3　求職者給付による支援と求職活動の有効性を改善する制度を補完するために，失業12ヶ月になる前に成人失業者のための積極的労働市場政策を強化すべきである．この文脈で労働市場において特別の問題に直面している集団に特段の注意が払われるべきである．
4　増大しつつある労働力の技能較差と基本的技能水準の低さに取り組むため，仕事に基づく訓練を奨励，発展させる現在の努力を強化すべきである．
**303**　2002年2月18日の2002年加盟国の雇用政策指針に関する閣僚理事会決定は以下のとおりである[訳注1]．

　　［訳注1］　O.J., 1 March 2002.

## 2002年雇用指針

横断的目的――知識基盤社会における完全雇用のための条件を構築する
**304**　過去10年間，労働，資本，財，サービスの市場を改革する努力と一体になった安定性と成長のためのマクロ経済的枠組みの注意深い構築は，最近数年間にわたる労働市場状況の改善とともに，欧州雇用戦略の重要な諸目的のいくつかの達成を手の届くところまで持ってきた．これが，欧州理事会がフル就業をEUの雇用社会政策の全体にわたる目的として掲げた理由である．加盟国はEUを，より多く，よりよい仕事とより多くの社会的結束をもった持

続的な経済成長が可能な，世界でもっとも競争力があり，ダイナミックな知識基盤経済にするという戦略的目的に到達するようコミットする．

　これら目的の達成は，ECと加盟国の同時の努力を必要とする．それはまた，成長とマクロ経済的安定性，欧州の労働市場，技術革新と競争力の機能を改善するさらなる構造改革，人的資源開発，参加，統合，連帯を促進する活力ある福祉国家を目指す政策の包括的なセットの継続的な実施を必要とする．しかしながら，さらなる進歩は自動的ではなく，あまり好ましくない経済と雇用の見通しの中で努力を強化する必要がある．

　知識基盤経済への移行を準備すること，情報通信技術の便益を活用すること，人々に投資し，社会的排除と戦い，機会均等を促進することによりヨーロッパ・ソーシャル・モデルを現代化することはルクセンブルクプロセスの枢要の課題である．リスボンで設定されたフル就業の目的を達成するために，加盟国は以下の横断的目的を統合した整合的な全体戦略の中に四つの柱のもとに指針への対応を明確化すべきである．

A　加盟国の異なった出発点を認識しつつフル就業に向けて進む目的をもって，雇用機会を高め，収入ある仕事に就こうとするすべての人々に十分なインセンティブを与えること，フル就業が全体的な国内経済政策の目標であるという事実を認識すること．この目的に向けて，加盟国は次の全体的な欧州目的に貢献するため，就業率向上の国別目標を設定することを検討すること．

　―2005年1月までに全体の就業率を67％に，女性の就業率を57％に引き上げる．

　―2010年までに全体の就業率を70％に，女性の就業率を60％に引き上げる．

　―2010年までに高齢者(55〜64歳)の就業率を50％に引き上げる．

B　就業率を引き上げ，競争力と生産性，労働市場の機能を高める観点から，四つの柱を通じて仕事の質の向上に貢献する政策を確保すること．そのような行動は，本質的な仕事の質，技能，生涯学習，キャリア開発といった仕事の特徴と，男女均等，健康と安全，フレクシビリティとセキュリティ，社会的統合と労働市場への参入，労働組織，仕事と生活のバランス，労使対話と労働者関与，ダイバーシティと非差別，全体的な労働パフォーマンスと生産性を目指すより広い労働市場文脈の双方を考慮に入れるべきである．

C　加盟国は，人々がその全生涯にわたって経済的社会的変化に対応するのに必要な技能を取得し，向上することを援助するために，生涯学習の包括

第4節　欧州労働法：トレーラーか機関車か？

的で整合的な戦略を発展させるものとする．特に，この戦略は初等，中等，高等教育，若年者や成人がそのエンプロイアビリティ，適応能力および技能とともに知識基盤社会への参加を改善するための学卒後の教育と職業訓練の制度の発展をカバーするべきである．そのような戦略は公的機関，企業，ソーシャル・パートナー，個人，さらに関係する市民社会も含め，知識基盤社会の実現に貢献する責任の分担を明確化すべきである．この文脈で，ソーシャル・パートナーは労働者の適応能力と企業の競争力を高めるため成人の学校卒業後の教育と訓練を改善する措置について交渉し，合意すべきである．この目的のため，加盟国は人的資源への投資の増加と学校卒業後の教育と訓練（公式非公式を問わず）への参加に関する国別目標を設定し，その目標に向かっての進展を定期的に監視すべきである．

D　加盟国は雇用戦略の実施，監視，フォローアップについてソーシャル・パートナーとの全面的なパートナーシップを発展させるものとする．あらゆるレベルのソーシャル・パートナーはルクセンブルクプロセスを支援する行動をステップアップするよう求められる．これら指針で設定された全体的な枠組みと目的の中で，ソーシャル・パートナーはその国内の伝統と慣行に従い，彼らが枢要な責任を有する指針の実施のプロセスを発展させ，交渉すべき問題を明らかにし，もし必要なら国内行動計画の文脈で定期的に進展とその行動の雇用と労働市場の機能への影響について報告するよう求められる．欧州レベルのソーシャル・パートナーは自身の貢献を定義し，国内レベルで行われる努力を監視し，奨励し，支援するよう求められる．

E　雇用指針を国内政策に採り入れるに当たり，加盟国は優先順位をバランス良く設定し，指針の統合的な性質と等しい価値を尊重するように，四つの柱すべてと横断的目的に適切な注意を払うこと．国内行動計画は，四つの柱と，異なった指針のもとの政策イニシアティブがいかに長期の目標に到達するために構築されているかを明らかにすべき横断的目的に立脚した政策ミックスの確定を含め，雇用戦略を発展させる．戦略に影響を与える上で，国内目標の達成や均等待遇原則を十分に尊重しつつ，地域的次元と地域的不均衡は政策や目標の分散化という意味で考慮に入れられる．同様に，加盟国が全体的な枠組みを妨げることなく，労働市場状況の特定のニーズに対応する特定の戦略次元に焦点を当てることも適切である．

F　加盟国と欧州委員会は，仕事の質に関するものを含め，四つの柱の進展を評価し，好事例のベンチマークと確定を補強するための共通指標の開発を強化すべきである．ソーシャル・パートナーは彼らが責任を有する行動の進歩を測定する指標とベンチマークとそのための統計的データベースを開

発するよう求められる．特に，加盟国は労働市場の結果に与えた影響という意味で，その政策措置の効率性について評価し，報告すべきである．

(1) **エンプロイアビリティを高める**(improving employability)
【若年失業と戦い長期失業を予防する】
**305** 若年失業と長期失業の趨勢に影響を及ぼすため，加盟国は個人のニーズを早期に確定することに基づき，予防的でエンプロイアビリティ志向の戦略を発展させる努力を強化する．1年以内（この期間は特に失業率が高い加盟国においては延長され，2002年に行われる指針の見直しを妨げない）に，加盟国は次のことを確保する．
1 すべての失業者が，若年失業者は失業後6カ月以内に，成人失業者は失業後12カ月以内に，職業訓練，再訓練，職場実習，就職その他のエンプロイアビリティを高める措置の形で，労働市場への効果的な統合の観点からの個別職業指導とカウンセリングを伴うことも含め，新たなスタートを提供されること．

これら予防的かつエンプロイアビリティを高める措置は長期失業者の労働市場への再統合を促進する措置と結合されるべき．

この文脈において，各加盟国は公共職業紹介サービスの現代化を，特に進展の監視，明確な期限の設定，職員の十分な再訓練の提供により，追求すること．また，予防と活性化の戦略を効果的にするために他の職業紹介サービス提供者との協力を追求すること．

【より雇用親和的なアプローチ：給付，税制と訓練制度】
**306** 必要であれば，給付，税制，訓練制度が見直され，失業者のエンプロイアビリティを積極的に支援するように適応されなければならない．さらに，これら制度は仕事に就く意欲がありその能力のある非活動的な人々の労働市場への復帰を奨励するように適切に相互作用すべきである．失業者や非活動的な人々が求職し，就職するインセンティブとともに，特に就職困難な人々の技能を向上し，雇用機会を増進する措置に特段の注意が向けられるべきである．
2 各加盟国は，
―貧困の罠(poverty trap)を除去し，失業者や非活動的な人々に求職し，就職するインセンティブを与え，そのエンプロイアビリティを高め，使用者が新たな雇用を創出するように，社会保障給付や税制を見直し，適切であれば改革すること．

第4節　欧州労働法：トレーラーか機関車か？

―労働市場への効果的統合の観点から，そのエンプロイアビリティを高める積極的措置を受益する失業者と非活動的な人々の数を顕著に増やすよう努めるとともに，そのような措置の結果，実績およびコスト効果を改善すること．
―失業者や非活動的な人々が情報通信技術を含む技能を獲得し，向上し，労働市場への参入を容易にし，技能較差を狭める措置を促進すること．このため，各加盟国は失業者に提供される教育，訓練または類似の措置を含む積極的措置の目標を，もっとも先進的な加盟国3ヵ国の平均，少なくとも20％を段階的に達成することを目指して，設定すること．

【活力ある高齢化のための政策の発展】
**307**　フル就業に到達し，社会保障制度の長期的な公正さと持続可能性を確保し，高齢労働者の経験を活用するために，高齢労働者に対する社会の態度を根本的に改めるとともに，税制や給付制度を見直すことが求められる．仕事の質の促進もまた高齢労働者を労働市場に維持する上で重要な要素とみなされるべきである．
3　加盟国は，もし適切ならソーシャル・パートナーと，高齢労働者が長く仕事にとどまる能力とインセンティブを高める目的で，活力ある高齢化の政策を発展させる．特に，
―知識基盤的労働市場だけでなく，特に教育訓練への十分な参入を通じて，高齢労働者の能力と技能を維持し，労働者が選択するならば例えばパートタイム労働を含めて弾力的な作業編成を導入し，使用者の高齢労働者の潜在力に対する意識を啓発する積極的措置をとること．
―高齢労働者が労働市場に参加し続けることへのディスインセンティブを除去し，魅力あるものとするために税制と給付制度を見直すこと．

【生涯学習の文脈における新たな労働市場のための技能の発展】
**308**　労働市場のニーズに即応した効果的で良く機能する教育・訓練制度が知識基盤社会の発展と雇用水準の改善に枢要である．これらはまた生涯学習の分配が学校から仕事への円滑な移行を可能にし，中核的技能と特殊な技能を身につけた生産的な人的資源の基礎を形作り，人々が社会的経済的変化に積極的に適応できるようにする上で枢要である．エンプロイアビリティある労働力の発展は人々に知識基盤社会の利益に参入し，享受する能力を提供し，技能較差と取り組み，失業，労働市場への不参加，人生を通じた社会的排除の結果としての技能の腐食を防止することに関わる．
4　加盟国は，それゆえ初期訓練と生涯学習の双方の文脈における適切な指

導，徒弟制度や企業内訓練の現代化や有効性，多目的地域学習センターの発展を含め，教育訓練制度の質とともに関係のカリキュラムを改善することにより，
―若年者に労働市場に関連し，生涯学習に必要な基本的技能を付与すること．
―若年者と成人の文盲を根絶し，学校制度からドロップアウトする若年者数を大きく減少させること．学習上の困難と教育上の問題を有する若年者に特段の注意が向けられるべきである．この文脈で，加盟国は2010年までに，初期中等教育のみを受けて学校卒業後の教育訓練を受けない18歳から24歳の者の数を半減させることを目指す措置を発展させること．
―非典型雇用契約のものも含め，成人の生涯学習への参入を容易にするよう，いかなる時期においても教育訓練に参加している成人人口比率(25～64歳)を増加させること．加盟国はこの目的のために目標を設定すべきである．
　モビリティを助長し，生涯学習を奨励するため，加盟国は資格や獲得された知識や技能の承認を改善すること．
　5　加盟国はすべての市民のために電子学習(e-learning)を発展させること．特に，すべての学校がインターネット，マルチメディア資源に参入し，2002年末までにすべての生徒に広範なデジタル・リテラシーを与えるためにすべての教師がこれら技術を使えるよう努力を継続すること．

【新たな欧州労働市場におけるジョブ・マッチングの発展と起こりつつあるボトルネックの予防のための積極的政策［訳注1］】
308-1　すべての加盟国において，特定の分野，職種，地域では労働力不足が失業や社会的排除と併存し始めた．雇用状況の改善と加速的な技術変化とともに，これらボトルネックは増大している．出現しつつある労働力不足を防止し戦う積極的な政策の不十分さが，競争力を害し，インフレ圧力を高め，構造的失業を高く維持している．開かれ，参入可能な欧州労働市場の潜在力をフルに活用するため労働者のモビリティが助長，奨励されるべき．
　6　加盟国は，特に次により，適切であればソーシャル・パートナーと，出現しつつあるボトルネックを明らかにし，防止する努力を高める．
―職業紹介サービスのジョブ・マッチング能力を発展させ，
―技能不足を予防する政策を発展させ，
―職業的・地域的移動性を高め，
―現代的情報技術と既に欧州レベルで利用可能な経験を活用して，欧州レベルで相互につながった職業および学習機会のデータベースを改善することにより労働市場の機能を高めること．

第4節　欧州労働法：トレーラーか機関車か？

［訳注1］　原著ではパラグラフ番号が打たれていないが，指針では独立の項目である。本来，通し番号を付すべきところであり，切り張りのミスと思われる。

【差別と戦い，雇用への参入により社会的統合を促進する[訳注1]】
**308-2**　多くの集団や個人が，必要な技能を獲得し，労働市場に参入，定着することに特段の困難を経験している。これは社会的排除のリスクを増大させる。不利益を被っている集団や個人を労働の世界に統合し，その仕事の質を促進することにより社会的統合を促進する一貫した政策のセットが求められる。労働市場への参入とその中での差別と戦う必要がある。
7　各加盟国は，
―労働市場，教育，訓練への参入におけるあらゆる形態の差別を明らかにし，これと戦うこと。
―周辺化(marginalisation)，働く貧民(working poor)の出現，社会的排除への漂流を避けるため，リスクや不利益を抱える集団や個人の労働市場への統合を促進する効果的な予防的かつ積極的政策措置からなる道を発展させること。
―障碍者，少数民族および移民労働者が労働市場に統合するニーズに応じた措置を実施し，適当であれば国別の目標を設定すること。

［訳注1］　原著ではパラグラフ番号が打たれていないが，指針では独立の項目である。本来，通し番号を付すべきところであり，切り張りのミスと思われる。

(2)　**起業家精神と雇用創出を発展させる**(developping entrepreneurship and job creation)
【事業の開始と運営を容易にする】
**309**　一般的に新規事業の発展，特に中小企業の成長への貢献は雇用創出の源泉であるとともに若年者の訓練機会の拡大にもなる。この過程は社会を通じて，また教育課程で起業家意識を涵養することにより，また明確で安定して予測可能なルールと規則のセットを提供し，リスク資本市場の発展とそれへの参入の条件を改善することによって，促進されなければならない。加盟国はまた中小企業への行政上の，また税制上の負担を軽減し，簡素化すべきである。これら政策は闇就労の防止を強化すべきである。
8　加盟国は特に企業が開業したり，労働者を追加的に雇い入れたりするときの諸経費や行政負担を顕著に削減することに特段の注意を払うこと。また，新たな規制を導入する際には事業に対するそのような行政上の負担や諸経費の潜在的な影響を評価すること。

9 加盟国は起業家活動の開始を奨励するために，
—自営業に移行したり小企業を開始しようとする際の特に税制や社会保障制度におけるいかなる障碍をも軽減する観点で検討すること．
—起業家精神と自営業のための教育，起業家や起業家希望者への支援サービスや訓練を促進すること．
—闇就労と戦い，ソーシャル・パートナーとのパートナーシップにより，規制措置，インセンティブや税制や給付の改革を含め，全ての適切な行動手段を活用してそのような就労が正規労働に移行するよう奨励すること．

【知識基盤社会とサービスにおける雇用創出の新機会の活用】[訳注1]
309-1 もしEUが雇用の課題への対応に成功したいならば，あらゆる可能な雇用の源泉と新技術が効果的に活用されるべきである．革新的な企業は，知識基盤社会の雇用創出潜在力の動員に重要な貢献をしうるのであるから，支援的な環境を見いださなければならない．雇用と仕事の質の向上への顕著な潜在力はとりわけサービス分野に存在する．環境分野は特に低技能労働者が労働市場に参入するための重要な可能性を開きうるとともに，現代的環境技術の急速な導入を通じて労働者の技能を向上する潜在力もある．このため，
10 加盟国はサービス供給の障壁を除去し，あらゆる領域のサービス業のより多くよりよい仕事を作り出す雇用潜在力を十全に発揮する枠組み条件を発展させること．特に，知識社会と環境分野の雇用潜在力は活用されるべき．

　　　[訳注1] 原著ではパラグラフ番号が打たれていないが，指針では独立の項目である．本来，通し番号を付すべきところであり，切り張りのミスと思われる．

【雇用のための地域的・地方的行動】[訳注1]
309-2 ソーシャル・パートナーを含め，地域，地方レベルのすべての関係者は，地域レベルの雇用創出の潜在力を明らかにし，このためにパートナーシップを強化することによって欧州雇用戦略の実施のために動員されなければならない．
11 加盟国は，
—適当であれば雇用政策のすべてにわたって地域開発の次元を考慮すること．
—地域レベルにおける雇用創出の可能性をフルに活用するため，雇用戦略を発展させるよう地域，地方機関を奨励し，市民社会の代表を含め，すべての関係者の間のパートナーシップを促進すること．
—特に市場によって未だに充足されていないニーズに関連した財やサービスの提供における社会的経済(social economy)の競争的発展と雇用創出能力

第4節　欧州労働法：トレーラーか機関車か？

を拡大する措置を促進し，その障碍を軽減する目的で検討すること．
―地域における雇用機会を見いだし，地域労働市場の機能を改善する上でのあらゆるレベルの公共職業紹介サービスの役割を強化すること．
　　［訳注1］　原著ではパラグラフ番号が打たれていないが，指針では独立の項目である．本来，通し番号を付すべきところであり，切り張りのミスと思われる．

【雇用と訓練のための税制改革】
**310**　租税負担の雇用への影響の調査を深め，労働への高い租税負荷という長期的傾向を逆転させることにより税制をより雇用親和的にすることが重要である．税制改革はまた，雇用と競争力への長期的な影響の観点から，企業，公的機関，個人自らによって人々への投資を増大する必要を考慮に入れなければならない．
12　各加盟国は，
―必要であれば現在の水準を考慮に入れつつ，全体的税負担を段階的に軽減し，労働ととりわけ未熟練・低賃金労働者の非賃金労働コストに対する財政圧力を段階的に軽減する目標を設定すること．このような改革は，財政の健全さや社会保障制度の長期的な持続可能性を崩すことなく行われるべきである．
―人的資源への投資へのインセンティブを提供し，障碍を除去すること．
―いくつかの加盟国における環境税の経験を考慮しつつ，代替的税収源，すなわちエネルギーや汚染物質に課税することの実現可能性と制度設計を検討すること．

(3)　**事業と被用者の適応能力を奨励する** (encouraging adaptability of businesses and their employees)
**311**　知識基盤経済によって作られた機会と改善された雇用のレベルと質の見通しは，労働者と使用者のニーズに対応するために企業を含むすべての関係者による労働組織の適応と生涯学習戦略の実施への貢献を必要とする．
【労働組織を現代化する】
**312**　とりわけ仕事の質の改善に貢献する労働組織と労働形態の現代化を促進するため，（EU，国，業種，地域，企業レベルなど）あらゆるレベルで強力なパートナーシップが発展されるべき．
13　労使は，
―企業を生産的で競争力があり，産業構造転換に適応できるものとし，弾力性(flexibility)と安定性(security)のバランスを達成し，雇用の質を高める目

189

的で，弾力的な労働編成を含む労働組織の現代化に向けて交渉し，合意を実行するよう求められる．具体的には，新技術の導入，新たな就業形態，労働時間（年単位化，残業削減，パートタイム労働の開発，教育訓練休暇）および関連する雇用保障問題といった主題が含まれる．
―ルクセンブルク・プロセスの文脈で，労働組織の現代化のどの側面を交渉でカバーしたか，その実施の状況や雇用と労働市場への影響について毎年報告すること．
14　加盟国は，適当であればソーシャル・パートナーとのパートナーシップで，あるいはソーシャル・パートナーにより交渉された協約により，
―現行の規制枠組みを見直し，それらが雇用への障碍を軽減し，現代的な労働組織の導入を容易にし，労働市場が経済の構造変化に適応するのを支援できるような新たな規定やインセンティブの提案を検討すること．
―同時に，雇用形態が多様化しつつあることを考慮しつつ，より弾力的なタイプの雇用契約を国内法制に取り込むことを検討し，新たな弾力的な雇用契約が十分な安定性と高い職業的地位を有し，事業と労働者の欲求の必要性に合致するように確保すること．
―職場レベルにおける健康安全法制のよりよい適用を確保するよう，その施行を強化し，企業特に中小企業が現行法制を遵守するのを援助する指導を提供し，職場の健康と安全に関する訓練を改善し，伝統的に危険性の高い業種における労働災害と職業病の減少を促進することで，努力すること．

【生涯学習の要素としての企業における適応能力を支援する [訳注1]】
312-1　生涯学習の枢要な要素として企業内の技能レベルを向上させるため，
15　労使は，特に情報通信技術における適応能力と技術革新を容易にするための生涯学習に関する協約をすべてのレベルで締結するよう求められる．この文脈で2003年までにすべての労働者に情報社会リテラシーを達成する機会を与える条件が確立されるべき．
　　　［訳注1］　原著ではパラグラフ番号が打たれていないが，指針では独立の項目である．
　　　　　　　本来，通し番号を付すべきところであり，切り張りのミスと思われる．

(4)　男女機会均等政策を強化する
【男女均等の主流化アプローチ】
313　リスボン欧州理事会の結論に従って機会均等の目標を達成し，女性の就業率を引き上げるという目標を達成するため，加盟国は男女均等政策を強化し，女性が職に就こうとする意思決定に影響を与える条件に取り組むべきで

ある．
　女性はなお雇用への参入，キャリアの進展，賃金および職業と家庭生活の両立で特別の問題に直面している．それゆえ，以下のことが特に重要である．
―女性の失業者に占める割合に応じて積極的労働市場政策が女性にも利用可能となるよう確保すること，
―税制と給付制度の男女均等への影響に特段の注意を払うこと，
―同一労働または同一価値労働に対する同一賃金の原則の適用の確保に特別の注意を払うこと，
―新たな事業を興そうとし，または自営業になろうとする女性を妨害する障壁に特別の注意を払うこと，
―女性が自発的に，仕事の質を失うことなく，弾力的な形態の労働組織から積極的な利益を得られるよう確保すること，
―女性が生涯学習，特に情報技術訓練に参加することを容易にする条件を確保すること，
16　それゆえ，加盟国は本指針の四つの柱を実施するに当たり，男女均等の主流化アプローチを採用し，
―男女均等当局との協議制度を発展強化し，
―各指針のもとで男女均等への影響の評価手続を適用し，
―各指針との関係で男女均等における進展を測定する指標を開発すること．
　進展を評価するため，加盟国は十分なデータ収集システムと雇用統計を男女別で解析できるようにする必要がある．

【男女較差と取り組む】
**314**　加盟国とソーシャル・パートナーは女性のキャリア機会の改善とともに，特定の業種や職種における男女の参入の不均衡に注意を払うべきである．
17　加盟国は適当ならソーシャル・パートナーとともに，
―女性の雇用を支援することで失業率における男女の較差を減少させ，リスボン欧州理事会で設定された目標に従い国別目標を設定すること，
―すべての業種と職種において男女のバランスがとられるようにすること，
―官民両分野で男女同一賃金を達成する多面的な戦略を採用し，賃金較差と取り組む目標を設定すること．この戦略はなかんずく職務分類や賃金制度を見直して性別による偏見を根絶すること，統計と監視制度を改善すること，意識啓発および賃金較差の透明性を含む．
―男女較差を削減するために女性の進出のための措置のさらなる活用を考慮すること．

【職業と家庭生活を両立させる】

**315** キャリア休暇，育児休暇，パートタイム労働とともに使用者と被用者の双方の利益にかなう弾力的な労働編成に関する政策は，女性と男性に特段の重要性がある．この領域における様々な指令やソーシャル・パートナーの協約は，加速され，定期的に監視されるべきである．女性や男性が労働市場に参入し，継続的に参加することを支援するために，子どもや他の要介護者のための良質の保育介護施設が十分提供されなければならない．家庭責任の均等な分担がこの観点で枢要である．労働市場から退出後復帰する者は技能が陳腐化し，訓練に参加するのに困難を経験する．女性と男性を退出後労働市場に再統合することは促進されなければならない．機会均等を強化するために，

18 加盟国と労使は，

—安価で参入しやすくて良質な育児・介護サービスや育児休業その他の休業制度を含む家族親和的(family-friendly)な政策を計画，実施，促進すること．
—育児・介護サービスの利用可能性を高めるために，国内状況に応じて国内目標を設定すること．
—労働市場から退出後に賃金労働に復帰しようとしている女性と男性に特段の注意を払い，このためにそのような復帰の際の障碍を漸次除去すること．

## H 社会行動計画：1998—2000

**316** この1998—2000年行動計画において，欧州委員会はアムステルダム条約，とりわけ新たな雇用の編，機会均等，社会的排除，差別禁止，公衆衛生の新たな規定，並びにソーシャル・パートナーに枢要な役割を与えた社会政策協定の統合を基礎として，社会政策を強化しようとしている．ここでは最も重要な提案をいくつか取り上げる．

**雇用を創出し失業を予防する：**

—エンプロイアビリティ，起業家精神，適応能力，機会均等という四つの柱に基づく新たな雇用戦略を実施する．
—雇用指針の毎年の報告と評価を監視し，適当であれば加盟国への勧告を策定する．
—好事例や革新例の交換，インセンティブ措置の提案を含め雇用状況の分析素材の提供を促進する．
—闇就労の問題にどう取り組むかの議論を提起する．

―失業と取り組む装置として公共職業紹介サービスの現代化に関する欧州規模の議論を刺激する．
―ソーシャル・パートナーが可能な限り欧州の職場で職業訓練，職業経験，訓練生制度その他のエンプロイアビリティを高める措置の可能性を高める観点で協約を締結することを奨励する．
―機会の均等を確保する．

**自由移動を促進する：**
―この分野における重要な立法を適応させる提案を提出する，

**労働組織を現代化し適応能力を促進する：**
―労働時間の弾力性を含む労働組織の全要素に関する枠組み協約，
―労使対話の促進，
―テレワーカーの保護，
―労働時間指令の適用範囲を拡大する，
―企業における被用者の財務参加を大いに奨励する，
―職業訓練への国家補助に関する指針，

**産業転換への対応**
―国内企業における情報提供および協議の最低基準の採択，
―欧州労使協議会指令の運用状況報告，

**情報社会の機会をつかむ**
―職業訓練と雇用に関する報告

**安全で健康的な職場を作る**
―既存立法の効果的な実施と適用に焦点を絞る
―建設足場と発癌物質に関する指令案
―欧州ワイドの好事例情報の評価を促進する

**均等を達成し差別と戦う**
―差別と戦う新たなEC条約第13条を実施する立法
―セクシュアルハラスメントと闘う行動
―障碍者のための戦略
―賢人委員会の報告に基づき，基本権に関する議論を進める

**社会政策の対外的次元に焦点を当てる**
―労使対話や市民対話を促進しつつ，新規加盟希望国の社会政策プログラムへの段階的関与を確保する
―社会政策分野における既得事物の完全な採択と実施を確保する
―新規加盟候補国の社会的下部構造の発展
―国際的に認知されたコア労働基準の促進のためにとりわけILOを支援す

―この観点でILOとWTOの間の協力
   (1) 欧州委員会 Social Action Programme 1998―2000, Brussels April 1998 (COM (98) 259final).

## I 社会政策アジェンダ：2000―2005[1]

**317** リスボン首脳会議への準備作業として，欧州委員会は，EUの経済的社会的状況の詳細な分析を伴う，雇用，知識基盤経済，社会状況，拡大および国際化に関する一連の文書を提出した[2]。

   (1) 欧州委員会, Brussels, 28 June 2000, COM (2000) 379final. 〔訳注〕本節はこの欧州委員会の文書のうち，初めの「政治的文脈」以外の部分をほぼそのまま転載したものである。
   (2) 提出された文書は以下の通りである。「リスボン欧州理事会―欧州の経済的社会的改新のアジェンダ」（欧州委員会の主たる貢献），「eヨーロッパ―皆のための情報社会」(COM (1999) 687final)，「ECの雇用支援政策」(COM (2000) 78final)，「インクルーシブなヨーロッパの建設」(COM (2000) 79final)，「社会趨勢：展望と挑戦」(COM (2000) 82final)，「情報社会の雇用戦略」(COM (2000) 48final)，「経済改革：生産物と資本の市場の機能に関する報告」(COM (2000) 26final)。

### 1 課題
#### a 雇用

**318** EUは経済ファンダメンタルズの強化と雇用創出の促進において顕著な進歩を遂げてきた。しかしながら，失業は高止まりしている。現在，欧州の労働力の約9％が失業している。平均就業率は1999年にはたった62％であった。

雇用はなおサービスのような特定の分野で相対的に低い。女性とともに高齢者や障碍者のような特定の集団の労働力参加も低い。リスボン欧州理事会への欧州委員会の貢献は欧州の雇用の欠陥をはっきりと明らかにした。それは，

―サービス較差――EUはサービス分野における雇用においてアメリカよりも極めて低水準である。
―男女較差――アメリカの3分の2に対して，EUではわずか半分の女性しか就労していない。
―年齢較差――55歳から65歳層の就業率は余りに低い。

第4節　欧州労働法：トレーラーか機関車か？

―技能較差――EUの技能需要は現在の供給とはマッチしない．これはEU全体で特に情報技術について目に付く．
―長期構造的失業――失業者の半数は1年以上失業している．
―欧州と加盟国内双方における顕著な地域的不均衡――EUの失業は東部ドイツ，フランス，南部イタリア，スペイン，ギリシアに集中している．特に高いのは低開発地域，辺境地域，産業衰退地域である．

　欧州雇用戦略は過去3年間にわたり国内労働市場の構造改革の効果的な手段であることを示してきた．この戦略を強化することがより多く，より良い仕事を創り出す上で枢要である．既にいくつかの加盟国で明らかであるが，いったん雇用水準が上昇すれば市場の需要する基準に到達した労働供給の入手可能性が持続的な経済発展と非インフレ的な成長のために極めて重要となる．

### b　知識基盤経済

**319**　欧州は新技術，とりわけインターネットの吸収においてアメリカに後れをとっている．しかしながら，eヨーロッパと欧州研究領域イニシアティブはアメリカとの較差を埋める政策を提供している．官民双方のあらゆる関係者による適切な措置が，知識を基盤にした経済と社会が持続的な経済成長，雇用の増加，社会的結束の拡大に貢献するために必要とされている．

　これは情報社会の手段を利用できるようにすることと人々のニーズにあった情報通信リテラシー訓練の確保を意味する．これら問題に取り組むことに失敗するならばEU域内に社会的経済的不均衡が拡大することになろう．

　人的資源の開発，特に技能の向上と生涯学習の拡大は知識基盤経済にとって枢要である．加えて，教育と訓練への均等な参入とその質は人々に急速に変化する労働条件と知識基盤経済の要請に対し準備する真の機会を提供する上で最重要性を有している．これはあらゆるレベルでの全体的な戦略と協調的な努力の実施を意味する．eラーニングのイニシアティブはあらゆる関係者を動員し，欧州の教育訓練制度が知識基盤社会に適応することを求める．

### c　社会状況

**320**　加盟国の社会制度は変化する労働の世界に適応する必要，新たな家族構造，しぶとく残る男女の不均等，人口学的変化，知識基盤経済の必要など，一連の顕著な共通の課題に直面している．より長期的には，人口学的変化は労働市場と労働供給に強く影響し，年金と医療制度に重圧をかけることになろう．この趨勢に立ち向かうための戦略の一部として移民の役割について考

察する必要がある．社会保護制度を適応させ，現代化することに失敗するならば，失業，貧困，社会的排除の増大という危険を増加させることになる．

社会保護制度の現代化は知識基盤経済への転換を支え，社会の新たなニーズを賄ううえで枢要である．社会保護制度は加盟国の権限ではあるが，欧州レベルでの協調は，様々な社会保護制度をいかにもっとも良く現代化し，改善するかという課題に取り組む上で共通の考察を容易にする．

最重要課題は今や，社会的排除と取り組むアジェンダから社会的統合を促進し，それをあらゆる政策形成の中心に主流化するアジェンダへの移行である．

就業率と貧困率[訳注1]の比較により，貧困はいくつかの高い就業率を有する加盟国にも比較的同じように広がっている．就業率を引き上げ，失業率を引き下げることは，特に現在低い就業率の諸国については，貧困と社会的排除を顕著に減少させるであろう．この観点で，人々のエンプロイアビリティの向上に投資し，労働市場への参入の障壁を縮減することにより，労働市場の周縁部にある者に焦点を当てることは重要である．これら課題に立ち向かうには，労働市場問題を超え，社会的統合と参加を増進することを目指す多面的な政策が必要である．

　　［訳注1］（アジェンダ原文には次のような注がある．）貧困率は関係国の世帯調整所得の中央値の60％以下の比率．

### d　拡大

**321**　EUへの加盟を目指し，加盟候補諸国はその経済，社会，社会制度を加盟国と同様な線に沿って発展させようとしている．その目的は長期的に生活と社会水準を向上し，経済と雇用のパフォーマンスを高めることにある．EU加盟に向けて，候補諸国は既に，加盟時までにEUの社会的成果の遵守を確保する包括的な法律や規則群を採択するさなかにある．候補諸国はその制度を転換し，適応するという主たる課題に直面するだけでなく，現在のEU加盟国が取り組んでいる多くの問題にも立ち向かわなければならない．

### e　国際化

**322**　国際化とグローバリゼーションは欧州とその社会制度が直面している変わりゆく財政，経済，通商の条件の重要な側面である．変化を受け入れることは社会的な目的を捨てることを意味しない．むしろ，良くデザインされた社会政策によって社会的な投資に対する経済的必要性を強化するものである．今までよりももっと，欧州の経済的パフォーマンスはその人々の生産的

第4節　欧州労働法：トレーラーか機関車か？

で革新的な潜在力にかかっている。知識に投資し，付加価値を創出し，新たな経済活動を引き寄せ，変化を管理することは労働力の技能と適応能力に強く影響される。

**2　解決策**［訳注1］
**a　質の促進**

**323**　新たな社会政策アジェンダは，経済政策，雇用政策，社会政策のダイナミックな相互作用から完全な利益が得られるとともにそれらに貢献することができるようにデザインされた一連の活動について決定する。枢要なメッセージは，成長はそれ自身が目的なのではなく，本質的には万人により良い生活水準を達成する手段であるということである。社会政策は経済政策を支え，雇用は単に経済的な価値ではなく社会的な価値でもあるのだ。

全体的な焦点は，繁栄する経済，より多くのより良い仕事，統合的な社会のための原動力としての質の促進，つまり強いパートナーシップ，あらゆるレベルでの対話と参加，良いサービスやケアへのアクセス，変化する経済と社会に適応する社会保護，におかれる。質という既に実業界ではよく知られた概念を経済や社会の全体に拡大することは経済政策と社会政策の間の相互関係の改善を促進するであろう。

このようなアプローチは競争力，完全雇用，仕事の質，労使関係の質そして社会政策の質を達成しようと努力することを意味する。

―完全雇用はより多くの仕事の促進を意味する。仕事の質はより良い仕事とよりバランスのとれた職業生活と個人生活の結合の仕方を含む。これは個人，経済，社会にとって利益になる。これはより良い雇用政策，公正な報酬，企業と個人の双方のニーズに適応した労働組織を意味する。これは高度の技能，公正な労働基準，まっとうな健康と安全水準に立脚し，職業的地理的移動可能性の促進を含む。

―社会政策の質は高水準の社会保護，欧州のすべての人々に入手可能な良い社会的サービス，万人にとっての真の機会，そして基本的な社会的権利の保証を意味する。良い雇用政策と社会政策は生産性を支え，変化への適応を促進する必要がある。これらは知識基盤経済への完全な移行に向けて本質的な役割を果たすであろう。

―労使関係の質は適応と現代化のアジェンダに向けての予測ととるべき手段方法の双方について合意を形作る能力によって決定される。これはまた産業変化と企業リストラクチュアリングに成功裏に対応していくことを含む。

　　［訳注1］　アジェンダ原文では「アプローチ」となっている。

### b 関係者

**324** 本アジェンダは改善されたガバナンスの形態に立脚すべきである．これはすべてのステークホールダーと関係者にこの新たなアジェンダと関連する政策の運営に参加することを可能にするよう明確で積極的な役割を与えることを意味する．すべての関係者，すなわち EU 諸機関，加盟国，地方と地域レベル，ソーシャル・パートナー，市民社会，企業が果たすべき重要な役割を有している．

欧州委員会はその発議の権利を用いてあらゆる関係する提案を行う．さらに，触媒として作用し，加盟国や他の関係者の政策をあらゆる可能な手段で支援する．また本アジェンダの実施を監視し，操縦する．

閣僚理事会と欧州議会はその立法責任をまっとうしなければならない．

加盟国とともに，各国の議会と地方，地域の機関は本アジェンダを実施するために自らの政策を行うべきである．

すべてのレベルのソーシャル・パートナーはそのすべての役割，特に協約を交渉し，契約的枠組みを現代化，適応し，健全なマクロ経済政策に貢献する役割を果たすべきである．

非政府組織は統合的な政策と万人の機会均等の発展に密接に関わっている．

すべての関係者は適切なときに，本アジェンダを実施するのに必要なダイナミックで相互作用的な過程に参加すべきである．

### c 手段

**325** これらの目標を達成するために，あらゆる現存の手段の十分な結合が必要であり，それは主に次のとおりである．

—公開協調手法．これはルクセンブルク雇用プロセスで生気を吹き込まれ，リスボンとフェイラの欧州理事会で発展された．
—立法．基準は，適当なら基本的社会権の尊重を確保し，新たな挑戦に対応するように発展され，適応されるべきである．
—労使対話は契約関係を現代化し，労働組織を適応させ，弾力性と安定性の十分なバランスをとる上でもっとも効果的な方法である．
—構造基金，特に欧州社会基金．これは EC の政策支援のための主な財政手段である．
—欧州委員会は適当なら政策イニシアティブの発展を支援するために計画を提案する．
—手段としての主流化の活用は強化され，さらに発展される．

―政策分析と研究は，本社会政策アジェンダの実施を支援する．これは雇用，男女均等，社会状況，労使関係に関する定期的な報告という形を取る．

社会分野で活動する EU の外郭団体はこの観点で重要な貢献をすべきである．特に欧州生活労働条件改善財団（ダブリン），欧州労働健康安全機構（ビルバオ），人種差別と排外主義監視センター（ウィーン），欧州職業訓練発展センター (CEDEFOP)（テッサロニキ），欧州訓練財団（トリノ）がこれに当てはまる．

### 3　目標と行動

**326**　本アジェンダが今後数年間にわたり成功裏に実施されるためには，すべての関係する手段の活用と社会分野におけるすべての関係者の関与により達成されるべき具体的な目的と目標に合意することが必要である．これは経済のダイナミズム，雇用成長，社会的結束を最大化するやり方で経済，雇用，社会各政策を結合する上で基本的な役割を果たすであろう．これは経済政策，企業政策，地域政策，研究・教育・訓練政策，情報社会，拡大の準備といった他の政策領域ともっとも良く協同し整合することを確保するであろう．

提案されている行動は必ずしもすべて新たなものではないが，現在進行中のものはリスボンで与えられた政治的方向付けに従って焦点を当てなおしている．既に欧州委員会によって提案されているものは採択，実施されるべきである．

#### a　フル就業と仕事の質

(1)　より多くのより良い仕事に向けて

(a)　目　的

**327**　「加盟国の異なった出発点を考慮に入れつつ，2010 年までに就業率をできる限り 70％に近づけることと，2010 年前に女性の就業率を 60％以上にすることに向けて，欧州の完全雇用潜在力を実現する．」

雇用，起業家精神および質の高い職業生活の促進は，戦略の中心である．労働市場の構造，特に性別による分離と低賃金雇用は，取組みの必要がある．労働市場への参入はすべての社会集団にとって改善されなければならない．

それゆえ，目標は単により多くの仕事ではなく，質のいい仕事，特に知識基盤経済に直結した仕事を開発することである．欧州雇用戦略の更なる深化と強化は，この潜在力を解き放つ上で枢要な役割を果たす．例えば，

―特に生涯学習，電子学習，科学技術教育を通じて，人々のエンプロイアビリティを改善し，技能較差を縮小することに努力を傾注すること，

― 事業の開始に親和的な環境を作り，革新的な企業，特に中小企業を発展させることによって，起業家精神と雇用創出を促進すること，
― 社会的経済を含め，サービスにおける雇用創出を可能にするようにサービス分野の発展のための枠組み条件を樹立し，残存するすべての障壁を取り除くこと，
― 機会均等により優先順位を与え，労働力と企業の新たな形態の労働組織への適応能力に関する包括的なアプローチを発展させ，ソーシャル・パートナーを含むすべての関係者の貢献を強化すること，
― 成長の雇用内容を強化する目的をもって，生産物，サービス，資本の市場の経済改革を追求し，安定志向のマクロ経済政策戦略との協調とそれへの貢献を強化すること，
― 「万人のための生涯学習」の戦略を実施するために教育訓練制度を発展，改善することである．

雇用戦略は，EC，国内，地方，地域のあらゆるレベルの行動を呼びかける．

**(b) 行　動**
― 毎年の合同雇用報告案，雇用指針案，雇用勧告案の提案によりルクセンブルクプロセスを強化し続ける（適当なら定量的目標を含め関係する問題を強化しさらに発展させる）とともに，リスボン欧州理事会の結論を 2001 年雇用指針に取り入れ，2002 年の戦略の影響を評価する．
― 雇用指針のもとで生涯学習のテーマを強化する．
― 雇用の領域でのインセンティブ措置に関する決定を提案する（条約第 129 条）．
― 相互評価方式と好事例の交換に基づき，労働市場政策の評価の開発を続ける．
― 定量的および定性的な共通の指標のセットの開発をさらに進める．
― 高水準の雇用という目的が EC の諸政策や活動の形成や実施においてどのように考慮に入れられているかに関する体系的で定期的な評価を開発する（条約第 127 条）．
― 雇用戦略の実施の文脈において人的資源開発のための EC の主な手段としての欧州社会基金の役割を強化する．構造基金，特に欧州社会基金の雇用社会政策への支援の影響を評価する．EU 主導イニシアティブである EQUAL, Interreg III, Leader+, Urban による確信と好事例に特段の注意を払う．
― 雇用戦略の地方や地域の次元を支援する．
― 特に雇用指針と包括的経済政策指針の準備と実施において，経済，構造，

第4節　欧州労働法：トレーラーか機関車か？

雇用の諸政策の間の整合性と協調を確保する．
―ソーシャル・パートナーに対し，
　―雇用戦略にもっと体系的に貢献し，協同するように，
　―雇用，特に生涯学習を促進する観点からあらゆる関係のレベルで対話と交渉を発展させるように，
　―雇用指針に基づき国内レベルでのソーシャル・パートナーの行動の参照基準となる共通の目的を欧州レベルで発展させるように，呼びかける．

(2)　変化を予測し管理し，新たな労働環境に適応する
(a)　目　的
328　「企業と被用者双方に十分な情報を促進し，経済市場統合の雇用と社会的帰結（合併，買収等）に取り組み，弾力性と安定性の間の新たなバランスと促進する観点で労働条件と契約関係を新たな経済に適応させることにより，変化への積極的で先制的なアプローチを発展させる．」
　これはあらゆるレベル（欧州，国内，産業，企業）のソーシャル・パートナーの強力な行動と，労働力のエンプロイアビリティ，職業的地理的移動可能性，雇用関係の現代化と改善，ソーシャル・パートナーの活動方法，十分な情報提供と協議の手続の発展，紛争を予防し調整する手段の創設に関する企業と被用者の間の責任の分担の発展を必要とする．公的機関はこのような適応を促進するための必要な支援を条件を提供すべきである．
　最も重要な問題は職場の健康と安全を促進し，この分野の立法と付随する措置が新たな知識や技術の進歩に適切に適応するよう確保することである．
(b)　行　動
―雇用戦略の適応能力の次元を強化する．
―条約第138条に基づき，雇用関係の現代化と改善に関するソーシャル・パートナーへの協議を開始する．
―派遣労働に関する交渉のフォローアップをする．
―欧州レベルにおける紛争解決のための自発的な調停，斡旋，仲裁の機構の設置の必要性に関してソーシャル・パートナーに協議する．
―労働時間に関するEC法制を完成させ，法典化する．
―審議中の立法提案，特に欧州会社法規則と被用者への情報提供・協議に関する法案を採択する．
―健康安全立法を法典化し，簡素化する．
―ECの判例法と変わりゆく労働の世界を考慮に入れて現在の立法を適応させ，改善する（使用者の破産，健康と安全など）．

―好事例の交換と分析を促進する（欧州労働組織ネットワークを通じて）
―労働者の財務参加に関するコミュニケーションと行動計画を開始する．
―コミュニケーションの発出により企業の社会的責任と変化のマネージに関係するイニシアティブを支援する．
―コミュニケーションの発出により公共調達手続きの社会的側面に取り組む．
―ソーシャル・パートナーに対し，
　―適当であれば労働組織と新たな就業形態に関係した問題についてさらに交渉や団体交渉を追求するように，
　―労働力のエンプロイアビリティと適応能力，特に職業的移動可能性に関して，企業と被用者の間の責任の分担に関する交渉に至るような議論を開始するように，呼びかける．
―欧州生活労働条件改善財団に対し，意見交換の場とも成りうる変化に関する十分な情報交換の場を設けるよう求める．
―コミュニケーションの発出により職場における健康と安全に関する EC 戦略をさらに発展させる．

(3) 知識基盤経済の機会を活用する
(a) 目　的
329　「欧州においてより多くの仕事を創り出すために知識基盤経済の開発を加速する．」
　これは，欧州雇用戦略の中で知識基盤社会の目的を追求し，生涯学習を確保して技能と男女較差を縮小し，新たな経済における新たな形態の労働組織を促進するとともに障碍者の雇用を促進することに関わる．
(b) 行　動
―雇用戦略の知識基盤社会の側面をさらに発展させる．
―欧州市民の科学的文化を再強化し，もっと多くの人々を科学技術的職業に引きつけるために，欧州レベルにおける研究機関，科学センター，大学や学校の間の協同を促進する．
―e ヨーロッパ行動計画の人的資源の側面をさらに発展させる．
―特に科学技術の教育訓練への参加を促進することにより，女性の情報通信技術や他の科学技術的職業へのエンプロイアビリティと参入を促進する．
―情報技術の分野における投資と訓練に重点を置いた新たな欧州社会基金の計画の実施を監視する．
―情報社会の雇用と社会的側面に関する高級グループと密接に協力して，好事例の摘出と分析を促進する．

―ソーシャル・パートナーに対し，生涯学習と情報技術に関連した新たな就業形態に関する議論に焦点を当てるよう呼びかける．

**(4) 移動可能性を促進する**
**(a) 目 的**
330 「地理的移動可能性の障壁を除去することにより労働者の自由移動の事実上の実施を確保する．労働者の自由移動に関するECの規則の適用の監視を続け，知識基盤経済の心臓部に当たる分野における特別の措置の必要性を検討し，新技術の活用を含め移動可能性を助長する支援機構を発展させる．」

これは自由移動の権利を行使する労働者が直面する事実上や法的な問題の取扱いや，社会保障分野，特に補完的年金における障壁の撤廃，職業紹介サービスや社会保障機構を含む加盟国や地域間の協力に関わる．

人口学的変化についての共有された評価や労働市場の状況とともに出身国の状況に基づいて，第三国国民の入国と居住の条件に関する国内法制の接近が重要である．

**(b) 行 動**
―移民労働者の社会保障に関する規則1408/71を第三国国民に拡大適用する法案と労働者の自由移動に関する規則1612/68の簡素化に関する現在の提案を採択する．
―コミュニケーションの発出により，すべての関係者による年金と移動可能性の問題に取り組む年金フォーラムを設置する．
―このフォーラムの議論の後，補完的年金の移転可能性に関する措置を提案する．
―自由移動の権利を行使する労働者が直面する法的および事実上の問題を解決するためすべての関係者間の協力を改善する．
―コミュニケーションの発出により，公共サービスにおける自由移動に関する残存する問題に取り組む．
―欧州職業サービス(EURES)の運営規則を見直す．
―研究者，学生，訓練生，教師および訓練指導員の移動可能性の障壁を圧縮する特別の行動をとる．

**b 社会政策の質**
**(1) 社会保護を現代化し，改善する**
**(a) 目 的**
331 「知識経済への転換，社会や家族構造の変化に対応し，生産要素としての

社会保護の役割に立脚して社会保護を現代化し，改善すること．」

　実際にはこれは社会保護制度を適応させて，仕事が割に合うようにし，安定した収入を提供し，年金制度を安全で持続可能なものにし，社会的統合を促進し，質が高く持続可能な保健医療を確保することを意味する．

　加盟国や関係者（ソーシャル・パートナー，非政府組織，社会保護機構）の間の協力を強化することが重要である．これにより加盟国はこの分野でいずれも直面する課題に対応することができる．

**(b)　行　動**

―社会保護委員会を設置する．

―コミュニケーションの発出により，中長期的観点から，特に年金に注目して社会保護の将来に関する検討に貢献する．

―社会保護における男女均等の次元に関するものを含め，目的と指標を開発するとともに好事例の交換の観点から，インプットを提供することにより社会保護委員会の作業を支援する．

―欧州委員会/閣僚理事会の合同年次社会保護報告を準備する観点で，欧州レベルで定義された目的に立脚して社会保護に関する年次報告を提出する．

―現代化のアジェンダを精緻化するため，EC機関，ソーシャル・パートナーおよび社会保護機構との密接な協力を発展させる．

―ソーシャル・パートナーに対し，社会保護の現代化と改善に貢献するよう呼びかける．

**(2)　社会的統合を促進する**

**(a)　目　的**

**332**　「貧困と社会的排除を予防し根絶し，万人の経済社会生活への統合と参加を促進すること．」

　これはすべての関連する政策から引き出され，男女均等の視点を含む統合的で包括的なアプローチを必要とする．教育と訓練はここでは基本的技能を提供することにより重要な役割を果たす．

　社会的排除との戦いはまたあらゆるレベルで公的機関，ソーシャル・パートナー，非政府組織，その他の関係者の強力なパートナーシップを必要とする．

　リスボンとフェイラの欧州理事会で提供されたこの分野における開かれた協調手法は社会的統合を促進するための国内行動計画の文脈で加盟国の統合された努力を支援する．それは，障碍者を含め特定の集団の主流化と統合の双方の意味において，これら政策と計画の進展と成功を監視するための十分

な指標，目標とベンチマーキング手法を発展させる．
**(b) 行　動**
―提案済みの特定の行動計画を採択することで社会的排除を戦う．
―開かれた協調手法を支援するために，目的と目標に合意し，指標を開発し，統計を強化し，あらゆる関連分野における研究を発展させる．
―条約第137条第2項に基づき，労働市場から排除された人々の統合を促進する最善の手段と方法に関するすべての関係者に対する協議を開始する．
―EU主導イニシアティブであるEQUALを含め，社会的統合の促進における欧州社会基金の影響を評価する．
―雇用指針の強化を提案することにより，障碍者，民族集団，新たな移民を含め，弱い立場の集団へのより多くのより良い雇用機会を促進する．
―社会的統合政策に関する年次報告を発出する．

**(3) 男女均等を促進する**
**(a) 目　的**
**333**　「民主主義の枢要の構成要素としての経済，科学，社会，政治，市民生活への女性の完全な参加を促進すること．これは権利の問題であるだけでなく，社会的経済的進歩にとっての主要な構成要素でもある．」

　欧州レベルにおける男女間の均等への長きにわたる関与は拡大され，男女均等の視座が関係するあらゆる政策に主流化されるべきである．取り組むべき枢要な分野は女性に対する暴力の問題である．
**(b) 行　動**
―特に提案されている男女均等に関する特定の計画の採択と実施を通じて男女均等に関するECの枠組み戦略を実施し，さらに条約をフルに活用することにより均等の権利を強化する(第13条に基づく雇用と職業以外の分野における均等待遇指令の提案)．
―1976年の均等待遇指令の修正案を採択する．
―雇用戦略の第4の柱の実施を密接に監視し強化する．
―あらゆるレベルの公的行政における男女均等を発展させ，監視し，評価する．
―あらゆるレベルの科学と技術の分野における男女均等を発展させ，監視し，評価する．
―ソーシャル・パートナーに対し，
　―同一賃金，
　―労働市場の男女による分離，

―家庭と職業生活の両立，に特段の注意をもって労使対話を強化するよう呼びかける．

(4) **基本権を強化し差別と戦う**

(a) 目 的

334 「公正な社会と人間の尊厳の尊重の枢要の構成要素として基本的社会権の発展と尊重を確保する．雇用関係における個人の私的データを保護する．」

これは市民社会との密接な協力によって実行される現存の機関との関係でさらに権利を集約し，強化することに関わる．

人種的民族的出身に関わらぬ均等待遇に関する指令に関する合意に立脚し，2000年における基本権憲章と条約第13条に基づく差別禁止に関する残りの二つの提案の採択は，この分野に新たな弾みを与え，人種差別との戦いを見えやすいものにするであろう．

均等待遇はEU域内に合法的に居住する第三国国民,特に長期居住者にも，その居住国への統合を強化する観点から，適用されるべきである．

(b) 行 動

―人種的民族的出身，宗教や信条，障碍，年齢，性的志向を理由とする雇用における差別を禁止する指令案を採択する．

―差別と戦う行動計画案を採択し，実施する．

―人種差別と排外主義と戦う意識啓発キャンペーンを促進する．

―人種差別と排外主義に関する監視センターの機能について報告する．

―「障碍者のためのバリアフリーヨーロッパに向けて」のコミュニケーションの実施を監視し，実施報告を準備する．

―2003年を欧州障碍者年として提案する．

―毎年欧州障碍者の日を組織する．

―条約第138条に基づきデータ保護に関するソーシャル・パートナーへの協議を開始する．

―ソーシャル・パートナーに対し，職場における差別の根絶にさらに貢献するよう呼びかける．

新たな形態のガバナンスは，社会政策への人々の完全な参加を確保するために，あらゆる関係者，特に非政府組織や草の根の組織の直接の関与を要請する．これは特に本アジェンダで定義されたように社会的非政府組織の特段の役割が完全に認識されているところでは，社会政策の質の促進について当てはまる．市民社会組織の参加と構成はそれゆえ高度に適切である．

―欧州委員会は政策課題（社会的統合，差別禁止，基本権，男女均等，社会保護）

に関して社会的非政府組織と定期的な対話を組織する．
―非政府組織はソーシャル・パートナーと協力し，社会的統合，基本権，男女均等のような共通の関心事項についてともにパートナーシップのイニシアティブを発展させるよう求められる．

### (5) 労使関係における質の促進[訳注1]

**(a) 目的**

**335**　「明らかにされた課題に対して効果的な方法であらゆるレベルの労使対話を貢献させる．競争力と連帯と弾力性と安定性のバランスを促進する．」

　条約の特別の構成要素としての欧州レベルにおける労使対話の発展はヨーロッパ・ソーシャル・モデルの現代化とさらなる発展とともにマクロ経済戦略のための枢要の手段である．これは国内の発展と密接に接合されるべきである．

**(b) 行動**

―団体交渉の最善の可能性を提供するものも含め，労使の共通関心領域を明らかにする観点を持って，欧州レベルのソーシャル・パートナーに協議を行う．
―欧州レベルのソーシャル・パートナーの代表性について密接に監視し，継続的に研究を更新する．
―労使関係の将来に関する検討グループを開始する．
―共通関心問題（労働組織，労働の未来，新たな就業形態）に関する国内円卓会議を通じて欧州レベルと国内レベルの労使対話の間の相互作用を促進する．
―（産業横断的レベルと産業別レベル双方で）労使対話構造の機能についてソーシャル・パートナーとともに再検討し，必要であれば適応を提案する．
―ソーシャル・パートナーに対し，変化への適応についてその責任に属するの分野において自身によるイニシアティブを発展させるよう呼びかける．
―生涯学習と訓練の戦略を実施する．

　　　［訳注1］　この節は，アジェンダ原文では「フル就業と仕事の質」「社会政策の質」と並ぶ1ランク上の項目とされており，本来は「c節」とすべきところであるが，原著ではこうなっている．

### (6) 拡大に備える[訳注1]

**(a) 目的**

**336**　バランスのとれた経済と社会の発展の条件の下でEUの拡大の準備に貢献すること．

## 総　論

**(b)　行　動**

―加盟候補国による EU の社会と雇用の成果の実施を監視し続ける．

―加盟候補国との雇用政策評価（合同評価に至る）の精緻化を継続する．

―加盟候補国における労使対話とソーシャル・パートナー組織の強化を支援する．

―加盟候補国における関係する非政府組織のさらなる発展に貢献する．

―EU の市民社会組織と加盟候補国の市民社会組織の間の協力を促進する．

―社会保護の分野における共通の問題とニーズを明らかにし，合同分析を準備する．

―加盟前の戦略における男女均等を主流化する．

―加盟前の戦略の一環として社会分野における EC の行動計画への加盟候補国の参加の成功を確保する．

　　　［訳注1］　この節は，アジェンダ原文では「フル就業と仕事の質」「社会政策の質」と並ぶ1ランク上の項目とされており，本来は「d節」とすべきところであるが，原著ではこうなっている．

**(7)　国際協力の促進**［訳注1］

**(a)　目　的**

**337**　「特に国際機関（ILO，OECD，欧州評議会）との経験と好事例の交換を促進する．」

　主たる目的は，コア労働基準の尊重とグローバル経済における統合された経済的社会的アジェンダの促進を通じて，グローバリゼーションの雇用と社会的次元を強化することである．

　欧州委員会もまた二国間協力の文脈において他の諸国と雇用と社会問題に関する二国間協力をさらに発展させる．

**(b)　行　動**

―雇用，教育，訓練，社会保護および基本的社会権の分野における国際機関との協力をさらに発展させる．

―ILO や WTO を含め，国際機関を巻き込んだ対話を通じてコア労働基準の尊重に関する議論を支援する．

―加盟国が ILO の児童労働条約を批准することを奨励する．

―EU の対外関係の社会的側面に関する会議を開催する．

　　　［訳注1］　この節は，アジェンダ原文では「フル就業と仕事の質」「社会政策の質」と並ぶ1ランク上の項目とされており，本来は「e節」とすべきところであるが，原著ではこうなっている．

## 4　フォローアップと監視

**338**　体系的な監視と社会的な「成果」のコントロールが発展され，新たな手法が設定される．
— EC の立法を実施し，検討し，その国内法への転換を促進する上で協力するため，加盟国官僚の高級グループが設置される（労働条件，男女均等待遇，差別禁止）．
— 健康と安全分野における現在の構造を基礎にして，各国の労働監督官のネットワークが，EU 立法の実施を監視するために発展される．

本アジェンダの2003年の中期見直しもまたこのアプローチを照らし出す．この見直しを準備するため，全ての関係者を集めた政策フォーラムが 2003 年の早い時期に開催される．

雇用と社会の統計を改善することは政策発展の密接な監視のために重要である．欧州委員会はこの目的のため，加盟国や他の関係者と協力して適切な統合された指標とベンチマークを明らかにする．現在進行中の評価は本アジェンダの定期的な監視と更新を可能にしよう．

## 5　結　論

**339**　新たな社会アジェンダはヨーロッパ・ソーシャル・モデルを現代化し，リスボン首脳会議でなされた政治的コミットメントを具体的行動に転換するための戦略的対応である．そうすることにより，過去の社会行動計画の間に雇用と社会分野で達成された進歩に立脚し，アムステルダム条約の実施を進める．

ヨーロッパ・ソーシャル・モデルの現代化は，変わりゆく環境の中で経済政策と社会政策の相互の強化が効果的に最大化されることを確保することを目指している．この意味で，新たなアジェンダは，ダイナミズム，革新，競争力をより多くのより良い仕事と社会的結束と結合する積極的な戦略の一環として，経済改革と社会改革の双方に基本的な役割を果たす．それは加盟候補国に，拡大を準備することで獲得しつつある「質」の道がその経済的社会的状況の双方にとって有益であることを確証する．

新たなアジェンダは欧州委員会からの具体的な行動と提案を示すとともに，EU 全域の制度や政策の多様性を十分に尊重しつつ，すべての関係者が役割を果たし，ともに進歩するための EC の手段方法を動員する政策枠組みを示している．

総論

## J 差別と戦う行動計画：2000—2006

**340** 差別と戦うために，EC は協調され統合された戦略において，すべての手段を自在に活用する必要がある．立法はこのような戦略の中核的要素であるが，しかし一要素に過ぎない．男女間の均等待遇と平等を促進しようとする数十年に及ぶ EC の努力は，差別との戦いにおける進歩はあらゆる関係者の慣行や態度の変更と動員を必要とすることを示している．性差別に関する EC の努力とともに障碍や人種差別に関わるイニシアティブは，政策形成者や実務者に自らの経験を他者のそれと比べ，照らし合わせることを可能にする実際的活動が差別を効果的に矯正し，政策発展に刺激を与えることができることを示している．

　EC はそれゆえ，さらにこの国を超えた協力を立法行動の補完として促進する．反差別提案のパッケージの一部として，欧州委員会は加盟国の差別と戦う政策や慣行を発展させる努力を支援する行動計画を提案した．これは加盟国内の活動者を動員し，情報や好事例の交換を奨励することによってそうしようとする．

**341** 性別の次元を他の活動に統合するとともに，男女間の均等の領域における特定の活動を維持しようとする欧州委員会の意図に照らすと，この行動計画は性別に基づく差別は特に扱わず，第 13 条にいう他の理由に集中するであろう．行動計画は異なる理由による差別の経験とそれと取り組むために発展してきた特殊性とともに類似性も考慮に入れる．それゆえ，すべての活動者がその努力をプールし，好事例を増幅し，統合的な協力を発展させることを可能にする．行動計画案でカバーされる差別理由の間に優先順位のランキングはない．それは異なった理由に対する別々の行動ではなく，より広い差別を対象とし，性別の次元も適当なら統合する．

　差別との戦いの実施の責任は主として加盟国にある．EC 行動計画案は既に地域，地方，国内レベルで存在している行動を支援しようとするものではなく，EU レベルの価値を付加しようとするのである．この目的のため，行動計画は差別と戦う立法措置への支援を，より広いダイバーシティへの積極的なアプローチに立脚した反差別慣行の促進と，長期的な態度の変化を促進する活動と結合する．その焦点は理解と慣行を改善する手段としての国境を越えた協力に当てられる．

　三つの主たる目的が示される．

―第 1 に EC における差別の広がりと性質とともに，これと戦う措置の有効

第 4 節　欧州労働法：トレーラーか機関車か？

性を分析評価することを支援する．
——第 2 に差別との戦いにおいて活動的な国内レベルおよび EU レベルの活動者の能力の構築を援助する．
——第 3 に実務者やオピニオンリーダーに対し，差別との戦いが立脚する価値観を促進し広報する．

## K　ニース条約 (2000 年 12 月)：「社会的にはそれほどナイスでないが」
[訳注 1]

**342**　2000 年 12 月，フランスのニースで開かれた欧州理事会の首脳会議会合で，多数決の拡大と基本的社会権の問題が取り上げられた．そう，再度希望が見えた．EU の拡大の準備に取り組んでいた 2000 年の政府間会合もまた，多数決の拡大の問題に取り組んだ．EU が 27〜30 ヵ国に拡大しようというのに全会一致を維持しようとすれば意思決定を麻痺させることになると誰もが理解した，と人は思うだろう．より多くの労働問題が多数決の範囲内に入って来るという希望が見えた．

さらに，1999 年のタンペレ欧州理事会では，EU の基本権憲章を起草するという決定も行われた．加盟国政府，欧州委員会，欧州議会および各国議会の代表から成る合同機関が憲章を起草することとなった．他の EU 機関，ソーシャル・パートナー，専門家はこの合同機関に呼ばれて意見を表明した．基本権が欧州条約に統合されるいい機会であった．単なる宣言を超えて，使用者や労働者を含め，欧州市民に直接効力を有するものとするかどうかという点が残されていた．法的に効力を有する基本的基準は「ソーシャル・ヨーロッパ」を決定的なものにしたであろう．

再度，我々の希望は朝日の前の霞のごとく消え失せた．

　[訳注 1]　もちろん，ニース (Nice) とナイス (nice) を掛けている．

### 1　EU の基本権憲章 (2000 年 12 月 7 日)[(1)]
#### a　前　文
**343**　前文は偉大に響く．次のように述べる．
「欧州の人民は，彼らの間にかつてなき緊密な連合を創設する中で，共通の価値観に立脚した平和な未来を共有することを決意した．

その精神的および道徳的伝統を意識しつつ，EU は，人間の尊厳，自由，平等，および連帯という分かつことのできない普遍的な価値観の上に建設され，民主主義と法の支配の原則に立脚している．EU の市民権を樹立し，自由，安

全，司法の領域を創設することにより，EU は個人をその活動の中心におく．

　EU は欧州の人民の文化と伝統とともに，加盟国やその国内，地方および地域レベルの公的機関の組織のナショナル・アイデンティティの多様性を尊重しつつ，これら共通の価値観の保持と発展に貢献する．EU はバランスのとれ持続可能な発展を促進し，人，財，サービス，資本の自由移動と企業設立の自由を確保する．

　この目的のため，基本権を憲章において目に見える形にすることにより，社会の変化，社会的進歩，科学技術の発展に照らして基本権の保護を強化することが必要である．

　本憲章は，EC と EU の権限と任務および補完性の原則に十分考慮しつつ，特に加盟国に共通の憲法的伝統と国際的義務，EU 条約，EC 条約，欧州人権と基本的自由の保護に関する規約，EC および欧州評議会の社会憲章，欧州司法裁判所および欧州人権裁判所の判例法から，諸権利を確認する．

　これら権利の享受は他の人，人間の共同体および将来の世代に対する責任と義務を伴う．EU はそれゆえ，以下に規定する権利，自由および原則を認識する．」

　(1) 全文は付録を見よ．（［訳注］本訳書では全文は省略してある．）

**b　内容：権利のリスト**

**344**　憲章は次のような社会的権利を含んでいる．
―奴隷および強制労働の禁止，
―個人および家族生活の尊重，
―個人情報の保護，
―思想，良心および宗教の自由，
―表現および情報の自由，
―集会および結社の自由，
―教育の権利，
―職業選択の自由と仕事に従事する権利，
―事業経営の自由，
―非差別，
―男性と女性の均等，
―企業内部における労働者の情報提供および協議の権利，
―団体交渉および行動の権利，
―職業紹介サービスへのアクセスの権利,
―不当な解雇の場合における保護,

## 第4節 欧州労働法：トレーラーか機関車か？

―公正かつ適正な労働条件，
―児童労働の禁止および若年労働者の保護，
―家庭生活と職業生活，
―社会保障と社会扶助
―移動と居住の自由，

### c 適用範囲と保護の水準
#### (1) 適用範囲
**345** 「本憲章の規定は，補完性の原則に考慮しつつ EU の諸機関に向けられ，EU 法を実施する場合にのみ加盟国に向けられる．

　それゆえ，彼らはそれぞれの権限に従って，権利を尊重し，原則を遵守し，その適用を促進するものとする．

　本憲章は EC や EU に新たな権限や任務を与えるものではなく，条約によって規定された権限や任務を修正するものでもない．

　本憲章によって認められた権利や自由の行使へのいかなる制限も法律により規定され，これら権利と自由の本質を尊重しなければならない．比例性の原則に従い，制限はそれが必要で，EU によって認められた一般的利益の目的かまたは，他の者の権利と自由の保護の必要性に純粋に合致する場合にのみすることができる．

　EC 条約または EU 条約に基づく権利で，本憲章で認められた権利は，これら条約が規定する限界の範囲内で行使されるものとする．

　本憲章が欧州人権および基本的自由の保護に関する規約で保護された権利に対応する権利を含む限り，これら権利の意味と適用範囲は当該規約に規定されたものと同一である．この規定はより拡張的な保護を与える EU 法を妨げない．」

#### (2) 保護の水準
**346** 「本憲章のいかなる部分も，それぞれの適用分野において，EU 法や国際法，欧州人権および基本的自由に関する規約を含め EU，EC または加盟国が締結した国際協定，および加盟国の憲法によって認められた人権と基本的自由を制限したり，悪影響を与えるように解釈されることはない．」

#### (3) 権利の濫用の禁止
**347** 「本憲章のいかなる部分も，本憲章で認められたいかなる権利や自由を破壊したり，その中に規定されたよりも多く制限したりすることを目的とし

たいかなる活動に従事し，いかなる行動を行ういかなる権利をも意味するものと解釈されることはない．」

**(4) 評価：拘束力**

**348** 明らかに，憲章は多くの社会的権利を含んでいる．あるものは基本権であり，あるものは重要だが基本権ではない．ここで，我々は欧州条約に含まれるべき憲章に関する限り，社会権のインフレについて語ることができる．例えば職業紹介サービスへのアクセスの権利，不当な解雇の場合における保護，公正かつ適正な労働条件といったものである．これらは確かに重要な点であるが，基本権憲章を論じる際に考える「中核的権利」ではない．これとは対照的に，1998年のILO宣言は真の中核的社会権に集中しており，このやり方の方が適切に見える．

憲章の拘束力に関する限り，ニースはがっかりさせる．憲章に関するニース首脳会議の議長国結論はこういう．
「欧州理事会は，これまで様々な国際的，EU，国内の源泉に規定されてきた市民的，政治的，経済的，社会的および全体社会的な権利を一個の文献に集約した，閣僚理事会，欧州議会および欧州委員会による基本権憲章の共同声明を歓迎する．欧州理事会は憲章が可能な限り広く欧州市民の間に行き渡ることを希望する．ケルン欧州理事会の結論に従い，憲章の効力の問題は後に検討される．」
「後に」というのはEU拡大の後，30いくつもの加盟国が憲章の拘束力に全会一致で賛成しなければならないということを意味する．

しかしながらなお希望はある．いつもどおり，欧州司法裁判所が助けにやってくる．

**349** BECTU事件(C-173/99)において，法務官はニース宣言を引用している（2001年2月8日）．事実は次のようである．

BECTUは放送，映画，演劇などの関連分野の組合で，音楽録音家，カメラマン，特殊効果技術者，映写技師，編集者，調査員，美容師，メイク師など3万人の組合員がいる．

1993年の欧州労働時間指令を実施するイギリス法制は，年次休暇の資格に13週間以上同一の使用者に継続して使用されるという条件を設けている．さらに，雇用が終了した場合を除き，代償手当をもって替えることができない．

BECTU加盟の労働者は多くの場合13週間未満の短期でしか雇用されていなかった．結果として，イギリス法の下では年次休暇の権利を得られなかった．

## 第4節　欧州労働法：トレーラーか機関車か？

　法務官によれば，年次有給休暇の権利は基本的社会権である．これは様々な国際文書で宣言され，2000年12月7日のEU基本権憲章に納められている．法務官は，憲章の規定が認めるその目的はECの文脈に関与するすべての者のための実質的な参照点であると確認した．

　より詳しくいうと，法務官はこう述べた．
「1948年という早い時期に，世界人権宣言は，労働時間への合理的な制限と有給の定期的な休日を含め，休暇の権利を認めている（第24条）．その後，欧州評議会が1961年に承認した欧州社会憲章（第2条第3項）と，1966年の国連の経済的，社会的および文化的権利の憲章（第7条第d号）が，特に有給休暇の権利を公正で公平な労働条件の現れとして取り上げている．

　ECの文脈では，1989年のストラスブール欧州理事会で採択された労働者の基本的社会権に関するEC憲章の第8条で，各国元首と政府が同じ権利を歌い上げ，これは労働時間指令の前文の第4項でも引用されている．

　私がここまでまとめて一般的に引用してきた諸文書は確かに特定の点ではお互いに異なっている．見て来たように，あるものは国際規約であり，他は厳粛な宣言であるから，その実質的内容も法的適用範囲もあらゆる場合に同じとはいえず，適用される人も異なる．

　しかしながら，これらあらゆる文書において，一定期間の有給休暇の権利は紛いようもなく労働者の基本権に含まれている．

　もっと明らかだと私に思われるのは，この権利が今や2000年12月7日に，多くの場合各国議会の明示かつ特定の委任に基づいた加盟国の元首と政府の承認を受けて，欧州議会，閣僚理事会および欧州委員会によって公表されたEU基本権憲章に厳粛に取り上げられているという事実である．憲章の第31条第2項は「すべての労働者は最長労働時間の制限，休息期間ならびに週休および年次有給休暇の権利を有する」と宣言している．そして，この言明は憲章を起草した会議の議長が明らかに宣言したように，欧州社会憲章第2条とEC労働者の社会権憲章第8条に基づいており，また労働時間の組織の特定の側面に関する指令93/104/ECを考慮している．

　明らかに，上で述べた諸文書と同様，EU基本権憲章は厳格な意味で純粋の法的適用範囲を有するとは認められていない．言い換えれば，公式的にはそれ自体拘束力を持たない．しかしながら，他の形式と他の方法で憲章が産み出すことになる効果に関して現在行われている広範な議論にここで加わるつもりはないが，憲章が他の文書に規定された権利を大いに再確認しているように見えるという事実は残る．その前文において，「本憲章はECとEUの権限と任務および補完性の原則に十分考慮しつつ，特に加盟国に共通の憲法的

伝統と国際的義務，EU条約，EC条約，欧州人権と基本的自由の保護に関する規約，ECおよび欧州評議会の社会憲章，欧州司法裁判所および欧州人権裁判所の判例法から，諸権利を確認する」と述べている．

それゆえ，基本権の性質と適用範囲に関する手続においては，憲章の関係する規定を無視することはできないと考える．特に，その規定がそう認めるならば，加盟国，EC諸機関，自然人や法人などECの文脈でのすべての関係者にとっての実質的な参照点として供される明確な目的を無視することはできない．したがって，私は憲章が，年次有給休暇が基本権を構成するという事実のもっとも頼りになり決定的な確証を与えてくれるとみなす．」

法務官は，年次休暇の権利は個別労働者に関わるだけでなく，労働者の健康と安全という一般的社会利益にも対応するものであり，それゆえ他の状況下にある指令に認められているような適用除外には相当しない自動的で無条件の権利であると付け加えている．

欧州司法裁判所は，結果として，「すべての労働者が年次有給休暇の資格を得ることは適用除外の余地のないEC社会法の極めて重要な原則と見なされなければならない」と宣言した．[訳注1]

[訳注1] この文は第9版用の著者草稿による．

**350** 言い換えれば，憲章は「これがEC法の一般原則として加盟国に共通の憲法的伝統から由来するならば」（EU条約第6条第2項）基本権を構成するのである．これはもちろん，極めて重要である．

### 2　全会一致と特定多数決

**351** ここでは何も変わらなかった．その代わりに，条約第137条は書き換えられ，今や以下のようになった．

「1　第136条の目的を達する観点で，ECは以下の分野における加盟国の活動を支援し，補完するものとする．
- **(a)** 労働者の健康と安全を保護するための労働環境の改善
- **(b)** 労働条件
- **(c)** 労働者の社会保障と社会保護
- **(d)** 雇用契約終了時の労働者の保護
- **(e)** 労働者への情報提供と協議
- **(f)** 共同決定を含め，労働者および使用者の代表権とその利益の集団的防衛（第5項に従い）
- **(g)** EU域内に合法的に居住する第三国国民の雇用条件
- **(h)** 労働市場から排除された人々の統合（第150条を妨げない）

(i) 労働市場機会および職場における待遇の観点からの男女の均等
(j) 社会的排除との戦い
(k) 社会保護制度の近代化（第(c)号を妨げない）
2 この目的のため，閣僚理事会は，
(a) 加盟国の法律と規則の調和化を除き，知識の改善，情報と好事例の交換，革新的アプローチの促進，経験の評価を目指したイニシアティブを通じた加盟国間の協力の促進を採択できる．
(b) 第1項第(a)号から第(i)号までに規定する分野において，加盟国における条件と技術的規則を考慮しつつ，指令の形で，段階的な実施の最低要件を採択することができる．この指令は中小企業の創出と発展に行政的，財務的，法的な制約を課することを避けるものとする．
 閣僚理事会は，欧州委員会からの提案により，欧州議会および経済社会評議会，地域評議会に協議した後に全会一致で行動する本条第1項第(c)号，第(d)号，第(f)号および第(g)号に規定する分野を除き，経済社会評議会および地域評議会に協議した後に，第251条に規定する手続きに従い行動するものとする．閣僚理事会は，欧州委員会の提案により，欧州議会に協議して，全会一致により，本条第1項第(d)号，第(f)号および第(g)号については第251条に規定する手続によるむね決定することができる．
3 加盟国は，労使の共同要請により，第2項に従い採択された指令の実施を労使に委任することができる．
 この場合，加盟国は，指令が第249条に従い国内法化されなければならない日以前に労使が協約により必要な措置を導入することを確保するものとし，当該加盟国は，指令により課された結果を確保しうる地位に常にあることを可能とする必要ないかなる措置をもとるべきことを要請される．
4 本条に基づき採択された規定は，
—加盟国がその社会保障制度の基本原則を定義する権利に影響せず，その財政的均衡に顕著に影響してはならない．
—いかなる加盟国が，条約に比して一層厳格な措置を維持または導入することを妨げない．
5 本条の規定は，賃金，団結権，ストライキ権，ロックアウト権には適用されない．」

### 3 欧州会社法規則

**352** 欧州会社法規則と労働者参加に関してついに合意が成り立った．これは極めて弱い仕組みである．まず，これは自発的なものであり，次に加盟国は

労働者参加に関する規定を実施しなくてもよく，欧州会社が登録事務所を置く加盟国の国内伝統が同様の規定を有さないならば（例えば，アイルランドとイギリス），そのような制度を持つ必要はない．

2000年12月20日の社会相理事会は，欧州会社について次のように結論付けた．

「閣僚理事会は，欧州会社(SE)に関する次の二つの立法についての政治的合意への指針に全会一致で合意した．
―欧州会社法規則
―被用者関与に関して欧州会社法を補完する指令

欧州会社法は域内市場を完成する枢要の要素の一つである．これによりラテン語名「ソキエタス・エウロパエア」(SE)により，株式会社の形式でEC域内に会社を設立することが可能になる．

規則は異なった加盟国の諸会社がECレベルのその活動の再編成を通じて計画され実行されうる単一の法的枠組みを創出することを意図している．「ソキエタス・エウロパエア」モデルを選択する企業にはいくつかの選択肢が用意されている．企業は合併することも（「合併による欧州会社」），持株会社を作ることも（「持株欧州会社」），共同子会社を作ることも（「子会社たる欧州会社」），自ら欧州会社に転換することも（「欧州会社への転換」）できる．欧州会社は，異なった国内制度に従うのではなく，単一の法制度と経営制度の基礎の上に機能することができ，これは顕著な経営上の助けになる．

欧州会社法はEC域内に登録事務所または本社を有する株式会社が解散することなく自ら欧州会社に転換することを認める．欧州会社はその登録事務所が所在する加盟国で登録される．すべての登録欧州会社はEC官報で公示される．」

**353** 欧州会社は株式資本による会社の形をとらなければならない．そのような会社が合理的な大きさであることを確保するため，最低資本額が規定されている．引受資本額は最低12万ユーロでなければならない．

欧州会社における被用者関与に関する規制は同じく閣僚理事会で合意に達した以下に述べる指令に従う．

この指令に含まれる規定は欧州会社法規則と切り離すことはできず，並行して適用されなければならない．

この指令は，欧州会社の設立がその設立に参加した会社の中に存在している被用者関与の慣行を消滅させたり縮減したりすることをもたらさないように，欧州会社の問題についての被用者関与に関して規則を補完する．

**354** 企業内の意思決定に被用者代表が関与するやり方に関する加盟国の規

則や慣行の多様性を前提にして，単一の欧州モデルは意図されていない．しかしながら，国境を跨いだレベルにおける労働者の情報提供，協議の手続は確保される．

欧州会社を設立する会社の一つまたはそれ以上に参加の権利が存在する場合には，関係者が異なった決定をしない限り，これら権利はその欧州会社への移転を通じて保存される．

参加会社の経営機関または執行機関が欧州会社の設立を決めたとき，来るべき欧州会社において被用者を関与させるやり方について合意に達するために，その会社の被用者の代表との間で交渉が開始される．関係するすべての会社の被用者を代表する特別交渉機関(SNB)が設置される．特別交渉組織の成員を選出しまたは指名するに当たっては，関係会社によって各加盟国ごとに雇用されている被用者の数に比例して選出ないし指名されなければならない．

原則として，こういった交渉は6ヵ月継続する．交渉された協約は協約の適用範囲，被用者代表機関の公正，成員数および議席の配分，被用者への情報提供および協議の機能と手続，この機関に配分されるべき財務的および物質的資源，必要なら参加の仕組み，協約の効力発効の日とその有効期間を規定する．

もし協約が締結されなければ，欧州会社の登録事務所がある加盟国の立法で規定された情報提供，協議および適当なら参加の仕組みが適用される．この立法は指令の附則で規定された準則に従わなければならない．

**355** ニース欧州首脳会議(12月)はEUに社会的排除と戦い，経済のグローバル化を統合され包括的なやり方で社会的観点から監視する必要な権限を与えるために最後のユニークなチャンスを構成した．成功裏にそうするためには基本権憲章は欧州条約に統合され，拘束力を有するべきであり，社会問題に関するより多くの多数決が規定されるべきであった．これは起こらなかった．逆である．しかしながら，欧州司法裁判所はBETCU事件における法務官の意見に従うならば救いの手になるかも知れない．

既に述べたように，条約を変えるためには全加盟国の全会一致が必要である．一つの加盟国でも拒否権を行使できる．ニースでこれが起こった．イギリスの労働党政権は国内的理由から，より多くの多数決と条約第137条の改正に拒否権を行使することによってヨーロッパ・ソーシャル・モデルを傷つけたのである．

要するに，EUは社会的にハンディキャップを負っている．これはサッチャーやブレアその他の者が純粋に国内的な間違って抱かれた関心によって欧州

総論

の進歩に拒否権を行使する限りそうであろう．こうした状況下で，人はなおヨーロッパ・ソーシャル・モデルを誇ることができるだろうか．実際，ソーシャル・ヨーロッパは「ナイス」ではない．

### 4 ECの被用者に対する情報提供および協議のための枠組み指令[訳注1]

**355-1** ECの被用者に対する情報提供および協議のための一般枠組みを設定する欧州議会と閣僚理事会の指令2002/14/ECは2002年3月11日に採択された．

本指令の目的は，「EC内の企業または事業所において情報提供および協議を受ける労働者の権利に関する最低要件を規定する一般的な枠組みを定めることにある．」本指令は，加盟国の選択により，
—いかなる一加盟国においても少なくとも50人の被用者を雇用する企業，または
—いかなる一加盟国においても少なくとも20人の被用者を雇用する事業所に適用する．

情報提供および協議は次のものをカバーするものとする．
—企業または事業所の活動および経済状況の最近のおよびありうべき進展に関する情報，
—企業または事業所内部の雇用の状況，構造およびありうべき進展ならびに特に雇用が脅かされる際には想定されるいかなる先制的な措置に関する情報提供および協議，
—労働組織または雇用契約関係における顕著な変化をもたらすような決定に関する情報提供および協議（集団整理解雇指令と企業譲渡指令によってカバーされるものを含む）

被用者の代表が十分な研究を行い，必要であれば協議を準備することができるように，適切なときに適切な方法で適切な内容が提供されるものとする．

加盟国は指令の発効の3年後(2005年3月23日)までにこの規定を国内法に転換しなければならない．イギリスとアイルランドのために導入された経過規定のもとでは，本指令の発効の日において，被用者への情報提供および協議の一般的，恒常的かつ法制的な制度が存在せず，被用者がこの目的のために代表されることを許す職場における被用者代表の一般的，恒常的かつ法制的な制度が存在しないような加盟国は，次の3段階で本指令を適用することができる．
—本指令の発効日の5年後(2007年3月23日)までは，少なくとも150人の被用者を雇用する企業または少なくとも100人の被用者を雇用する事業所，

第4節　欧州労働法：トレーラーか機関車か？

―上の日から1年の間(2008年3月23日まで)は，少なくとも100人の被用者を雇用する企業または少なくとも50人の被用者を雇用する事業所，
―指令の全面適用(つまり，少なくとも50人の被用者を雇用する企業または少なくとも20人の被用者を雇用する事業所)は，本来の実施時期の3年後となる．

　本指令は，イギリスとアイルランドおよびもちろん中東欧の加盟候補国を除き，多くのEU加盟国には，被用者の情報提供と協議に関しては，多くの変更を含まない．

　欧州労使協議会，欧州会社法およびこの枠組み指令に関し，欧州の関与法制が，使用者と被用者という当事者間の関係を彩る協調の精神を維持していることは顕著である．実際，実に多くの国内法制例えばフランスやイタリアのそれはこの認識を確認していない．人はこういった国内法制において「協調の精神」とは何か不思議に思うであろう．

　〔訳注1〕　本パラグラフは，著者が第9版のために書いた草稿を挿入したものである．

## III　収斂か多様性か？

**356**　真の域内市場の完成が異なった各国の労働法と労使関係制度をさらに接近させ，究極的にはより調和的なあるいは統一的なものにするかどうかが問われている．一個の広大な市場における我々の異なった各国の制度が，いや増す（国際的）経済競争，新技術の継続的導入といった同じ課題に，より教育を受け，創造力があり，参加的な新たな労働者（知識労働者）に，我々の社会の同じ都市化に，同様な環境問題に直面していくという事実が収斂的な影響を及ぼすだろうという意見を持つこともできるだろう．似たような問題は似たようなやり方で解決されるというのは事実である．労働法というルールのゲームも他の物事のルールと同様，各国の間の公正競争が逆効果にならないために同様であるべきだという風に議論を進めることもできよう．オランダでよりもイギリスでの方が労働者を解雇しやすいという事実は市場を歪める．投資家は，「社会的制約」が最小の国の安い条件に引きつけられるであろう．それゆえ，究極的な競争の歪曲と戦うために，我々は労働法のルールを少なくとも調和化し，できるなら統一化する必要がある．その際，ゲームのルールが誰にとっても同じに，少なくとも同等のものにすることはEU当局の責務となる．収斂的な動き，つまり互いに近寄ろうとすることは，まずは見えざる手の自然な働き，すなわち市場によって，続いては当局の焦点を絞った政策を通じてもたらされよう．

**357**　現在の各国の労働法や労使関係の制度の多様性は続き，さらに持続する

だろうし，政府はそのプロセスに介入すべきではなく，自然の（国別の）コースをたどらせるべきであると主張することもできる。この態度は，まずは現在15の加盟国を特徴付けており，おそらく持続するであろう解決法の膨大なバラエティに基づいている。収斂か多様性かという問いに答える前に，この多様性を見てみよう。それは通常思われている以上に大きい。この多様性が偶然のものではなく，我々の固有の社会的，文化的，政治的，歴史的および全体社会的な発展の結果であり，その個別性が尊重されなければならないことは理解されている。この点を明らかにするにはいくつかの例で十分である。

**358** 加盟国の間の労働に関する最初の相違は疑いなく，ある制度は極めてフォーマルであるのに対し，他の制度は極めてインフォーマルであるという事実である。EC諸国のうちでもっともフォーマルな制度は疑いなく，多くの事柄が法によって取り扱われ，裁判官が権威と能率を持って介入し，まるですべてのドイツ人が法律家として生まれたかのように，法のルールを信じ，社会的問題を法的視角からアプローチするというドイツの制度である。例を一つ取れば，労働者参加は事細かに定められ，法的ルールが実践に移されている。ドイツではストライキは法的だけでなく実際上も労使間の平和義務によって支配されている。言い換えれば，ドイツの制度は法的に予測可能であり，おそらくいささか退屈である。他方，ベルギーでは法律とストライキはほとんど関係がない。ベルギーのストライキは戦場における純粋な権力関係である。

ドイツがスペクトルの一方のはしにいるとすれば，イタリアは他方のはしにいる。イタリアにおけるフォーマルな要素というのは重要ではない。インフォーマルさが優越する。労働関係はそのときのムードに担われる個人や集団の感情との関係で発展し，こうしてイタリアを限りない創造性のパラダイスとし，コバの山猫ストの例のように多くの（必ずしも喜ばしくはない）驚きをもたらすのである。騒乱状態(stato de agitazione)という認識が労使紛争の要素として知られているのはイタリアでだけである。

**359** 第2の相違は労働者の組織，より正確に言えば労働組合の組織率，労働組合構造および労働組合のイデオロギーに見いだすことができる。労働組合の組織率は国によって甚だしく異なる。ベルギーとデンマークはかなり高く，労働者の50％以上が組織化されている（正確に確定された数字はない）。フランスとスペインは労働力の10％以下という相当に低い水準にある。近年，労働組合員の数はいくつかの国で劇的に減少した。10年の間にフランスの労働組合はそのメンバーの50％を失った。現在はフランスの18歳から24歳までの若者のわずか2％しか労働組合のメンバーではない。他の国々は両極端の中

## 第4節　欧州労働法：トレーラーか機関車か？

間にある．

　労働組合組織にも同様の多様性を見いだすことができる．一方ではドイツには産業分野に沿って流線型の労働組合があり，他方，イギリスは依然としてクラフト・ユニオンであり，業種の中で職業(craft and trade)に基づいて組織されている．加盟国の異なったパターンに沿って労働組合自身の間に区別線が引かれ，例えば，フランスでは金属労働組合に組織される労働者は，ベルギーでは繊維組織のメンバーとなる．

　労働組合のイデオロギーについても同様である．多かれ少なかれ新資本主義制度に統合され，より論争的な北方の労働組合を南方の組合から区別することができる．イギリスの組合は，対立的なアプローチで特徴付けられるが，市場経済の現実と利潤動機を受け入れることでそのメンバーの利益を十分に守ることができると確信するいくつかの組織が示したいわゆる「新たなリアリズム」のタッチもある．これと全く対照的なのがなお共産主義的なフランスの労働総同盟であり，フランスでは一番数が多く，この理由から長らくETUCへの加入を拒否されてきた．

**360**　多様性の第3の例は使用者組織の構造と役割に見いだされる．労働関係制度の固有の特徴に従って，ある組織は他よりも中央集権的である．ドイツ使用者連盟は例えばイギリス産業連盟よりも組織と意思決定構造において中央集権的である．もう一つの点としては，すべての使用者組織は当然のこととして広範な政治的ロビーイングに関わり，そのメンバーに税制や関係事項，輸出等についてアドバイスをする．しかしながら，使用者組織もまた団体交渉に関わり，労働協約の当事者になるかどうかという問題については大きな相違がある．それゆえ，フランスの民間部門全体について使用者側の交渉者としての明確な役割を有するベルギー企業連盟を示すことができる[訳注1]．イギリスの使用者組織がそのような役割をしないことは明らかである．これもまた労使関係に関して加盟国間の多様性の重要な点である．

　　[訳注1]　原著どおりであるが，ベルギーの経営団体がフランスの企業を代表できる
　　　　　はずはないので，おそらくフランスではなくベルギーの（フランス語地域の）
　　　　　民間部門という趣旨であろう．

**361**　さらにもう一つ，おそらく最も重要な相違がイギリスと大陸ヨーロッパ（デンマークを除く）の法的文化の違いに見いだせる．「労働条件を議会の法で規制するなどということは女王陛下の政府の伝統にはない」というのは事実である．イギリスにおける労働条件は実定法によっては規制されない．それは労使の仕事である．そして，もし政府が労使の一方が力を持ちすぎていると思えば，サッチャー夫人が労働組合の力を削ぎ，そうすることで使用者が

(そもそも交渉が行われればだが)交渉の席で自分たちの主張を受け入れさせる力を強化するために助長したように，法的介入が行われる．このイギリスの法制度の特徴は，労働法に関する EC の発展にとって最大限の重要性を持つ．実際，サッチャー夫人は 1988 年のブリュージュにおける有名な演説でブリュッセルからやってくる労働法のルールを受け入れるつもりはないと強調し，ロンドンで防衛に成功したとき，まことに一貫していたわけである．これが彼女が社会憲章に調印するのを拒否し，ジョン・メージャーがマーストリヒトの社会政策協定を受け入れなかったわけである．ヨーロッパ大陸の法は逆に一般的により法的介入主義者である．我々の労働法典はいわゆる規制緩和の時代にあっても法文でいっぱいである．

　それゆえ，「ニュー・レーバー」の輝かしい指導者であり「公正な，しかし自由ではない取引」を標榜するトニー・ブレアがサッチャーやメージャーの足跡をたどり，ヨーロッパの立法イニシアティブを拒否していることに驚くべきではない．

**362**　等しく顕著な相違は労働協約の法的拘束力に関わる．大陸の法律家にとって，イギリスの労働協約が法的に拘束力がなく，「当事者がそのような義務を設ける意図を持たない」から法的義務をもたらさない「紳士協定」でしかないというのは考えられないことである．労働協約は当事者がその協約の中で明示的に宣言した場合にのみ法的に拘束力を持つ．大陸ヨーロッパでは逆に，ローマの法諺「合意は拘束する」に従い，協約によって明確な拘束力ある義務の効果が創り出される．同様に重要なのは，いくつかの加盟国において労働協約に対し，例えば産業レベルで締結された労働協約の規範的部分が当該産業のすべての使用者とすべての労働者を締結当事者のメンバーであろうとなかろうと法的に拘束するようになるという一般的拘束力を与える可能性である．もし協約が産業横断的レベルで締結されれば，民間部門のすべての使用者とすべての労働者が法的に拘束力ある協約の適用範囲にはいることになる．このように協約が拡張されうる手続は，例を挙げればベルギー，フランス，ドイツおよびオランダに存在している．この拡張手続の国内労使関係制度への影響は甚大である．一つの例で十分だろう．協約の拡張が慣行となっていないイギリスでフォード自動車はその約 3 万人の被用者と交渉するが，この問題については使用者団体のそれほど熱心な活動家ではない．協約の拡張が標準的な慣行であるベルギーでは逆に，フォード自動車は金属産業の使用者組織であるファブリメタルの極めて活動的なメンバーである．その理由は明らかである．フォードはファブリメタルによって交渉される労働協約の結果に対する影響力を最大化しようとしているのである．この協約はた

## 第4節　欧州労働法：トレーラーか機関車か？

とえフォードが組織のメンバーでなくても関わってくる．要するに，協約の拡張は使用者団体の強化と労使関係の中央集権化をもたらし，それゆえ労働法と労使関係に基本的な影響を及ぼす．

**363**　労使関係，とりわけ所得政策分野における政府の役割はもう一つの例である，いくつかの加盟国では，政府は労使関係の舞台で第三者の役割を演じ，時には最も重要な登場人物となり，企業の競争力を保護することが必要となれば賃金政策に介入することをもためらわない．過去数年間，このような介入はベルギー，フランス，ギリシアおよびスペインで起こり，他の国は言うに及ばない．ドイツではこのような介入は聞かれないし憲法上不可能である．ドイツでは労使の「賃金」自治の原則が一般的であり，これは政府が労使の自治と大権に属するゆえに賃金設定に直接介入することはできないということを意味する．ドイツ政府がなし得る最大限のことは，ドイツの経済情勢に関する専門家報告に基づき，労使が尊重することが望まれる賃金に関するいくつかの指針を与えるために，「協調行動」と呼ばれる枠組みの中で当事者を招集することである．このドイツにおける状況は，これが独裁が生活のほとんどすべての側面を支配したナチスドイツに対する反動の結果であるこを理解すればわかりやすいであろう．連邦共和国においては，政府の権力は労使の利益における多元的民主主義の枠組みに制約されている．これは加盟国の制度の間におけるもう一つの大きな相違である．

**364**　さらに，労働者参加，ストライキが認められ規制されるやり方等々に関するこれまで言われてきた例がある．多様性が一般ルールである．言い換えれば，ヨーロッパ労使関係制度などというものはない．制度は主として国内のものであり，長きにわたってそうであり続けるであろう．それゆえ，欧州における労働法の収斂か多様性かという質問には極めてニュアンスに満ちた回答をせねばならない．第1に，多様性が続くことは明らかである．これはそれが物事の性質だからだけではない．ドイツ人はイタリア人ではないし，逆もまたそうであり，そうあり続けるのが一番いい．同じく重要なのは国内制度が社会的要素と活動者の間の微妙なバランスを構成しており，それは長年にわたってそれ自身のリズムとテンポでそうなってきているということである．国境を跨いだ調和化はこういったバランスを破壊し，強く拒否される可能性が高い．これは確かに労働関係で権力に関わるすべてのこと，特に団体交渉，労働者参加，ストライキ，ロックアウト等々について当てはまる．欧州会社法における労働者参加に関する提案が20年以上にわたって採択される見込みもなく上程されているのは偶然ではない[訳注1]．これら提案は既存の権力バランスを過度に浸食するのである．さらに，集団的労使関係はイデ

オロギーにとりつかれ，市場よりであれ政府よりの介入であれ社会的な解決策を覆い隠す．さらに，実に多くの声が指摘するところでは，市場で戦わねばならないのは企業であり，商品やサービスの大いなる多様性が今日すべての企業や状況に適用される単純で単一の公式を完全に不十分なものにしているということを考慮に入れつつ，我々の労使関係はもっと分権化されるべきであり，例えば労働時間に関する問題は，国や産業レベルの極めて一般的な枠組み協約を除けば，企業レベルで取り扱われるべきである．

他方，市場が動き出し，「改善が維持されつつ」（EC条約第136条）一定の調和化が示されつつ，国内の制度をコストの観点から並べていくことも同様に明らかである．この問題については，欧州の措置は加盟国間の多様性を完全に尊重することができる．しかしここでも注意すべきである．単位労働コストの低さと労働時間の長さは例えばポルトガルのように外国からの投資を，そして雇用を呼び込む切り札になる．これは国境を越えて賃金を均等化し労働時間をより統一化し始めれば失われる．

[訳注1] 前節で見たように2000年12月に合意され，2001年10月には正式に採択されている．改訂前の文章がそのまま残っているものと思われる．

**365** 要するに，制度の結果とコストに関わる限りにおいては制度の収斂と労働法の一定の調和化が進むだろうと言うことができる．市場が動き出し，すべての加盟国が直面する共通の課題とともに，政治と労働組合の圧力に支援されて避けることができない収斂に至り，お互いの制度をもっと接近させるであろう．しかしながらこの収斂は労使関係や労働法に関する限り，人々が雇われたり解雇されたりする仕方，ストライキが組織される仕方等々，多様性の継続とともに進むであろう．これらは主として国内レベルで決定される．要するに，コストの収斂対中身の多様性である．危険なのは，コストの収斂が現実に進んでいるソーシャル・ダンピングのプロセスとともに進むことである[1]．経済通貨ヨーロッパと，なお主として国内レベルであるソーシャル・ヨーロッパの間には非対称性がある．社会的なカウンターバランスなしに自由市場で労働コストの競争をすれば，ソーシャル・ダンピングと労働条件の低下を招くことになる．

(1) 雇用創出を促進するための国際競争にもっとも曝される企業への助成（社会保障費の減免）はEC条約第87条第1項による国家補助に当たる利益である．それゆえこれは共通市場と両立しない（ベルギー，マリベル事件，1996年12月4日，欧州委員会決定）．

**366** 結果的に，域内市場の確立がかつてよりも今こそ法制度の集中的な比較を求めていることは自明である．我々はお互いの制度を以前よりももっと知

## 第4節　欧州労働法：トレーラーか機関車か？

る必要があるだけではない．国内の慣行や経験に根ざしたEC法を発展させるために，調和化のプロセスはどこが共通してどこが互いに違うのかという国内制度の精査から始めることを要する．この考えを念頭に置き，1975年に我々は現在60の国際的および各国のモノグラフからなる労働法・労使関係国際百科の刊行を開始し，1991年には国際法律百科が開始された．このプロジェクトは民事手続，商法経済法，憲法，契約，会社，組合，刑法，環境法，国際組織医療法，社会保障法，家族相続法，知的財産，国際司法，財産信託，電気通信と情報技術と運輸法のような多様な分野における国際的および60カ国の国内モノグラフを含むことになる．

# 第 1 部　個別的労働法

**367** 個別的労働法は使用者と労働者の間の個別的関係に関するルールの体系を構成する。したがって，我々は，
―労働者の自由移動，
―国際労働私法，
―個別雇用契約，
―保育と職場における年少者の保護，
―均等待遇，
―母性保護，
―労働時間，日曜休日，夜間労働および育児休業，
―職場の健康と安全，
―利潤と企業業績への被用者参加，
―企業リストラクチュアリング：集団的整理解雇，企業譲渡および使用者の倒産，
を取り扱う．

# 第1章　労働者の自由移動

**368**　個人一般，特に労働者の自由移動は，EC の試金石の一つである．EC 条約第3条(第1項)第 C 号によれば，EC の活動は，加盟国間における，「物，人，サービスおよび資本の自由移動(いわゆる4つの基本的自由)に対する障碍の廃止によって形づけられる一つの域内市場」を含んでいる．

**369**　1990年6月28日に成立した，居住の権利に関する三つの EC 指令により，ヨーロッパ市民，加盟国の国民一般に[1]，職業活動をやめた被用者または自営業者[2]，そして学生[3]に対し自由移動が広く開かれていた．学生の居住権は，現在1993年10月29日の指令93/96によって規定されている[4]．したがって，加盟国は，EC 法の他の規定の下で居住権を有しない加盟国の国民およびその家族に対し，彼ら自身もしくは彼らの家族が受入加盟国の被保険者として医療保険下におかれ，かつ居住期間中受入加盟国の社会扶助システムに依存する必要がないほどの十分な経済的資産を有している場合，居住権を与える義務がある．この場合の経済的資産は，受入加盟国が自国民に社会扶助を支給するレベル以上であれば，十分であるとされる．学生もまた，居住期間中受入加盟国の社会扶助システムに依存する必要がない程度に十分な経済的資産があることを証明しなければならない．学生にとっては，居住権は問題の学習課程の期間に限定される．居住権は，「EC 加盟国の国民に対する居住許可」として知られる書類の交付により証明される．

　労働者の自由移動を規定する EC 法の規定は，加盟国の純粋な国内問題には適用されない[5]．EC 内で自由移動の権利を行使したことのない加盟国の国民は，その加盟国内の問題である限りにおいて，EC 条約第39条に拠ることができない[6]．

(1)　90/361, O.J., 13 July 1990, No. L 180/26.
(2)　90/365, O.J., 13 July 1990, No. L 180/28.
(3)　90/366, O.J., 13 July 1990, No. L 180/28.
(4)　O.J., 18 December 1993, No. L 317, 59.欧州司法裁判所は以下のように宣言している：
　　　一拠ることのできる証明の手段を限定することによって，特に，一定の書類が加盟国の当局によって交付され，または証明されなければならない旨定めることによ

って、かつ、

—第一に、他の加盟国の国民であり、かつ学生の居住権に関する1993年10月29日の理事会指令93/96/EECに従い、イタリアに自己およびその家族の居住権の承認を求める学生が、一定額の経済的資産を有することをイタリアの管轄機関に保証することを要求することによって；第二に、その目的に対して用いられる手段として、申告と、少なくとも同等なものとしての、代替手段との間での選択を学生に曖昧に委ねていることによって、そして最後に、学生がその家族に同行する場合、申告の使用を許可しないことによって、イタリア共和国は、学生の居住権に関する1990年6月28日の理事会指令90/364/EEC、職業活動を停止している被用者および自営業者に関する居住権に関する1990年6月28日の理事会指令90/365/EEC、および指令93/95に基づく責務を果たしていない。(C.O.J., 25 May 2000, Commission of the European Communities v. Italian Republic, Case C-424/98, ECR, 2000, 4001)

(5) C.O.J., 28 October 1990, Massam Dzodzi v. Belgian State, Jointed Cases Nos. 297/88 and 197/89, ECR, 1990, 3763.

(6) C.O.J., 28 January 1992, Volker Steen v. Deutsche Bundespost, C-132/90, ECR, 1992, 341; 16 June 1994, Volker Steen v. Deutsche Bundespost, C-132/93, ECR, 1994, 2715; 16 January 1997, Unita Socio-Sanitaria Locale Nr. 47 di Biella (USSL) v. Instituo nozionale per l'assicurazione contro gli infortuno sul lavoro (INAIL), C-134/95, ECR, 1997, 195. Land Nordrhein/Westfalen v. Kari Uecker and Vera Jacquet, C-64/96 and C-65/96, ECR, 1997, 3171.

**370** 移動の自由は、労働者およびその家族の基本的な権利を構成する。しかしながら、それは、自律的な権利ではなく、ECの経済的な目的の枠組みの範囲内における政策的な権利である。この権利は、経済活動の遂行を理由とする場合にのみ付与される。つまり、加盟国の経済的な必要性への寄与である。

「労働の移動は、労働者にとって、加盟国の経済的要請を満足することに役立つ一方で、労働者の生活および労働条件を改善し、かつその社会的な地位向上を促進する可能性を保証する手段の一つとみなされる[1]。」

労働者の自由移動に関する第39条が、加盟国の法秩序に直接の影響を与え、また加盟国の国内裁判所が保護すべき権利を個人に付与するものであることは強調されるべきである[2]。しかしながら、この第39条は、加盟国の国内刑法の施行におけるその管轄に服するすべての者の自由移動に対しその国内での制限を加えることを規定する加盟国の権限を制限しようとするものではない[3]。

真に効果的であるためには、労働者が差別なく就業し、雇用される権利は、

## 第1章　労働者の自由移動

当然の帰結として，労働者の自由移動を規定するルールに合致するかたちで労働者を雇用する使用者の権利を伴う。均等待遇のルールは，労働者と同様に，使用者も依拠できるものである[4]。

(1) EC 域内における労働者の自由移動に関する規則 No. 1612/68 of 15 October 1968 を想定している。

(2) C.O.J., 14 July 1974, G. Dona v. M. Mantero, No. 13/76, ECR, 1976, 1333.

(3) C.O.J., 28 March 1979, Regina v. V.A. Saunders, No. 175/78, ECR, 1979, 1129.

(4) C.O.J., 7 May 1998, Clean Car Autoservice GesmbH v. Landeshauptmann von Wien, C-350/96, ECR, 1998, 2512.

**371** 労働者の自由移動は，他の加盟国において，その国内の労働者と同条件で労働する権利を要請する。自由移動は，この目的のため加盟国国内の自由移転の権利およびある加盟国における滞在の自由を含んでいる。「労働者の自由移動」という表現は，EC 条約の中で初めて用いられた。ECSC の場合，実際には労働者の自由移動とは言えない。実際，ECSC のルールは，労働市場へのアクセスが特定の経済部門およびその部門において特別の資格要件を有する特定の労働者に限定されていることを特徴としている。また自由な求職活動を行うことは時間的にも可能性に関しても制約されていた。ECSC の場合，自由移動は，実際に求人があったときのみ可能であった[1]。ユーラトム条約第 2G 条および第 96 条によれば，原子力エネルギー部門における熟練労働者の自由移動がある。本書では，その対象を，明らかな理由から，EC における労働者の自由移動に限定する。

(1) H. Verschueren, Grensoverschrijdende arbeid, Brugge, 2000, 180 p.

**372** 他の加盟国に居住する EU 国民の数は，3 億 7000 万人のうちわずか 550 万人にすぎない。また第三国の国民も 1250 万人存在する[1]。すべての EU 市民が他の加盟国において生活および労働する法的権利が存在するにもかかわらず，EU 内での移動はまったく活発でない。ヨーロッパに住む全人口のうち他の加盟国から来た人は 2% 以下にすぎない。毎年加盟国間を移動している割合はより少なく，0.5% 以下である[2]。

(1) Report of the High Level Panel on Free Movement of Persons, chaired by Mrs. Simone Veil, 18 March 1997.

(2) F. Bolkestein and Diamantopoulou, 'Workers without frontiers', F.T., 29 January 2001.

第1部　個別的労働法

## 第1節　自由移動

### I　出国権

**373**　加盟国の国内を自由に移動する権利は、EC条約の第39条第3項第b号に規定されている。その施行において、加盟国は、1968年10月19日の指令68/360[1]に従い、上述の加盟国の国民およびその家族の移動と居住に対する制限を廃止する義務(第1条)、被用者としての活動を行うため各国の領域を出国する権利を彼らに付与する義務(第2条第1項)を有する。加盟国は、特に、その国民に対し、出国ビザまたは同等の書類を求めてはならない(第2条第4項)。出国権の行使に際しては、有効な身分証明書またはパスポートの提示のみで十分である(第2条第1項)。加盟国は、所持者の国籍を示す身分証明書またはパスポートを交付し、または再交付する義務を負う(第2条第2項)。そのパスポートは、すべての加盟国および加盟国間を旅行するときその所持者が通過しなければならない国々に有効なものでなければならない。パスポートが、その所持者がその国を合法的に出国できる唯一の書類である場合、その有効期間は5年間以上なければならない(第2条第3項)。

　しかしながら、第39条は、労働者のイニシアティブによるものでもその責に帰すべきものでなく、雇用契約が終了するならば、これに対する補償を受ける権利を労働者に付与している場合でも、他の加盟国において職を得るために自らの雇用契約を終了させるなら、雇用終了に対する補償を受ける労働者の権利を否定する国内法の規定を排除するものでない[2]。

(1) 加盟国労働者およびその家族に対するEC国内における移動および居住に対する制限を廃止するEC指令(OJ, 19 October 1968, No. L 257)。

(2) C.O.J., 27 January 2000 Volker Graf v. Filzmoser Maschinenbau GmbH., Case C-190.98, ECR［未公刊］

**374**　入国権や居住権と並んで自由移動の権利は、EC条約第39条によれば、「実際に提供される求人」に関連している。この文言に従えば、その労働者にとって、移動および居住の権利の前提条件として、具体的な求人がなければならない。しかしながら、裁判所は、労働者が効率的かつ純粋な求職活動を追求しようとする場合には、自由移動は求職の権利を伴うものであるとの見解を示している[1]。理事会の方は、1968年に指令の採択に際して、加盟国の国民が3カ月間他の加盟国の国内で求職の権利を有し、また、この求職の権利は、当該国民が受入加盟国の社会扶助に依存するようになるならば消滅することとなるとする宣言をしている。

第1章　労働者の自由移動

職を求めてある加盟国に入国した，他の加盟国の国民に対しては，当該者が求職を続けており，かつ実際に雇用される可能性があることを証明しない限り，入国後6カ月を経過しても職を見つけられない場合，入国した国の国内から出国することを要求することができる（異議申立ての権利に服するが）[2]．ベルギーで求職する他の加盟国の国民に対し，3カ月後にその国内から出国することを求めることは，EC条約第39条に違反する[3]．

(1) 23 March 1982, D.M. Levin v. Staatsecretaris von Justitie, No. 53/81, ECR, 1982, 1035.

(2) 26 February 1991, The Queen v. the Immigration Appeal Tribunal, ex parte Gustaff Desiderius Antonissen, No. C-292/89, ECR, 745.

(3) C.O.J., 20 February 1997, Commission v. Belgium, C-344/95, ECR, 1997, 1035.

## II　入国および居住

### A　入　国

**375**　加盟国は，たとえその身分証明書が発行された加盟国から出国することをその所持者に認めないものであったとしても，有効な身分証明書またはパスポートを有している者にその国内への入国を許可しなければならない[1]．しかしながら，EC法は，身分証明書を携帯することを求められているベルギー国民に対すると同様に，居住権を有する者が居住許可証を携行しているか否かに関して，その加盟国（これはある欧州司法裁判所の事件ではベルギーであるが）の国内規制を妨げるわけではない．入国に対するこのような統制は，もしそれが制度的，恣意的または不必要に不愉快なものであるような場合，ECの政策に反するだろう[2]．さらに，加盟国は，その国内における移民に関する十分な情報を得るために必要な手段を講ずる権限がある．したがって，他の加盟国の国民は，合理的な期間が与えられる場合，居住の申告をする義務を負う．これは，加盟国の国内に到着してから3日のうちに行わなければならないというものではない．この義務を履行させるために採られる制裁は認められるが，その性質および軽重の程度として，軽犯罪を犯した自国民に対して採られる制裁と同様のものである必要性がある．投獄は決して認められない[3]．加盟国の国民でない家族の場合を除き，入国ビザまたは同種の書類を要求してはならない．加盟国は，このような人に必要なビザを取得するためのあらゆる便宜を与えるものとする(第3条第2項)．

ダニエル・ルー夫人(Mrs. Danielle Roux)事件[4]において，欧州司法裁判所

235

は，EC 加盟国の国民が受入国の立法により制定されている社会保障制度に事前に加入することを，居住権の取得またはそれに対応する居住許可の交付の条件として要求することはできないと判示した．本件は以下のようなものである．フランス国民であるルー夫人は，自分の職業を自営のウェイトレスであると申告して，リエージュの市役所に居住許可を申請した．入国管理局は，申請者の職業が，自営業のウェイトレスでなく，使用者のために労務を提供していたことを理由に，申請を認めなかった．ベルギーにおいて効力を有する雇用および社会保障立法にしたがって，被用者の活動が行われなかったため，当局はルー夫人に出国を命じた．本件について，欧州司法裁判所は，ある社会保険制度に加入して，別の社会保険制度に加入しないことは，居住許可の交付の拒否または国内からの出国を命ずる決定の正当事由とならない，と述べた．指令 68/360 の第 4 条および指令 73/148 の第 6 条は，加盟国が，当該個人が人の移動の自由を享受できるカテゴリーに入り，したがって居住許可を交付されなければならないことの証明として，社会保障制度への事前の加入のみを受け付けることを排除している．加盟国は，当該個人が経済活動に従事しているか否かについて議論がないならば，それが被用者としての活動か自営業者としての活動かを分類する必要性はなく，他の加盟国の国民に居住許可を交付する義務を負う．それゆえ，加盟国は，人の移動の自由に関する EC のルールに基づき，EC 市民が現行の社会保障立法にしたがってその活動を行っていないことを理由として，居住許可の交付を拒否することはできない．

　加盟国の国民は，彼らが入国を認められる以前に，旅行の目的およびその期間，そのために利用可能な資産について，入国管理官による質問に答える必要はない[5]．

(1) 5 March 1991, Panagiotis Giogounidis v. City of Reutkingen, No. C-376/89, ECR, 1991, 1069.

(2) C.O.J., 27 April 1989, Commision v. Belgium, No. 321/87, ECR, 1989, 997.

(3) C.O.J., 12 December 1989, Criminal Proceedings v. Lothar Mesnner, No. C-265/88, ECR, 1989, 4209.

(4) 5 February 1991, Danielle Roux v. Belgian State, No. C-363/89, ECR, 1991, 271.

(5) C.O.J., 30 May 1991, Commission v. Netherlands, No. C-68/89, ECR, 1991, 2673.

**376**　この問題に関する EC ルールが欠如しているため，加盟国は，適用される罰則が同種の国内法違反に適用されるものと同等なものであるならば，このような義務の違反に対し罰則を課す権限をなお有している．しかしながら，加盟国は，例えば一定期間の投獄のような，人の自由移動に対する障碍を作

り出すほどに不均衡な罰則を規定することはできない。加盟国の国内に入国する上での身分証明書またはパスポートの提示義務の違反にも同様の考察があてはまる。

問題の事件が訴訟に係属していたときに有効であった EC 法としては，EC 条約第 14 条も第 18 条も，適用される罰則が同種の国内法違反に適用されるものと同等であり，不均衡で，そのため人の自由移動に対する障碍を作り出すようなものでない限り，加盟国が，EU 市民であるか否かにかかわらず，刑罰の脅威の下で，EC の域内国境で加盟国の国内に入国しようとする者に，国籍の証明を要求することを禁止してはいない[1]。

(1) C.O.J., 21 September 1999, Criminal Proceedings v. Florus Ariël Wijsenbeek, Case C-378/97, ECR, 1999, ECR, 1999, 6207.

## B 居 住

### 1 雇用の場合

**377** 加盟国の労働者およびその家族に対する居住権は，上述の 1968 年 10 月 15 日の指令 68/360 の中で取り扱われている。居住権は，EC 条約から直接導かれるものだが，「EC 加盟国の国民に対する居住許可[1]」と呼ばれる書類によって証明され（第 4 条第 2 項），これは加盟国によって交付されるものである。居住許可を取得するための形式的な手続が完了していないからといって，申請者によって締結された雇用契約の下で雇用関係が直ちに発生することを妨げることはできない（第 5 条）。居住許可は，強行規定である[2]。居住許可書類および入国ビザ[訳注1]は無料で交付され，また更新される（第 9 条第 1 項，第 2 項）[3]。さらに，加盟国は，こういった書類を取得する形式的および実質的手続を可能な限り簡素なものにするために必要な措置を取る義務を負う（第 9 条第 3 項）。

(1) EC 法は，加盟国の当局がその国内での人口移動に関する正確な情報を得ることを可能にするための手段を採る権限をそれらの国から奪っているわけではない（C.O.J., 14 July 1977, Concetta et al. No. 8/77, ECR, 1977, 1495）。

(2) この趣旨の文言は，指令の附則中に規定され，以下のとおり。

"この居住許可は，1968 年 10 月 15 日の EC 閣僚理事会規則 1612/68 および同日の理事会指令を実施するために取られる措置にしたがって交付される。

上記規則の規定に従い，居住許可を所持する者は，ある国の（＊）労働者と同じ条件の下で当該国（＊）の国内において被用者としての活動を開始し，遂行する権利を有する。"

第1部　個別的労働法

＊当該許可を発行する国によって，ベルギー，イギリス，デンマーク，フィンランド，ドイツ，フランス，ギリシア，アイルランド，イタリア，ルクセンブルク，オランダ，ポルトガル，スペインおよびスウェーデンがはいる。［訳注］現行指令の規定により修正した。

　［訳注1］　原著は eventual visa とあるが，指令には単に visa とあり，何かの誤りであろう。

(3)　居住許可書類に対する料金は，国民に対する身分証明書の交付に対し課される手数料および税金を越えない額ならば支払を求めることができる（指令 No. 68/360 第9条第1項）。

**378**　居住許可の交付に際して，加盟国は，以下のような書類の提示のみを要求できる：

―労働者からは，

　**a**　それによって労働者が加盟国内[訳注1]に入国する書類；

　**b**　使用者からの雇用予約確認書類または雇用証明書

―労働者の家族からは，

　**c**　それによって労働者の家族が加盟国内に入国する書類

　**d**　出生国または出発した国の当局が発行した，労働者との関係を証明する書類（第4条第3項）

　加盟国の国民でない家族は，その扶養される労働者に対して交付されるものと同一の効力を有する居住許可書類の交付を受けるものとする（第4条第4項）。

　加盟国は，EC 法による保護を享受している者に対し，指令 68/360 第4条第4項に規定する書類のかわりに，一般的な居住許可を有すべきことを要求することはできず，またこのような許可を有していないことに対し罰則を課すこともできない。

　［訳注1］　原著は country とあるが，指令には territory とあり，誤りであろう。

(1)　Sagulo case, op. cit.

**379**　居住許可は，交付の日から少なくとも5年間，それを交付した加盟国の国内全域で有効なものでなければならず，そして自動更新が可能でなければならない（第6条第1項）。6カ月を超えない居住の中断および兵役による不在は，居住許可の有効性に影響を与えない（第6条第2項）。労働者が，3カ月を超え1年以下の期間，受入加盟国における使用者のもとで勤務し，またはサービス提供者のために[訳注1]雇い入れられる場合，受入加盟国は，短期居住許可をその労働者に交付する義務を負い，その有効期限は，雇用予定期間に限定される（第6条第3項）。

## 第1章　労働者の自由移動

　加盟国は，有効な身分証明書を所持する労働者に対し，たとえその証明書がその所持者にそれが交付された加盟国から出国することを許可しないものであったとしても，その加盟国内で居住権を承認することが求められる．その場合，交付した加盟国の EC への加入以前にその証明書が交付されたか否か，その証明書がその有効性をその加盟国内に限定していることに言及していないこと，あるいは証明書の所持者がパスポートのみに基づいて受入加盟国への入国を承認されたこと，といったことは重要ではない[1]．

　　［訳注1］　原著は in the employment of とあり，指令英文は in the employ of とあって，意味不明であるが，指令仏文は pour le compte de とあり，こちらが正しいと思われる．

(1) C.O.J., 5 March 1991, P. Giagounidis v. City of Reutlinngenn, No. C-376/89, ECR, 1991, 1069.

**380**　居住許可は，非常に強力な書類である．これは限定的に取得される．有効な居住許可は，公の秩序，公共の安全または公衆衛生上を根拠とするものを除いて（第10条），労働者が病気または事故により一時的に労働不能であるからといって，あるいはこれは雇用関係当局によって正式に確認されなければならないが，労働者が非自発的に失業したからといって，単に労働者が雇用状態にないことのみを理由に，撤回することはできない（第7条[訳注1]第1項）．居住期間は，限定することができるが，それは労働者が加盟国において連続12カ月以上非自発的に失業している場合，12カ月を下回ることはできない（第7条第2項）．

　　［訳注1］　原著は第8条とあるが誤り．

**381**　3カ月以下の短期雇用の場合においては，居住許可は必要でない．当該個人がそれによってその国へ入国した書類および雇用予定期間を示す使用者の申告書で短期滞在には十分である（第8条第1項第 a 号）．通常毎日または少なくとも週に一度は帰る住居を加盟国の国内に有しながら，他の加盟国の国内で雇用されている者も同様である．労働者が雇用されている国の関係当局は，5年間有効でかつ自動更新される特別許可をそのような労働者に交付することができる（第8条第1項第 b 号）．加盟国当局の認可を受けた雇用契約を有する職業活動を行いにやってきた季節労働者も同様である（第8条第1項第 c 号）．これらすべての場合について，受入加盟国の当局は，労働者にその国内における滞在状況の報告を要求できる（第8条第2項）．

### 2　職業活動を止めた場合

**382**　労働者およびその家族が加盟国内で雇用され，それが終了した後その国

内に永住する権利は，EC 条約第 39 条第 3 項第 d 号に由来し，さらに 1970 年 6 月 29 日の規則 1251/70 に規定されている[1]。他の加盟国に滞在する労働者一般の権利とは対照的に，これらの労働者は，受入加盟国の社会扶助に依存するようなことにならないために十分な経済的資産を有することを証明する必要が無い。規則 1612/68 が定める均等待遇の権利が関係する個人に適用される。

(1) O.J., 30 June 1970, No. L 142/30.

**383** 加盟国の国内に永住する権利は以下の労働者に属する

**a** 職業活動が終了した時点で加盟国の法律が規定する老齢年金の受給資格年齢に到達している労働者であって，少なくとも直近 12 カ月間当該加盟国において雇用されており，かつ 3 年以上継続してそこに居住しているもの，

**b** 2 年以上継続して加盟国の国内に居住しているが，恒久的な労働能力の喪失の結果，被用者として働くことを止めた労働者。このような労働能力の喪失が，その疾病がその国の制度が全面的または部分的に責任を負う年金の受給権を労働者に与えるような労働災害または職業病の結果である場合，居住[訳注1]期間に条件を付けることはできない，

**c** 加盟国国内における 3 年間の継続的な雇用および居住の後，原則として毎日または少なくとも週に一度は労働者が帰るその国家の国内に住居を維持しながら，他の加盟国の国内で被用者として働く労働者。
居住および雇用の期間に関する条件は，労働者の配偶者が関係加盟国の国民であるか，またはその労働者との婚姻によってその国籍を失った場合には，適用されない(第 2 条)。

　　［訳注 1］　原著は service とあるが，指令には residence とあり，誤りであろう。

**384** 労働者と同居する家族は，その労働者が死亡した後も，その労働者と同じ権利を享受する。しかしながら，労働者が関係加盟国内に永住する権利を取得する前に職業生活の期間中に死亡した場合には，その家族には，以下の条件に適合すれば，永住権を取得するものとする。

―死亡の時点で，その労働者が当該加盟国に少なくとも 2 年間継続して居住していた場合，

―死亡原因が労働災害または職業病である場合，

―生存している配偶者が居住国の国民であるか，またはその労働者との婚姻により国籍を失った場合(第 3 条)。

　　EC 立法は，しかしながら，他の加盟国内における居住権を，ある国家が EC に加盟した時点で，数年間にわたり他の加盟国で雇用された後，そこで失業した新加盟国の国民，加盟後も失業状態にある新加盟国の国民および雇用機

会を見出すことが客観的に不可能である新加盟国の国民に対して付与していない．

これは，ツィオトラス（Tsiotras）氏の運命であった．彼は，1960年からドイツに居住しており，1978年の10月まで，被用者として様々な職業に従事していた．彼はそれ以降失業状態にあり，1981年から社会福祉サービスによる手当を受給していた．

ギリシアがECに加盟したときには，ツィオトラス氏は，就労を認められる，ドイツの居住許可の所持者であった．1981年12月に彼は居住許可の延長を申請したが，申請者が労働に不適合ではないことを理由に延長が許可されなかった．

EC法により受入加盟国において失業状態にある加盟国の労働者に付与される居住権が，労働者が移動の自由の権利を行使して受入加盟国において従前雇用されていたことを前提条件としていることは，指令68/360の規定から明らかである．

欧州司法裁判所は，ギリシアのEC加盟条約または施行立法の規定によっても，ECへの加盟以前にその加盟国（ギリシア）の国民が従事していたポストを，労働者の移動の自由に関するEC立法の規定の下で加盟国の国民が従事しているポストと同一視することはできない，と付け加えた．国内裁判所によって述べられたこうした状況にあるギリシア国民は，EC条約第39条第3項第c号または指令68/360第7条の下で居住権を享受できないことになる．

求職のための居住権に関して，欧州司法裁判所は，第39条の現実的な効果は，EC法またはさもなければ加盟国の法が，問題の加盟国内においてその専門的職業能力に適合した求人を探し，そして適当なら就職するために必要な手段を取るための合理的な期間を認める限りにおいて保証されると述べている．

以上のことから，次のことが言える．たとえツィオトラス氏のような境遇にある個人が，ギリシアがECに加盟した後，他の加盟国において求職活動を行っていたことが立証されたとしても，その個人は，加盟後数年経過して，国内裁判所によって，就職することが客観的に不可能となれば，EC法の下で居住権をもはや享受できなくなる．

失業の場合における居住権に関して，受入加盟国内に滞在する権利は，関係する個人が，労働者の移動の自由を行使して，そこで従前から雇用されていたことを前提条件としている．これは，上述のような状況におかれた個人の場合とは異なる[1]．

(1) COJ, Tsiotras D. v. Landeshaupstadt Stuttgart, No. C-171/91, 26 May 1993, ECR, 1993, 2925.

**385** 居住の継続は，居住する国家において用いられる証明手段によって立証されうる。この継続は，1年につき合計3カ月を越えない短期の不在や兵役義務に従うためのより長期間の不在によっても影響を受けない。適性に記録された非自発的失業の期間および病気または事故による欠勤は，雇用期間とみなされる(第4条)．

**386** 永住権の資格を得た個人は，その資格を得た時点から2年間は，たとえその個人がその期間中に加盟国内から離れたとしても，その権利を行使することが認められる(第5条)．

**387** 居住許可は，

**a** 無料で交付および更新されるものとし[1]，

**b** 加盟国内全域で有効でなければならず，

**c** 少なくとも5年間有効でかつ自動更新されるものでなければならない．

6カ月以下の連続した不在期間は，居住許可の有効性に影響を与えない(第6条)．加盟国は，長期間恒常的にその国内に居住し，雇用された後その地を離れ，定年年齢に到達し，または恒久的に就業能力を喪失したときにその地に帰ることを希望する労働者に対し，その国内への再入国を援助するものとする(第8条第2項)．規則1251/70は，より有効な国内法規定に影響を与えるものでない(第8条第1項)．

(1) もしくは，身分証明書の交付または更新に対し，その国民が払う手数料や税金を越えない額で(第6条第1項第a号)．

## III 均等待遇

**388** 移動の自由は，雇用，報酬，その他労働・雇用条件に関して，加盟国の労働者間の国籍を理由とするいかなる差別の廃止をも伴う(EC条約第39条第2項)．また，国民の雇用を規制する規定にしたがって，雇用を目的としてその国に滞在する権利をも含んでいる(第39条[訳注1]第3項第c号)．均等待遇に関するこれらの規定は，EC条約第12条において以下のように規定されているより一般的な均等原則を特定化したものである．

「本条約の適用の範囲内において，かつ本条約に含まれるいかなる特別規定に抵触しない限り，国籍を理由とするいかなる差別も禁止されるものとする[1]」．

[訳注1] 原著は「第48条」とあるが，アムステルダム条約によるリナンバリング前

第1章　労働者の自由移動

のものが残ったミスである．

(1) 第251条第c号にいう手続きにしたがって，閣僚理事会は，このような差別を禁止するための規則を採用することができる(EC条約第12条)．

**389** 労働者の自由移動に関する均等待遇は，EC域内における労働者の自由移動に関する1968年10月15日の規則1612/68においてさらに詳しく規定されている[1]．この規則は，欧州人権条約第8条において言及されているように，家庭生活が尊重されるべきであるとの要請という見地から解釈されなければならない．このような要請に従うことは，欧州司法裁判所が一貫して述べているように，EC法において認められる基本的権利の一つを構成している[2]．欧州司法裁判所は，均等待遇は，

「移民労働者およびその家族の受入国への統合において，したがって労働者の自由移動の目的を達成する上で重要な役割を担っている[3]」

と適切に判断している．

(1) O.J., 19 October 1968, No. L 257. 本規則は，規則 No. 312/76 of 9 February 1976, O.J., 14 February 1876, No. L 39 および規則 2434/92 of 27 July 1992, O.J., 26 august 1992, No. L 245,1 によって修正されている．

(2) C.O.J., 18 May 1989, Commission v. Germany, 18 May 1989, No. 249/86, ECR, 1989, 1263.

(3) 11 July 1985, Ministère Public v. R.H.M. Mutsch, No. 137/84, ECR, 1985, 2681.

## A　国内法

**390** 規則第3条，第4条および第8条それぞれにおいて，一定の国内規定に対する均等原則のインパクトが規定されている．国内規定および慣行は，それらが求人やそれへの応募を制限したり，外国人の就職・就業の権利を制限し，あるいは自国民には適用されないような条件を付する場合には，無効となる[1]．均等待遇に関するルールは，国籍を理由とするあからさまな差別を禁止するだけでなく，別の区別の基準を適用することによって同じ結果をもたらすような隠微な形の差別をも禁止している．この解釈は，ECの基本原則の一つの効果的な機能を確保するために必要であるが，規則1612/68の前文の第5文において，明示的に認識されており，労働者の均等待遇は「実際上も法律上も」確保されることを求めている[2]．条約および第2次法源の規定の目的が個人の状況を規制し，その保護を確保することである以上，個人の決定がEC法の関係規定に合致するか否かを判断するのも国内裁判所である[3]．

他の加盟国の国民が，商取引を行う企業の管理職に任命されるためには，

243

関係国に居住しなければならないという要件は，国籍を理由とする間接差別を構成する．これが差別にならないのは，このような居住要件を課すことが，当該被用者の国籍とは独立の客観的な理由に基づき，かつ国内法が追求する合法的な目的と釣り合いがとれている場合だけである．その管理職が自分に課せられる罰金の通知を受け取ることができ，かつその罰金の支払を強制することができることという要件は，不適当である．第1に，その国の中であっても，その企業が商取引を営む場所から相当遠いところに住んでいる管理職は，たとえ別の加盟国であっても，企業が商取引を行っている場所からそれほど遠くない場所に住んでいる者よりも，その事業において効果的に活動することが困難であることを通常理解しているはずである．第2に，より制限の少ない手段，例えば管理職を雇っている企業の登録事務所に罰金の通知をし，そして事前に保証金を要求することで罰金の支払いを確保することによって，管理職は彼に課されるいかなる罰金の通知をも受け取ることができ，罰金の支払の強制を確保することができる．最後に，上述のような手段でさえ他の加盟国に住む管理職に課される罰金の通知という問題の目的によって正当化することはできず，経営者に対する罰金の強制はその企業が商取引を営む加盟国とその管理職が住む加盟国との間で締結された国際条約によって保証される[4]．

(1)「これらの規定および慣行の中には特に以下のようなものが含まれる．

 a 外国人に対する特別な採用手続を規定するもの

 b 新聞雑誌その他の媒体を通じた求人広告を制限または限定するか，または当該加盟国内において活動を行う使用者に適用されるものとは異なる条件を付するもの，

 c 職業安定所に登録しなければ雇い入れられる資格がないものとし，その国の国内に住んでいない個人が問題となっている場合に，個別労働者の採用を妨げるもの(第3条第2項)」．

 いかなる企業，業種または地域においても，または国家レベルで，外国人の雇用を人数または割合により制限する規定または慣行は，他の加盟国の国民には適用されない．ある加盟国において企業に対して自国民労働者を一定割合以上雇用することを条件としたいかなる利益供与についても，他の加盟国の国民は自国民労働者として算定されるものとする(第4条)．C.O.J., Commission v. Spain, 22 March 1993, C-375/92, ECR, 1994, 923 を参照のこと．

(2) ある労働者が他の加盟国内に住居を有するという事実を，離婚手当の支給の基準として勘案することは，その状況からすれば，規則 No. 1612/28 の第7条第1項および第4項によって禁止される差別を構成する (C.O.J., 12 February 1974, Sotgia v.

Deutsche Bundespost, No. 152/73, ECR, 1974, 153）.「加盟国の公共団体が，EC条約第39条第4項の適用範囲に入らない郵便職員の採用において，志願者が従前公共サービスで雇用されていたことを考慮するよう規定する場合，その公共団体は，EC国民に関しては，その雇用がある特定の国の公共サービスであったか，他の加盟国の公的サービスであったかによって区別をすることはできない」

  (C.O.J., 23 February 1994, Scholz I. v. Opera Universitaria di Cagliari and Others, No. C-419/92, ECR, 1994, 505).

 (3) C.O.J., 28 October 1974, Rutilli v. Minister of the Interior, No. 35/75, ECR, 1975, 1205.

 (4) C.O.J., 7 May 1998, Clean Car Autoservice GesmbH v. Landeshauptmann von Wien, C-350/96, ECR, 1998, 2521.

**391** もちろん，当該労働者が就くべき職務の性質上必要な言語能力を有していることは要求することができる（第3条第1項）。しかしながらこの要件は，労働者の自由移動に関する一般ルールの例外として，厳格に解釈されるべきである。教える科目が何であれフルタイムの教師は，こういったポストの一つである。自国語の一つを援助するため，加盟国はこの規定に基づいて，このような教員のポストの志願者が関係する言語に関する十分な知識を有していなければならないと規定することができる。志願者があるポストに就けるかどうかを，その加盟国の公用語の一つについて十分な知識を有していなければならないという要件にかからしめる国内規定を妨げるものでないと解釈されなければならない。しかし，その要件を満たす諸条件が，当該加盟国において言語学習を行った人を，その国によって同等とみなされる修了証書を有するが他の加盟国で同じ言語学習を行った人よりも有利にするものであってはならない[1]。

 EC条約第39条第2項は，加盟国の立法が，他の教師については原則として期間の制限がない場合には，大学の外国語助手の雇用契約期間を更新可能としつつ1年に限定することを排除しているし[2]，特定の職務を遂行する他の教育スタッフの場合にはこのような契約を結ぶには客観的な理由によって個別に正当化されなければならないのに，外国語助手のポストについては有期雇用契約でなければならないか，そうすることができるという国内法の適用も排除している[3]。

 (1) C.O.J., 28 November 1989, A. Groener v. Minister for Education and the City of Dublin Vocational Educational Committee, No. 379/87, ECR, 1989, 3967.

 (2) C.O.J., Allue P. and Others v. Università degli Studi di Venzia and Others, 2 August 1993, No. C-259/91, C-331/991 and C-332/91, ECR, 1993, 4309.

(3) C.O.J., Spotti M.C. v. Freistant Bayern, 20 October 1993, C-272/92, ECR, 1993, 457.

**392** アンゴネーゼ(Angonese)氏は，イタリア国民であるが，母語はドイツ語で，ボルツァーノ(Bolzano)州に住んでいたが，1993年から1997年の間オーストリアに留学していた．1997年8月，彼は，カサ・ディ・リスパルミーオ(Cassa di Risparmio)というボルツァーノの民間銀行のポストの公募に応募した．

その公募に応募するための条件の一つがタイプBの二言語（イタリア語およびドイツ語）能力証明書（「証明書」）の保持であり，この証明書は公共サービスにおける旧カリエラ・ディ・コンチェット(carriera di concetto)（管理職）への応募のために，ボルツァーノ州でかつて必要とされたものであった．

この証明書は，ボルツァーノ州のみで行われる試験の後，同州の当局によって交付される．通常，ボルツァーノ州の住民は当然のこととして雇用の目的でその証明書を取得している．証明書の取得は，通常の教育訓練の一環としてほとんど強制的なステップとみなされている．

アンゴネーゼ氏はその証明書を取得していなかったが，完全に二言語を操ることが出来た．公募への応募資格を得るために，彼は，ウィーン大学哲学部における設計士としての修学修了証明書と外国語（英語，スロベニア語，ポーランド語）修学証明書を提出し，また彼の専門的職業経験に，設計士としての実務およびポーランド語からイタリア語への翻訳が含まれると申し立てた．

1997年9月4日，カサ・ディ・リスパルミーオ社は，アンゴネーゼ氏に対し，彼が証明書を提示しなかったことにより，公募に応募できないと通知した．カサ・ディ・リスパルミーオ社によって課された証明書の要件は，1994年12月19日の貯蓄銀行に関する国内労働協約に基づくものであった．

アンゴネーゼ氏は，差別を受けたとして訴え，欧州司法裁判所はその訴えを認めた．欧州司法裁判所は，条約第39条[訳注1]の下でEC域内の労働者の移動の自由は，雇用，報酬およびその他労働・雇用条件に関して加盟国の労働者間において国籍を理由とするいかなる差別の廃止をも含むと述べた．裁判所曰く，まず最初に第39条に規定される非差別原則が一般的な表現で記述されており，特に加盟国に対して向けられているのではないことが銘記されるべきである．結果として，EC条約第39条に規定される国籍を理由とする差別の禁止は，私人に対しても同様に適用されるとみなされなければならない．

本件訴訟で問題となっているもののように，採用公募に応募する権利について，ある加盟国のたった一つの州でしか取得できない言語証明書の保持を条件とし，他のいかなる同等の証明書をも認めないという要件は，当該個人

の国籍に関係のない客観的な要因に基づいており，かつ合法的に追求されるべき目的と釣り合いがとれている場合にのみ，正当化されうる。

　　［訳注1］　原著のこのパラグラフで「第48条」とあるのはすべて「第39条」の誤りである。

**393**　欧州司法裁判所は，非差別原則が，問題の言語能力が国内で得られたものでなければならないという要件を排除すると判示した[1]。

したがって，たとえあるポストの志願者に一定の言語能力を要求することは合法的であり得，この証明書のような修了証書の保持はその能力を評価するための基準を構成するとしても，他のいかなる手段，特に他の加盟国において取得された同等の資格証書によっても，要求される言語能力の証拠を提示するのが不可能であるという事実は，法の目的との関係では不均衡とみなされなければならない。使用者が採用公募への個人の応募資格を，この証明書のように，加盟国の特定の一州においてのみ発行される特定の修了証書によってのみ排他的に言語能力の証明とする要件にかからしめている場合，その要件は，EC条約第39条に反し，国籍を理由とする差別を構成する[2]。

　　(1)　Case C-379/87 Groener v. Minister for Education and the City of Dublin Vocational Educational Committee ［1989］ECR 3967, paragraph 23 を参照のこと。

　　(2)　C.O.J., 6 June 2000, Roman Angonese v. Cassa di Risparmio di Bolzano SpA, Case C-281/98, ECR, 2000, 4139.

**394**　しかしながら，大学における終身雇用権を有する教員および身分保障されている研究者のためのポストに生じた欠員を一時的に埋めるための任用の留保，またこの際外国語助手を考慮から外すことは，認められる[1]。

　　(1)　C.O.J., 20 November 1997, David Petrie e.a. v. Università degli studi di Verona and Camilla Bettoni, C-90/96, ECR, 1997, 6527.

**395**　年功分を増やしてテッサロニカ楽団（ギリシア）の給与体系に位置付ける目的で，ニース市立楽団（フランス）における楽団員の従前の雇用を考慮から外すことは，その従前の雇用がギリシアの公共サービスとしての勤務ではなかったというだけの理由では，EC条約第39条に違反する[1]。

　　(1)　C.O.J., 12 March 1998, Commissie v. Hellenese Republiek, C-187/96, ECR, 1998, 1095.

## B　労働協約および個別契約

**396**　規則No. 1612/68の第7条第4項によれば，雇用，報酬その他の労働条件または解雇に対する適格性に関する労働協約のいかなる規定または他のい

かなる労使による規制も，他の加盟国の国民である労働者に対し差別的な条件を規定し，または認めている限りにおいて，無効となる．同じことは個別労働契約にもあてはまる．

　その結果，欧州司法裁判所は，ある加盟国の公共サービスにおける比較可能な従前の勤続期間を考慮することなく，労働協約によって決定された給与グループにおいて8年間勤続した後に公共サービスの被用者の年功に基づいて昇進させることを規定する，ある加盟国の公共サービスに適用される労働協約の規定は，EC条約第39条，および規則1612/68の第7条第1項および第4項に違反すると判示した．国内裁判所は，それ故，そのような差別によって不利益を被る集団の構成員に対し，他の労働者に適用されるのと同じルールを適用しなければならない[1]．

　　(1) C.O.J., 15 January 1998, Kalliope Schöning-Kougebetopoulo v. Freie und Hansestad Hamburg, C-15/96, ECR, 1998, 47.

**397**　EC条約第39条，および規則1612/68の第7条第1項および第4項は，他の加盟国で過ごした期間に適用される要件が当該加盟国の比較可能な研究機関で過ごした期間に適用可能な要件よりも厳格である場合，契約教員および教育助手の賃金を決定するために考慮される従前の勤続期間に関する国内ルール（労働協約）を排除する．

　ある加盟国に，契約教員および教育助手の賃金を算定する上で，他の加盟国における比較可能な研究機関における勤続期間を考慮する義務がある場合，その期間は，いかなる一時的な制約もなしに考慮されなければならない[1]．

　　(1) C.O.J., 30 November 2000, Österrrisschicher Gewerkschaftsbund, Gewerkschaft öffentilicher Dienst v. Republik österrreich, C-195/98, ［未公刊］.

## C　労　働

**398**　諸活動は，それがEC条約第2条の意味における経済活動を構成する限りにおいて，ECの枠組みにおける均等待遇に関するEC法に従う[1]．あらゆる法律関係の判断において，それが発生する場所とそれが効力を生ずる場所のいずれかがEC域内にあれば，非差別のルールが適用される[2]．さらに，一時的にEC域外で実行される活動といえども，雇用関係がEC域内に相当に密接な関係を有している限り，非差別原則の適用を排除するには十分ではない[3]．EC条約第39条においては，

　「ある労働者が工員であるか，役所の事務員であるか，あるいはその雇用条件が公法によるものか，私法によるものかといったことにはいかなる区

別も存在しない．つまり，民間部門と同様に公的部門もかかわっている．第39条第4項に含まれる公共サービスの雇用関係に関する例外は，この自由移動への例外が公共サービスの一部を構成するポストに就くことにのみかかわるという意味に解釈されるべきである．いったん労働者が公的部門に雇われたら，均等原則は全面的に適用される．被用者と使用者たる行政機関との間の法的関係の性質は，その観点からは重要ではない[4]．」

(1) C.O.J., 12 December 1974, B.N.O. Walrave, L.N.J. Koch v. Association Union Cycliste Internationale, No. 36/74, ECR, 1974, 1405.
(2) 上掲．
(3) C.O.J., 12 July 1984, Sarl Prodest v. Caisse Primaire d'assurance maladie de Paris, No. 237/83, ECR, 1984, 3153. この事例は，フランス企業によってナイジェリアに送られたベルギー人の派遣労働者がフランスの社会保障制度によってカバーされるか否かという問題に関するものである．答えは，イエスである．
(4) C.O.J., 12 February 1974, Giovanni Maria Sotgiu v. Deutsche Bundespost, No. 152/73; また，Commission v. Italian Republic, 16 June 1987, No. 225/85, ECR, 1987, 2625 を参照せよ．

**399** 労働者の自由移動は明らかに，雇用関係，つまり従属労働にある個人を対象としている．EC条約第12条，第39条（労働者の自由移動）および第43条（自営業者の自由移動）は，それぞれの適用領域において，共通して国籍を理由とするいかなる差別をも禁止している[1]．

(1) Walrave/Koch case, op. cit.

**400** 労働者の均等待遇は，被用者としての活動に従事し，求人とこれに対する応募をかわし，雇用契約を締結し，履行する権利を含んでいる（規則第1条—第2条）．

職業テストは排除されないが，医療，職業その他の基準は，差別的であってはならない（第6条）．職業安定所は他の加盟国の国民に対しても自国民に対すると同じ援助を提供すべきである（第5条）．

### D 労働の遂行 [訳注1]

**400-1** 社会的および税制上の便益に関する均等待遇の権利（規則第7条第2項）は，労働者の利益のためにのみ運用され，求職のために移動する加盟国国民には適用されない[1]．EC法には移民労働者に与えられる権利は必ずしも現実のまたは継続した雇用関係に依存しないという見解の根拠がある．しかしながら，従前受入国において有効かつ純粋な被用者としての活動を追求して

いたがもはや雇用されていない者は，EC法の特定の規定の下においては労働者とみなされる(2)．

> [訳注1] 原著(第8版)には以下の8パラグラフが欠落している．パラグラフ番号でいえば第400項と第401項の間になるが，直前の版である第7版では第389項から第396項として記述されている部分であり(正確に言えば，第388項の途中から第396項の途中まで，ちょうど6ページに相当する部分)，内容的にも削除すべき部分ではなく，おそらくは編集上の切り張りによるミスと考えられる．実際，原著の目次ではこれら項目も並んでいる．本訳書では，やむを得ず，旧版(第7版)の記述をもって，この部分に充てることにする．

(1) C.O.J., 18 June 1987, Centre public d'aide social de Courcelles v. M.C. Lebon, No. 316/85, ECR, 1987, 2811.

(2) C.O.J., 21 June 1988, Sylvie Lair v. Universität Hannover, No.39/86, ECR, 1988, 3167. この事件は別の加盟国で就職し，その仕事を辞めたあと職業資格につながる高等教育課程を開始した加盟国国民にかかわる．問題は，EC法上その国民が受入国の国民と同等の基礎で訓練給付を要求できるかであった．欧州司法裁判所は，従前の職業活動と問題の学習に関係がある限り，イエスと答えた．

**400-2** 同様に，国籍を理由として労働条件に関して，すなわち，
―報酬，解雇およびもし労働者が失業した場合には再任用または再雇用，
―社会的および税制上の便益，
―職業学校(1)および再訓練センターにおける訓練に関して，
いかなる差別もあってはならない(規則第7条第1項～第3項)．
「社会的便益」という概念は，欧州司法裁判所によってかなり拡張的な解釈を受けてきた．欧州司法裁判所によれば，
「この規定が達成しようとする均等待遇の観点で，実質的な適用範囲は雇用契約に付随するか否かにかかわらず，あらゆる社会的および税制上の便益を含むように引かれなければならない(2)．」
そして，社会的便益の概念は「権利の力によって付与される便益だけでなく，裁量に基づいて付与されるもの」をも含む(3)．
「欧州司法裁判所が繰り返し判示してきたように，規則1612/68の第7条第2項の目的は均等待遇を達成することであり，それゆえこの規定により他の加盟国国民である労働者に拡張された社会的便益の概念は，雇用契約に付随するものであるか否かにかかわらず，第一次的にはその労働者としての客観的地位に基づきまたは国内領域への居住という事実およびそれを他の加盟国国民への拡張はそれゆえEC域内における移動性を促進するのにふさわしいと考えられることのみにより，国内労働者に一般的に付与されるあらゆる便

益を含む[4].」

　欧州司法裁判所がその労働条件として社会的便益の解釈において，この概念の最広義を超えたことを認識しなければならない．これはイデオロギー的観点からの批判ではなく，単なる法的な確認である．ECの目的を獲得するためには，労働者の社会的便益として未婚のパートナーと同居する権利を付与する必要があるとは思えない．EC条約第12条の均等待遇の権利を持ち出せば十分であろう．

(1) 教育機関が本規定にいう職業学校とみなされるためには何らかの職業訓練が提供されているというだけでは不十分であるということを銘記すべきである．職業学校の概念はもっと限定されたものであり，職業活動と密接に関連した教育をとりわけ徒弟制によって提供する機関に限定される．これは大学には当てはまらない．

(2) 30 September 1975, A. Christie v. Société Nationale des Chemins de Fer Français, No. 32/75, ECR, 1975, 1085.

(3) 12 January 1982, F. Reina and L. Reina v. Landeskreditbank Baden-Württemberg, No. 65/81, ECR, 1982, 33.

(4) 17 April 1986, State of the Netherlands v. A.F. Reed, No.59/85, ECR, 1986, 1283.

**400-3** 欧州司法裁判所は，以下のものを「社会的便益」として認めているように見える．

―労働者自身に関する措置である限り，障碍者のリハビリテーションを認める観点による措置[1]，

―当該兵役が他の加盟国でなされる場合であっても，兵役義務を果たすための雇用契約の執行の延期[2]，

―(出征軍人の妻への)別居手当[3]，

―解雇に対する特別の保護[4]，

―多人数家族に対し国鉄から発行される料金減免カード[5]，

―その国で働いたことはないが，そこで労働者として雇用された父親に扶養されて居住している他の加盟国の大人の障碍者への手当[6]．

　欧州司法裁判所は，本規則が他の加盟国国民である労働者に拡張した便益は，一般的に，第一次的にはその労働者としての客観的地位に基づきまたは国内領域への居住という事実のみにより付与されると判示した．それゆえ，特定範疇の国内労働者への便益は，彼らが自国で戦時の兵役を提供しその本質的目的がその国が被った困難を理由としてその国民に与えることであれば，第7条第2項にいう「社会的便益」の本質的特徴を満たさない．

　欧州司法裁判所は同様に，管轄権の行使はECが権限を持たない人口政策

の分野で採択された措置に影響するので,ECはその管轄権の限界を超えないと判示した。さらに,「社会的便益」の概念は,出生率を高める観点からの低所得層の家族への,国による指導と財政支援に基づいた公法上の貸付機関による出産への無利子貸付を含む[7]。

その他の社会的便益は,

―老人への保障所得[8],最低所得[9]および最低所得を保障する特別老人手当[10],

―労働者が居住する加盟国の裁判所の訴訟手続で国内労働者と同じ条件で自国語を用いる権利[11],

―労働者がより高い階梯に昇進しその賃金と退職年金に影響を与えることを不可能にする職務の安定とキャリア構造の欠如[12],

―職業資格に至る大学教育を追求する観点での維持および訓練への援助[13],

―文化協定の枠組みにおけるフェローシップ[14],

―労働者の子どもに加盟国が付与する学習資金[15],

―出産および母性手当[16],

―乗り切り手当[17],

―葬式費用[18],

―補完的退職年金[19],

(1) 11 April 1973, Michel v. Fonds national reclassements des handicapés, No. 76/72, ECR, 1973, 457.

(2) 15 October 1969, S. Ugliola v. Württembergisch Milchverwertung Südmilch A. G., No. 15/69, ECR, 1969, 363.

(3) Sotgiu, op.cit.

(4) 稼得能力を50%以上失う結果となる労働災害の場合(13 December 1972, P. Marsman v. M. Rosskamp, No.44/72, ECR, 1972, 1243).

(5) C.O.J., 30 September 1975, Anita Cristini v. Société Nationale des Chemins de Fer Français, No. 32/75, ECR, 1975, 1085.

(6) 16 December 1976, V. Inzirillo v. Caisse d'Allocations Familiales de l'Arrondissemant de Lyon, No. 63/76, ECR, 1976, 2057, No.26. See also: C.O.J., 27 May 1993, Hugo Schmid v. Belgian State, No.C-310/91, ECR, 1993, 3011.

(7) Reina Case, op. cit.

(8) C. Castelli v. Office National des Pensions pour Travailleurs Salariés, No.261/83, ECR, 1984, 3199.

(9) Courcelles Case, op. cit.

(10) 9 July 1987, M. Francogna v. Caisse de dépots et ensignations, No.256/86,

ECR, 1987, 3437.

(11) Mutsch Case, op.cit.

(12) Commission v. Italy, No.225/85, op.cit.

(13) Lair Case, op.cit. See also C.O.J., 15 March 1989, G.B.C. Echternach and A. Moritz v. Dutch Minister of Education and Sciences, No.389 and 390/87, ECR, 1989, 723.

(14) C.O.J.,27 September 1988, A. Matteuci v. Communauté Français de Belgique, NO.235/87, ECR, 1988, 5589.

(15) C.O.J., 26 February 1992, M.J.E. Bernini v. Netherlands Ministry of Education and Science, No. C-3/90, ECR, 1992, 1071.

(16) C.O.J., 19 March 1993, Commission of the European Communities v. Grand Duchy of Luxembourg, No. C-111/91, ECR, 1993, 817.

(17) C.O.J., 12 September 1996, Commission v. Belgium, Case C-278/98, ECR, 1996, 4307.

(18) C.O.J., 23 May 1996, John O'Flynn v. Adjudication Officer, C-237/94, ECR, 1996, 2617.

(19) C.O.J., 24 September 1998, Commission v. French Republic, Case 35/97, ECR, 1998, 5325.

**400-4** この範疇にはいるのは便益だけではない。ペーター・デ・ボス対ビーレフェルト市(Peter de Vos v. Stadt Bielefeld)事件[1]において，兵役の際に付与される便益の資格について疑問が起きた。ペーター・デ・ボスはビーレフェルト市の医者であった。

ドイツ連邦共和国および州の被用者ならびに市町村の役場および企業の被用者に適用される1966年の労働協約は，連邦と州の年金機構とともに補完的な老齢および遺族保険を規定していた。使用者が被保険者のために毎月の保険料を支払っていた。

原告は1993年3月29日から1994年3月1日までベルギー陸軍で兵役に就いた。この期間，被告は原告のために年金機構に保険料を払い込まなかった。年金機構はそれゆえ1993年3月28日から1994年3月2日まで原告の加入権を停止した。

ビーレフェルト労働裁判所に提訴された訴えにおいて，原告は原告がベルギー陸軍で兵役についている間，被告は条約第39条および規則1612/68第7条により年金機構に保険料を払う必要があったと主張した。

しかしながら，使用者側の支払義務は雇用契約とは関連しない。それゆえ，欧州司法裁判所が判示するように，「ドイツ法制が規定するように，補完的老

齢・遺族年金保険の保険料の継続的支払は，使用者に課される法定または契約による義務によって，第7条第1項にいう雇用および労働の条件とされず，兵役に就く義務の結果への部分的補償として国それ自体によって付与される便益である，とされるべきである．

そのような便益はそれゆえその労働者としての客観的地位に基づきまたは国内領域への居住という事実のみにより国内労働者に付与されるものとみなすことはできず，それゆえ規則1612/68第7条第2項にいう社会的便益の本質的特徴を有していない，と欧州司法裁判所は結論した．

その便益が労働協約で規定され，被用者の利益のために交渉されたものであることを考えると，人はこの事件の結果を不思議に思い，使用者の側の義務が雇用契約と関連しないという欧州司法裁判所の結論にいささか惑うだろう．

(1) C.O.J.,14 March 1996. Case C-315/94, ECR, 1996, 1417.

## E 労働組合の自由，労働者参加，公共機関の運営

**400-5** 労働の自由移動の枠組みにおける機会均等はまた集団的労使関係，すなわち投票権や労働組合の運営または執行ポストに立候補する権利を含め，労働組合の組合員になる被用者の権利を含む．同様に，労働者は企業内の代表機関に立候補する権利を有する．しかしながら，他の加盟国の国民である労働者は，公法の下にある機関の運営に参加したり，公法の下にある事務所を運営することから排除することができる（第8条）．

ベルギー鉄道の特定の職務をベルギー人にのみ留保することができるかどうかという疑問に関して，ベルギー政府の何点かに答えて，欧州司法裁判所は規則第8条の意味に関して次のように判示した．

「実際，ベルギー政府自身認めるように，規則1612/68の第8条は他の加盟国の労働者を特定のポストから除外することを意図したものではなく，単に一定の条件下で，ベルギー政府自身の例を用いれば，経済的領域の権限を有する公法の下にある多くの機関の運営委員会の労働組合代表の存在に関連するもののように，公法によって付与された権限の行使への参加に関与する特定の活動から除外することを認めているだけである[1]．」

移動の自由は，国内法制が外国人労働者に，加入することが求められかつ会費を払わなければならず，加入労働者の利益を守り立法に関して諮問的役割を行使する職業的機関（本件では職業ギルド）の会員の選挙における投票権を拒否することを禁じている[2]．

(1) 26 May 1982, Commission v. Belgium, No. 149/79, ECR, 1982, 1845.
  (2) 4 July 1991, ASTI Association de Soutien aux Travailleurs Immigrés v. Chambre des Employés Privés, No. C-213/90, ECR, 1991, 3507.

## F 住　宅

**400-6** 機会均等はさらに，必要とする住宅の所有権を含め，住宅問題について国内労働者に付与されるすべての権利と便益を含む[1]。他の加盟国の労働者は，国民と同じ権利を持って，その雇用されている地域に住宅リストがあれば住宅リストに名前を載せることができ，その結果としての便益を享受する．その家族が出身国にとどまっているときも，国内労働者が同様の推定を受ける場合にはこの目的のためその地域に居住しているものとみなされる（第9条）．

  (1) See also C.O.J., 30 May 1989, Commission v. Hellas, No. 305/87, ECR, 1989, 1461.

## IV　労働者の家族

**400-7** 1968年10月15日の規則1612/68の第10条から第12条までに従い，家族構成員は，居住権（第10条），被用者としての活動に従事する権利（第11条）ならびに一般教育，徒弟制および職業訓練課程に入学する権利（第12条）を有する．これら権利はEC条約から直接生ずる[1]．欧州司法裁判所は，これら権利はEC条約第39条と本規則第1条以下のもとで移民労働者が享受する権利と関連しているという見解である[2]．本規則は受入国の国内当局に当該労働者と関係する者を均等に取り扱うよう義務付けている．欧州司法裁判所はクールセル公共社会扶助センター対マリー・クリスティーヌ・ルボン（Centre public d'Aide social de Courcelles v. Marie-Christine Lebon）事件において，次のように判示した．

「規則1612/68第10条にいう労働者の家族構成員は同規則第7条により労働者自身に付与される均等待遇に間接的にのみ資格を有する．一般的に最低生活手段を保証する社会給付は，そのような給付が労働者自身に関して同規則第7条第2項にいう社会給付とみなされうる場合にのみ，労働者の家族構成員に対しても支給される[3]．」

しかしながら，労働者の自由移動に関するEC法の規定は，加盟国国民の配偶者であるというだけの資格では，加盟国の国内に居住しまたは永住する権

利を主張する非加盟国国民の状況のような，純粋に加盟国の国内的状況には適用されない。これは例えば次の規定に基づく。1968年10月15日の閣僚理事会規則1612/68, 1970年6月29日の欧州委員会規則1251/70, 1968年10月15日の閣僚理事会指令68/360。(4)

(1) C.O.J., 15 March 1989, G.B.C.Echternach and A.Moritz v. Dutch Minister for Education and Sciences, Joined Cases No.389-390/87, ECR, 1989,723.

(2) 7 May 1986, E.Gul v. Regierungspräsident Düsseldorf, No.131/85, ECR, 1986, 1573.

(3) Op. cit.

(4) C.O.J., 18 October 1990, 〈assam-Dzodzi v. Belgian State, Joined Cases Nos. 297/88 and 197/89, ECR, 1990, 3763. See also: COJ, 22 July 1992, Camille Petit v. Office National des pensions(ONP), No. C-153/91, ECR, 1992, 4973.

## A 居住権

**400-8** 国籍にかかわらず，ある加盟国の国民であり他の加盟国内で雇用されている労働者とともに居住する権利は，

**a** 配偶者または21歳未満であるかまたは扶養されているすべての卑属，

**b** この労働者およびその配偶者の直系の被扶養親族

に属する(第10条第1項)。

　加盟国は，移民労働者の家族が出発国においてその労働者に扶養され，または同居していた場合，第1項の規定に入らないいかなる家族構成員の入国を促進する(第10条第2項)。できるかぎり移民労働者が家族と同居できるようにすることが労働者の自由移動の目的であることから，この権利は広く解釈されなければならない。この目的が達成されるべきだとすると，労働者はその就業地域の国内労働者にとって通常の家族用住宅を持てなければならない(第10条第3項)。とはいえ，家族が恒常的に同居しなければならないというような要件も条件とすることはできない(1)。この解釈は規則第11条に合致する。この規定によれば，移民労働者の家族も，移民労働者が生活場所から離れて就業しているとき，同じ国の国内であればどこでも被用者としての活動に従事できる権利を有している。適切な住宅を利用できる条件は家族の構成員がみな定住することだけであり，いったん家族が再同居するならば，国内労働者に適用される条件以外に特別の条件が移民労働者に負わされることはない(2)。ECの移民労働者の家族の居住許可の更新の条件を，彼らが当該移民労働者とともに定住した時点だけでなく，その全居住期間において，適切な

住宅で生活することにかからしめるような国内法の規定は EC 法に違反する．

(1) C.O.J., 13 February 1985, Aissatou Diatte v. Land Berlin, No. 167/83, ECR, 1985, 567.
(2) C.O.J., 18 May 1989, Commission v. Germany, No. 249/86, ECR, 1989, 1263.

**401** 他の加盟国国民である移民労働者の配偶者に対して，無期限滞在許可を申請する資格を得て，その申請が処理されるためには，過去 4 年間その加盟国の国内に居住していたことを要件としながら，国内に定住する個人の配偶者には 12 カ月の居住のみを要件とするような加盟国の法制は，EC 域内における労働者の移動の自由に関する規則 1612/68 第 7 条第 2 項に違反する差別を構成しない[1]．

(1) C.O.J., 11 April 2000, Arben Kaba v. Secretary of State for the Home Department, C-356/98, ［未公刊］．

## B 労働権

**402** 規則 1612/68 の第 11 条によれば，移民労働者の配偶者および 21 歳未満もしくはその労働者に扶養されているその子どもは，たとえいずれの加盟国の国民でなくても，受入国内のどこでも被用者としてのいかなる活動にも従事する権利を有する．これは，EC 域内において移動の自由に関する権利を行使したことがない加盟国の国籍を有する労働者と結婚した非加盟国の国民の場合とは異なる．加盟国国民と非加盟国出身の配偶者がその国の法の下で被るいかなる差別も，その国内法の適用範囲内にあるし，それゆえその国の法制度の枠組みの中で取り扱われなければならない[1]．

これはいかなる活動にもあてはまる．それゆえ，専門的職業の開業に対しても同じルールが，受入国国民に対するのと同じ方法で適用される[2]．第 11 条は，移民労働者の家族に対し，受入加盟国において活動を行う権利のみを付与しているにすぎず，EC 域内における居住権に対する法的な根拠を構成するものではない．本条は，規則第 10 条を参照することなく解釈されえない[3]．

国籍を有する加盟国に住居を維持しながら，他の加盟国において被用者としての活動に従事する国民に扶養される子どもは，雇用されている国の国民の子どもに適用されるものと同じ条件で，また特に子どもの居住場所に関してさらなる要件なしに，学資を得るために，規則 1612/68 の第 7 条第 2 項に拠ることができる[4]．

(1) C.O.J., 5 June 1997, Land Nordrhein Westfalen v. Kari Uecker; Vera Jacquet v. Land Nordrhein Westfalen, Jointed Cases C-64/96 and C-65/96, ECR, 1997, 3171.

(2) Gul Case, op. cit. 本件は，イギリス国民と結婚したキプロス国籍の医者の事案である．

(3) C.O.J., 13 February 1985, Aisatou Diatta v. Land of Berlin, No. 267/83, ECR, 1985, 567.

(4) C.O.J., 8 June 1999, C.P.M. Meeusen and Hoofddirectie von de Informatie Berheer Groep, Case C-337/97, ECR, 1999, 3289.

## C 子どもの訓練

**403** 最後に，再び EC 移民労働者とその家族の社会的統合を促進する観点で，規則 1612/68 は，移民労働者の子どもが，受入国内に住んでいるのであれば，その国民と同じ条件の下でその国家の一般教育，徒弟制および職業訓練課程を受けることができることを規定している（第 12 条）．受入国当局は教育内容および第 12 条の条件の決定に関する法的権限を完全に有しているが，これらの条件は，国内労働者の子どもと，その国に居住する他の加盟国の国民たる労働者の子どもとの間で差別なく，適用されなければならない[1]．
（イタリア国民であり，EC 域内労働者の子どもである）カルミナ・ディ・レオ嬢（Carmina Di Leo）対ベルリン州事件の争点は，ディ・レオ嬢がイタリアのシエナ大学の医学部学生として登録していること，そして EC 加盟国の国民はその国籍のある国で訓練を受ける場合には給付の対象から除かれることを根拠として，ドイツ当局が，個人の訓練受講の奨励に関するドイツ法が規定するドイツ国外で行われる学習に対する教育・訓練給付を彼女に支給することを拒否できるか否かであった．欧州司法裁判所は，第 12 条によれば，加盟国が自国民に国外で行われる教育・訓練への給付を受ける可能性を与えているとき，EC 域内労働者の子どもが受入加盟国の国外で学習を行おうと決めた場合にも同じ給付を受けることができなければならないと判示した．教育・訓練を受けようとする者が，国籍を有する加盟国において課程を修めようと決めたからといって，この解釈は無効にはならないであろう．第 12 条に規定する居住通知も，規則の掲げる目的も，受入加盟国の国民と比較して EC 域内労働者の子どもに対し別の形の差別を発生させかねないこのような制限を正当化することはできない．それゆえ，EC 域内労働者の子どもは，教育・訓練が受入加盟国で行われる場合だけでなく，子どもが国籍を有する国で提供され

る場合にも，教育・訓練給付の受給のためには国民として取扱われるべきである[2]．

子どもが訓練を受ける権利は，大学で提供される課程[3]，障碍者に対する指導，訓練，職業リハビリテーション[4]を含むあらゆる形態の教育を射程に入れている．第 12 条は，入学に関するルールだけに言及しているわけではない．学業を維持するための援助やそれに続く(中等，高等)教育に進学するための訓練も，移民労働者が国内労働者と同じ条件で資格を有する規則第 7 条第 2 項[訳注1]でいう社会的な利益を構成する．この規則は，受入加盟国における域内外国人労働者とその家族の社会的統合を目的としている[5]．

移民労働者が子どもを扶養しつづけるとき，加盟国が労働者の子どもに供与する学資は，移民労働者にとって規則 1612/68 第 7 条第 2 項でいう社会的利益を構成するので，居住に関する条件のようなさらなる要件を課すことはできない[6]．

(1) C.O.J., 3 July 1974, Donata Casagrande v. Landeshaupstad München, No. 9/74, ECR, 1974, 773.
(2) 13 November 1990, Carmina Di Leo v. Land Berlin, No. C-308/89, ECR, 1990, 4185.
(3) Echternach case, op. cit.
(4) C.O.J., 11 April 1973, S. Michel v. Fonds national de reclassment social des hadicapés, No. 76/72, ECR, 1973, 457.
［訳注1］　原著は「第 2 条第 7 項」とあるが誤り．
(5) 上掲．
(6) C.O.J., 26 February 1992, M.J.E. Bernini v. Netherlands Ministry of Education and Science, No. C-3/90, ECR, 1992, 1071.

## 第 2 節　適用範囲

### I　労働者

#### A　総　論

**404**　欧州司法裁判所は一貫して，EC 条約第 39 条にいう「労働者」の概念は EC 法上の意義を有すると判示している．「労働者」および「被用者としての活動」という用語は，加盟国の国内法を参照することによって定義することはできない．もしそうなったら，これら用語の意味が EC 機関のいかなるコン

トロールもないまま，特定範疇の個人を条約の利益から意のままに排除しうる国内法によって一方的に決定，修正されてしまいかねないので，労働者の自由移動に関するECのルールは履行されないものになってしまうであろう．

**405** それゆえ，これらの意味を決定するために，一般に認められている解釈原則に拠り，その文脈およびEC条約の目的に照らしてこれらの用語に帰せられるべき通常の意味から始めることは適切である[1]．この観点で，「労働者」および「被用者としての活動」という用語が，EC条約によって保証される基本的自由の一つの適用領域を定義するものであり，それゆえに制限的に解釈されてはならないことが強調されなければならない．

しかしながら，失業前に自営業者としてのみ働いていた個人は，それよりもっと前にその個人が被用者として働いていたとしても，EC条約第39条にいう「労働者」に分類されえない．

(1) 上　掲.

**406** 「労働者」の概念は，欧州司法裁判所が正しく判示しているように，当該個人の権利および義務に基づき雇用関係を識別する客観的な基準によって定義されなければならない．しかしながら，雇用関係に不可欠な特徴は，ある個人が，報酬を受けるために，一定期間他の人のために，その指示の下に，労務を提供するという事実である[1]．それ故欧州司法裁判所は(1)労務の提供，(2)従属関係，(3)報酬という三つの基準を採用している．

(1) Lawrie-Blum case, op. cit.

**407** 労務の提供は，純粋に周辺的で副次的とみなされるような小規模な活動を除き，パートタイムも含めて，有効かつ真正の活動の遂行を意味する．これは，労働者の移動の自由の原則の文言と，この原則が経済活動を行いまたは行うことを欲する労働者に対してのみ自由移動を保証しているにすぎないという原則に関わるルールが占める位置の双方から導かれる[1]．労働者が60時間も労働をする呼び出し労働(oproepcontract)の下で雇用される労働者は，EC条約第39条にいう労働者である[2]．労働者が他の加盟国で求職しようとする動機があっても，その労働者が有効かつ真正の活動を行いまたはそれを望んでいる限り，当該加盟国に入国，居住する権利に関してはなんら重要性をもたない[3]．他の職種では徒弟制に相当するような教師の研修が，問題の職業を実際に遂行することに直接関連する実地研修とみなされうるという事実は，当該労働が被用者としての活動という条件の下で遂行される限り，EC条約第39条の適用の妨げとはならない[4]．同様に，職業訓練課程に基づき他の加盟国で働いていたある加盟国の国民は，少なくとも彼が賃金と対価に労務

第1章 労働者の自由移動

を提供し，かつその活動が有効かつ真正であれば，EC 条約第 39 条[訳注1]にいう労働者とみなされなければならない[5]。

当該個人によって行われる活動の期間は，その活動が有効かつ真正であるか否か，あるいは余りに限定的なため周辺的で副次的であるにすぎないか否かを評価するときに，国内裁判所が考慮しうる要因である[6]。ある個人が労働者か否かを評価する際，考慮すべき点は，当該個人が受入加盟国国内で行ってきた職業活動のすべてであり，EC 域内のどこか別の場所で行ってきた活動ではない[7]。

国籍を有する国で正規の学生の課程を取るために，一定のタイムラグをおいて，自発的に職を離れた移民労働者は，従前の職業活動と問題の学習の間に関連があるならば，労働者としての地位を維持する[8]。しかしながら，職を離れ，従前の職業活動と関係のない正規の学生の課程を始める移民労働者は，非自発的に失業した場合を除き，EC 条約第 39 条でいう移民労働者としての地位を維持できない[9]。

(1) Levin case, op. cit.
(2) C.O.J., 26 February 1992, V.J.E. Roulin v. Netherlands Ministry of Education and Science, No. C-357/89, ECR, 1992, 1027.
(3) Levin case, op. cit.
(4) Lawrie-Blum case, op. cit.

［訳注1］ 原著に「第 48 条」とあるのは修正ミス。

(5) C.O.J., 26 February 1992, M.J.E. Bernini v. Netherlands Ministry of Education and Science, No. C-3/90, ECR, 1992, 1071.
(6) C.O.J., 26 February 1992, V.J.E. Raulin v. Netherlands Ministry of Education and Science, No. C-357/89, ECR, 1992, 1071.
(7) 上掲。
(8) C.O.J., 26 February 1992, M.J.E. Bernini v. Netherlands Ministry of Education and Science, No. C-3/90, ECR, 1992, 1071.
(9) C.O.J., 26 February 1992, V.J.E. Raulin v. Netherlands Ministry of Education and Science, No. C-357/89, ECR, 1992, 1071.

**408** 個人が有効かつ真正の活動を遂行しようとする企業の重役や単独株主との結婚によって親戚になったという事実は，彼が従属関係下で職業活動をおこなう限りにおいて，条約第 39 条と規則 1612/68 でいう「労働者」に分類されることを妨げない[1]。

(1) C.O.J., 8 June 1999, C.P.M. Meeusen and Hoofddirectie van de Informatie Beheer Groep, Case C-337/97, ECR, 1999, 3289.

## B　スポーツ

### 1　ボスマン事件とレートネン事件

**409**　職務は，EC条約第2条の意味における経済的な性質を有している必要がある。結局，欧州司法裁判所は，スポーツを行うことが第2条における経済的性質を構成する限りにおいて，EC法の適用を受けると判示した[1]。

「これは，有償雇用関係または有償労務提供関係にあるプロフェッショナルまたはセミ・プロフェッショナルのサッカー選手の活動に適用される。」

その論理的な帰結として，

「そのような選手がある加盟国の国民である場合，その選手は，他のすべての加盟国において，個人の移動の自由およびサービスの供給の自由に関するEC法の規定から利益を得る。しかしながら，これらの規定は，それが経済的性質を有せず，試合が特定の性質，文脈に関わり，それゆえ，例えば異なる国々から来たナショナルクラブ間の対戦のようにスポーツとしての重要性のみであるといったことを理由として，特定の試合への参加から外国人選手を排除するルールまたは慣行の採用を妨げるものでない[2]。」

EC法はサッカーのコーチにも適用される[3]。一方で国籍を理由として選手に課される制限，他方で国内レベルと同様に国際的なレベルにおいてクラブを移籍した場合に発動される足止め制度がある場合に，プロサッカー選手の自由移動が実際において尊重されていないと強調する必要はない。世界規模でプロサッカーを独占するための国際的なカルテルを作り上げてきたFIFAとUFEAは，一般的に競争に関するEC法，具体的にはEC条約第81条および第82条に違反している。

(1) Walrave/Koch case, op. cit.
(2) C.O.J., 14 July 1976, G. Dona v. M. Mantero, No. 13/76, ECR, 1976, 1333.
(3) C.O.J., 15 October 1987, Unectef v. G. Heylens, No. 222/86, ECR, 1987, 4097.

**410**　これは，スポーツ界において長期間解決できないでいた問題，とりわけスポーツ選手，特にサッカー選手が——EU域外では未だにそうなのだが——売り買いされる牛のように取り扱われている移籍制度を，欧州司法裁判所が正しく裁いたボスマン(Bosman)事件[1]において確認された。労働者の自由移動はプロスポーツ選手にも適用され，これは基本権を構成する。選手を足止めするために考案された移籍制度およびECの選手の配置を制限する国籍規定は第39条に違反する。この決定的な判決は，欧州法が人権と人間の尊厳に寄与した素晴らしい実例である。では，事実，議論，そして欧州司法裁判所の判決について考えてみよう。

第1章　労働者の自由移動

　ボスマン氏は，ベルギー国籍のプロサッカー選手であり，ベルギー1部リーグのRCリエージュに，ボーナスを含む彼の平均月収として12万ベルギーフランの支払を保証する1990年6月30日までの契約で，1988年に入団した．1990年4月21日，RCリエージュは彼に，給与をベルギーサッカー協会のルールで認められる最低の3万ベルギーフランに引き下げるという新たな1年契約の申し出をした．ボスマン氏はその契約にサインせず，移籍リストに掲載された．訓練補償金は，上記のルールに従い，1174万3000ベルギーフランに設定されていた．

　どのクラブも強制移籍に興味を示さなかったので，ボスマン氏は，後に契約を締結することとなるフランス2部リーグのUSダンケルクと接触した．

　1990年7月27日，RCリエージュとUSダンケルクとの間で，USダンケルクがRCリエージュに対し，ベルギーサッカー協会が発行した移籍証明書をフランスサッカー協会が受領する際に払われる補償金120万ベルギーフランの支払と交換で，ボスマン氏の1年間の暫定移籍に関する契約が締結された．

　しかしながら，RCリエージュはベルギーサッカー協会に対し，フランスサッカー協会への上記証明書の送付を依頼しなかった．その結果，契約はすべて無効となった．1990年7月31日，RCリエージュは，ボスマン氏を停職とし，そのためそのシーズンはずっとプレイすることができなくなった．

—移籍ルールに関するEC条約第39条の解釈

　第一の疑問は，第39条がスポーツ組織によって規定されたルール，ある加盟国の国民であるプロサッカー選手が，あるクラブとの契約の終了に際し，移籍先クラブが移籍元クラブに移籍金，訓練金，開発金を支払っていない場合に，他の加盟国のクラブに入団できないというルールの適用を排除するか否かを確認することであった．

【スポーツ組織によって規定されたルールへの第39条の適用】

　ECの目的に関していえば，スポーツは，それがEC条約第2条にいう経済活動を構成する限りにおいてのみ，EC法の適用を受けることを思い出しておかなくてはならない．これは，有償雇用関係または有償労務提供関係にあるプロサッカー選手およびセミ・プロサッカー選手の活動に対して適用される．

　労働者の自由移動に関するEC条約の適用に関して，その使用者が企業である必要はない．求められることは，雇用関係の存在，または雇用関係を創出しようとする意思，である．

さらに，第39条の適用は，移籍ルールがクラブと選手との間の雇用関係よりもむしろクラブ間の事業関係を支配しているという事実によって妨げられるものでない．

主張されたようなスポーツと文化の間の同質性に基づく議論は，問題がEC法体系における基本的自由である労働者の移動の自由の範囲に関わるものであるので，受け入れられない．

結社の自由の原則に基づく議論に関して，欧州人権条約第11条に明記され，加盟国に共通の憲法的伝統に由来する原則が，欧州司法裁判所が一貫して述べ，単一欧州議定書の前文およびEU条約第F条第2項において再確認されているように，EC法秩序において保護される基本権の一つであることが認識されなければならない．

しかしながら，国内裁判所が付託したスポーツ組織によって規定されたルールは，その組織によっても，クラブによっても，また選手達によってもこの自由の享受を確保するために必要なものとしてみなすことはできず，上記の必然的な帰結であるとみなすこともできない．

最後に，公的機関，特にEC当局による問題の領域への介入は厳格に必要なものに限定されなければならないという意味で解釈される補完性の原則は，スポーツのルールを定める私的団体の自由がEC条約によって個人に付与された権利の行使を制限するという状況をもたらすことは出来ない．

【労働者の移動の自由に対する障碍の存在】

本件訴訟で問題となっている移籍ルールが，同じ加盟国内の異なった国内組織に所属するクラブ間の選手の移籍にも適用され，そして同様のルールが同じ国内組織に所属するクラブ間の移籍に適用されることは事実である．

しかしながら，これらのルールは，選手が雇用関係の終了後でさえ所属していたクラブから離れることを妨げまたは抑止することによって，他の加盟国でプレイしようとする選手の移動の自由を制限するように見える．

移籍ルールは，両クラブ間で合意されるか，スポーツ組織の規則にしたがって決められた移籍金が移籍元クラブに支払われない限り，プロサッカー選手が他の加盟国で結成された新しいクラブでプレイできないと規定しているので，労働者の移動の自由に対する障碍を構成する．

結果的に，移籍ルールは，EC条約第39条によって原則として禁止された労働者の移動の自由に対する障碍を構成する．例外が認められるのは，このルールがEC条約に合致した正当な法目的を追求し，公益に関わる緊急の理由によって正当化される場合だけである．しかし，たとえその場合でも，こ

第1章　労働者の自由移動

れらのルールの適用は，なお問題の目的の達成を確保するようなものでなければならず，この目的に必要な程度を超えることはできない．

【正当性の存在】
　第1に，移籍ルールがクラブ間の財務上および競争上の均衡を維持し，および若い選手の才能の発見と訓練を支援する必要性によって正当化されると論じられた．
　スポーツ活動，特にECにおけるサッカーの顕著な社会的重要性の観点から，結果に関する一定程度の平等と不確定性を保つことによりクラブ間のバランスを維持し，若い選手の採用と訓練を奨励する目的は，正当なものとして受け入れられなければならない．
　これらの目的の第1に関して，ボスマン氏は，移籍ルールの適用がサッカー界の財務上および競争上の均衡を維持するのに十分な方法ではないと適切に指摘した．これらのルールは，最も豊かなクラブが最高レベルの選手を保持し続けることを妨げないし，財政能力が競争の激しいスポーツにおいて決定的な要因となることも妨げず，したがって，クラブ間の均衡を顕著に崩している．
　第2の目的に関して，移籍金，開発金，訓練金を受け取る見込みが，実際に新しい才能を求め，若い選手を訓練するようにサッカークラブに促すということは受け入れられなければならない．
　しかしながら，相当な確実性をもって若い選手の将来を予想することが不可能であり，ほんの一握りの選手だけがプロとしてプレイし続けられることから，これらの金銭は，その性質上偶発的かつ不確定であり，いずれにしても未来のプロ選手と将来プロとしてはプレイすることのない選手の両方を訓練することによってクラブが負う現実のコストとは関連がない．
　移籍ルールがサッカーの世界的な組織を守るために必要であるとも論じられてきた．
　しかしながら，現在の訴訟は，EC域内におけるこれらルールの適用に関わるものであり，加盟国の国内協会と非加盟国の国内協会との間の関係には関わらない．
―国内規定に関するEC条約第39条の解釈
　第2の疑問で，国内裁判所は，スポーツ組織が編成する競技会の試合において，サッカークラブが他の加盟国の国民であるプロ選手については一定人数のみをピッチに立たせることができるというサッカー協会によって決められたルールの適用を，EC条約第39条が排除できるか否かを実質的に確かめ

ることを求めた．

【労働者の移動の自由に対する障害の存在】
　第39条第2項は，労働者の移動の自由が，雇用，報酬，労働・雇用条件などに関して，加盟国の労働者間における国籍を理由とした差別の禁止を伴うものであることを明記している．
　この原則は，他の加盟国の国民がサッカーの試合においてプロ選手として参加する権利を制限するスポーツ組織の規則に含まれる規定の適用を認めない．

【正当性の存在】
　国籍規定が，スポーツそれ自身のみに関わる非経済的な理由に基づいて正当化されると論じられた．
　ここでは，国籍規定が，国を代表するチーム間の特別な試合に関するものでなく，クラブ間のすべての公式試合に，したがってプロ選手の活動の本質に適用されている．
　この状況において，国籍規定は，第39条に合致するものとみなされえず，そうでなければ，条約の実際上の影響が奪われ，およびEC条約がEC内の各労働者に個人として付与している雇用への自由なアクセスという基本権は意味のないものになってしまうだろう．
　提示された議論はいずれもこの結論を覆すものではなかった．

―本判決の当面の影響
　今回の事件では，異なった加盟国のクラブ間の選手の移籍についてスポーツ組織によって規定されたルールの特徴は，同じまたは似たようなルールが，同じ組織に所属するクラブ間でも，同じ加盟国内の異なった組織に所属するクラブ間でも適用されているという事実からすれば，そのルールがEC法と適合するか否かについては不確実性を生じさせうる．
　この状況において，法的確実性に関する最優先の考慮は，その効果がすでに出し尽くされた法状況に異議を唱える方向に不利に働く．しかしながら，自らの権利を保護するために適時ステップを踏み得た個人のために例外が設けられなければならない．
　こういった議論により，裁判所は次のように判決した．
　「第39条は，スポーツ組織によって規定された，ある加盟国の国民であるプロサッカー選手が，移籍元クラブとの契約期限が切れた時点で，他の加

第1章　労働者の自由移動

盟国のクラブが移籍金，訓練金および開発金を移籍元クラブに支払わない限り，他の加盟国のクラブに入団できないというルールの適用を排除する．

第39条は，スポーツ組織によって規定された，組織が編成する競技会の試合において，サッカークラブが他の加盟国の国民であるプロ選手については一定人数のみをピッチに立たせることができるとするルールの適用を排除する．

第39条の直接的効力は，本判決日以前に適用可能な国内法の下で訴訟を提起しまたは同様の申立を行っていた者を除き，本判決日に既に支払われた，または本判決日の前に発生した義務の下で支払うべき移籍金，訓練金および開発金に関する申立には及ぼしえない．」

(1) C.O.J., 15 December 1995 Union Royale Belge des Sociétés de Football Association ASBL and Others v. Jean-Marc Bosman and Others, Case C-415/93, ECR, 1995, 4941.

**411**　もう一つの重要な疑問が，レートネン(Lehtonen)氏とキャスターズ・カナダドライ・ナミュール・ブレーヌ ASBL(Castors Canada Dry Namur-Braine ASBL)（以下「キャスターズ・ブレーヌ」），ベルギー王立バスケットボール協会連盟(Federation Royale Belge des Sociétés de Basket-ball ASBL)（以下「ベルギーバスケット連盟」）およびベルギーリーグ ASBL(Belgische Liga ASBL)（以下「ベルギーリーグ」）との間の，ベルギーバスケットボール選手権一部リーグの試合にレートネン氏を出場させるキャスターズ・ブレーヌの権利に関する訴訟で提起された．

バスケットボールの組織と移籍期間に関するルールは次のとおりである．バスケットボールは，世界レベルでは国際バスケットボール連盟(International Basketball Federation)(FIBA)によって組織されている．ベルギーの連盟がベルギーバスケット連盟であり，アマチュア・プロフェッショナル両方を統括していた．1996年1月1日に創設され，ベルギー国内選手権の一部リーグに属する12のバスケットボールクラブで構成されるベルギーリーグは，ベルギーバスケット連盟の中で，最も高度なレベルのバスケットボールを発展させ，国内レベルでの頂点に君臨するバスケットボールリーグを代表するという目的を有していた．

ベルギーでは，男子のバスケットボール選手権一部リーグは二つのステージに分かれている．第1ステージではすべてのクラブが参加し，第2ステージでは上位クラブのみによるもの（優勝を争う決勝戦）とリーグの下位クラブによるもの（1部リーグ残留を争う決定戦）である．

選手の国際的な移籍に適用される FIBA のルールは，すべての国内連盟に

そのまま適用される（ルール第1条第b号）。国内の移籍には，国内連盟が，指針として国際ルールを採用し，FIBA のルールの精神に則り選手の移籍に関する独自のルールを作成することを勧告されている（ルール第1条第c号）。これらのルールは，外国人選手を，選手のライセンスを交付した国内連盟の国の国籍を有していない選手と定義している（ルール第2条第a号）。ライセンスは，その連盟のメンバーであるクラブでバスケットボールをプレイすることを選手に認めるために，国内連盟によって選手に与えられる必要な許可である。

FIBA のルールは原則として，国内選手権では，FIBA が定めた問題の区域について設定された期限の後は，クラブがそのシーズン中に同じ区域の別の国ですでにプレイしていた選手をそのチームに登録することを認めないと規定している。ヨーロッパ区域では外国人選手登録の最終期限は2月28日である。その日以降でも，他の区域から選手が移籍することは可能である。

FIBA のルールでは，ある国内連盟が，他国の連盟で従前ライセンスの交付を受けていた選手からライセンスの申請を受けた時は，ライセンスを選手に交付する前に，前の連盟からの放出証明書を取得していなければならない。

ベルギーバスケット連盟のルールによれば，選手と国内連盟を繋ぎ止める加入と，選手と特定クラブとのつながりである登録と，そして選手が公式戦に出場するために必要な条件である資格とが明確に区分されなければならない。移籍とは，加入選手が登録の変更を取得する操作と定義される。

ベルギーバスケット連盟のルールは，毎年一定の期間，問題のクラブが参加する選手権に先立つ1995年であれば4月15日から5月15日，1996年なら5月1日から31日の間に行われる，ベルギーバスケット連盟に加入する選手のベルギーのクラブ間での移籍を定めている。一シーズンに一以上のベルギーのクラブに登録される選手はいない。

当時のバージョンで，ベルギーバスケット連盟のルールは，「クラブに登録されていない選手や停職中の選手はコートに立つことができない。この禁止規定は，親善試合やトーナメントにも適用される」と述べている。

**412** レートネン氏は，フィンランド国籍のバスケットボール選手である。1995〜96年シーズンを彼はフィンランド選手権に参加しているチームでプレイし，その後，彼は，ベルギーバスケット連盟加盟のクラブ，キャスターズ・ブレーヌと，95〜96年シーズンのベルギー選手権の最終ステージへ参加する予約をした。

このため，1996年4月3日両当事者は，レートネン氏が固定給として月に手取り5万ベルギーフラン，クラブが勝利するごとに1万5000ベルギーフラ

第1章　労働者の自由移動

ンを受け取るという内容で，報酬を受け取るスポーツ選手として雇用契約を締結した．この契約は，1996年3月30日にベルギーバスケット連盟に登録され，放出証明書は，1996年3月29日に母国の連盟によって交付されていた．1996年4月5日，ベルギーバスケット連盟はキャスターズ・ブレーヌに対し，もしFIBAがライセンスを交付しない場合，クラブに罰則が与えられ，もしクラブが彼を出場させるならば，それはクラブ自身の責任であると伝えた．

　警告にもかかわらず，キャスターズ・ブレーヌは，1996年4月6日の対ベルガコム・カルニョン(Belgacom Quaregnon)戦にレートネン氏を出場させた．試合は，キャスターズ・ブレーヌが勝利した．1996年4月11日，ベルガコム・カルニョンによる申立てに続いて，ベルギーバスケット連盟の競技会部は，ヨーロッパ区域における選手の移籍に関するFIBAルールに違反することから，レートネン氏が出場した試合に対し，他のクラブを20対0で勝利とする罰則をキャスターズ・ブレーヌに与えた．これに続く対ペパンスター(Pepinster)戦でも，キャスターズ・ブレーヌはレートネン氏をベンチに入れたが，結局試合に出場することはなかった．クラブは再び同じ罰則を受けた．キャスターズ・ブレーヌは，レートネン氏をベンチ入りさせるたびに罰則を受ける危険，さらに3回目の罰則を受ければ下位リーグへ降格してしまう危険を負うことになることから，決勝戦を彼なしで行うことを決定した．

　1996年4月16日，レートネン氏とキャスターズ・ブレーヌは，仮処分の訴えを審理するブリュッセルの第一審裁判所(Tribunal de Première Instance)に，ベルギーバスケット連盟を提訴した．彼らは不可欠のものとして，ベルギーバスケット連盟が1996年4月6日の対ベルガコム・カルニョン戦についてキャスターズ・ブレーヌに課した罰則を取り消し，95～96年のベルギー選手権に彼を出場させないようないかなる罰則を課すことを禁止するよう命令し，その命令に従わなければ毎日10万ベルギーフランの罰金という条件をつけることを求めた．

**413**　欧州司法裁判所は以下のように判示した．上記の観点から，国内裁判所の疑問は，移籍が特定の日以降になされた場合に，バスケットボールクラブが国内選手権の試合に他の加盟国出身の選手を出場させることを禁止する加盟国においてスポーツ組織によって規定されたルールの適用を，EC条約第12条および39条[訳注1]が排除しているか否かを本質的に問うているものと理解されなければならない．

　労働者の移動の自由に対する障碍の存在がこうして顕在化したので，この障碍が客観的に正当化されうるものか否かを確かめなければならない．

　欧州司法裁判所に意見を提出していたベルギーバスケット連盟，ベルギー

リーグおよびすべての政府は，移籍期限に関するルールがスポーツそれ自身のみに関する非経済的な理由によって正当化されると述べた。

　この点につき，選手の移籍に対する最終期日の設定がスポーツ競技の規則性を確保するという目的に合致しうることを認識しなければならない。

　後からの移籍は，選手権の途中で，あれこれのチームの強さを実質的に変えることになるかもしれないので，選手権に参加しているチーム間の結果の比較可能性を，そして結果的には全体として選手権の適正な運営に対しても疑いを呼ぶ。

　こういうことが起こる危険性は，ベルギーのバスケットボール選手権1部リーグのルールに従うスポーツ競技会に関しては特に明確である。優勝または降格をめぐって決勝・決定戦に参加するチームは，選手権の最終ステージのために，あるいは決定的な一試合のためだけにでも，後からの移籍によってチームの戦力を強化することで利益を得ることができよう。

　しかしながら，競技会の適正な運営を確保するという目的でスポーツ連盟が採った方法は，追及されるべき目的を達成するために必要な程度を超えることはできない。

　ヨーロッパ区域外のスポーツ連盟下にある選手が，加盟国の組織を含むヨーロッパ区域における組織の選手のみに適用される2月28日ではなく，3月31日の最終期日にしたがっていることは，移籍期限に関するルールから明らかである。

　一見して，このようなルールは，追求されるべき目標を成し遂げるために必要な内容を超えたものと見なされなければならない。2月28日から3月31日の間におけるヨーロッパ区域のある連盟からの選手の移籍が，その時期におけるそれ以外の区域からの移籍よりも選手権の規則性を乱すことになることは，事件の内容からは明らかでない。

　しかしながら，それ自体としてのスポーツのみに関して，あるいはヨーロッパ区域の連盟の選手の地位とそれ以外の区域の組織の選手の地位との間の違いに関して，どの程度の客観的な理由がそのような異なった待遇を正当化するかを確かめるのは国内裁判所である。

　上述したことすべてから，国内裁判所の疑問に対する答えは，再構成すれば，それ自体としてのスポーツのみに関して，あるいはヨーロッパ区域の連盟の選手の地位とそれ以外の区域の組織の選手の地位との間の違いに関して，客観的な理由がそのような異なった待遇の正当事由とならない限り，移籍が特定の日以降になされた場合に，その日が特定の非加盟国の選手の移籍に適用される日よりも早いならば，バスケットボールクラブが国内選手権の試合

に他の加盟国出身の選手を出場させることを禁止する加盟国においてスポーツ組織によって規定されたルールの適用を，EC条約39条が排除している，ということでなければならない(1) [訳注2]．

[訳注1] 原著は「第5条および第48条」とあるが，アムステルダム条約による改正前のものの修正ミスである．

[訳注2] 本パラグラフ最後の3段落は，原著では次のパラグラフに入っているが，内容的にレートネン事件に関するものであるので，こちらに修正した．

(1) C.O.J., 13 April 2000, Jyri Lehtonen and Castors Canada Dry Namur-Braine ASBL v. Fédération royale belge des sociétés de basket-ball ASBL(FRBSB), Case C-176/96, ECR, 2000, 2681.

**414** 別のスポーツの事例は，ドリエージュ(Deliege)女史に関するものである．彼女は，ベルギー人の柔道家で，1983年以来様々な大会で活躍していた．

格闘技である柔道は，世界レベルでは国際柔道連盟によって組織されている．ヨーロッパレベルでは，ヨーロッパ柔道組合が各国の組織により構成されている．ベルギー連盟は，国際的な競技会に出場する選手の選出に責任を有している．ドリエージュ女史は，ベルギー連盟が彼女に重要な競技会への出場を認めないために彼女の競技キャリアを不当に傷つけたと主張した．彼女は，柔道がEC法によって保証されている自由に関わる問題である経済活動にあたると考えた．

ベルギーの裁判所は，特にプロのスポーツ選手（またはセミプロ，あるいはプロ志望者）が国際競技大会に出場するために，国内連盟によって承認され，または選出されるという要件に関して，スポーツ組織によって決定されたルールとサービス提供の自由との適合性について，欧州司法裁判所の判決を求めた．

欧州司法裁判所は第1に，ボスマン判決に依拠して，スポーツがEC条約でいう経済活動を構成する限りにおいて，スポーツ組織のルールはEC法に合致しなければならないと指摘した．

この判例法は，アマチュアスポーツの特性，つまりスポーツが経済活動を構成しない状況を考慮しているアムステルダム条約と一致している．

どの国がオリンピックに代表を送り込めるかを決定する上で，これら競技会で選手が獲得した順位が考慮されるという状況だけでは，これら競技会を，欧州司法裁判所の判例法においてはEC法の管轄外になりうるナショナルチーム間の出来事として取り扱うことを正当化することはできない．

さらに，スポーツ協会や連盟が自らの構成員を「アマチュア」選手と分類しているからといって，これらの選手が経済活動に関与していないことを意

味するものでない．

**415** それゆえ欧州司法裁判所は，スポーツ活動，特に高度な競技能力を有する選手の国際競技会への出場が，密接に関連するものの，多くの別々のサービスの提供に関わりうると判示した．したがって，公衆が観戦し，テレビが中継し，広告業者やスポンサーの利益となるスポーツイベントに出場する選手は，経済的性格を有するサービスの基礎を提供している．

したがって，これら解釈基準に基づいてドリエージュ女史のスポーツ活動が経済活動，サービスの提供を構成するか否かを決定するのは，ベルギー国内の裁判所である．

欧州司法裁判所は，問題の選出ルールがサービス提供の自由に対する制約を構成するか否かを考察した．同裁判所の見るところ，ボスマン事件で適用されたルールとは対照的に，この訴えにおける選出ルールがプロスポーツ選手による労働市場へのアクセスを規制する条件を決めておらず，また競技に参加しうる他の加盟国国民の数を制限する国籍規定も含んでいない．

選出ルールには不可避的に競技会への参加人数を制限する効果があるが，このような制限は，一定の選出ルールや基準の採用が不可欠な高水準の国際競技大会では当然のことである．それゆえ，このようなルールそれ自体は，サービス提供の自由に対する制限を構成するものとはみなされまい．さらに，このような選抜ルールは，EC域内で行われる競技会にも域外で行われる競技会にも両方適用され，加盟国国民にも非加盟国国民にも両方関わる．

多くのスポーツの規律として採用されている編成を反映する各国のスポーツ連盟は，それゆえ，適正なルールを規定し，選出を行う権限を有している[1]．

(1) C.O.J., 11 April 2000, Christelle Deliège v. Ligue Francophone de Judo et Disciplines ASBL and Others, Jointed Cases C-51/96 and C-191/97, ECR, 2000, 2549.

## 2　欧州委員会，FIFA および UEFA 間における協定（2001年2月）

**416** 欧州委員会，FIFA（国際サッカー連盟）および UEFA（ヨーロッパサッカー連盟）間の協定は主として，雇用契約の流れにおけるプロサッカー選手の移籍に関するものである．契約が終了した選手に関しては，訓練補償に関する規定に従い世界中どこでもプレイする自由が与えられている．協定は以下について規定している．

―若年者の保護；
―若年選手に対する訓練補償；
―サッカーにおける雇用契約の安定性の維持

第1章 労働者の自由移動

―契約違反の場合の罰則
―移籍窓口
―紛争処理．

　この協定は付録に再録してある[訳注1]．欧州委員会委員長のプロディ（Prodi）氏は，EU 域内における国際的なサッカー選手の移籍に関する FIFA の修正規則について，欧州委員会が FIFA および UEFA との間で「満足すべき，かつ機能しうる」結果に到達したというニュースに「喜んでいる」と述べた．彼はさらに，「協定がスポーツの特別な必要性だけでなく EU 法をも尊重している」ことを指摘することが重要であることに気づいていた．さらに，この妥協はある国から別の国へ移動する選手の正当な権利を保護するであろうと付け加えた．協定に含まれる要素としては，クラブが訓練，教育を行った 23 歳未満の選手について補償を受けることを確保する規定，小規模なクラブに対し所得の再分配を行う規定，18 歳未満の選手の移籍のための行為規範を設定する規定，シーズンごとの主たる移籍窓口およびシーズン途中の限定的移籍窓口を創設する規定などを含んでいる．しかしながら，この妥協が，労働の自由および労働者の自由移動に関するヨーロッパ法，そして「労働は商品ではない」，「人身売買はできない」といった全体的な原則を尊重しているか否かは定かではない．多くの点がなお検討されなければならず，それによりこれら渦中の問題に光が当てられよう．FIFA や UEFA の独占支配を濫用しないために，ある者にはあまりにも多くの金銭が支払われている．選手会である FIFPRO は，ヨーロッパ法に違反する協定の無効を求めて，ベルギーの裁判所に提訴している．

　［訳注1］　本訳書では省略してある．

## C　その他

**417**　欧州司法裁判所によれば，以下の活動は経済的性質を有する．有効かつ真正の活動に対して一定の対応物があることを条件に，宗教団体のメンバーシップ．授業が学校の生徒に対して行われ，したがって学校にとってなんらかの経済的価値を提供している場合における教職研修[1]．治療の一環としての就労を構成する活動は，社会的な要素が経済的な要素に取って代わるので経済的とはみなされない．これは EC において経済的な要素が社会的な要素を圧倒することを再び示している[2]．

　(1)　Lawrie-Blum case, op. cit.
　(2)　C.O.J., 31 May 1989, J. Bettray v. Staatssecretaris von Justitie, No. 344/87,

ECR, 1989, 1621.

**418** 移動の自由は、公的部門(公的な国際機関も同様に[1])の活動にも、また EC 域内で行われる民間部門の活動にも、また上記のような十分に密接な関連がある場合には域外で行われる活動であっても、適用される[2]。

(1) Echternach case, op. cit.
(2) No. 153 を参照のこと。

**419** 労働者の自由移動に関するラッシュ・ポータギース(Rush Portuguese)事件の欧州司法裁判所判決は重要である。欧州司法裁判所は、たとえ 1992 年までのポルトガル人労働者がそうであったように、労働者自身が EC 条約第 39 条に基づき自由移動に関する権利を享受していなかったとしても、他の加盟国において活動を行う企業が、サービスの自由移動を根拠として、自らの労働者を使って企業を運営する権利を確認した[1]。これは、第三国や非加盟国出身で、ある加盟国にすでに居て、雇用されている労働者が、EC 条約第 49 条・第 50 条のサービス提供という回路を通じて、他の加盟国においても雇用されるということを意味しうる。

(1) C.O.J., 27 March 1990, Rush Portuguese LDA v. Office National d'Immigration, No. 113/89, ECR, 1990, 1417. C.O.J., 9 August 1994, R van der Elst v. Office des Migrations Internationales, C-43/93, ECR, 1994, 3803 も参照せよ。

**420** 従属労働とは、他人のために、その指揮および監督の下で労務を遂行することをいう。ローリー・ブルム(Lawrie-Blum)事件において、欧州司法裁判所は以下のように判示している。

「本件においては、研修期間中ずっと教職研修生がその配属された学校の指揮および監督の下にあったことは明らかである。彼が提供すべき労務と労働時間を決定するのは学校であり、彼が実行しなければならず、従わねばならないものは学校の指示である。」

**421** 付け加える必要があるのは、その移民労働者が加盟国の国民でなければならないということである(規則 1612/18 第 1 条)。各加盟国は誰が国民で誰が国民でないかを決定する。しかしながら、EC は労働者の移動の自由に関して国籍の如何による結果を示す管轄権を有している。さらに、それは EC 域内の移動でなければならない。労働者の移動の自由に関する EC 法は、EC 域内で移動の自由を利用したことのない労働者の場合のように、加盟国内の純粋な国内問題には適用されない[1]。

(1) C.O.J., 28 January 1992, Volker Steen v. Deutsch Bundespost, C-332/90, ECR, 1992, I-341.

**422** 最後に、報酬が存在しなければならない。有効かつ真正の被用者として

の活動を遂行する限り，当該者が被用者としての活動による所得を，生存のための最低限度額に達するまで他の所得により補っているか，あるいは当該最低限度額以下の援助措置に満足しているか，いずれであっても，この所得は，受入国において生存のために必要な最低限度額とされるものよりも低いものでありうる[1]．労働者がその活動から得ている所得を補うために受入国の公的機関からの財政的な援助を申請したからといって，労働者の移動の自由に関するEC法の規定から排除されない[2]．

(1) Levin case, op. cit.
(2) C.O.J., 3 June 1996, R.H. Kempf v. Sttatssecretaris von Justitie, No. 139/85, ECR, 1741.

## II 家 族

**423** 労働者の自由移動に関するEC条約の規定およびそれを施行するために採択された規則は，EC法が規制するいずれの状況とも関連性をもたない事案には適用しえない．例えば，オランダ当局は，あるスリナム国民に対し，オランダ国民であるその娘と息子（彼らがそのスリナム国民を扶養していた）と一緒にオランダに居住する許可を拒否することが認められた．娘も息子も移民労働者ではないので，本事案はEC法が規制する状況とはなんら関係がない[1]．しかしながら，このEC法の解釈は結果として，事案をEC法が規制する状況に関連させて自由移動の権利を行使する非加盟国国民よりも，加盟国国民が不利益な取扱いを受けることになる．これを「逆差別」という者もいる[2]．

　労働者の扶養家族の地位は，規則1612/68が述べるように，実際の状況に基づくものである．この地位にある個人は，労働者により生計を維持する家族の構成員であり，労働者の援助へ依存する理由を明らかにする必要もなければ，この個人が賃金労働によって自ら生計を維持できるかという疑問を提起する必要もない．労働者に扶養される家族によって提出される社会扶助（ミニメックス）の受給の申請は，扶養家族としての申請者の地位になんら影響を与えない．さもなければ，社会扶助の受給が扶養家族の地位を失わせることになり，ひいては社会扶助自体の撤回や，居住権の喪失すら正当化することになりかねない．このような状況は，実際には移民労働者に与えられる均等待遇を掘り崩すものであろう．それゆえ，労働者の扶養家族の地位は社会扶助の受給とは独立に考慮されるべきである．扶養家族の地位は扶養を受ける権利の存在を前提としていないことが指摘されるべきである．もしそういう

ことになると，各国ごとに異なる国内法制によって家族構成が決まることになり，EC法の適用がばらばらになってしまう(3)。

(1) C.O.J., 27 October 1982, Elestina Christina Esseklina Morson v. State of the Netherlands and Head of the Plaatselijke Politie within the meaning of the Vreemdelingenwet; Sewradjie Thanjan v. State of the Netherlands, Jointed Cases Nos. 35 and 36/82（本文では，Morson と表記）．

(2) Verschueren, op. cit.

(3) Centre public d'aide sociale de Courcelles case, op. cit.

**424** 数多くの事件が「配偶者」の概念を取り扱っている。欧州司法裁判所はこの点について，権限ある機関によって終了されたのでない限り，婚姻関係が解消されたものとみなすことができないと判示している。たとえ後日離婚するつもりであっても，配偶者が別居しているということだけでは，婚姻関係は解消されない(1)。規則に異なる規定が見当たらないことから，第10条の配偶者という用語は婚姻関係のみを指していると捉えなければならない。それゆえ，安定的な関係であっても，移民労働者の同棲者は配偶者として取り扱われえない。しかしながら，欧州司法裁判所の判示によれば，移民労働者が未婚の同棲者の居住許可を得る可能性が，受入国への統合を助長し，それゆえ労働者の自由移動の達成に貢献しうることを理解しなければならない。結果として，この可能性は，規則 1612/68 第7条第2項にいう(2)社会的利益の概念に入るものと見なされねばならず，それゆえ国内労働者と同様に移民労働者にも与えられなければならない。

(1) Diatta case, op. cit.

(2) Read case, op. cit.

**425** 規則第12条に規定されている訓練に関する均等待遇の権利は，亡くなった移民労働者の子どもにも利益を与える(1)。ブラウン対スコットランド国務大臣（Brown v. The Secretary of State of Scotland）事件は，親がイギリスで働き，居住することをやめた後に生まれた子どもに関する事案であった。結果として，その子はイギリスにおける労働者の家族の地位を認められなかった。欧州司法裁判所は，規則 1612/68 の前文の第5文が，特に家族を同伴する労働者の権利および受入国への家族の統合の条件に関して，とりわけ労働者の移動に対する障碍を除去することによって，労働者の移動の自由を確立することを，規則が意図していることを示していると判示した。規則第12条は，少なくとも両親の一方が労働者として加盟国内に居住し，その加盟国に両親またはその一方と同居する子どもにのみ権利が与えられるという意味で解釈されなければならないということになる。それゆえ，第12条は，労働者

が受入国家での仕事と居住をやめた後に生まれたその子どもに権利を創設することはできない[2]。第12条は，移民労働者の子どもが他の国に居住している場合や他の国の学校に通っている場合には適用されない。第12条は，ある加盟国が，たとえ自国民からは徴収していなくても，移民労働者の子どもが国内の普通学校に入学する条件として学費を徴収することを認めている[3]。他方，移民労働者の子どもは，家族が出身加盟国に戻り，本人も一定期間不在だった後であっても，その子どもが出身国では継続できないような教育を受けるために受入国に滞在する場合には，移民労働者の家族としての地位を維持する[4]。

　欧州司法裁判所が一貫して述べているように[5]，規則第12条に規定する均等待遇原則は，大学教育を含め，職業教育か一般教育かを問わず，あらゆる形態の教育に及ぶ。この原則が，移民労働者の子どもがその教育を成功裏に修了するため自らの学習を継続できるようにすることを要請している。

　結果として，規則第12条は，たとえ学生が21歳以上であり，もはや両親の扶養家族でなくても，すでに高等教育課程にある学生に対する金銭的な援助をも含んでいる。したがって，第12条を適用するのに年齢制限や被扶養者の地位という条件を課すことは，規定の文言と抵触するだけでなく，その精神にも反する。

(1)　C.O.J., 27 September 1988, Commission v. Belgium, No. 42/87, ECR, 1988, 5445.
(2)　C.O.J., 17 September 1987, Steven Malcom Brown v. Secretary of State for Scotland, No. 197/86, ECR, 1988, 3205.
(3)　C.O.J., 27 September 1988, Belgium v. R. Humbel and M.T. Edel, No. 263/86, ECR, 1988, 5365.
(4)　C.O.J., 15 March 1989, G.B.C. Echternach and A. Moritz v. Dutch Minister of Education and Sciences, Joined Case Nos. 389-390/87, ECR, 1989, 723.
(5)　C.O.J., 4 May 1995, Landesambt für Ausbildungsförderung Nordrhein-Westfalen v. Lubor Gaal, C-7/94, ECR, 1995, 1031.

## III　例　外

### A　公的部門の雇用

**426**　EC条約第39条第4項によれば，労働者の自由移動に関する規定は，公的部門の雇用関係には適用されない。この規定は，大きな議論を呼んだ。欧州司法裁判所は，明確な理由により，「公的部門の雇用関係」という用語がEC

域内を通じて単一の解釈と適用を要請するという見解である。欧州司法裁判所が一貫してその判例法において強調しているように，EC法の規定の適用範囲を制限するため国内法制度の規定に拠ることはEC法の単一性と有効性を損ねる効果を有し，結果として受け入れることはできないということを，実際，想起すべきである(1)。さらに，ECの労働者が移動の自由を享受し差別を受けるべきではないという基本原則の例外として，第39条第4項は，この規定が加盟国に保護することを認めた利益を保護するのに厳密に必要な範囲に制限するような方法で解釈されなければならないということを覚えておかなければならない(2)。裁判所は，「公的部門の雇用関係」が，国または他の公的機関の一般利益を保護することを目的とする任務を遂行すべく，公法によって付与された権力の行使に直接または間接的に関与する職務を意味するものと理解されなければならないという結論に達している。このような任務を果たすために，この職務を占める個人の側における国家への忠誠と国民連帯の基礎を形づくる権利と義務の相互性という特別関係が必要とされる(3)。したがって，欧州司法裁判所は，雇用関係の法的資格ではなくその任務の内容を，基準として重視するのである。

「第39条第4項にいかなる区別もされていない以上，労働者がブルーカラー労働者（ouvrier）であるか，ホワイトカラー労働者（employé）であるか，官吏（fonctionnaire）であるか，さらには雇用条件が公法によるか私法によるかなど全く重要ではない。」

最後に，第39条第4項が公的な雇用関係へのアクセスのみに関係することを指摘しておかなければならない。いったん公的分野に採用されれば，報酬その他の雇用条件に関して差別的な取扱いを正当化することはできない(4)。

(1) C.O.J., 17 December 1980, Commission v. Belgium, No. 149/79, ECR, 1980, 3881.
(2) Lawrie-Blum case, op. cit.
(3) 上掲。
(4) Sotgiu case, op. cit.

**427** 以下のような職務は，公的な職務とは考えられていない：郵便局員(1)，国有鉄道の運転手研修生，荷役夫，線路工夫，転轍夫と信号夫，地方鉄道の未熟練労働者，地方自治体の看護婦，保母，夜警，配管工，大工，電気工，庭男，建築技師，管理人(2)，公立病院の常用雇用の看護婦(3)，教職研修生(4)，研究者(5)；大学の外国語教師(6)および中学・高校の教師(7)。公的部門における研究，教育，保健，運輸，港湾および電気通信の職務や，水道，ガス，電気などの公益サービスの職務も同様である(8)。他方，科学的な問題に関し国を管

理し助言する職務は，第39条第4項でいう公的部門の雇用関係といいうる[9]。最後に，加盟国は，権力の行使に関与するような特定の公的職務への昇進を自国民に留保することができることを指摘しておく[10]。

EC条約第86条第1項は，第26条，第33条および第78条とともに，加盟国が自国内に設立された企業に対し港湾荷役作業を編成する排他的な権利を付与するとともに，そのために自国民だけの労働力からなる港湾荷役企業に委託するよう求める規則を排除する[11]。

公的部門の雇用の概念は，被用者の義務の如何を問わず，私人や私法人による雇用を含まない。したがって，民間警備業務は公務の一部を構成しない[12]。

(1) Sotgiu case, op. cit.
(2) Commission v. Belgium, No. 149/79, ECR, 1982, 1845.
(3) C.O.J., 3 June 1986, Commission v. France, No. 307/84, ECR, 1986, 1725.
(4) Lawrie-Blum case, op. cit.
(5) C.O.J., 16 June 1987, Commission v. Italy, No. 225/85, ECR, 1987, 2625.
(6) C.O.J., 30 May 1989, P. Allue and C.M. Coonan v. Università degli Studi di Venezia, No. 33/88, ECR, 1989, 1591.
(7) 27 November 1991, A. Bleis v. Ministère de l'Education Nationale, No. C-4/91, ECR, 1991, 5627.
(8) C.O.J., 2 July 1996, Commission v. Luxemburg, Case C-473/93, ECR, 1996, 3207, C.O.J., 2 July 1996, Commission v. Belgium（水道，ガス，電気の公営サービス），Case C-173/94; 2 July 1996, Commission v. Hellas, Case C-290/94, ECR, 1996, 3285 も参照せよ．
(9) Commission v. Italy, No. 225/85, ECR, 1987, 2625.
(10) Commission v. Belgium, No. 149/79, ECR, 1982, 1845.
(11) C.O.J., 10 December 1991, Merci Covenzionali Porto di Geneva v. Siderurgica Gabrielli SpA, No. C-179/90. ECR, 1991, 5889.
(12) C.O.J., 25 May 2001, Commission of the European Communities v. Italian Republic, Case C-283/99, 未公刊．

## B　公の秩序，公共の安全および公衆衛生

**428**　EC条約第39条第3項によれば，労働者の移動の自由は以下の権利を含む．
**a**　提供される求人に応募する権利，

**b** この目的のために，加盟国の国内を自由に移動する権利，

**c** 加盟国国民の雇用を規制する法律，規則または行政規定に従って労働するために，その国に滞在する権利，

**d** 欧州委員会が定める実施規則に規定される条件に従い，加盟国で雇用が終了した後にその国内に留まる権利．

　しかしながら，これらの権利は公の秩序，公共の安全および公衆衛生に基づき正当化される制限に服する．これら制限は，1964年2月25日の指令64/221[(1)]により精確に定義されており，この指令は，労働者の自由移動に関するこれらの制限のありうべき濫用から他の加盟国国民を保護することを目的としている．

　(1) 公の秩序，公共の安全または公衆衛生に基づき正当化される外国人の移動および居住に関する特別措置の調整に関する指令，O.J., 4 April 1964, No. L 56, 250-857.

**429**　全体として，外国人の管理という観点から加盟国に権限を与えるこれらの制限は，1950年11月4日にローマで調印され，全加盟国が批准している欧州人権条約の第8条，第9条，第10条および第11条，そして1963年9月16日にストラスブールで調印された同条約の第4議定書の第2条において確立されているより一般的な原則の特別な表明である．これらは同じ表現で，国の安全または公共の安全のためのいかなる制約も，民主社会を保護するために必要なものを除き，上述の規定で保証された権利に課されないと規定している[(1)]．さらに手続上の保護がある．

　「指令64/221の規定の保護を享受するいかなる個人も，彼について採られたあらゆる制約措置についての理由と，訴えを起こす可能性とからなる二重の保護措置が保証されていなくてはならない[(2)]．」

　(1) C.O.J., 28 October 1975, Roland Rutilly v. Minister for the Interior, No. 36/75, ECR, 1975, 1219.

　(2) 上掲．

### 1　適用範囲

**430**　指令64/221は，人的適用範囲(ratione personae)としては，被用者としてまたは自営業者としての活動を行うためであれ，あるいはサービスの享受者(第1条第1項)例えば旅行者としての活動を行うためであれ，他の加盟国に居住または旅行するいかなる加盟国国民にも適用される．この指令は，移動の自由を享受する労働者の配偶者および家族にも適用される(第1条第2項)．

　物的適用範囲(ratione materiae)としては，本指令は，公の秩序，公共の安全または公衆衛生に基づいて加盟国が採る国内への入国，居住許可の交付と

更新，国内からの強制退去に関するすべての手段に関わる．こういった制限理由は，経済的な目的[訳注1]のために発動することはできない(第2条)．「公の秩序に基づき正当化される制限に従う」という表現は，各加盟国がその国内で他の加盟国国民の移動および居住の自由を制限するために採択した立法規定だけでなく，そういった立法を適用する際に行われる個々の決定にも関係する(1)．居住の禁止は，国の全領域についてのみ課すことができ，一定の地域に限っての居住禁止の場合には，EC法の下にある個人は，EC条約第12条[訳注2]の下で，関係加盟国国民と平等な立場で取扱われなければならない(2)．

[訳注1] 原著には"ground"とあるが，指令原文は"end"，仏文では"fin"とあり，誤りであろう．
(1) Rutilly case, op. cit.
[訳注2] 原著に「第6条」とあるのは修正ミス．
(2) 上掲．

## 2 公の秩序または公共の安全の根拠

**431** 公の秩序の概念は，ECの文脈において，そして特にそれが労働者の移動の自由という基本原則から適用除外するための正当事由として用いられている場合には，その適用範囲がEC機関の管理に従うことなく各加盟国が一方的に決定することができないように，厳格に解釈されなければならないことが強調されるべきである．それにもかかわらず，公の秩序への依拠を正当化する特別な状況はその国々，時々で異なり，それゆえこの点についてEC条約によって課せられる制限の範囲内で各国の権限ある機関に一定の裁量を認めることが必要である(1)．いずれにせよ，「公の秩序」の概念は，いかなる法違反でも関わる社会秩序の動揺に加えて，社会の基本的な利益の一つに影響を与える純粋かつ十分深刻な脅威の存在を前提としている(2)．

(1) C.O.J., 4 December 1974, Y. von Duyn v. Home Office, No. 41/74, ECR, 1974, 1337; 27 October 1977, Regina v. P. Boucherau, No. 30/77, ECR, 1977, 1999.
(2) 「加盟国は，公の秩序の観点から，必要と考える場合には，たとえその加盟国が自国民には同じ制約を課していないとしても，他の加盟国国民が特定の求人に応募する場合に，労働者の移動の自由という利益を認めないことができるということになる．国が自国民に居住権を認めないことが許されないということは，EC条約が加盟国間の関係においては無視していると考えることのできない国際法の原則である(Van Duyn case, op. cit.).」Regina case, op. cit.; の他，C.O.J., 7 May 1998, Clean Car Autoservice GesmbH v. Landeshauptmann von Wien, C-350/96, ECR, 1998, I-

281

第1部　個別的労働法

2521 を参照せよ．

**432**　公の秩序および公共の安全に基づいて講じられる措置は，当該個人の個人的な行為にのみ基づくものでなければならない（第3条第1項）[1]．指令のこの規定は，個人に対して，加盟国の国内裁判所で行使することができ，国内裁判所が保護しなければならない権利を付与する[2]．

指令64/221第3条は，加盟国に，EC法の保護下にあるいかなる個人についても，一般的な考慮ではなく，個々の状況に基づいて決定を行う義務を課している[3]．

その活動に参加する機関や組織に加入することや，その目的や企図に一体化することは，当該個人の自発的な行為であり，したがってその個人的行為の一部とみなされる[4]．

(1) 第2条の「措置」という用語は，法律，規則または行政規定の規定にのみ関わり，司法上の行為は含まない．第3条の「措置」という用語は，一定の場合他の加盟国の国民に強制退去を命ずる法律によって求められる裁判所の行為を含んでいる（Regina case, op cit）．

(2) Van Duyn case, op. cit.

(3) Rutilly case, op. cit.

(4) Van Duyn case, op. cit.

**433**　前科はそれ自体では，労働者とその扶養家族の自由移動を制限する措置を講ずる根拠にならない（第3条第2項）．その犯罪を引き起こした状況が公の秩序の要請に対する現在の脅威を構成する個人的行為の証明である限りにおいてのみ，前科は意味を持つ[1]．それゆえ指令は，不法に武器を所有し，過失によって兄弟を死なせたある加盟国国民を強制退去にすることを，その国外退去が他の外国人を抑止する目的で，つまり一般予防目的でなされる場合には，認めていない[2]．加盟国国民が外国人の入国，移動および居住に関する形式的手続を怠ったというだけでは，公の秩序および公共の安全を脅かす行為を構成するような性質はなく，それゆえそれ自体としてはこれを理由に強制退去や一時的な収監を命ずる措置を正当化することはできない[3]．同様に，加盟国は，公の秩序に関する留保に基づいて，自国民がそういう行為をした場合には，抑圧的な手段やそのような行為に取り組むための純粋かつ有効な措置を取るには至らないような行為を理由として，自国の国内から他の加盟国国民を退去させたり，国内への入国を拒否することはできない[4]．

受入国に入国し，居住許可を取得するために当該個人が用いた身分証明書やパスポートの期限切れは，強制退去の正当事由とならない（第3条第3項）．身分証明書やパスポートを発給した国は，たとえその書類がもはや有効でな

第1章　労働者の自由移動

く，あるいはその所持者の国籍に議論のあるところであっても，その所持者が，形式的な手続きなしに，その国に再入国することを認めなければならない(第3条第4項)．

(1) Regina case, op.cit.
(2) C.O.J., 26 February 1975, C.A. Bonsignore v. Oberstadtdirektor Köln, No. 67/74, ECR, 1975, 297.
(3) C.O.J., 8 April 1976, J.N. Royer, No. 48/75, ECR, 1976, 497.
(4) C.O.J., 18 May 1982, Rezguia Adoui v. Belgian State and City of Liège; Dominique Cornuaille v. Belgian State, Joined Case Nos. 115 and 116/81, ECR, 1665. 本件は，ベルギーの売春に関するものである．

### 3　公衆衛生

**434**　国内への入国を拒否したり最初に居住許可の交付を拒否したりすることの正当事由となる疾病または障碍は，指令の附則で一覧表になっている(第4条第1項)．最初に居住許可を交付した後に生じた疾病または障碍は，居住許可の更新を拒否したり国内からの退去の正当事由とならない(第4条第2項)．

### 4　手続的保護

**435**　最初の居住許可を認めるか拒否するかの決定は速やかに，どんな場合でも申請の日から6カ月以内になされなければならない．当該個人は決定がなされる間，一時的に滞在を許される．受入国は，必要であれば，申請者の出生加盟国および他の加盟国に，過去のいかなる警察記録に関する情報をも提供するよう要請することができる．この調査は日常作業として行うことはできない．照会された加盟国は，2カ月以内に回答をしなければならない(第5条第2項[訳注1])．国外退去の場合，合理的な期間が経過した後に居住許可を再申請することができる．この申請は，受入国の適当な行政当局が審査しなければならず，その際，当局は特に，最初の強制退去を正当化した事情に実質的な変化が起こったことを明らかにするために提示された論拠を考慮しなければならない(1)．

　［訳注1］　原著は「第4条第5項」とあるが，そういう条項はなく，誤りである．

(1) Adoui case, op. cit.

**436**　明らかに重要な保護措置は，なぜ自由移動の権利を制限されるのか，その理由を通知されるということにある．これらの理由は，これが関係国の安全上の利益に反するものでない限り，通知されなければならない(第6条)．理由の通知が，当該個人がその利益を守れる程度に十分詳細かつ精確なもので

283

なければならないことは，指令の目的から明らかである．いずれにせよ，当該個人がその内容と影響を理解できるような方法で通知がされれば十分である[1]．居住許可の交付や更新を拒否したり国外退去させる決定については，当該個人に公式に通知しなければならない．退去までの期間はこの通知で示さなければならない．緊急の場合を除いて，この期間は，当該個人が未だ居住許可を与えられていない場合には15日を下回ってはならず，他のすべての場合には1カ月を下回ってはならない（第7条）．

(1) Adoui case, op. cit.

**437** 移動の自由を制限する決定に対して，受入加盟国の国民に開かれているのと同じ法的救済が利用できなければならない（第8条）．この点について，第9条が第8条を補足していることが強調されるべきである．第9条は国内裁判所で当該個人が依拠しうる加盟国の責務を課している．第9条によれば，裁判所に訴えを起こす権利がない場合，訴えが決定の法的効力にしか関わらない場合，そして訴えが中断効果をもたない場合には，緊急の場合を除いて，受入国の権限ある機関の意見が出されない限り，行政当局が決定を下すことはできない．指令は「権限ある」機関の定義について加盟国に裁量の余地を残している．受入国の国内法が規定するのと同様に弁護を受け，援助や代理を受ける権利を享受できる[1]．この条件は，同じような種類の他の国内機関の手続きに適用される条件よりも当該個人にとって不利益なものであってはならない[2]．指令はこの機関が裁判所であること，あるいは司法官で構成されたものであることを求めていない[3]．最初の居住許可の交付を拒否するいかなる決定または居住許可が交付される前に当該個人の退去を命ずるいかなる決定についても，その個人が要請する場合，権限ある機関に付託してその事前の意見を求めなければならない．この時，当該個人には，公共の安全の利益に反する場合を除いて，自分自身で抗弁を提出する権利が与えられる（第9条第2項）．強制退去を命ずる決定は，適正に正当化された緊急の場合を除き，関係者が指令62/221の第8条および第9条が保証する救済手段を尽くすことができるまで，EC法で保護される個人に行使することはできない[4]．しかしながら，当該個人には本人に係る訴えの間ずっとその国の国内に滞在する権利があるとは，この規定から推論することはできない．個人が申請を申し立てることによって彼に影響する措置を一方的に停止することができるこのような解釈は，指令の目的には合致しない．この目的は，当該個人が公正な審理を受けることができ，かつ抗弁の機会を十分に与えられる限り，公の秩序，公共の安全および公衆衛生の要請と，このような措置によって影響を受ける個人に与えられる保証とを両立させることにある[5]．

第1章　労働者の自由移動

　最後に，指令64/221が，加盟国で雇用が終了した後にその国の国内に永住する[訳注1]権利を得た労働者に[6]，学生に[7]，職業活動をやめた被用者および自営業者に[8]，そして居住権一般の場合にも[9]適用されることを指摘しておく。

(1) C.O.J., 22 May 1980, Regina v. Secretary of State for Home Affairs ex parte M. Santillo, No. 131/79, ECR, 1980, 1585.
(2) Adoui case, op,cit.
(3) 上掲.
(4) Royer case, op. cit.
(5) C.O.J., 5 March 1980, Josette Pescastaign v. Belgian State, No. 98/79, ECR, 1980, 691.
[訳注1] 原著は「雇用される」とあるが，指令72/194は「指令64/221の適用範囲を労働者が雇用終了後加盟国に永住する権利に拡大する指令」であって，誤りと思われる。
(6) Directive of 18 May 1972, No. 72/194, O.J., 26 May 1972, No. L 121/26.
(7) Directive of 29 October 1993, No. 93/96, op. cit.
(8) Directive of 28 June 1990, No. 90/365, O.J., 13 July 1990, No. L 1980/28.
(9) Directive of 28 June 1990, No. 90/364, O.J., 13 July 1990, No. L 1980/26.

## 第3節　支援策

### I　職業紹介サービス

**438**　単一市場における労働者の自由移動は，中央と地方の職業紹介サービス機関の間の直接の協力関係の発展を要求する。この協力関係は，求人と求職の交換，その結果としての情報交換を伴う労働者の職業紹介，そしてEC域内の労働者の自由移動を確保する観点からの雇用・失業の研究の実施（第13条～第14条）に関する1968年10月15日の規則1612/68で確立された。それぞれの加盟国の専門部局は，他の加盟国の専門部局または欧州調整事務局へ以下の情報を定期的に送付するものとする。

a　他の加盟国の国民によって充足され得る求人の詳細情報，
b　非加盟国に連絡された求人の詳細情報，
c　他の加盟国での就労希望を正式に表明している者の求職の詳細情報，
d　他の国で就労する意思を実際に表明している求職者に関する地域別および業種別の情報。

各加盟国の専門部局はこの情報をできるだけ迅速に適当な職業紹介サービス機関に伝えるものとする。

求人と求職に関する詳細は，専門委員会の協力を得て欧州調整事務局が決める統一システムにしたがって流通する。

必要であれば，欧州調整事務局は，専門委員会の協力を得てこのシステムを適応修正することができる(第15条)。

加盟国の職業紹介サービス機関へ連絡されたいかなる求人も，関係する他の加盟国の権限ある職業紹介サービス機関に連絡し，処理するものとする。

求人の連絡を受けた職業紹介サービス機関は，最初の加盟国の職業紹介サービス機関に適当な求職の詳細情報を連絡するものとする。

求職は，1カ月を超えない合理的な期間内に，加盟国の関係サービス機関が対応するものとする。

職業紹介サービス機関は，非加盟国からの労働者に比べて自国民に与えているのと同じ優先権を，加盟国国民である労働者に与えなければならない[1]。

(1) Regulation 2434/92 of 27 July 1992. による修正。

**439** 規則は，労働市場のバランスをコントロールする措置をも含む。加盟国が提供した情報により作成された欧州委員会の報告に基づき，加盟国と欧州委員会は，少なくとも1年に1回，求人および求職に関するECの仕組みの結果について共同して分析するものとする[1]。

欧州委員会および加盟国は，EC内の求人と求職のバランスを保つために，求人を充足する際，加盟国の国民に優先権を与える可能性をも検討する(第19条第2項)。

規則1612/68は，ECレベルでの求人交換を促進することを任務とする欧州調整事務局とともに(第21条)，研究と助言に責任を負う諮問委員会(第24条～第31条)，欧州委員会を補助する責務を負う専門委員会(第32条～第37条)を設置している。

(1) Council Regulation (EEC) No. 2434/92 July 1992 amending Part II of Regulation (EEC) No. 1612/68 on freedom of movement for workers within the Community, O.J., 26 August 1992, No. L 245. による修正。

## II 職業訓練

**440** 欧州委員会は初等職業訓練および高等職業訓練に関して加盟国間の密接な協力関係を促進する任務を負っている(EC条約第140条)。

補完性の原則を重視するEC条約第150条は以下のように述べる。

第1章　労働者の自由移動

「1　ECは職業訓練の内容および編成に関する加盟国の責任を十分に尊重しつつ，加盟国の行動を支援し補足するための職業訓練政策を実施するものとする．

2　EC行動は以下のことを目的とする．

—特に職業訓練および再訓練を通じて，産業構造転換への適応を促進すること，

—労働市場への職業的統合および再統合を促進するため，初等職業訓練および継続職業訓練を改善すること，

—職業訓練へのアクセスを容易にし，訓練指導員および訓練生とりわけ若年層の移動を促進すること，

—職業訓練に関して教育施設または訓練施設と企業の間の協力関係を推進すること，

—加盟国の職業訓練制度に共通する問題点について，情報と経験の交流を促進すること．

3　ECおよび加盟国は，職業訓練の分野において，第三国および権限ある国際機関との協力関係を促進するものとする．」

これらの目標を達成するため，1975年，欧州職業訓練開発センターが設立された．合同プログラムの枠組みの中で加盟国間の若年労働者の交流を規定しているEC条約第41条とともに，継続職業訓練へのアクセスに関する1993年6月30日の閣僚理事会勧告に言及すべきであろう[1]．

(1) O.J., 23 July 1993, No. 181, 37.

**441**　1963年4月2日の決定により，閣僚理事会は共通職業訓練政策の実施の一般原則を規定した(No. 63/266)[1]．これらの一般原則は，いかなる個人も職業選択の自由，職業訓練の場所および就労場所を適切に配慮して十分な訓練を受けることができるようにしなければならないことを規定していた．共通職業訓練政策は，誰もが与えられた仕事を遂行するために必要な専門知識と技能を獲得し，できる限り最高の訓練水準に達するようにするとともに，特に若年層において，知的および身体的成長，市民教育および身体的発達を奨励するものであるべきである．1971年に閣僚理事会が規定した一般指針は次のように述べる．

「絶えず変わりゆく経済のニーズに照らし，職業訓練の目的は，一般的および職業的な見地から，個人が自らの人格を発展させ，キャリアを築くことができるように設計された初等職業訓練および高等職業訓練ならびに一連の在職職業訓練の機会を提供することであるべきである．」

これは，グラヴィエ(Gravier)事件で欧州司法裁判所に次のように判示させ

た．

「特定の専門職，職人職または雇用の資格を準備し，これら専門職，職人職または雇用のための訓練および技能を提供する教育は，その形式が何であれ，生徒または学生の年齢および訓練水準にかかわらず，たとえ訓練プログラムが一般教育の要素を含んでいたとしても，職業訓練である[2]．」

(1) O.J., No. 63, 20 april 1963, 1338/63.
(2) C.O.J., 13 February 1985, Françoise Gravier v. City of Liège, No. 293/83, ECR, 1985, 593.

**442** 大学教育が特定の専門職，職人職または雇用の資格を準備し，これらのための訓練および技能を提供するものであるか否かについては，最終卒業試験が，特定の専門職，職人職または雇用に必要な資格を直接付与する場合だけでなく，たとえどの立法ないし行政規定もその知識の習得を前提条件としていないとしても，その教育が特定の訓練や技能を付与する場合にも，これに当たることを強調しておかなければならない．それゆえ一般的に，大学教育はこの基準を充たす．唯一の例外は，その特別な性質ゆえに，職業のために準備するというよりもむしろ一般的な知識を深めることを望む者のための特定課程だけである[1]．

(1) C.O.J., 2 February 1988, Vincent Blaizot v. Universitaté de Liège, No. 24/86, ECR, 1988, 379.

**443** 「職業訓練」という用語の意味は，EC条約第47条によっていくぶん制約を受けている．この条項は，修了証書，資格証明書および他の公的な資格を証するものの相互承認のための指令に関係している．結果的に，これらの指令は職業訓練に関係しているにもかかわらずEC条約第150条が適用されない[1]．

(1) C.O.J., 30 May 1989, Commission v. Council, No. 242/87, IELL, Case Law, No. 135bis, ECR, 1989, 1925.

**444** 上記のグラヴィエ事件[1]において，欧州司法裁判所は，EC条約第150条にいう共通職業訓練政策が段階的に形成され，個人の自由移動の必須の要素を構成しているという見解であった．職業訓練へのアクセスは，個人が働きたい加盟国で資格を取得し，職業訓練課程に希望の科目を有する加盟国で訓練を修了して特別の才能を発展させることを可能にすることにより，特にEC域内における個人の自由移動を促進させるものである．職業訓練へのアクセスの条件がEC条約の適用範囲内にあり，また他の加盟国国民である学生に対し，職業訓練へのアクセスの条件として負担金，登録費またはいわゆる「入学金」を課すことは，受入加盟国の自国民には課されない場合には，

EC条約第12条に違反して国籍を理由とする差別を構成することは，上述したことから導かれる．

条約第12条はそれゆえ，職業訓練課程の費用を賄うためのものである限り，加盟国が自国民に与える財政的援助に適用される．

他の加盟国で職業訓練課程を受講している加盟国国民は，EC法に基づき，訓練課程を受講するために，その受講期間中，受入加盟国における居住権を得る．この権利は，受入加盟国が居住許可を交付したか否かに関係なく行使することができる．しかしながら，この居住権は職業訓練へのアクセスに関する差別の禁止が適用されない一定の条件に従わなければならない[2]．

(1) Gravier case, op. cit; C.O.J., 3 May 1994, Commission v. Belgium, No. C-47/93, ECR, 1994, 1593 も参照せよ．

(2) C.O.J., 26 February 1992, V.J.M. Raulin v. Netherlands Minister of Education and Science, No. C-357/89, ECR, 1992, 1027.

**445** 大学教育一般を含む職業訓練へのアクセスの条件がEC条約第12条の適用範囲にあることが事実であるのに比べ，そういった教育を受ける際に加盟国が自国民に付与する援助は，EC法が発展している現在においても，このような援助が登録料および他の教育へのアクセスに対し課される費用，特に授業料をカバーすることが意図されている場合を除いて，条約の適用範囲外である[1]．

欧州司法裁判所によれば，EC条約第12条は，加盟国が，他の加盟国の国民でありEC法の下で受入加盟国における居住権を享受している学生が学費を賄う制度の利益を受ける条件として居住許可を要求することを認めていない[2]．

(1) C.O.J., 21 June 1988, Sylvie Lair v. Universität Hannover, No. 39/86, ECR, 1988, 3161.

(2) C.O.J., 26 February 1992, V.J.M. Raulin v. Netherlands Minister of Education and Science, No. C-357/89, ECR, 1992, 1027.

## III 職業資格と修了証書の承認

**446** ヨーロッパ人の教育と訓練の水準がどんどん上昇していることからすると，いったんある加盟国で修了証書を取得すれば他の加盟国でも有効である場合にのみ，労働者の自由移動が完全に開花するということは明らかである[1]．この目的を視野に置き，理事会は，修了証書，資格証明書および他の公的な資格を証するものの相互承認のためのいくつもの指令を採択した（EC条

約第40条)．第47条が自営業者のみを対象としているという事実にもかかわらず，これらの指令，例えば医師，薬剤師などに関する指令は，指令を規則1612/68にいう労働者およびその扶養家族にも適用させる規定を含んでいることを確認しておかなければならない．

 (1) しかしながら，EC条約第39条(原著には「第48条」とあるが誤り)は，加盟国が，他の加盟国の大学院教育で取得した学位を有する自国民に，そのための行政的承認を得ることなく国内でその学位を用いることを禁止することを排除していない．この承認手続きは，大学院教育で取得した学位が適正に授与されたか否かを確認するだけのもので，容易に受けられるものでなければならず，過度な手数料の支払を要求してはならない．さらに，なされるべき決定は司法審査の道が開かれ，当該個人はその決定に対する根拠を確かめることができ，そしてその承認手続に従わないことに対する罰則は違反の程度に対し均衡を失するようなものであってはならない．C.O.J., 31 May 1993, Dieter Kraus v. Land Boden Württemberg, No. C-19/92, ECR, 1993, 1663を参照せよ．

**447** しかしながら，各職業ごとにそれぞれの職業訓練課程を含めた個別の指令を用意することは不可能であり，より一般的措置が必要であることがすぐに明らかとなった．このような一般的な措置とは，EC加盟国間における職業訓練資格の同等性に関する1985年7月16日の理事会決定85/368である[1]．欧州委員会は，加盟国およびEUレベルの労使団体との密接な協力関係によりこの同等性を確保する．そのために，

―関連する職業または職業グループを，加盟国またはECレベルの権限ある労使団体の提案に基づき選定し，

―その職業についてお互いに合意した職務内容書を作成し，

―様々な加盟国で承認される職業訓練資格をこの職務内容書に合致させる．

 最後に，職業訓練のレベル，職業資格およびそれに対応する職業訓練資格，職業訓練の実施組織や機関と修了証書，資格証明書および他の職業訓練を証するものを発行または効力を付与する権限を有する組織に関する情報を取りまとめた一覧表を作成する(第3条)．

 (1) O.J., 31 July 1985, No. L 199/29.

**448** 少なくとも3年以上の職業教育・訓練の修了に授与される高等教育修了証書の一般的承認制度に関する1988年12月21日の指令89/48は非常に重要である[1]．この指令は，受入加盟国において，自営業者または被用者として，規制された職業に従事しようとするいかなる加盟国国民に対しても適用される(第2条第1項)．本指令は，それがどの側面も一国内の問題である場合には，その加盟国国民には適用されない[2]．要するに，この指令は，少なくとも3年

第1章　労働者の自由移動

以上の高等教育の修了証書を持つ者がいかなる加盟国においてもその職業に就き，従事することができると規定している．申請者がその職業を規制していない他の加盟国での10年間のうち，2年間フルタイムでその職業に従事していた場合も同様である(第1条，第3条)．それにもかかわらず，受入加盟国は，一定の条件の下で，申請者に対し，職業経験を証明するものの提示，3年以下の適応期間の修了または適性検査の受検を求めることができる(第4条)．受入加盟国は，同等性を根拠として，必要でありながら出身加盟国では受けていない職業教育訓練の一部を申請者が受けることを認めることができる(第5条)．本指令はさらに，申請者が破産宣告を受けているかどうかとか，その職業に従事することを停止または禁止されているかどうかといった素行の善良さの証明に関するルールを含んでいる(第6条)．また，その職業に対応した受入国の職業資格の使用についても規制している(第7条)．最後に，欧州司法裁判所が次のように判示したヘイレンズ(Heylens)事件に注目しなければならない．

「ある加盟国で，被用者としてある職業に就くこと（この事件ではサッカートレイナーだが）が，その国の資格証明書またはそれと同等と承認された外国の修了証書の所持に拠る場合，EC条約第39条[訳注1]に規定される労働者の自由移動の原則は，他の加盟国国民である労働者に付与された修了証書の同等性をある加盟国が認めない決定をする場合には，それをEC法の下でその合法性を審査できる司法手続きにかけることができ，かつ当該個人がその決定の理由を確かめることができるのでなければならないことを要請している)[(3)]．」

理事会指令89/48は，少なくとも3年以上の職業教育・訓練の修了に授与される高等教育修了証書の承認にその範囲を限っている．他の形態の職業教育は，指令89/48の適用範囲外にある．これらを適用対象とするために，新しい指令が成立した．指令89/48を補完するため職業教育・訓練の承認の第二次一般的制度に関する指令92/51である[(4)]．この補完的一般制度は，もとの一般的制度と同じ原則に基づき，同じルールを含んでいる．この補完的制度は，もとの一般的制度が適用されない教育・訓練のレベル，つまり他の高等教育訓練課程に対応するものや，職業訓練や経験で補完しうる長期または短期の中等課程に対応するものに適用される．

補完的制度が適用されるのは，中等教育レベルの職業教育・訓練資格を有することが就業の条件であり，一般的に身体的技能を要する職業であるので，そういった職業を規制していない加盟国で職業経験のみを通じて獲得されたような職業資格の承認についても規定しなければならない．指令92/51はい

くつかの承認制度，つまり受入加盟国が修了証書の取得を要求している場合の制度(第3条，第4条)，受入加盟国が卒業証書の取得を求めており，申請者が資格証明書を取得しているかまたはこれに対応する教育・訓練を受けている場合の制度(第5条)，そして受入加盟国が資格証明書の取得を要求している場合の承認制度(第6条，第7条)を含んでいる。指令92/51の第8条および第9条は，他の資格の承認のための特別制度を扱っている。

資格の透明性に関する1992年12月3日の理事会決議[5]，職業資格および資格証明書に関する1992年7月3日のソーシャル・パートナーの共同声明，そして自由化および経過措置に関する指令が適用される職業活動に関する資格の承認の仕組みを設定し，資格の承認の一般的制度を補完する1999年6月7日の指令1999/42/ECにも言及しておくべきであろう[6]。

(1) O.J., 24 January 1989, NO. L 19/16.受入加盟国にある職業またはその類の職業に就き，従事することを規制する法律，規則または行政規定がないとき，たとえその職業に至る唯一の教育訓練が，修了証書が授与される最低4年半の高等教育であったとしても，つまり結果的に，高等教育修了証書を持つ者のみが一般的にその職業に就き，従事しているとしても，その職業は規制されたものとはいえない(C.O.J., 1 February 1996, Georgios Aranitis v. Land Berlin, Case C-164/94, ECR, 1996, 135)。

(2) C.O.J., 2 July 1998, Anestis Kapasakalis, Dimitris Skiathitis, Antonis Kougiankas, Jointed Cases C-225/95, C-226/95 and C-227/95, ECR, 1998, 4239.

［訳注1］ 原著には「第48条」とあるが誤り。

(3) 15 October 1987, No. 226/86, ECR, 1988, 4309.
(4) O.J., 24 July 1992, No. L 209/25.
(5) O.J., 19 February 1993, No. C 49/1.
(6) O.J., 31 July 1999.

# 第 2 章　国際労働私法

**449**　国際労働私法は，以下のような問題，すなわち労働契約が複数の法制度に基づいており，その結果複数の裁判官と複数の法制度が問題となっている法的紛争を解決する権能を有しているような場合に，どの裁判官が管轄権を有するのか，どの法体系が適用されるのかを取扱う。この場合，二つのヨーロッパ条約に言及すべきである。一つは 1968 年 9 月 27 日の「民事および商事事件における裁判管轄権および判決の執行に関する条約」であり，今一つは 1980 年 6 月 19 日の「契約債務に適用される法律に関する条約」である(1)。

さらに，民事および商事事件における裁判管轄権ならびに判決の認知および執行に関する 2000 年 12 月 22 日の閣僚理事会規則 44/2001 がある[訳注1],(2)。1996 年 12 月 16 日の指令は労働者の海外派遣に関するものである。

(1)　統合版と欧州司法裁判所による解釈に関する議定書を参照せよ。O.J., 26 January 1998, C 27/1.

[訳注1]　この文は著者の第 9 版草稿により挿入した。

(2)　O.J., 16 January 2001　2002 年 3 月 1 日に発効。本規則は，加盟国間で，ブリュッセル条約に取って代わる（条約の地理的適用範囲に含まれる加盟国の領域であるが，条約第 299 条にしたがって本規則から除外されている地域を除く）。本規則が加盟国間でブリュッセル条約に取って代わる限りにおいて，条約へのいかなる参照も本規則への参照と読み替えるものとする（第 68 条）。

## 第 1 節　管轄権を有する裁判官

**450**　1968 年の民事および商事事件における裁判管轄権および判決の執行に関する条約は，国際的な側面を有する労働契約，例えばフランス人労働者がドイツでアメリカ企業に雇用されたような場合に，どの裁判官が管轄権を有するのかを示すルールを規定している(1)。その第 1 条は，条約が，管轄裁判所ないし審判所の性質の如何にかかわらず，民事および商事事件に適用されることを規定している。労働法の紛争が民事法上の事案であり，それゆえ本条約が労働法の問題に適用されることは一般に認められている(2)。しかしながら，本条約は社会保障には適用されない（第 1 条第 3 項）。しかし，それは，あ

る事案が労働法と社会保障法に同時にかかわっているものの、労働法の要素が強い場合に、条約が適用されるという事実を否定するものではない。条約は仲裁事案には適用されない(第1条第4項)。

(1) B. Massant and F. Tilleman, "Grensoverschrijdende arbeidsrelaties in het internationaal arbeidsrecht," in Welker zonder Grenzen, Fiscale en juridissche aspecten van grensoverscrijdende tewerkstelling, H. van Hoogenbemt (ed.), Kalmthout, 1990, 13-26 を参照せよ。

(2) C.O.J., 13 November 1979, No. 25/79, Sanicentral GmbH v. R. Collin, ECR, 1979, 3423; 26 May 1982, Case No. 133/81, Ivenel v. Schwab, ECR, 1892, 1891.

**451** 締約国[1]に居住する個人は、その国籍の如何にかかわらず、当該国の裁判所に訴えられるものとする。居住する国の国民でない個人は、当該国の国民に適用される管轄権のルールに規制されるものとする(第2条)。住居および各締約国の裁判所の管轄権の概念は、当該国の法律により決定される。本条約は、特別管轄権を規定するルールをも含んでいる。
― ある締約国に居住する個人は、他の締約国で、
1 契約に関する事案については、問題の債務を履行する場所の裁判所に訴えられる(第5条第1項)。これは、雇用契約に関する限り、被用者が通常労務を提供している場所である。どの一国も被用者が通常労務を提供している国とは言えないならば、使用者はその被用者がかかわる事業が所在していたかまたは現に所在している場所の裁判所に訴えられる[2]。

第5条第1項の解釈は、ロンドンに本社を置くイギリス企業のムロックス IBC 社(Mulox IBC Limited)と、その被用者であったフランスのエクス・レ・バン(Aix-les-Bains)に居住するオランダ国民であるヘンドリック・ヘールス(Hendrick Geels)氏の間の、使用者による雇用の終了をめぐる紛争にかかわって、複数の国で労務を提供する雇用契約に関して提起された。

ヘールス氏は、エクス・レ・バンの労働審判所(Conceil des Prud'hommes)に対し、解雇予告手当および損害賠償をかつての使用者に求める訴訟を提起した。

ムロックス社は、問題の雇用契約を履行する場所がフランスに限定されておらず、かつ同社はイギリスに所在するのであるから、フランスの裁判所には管轄権がないと主張して、シャンベリ(Chambéry)の控訴裁判所(Cour d'Appeal)に控訴した。

雇用契約事案に関しては、「債務の履行場所」の概念は、本条約第5条第1項の適用上、被用者が使用者の同意を得て活動を実行する場所と解釈されなければならないと、欧州司法裁判所は判示した。

第2章　国際労働私法

　被用者が提供すべき労務が複数の締約国の国内で履行される場合，本条約第5条第1項でいう契約債務の履行場所は，むしろ被用者が使用者のためにそこであるいはそこから債務を履行する場所として確定されるべきである．これは国内裁判所の問題であるが，その場所を決定するためには，本件訴えで言及されているように，被用者に課せられた義務の履行が，被用者が居住する締約国に所在する事務所からなされ，被用者はそこから活動を行い，出張後そこに帰ってくるという事実が考慮されるべきである．さらに，国内裁判所は紛争が同裁判所にもたらされたとき，被用者がもっぱら当該締約国内でのみ労働を行っていたという事実を考慮することができたはずである．他に関連する要因がなければ，本条約第5条第1項の解釈上，この場所が雇用契約に基づく申立ての根拠となる債務の履行場所であるとみなされなければならない[3]．

　ルッテン対クロス・メディカル社事件(Rutten v. Cross Medical Ltd)[4]では，雇用契約の履行の際に被用者が複数の締約国で労務を提供する場合，本条でいう被用者が通常労務を提供していた場所とは，労働活動の事実上の中心となっている場所であるという意味で第5条第1項を解釈しなければならないと，欧州司法裁判所は判示した．その場所を確定する際，被用者が，そこで使用者のために自らの活動を編成し，外国出張からそこに帰ってくる事務所がある締約国の一つでその労働時間のほとんどを費やしているという事実を考慮する必要がある[5]．

2　不法行為[6]，違法行為または準違法行為に関する事案については，有害な事件が起こった場所の裁判所に訴えられる(第5条第3項)．

3　刑事事件の対象となる行為に基づく民事上の損害賠償請求や原状回復請求に関しては，国内法の下で民事訴訟に管轄権を有する限りにおいて，当該刑事事件の起訴を受けた裁判所に訴えられる(第5条第4項)．

4　支店，代理店その他の事業所を運営から生ずる紛争に関しては，当該支店，代理店その他の事業所が所在する場所の裁判所に訴えられる(第5条第5項)．「その地で働く職員の現地採用」に関する紛争がこれに当たるだろう[7]．

――ある締約国に居住する個人はまた，

1　その個人が複数の被告の一人である場合，それらの被告の多くが居住する管轄地の裁判所で訴えられる(第6条第1項)．

2　……［訳注1］

　(1)　詳しくは，オーストリア，ベルギー，デンマーク，フィンランド，フランス，ドイツ，ギリシア，アイルランド，イタリア，ルクセンブルク，オランダ，ポルトガル，

スペイン，スウェーデンおよびイギリスをいう．

(2) C.O.J., 15 February 1989, Case No. 32/88, Six Constructions Ltd v. P. Humbert, ECR, 1989, 341 も参照せよ．

(3) C.O.J., Mulox IBC Limited v. H. Geels, 13 July 1993, No. C-125/92, ECR, 1993, 4075.

(4) 9 January 1994, C-383/95, ECR, 1997, 57.

(5) 9 January 1997, C-383/95, ECR, 1997, 57.

(6) 例えば，刑法により強制され，課せられる最低賃金の不払いの事例である．

(7) COJ, 22 November 1978, Somafer SA v. Saar-Fernas AG, NO. 33/78, ECR, 1978, 2183.

[訳注1] 原著は第1項を引用するだけで，あとは「……」と省略している．第6条には第2項，第3項もあるが，著者は引用する必要はないと考えたのであろう．

**452** 締約国に居住する1人または複数の当事者が締約国の裁判所が紛争を解決する管轄権を有することに同意する場合，その裁判所が排他的な管轄権を有する．この同意は書面によるものでなければならない（第17条）．国内法が付加的な有効要件を課すことはできない(1)．当事者の選択は他のいかなる司法上のルールにも優越する．被告が裁判所の管轄権について争わない場合，被告が単にその管轄権を争うためにのみ出廷した場合を除き，それを受け入れたものとみなされる[訳注1]（第18条）．

最後に，第21条に言及しておく．ある事案が異なる裁判所に訴えられ，当事者，目的，原因が同じである場合，その事案が後から訴えられた裁判所は，先に訴えられた裁判所に付託しなければならない．

(1) C.O.J., 13 November 1979, Sanicentral GmbH v. R. Collin, op. cit.; 24 June 1981, Elefanten Schuh v. P. Jacqmain, C-150/80, ECR, 1981, 1671.「締約国の立法は，単に用いられている言語がその立法の規定するものでないという理由で，管轄権を付与する合意の効力に疑問を呈することはできない．」

[訳注1] 原著の文章はやや意味不明であるが，ブリュッセル条約の原文は「被告が出廷した締約国の裁判所が管轄権を有するものとする．ただし……」となっていて，出廷したからといっても，その理由が管轄権に異議を唱えるためであれば例外であることを規定したものである．

**452-1** [訳注1] 民事および商事事件における裁判管轄権ならびに判決の認知および執行に関する2000年12月22日の閣僚理事会規則44/2001は，裁判所または審判所の性質の如何を問わず，民事および商事事件に適用される．これはとりわけ歳入，関税または行政事項には拡張されないものとする．
規則は次のものには適用しない．

第 2 章　国際労働私法

**(a)** 自然人の地位または法的能力，婚姻関係，遺言および相続から生ずる財産権，
**(b)** 破産，倒産企業または他の法人の清算に関係する手続，司法手続き，合併ならびに類似の手続，
**(c)** 社会保障，
**(d)** 仲裁(第 1 条)

規則の第 5 節は「個別雇用契約の裁判管轄権」を扱っている．[1]

裁判管轄権は次のように規制される．

被用者が加盟国内に居住していないが，加盟国の一つに支店，代理店または他の事業所を有している使用者と個別雇用契約にはいった場合，使用者は，支店，代理店または事業所の運営から生ずる紛争においては，加盟国内に居住するものと見なされる(第 18 条第 2 項)．

加盟国内に居住する使用者は，
  1　その居住する加盟国の裁判所に，または，
  2　別の加盟国においては，
  **(a)**　被用者が通常労働を遂行しているかまたは最後に労働を遂行した場所の裁判所に，
  **(b)**　被用者がいかなる国でも通常労働を遂行していなかったならば，被用者が携わっていた事業が所在するまたは所在した場所の裁判所に，
訴えられる(第 19 条)．

使用者は被用者の居住する加盟国の裁判所にのみ訴えを提起することができる．

本節の規定は，本節の規定に従いもとの訴えが継続している裁判所に反訴を提起する権利に影響を与えるものではない(第 20 条)．

これらの規定は裁判管轄権に関する協定によってのみ変えることができる(第 21 条)．

被用者がその居住する以外の他の加盟国で労働するときに，裁判官が通常その雇用関係に適用される労働法制度に無知であるという困難が生じうる．これを避けるため，当事者はその個別雇用契約において労働を遂行する場所の裁判官もまた権限ある裁判官であると規定し，または，紛争が生じればそのような合意をすることができる．これは実際，適用される法に親和的な裁判ルールを示す．

　　［訳注 1］　本パラグラフは，著者の第 9 版草稿により挿入したものである．
　(1)　個別雇用契約に関する事項については，第 4 条および第 5 条第 5 号に抵触しない限り，裁判管轄権は本節によって決定されるものとする(第 18 条第 1 項)．

第4条と第5条第5号は以下のとおり．
「1　被告がある加盟国に居住していない場合，各加盟国の裁判所の裁判管轄権は，第22条および第23条に従い，加盟国の法により決定される．
2　そのような被告に対して，ある加盟国に居住するいかなる人でも，その国籍にかかわりなく，その国で効力のある裁判管轄権のルール，とりわけ附則第1に特定されたものを，その国の国民に適用されるのと同じ方法で利用することができる(第4条)．
　ある加盟国に居住する人は，次に関し他の加盟国で訴えられることができる．
　支店，代理店または他の事業所の運営から生じた紛争に関しては，当該支店，代理店または他の事業所が所在する場所の裁判所に(第5条第5号)．

## 第2節　適用法

**453**　1980年6月19日の「契約債務に適用される法に関する条約」は，異なった国の法律のうちから適用すべき法律を選択するいかなる場合にも，契約上の債務に，それゆえ個別雇用契約にも適用される[1]．本条約の解釈権は欧州司法裁判所にある．

(1) C. Salaert, 'Krachatlijnen van het international privaat arbeidsrecht,' Tijdscrift voor Sociaal Recht, 1990, 101-127. 1980年6月19日の条約は，1991年4月1日に発効した．

**454**　本条約の第3条によれば，契約は両当事者が選択した法律に従う．この選択は，契約の文言または事案の状況によって十分確実に表示または表明されなければならない．この選択により，両当事者は，契約全体またはその一部に適用される法律を選ぶことができる(第1項)．選択の時点での状況に関連する他のすべての要素が一国にのみ関係している場合，両当事者が外国法を選択したからといって，契約によって適用除外することのできないその国の法律のルールの適用を妨げない（強行規定）(第3条第1項)．契約に適用される法律が選択されていない限り，その契約はもっとも密接に関係する国の法律に従うこととなる(第4条第1項)．

**455**　個別雇用契約の両当事者の選択はまったく自由なわけではない．実際，本条約第6条は，「第3条の規定にかかわらず，雇用契約では，両当事者によってなされた法律の選択のために，選択をしなかった場合に適用されるべき法律の強行規定によって被用者に与えられたはずの保護が奪われるというような結果をもたらすことはない」(第1項)と規定している．選択がされない場合，雇用契約は，

**a**　たとえ一時的に他の国で雇用されたとしても，被用者が契約の履行とし

て通常労務を提供している国の法律に，あるいは，

b　どの一国も被用者が通常労務を提供している国とは言えないならば，当該被用者が従事している事業が所在する場所のある国の法律に，

従うこととなる．ただし，全体としての状況から，契約が他の国により密接に関係しているように見える場合，契約は当該他の国の法律に従う（第2項）．

**456**　これは，選択された法律が全面的に効力を持たなければならないことを意味するものではなく，最低限有利な条件さえ有効であればよい．両当事者が適用を免れえない強行規定は，例えば，公の秩序とみなしうる労働者の健康と安全に関するものや，使用者を拘束する労働協約に関するものである．本条約における個別雇用契約に関する法律の選択の規定は，使用者と被用者の選択の自由を制限し，そして契約が最も密接に関係している国の法律を多くの場合適用させようとする締約国の意図を明確に示している．

## 第3節　労働者の海外派遣（posting）[訳注1]　：1996年12月16日の指令96/71

**457**　指令（96/71）は拍手をもって迎えられたが，必ずしもすべての労働条件に適用されるのではなく，共通市場における労働条件のより一層の収斂に貢献するわけでもなく，物事を簡素にするわけでもない以上，この措置は一定程度にしかソーシャル・ダンピングと戦うものではないということを明確に述べるべきであった[2]．

様々な制度が現存する以上，収斂などありえないし，政府の規則やその解釈だけでなく，労働協約についても情報を得なければならないので，物事が簡単になるわけでもない．実際のところ，これは，これら協約が加盟国の公用語たる諸言語で書かれているべきことを意味する．これが実際に可能かどうかはまた別の問題である．

　　　［訳注1］　本訳書では"posting"を「海外派遣」と訳したが，**459**パラにあるように，これは請負，グループ内異動および労働者派遣を含む概念であり，日本語にはしにくい．ここでは法律上の労働者派遣より広く，日常語で「派遣」という場合まで含む訳語として理解していただきたい．

　(1)　O.J., C-108, 21 January 1997, p.1.
　(2)　「EC条約にいうサービス提供者として，使用者に，企業が設立された国で既に支払われた拠出金に加えて，受入加盟国の社会保障基金への拠出金を求める国内立法は，追加的な財務負担を使用者に課すものであり，競争にかかわる限り，受入国で設立さ

第1部　個別的労働法

れた使用者と同じ条件になっていない．

しかしながら，建設業界の労働者の社会保護に関する公益は，その業界に特有の条件のため，サービス提供の自由に対するこのような制限を正当化する最優先の要件をなしている．しかしながら，設立された加盟国で使用者が既に支払った拠出金によって，問題の労働者が同じ保護または本質的に類似の保護を享受する場合には当てはまらず，」これはEC条約第47条および第55条に反する(C.O.J., 28 March 1996, Michel Guiot and Climatec SA, Case C-272/94, 1996, 1905)．

## I　法的根拠

**458**　本指令の法的根拠は，多数決による採択が可能なサービス供給の自由に関するEC条約第47条第2項[訳注1]である．イギリスとポルトガルが反対した．

　　[訳注1]　原著に「第57条第2項」とあるのは誤り．なお，第47条第2項は自営業者の営業の自由に関する根拠規定であり，サービス供給の自由に関しては第55条の準用規定が根拠となる．

## II　適用範囲

**459**　本指令は，次の枠組みにおいて，労働者が通常労働する加盟国以外(第2条第1項)の加盟国の領域に対する国境を跨いだサービス提供の枠組みにおいて(第1条第1項)，労働者を一定期間海外派遣する(第2条第1項)加盟国で設立された企業に適用される．
―請負[1]
―グループ内移動[2]
―利用者への労働者派遣[3]
　労働者の概念は，その国内に労働者が派遣される加盟国の法律において適用されるものによる(第2条第2項)．
　商船の船員については適用除外されている(第1条第2項)．
　　(1)　「派遣期間中派遣元企業と労働者の間に雇用関係が存在するという条件で，派遣を行う企業とサービスが提供される先の当事者との間で締結された契約に基づき，その計算と指揮下において加盟国の国内に労働者を派遣する」(第1条第3項第a号)．
　　　[訳注]　これは派遣元企業の指揮命令下にあるのであるから，労働者派遣ではなく，請負に当たる．
　　(2)　「派遣期間中派遣元企業と労働者の間に雇用関係が存在するという条件で，当該企

300

業グループに所属する事業所や企業に労働者を派遣する」(第1条第3項第b号)[訳注]これは派遣元も派遣先も同一企業(グループ)に属するのであるから,企業内異動またはグループ内出向に当たる。
(3) 「派遣期間中派遣事業者ないし職業紹介所と労働者の間に雇用関係が存在するという条件で,加盟国の国内で設立されまたは操業している利用者企業に労働者を賃貸する労働者派遣事業者または職業紹介所」(第1条第3項第c号)。[訳注]労働者派遣そのものである。

　加盟国は,派遣労働者が,自国の国内で活動する派遣労働者と均等待遇を受ける旨を規定することができる(第3条第9項)。

## III　労働条件

### A　最低条件

**460**　海外派遣された労働者に適用され,保証されなければならない労働条件は,
**(a)**　労働時間 (最長労働時間および最短休憩時間)
**(b)**　最低年次有給休暇
**(c)**　最低賃金 (超過勤務手当も含む)[(1)]
**(d)**　労働者派遣のルール
**(e)**　職場の健康と安全,健康
**(f)**　妊産婦,児童,若年者の保護措置
**(g)**　男女の均等待遇および他の差別の禁止に関する事項
に関して,
―政府のルール[訳注1]
―建設工事[(2)]に関して,一般的拘束力を有する[(3)]労働協約または仲裁裁定,もしくは,
―加盟国が指定するその他の活動に関して,一般的拘束力を有する労働協約または仲裁裁定(第3条第10項)[訳注2]

　これらは最低労働条件である[訳注3]。明らかに改善することができる(第3条第7項第1サブパラグラフ)。

(1) これは,補完的年金制度には適用されない(第3条第1項第c号)。最低賃金の概念は,派遣された加盟国の法律と慣行によって定義された賃金による(第3条第1項最終パラグラフ)。派遣の際に支給される手当([訳注]原著には "allocation" とあるが,指令原文は "allowances" である)は,旅費,住宅費,食費のような出費に対応する手

第1部　個別的労働法

当の場合を除いて，賃金とみなされる（第3条第7項第2パラグラフ）．
(2) 建物の建設，修理，保全，改修または取壊しに関するすべての建設工事，ならびに，とりわけ(1)掘削，(2)土工作業，(3)実際の建築工事，(4)プレハブ建築の組み立て，解体，(5)設備の設置または取付，(6)改築，(7)改修，(8)修理，(9)解体，(10)取壊し，(11)維持，(12)保全──塗装または清掃，(13)浄化．
(3) これらは，その地域内にあり，当該職種または業種に属するすべての企業によって守られなければならない労働協約または仲裁裁定である．労働協約や仲裁裁定に一般的拘束力を宣言する制度がない場合，加盟国はその決定によって，次のものを根拠とすることができる．

――その地域内にあり，当該職種または業種に属するすべての類似の企業に一般的に適用される労働協約または仲裁裁定，または，
――第1条第1項に規定する企業への適用が，これらの企業と同様の立場にある本文に規定する他の企業の間で，本条第1項第1文に列挙する事項について，均等待遇を確保できることを条件として，国レベルで最も代表的な使用者団体と労働団体によって締結され，その国の国内すべてにわたって適用される労働協約．

本条にいう均等待遇は，類似の立場にある国内企業が，

――当該場所または関係業種で第1項第1文に列挙する事項について海外派遣企業と同一の義務に服し，かつ，
――同一の効果をもってこの義務を果たすことを求められる場合，

に存在するものと見なされる（第3条第8項）．

[訳注1] 指令では「法律，規則，行政規定」である．
[訳注2] 原著では建設工事の場合とそれ以外の場合を並べて記述しているが，指令原文は第3条第1項では「附則に規定する活動」として建設工事のみを規定しており，それ以外の業種については第3条第10項で，加盟国がそうすることを妨げないと例外的に規定しているにとどまる．
[訳注3] 原著には"There are minimum conditions."とあるが，指令原文は「労働者により有利な条件を妨げない」と言っているので，訳文のような意味で書いたものであろう．

**461** フランスに所在する企業であるアルブラード社（Arblade）およびルルップ社（Leloup）は，ベルギーのワンツェ（Wanze）にあるティルモントワーズ製糖工場（Sucrerie Tirlemontoise）の土地に白砂糖の貯蔵のために，4万トン収納規模の複合サイロの建設に関係する工事を一時的に行った．

問題は，労働法およびそれに関連する問題に関する限り，これら企業がベルギーで操業した労働条件について生じた．

欧州司法裁判所は以下のように判示した．

## 第 2 章　国際労働私法

「1　EC 条約第 59 条および第 60 条は，当該労働協約の条項が，使用者が遵守を求められる義務の内容を決定することが実際上不可能または過度に困難にならない程度に十分精確かつ実行可能なものであることを条件に，他の加盟国（フランス）で設立され，加盟国（ベルギー）で一時的に工事を行う企業に対し，その企業が派遣[訳注1]した労働者に当該加盟国で適用される労働協約で定められた最低賃金を支払う義務を，当該加盟国が課すことを妨げるものではない．

2　これらの条項は，企業がその設立された加盟国で，同じ労働者，同じ活動期間に関して，労働者の利益を保護するという目的について本質的に同等の義務に既に服している場合には，派遣された労働者ごとに，ベルギーのタンブル・アンタンペリ（timbres-intemperies）やタンブル・フィデリテ（timbres-fidelite）のような社会保障制度への使用者拠出金を支払い，その労働者ごとに個人記録を交付する義務を，当該加盟国が課すことを，たとえ公序立法に規定されたものであっても，認めない．

3　第 59 条および第 60 条は，企業の設立された加盟国で適用されるルールにしたがって当該企業が保管する社会労働関係書類の作成によって，労働者の社会保護という目的が既に保護されている場合，就業規則，特別職員登録書および受入国の指定した書式による各労働者の給与明細書のような社会労働関係書類を作成する義務を，当該加盟国が課すことを，たとえ公序立法に規定されたものであっても，認めない．

　これは，社会労働関係書類の保管について，企業がその設立された加盟国で，同じ労働者，同じ活動期間に関して，労働者の利益を保護するという目的について本質的に同等の義務に既に服している場合の立場である．

4　第 59 条および第 60 条は，労働者の社会保護に必要な国内立法の遵守を国が有効に監視するためにそういう措置が必要であっても，加盟国国内の事業所または行きやすく明確に確認できる場所で，当該加盟国国内での全活動期間を通じて，社会労働関係書類を見やすい形で保管する義務を，当該加盟国が課すことを妨げるものではない．

5　第 59 条および第 60 条は，当該企業が当該加盟国で労働者を雇用することをやめた後も 5 年間，代理人か使用人として書類を保管する自然人の当該加盟国内の住所で，職員登録書や給与明細書のような社会労働関係書類を保存する旨を当該加盟国が課すことを，たとえ公序立法に規定されたものであっても，認めない(1)．

　［訳注1］　本事例では，これは企業内異動であるが，「派遣」と訳しておく．

　(1)　C.O.J., 23 November 1999, Criminal proceedings against Jean-Claude Arblade and Arblade & Fils SARL (C-369/96) and Bernard Leloup and Sofrage SARL, C-376/96, ECR, 1999, 8453.

**462** 最低賃金に関するベルギー法の規定に違反したことに対して，フランス法の下で設立された会社であるインター・サーベイランス・アシスタンス社 (Inter Surveillance Assistance SARL) (ISA)[1]の経営者としてのマッツォレーニ (Mazzoleni) 氏，および民法上の責任主体としてのISA社自体に対する刑事訴訟の中でも先決問題が提起された．

1993年6月14日に民間警備業労使合同委員会で締結された民間警備員として働く者の雇用促進と雇用条件の設定に関する労働協約は，勅令によって強行規定となった．

この労働協約は，本社がベルギー国内にあろうが他国にあろうが，ベルギー国内で業務を遂行するすべての民間警備会社に適用される．

この労働協約の下では，民間警備サービスを第三者に提供する企業に雇用されている労働者は，遂行する業務のタイプ，専門的能力，課せられた任務の遂行における自立性と責任の程度に基づき，9つのカテゴリーに分類される．

労働協約は，労働者の各カテゴリーに対応して，最低時間賃金および様々なボーナスや手当の額を設定している．

1996年1月1日から1997年7月14日の間，フランスで設立されたISAは，ベルギーのショッピング・モールの警備員として13名の労働者を雇用した．そのうちの数人はベルギーでフルタイム労働者として雇用されたが，残りの者はそこでは一定時間だけ働き，フランスでも働いていた．

(1) C.O.J., 15 March 2001, Criminal proceedings against Andre Mazzoleni and Inter Surveillance Assistance SARL, C-165/98, ［未刊行］．

**463** 提起された問題は以下のとおりであった．

「(1) サービス提供の枠組みにおける指令96/71において，「派遣期間」という用語は，ある加盟国の企業から国境を跨いで来た労働者が，不規則にか否かにかかわらず，近接地域や一または複数の加盟国の国内で，数日なり，数週間なり，1カ月なりの間，サービスの一部の遂行に費したパートタイムの期間を含むのか？

(2) 加盟国が，公益に関連する最優先理由から，その加盟国の国内で，たとえ一時的にであっても，人を雇用する他の加盟国の企業に対し，最低賃金に関する立法や国内労働協約に従うことを求める場合，その公益がサービス提供者が設立された国のルールによって既に保護されており，そこで労働者は既に最低賃金に関する立法だけでなく，全体的な地位（疾病（フラン

スで適用される強制保険と補完的保険を含む），労働災害，遺族，失業，退職および死亡に関する税制や社会保護の影響）において同等または類似の地位にあるような場合，EC 条約第 59 条および第 60 条に違反していると解釈すべきか？

同じ文脈で問い方を変えよう．仕事で国から国へ移動することを求められる被用者が享受する社会保護に関する全体的な地位を評価することなく，最低時間賃金だけを取り出して，被用者のために国が設定する一時的な義務として理解すべきか？

EC 条約第 49 条および第 50 条は，ある加盟国が，その国の国内でサービスを提供する他の加盟国で設立された企業に対し，その国の国内ルールが設定した最低賃金を労働者に支払うよう求めることを妨げない．しかしながら，関係労働者が，国境を跨いだ地域で設立された企業の被用者であり，その企業が設立された国以外の一または複数の加盟国の国内で，パートタイムなり短期間なりで，労務の一部を遂行することを求められるような場合，このようなルールの適用は釣り合いのとれないものでありうる．結果として，このような企業に最低賃金を課す国内ルールの適用が，関係労働者の保護を確保するために必要かつ釣り合いのとれたものであるか否か，またどの程度そうか，を明らかにするのは，受入加盟国の権限ある機関である．

## B 他の条件

**464** 加盟国は，
―公の秩序に関する労働条件[1]
―建設業以外で，一般的拘束力を有する労働協約に含まれる労働条件（第 3 条第 10 項）
を課すことができる：

加盟国の企業は均等に取扱われなければならない（第 3 条第 10 項）．

非加盟国の企業は，加盟国に所在する企業よりも有利な取扱いを受けることはできない（第 1 条第 4 項）．

　　(1) 例えば，強制労働または労働監督官など．

## C 例 外[1]

**465** 以下のような例外が可能である．
a 設備の供給が契約の重要な部分であり，設置された設備の運転に必要で

あり，供給企業の技能労働者または専門家が遂行するような設備を最初に組み立て，または取り付ける場合，派遣期間が8日を超えない間は，第1項第1文第b号（年次有給休暇）および第c号（最低賃金）は適用しない．この例外は，建築工事の分野には適用しない．

b 加盟国は，労使に協議した後，各加盟国の伝統と慣行に従い，第1条第3項第a号（請負）および第b号（グループ内異動）に規定する場合は，派遣期間が1カ月を超えない間，第1項第1文第c号（最低賃金）を適用しないよう決定することができる[訳注1]．

c 加盟国は，国内法または慣行に従い，派遣期間が1カ月を超えない間，一または複数の業種に関する一般的拘束力を有する労働協約によって，第1条第3項第a号（請負）および第b号（グループ内異動）に規定する場合における第1項第1文第c号（最低賃金）からの適用除外ならびに上記bの加盟国の決定からの適用除外を規定することができる．

d 加盟国は，労働の総量が大きくないことに基づき，第1条第3項第a号（請負）および第b号（グループ内異動）に規定する場合における第1項第1文第b号（年次有給休暇）および第c号（最低賃金）からの適用除外を規定することができる．

(1) 派遣期間は，開始後1年間の期間をもとに計算される．代替労働者が充てられていた従前の派遣期間が考慮される（第3条第6項）．

[訳注1] 言い換えれば，労働者派遣の場合には最低賃金の適用除外は認めないということである．次の2項目も同様．

## Ⅳ 協力と透明性（第4条）

**466** これは，以下の点をカバーする．

—加盟国は，一または複数の連絡事務所を示し，それを他の加盟国および欧州委員会に通知する，

—加盟国は，特に明らかな濫用や国境を跨いだ不法な活動を含む労働者の国境を跨いだ供給に関する情報に関して，第3条にいう労働条件の監視のための行政機関の間の協力を規定する，

—加盟国と欧州委員会は企業の均等待遇に注意を払う，

—加盟国は，労働条件に関する情報が「一般的に入手可能」であるようにしなければならない．

## V　履　行（第5条）

**467**　加盟国は，本指令に従わない場合には適切な措置を採る．
　加盟国は特に，本指令の下の義務の履行のための十分な手続が労働者またはその代表にとって利用可能であるように確保するものとする．

## VI　管轄権（第6条）

**468**　第3条で保証する雇用条件の権利を行使するために，管轄権に関する現行の国際条約の下で，他の加盟国で手続を開始する権利に抵触しない限り，可能であれば労働者が派遣されるまたは派遣された加盟国で司法手続を開始することができる．

## VII　施行（第7条）──見直し（第8条）

**469**　加盟国は，3年以内に，本指令を遵守するのに必要な法律，規則および行政規定を発効させるものとする．加盟国は，ただちにこれを欧州委員会に通知する．
　加盟国がこれらの規定を採択したときは，これらは本指令への言及を含むかまたはその官報への掲載時にそのような言及が付加されるものとする．そのような言及の手続は加盟国によって採択されるものとする．
　欧州委員会は，必要であれば，採択後5年経過した場合，閣僚理事会に対して必要な修正案を提示する観点から指令の施行を見直す．

# 第3章　個別雇用契約

**470**　自発的パートタイム労働に関する指令案修正案(1983年1月5日)や労働者派遣と有期雇用契約に関する指令案修正案(1984年4月6日)のような，個別雇用契約の特定の側面に関する欧州委員会の初期提案は，一ないしその他の加盟国が拒否権を行使したため，EC迷宮の淵に沈んでしまった．1989年12月にストラスブールで採択された労働者の基本的社会権に関するEC憲章を実施するために欧州委員会の(新たな)提案が行われた．これらの提案が以前のものよりも成功するかどうかは疑わしい．1990年6月29日の加盟国の法の接近に関する3つの指令案は，(1)労働条件との関連における[1]，(2)競争の歪みとの関連における[2]，そして(3)有期・派遣労働者の職場の健康と安全の改善を促進する措置を補完する[3]特定の雇用関係に関する指令案である．四つ目の指令案は「雇用関係の証明形式」に関するものである．

これらの提案のうち，修正された形だが，有期雇用関係または派遣雇用関係の労働者の健康と安全に関するもの(1991年6月25日)と，雇用契約または雇用関係に適用される条件を被用者に情報提供する使用者の義務に関するもの(1991年10月14日)の二つだけが今までのところ採択されている．

これに付け加えるべきものとして，1997年6月6日ソーシャル・パートナー間で締結され，1997年12月15日に閣僚理事会指令で実施された枠組み協約と，1999年3月18日に締結され，1999年6月28日の指令で実施された有期契約に関する協約がある[4]．

(1)　O.J., 8 September 1990, No. C.224/4.
(2)　O.J., 8 September 1990, No. C.224/6.
(3)　O.J., 8 September 1990, No. C.224/8.
(4)　O.J., 10 July 1999, No. L 175.

## 第1節　テンポラリー労働[訳注1]
### ——パートタイム——有期契約[訳注2]

#### I　指令：健康と安全

**471**　1991年6月25日，閣僚理事会は，有期雇用関係または派遣雇用関係に

ある労働者の職場の健康と安全の改善を促進する措置を補完する指令(91/383)を採択した⁽¹⁾．本指令は，EC 条約第 137 条に基づいている．本指令制定の要因は，「有期雇用や派遣雇用のような雇用形態への依存が大きく増大していること」および「一般的に，特定の業種では，有期雇用関係または派遣雇用関係の労働者は，他の労働者に比べて，労働災害および職業病の危険にさらされていることが研究によりあきらかにされていること」がある．こういった危険の上乗せは，新たな労働者を特定の仕方で企業に組み入れることに関係しており，雇用開始時からの十分な情報提供と訓練によって減らすことができる．これら労働者の特殊な状況と彼らが直面する危険は，情報提供，訓練および当該労働者の医学的検査に関して，健康と安全に関する諸指令，主として 1989 年 6 月 12 日の指令 89/391 を補完する特別のルールを要請する．

[訳注 1] EU 労働法では，temporary work で有期雇用と派遣労働の双方を指すことが多く，本文中ではできるだけ「有期・派遣労働者」等と訳すことにするが，こういう標題では「テンポラリー労働」と訳しておく．

[訳注 2] 原文は "fixed term conditions" とあるが，"fixed term contract" の誤りである．

(1) O.J., 29 July 1991, No. L 206/19.

## A 適用範囲

**472** 本指令は，以下に適用される．
1 有期雇用契約：「契約の終期が，特定の日の到来，特定の任務の完了，または特定の事件の発生のような客観的な条件によって決定されている場合における，使用者と労働者の間で直接締結されるもの」(第 1 条第 1 項)．
2 派遣雇用：「労働者が，その労務を利用する企業または事業所のために，その支配下で働くことを指示される場合における，使用者である派遣事業者と労働者の間の関係」(第 1 条第 2 項)．

　これらの定義はかなり広めである．ある法制度では，有期契約は，その期間を特定する契約とのみ関連しており，したがって，季節契約や特定の任務を達成する契約とは区別される．また，この派遣労働の定義は，一時的な性質などに限定した特定の種類の労働にのみ関連するといういくつかの加盟国において一般的な定義とは異なっている．これは，本指令を国内法に転換する際の対象が，その標題から窺われるものよりも広範であり得るということを意味している．

## B　目的：均等待遇

**473**　本指令の目的は，関係労働者が，職場の健康と安全に関して，利用者企業または事業所の他の労働者，つまり期間の定めなき労働者と同水準の保護を受けられるよう確保することにある(第2条第1項)．

　第2条第2項は，これを十分に確認している：「第1条に規定する雇用関係の存在は，特に個人用防護具の供与に関して，職場の健康と安全の保護に関する限り，労働条件に関して異なった待遇を正当化するものではない」．自明のことだが，1989年6月12日の指令89/391および健康と安全に関する個別指令は，本指令に規定されたより拘束力があり，より特定の規定に抵触しない限り，完全に適用される(第2条第3項)．

## C　労働者への情報提供

**474**　労働者はいかなる活動を開始する前にも，その労務を利用する企業または事業所から，その直面する危険について情報提供される．
　その情報は次のものを含む．
1　国内法で規定されたいかなる職業資格または技能，もしくは必要な特別健康診断，
2　国内法で規定された当該職務に従事することで増大する特別の危険を明示すること(第3条)．
　派遣雇用に関しては，労働者が派遣される前に，利用者企業が派遣事業者に対し，とりわけ必要な職業資格および従事する職務の特徴を特定するものとし，派遣事業者はこれらすべての事実を関係労働者に伝えてその注意を喚起することを確実にするように，加盟国は必要な措置をとるものとする．加盟国は，情報の詳細を派遣契約に明記するものと規定することができる(第7条)．

## D　労働者の訓練

**475**　加盟国は，各労働者がその資格や経験を考慮して当該職務の特徴にふさわしい十分な訓練を受けられるよう必要な措置をとるものとする(第4条)．

### E 労働者の労務の利用と労働者の健康診断

**476** 加盟国は，健康と安全上危険な業務，特に特別健康診断を必要とする作業について，労働者の利用を禁止することができ，また当該労働者の雇用関係終了後も労働者に特別健康診断が行われるように確保するものとする(第5条)．

### F 防護と予防の担当者

**477** 加盟国は，防護と予防の担当者[1]が，企業の全労働者のための活動を十分に遂行できるのに必要な程度に，関係労働者の派遣利用について通知を受けることを確保するよう必要な措置をとるものとする(第6条)．

(1) 指令(89/391 EC)の第7条を参照せよ．［訳注］健康と安全枠組み指令で社内または社外の健康安全管理者の設置義務が規定されている．

### G 派遣雇用：責任

**478** 加盟国は，国内法で規定する派遣事業者の責任に抵触しない限り，派遣期間中，作業の遂行を規定する条件については利用者企業または事業所が責任を有することを確保するために必要な措置を講じるものとする．これらの条件は「職場の安全，衛生および健康」に関する条件に限定される(第8条)．

### H 報 告

**479** 加盟国は，欧州委員会に対し，5年ごとに，労働者と使用者の観点を設定した本指令の実施の実態に関する報告をするものとする．欧州委員会は，見直しのために，欧州議会，閣僚理事会，経済社会評議会，職場の安全・衛生・健康保護諮問委員会へ報告書を送付するものとする．欧州委員会は，本指令の実施に関する定期報告を，欧州議会，閣僚理事会，経済社会評議会に提出するものとする(第10条)．

## II　パートタイム労働：1997年6月6日の労働協約[1]

### A　経　過

**480**　欧州委員会は，当初「非典型労働」の利用を規制し，制限しようとする提案を行ったが，失敗に終わった．その後こういった雇用形態が雇用創出の機会としてしだいに受け入れられてくると，欧州委員会は態度を変えた．同時に，このような雇用形態は，弾力性を高めようとする使用者のニーズと，雇用の安定を確保しつつ職業生活と家庭生活を両立させようとする被用者の欲求に応えるものとみられた．

1995年，欧州委員会は，マーストリヒトの社会政策協定の枠組みで，「労働時間の弾力性と労働者の雇用安定」に関する協議を開始した．この協議の後，ソーシャルパートナーはこれらの問題に関する協約に向けて交渉することを決定し，1996年6月合意に達した．

交渉過程は，容易なものではなかった．ETUCがすべての形態の非典型労働を取り扱おうとしたのに対し，UNICEは様々な労働形態が存在し，それぞれに適切な検討が必要であると述べた．困難な交渉の後，協約が合意に達し，1997年6月6日に最終的に署名された．

締結当事者は他の弾力的な労働形態に関する同様の協約の必要性を考慮する意図がある．

この協約は理事会指令によって拘束力が付与された．

(1)　この協約は，UNICE，CEEP，およびETUCによって締結されたパートタイム労働に関する基本協約に関して，理事会指令(97/81 EC of 15 December 1997)によって施行された．O.J., 20 January 1998, L 14/9.

### B　目　的

**481**　この枠組み協約の目的は，
a　パートタイム労働者に対する差別の除去を規定し，パートタイム労働の質を改善するとともに，
b　自発的な基礎の上におけるパートタイム労働の発展を促進し，使用者と労働者の必要を考慮に入れたやり方で労働時間の柔軟な編成に貢献することにある（第1条）．

## C 適用範囲

**482** 本協約は各加盟国の法律，労働協約または慣行によって定義された雇用契約または雇用関係を有するパートタイム労働者に適用される．

加盟国は[1]，客観的な理由により，臨時的に(on a casual basis)働くパートタイム労働者を，本協約の条項から全面的にまたは部分的に，適用除外することができる[2]（第2条）．

(1) 国内法，労働協約または慣行にしたがってソーシャル・パートナーに協議した上で，あるいは適当なレベルのソーシャル・パートナーは国内の労使関係慣行にしたがって

(2) この除外はその客観的な理由が有効に持続しているならば，定期的に見直されるべきである．

## D 定 義

**483** 「パートタイム労働者」とは，その通常の労働時間が，週労働時間ベースまたは1年以内の雇用期間の平均労働時間で算定して，比較可能なフルタイム労働者の通常の労働時間よりも短い被用者をいう．

「比較可能なフルタイム労働者」とは，同一の事業所において，年功や資格/技能を含む他の考慮事項に適切な考慮を払いつつ，同一のまたは類似の労働ないし職業に従事するところの，同一類型の雇用契約または雇用関係を有するフルタイム労働者をいう．

同一の事業所において比較可能なフルタイム労働者がいない場合には，比較は適用可能な労働協約について行い，適用可能な労働協約がない場合には国内法，労働協約または慣行に従う（第3条）．

## E 非差別の原則

**484** 雇用条件に関して，パートタイム労働者は，パートタイムで労働するというだけの理由では，客観的な根拠によって正当化されない限り，比較可能なフルタイム労働者よりも不利な取扱いを受けないものとする．

適当な場合には，時間比例(pro rata temporis)の原則が適用されるものとする．

本条項の適用の取り決めはEC法および国内法，労働協約および慣行を考

慮して，ソーシャル・パートナーへの協議の後に加盟国により，またはソーシャルパートナーにより規定されるものとする．

　客観的な理由によって正当化される場合には，加盟国は国内法，労働協約または慣行にしたがってソーシャル・パートナーに協議した上で，適当であれば，特定の雇用条件の適用について，勤続期間，実労働時間または賃金資格を条件とすることができる．パートタイム労働者に特定の雇用条件を適用させる資格は非差別原則を考慮して定期的に見直されるべきである（第4条）．

## F　パートタイム労働の機会

**485**　加盟国[1]およびソーシャル・パートナー[2]は，パートタイム労働の機会を制限する法的または行政的性質の障害を確定，再検討し，適当であればそれらを解消すべきである．

　フルタイム労働からパートタイム労働への，またはその逆の転換を労働者が拒否することは，それ自体では雇用終了の正当な理由を構成しない．これは，国内法，労働協約および慣行にしたがって，関係事業所の運営上の必要から生じ得るような他の理由による雇用の終了を妨げるものではない．

　使用者は可能な限り，
- **(a)**　事業所内で応募可能なフルタイム労働者からパートタイム労働への転換の希望，
- **(b)**　パートタイム労働者からフルタイム労働への転換または機会があればその労働時間の延長の希望，
- **(c)**　フルタイム労働からパートタイム労働へのまたはその逆の転換を促進するために，事業所内の応募可能なフルタイムまたはパートタイムの職に関する情報の適時の提供，
- **(d)**　高技能職や管理職も含め，企業内のあらゆるレベルでパートタイム労働に就くこと促進にし，適当であればパートタイム労働者のキャリア機会と職業移動性を高めるための職業訓練の受講を促進するための措置，
- **(e)**　既存の労働者代表機関に対する企業内のパートタイム労働についての適切な情報提供，

を考慮すべきである（第5条）．
　　(1)　国内法，労働協約または慣行にしたがってソーシャルパートナーに協議した上で
　　(2)　その権限の範囲内で行動し労働協約に規定する手続を通じて

## G　実施規定

**486**　加盟国またはソーシャル・パートナーは本協約に規定するよりも労働者にとって有利な規定を維持または導入することができる．

本協約の実施は，本協約の対象となる労働者に与えられる保護の一般水準を引き下げる有効な根拠とはならないものとする．これは，加盟国またはソーシャル・パートナーが，環境の変化の観点から，異なった法律的，規制的または契約的規定を発展させる権利を妨げるものではい．

ソーシャル・パートナーは欧州レベルを含め適当なレベルで，本協約を適応または補完する協約を締結する権利を維持する．

本協約の締結当事者は，そのうちの一者が求めるときには，閣僚理事会決定の日の5年後に本協約の適用を再検討するものとする（第6条）．

## III　1999年3月18日の有期契約に関する協約

**487**　1999年6月28日の閣僚理事会指令1999/70/EC[1]は，1999年3月18日に一般的な産業横断的組織（ETUC, UNICE CEEP）の間で締結された有期契約に関する枠組み協約に効力を与えるものである．本指令は官報掲載の日に効力を発する．

本協約の締結当事者は，期間の定めなき労働契約が使用者と労働者の間の雇用関係の一般的な形態であり，これからもそうあり続けることを認める．本協約の締結当事者はまた有期雇用契約がある状況においては，使用者と労働者双方の必要に応えるものであることを認める．

本協約は有期労働に関係する一般原則および最低要件を規定しており，その詳細にわたる適用は特定の国内，業種別および季節的な状況の現実を考慮に入れる必要があることを認める．本協約は，有期労働者を差別から保護することによって有期労働者の均等待遇を確保するとともに，有期雇用契約を使用者および労働者にとって受け入れられる基礎の上で利用するための一般的枠組みを確立することへのソーシャルパートナーの意欲を示すものである．

本協約は，労働者派遣事業者によって派遣先企業に派遣される者を除き，有期労働者に適用される．締結当事者は派遣労働に関しても同様の協約の必要性を考慮する意図がある．

本協約は有期労働者の雇用条件に関するものであり，法定社会保障に関係する事項については加盟国の決定によることを認める．

(1) O.J., 10 July 1999, No. L 175.

## A　枠組み協約の目的

**488**　この枠組み協約の目的は，
**(a)**　非差別の原則の適用を確保することによって有期労働の質を改善するとともに，
**(b)**　有期雇用契約および有期雇用関係の反復継続的利用から生ずる濫用を防止する枠組みを樹立することにある(第1条)。

## B　適用範囲

**489**　本協約は各加盟国の法律，労働協約または慣行において雇用契約または雇用関係を有すると定義される有期労働者に適用される。
　加盟国はソーシャルパートナーと協議した後に，または各国ソーシャルパートナーは本協約が以下のものに適用されないものと規定することができる。
**(a)**　初等職業訓練関係および徒弟制度，
**(b)**　特定の公的なまたは公費に基づく訓練，統合，職業訓練プログラムの枠組みにおいて結ばれた雇用契約および雇用関係(第2条)。

## C　定　義

**490**　「有期労働者」とは，使用者と労働者の間で直接成立する雇用契約または雇用関係を有する者であって，その雇用契約または関係の終期が特定の日の到来，特定の任務の完了，または特定の事件の発生のような客観的な条件によって決定されている労働者をいう。
　「比較可能な常用労働者」とは，同一の事業所において，資格や技能に適切な考慮を払いつつ，同一のまたは類似の労働ないし職業に従事するところの，期間の定めなき雇用契約または雇用関係を有する労働者をいう。
　同一の事業所において比較可能な常用労働者がいない場合には，比較は適用可能な労働協約について行い，適用可能な労働協約がない場合には国内法，労働協約または慣行に従う(第3条)。

## D 非差別の原則

**491** 雇用条件に関して，有期労働者は，有期雇用契約または有期雇用関係を有するというだけの理由では，客観的な根拠によって正当化されない限り，比較可能な常用労働者よりも不利な取り扱いを受けないものとする．

適当な場合には，時間比例(pro rata temporis)の原則が適用されるものとする．

本条項の適用の取決めはEC法および国内法，労働協約および慣行を考慮して，ソーシャル・パートナーへの協議の後に加盟国により，またはソーシャル・パートナーにより規定されるものとする．

特定の雇用条件の取得に必要な勤続期間資格は，客観的な根拠によって異なった期間が正当化されない限り，有期労働者についても常用労働者と同じものとする(第4条)．

## E 濫用防止の措置

**492** 有期雇用契約または有期雇用関係の反復継続した利用から生ずる濫用を防止するために，加盟国は国内法，労働協約または慣行に従いソーシャル・パートナーと協議して，または各国ソーシャル・パートナーは，濫用を防ぐ同等の法的措置がない場合には，特定の業種または労働者範疇の必要を考慮して，以下のうち一ないしそれ以上の措置を導入するものとする

**(a)** そのような雇用契約または雇用関係の更新を正当化する客観的な理由
**(b)** 反復継続的な有期雇用契約または有期雇用関係の最長総継続期間
**(c)** そのような雇用契約または雇用関係の更新回数

加盟国はソーシャルパートナーと協議して，または各国ソーシャルパートナーは，適当であれば，有期雇用契約または有期雇用関係がどのような条件下において，

**(a)** 「反復継続的」と見なされるか，
**(b)** 期間の定めなき雇用契約または雇用関係と見なされるか，
を決定するものとする(第5条)．

## F 情報と雇用機会

**493** 使用者は，有期労働者に対して，他の労働者と同様常用的地位を得る機

会を持てるよう，企業または事業所における欠員について情報提供するものとする．そのような情報は，企業または事業所の適当な場所において一般的告知の方法によって提供することができる．

可能な限り，使用者は，有期労働者がその技能，キャリア開発および職業的移動可能性を高めるための適当な訓練機会を促進するものとする(第6条)．

## G 情報提供と協議

**494** 国内法やEC法で規定された労働者代表組織が国内規定により企業に設置される場合の基準となる従業員数の算定に当たっては，有期雇用労働者も考慮されるものとする．

本条を適用するための取り決めはソーシャル・パートナーとの協議の後に加盟国により，または国内法，労働協約または慣行に従いソーシャル・パートナーにより決定されるものとする．

可能な限り，使用者は労働者代表組織に企業内の有期労働に関する情報提供について考慮するものとする(第7条)．

## H 実施規定

**495** 加盟国またはソーシャル・パートナーは本協約に規定するよりも労働者にとって有利な規定を維持または導入することができる．

本協約はこれ以外の特定のEC法の規定，特に男女機会均等および均等待遇に関する規定を妨げることはない．

本協約の実施は，本協約の対象となる労働者に与えられる保護の一般水準を引き下げる有効な根拠とはならないものとする．

本協約はソーシャル・パートナーが欧州レベルを含め適当なレベルで関連ソーシャル・パートナーの特別の必要を考慮して本協約を適応または補完する協約を締結する権利を妨げない．

本協約の適用から生ずる紛争や苦情の予防と解決は，国内法，労働協約，慣行にしたがって処理するものとする．

本協約の締結当事者は，そのうちの一者が求めるときには，閣僚理事会決定の日の5年後に本協約の適用を再検討するものとする(第8条)．

第3章　個別雇用契約

## Ⅳ　派遣労働者の労働条件に関する指令案 [訳注1]

## A　起　源

**495-1**　2002年3月20日，欧州委員会は派遣労働者の労働条件に関する指令案を提案した[(1)]。

これは，1995年の「非典型労働」の問題に関する欧州委員会のソーシャル・パートナーに対する協議の枠組みにおける第3の主題である．このプロセスはEUレベルのソーシャル・パートナーの間で三つの協約，すなわちパートタイム，有期労働およびテレワークに関する協約を産み出した．

ソーシャル・パートナーは派遣労働に関する協約の締結には成功しなかった．主たる困難は均等待遇のための「比較可能な被用者」の問題であった．

この交渉の頓挫のすぐ後，2001年10月8日，国際労働者派遣事業連盟欧州委員会(Euro-CIETT)とサービス業およびホワイトカラー労働者の労働組合の国際組織である国際労組ネットワーク欧州地域組織(UNI-Europa)によって，派遣労働に関する共同宣言が署名された．署名当事者はこの文書を，派遣労働に関するEU指令の基礎となることを希望して，欧州委員会に提出した．

この宣言は，派遣労働に関するいかなるEU指令も，派遣労働者の保護と派遣労働が欧州労働市場で果たすことができる積極的な役割の強化の間の均衡に達することを基本的な目的とするべきであると確認している．欧州立法は，立法または協約による実施を促進する枠組み指令であるべきである．

立法の目的は次のことにある．
1　派遣労働のEUの雇用および経済目的への潜在的貢献を認識しかつ尊重しつつ，非派遣雇用および期間の定めなき契約が最も一般的な雇用形態であり続けることを繰り返すこと，
2　派遣雇用の質を向上し，とりわけ弾力性と安定性の領域において，労働者，利用者企業および派遣事業者の必要性を考慮に入れること，
3　派遣労働が，とりわけ特別のおよび不利益を被っている集団の雇用機会と労働市場への統合を促進することを認識すること．これは訓練と能力開発の手段によって達成されうる．
4　派遣事業者と労働者の関係，および労働者と利用者企業との関係の双方において，均等待遇原則を確立すること，
5　加盟国に対し，派遣労働が労働市場において積極的な役割を果たしうる機会を制限するような法的または行政的な障碍を確定し，再検討し，適当

第1部　個別的労働法

であれ解消するよう求めること。加盟国はまた,「特定の禁止,制限および規制」が利用者企業の労働者の雇用条件および非派遣雇用の他の労働者の雇用条件の双方における潜在的な濫用を防止するために必要であり得ることを認識すべきである。

6　派遣労働がすべての問題についてEUレベルおよび国内の非差別原則を尊重し,派遣労働の「三者関係」的性質が特別の規制を要求することを確保すること,

7　派遣雇用事業者がストライキ中の労働者の代替のために利用者企業に労働者を派遣しないよう確保すること,

8　加盟国が派遣労働者の個別的権利および集団的権利(労働組合権を含む)を行使することを促進するよう確保すること,

9　派遣労働者は派遣事業者に雇用されており,それゆえこれら派遣事業者がこれら労働者に関して使用者としての義務を有することを明確に宣言すること。派遣労働者はまた適用可能な労働法制によって保護されるべきである。

10　派遣労働者が派遣事業者および利用者企業双方の適当な訓練および能力開発機会へのアクセスを有するよう確保すること,

11　派遣事業者がその労働者に対して,直接であれ間接であれ,雇用サービスの対価として料金を徴収しないよう確保すること,

12　ソーシャル・パートナーが指令の実施に関して交渉するよう促進すること,

13　年金のような職域給付制度における革新が派遣労働者に権利の継続性を提供するために必要であることを認識すること。

派遣労働が労働市場において積極的な役割を果たしうるという基礎の上に,この産業別労使対話は派遣労働者の雇用・労働条件の改善に向けて作業を継続する。

　　［訳注1］　本節および次の節は,著者の第9版草稿に基づいて本訳書に挿入したものである。

　　(1)　Proposal for a Directive of the European Parliamant and the Council on working conditions for temporary workers COM(2002)149.

## B　指令案

### 1　理論的根拠

**495-2**　欧州委員会によれば,知識基盤経済は革新と人的資本に立脚し,企業

と労働者に対して変化にもっと迅速に適応できるよう要求する．知識基盤経済への移行に成功するために，より弾力的な形態の労働組織を促進し，弾力性と雇用の安定性を両立させ，より多くのより良い仕事を創り出すための規制，契約および法制的環境を改革する努力にソーシャル・パートナーの間の協調が得られなければならない．

　欧州における派遣労働のシェアは，(1998 年には(フルタイム雇用に換算して) 210 万人，あるいは総雇用数の 1.4％と)なお小さいとは言いながら，1991 年から 1998 年まで年率 10％で成長し，10 年間増加してきている．

　派遣労働を労働市場の能力，企業および労働者が適応する上での鍵となる要素にしているこの急速な成長には四つの主たる理由がある．
＊一般的にいえば，その注文の増減がますます急速かつ大きくなっていることから，企業はその労働力を管理するに当たり，弾力性の必要性が高まっていると見てきている．派遣労働はそれゆえ常用職員の不足または労働量の一時的増加に対応するのに役立ち，これはとりわけ常用職員の採用や解雇のコストに他の企業よりも敏感な中小企業において重要である．しかし，派遣労働からもたらされる便益はもしこの分野の社会的立場と仕事の質が貧弱であれば制約されよう．企業，とりわけ中小企業は，広範な技能を持った質の高い労働者への必要性が高まっており，これは派遣労働者に対しても同様である．質の高い派遣労働はそれゆえ今日の弾力性への経済的必要性により効果的に応えることができる．
＊派遣労働者自身の観点からは，この雇用形態はしばしば，とりわけ若年者にとっては，労働市場へのアクセスまたは復帰の手段となる．加盟国によれば，初めて派遣労働者になった者の 24％から 52％が，失業していたかまたは基本的な訓練を受けていたかのために，以前に有償の雇用に就いたことがなかった．
＊より最近では，企業は，とりわけ情報技術に関連する職業において，特定の技能を有する職員が不足しているために，派遣労働を利用してきている．
＊最後に，法制的枠組みはより弾力的になってきており，ほんの数年前にはいくつかの加盟国では禁止されていたにもかかわらず，今日，加盟国の大多数はこの雇用形態を六法全書に掲載し多くはその規制をより弾力的にしてきている．

　この総体的な成長にかかわらず，派遣労働は EU 内で極めて不均等に普及してきた．上述の調査によれば，1999 年における派遣労働者の約 80％は四つの加盟国，すなわちオランダ，フランス，ドイツおよびイギリスで雇用されている．そしてその総雇用数へのシェアも異なっており，オランダでは派遣

労働者は労働力人口の 4.0% であり，次いでルクセンブルク(3.5%)，フランス(2.7%)，イギリス(2.1%)，ベルギー(1.6%)，ポルトガル(1%)，スペインとスウェーデン(0.8%)，オーストリア，ドイツおよびデンマーク(0.7%)，アイルランドとフィンランド(0.6%)そしてイタリア(0.2%)と続く．これらの違いは，すべての活動分野で派遣労働が利用されているとはいえ，問題の職業構造の違いに反映されている．例えば，イギリスでは，派遣事業者の活動の80%はサービス業および公的部門であり，フランスでは75%が製造業および建設業と公共事業である．

すべての派遣労働の共通の特徴は，利用者企業，被用者および事業者間の「三者関係」である．これはあらゆるところで適用されるが，加盟国によっては法的状況は顕著に異なる．多くの加盟国では，派遣労働者の雇用と派遣事業者の活動を規制する条件は厳格に規制されている．イギリスやアイルランドのような諸国では，法制や規制の枠組みは極めて弾力的である．

### 2　総　則
#### a　適用範囲
**495-3**
1　本指令は，使用者である派遣事業者と，利用者企業に派遣されてその指揮命令下で働く労働者との間の雇用契約または雇用関係に適用される．
2　本指令は，営利目的であるか否かにかかわらず，経済活動に従事する公的および私的企業に適用される．
3　加盟国は，労使団体に協議した上で，本指令が特定の公的なまたは公的に援助された訓練，社会統合または職業再訓練計画のもとで締結される雇用契約または雇用関係に適用されないものとすることができる(第1条)．

#### b　目　的
**495-4**　本指令の目的は，
**a)** 非差別原則が派遣労働者に適用されることを確保することにより派遣労働の質を改善するとともに，
**b)** 労働雇用市場の円滑な機能に貢献するために派遣労働の利用の適切な枠組みを確立することである(第2条)．

#### c　定　義
**495-5**　本指令において，
**a)**「労働者」とは，関係加盟国において，国内雇用法制のもとで労働者とし

て保護されているいかなる者をも意味する．
**b)** 「比較可能な労働者」とは，年功，資格および技能を考慮して，利用者企業において，派遣事業者によって派遣された労働者によって占められる職位と同一のまたは類似の職位を占める労働者を意味する．
**c)** 「派遣」とは，派遣労働者が利用者企業に派遣されている期間をいう．
**d)** 「基本的な労働雇用条件」とは，
ⅰ）労働時間の長さ，休息期間，夜間労働，有給休暇，公休日，
　ⅱ）賃金，
　ⅲ）妊婦，育児中の母親，児童および若年者の労働，
　ⅳ）性別，人種若しくは民族的出身，宗教若しくは信条，障碍，年齢または性的志向に基づく差別と戦うために執られる行動，
に関係する労働および雇用条件をいう（第3条第1項）．
　(1)「本指令は，雇用契約または雇用関係の定義に関して国内法を妨げない．しかしながら，加盟国は本指令の適用範囲から，
　**a)** 1997年12月15日の理事会指令97/81/ECの意味におけるパートタイム労働者，
　**b)** 1999年6月28日の理事会指令99/70/ECの意味における有期雇用契約労働者，
　**c)** 利用者企業に派遣されている者，
　にかかわる雇用契約または雇用関係をそれだけの理由により除外してはならない．」
　（第3条第2項）

### d　制限または禁止の再検討
**495-6**
1　加盟国は，法規，労働協約および国内慣行にしたがって労使団体に協議した上で，特定の労働者集団または経済活動分野についての派遣労働のいかなる制限または禁止についても，それらを根拠付ける特定の条件がなお残存しているかどうかを検証するために，定期的に再検証するものとする．それらの条件がなければ，加盟国は当該制限または禁止を停止すべきである．
2　加盟国は欧州委員会に，上記再検討の結果を通知するものとする．当該制限または禁止が維持される場合，加盟国は欧州委員会に，なぜ当該制限または禁止が必要であり正当化されると考えるのかを通知するものとする．
　維持されうる当該制限または禁止は，特に労働者の保護に関する一般的な利益を理由として正当化されるものとする（第4条）．

### 3　雇用労働条件

### a 非差別の原則

**495-7**

1 派遣期間中の派遣労働者は，職務における年功を含め，基本的な労働雇用条件に関して，客観的な理由によって待遇の違いが正当化されない限り，利用者企業の比較可能な労働者と少なくとも同程度の有利な待遇を受けるものとする．適当であれば，時間比例の原則が適用される．

2 加盟国は，派遣事業者と常用雇用契約を有する派遣労働者が派遣の合間の期間においても賃金を支払われている場合には，「同程度の有利な待遇」の原則に対する例外を規定することができる．

3 加盟国は，派遣労働者に十分な水準の保護が提供されている限り，適当なレベルの労使団体に，「同程度の有利な待遇」の原則から適用除外する労働協約を締結する選択肢を与えることができる．

4 加盟国は，派遣労働者が同一の利用者企業への1回の派遣または一連の派遣に基づき，その期間または性質により，6週間を超えない期間に達成されうる職位で働く場合には，「同程度の有利な待遇」の原則は適用されないものと規定することができる．

　加盟国は，本項の適用における濫用を防止する観点で適当な措置をとるものとする．

5 本指令が利用者企業の比較可能な労働者との比較を求めているにもかかわらずそのような労働者が存在しない場合には，利用者企業において適用されている労働協約が参照されるものとし，そのような労働協約が存在しない場合には，派遣事業者に適用される労働協約への参照によって比較がなされ，適用しうる労働協約が全く存在しない場合には，派遣労働者の基本的な労働雇用条件は国内法および慣行によって決定される．

6 本条の施行手続は，労使団体との協議の上で，加盟国によって決定される．加盟国は適当なレベルの労使団体に，交渉に基づく協約の手段によって本章の手続きを規定する任務を委託することもできる（第5条）．

### b 常用の質の雇用へのアクセス

**495-8**

1 派遣労働者は，利用者企業において，常用雇用を求める当該企業の他の労働者と同一の機会を与えるようにいかなる空席の職位についても通知されるものとする．

2 加盟国は，利用者企業と派遣労働者の間で派遣終了後に雇用契約または雇用関係を締結することを禁じまたは妨げる効果を有するいかなる条項も

無効でありまたは無効であると宣言されうることを確保するために必要ないかなる行動をもとるものとする．
3 派遣事業者は労働者に対し，利用者企業に採用されるよう手配することの対価としていかなる料金をも課してはならない．
4 派遣労働者は，これに反する客観的な理由が存在しない限り，利用者企業の社会的なサービスへのアクセスを提供されるものとする．
5 加盟国は，各国の伝統と慣行にしたがって，
―派遣労働者の職歴開発と就業能力を向上するために，派遣の合間の期間においても派遣事業者における訓練への派遣労働者のアクセスを改善し，
―利用者企業の労働者のための訓練への派遣労働者のアクセスを改善するために，
適切な措置をとるかまたは労使団体の間の対話を促進するものとする(第6条)．

### c 派遣労働者の代表

**495-9** 派遣労働者は，国内法およびEU法の下で規定される労働者代表機関が派遣事業者に設置される際の基準となる労働者数の算定に当たって算入されるものとする．

加盟国はその規定する条件の下で，これら労働者が国内法およびEU法の下で規定される労働者代表機関が利用者企業に設置される際の基準となる労働者数の算定に当たって算入されると規定することができる(第7条)．

### d 労働者代表への情報提供

**495-10** 労働者への情報提供および協議に関するより厳格なまたはより特定の国内法またはEU法の規定を損なうことなく，利用者企業は，国内法およびEU法にしたがって当該企業に設置される労働者代表機関に対し雇用状況について情報提供するときには，派遣労働者の利用について適切な情報を提供しなければならない(第8条)．

### 4 最終規定

**495-11** 第9条から第14条までは，
・最低要件，
・罰則，
・実施(2年間)，
・欧州委員会による見直し，

・効力の発効

にかかわる規定である。

## C 労使の反応

**495-12** ETUCは本指令案を歓迎した。UNICEは，派遣労働者に対する差別からの法的保護を提供する指令に反対するものではないとしつつ，本指令案は「間違った概念に基づいており」，特に利用者企業の労働者を比較対象者として用い，利用者企業の労働者または利用者企業の労働協約が比較に利用可能でない場合にのみ派遣事業者の労働者との比較が許されるという事実に反対している。この手法は「正当化されえず，不必要に複雑である」と述べて，UNICEは二つの可能性——比較対象者として派遣事業者の労働者か利用者企業の労働者かどちらを用いるか——が指令において同等の地位を占め，加盟国にいずれの選択をするかを委ねるべきであると提案している。

スウェーデン企業連盟は，本指令が労使対話を突き崩すという。曰く，「公式的には」本指令は派遣労働者の差別に取り組もうとしている。しかしながら，その裏側で，「これは異なった企業の被用者の間で比較をすべきだと」しようとしている。欧州委員会は非差別原則を企業外の条件に拡張している。「これは原則としてある企業，派遣事業者に対し被用者に他の企業よりも低い給与や労働条件を与えることを禁止しようとするものだ。」

スウェーデン企業連盟は，これは協約を締結する権利の侵害であると信ずる。あらゆる業種の企業と労働者はその業種，企業の状況に従い，国内の交渉慣行にしたがって，その労働条件を決定することを許されなければならない。EU指令が適切な給与を決めるべきではない。

同連盟は労働市場の多様性，すなわちより多くの人々が同じ使用者を持たずにともに働くことを強調する。彼らの給与は，たとえ彼らが同一または類似の任務を遂行するとしても，同じであるべきではない。指令は，賃金と労働条件に関するスウェーデンのソーシャル・パートナーの自治を尊重すべきである。

さらに，指令は条約，特に社会政策事項として賃金を除いている第137条に反する。[1]

指令案で最も論議を呼ぶ問題は，均等待遇原則が派遣労働者と利用者企業の比較可能な労働者との比較に立脚していることである。

まず，指令が賃金を扱っており，EC条約第137条第6項に違反しているという議論からいこう。これは，指令が実際に賃金を規制しているのではなく，

（男女，有期契約およびパートタイム労働者に関する現行の非差別立法と同様）賃金に関するものを含めて均等/非差別を取り扱っているだけであるので，有効な議論ではない．

指令案が「実際に，ある使用者（派遣事業者）に雇用されながら，他の使用者（利用者企業）の職場で実際に労働するという労働者の三角関係を，利用者企業に直接雇用される労働者と並べて取り扱おうとするものだ」と付け加えることもできよう．十分な保護水準を条件として，労働協約がある場合における原則からの適用除外の可能性は受け入れられる規定に思われる．

6週間未満の派遣の適用除外は，本指令が集団的行動に関して何ら指針を示していないという事実とともに，奇妙に思われる．このような規定は，ソーシャル・パートナーの協約案の一部であったものであり，指令におけるそのような規定はストライキやロックアウトの権利を規制しようとするものではなく，派遣労働者が利用できない文脈を特定するだけであるのだから，EUの権能からストライキとロックアウトを排除しているEC条約第137条第6項に反するものではないのであるから，議論の余地があるべきではない[2]．

(1) G.Tunhammer, "EU Directive on pay would undermine social dialogue", F.T. 11 April 2002.

(2) I. Van den Burg, Committee on Employment and Social Affairs of the European parliament, 27 June 2002, DT/463275EN.doc.

## V　テレワークに関する枠組み協約

**495-13**　2002年7月16日，EUレベルの中心的ソーシャル・パートナーは公式に新たなEUレベルのテレワークに関する枠組み協約に署名した[1]．本協約は2000年以来のこの問題に関する協議と交渉に結論を出した．

欧州委員会は，EU域内に450万人の雇用されるテレワーカー（およびテレワーカーの総数1000万人）を見積もっている．[2]

UNICEのイニシアティブにより，いわゆる「任意の，つまり法的拘束力のない」協約が締結された．協約の文言は以下のように要約される．

(1) A., Broughton, IRS, "Social partners sign teleworking accord", www.eirofound.ie. The signatories were: the European Trade Union Confederation (ETUC); the Council of European Professional and Managerial Staff (EUROCADRES)/European Confederation of Executives and Managerial Staff (CEC) liaison committee; the Union of Industrial and Employers' Confederations of Europe (UNICE)/the European Association of Craft, Small and Medium-

Sized Enterprises (UEAPME); and the European Centre of Enterprises with Public Participation and of Enterprises of General Economic Interest (CEEP).

(2) 電気通信産業(2001年)および商業(2001年)に既に協約が締結されている．

## A 一般的考察

**495-14** 欧州雇用戦略の文脈において，欧州理事会はソーシャル・パートナーに，企業を生産的かつ競争的にし，弾力性と安定性の必要な均衡を達成する目的で，弾力的な労働編成を含め，労働組織の現代化に関する協約に向けて交渉するよう求めた．

　欧州委員会はその雇用関係の現代化と改善に関するソーシャル・パートナーへの第2段階の協議において，ソーシャル・パートナーにテレワークに関する交渉を開始するよう求めた．2001年9月20日，ETUC(およびEUROCADRES/CECの連絡委員会)，UNICE/UEAPMEならびにCEEPは，加盟国およびEEA諸国における締結当事者の構成員によって実施されるべき協約を目指して交渉を開始する意図を明らかにした．これにより，彼らはリスボン欧州理事会で合意された知識基盤経済社会への移行の準備に貢献したいと願う．

　テレワークは広範で急速に進化しつつある環境と慣行のスペクトルをカバーしている．この理由から，ソーシャル・パートナーは様々な形態の通常のテレワークをカバーしうるようなテレワークの定義を選択した．

　ソーシャル・パートナーはテレワークを，企業や公的サービス機関が労働組織を現代化する手段として，また労働者が仕事と家庭を両立させ，その任務の達成における大きな自立性を与える手段として捉える．もし欧州が情報社会から最大限引きだそうとするなら，弾力性と安定性がともに満たされ仕事の質が向上するようなやり方で，そして労働市場における障碍者の機会が増進されるようなやり方で，この新たな労働組織形態を促進しなければならない．

　本任意協約は，経営と労働に特有の国内の手続および慣行に従い，締結当事者の構成員によって実施されるべき欧州レベルの一般的枠組みを設立しようとするものである．締結当事者はまた，加盟候補国におけるその構成組織に本協約を実施するよう求める．

　本協約の実施は本協約の分野において労働者に与えられる一般的保護水準を低下させる根拠とならない．本協約の実施に当たり，締結当事者の構成員は中小企業への不必要な負担を避ける．

本協約は，欧州レベルを含めた適当なレベルのソーシャル・パートナーが，関係するソーシャル・パートナーの特有の必要性を考慮に入れて本協約を適応ないし補完する協約を締結することを妨げない．

## B 定義と適用範囲

**495-15** テレワークとは，雇用契約や雇用関係の文脈で，情報技術を用いて，事業所構内でもできる仕事をそこから離れた場所で遂行するという労働の組織・遂行形式である．

本協約はテレワーカーをカバーする．テレワーカーとは上で定義されたテレワークを遂行する者をいう．

## C 自発性

**495-16** テレワークは当該労働者および使用者にとって自発的なものでなければならない．これはテレワーカーとして就職する場合にも，就職後テレワーカーに転換する場合にも求められる．

いずれの場合にも，使用者はEUの雇用条件通知義務指令(91/533/EEC)にしたがって，労働協約に関する情報，遂行すべき労働の内容等必要な情報を提供しなければならない．[1]

テレワークの場合，特に，企業内で当該テレワーカーが所属する部局，仕事上の疑問を提起すべき直属の上司その他の者，報告の仕方などを明らかにしておく必要がある．

就職後テレワーカーに転換するよう求められた場合，労働者はこれを受け入れることも拒否することもできる．逆に労働者の方からテレワーカーに転換したいと希望した場合，使用者はこれを受け入れることも拒否することもできる．

テレワーカーへの転換は労働遂行方法を変えるだけであって，その雇用上の地位には影響を及ぼさない．テレワーカーへの転換を拒否したからといって，雇用関係を終了したり，雇用条件を変更する理由にはならない．

テレワークが就職時の職務内容ではなかった場合には，テレワークへの転換の決定は個別契約または労働協約によって元に戻すことができる．この転換可能性は，労働者または使用者の依頼により事業所構内での労働に復帰することを意味する．この復帰可能性の態様は個別契約または労働協約で規定される．

(1) 第1部第3章第2節参照．

## D　雇用条件

**495-17**　雇用条件に関しては，テレワーカーは事業所構内で働く比較可能な労働者と同一の適用される法制および労働協約で保証された権利を享受する．しかしながら，テレワークの特殊性を考慮して，特別の補足的な労働協約または個別協定が必要である．

## E　データ保護

**495-18**　テレワーカーが仕事の目的で使用し，処理するデータを保護するために，特にソフトウェアに関して，使用者は適切な措置をとるべき責任がある．

　使用者はデータ保護に関するすべての関連する法制や企業内ルールをテレワーカーに通知する．テレワーカーはこれを遵守する責任がある．

　使用者は，とりわけ，インターネットのようなIT機器の使用上の制限や，ルールを遵守しなかった場合の制裁について通知する．

## F　プライバシー

**495-19**　使用者はテレワーカーのプライバシーを尊重しなければならない．もし，どんなものであれモニタリング・システムを導入するときには，目的に照らして適当であり，ビジュアル・ディスプレイ装置に関する指令(90/270/EEC)に従ったものでなければならない．(1)

(1) ディスプレイ・スクリーン器具による作業に関する1990年5月29日の指令

## G　機材

**495-20**　作業機材やその責任と費用に関することはすべてテレワーク開始前に決めておく必要がある．

　一般ルールとして，テレワーカーが自分の機材を使用するのでない限り，使用者が通常のテレワークに必要な機材の提供，設置，維持に責任がある．

　もしテレワークが通常ベースで遂行されるのであれば，通信費用などテレワークに直接かかる費用も使用者が補償または負担する．

使用者はテレワーカーに適切な技術的支援を提供する．
　テレワーカーが使用している機材やデータの損失や損害の費用に関しては使用者が責任を負う．
　テレワーカーは提供された機材を注意して扱わねばならず，インターネットを介して違法な内容を集めたりばらまいたりしてはならない．

## H　健康と安全

**495-21**　テレワーカーの健康と安全については，指令89/391および関連する娘指令，国内法制ならびに労働協約に従い，使用者が責任を負う．
　使用者はテレワーカーに，職業上の健康と安全，特にビジュアル・ディスプレイ装置に関する企業の政策を通知する．テレワーカーはこの安全政策を的確に適用する．
　テレワーカーの安全衛生を確認するために，使用者，労働者代表および関係当局はテレワークをしている場所に立ち入ることができる．もっとも，テレワーカーが自宅で作業している場合には，立ち入り前に事前に通知し，その了解を得ておく必要がある．
　テレワーカーが労働監督官の立入検査を求めることもできる．

## I　労働組織

**495-22**　国内法，労働協約，就業規則の枠内で，テレワーカーは労働時間を自分で管理する．テレワーカーの作業負荷と成果基準は事業所構内で働く比較可能な労働者と同等なものとする．
　テレワーカーは社内の他の労働者から孤立しがちなので，使用者はテレワーカーが定期的に同僚と会ったり，社内情報を手に入れたりできるように措置を講じなければならない．

## J　訓　練

**495-23**　テレワーカーは事業所構内で働く比較可能な労働者と同じ訓練やキャリア開発の機会を与えられ，同じ基準で評価される．
　テレワーカーは，その意により技術的機材や，テレワークという労働組織の特徴にあった適切な訓練を受ける．テレワーカーの監督者および直属の上司もまた，この労働形態およびその管理のための訓練を必要とする．

## K　集団的権利

**495-24**　テレワーカーも事業所構内で働く労働者と同様の集団的権利を有する．労働者代表との通信に障碍があってはならない．

労働者代表機関への参加や立候補についても同じ条件が適用される．

テレワーカーはEUおよび国内法に従い労働者代表機関の設立基準と算定する際に算入される．その集団的権利を行使する目的で，テレワーカーがどの事業所に所属しているかはあらかじめ明らかにしておく必要がある．

テレワークの導入については，EUおよび国内の法制，労働協約および慣行にしたがって，労働者代表への情報提供および協議が必要である．

## L　実施とフォローアップ

**495-25**　条約第139条の文脈において，本欧州枠組み協約は，加盟国の経営と労働に特有の手続と慣行にしたがって，UNICE/UEAPME，CEEPおよびETUC（およびEUROCADRES/CECの連絡委員会）の構成員によって実施されるものとする．

この実施は本協約の署名の日から3年以内に行われる．

構成組織は，本協約の実施に関する報告を，労使対話委員会の責任の下に締結当事者によって設置されたアドホックグループに報告する．このアドホックグループはとられた実施行動に関する合同報告書を準備する．この報告は本協約の署名の日から4年以内に準備される．

本協約の内容に関する疑問が生じた場合には，当該構成組織は独立にまたは合同して締結当事者に参照することができる．

締結当事者は，締結当事者の一方から申し出があれば，署名の日から5年後に協約を見直すものとする．

**495-26**　この拘束力なき協約はまさしく賃金，労働条件，訓練，労働組織および集団的権利の問題に関してテレワーカーの均等待遇を主張している．テレワーカーは事業所構内の比較可能な労働者と同一の利益を享受すべきである．しかしながら，これはテレワーカーが使用者が所在する国と同じ国で労働を遂行することを意味しない．本協約を実施するに当たり，この側面が注意されるべきである．

第3章 個別雇用契約

## 第2節 雇用契約に適用される条件：情報提供

**496** 閣僚理事会は1991年10月14日，雇用契約または雇用関係に適用される条件を労働者に情報提供する使用者の義務に関する指令(91/533/EEC)[1]を採択した．本指令は，労働者の基本的社会権に関するEC憲章の第9条に基づいて採択された．これは「ECのすべての労働者の雇用条件は，各国に適用される仕組みに従い，法律，労働協約または雇用契約に規定されるものとする」と述べている．指令の前文には，「加盟国における新たな労働形態の発展は多くのタイプの雇用の増加をもたらし」，加盟国に，被用者をその権利のありうべき侵害から保護し，労働市場の透明性を高めるために考案された公的な要件に，雇用関係を服させる必要を考慮させるに至った．この加盟国の立法は，雇用契約または雇用関係の主たる条件を書面で被用者に通知する要件のような基本的な点においても顕著に異なっており，共通市場の運営に直接的な影響を与えうる．

それゆえ，すべての被用者がその雇用契約または雇用関係の重要な要素に関する情報を含む文書を提供されなければならないという一般的な要件を，ECレベルで確立することが必要である．本指令は「雇用契約または雇用関係の形式，雇用契約または雇用関係の存在および内容に関する証拠，および関係する訴訟ルール」に関して，国内法および慣行を妨げない．

(1) O.J., 18 October 1991, No. L 288/32.

**497** 雇用契約の重要な側面を被用者に通知する限りでの使用者による通知は，使用者が作成し被用者に通知されたいかなる類似の文書に国内法で与えられるのと同様の正確性が推定される．しかしながら使用者は，通知の情報が本来的に誤っているか，実際にそうであると提示されてきたことを示すことによって，いかなる逆の証拠をも提示することが認められなければならない．

国が規定された期限内に本指令を国内法に転換することを怠り，または正しく転換しなかった場合には，個人は直接国内裁判所に対し，国および国の権限もしくは支配に従うかまたは個人間の関係に通常適用されるルールからもたらされるものを超える特別の権限を有するいかなる組織や団体をも相手取って，本指令に依拠することができる[1]．

(1) C.O.J., 4 December 1997, Helmut Kampelmann e.a. v. Stadtwerke Altena GmbH e.a., C-253/96 and C-258/96, ECR, 1997, 6907.

第 1 部　個別的労働法

## I　適用範囲

**498**　本指令は，加盟国で効力を有する法律で規定されたまたは加盟国で効力を有する法律で規制された雇用契約または雇用関係を有するすべての賃金を払われる被用者に適用される．（第 1 条第 1 項）雇用関係の一定程度の弾力性を維持する観点で，加盟国は特定の限定された雇用関係の場合を適用範囲から除外することができる．すなわち，「総雇用期間が 1 カ月を超えないもの，週労働時間が 8 時間を超えないもの，または臨時のまたは特別の性質のもので適用しないことが客観的考慮によって正当化できるもの」である（第 1 条第 2 項）．

## II　情報提供義務

### A　総　論

**499**　使用者は被用者に雇用契約または雇用関係の重要な側面を通知する義務がある．
　この通知は少なくとも以下の項目をカバーする．
- **(a)**　雇用契約の両当事者のアイデンティティ，
- **(b)**　就業の場所．固定したあるいは主たる就業の場所がない場合には，被用者は事業の登録場所または適当であれば使用者の住所のような様々な場所で雇用されるという原則[訳注1]，
- **(c)**　**(i)**　被用者が雇用される職務[訳注2]の名称，階梯，性質または範疇，または
　　**(ii)**　職務の簡単な特定または描写，
- **(d)**　雇用契約または雇用関係の開始の日，
- **(e)**　有期・派遣の雇用契約または雇用関係の場合，その予想される雇用期間，
- **(f)**　[訳注3]　被用者が取得する権利のある有給休暇の日数，または情報提供の際にこれを示すことができない場合には，有給休暇の配分と決定の手続，
- **(g)**　雇用契約または雇用関係が終了する際の使用者および労働者が守るべき告知期間の長さ，または情報提供の際にこれを示すことができない場合には，告知期間を決定する方法，
- **(h)**　被用者が受け取る権利のある賃金の基本額，他の構成要素（各種手当）および支払頻度，

第3章　個別雇用契約

**(i)** 1日または1週の通常労働時間
　(j) 適当であれば，
　(i) 被用者の労働条件を規制する労働協約，または，
　(ii) 労働協約が企業外で特別合同機関または機構によって締結された場合には，その協約が締結された権限ある機関または合同機構の名前(第2条第2項)．

有給休暇，告知期間，賃金および労働時間に関する情報は，適当であれば，これら特定の点を規制する法律，規則および行政規定もしくは規約または労働協約に言及する形で提供することができる(第2条第3項)．

　　［訳注1］　ここは原著では"at various places and the registered place of business"とあり，指令英文も同様であるが意味不明である．指令仏文は"a divers endroits ainsi que le siege"とあり，様々な場所の例示ではないかと思われる．

　　［訳注2］　原著には"worker"とあるが，指令原文は"work"である(仏文は"emploi")．

　　［訳注3］　原著は**(e)**号をダブらせており，以後一号ずつずれてしまっているが，本訳書では指令の号番号の通りに戻してある．

**500**　欧州司法裁判所は，使用者が被用者に時間外労働を行う義務を通知しなければならないと判示した．それによれば，使用者から依頼されたときにはいつでも時間外労働をするという被用者の義務は，被用者に書面で通知されなければならない雇用契約または雇用関係の重要な要素である．

事案は次のとおりである．ランゲ(Lange)氏は1998年6月1日から旋盤工としてゲオルク・シューネマン社(Georg Schünemann GmbH)に雇用された．1998年4月23日付の雇用契約は時間外労働について細かい規定をしていなかった．

ランゲ氏は，取引先と約束した期限内に注文を仕上げるために使用者から依頼された時間外労働を拒否し，これを理由に使用者は，1998年12月15日付の書簡により，彼の雇用契約を1999年1月15日付で解消した．

ランゲ氏はブレーメン労働裁判所(Arbeitsgericht)に解雇に対する訴訟を提起した．ランゲ氏は採用されたときに時間外労働に関して使用者との間で何が合意されたのかについて争った．

ドイツの裁判所は，雇用契約または雇用関係に適用される条件を使用者が被用者に通知する義務との関係でのEC法の適用について，欧州司法裁判所の判決を求めた．使用者は，使用者に依頼されたときには被用者はいつでも時間外労働をするよう求められるという条件を被用者に通知しなければなら

ないか？

　欧州司法裁判所は，関係指令は使用者が被用者に雇用契約または雇用関係のすべての重要な要素を通知する義務を規定していると判示した．指令に含まれるこれら要素の一覧は例示的なものである．それゆえ，使用者に依頼されたときには被用者がいつでも時間外労働するよう求められる条件は，書面で被用者に通知しなければならない事項の一つである．

　欧州司法裁判所は，こういった情報は，適当であれば，通常の労働時間に関する情報と同じやり方で，関係する法律，規則，行政規定もしくは規約または労働協約に言及する形で提供することができることを明らかにした．

　欧州司法裁判所は，被用者に通知されていなかった雇用契約または雇用関係の重要な要素(本事案では時間外労働の義務)が適用されないものと見なす規定は指令に存在しないと述べた．こういった要素は自動的に非適用となるわけではなく，加盟国は雇用契約または雇用関係の重要な要素に関する情報を被用者に提供しなかった場合の適当な罰則を規定する権限を保持している[1]．

(1) C.O.J., 8 February 2001, Wolfgang Lange v. Georg Schünemann GmbH, C-350/99, not yet published.

## B　海外勤務被用者

**501**　被用者が，その契約を規制する法律や慣行のある加盟国以外の国で1ヵ月以上の期間働くことを求められた場合，出発の前に，少なくとも次の追加的な情報を含む文書が提供されなければならない．
**(a)**　海外での勤務期間，
**(b)**　賃金の支払に用いられる通貨，
**(c)**　適当であれば，海外勤務に付随する現金または現物の手当，
**(d)**　適当であれば，被用者の帰国の際の条件．

　通貨および賃金に関する情報は，「適当であれば，これら特定の点を規制する法律，規則および行政規定もしくは規約または労働協約に言及する形で提供することができる」(第4条)．

## C　変　更

**502**　条件の変更はすべて書面で，できるだけ早期にかつ問題の変更が効力を生じる日の遅くとも1ヵ月前までに，使用者から被用者に通知しなければならない．これは法律，規則等の改正による場合には義務的ではない(第5条)．

## D 情報提供の時期と方式

**503** （一般的な）情報は，
「雇用開始後2カ月以内に，
**(a)** 書面による雇用契約，
**(b)** 雇い入れ通知書，または，
**(c)** 少なくとも第2条第2項第 **(a)** 号，第 **(b)** 号，第 **(c)** 号，第 **(d)** 号，第 **(h)** 号および第 **(i)** 号に規定するすべての情報を含む1またはそれ以上の文書」の形で被用者に提供することができる。

情報が全く，または部分的にしか提供されない場合には，雇用開始後2カ月以内に，使用者は被用者に使用者が署名し，少なくとも（一般的な）情報を含む書面による意思表示を提供する義務を負う。

雇用契約または雇用関係が労働の開始の日から2カ月以内に終了する場合，遅くともこの期間の終わりまでに情報が被用者に手に入るようにしなければならない(第3条)。

本指令の効力発生時(1993年6月30日)に存在している雇用関係の場合，使用者は被用者に対し，その依頼により，依頼を受けてから2カ月以内に必要な文書を提供しなければならない(第9条第2項)。

## III 権利の防衛

**504** 本指令から生ずる義務が遵守されないことによりその権利が侵害されたと考える被用者は，可能な他の権限ある機関に訴えた後司法手続によりその訴えを追求する権利がある(第8条第1項)。

しかしながら，加盟国は，救済措置へのアクセスについて被用者による使用者への通知とその通知後15日以内に使用者から回答がないことを条件とすることができる。この事前の催告の手続は，第4条に規定する海外勤務被用者の場合にも，有期・派遣の雇用契約または雇用関係にも，雇用関係に関係する一または複数の労働協約によってカバーされない被用者にも要求されない(第8条第2項)。

## IV 実 施

**505** 本指令は，遅くとも1993年6月30日までに国内法に転換しなければな

らない．加盟国は使用者および労働者の代表に，労働協約の方法によって必要な規定を国内法に導入するよう委任することができる．ただし，いかなる時にも指令によって課された結果を保証する立場にあることを可能にするために必要な措置をと執ることを要求される(第9条第1項)．

## 第3節　募集採用と紹介：公共職業安定所の独占？

**506**　欧州司法裁判所はその画期的な判決で，求職者の求職活動における公共職業安定所の独占に挑戦した[1]．事案は，ドイツでは雇用促進法（Albeitsförderungsgesetz）に基づき連邦雇用庁（Bundesanstalt für Atbeit）の独占的な権利である求職者を使用者に接触させることにかかわっていた．この独占的な権利にかかわらず，管理職の募集採用と紹介の特別な事業は発展してきた．これは連邦雇用庁にある程度まで認められて採用コンサルタントによって行われた．しかしながら，法的禁止に違反するいかなる法的措置もドイツ民法典第134条により無効であり，ドイツ裁判所の判決によればこの禁止は雇用促進法に違反して行われる募集採用活動に適用されるという事実は残っている．この事案では採用コンサルタントが顧客に候補者を提示したが，顧客は採用しないことを決め，同時にこの契約は無効だからという理由でコンサルタント料の支払も拒否した．最終的にルクセンブルクにある裁判所[訳注1]に送付されたこの事案において，欧州司法裁判所に問われたのは，サービス提供の自由に関する条約の規定は民間採用コンサルタントに経営幹部の紹介を禁ずる法規定を排除するかどうか，そして公共職業安定所に付与された管理職の紹介に関する独占は優越的地位の濫用を構成するかどうかであった．

　欧州司法裁判所は以下のように判示した．
「求職者の求職活動にかかわる公共職業安定所は，規定を適用することが与えられた特別の任務を破らないことを条件として，条約第82条の禁止に服する．公共職業安定所にこの活動を独占的に行う権利を付与した加盟国は，安定所が条約第82条の規定に違反せざるを得ない状況を作り出している場合には，条約第86条第1項に違反する．これは特に次の条件に該当する場合に当てはまる．
―独占的権利が管理職の求職に拡大し，
―公共職業安定所は明らかに市場でこういった活動への需要を充足することができず，
―民間人事コンサルタントによる活動の実際の追求が，違反の罰則としての契約の無効化を伴う，それを禁止する法規定の効力の維持によって不可能

第3章　個別雇用契約

とされており，
―問題の活動が他の加盟国の国民または領域に及んでいること.」
　第2の事案(1997年)[(2)]は，派遣事業としてであれ紹介事業としてであれ，雇用関係の仲介者としての活動の禁止を規定する1960年10月23日のイタリア法に関わる．法に違反すれば刑罰が課せられる．
　本質的に問われた問題は，条約の規定が公共職業安定所によって行われるのでない限り雇用関係の需要と供給との間での仲介者としてのいかなる活動をも禁止する国内法を排除するかどうかであった．
　欧州司法裁判所は画期的な判決で次のように判示した．
1　被用者の紹介は，公共機関に委任されていても経済的活動である．
2　それゆえ，公共職業安定所のような機関はEC競争ルールにいう企業に分類される．
3　公共職業安定所は，それを適用することが安定所の任務の履行に適合しないことを証明しない限り，そして証明する程度で，依然として競争ルールに服する．
4　条約第86条の適用は，安定所が市場におけるこの分野の需要を満たす地位にいないという安定所に付与された特定の任務の達成を妨げるものではない．
5　条約第86条第b号に従い，このような濫用は特にサービスの提供の制限を構成する．
6　欧州委員会が正しく指摘するように，職業紹介に関するサービス提供の市場は極めて広範であり，極端に多様である．市場における需要と供給はあらゆる生産分野をカバーし，未熟練労働から最も足りない最も専門的な職業資格までどんな範囲の職務にもかかわる．
7　かくも広範で多様な市場において，経済的社会的発展の結果としての膨大な変化に従い，公共職業安定所はあらゆるサービスの要求の重要な部分を満足させることは不可能である．
8　公共職業安定所によるもの以外の労働市場の需要と供給の間の仲介者としての活動を刑罰と行政制裁の威嚇によって禁止することによって，もしこれら安定所が明らかに労働市場においてあらゆるタイプの活動への需要を充足することができないのであれば，加盟国はサービスの提供が制限され，条約第86条第b号に違反する状況を作り出している．
9　加盟国間の通商への濫用行為の潜在的影響は，特に民間企業による被用者の紹介が他の加盟国の国民または領域に及ぶ場合には十分発生する．
　欧州司法裁判所の結論は，率直かつ明晰である．労働市場の独占はヨーロッ

パ競争法に違反する．
―公共職業安定所は明らかに労働市場においてあらゆるタイプの活動への需要を充足することができない．
―民間企業による被用者の実際の紹介は，そのような行為が禁止されかつ禁止を遵守しないことが刑罰と行政制裁につながるならば，法規定の効力を維持することによって不可能とされる．
―問題の紹介活動は他の加盟国の国民や領域におよびうる．

多くの国で労働者の紹介はなお多かれ少なかれ公共職業安定所の独占である．若干の例外はあるが，一般的なルールは，
1　有料の民間紹介所による職業紹介と，
2　例えば派遣労働の場合を除き，労働者を利用者企業の支配下におくことは禁止されている．

この状況が違法であるとともに時代遅れであることは明らかである．

まず第1に，公共職業安定所の独占はILO第181号条約(1997年)の文言と精神に反する．公共職業安定所がもはや市場においてあらゆるタイプの活動への需要を充足できないことは明らかである．各国の公共職業安定所は欧州レベルでの現代労働市場の多様性に対応できない．

結論として，
1　公共職業安定所の独占は廃棄されなければならない．
2　企業は職業訓練を含め労働市場に関する全体的なサービスのパッケージを提案できなくてはならない．
3　労働者を利用者企業の支配下におく可能性の範囲は拡大されなければならない．

求職者のニーズに応えるといった他の問題もまた取り組まれなければならない．

まず，一般的に現在の民間紹介所を規制するルールのセットは使用者のニーズと手段に対応している．完全に供給志向である．被用者にはなんのインプットもない．ただ労働市場における一人前の登場者として，先制行動ではなく，反応することができるだけである．実際，多くの国では，職探しも選抜も再就職援助も使用者のイニシアティブで，その費用負担でのみ行われている．

すべての個別求職者ができるのは，広告会社や派遣事業者や職業紹介所に自分の名前と履歴書を渡し，何かをしてくれるよう願うことだけである．これら業者は求職者から料金を取れないので，例えばその能力や経験にしたがって仕事を探すといったようなサービスを提供するよう依頼することができ

第3章　個別雇用契約

　ないのである．

　個別求職者は公共職業安定所のサービスに残され，安定所はその善意にもかかわらず，その依頼を充足することはできない．誰かが外国で仕事を探そうとしたときには間違いなくそうである．実際上求職者は，すべての求職者が同じ有名企業に同じ手紙を書き，友人という友人に頼み，新聞を見るといった非公式なアマチュアリズムに頼り続けなければならない．専門的援助は排除されているように見える．

　我々はすべて搾取を防止することによって求職者と失業者を保護することを望んでいるが，使用者が得ているのと同等の質の専門的サービスを効果的に受けられるようにするためには，それ以上すべきではない．

　我々は，求職者には料金を要求できないから公共職業安定所以外では専門的な援助を受ける資格がないなどと言っているのではなくもっと創造的であるべきだ．多分，医者に行ったときに料金が全面的にか部分的にか償還される医療サービスの場合のようなある種の保険制度が設立されるべきだろう．

　(1) C.O.J., 23 April 1991, K. Hofner and F.Elser v. Macroton GmbH, C-41/90, ECR, 1991,1979.

　［訳注1］　欧州司法裁判所のこと．

　(2) C.O.J., 11 December 1997, Job Centre Coop. Arl, Case No.C-55/96, ECR, 1997, 7119.

**507**　我々はまた，ますます多くの紹介所が人材銀行となり，自営業者がその名前と能力を登録し，紹介所が自営の仕事の口を紹介するようになっている中で，契約労働の問題に取り組むべきである．紹介所は自営のサービスの需要と供給を合致させる．彼らはある意味で自営業者の職業紹介所である．このアウトソーシングが進んだ情報社会においては，被用者と自営業者の間の区別はそれ自体がますます時代遅れになる中で，重要性の高まるこの労働市場サービスには明らかに大きな余地がある．問題はただこれをどう組織するかである．もっと緩やかで弾力的なやり方であることは確かである．さらに，被用者と自営業者の世界の間に架けるべき橋がある．サービスが自営業者に及ぶことを公的規制が明記している労働市場における唯一の（組織された）サービスは再就職援助である．

**508**　最後の点は職業訓練にかかわる．誰もが恒常的で皆に開かれたより多くの訓練があるべきだということに賛成し，このますますチームワークの世界でやっていくのに必要な「社会的技能」に焦点を合わせる．

　結論として，我々が現代労働市場に，共同投資の理念を維持しつつ，需要と供給双方，求職者と使用者を公平に真に合致させるやり方で，新たな新鮮

な外観を必要としていることは明らかである．恒常的かつ十分な職業訓練はいかなる労働市場政策でも重要な特徴であり続ける．

# 第4章　保育および職場における年少者の保護

**509**　児童は，特に脆弱であるため，社会的配慮と警戒の中心におかれるべきである．これに関する問題のいくつかが一つの勧告と指令の対象とされている．

## 第1節　保　育

**510**　EC加盟諸国のいずれにおいても，例外なく，合理的な価格の保育サービスに対する需要はその供給を上回っている．雇用または労働関連訓練を家庭責任と両立させるために十分な保育サービスの欠如は，労働市場への女性の参入およびより広い参加への主な障碍となっている．この状態は，もちろん男女の機会均等の原則に合致しない．労働者の基本的社会権に関するEC憲章の第16条が男女の均等待遇の見出しの下にこの問題を扱っている．男女がその職業責任と家庭責任を両立させることを可能にする措置もまた発展させられるべきである．

　1992年3月31日に採択された育児に関する勧告[1]は，この状況を救済することを目的とするいろいろな行動計画の概略を描いた．実際，加盟諸国は，男女がより効果的にその職業，家族および教育上の責任を調和させることができるようにするため，四つの領域において指導しかつ（または）漸進的に奨励することを要請されたのである．

　第1の領域は保育サービスそのものにかかわる．それは，すべての所轄官庁は，例えば十分な財政的寄与を通じて，そのサービスが手ごろな価格で提供され，都市および田舎のすべての地方および地域で利用できるようにするための特別な努力をすることにより，両親ができるだけ多くそれらのサービスを利用できるようにすることが勧告されている．そのようなサービスは，また，児童ならびに両親の必要性に十分に対応することができるよう柔軟かつ多岐にわたるものでなければならない．同勧告は，また，保育労働者に初期およびその後の継続的訓練が与えられる必要性を指摘している．その訓練付与の必要性は，その仕事の重要性および社会的・教育的価値に見合っている．

343

他の三つの領域はより一般的な性格のものである．その目的とするところのものは，子どもを持つということは，もはや，キャリアを追及するための克服できない障碍ではないという方向で社会の一側面を形成しようとするものである．

最初に，同勧告は，加盟諸国が，女性の労働市場への参加の増大を実際に勘案して，男性，女性を問わず，雇用されている親達が，その職業，家庭および教育上の責任を適切に果たせるようにする特別休暇の取決めを主導し，かつ（または）奨励するように呼びかけている．休暇が柔軟に取り決められるようにすることが重要とされるのである．

次に，加盟諸国は，子供の保育と養育の責任を有する働く親の必要性を考慮に入れた職場の環境，構造および組織を作るための行動を支援すべきであるということが勧告されている．

最後に，加盟諸国は，女性は未だ「主婦」の重荷を完全に背負い込む傾向があり，そのためキャリア展望の確実性が男性よりも低い結果になっているから，男女の親としての責任のより平等な分担を個人の自由を前提にしたうえで奨励・促進するように求められている．

(1) 92/24, O.J., 8 May 1992, L 123.

## 第2節　職場における年少者の保護
（1994年6月22日の指令94/33/EC）

### I　序　論

**511**　職場における年少者の保護に関する1994年6月22日の指令[1]は，労働者の基本的社会権に関するEC憲章第20条および第22条にしたがって採択された．両条文は次のように規定している．

「年少者により有利な規則，特に職業訓練による労働の準備を確保する規則を損わず，また，一定の軽易な労働に限った適用除外に服しつつ，最低雇用年齢は，最低学業修了年齢を下回り，かつ，いかなる場合でも，15歳を下回ってはならない．」（第20条）

「年少者に固有の成長，職業訓練および雇用への参入の必要が満たされるよう労働規制をその適用を受ける年少者に適合させるための適切な措置がなされるべきである．」（第22条）

「労働時間は，特に時間外労働に訴えることによってその制限を回避することができないように，制限されなければならず，18歳未満の労働者の場合，

国内の法律または規則で定める一定の職務の場合を除き，夜間労働は禁止されなければならない．」

　1987年の児童労働に関する決議において，欧州議会は年少者によるいろいろな労働問題を要約し，その健康，安全および身体的知的成長に対する影響を強調し，この分野において国内法を調和する指令を採択する必要性を指摘した．

　本指令は，児童と若年者(adolescents)は特にリスクを有するグループと考えなければならないこと，その安全と健康に関して措置がとられなければならないこと，ならびに加盟諸国は児童の脆弱性のゆえにその雇用を禁止し，最低の労働ないし雇用年齢は国内法の定める義務教育の終了またはどのような場合でも15歳のいずれかよりも低くならないようにする必要があることを適切に指摘している．児童労働の禁止の適用除外は特別の場合でかつ特定の条件のもとにのみ認められる．しかし，いかなる事情の下においても，規則的な通学を妨げまたは児童が教育の恩恵を十分に受けることを妨げるような適用除外は許されない．児童から成人への過渡期という性格に鑑みて，若年者の労働は厳格に規制され，かつ，保護されるべきである．

　したがって，すべての使用者が年少者に対しその年齢に適応した労働条件を保証し，年少者に対する労働関連の危険の評価に基づき年少者の安全と健康を保護するために必要な措置をとらなければならない．年少者は，特に，経験不足，現在のまたは潜在的な危険に関する認識の欠如，またはその未熟さのゆえに生じる特別な危険から保護されるべきである．

　次のような，かなり多くの特別の措置が確保されている．
―危険な業務に年少者を雇用することの禁止．
―労働時間の編成に関する特別な最低要件の採用．
―年少者の労働時間の上限は厳格に制限されるべきである．
―年少者の夜間労働は一定の仕事の場合を除き禁止されるべきである．
―年少者は日，週および年間の最低の休息期間および十分な休憩を与えられるべきである．

　週の休息期間に関しては，加盟諸国に支配的な文化，民族，宗教，その他の要素の違いに適切な配慮がなされるべきである．日曜日を週の休息期間に入れるべきか，それをどの程度にすべきかを決定するのは最終的には各加盟国である．

　指令はEC条約第137条にしたがって採択された．同条は，閣僚理事会は，指令によって，かつ，中小企業の設立と発展を抑制するような方法で，行政的，財政的および法的規制を課すことを避けつつ，特に労働者の健康と安

全に関する労働環境の改善を促進するための最低限の要件を採択すると定める。これは，指令が特定多数決で採択されたことを意味する。労働または雇用に参入するための最低年齢に関する原則を含む，職場における年少者の保護に関するILOの諸原則が考慮されてきたことを指摘することもまた重要である。

イギリスはこの指令に賛成せず，一定の期間，一定の規定の実施を控える権利を与えられた[2]。

(1) O.J., 20 August 1994, No. L 216/12.
(2) Article 17(1)(b).

## II　目的と適用範囲

### A　目　的

**512**　本指令の目的は，年少者が経済的搾取およびその安全，健康または身体的，精神的，道徳的または社会的成長を害しもしくはその教育を危うくする恐れのある労働から保護されるようにすることにある．

加盟諸国は，次の必要な措置をと取るものとする．
―児童労働を禁止すること，
―若年労働が厳格に規制されること，および，
―使用者が，年少者がその年齢に適した労働条件を得ることを保証するようにすること．

年少者の労働に関し，労働または雇用の最低年齢は，どのような場合でも国内法の定めるフルタイムの義務教育の終了する最低年齢または15歳のいずれかよりも低くなってはならない．

### B　適用範囲

**513**　本指令は，加盟国で施行されている法律によって定義されかつ（または）加盟国で施行されている法律により規制される雇用契約または雇用関係を有する18歳未満の者に適用される[1]．

加盟諸国は，次のものにかかわる臨時または短期の労働には本指令が適用されない旨の法律または規則を制定することができる．
**(a)** 私人の世帯における家事労働[2]，または，
**(b)** 年少者に危害，損害または危険のないものと認められる家族事業におけ

る労働(第2条).
(1) 「サービス契約には適用されない」(閣僚理事会および欧州委員会の声明).
(2) これは,ベビーシッターなどの活動を含む(閣僚理事会および欧州委員会の声明).

## Ⅲ 定 義

**514** 本指令に関して,次のように定義されている.
**(a)** 「年少者」:雇用契約または雇用関係を有する18歳未満の者.
**(b)** 「児童」:15歳未満の年少者または国内法の下でフルタイムの義務教育を受けている年少者.
**(c)** 「若年者」:フルタイムの義務教育を受ける必要のない15歳以上18歳未満の年少者.
**(d)** 「軽易な労働」:その有する業務の性格とその業務が遂行される特別な条件のため,
　(ⅰ) 児童の安全,健康および成長を害する恐れがなく,かつ,
　(ⅱ) 同様に学校での修学,所轄官庁により承認された職業指導または訓練制度への参加またはその指導により利益を受ける能力を害しない,
すべての労働.
**(e)** 「労働時間」:年少者が,国内の法律および(または)慣行にしたがって,職場で,使用者の自由に任され,その活動または任務を遂行する期間.
**(f)** 「休息期間」:労働時間でない期間(第3条).

## Ⅳ 児童労働の禁止

**515** 加盟諸国は,児童労働の禁止に必要な措置をとらなければならない.
　加盟諸国は,児童労働禁止の規定を次の者に適用しないようにすることができる.
**(a)** 文化的活動または類似の活動を行う児童.
**(b)** オン・ザ・ジョブ・トレーニング制度または企業内実習制度に基づいて労働する14歳以上の児童.
**(c)** 文化的活動または類似の活動以外の軽易な労働を行う14歳以上の児童.但し,国内法の定める種類の労働の場合,週当たりの限定された労働時間において,13歳の児童もそうした軽易な労働を行うことができる.そのような場合,その軽易な労働に関する労働条件が決定されなければならない(第4条).

## V　文化的活動または類似の活動

**516**　文化的，芸術的活動，スポーツまたは広告活動に従事するための児童の雇用は個々の事案ごとに所轄官庁による事前の許可に服する[1]。

加盟諸国は，その活動が，

（ⅰ）　児童の安全，健康または成長を害する恐れがなく，かつ

（ⅱ）　同様に学校での修学，所轄官庁により承認された職業指導または訓練制度への参加またはその指導により利益を受ける権能を害しない，

ことを条件として，児童に対する労働条件と事前許可手続の詳細を定めるものとする。

13歳以上の児童の場合，加盟諸国は，文化的，芸術的活動，スポーツまたは広告活動に従事するための児童の雇用を許可することができる。

児童の活動に関しモデル業者に関する特別な許可制を有する加盟諸国は，その制度を維持することができる(第5条)。

> (1)　「個々の事案ごとに」という文言は，多数の児童の活動が対象となる場合，事前の許可が個々の児童に関して要求されることを意味しない（閣僚理事会および欧州委員会の声明）。

## VI　使用者の一般的な義務

**517**　使用者は，経験不足，現在のまたは潜在的な危険に関する認識の欠如，または年少者は未だ十分に成熟していないという事実のゆえに生じる特別な危険を考慮に入れて，年少者の安全と健康の保護のために必要な措置をとらなければならない(第16条第1項)。

使用者は，年少者に対する労働に関連する危険の評価に基づいて，これらの措置をとらなければならない。その評価は，年少者が労働を開始する前および労働条件に大きな変化があるときに行われ，かつ次の点に注意が払われなければならない。

**(a)**　職場および作業場所の設定および配置。

**(b)**　物理的，生物的および化学的物質への曝露の性質，程度および期間。

**(c)**　作業用具，特に薬品，機械，器具および装置の種類，範囲および使用ならびにそれらの取扱い方法。

**(d)**　労働の過程および遂行の取決めならびにそれらの組み合わせ(労働組織)。

**(e)**　年少者に与えられる訓練と指示の水準。

この評価が年少者の安全，身体的または精神的健康，または成長に対する危険が存することを示す場合，その健康に関する適切かつ無料の検査と監視が定期的になされなければならない[1]．無料の健康診断と観察は国内の医療制度の一部を構成するものとすることもできる（第6条第2項）．

また，使用者は年少者に対しあり得べき危険およびその安全と健康に関してとられるすべての措置について知らせなければならない．さらに，使用者は児童の法的代理人に対しあり得べき危険および児童の安全と健康に関してとられるすべての措置について知らせなければならない（第6条第3項）．

使用者は，年少者に適用される安全と健康の条件の企画，実施および監視に保護・予防機関[2]を介在させなければならない（第6条第4項）．

(1) 指令89/391/EC に抵触しない限り．
(2) 指令89/391/EC の第7条参照．

## Ⅶ 年少者の脆弱性——労働の禁止

**518** 加盟国は，経験不足，現在のまたは潜在的な危険に関する認識の欠如，または年少者は未だ十分に成熟していないという事実のゆえに生じる特別な危険から年少者が保護されるようにしなければならない．このため，加盟諸国は，次のような労働のために年少者を雇用することを禁止しなければならない．

**(a)** 客観的にみて年少者の身体的または心理的能力を超える労働，
**(b)** 中毒性または発がん性を有し，胎児の遺伝性の遺伝子の損傷または障碍を引き起こす物質またはその他の方法で健康に慢性的な影響を与える物質への有害な曝露を伴う労働，
**(c)** 放射能への有害な曝露を伴う労働，
**(d)** その安全への不十分な関心または経験や訓練の欠如により年少者に認識されずまたは避けることができないと推測されうる事故の危険を伴う労働，
**(e)** 極端な寒さまたは熱さ，または騒音または振動による健康への危険のある労働．

年少者への特別な危険を伴う労働には，次のものが含まれる．
—指令付則Ⅰに定める物理的，生物的または化学的物質への有害な曝露を伴う労働，および
—指令付則Ⅱに定める過程と労働

加盟諸国は，適用除外がその職業訓練に不可欠である場合には，若年者に

関しては適用を除外できる．ただし，当該労働が権限のある者の監督の下で遂行されることによって，その安全と健康の保護が確保されることが条件である[1]（第7条）．

> (1) 指令89/391/ECの第7条の意味において，かつ，本指令によって与えられる保護が保証されることを条件として．加盟諸国は，法律または規則の規定により，指令89/391/ECの第5条第4項に定める事情における労働に関して，第8条第2項，第9条第1項第b号，第10条第1項第b号，そして，若年者の場合には第12条を，適用除外することができる．ただし，それは，当該労働が一時的な性格を有し，直ちに遂行されなければならず，成人労働者がおらず，かつ若年者がその後3カ月以内に同等の代償休息を与えられることを条件とする（不可抗力の場合における若年者の労働）．

## Ⅷ 労働時間

**519** 児童労働が認められる場合，その労働時間は，次のように制限される．
**(a)** オン・ザ・ジョブ・トレーニング制度または企業内実習制度に基づいて行う労働に関しては，1日8時間，週40時間[1]．
**(b)** 学期中の修学時間外に行う労働に関しては，学校のある日は2時間，週12時間．ただし，これが国内の法律および（または）慣行によって禁止されている場合はこの限りではない．また，どのような事情であっても，1日に7時間を超える労働は認められない．この制限は，15歳に達した児童の場合には8時間まで延長され得る．
**(c)** 学校が休みの場合には，1週間以上の期間において行われる労働に関して1日7時間，週35時間．この制限は，15歳に達した児童の場合には1日8時間，週40時間まで延長され得る．
**(d)** 国内法上，フルタイムの義務教育に服さないことになった児童によってなされる軽易な労働に関しては，1日7時間，週35時間．

加盟諸国は，若年者の労働時間を1日8時間，週40時間に制限するために必要な措置をとるものとする（第8条第1項）．

年少者が複数の使用者に雇われる場合には，労働日および労働時間は通算される．

加盟諸国は，例外的な場合またはそうする客観的な理由がある場合には適用を除外し，その適用除外を実施するための条件，制限および手続を定めることができる（第8条第5項）．

1日の労働時間が4時間30分を超える場合，年少者は，できるだけ継続す

る，最低30分の休憩を取る権利がある[2](第12条)．
(1) オン・ザ・ジョブ・トレーニング制度または企業内実習制度に基づいて労働する年少者が訓練に費やす時間は労働時間として計算される(第8条第3項)．
(2) 第12条は，1日の労働時間中どの時点で休憩が与えられなければならないかを特定していない(閣僚理事会および欧州委員会の声明)．

## IX　夜間労働

**520**　児童労働は，午後8時から午前6時までの間は禁止される．若年労働は，午後10時から午前6時または午後11時から午前7時までの間は禁止される(第9条第1項)．

　加盟諸国は，午前零時から4時までの間を除き，夜間労働が禁止されている時間帯において，特定の活動領域に属する若年者の労働を許可することができる．その場合，加盟諸国は，当該若年者の保護のために監督を必要とする場合は，成人によって監督されるようにしなければならない．

　しかし，加盟諸国は，次のような場合には，そうする客観的理由があり，かつ，当該若年者が適切な代償休息を認められ，指令の目的が問題とされないということを条件として，夜間労働が禁止されている時間帯に若年者の労働を許可することができる．
―海運業または漁業で行われる労働，
―軍隊または警察の関係で行われる労働，
―病院または類似の施設で行われる労働，
―文化的または芸術的，スポーツまたは広告の活動(第9条第2項)．

　夜間労働を命ずる前およびその後定期的に，若年者は無料でその健康と能力の診断を受ける権利がある．ただし，労働が禁止されている時間帯に行う労働が例外的な性格を有する場合はこの限りではない(第9条第3項)．

## X　休息期間

**521**　児童労働が認められる場合，24時間ごとに，児童は最低14時間の継続する休息期間を得る権利がある．若年者は，最低12時間の継続する休息期間を得る権利がある(第10条1項)．

　7日の期間ごとに，若年者は可能な限り継続する2日の最低休息期間を得る権利がある．技術的または組織的理由によって正当化される場合は，その最低休息期間は短縮し得るが，どのような事情においても継続する36時間を

下回ることはできない。最低休息期間は原則として日曜を含むべきである(第10条第2項)。

これらの最低休息期間は，一日に分散または短い労働の期間を伴う活動の場合には断続的になってもよい(第10条第3項)。

加盟諸国は，次のような場合には，そうする客観的理由があり，かつ，当該若年者が適切な代償休息を認められる場合，若年者に関して，適用除外の規定を定めることができる。
- **(a)** 海運業または漁業で行われる労働，
- **(b)** 軍隊または警察の関係で行われる労働，
- **(c)** 病院または類似の施設で行われる労働，
- **(d)** 農業で行われる労働，
- **(e)** 旅行業またはホテル，レストランおよびカフェの産業で行われる労働，
- **(f)** 1日を通じて断続的な労働の期間を伴う活動(第10条)。

児童労働が認められる場合，あらゆる労働から解放される期間がなければならない。可能な限り，その期間は，国内法上のフルタイムの義務教育に服する児童の学校休暇を含めるべきである(第11条)。

## XI 措置，後退禁止条項，最終規定

**522** 各加盟国は，本指令の実施のために定められた諸規定を遵守しなかった場合適用されるべき必要な措置を定めるものとする。そうした措置は効果的かつ比例的なものでなければならない(第14条)。

本指令が規定する最低要件を満足する限り，事情の変化に鑑みて，年少者の保護に関する異なった規定を発展させる加盟諸国の権利は妨げられないが，本指令の実施は年少者に与えられる一般的な保護の水準を引き下げる適法な理由とはならない(第16条)。

本指令は，採択後2年間以内に発効する。労働協約によって指令を実施することもできる。

加盟諸国は，労使の見解を示して，欧州委員会に対して5年ごとに本指令の諸規定の実際の実施に関する報告を行うものとする。欧州委員会は，それを欧州議会，閣僚理事会，経済社会評議会に報告するものとする(第17条)。

# 第5章 均等待遇

**523** 国際的な法制度のなかで，男女間の均等待遇原則ほど，重要かつしばしば支持されるものと認識されてきた原則はなく，このことは，雇用の分野においても妥当する．国際連合，とりわけILO，欧州評議会およびECのようなすべての国際的組織は，この領域においてイニシアティブをとってきた．

ECは，まず，同一労働同一賃金原則を規定するEC条約第141条を制定し，続いて，いくつかの指令を採択することにより，重要な役割を果たしてきた．すなわち，
―1975年：男女同一賃金原則に関する指令[1]，
―1976年：雇用，職業訓練および昇進へのアクセスならびに労働条件についての男女均等待遇原則の実施に関する指令)[2]，
―1978年：社会保障分野における男女均等待遇原則の漸進的実施に関する指令[3]，
―1986年：職域社会保障制度における男女均等待遇原則の実施に関する指令[4]，
―1997年：性別に基づく差別事件における挙証責任に関する指令[5]，
―2000年：雇用および職業における均等待遇の一般的枠組みを設定する指令[6]，
―2000年：人種的または民族的出身にかかわりなく均等待遇原則を実施する指令[7]，
である．

もちろん均等待遇は，「均等待遇を保障するためには，一方で性，皮膚の色，人種，思想および信条に基づく差別を含むすべての形態の差別と闘う必要があるが，他方で，連帯の精神に基づき，社会的排除と闘うことも必要である」とするEC憲章における基本的な社会的権利として維持されている．

それゆえ，同憲章の第16条は，「男女の均等待遇が保障されなければならない．男女の機会均等が発展されなければならない．以上の目的を達成するために，とりわけ雇用へのアクセス，報酬，労働条件，社会的保護，教育，職業訓練およびキャリア形成に関して，男女均等待遇原則の実施を確保するための行動が強化されなければならない．また，男女が自己の職業上の責任

と家族的責任とを両立させることを可能とする措置も発展されなければならない」と定めている．

(1) 1975年2月10日，No.75/117, O.J.,19 February 1975, No.L45/19.
(2) 2002年9月23日の指令2002/73/ECにより修正された[訳注1]1976年2月9日，No.76/207.OJ, 14 February 1976, No.L39/40

[訳注1] この部分は著者の第9版草稿による挿入である．官報掲載は，O.J., 5 October 2002, No.L269/15

(3) 1978年12月19日，No.79/7, O.J., 10 February 1979, No.L6/24.
(4) 1996年12月2日の指令96/971により修正された．1986年7月24日，No.86/378, O.J., 12 August 1986, No.L 45/40
(5) 1997年12月15日，No.97/80, O.J., 20 January 1998, No.L14/6.
(6) 2000年11月27日のEC指令2000/78 ,O.J., 2 December 2000, No.L303.
(7) 2000年6月29日のEC指令2000/43, O.J., 19 July 2000, No.L180.

**524** アムステルダム条約(1997年)の新第141条は，いくつかの方法でECの目的を強化している．第1に，男女均等待遇原則がECの主要な責務のひとつとされている(EC条約第2条)．また，「本条で規定されるすべての行動において，ECは，不均等を除去すること，および男女均等待遇を促進することを目的とする」との規定が第3条に第2項として挿入された(EC条約第3条第2項)．

**525** とりわけEC条約第13条は，差別との戦いにおける広範な根拠を付与しており，最も重要である．同条は，「性別，人種的もしくは民族的出身，宗教もしくは信条，障碍，年齢または性的志向(sexual orientation)に基づく差別と戦うための適切な行動」をEUが採用することを許容している．第13条を基礎として，二つの重要な指令が採択された．すなわち人種的または民族的出身にかかわりなく均等待遇原則を実施する2000年6月29日の2000/78指令[1]，雇用および職業における均等待遇の一般的枠組みを設定する2000年11月27日の2000/78指令である[2]．両指令については，以下で詳細に検討される．

(1) 2000年6月29日のEC指令2000/43, O.J., 19 July 2000, No,L180.
(2) 2000年11月27日のEC指令2000/78 ,O.J., 2 December 2000, No.L303.

**526** 同様に，第141条もいくつかの重要な新規定を含んでいる．第1に，「同一価値労働同一賃金」原則が明示されている．とりわけ第3項が重要である．同項は，雇用と職業に関して，男女間の機会均等原則および均等待遇原則の適用を保障する措置を採用するための新しい基礎を規定している．そのうえ，欧州議会の役割が拡大され，共同決定手続にしたがって，特定多数決によっ

て決定されることが可能となっている．

**527**　ECの権限もまた，いかなる例外もなく，同一価値労働同一賃金原則を含む雇用および職業における男女の機会均等原則および均等待遇原則を実施するための広範な方法で定式化されている．ポジティブ・アクションもまた強化された．この点は後述する．

**528**　最後に，2000年12月7日のニースで開催されたEU首脳会議において公表され，均等待遇を規定する基本権憲章の第3章に言及しなければならない．同憲章第20条は，「すべての者は法の下に平等である」と宣言しており，また第21条は，以下のように規定している．

「1　性別，人種，皮膚の色，民族的もしくは社会的出身，遺伝的特徴，言語，宗教もしくは信条，政治的その他の見解，少数民族への帰属，財産，出生，障碍，年齢または性的志向のような理由に基づくあらゆる差別は禁止されねばならない．

2　EC条約およびEU条約の適用範囲において，かつこれらの条約の特別の規定に抵触しない限り，国籍に基づくいかなる差別も禁止されねばならない」．

同憲章第23条は，以下のように男女均等待遇原則を定めている．

「男女均等待遇原則は，雇用，労働および報酬を含むすべての領域において保障されなければならない．この均等原則は，より少数の性に対する特別の便宜を提供するための措置を維持もしくは採用することを妨げるものではない」．

EUが均等を促進し，差別と戦うために試みているいくつかの法制度を詳細に検討してみよう．

**528-1**　特別の注意点：雇用，職業訓練および昇進ならびに労働条件に関する1976年指令は2002年に改正された．この改正前の判例法を参照する際には，我々は条文番号を改正前のままにしてある．他のすべての参照は改正後の1976年指令になされる．［訳注1］

　　［訳注1］　このパラグラフは著者の第9版草稿による．著者の第9版草稿では，1976年指令の2002年改正の内容を関係する部分に分散して記述しているだけで，判例の記述に及ぶ本格的な改訂はされていない．

# 第1節　雇用および職業における均等待遇の一般的枠組み

**529**　2000年11月27日の理事会指令(2000/78/EC)は，雇用および職業にお

ける均等待遇の一般的枠組みを設定している．本指令は 4 章からなる．総則，救済と執行，（北アイルランドに関する）特則および最終規定である．

## I　一般規定

### A　目　的

**530**　本指令の目的は，加盟国において，均等待遇原則に実効性を与えるために，雇用および職業について，宗教もしくは信条，障碍，年齢もしくは性的志向に基づく差別と戦う一般的枠組みを定立することである（第1条）．

　性別に基づくものを除き，差別禁止事由は，第 13 条に規定されたものと共通する．性的志向に関しては，本指令が適用される性的志向と，適用されない性的行為との間には，明確な区別が設けられるべきである．さらに，本指令が結婚上の地位に影響するものではなく，それ故結婚した夫婦への給付に対する保障に影響するものではないことが確認されなければならない．

### B　定義と概念

**531**　本指令において，「均等待遇原則」は，第 1 条に規定される事由について，直接差別とともに間接差別にも適用される．

　比較可能な状況において，ある者が他の者よりも不利益に取り扱われるか，取り扱われたかまたは取り扱われたであろう場合に，直接差別が存在する．

　表面上は中立的な規定，基準あるいは慣行が特定の宗教もしくは信条，特定の障碍，特定の年齢あるいは特定の性的志向を有する者に他の者と比較して不利となるであろう場合に間接差別が存在する．しかし，以下の場合には，間接差別とはならない．
(1)　当該規定，基準あるいは慣行が，適法な目的により客観的に正当化され，かつその目的を達成する手段が適切かつ不可欠である場合，または
(2)　特定の障碍を有する者に関して，本指令が適用される使用者もしくは他の者あるいは機関が，国内法により，当該規定，基準もしくは慣行によりもたらされる不利益を解消するための適切な措置をとることを義務付けられている場合

　ハラスメントとは，望まれない行為が人の尊厳を侵し，かつ脅迫的，敵対的，冒瀆的，屈辱的または攻撃的な環境を作り出す目的または効果をもって行われる差別の形態である．この意味において，ハラスメントの概念は，加

盟国の国内法と慣行にしたがって定義され得る．

　規定された事由について，他人を差別するよう指示することも差別を構成する．

　本指令は，民主主義社会における公共の安全，公の秩序の維持や刑事犯罪の予防，健康の保護および他人の権利や自由の保護のために必要な国内法により規定される措置を妨げない（第2条）．

## C　適用範囲

**532**　本指令の物的適用範囲と同様に人的適用範囲も広範であり，以下の事項に関して，公共部門および民間部門両方に関して，公的機関を含め，すべての者に適用される．

- **(a)** 活動分野にかかわらず，また昇進を含む職業的階梯のすべての段階において，選抜基準および採用条件を含め，雇用，自営もしくは職業へのアクセスの条件，
- **(b)** 実地就労体験を含め，すべてのタイプおよびすべての水準の職業指導，職業訓練，高等職業訓練および再訓練，
- **(c)** 解雇や賃金を含め，雇用・労働条件，
- **(d)** 労働者組織もしくは使用者組織または特定の職業を遂行する他のいかなる組織の構成員であること，あるいはその活動に関与すること，そしてそのような組織により提供される給付．

　本指令は，国籍に基づく待遇の相違には適用されず，加盟国の領域内における第三国国民や無国籍者の入国，居住に関する規定や条件，当該第三国国民や無国籍者の法的地位から生ずるいかなる待遇をも妨げない．

　本指令は，社会保障または社会的保護制度を含む国家制度もしくは類似の制度によりなされる給付には適用されない．

　加盟国は，障碍および年齢に関する差別について，本指令が軍隊に適用されないことを規定することができる（第3条）．

## D　職業的要件

**533**　加盟国は，規定された事由に関連する性質に基づく待遇の相違は，遂行される特定の職業活動の性質またはそれらが遂行される文脈に基づき，その目的が適法であり，かつ要件が比例的であり，そのような性質が真正かつ決定的な職業的要件を構成するものであれば，差別を構成しないと規定するこ

とができる．

　加盟国は，宗教または信条に基づくエートスを有する協会およびその他の公的または私的な組織内の職業活動の場合，その活動の性質やその活動が遂行される文脈を理由として，これら組織のエートスを考慮すると，個人の宗教または信条が純粋，適法かつ正当な職業的要件を構成する場合には，個人の宗教または信条に基づく異なった待遇は差別を構成しないとする本指令の採用時に効力を有する国内法を維持することができ，また，指令採択時に存在する慣行を将来法制化することもできる．この待遇の相違は，EC法の一般原則および加盟国における憲法の規定や原則を考慮して実施され，かつ他の理由によるいかなる差別を正当化するものではない．

　本指令は，国内の憲法および法律にしたがって活動し，宗教もしくは信条に基づくエートスを有する宗教的もしくは信条に基づく教会その他の公的・私的機関が，それらのために働く個人に対し，当該組織のエートスへ正直さと忠誠心をもって行動するよう要求する権利を妨げない（第4条）．

## E　障碍者に対する合理的な便宜

**534**　障碍者に関して，合理的な便宜が提供されるものとする．これは，使用者に過度の負担を課すものでない限り，特定の場合で必要であれば，障碍者が雇用にアクセスし，参加し，もしくは前進し，または職業訓練を受けることを可能とする適切な措置を採用すべきことを意味している（第5条）．

## F　年齢に基づく待遇の相違の正当化

**535**　加盟国は，適法な雇用政策，労働市場および職業訓練の目的を含む適法な目的により，客観的かつ合理的に正当化され，かつその目的を達成する手段が適切かつ不可欠である場合には，年齢に基づく待遇の相違は差別を構成しないと，国内法において規定することができる．

　このような異なった待遇は，以下のものを含む．

**(a)**　年少者，高齢者および介護責任を負う者がその職業的統合を促進し，あるいはその保護のために，雇用および職業訓練へのアクセス，解雇や報酬を含む雇用および職業の条件に特別な条件を設定すること，

**(b)**　雇用へのアクセスもしくは雇用に関連する特定の便益について，年齢，職業経験または年功の最低条件を設定すること，

**(c)**　当該ポストの職業訓練要件または退職前に合理的な雇用期間が必要で

あることを理由として最高年齢を設定すること．

　加盟国は，性別に基づく差別を構成するものでない限り，職域社会保障制度において，被用者，被用者のグループまたは被用者カテゴリーによって異なった年齢を設定すること，および，年金計算において年齢基準を用いることを含め，退職給付または障碍給付への加入要件または受給資格に年齢を設定することが，年齢に基づく差別を構成しないと規定することができる(第6条)．

## G　ポジティブ・アクション

**536**　実行における完全な均等を確保するために，均等待遇原則は，加盟国が規定された事由に関連する不利益を防止しまたは補償するための特別の措置を維持しまたは採用することを妨げない．

　障碍者に関しては，均等待遇原則は，職場の健康と安全の保護に関する規定を維持しもしくは採用し，労働環境への統合を保護しもしくは促進する規定または便益を創設しもしくは維持するための措置を加盟国が採用する権利を妨げない(第7条)．

## H　最低要件

**537**　加盟国は，本指令に規定されたよりも均等待遇原則の保護に有利な規定を導入しまたは維持することができる．

　本指令の実施は，本指令によりカバーされる領域において，いかなる状況においても，加盟国によりすでに付与された差別への保護の水準を低下させる根拠を構成することは決してない(第8条)．

## II　救済および執行

### A　権利の擁護

**538**　加盟国は，差別があったと申し立てられた関係が終了した後でも，適当と考えるときには適当な調停制度を含め，均等待遇原則が適用されないことにより権利を侵害されたと主張するすべての者が利用し得る司法上および行政上の手続を保障しなければならない．

　加盟国はまた，本指令の規定が遵守されることを保障することに適切な利

害を有する団体，組織またはその他の法人が，申立人の同意のもと，申立人のためにまたは申立人を援助して，以上の義務の執行のために提供される司法上または行政上の手続に参加することができることを保障しなければならない。

これらは，均等待遇原則に関する訴訟提起期間の制限に関する国内規定を妨げない(第9条)。

### B 挙証責任

**539** 加盟国は，均等待遇原則が適用されていないことを理由として，自身が権利を侵害されたと考えている者が，裁判所または他の権限ある機関において，直接または間接の差別が存在すると推定される事実を証明しようとする場合，均等待遇原則に違反していないと証明する責任を有するのは被告であることを保障するために必要な措置を採らなければならない。

これは，加盟国が原告により有利な証拠法則を導入することを妨げない(第10条)。

### C 不利益待遇

**540** 加盟国は，均等待遇原則を遵守することを目的とする企業内の苦情申立てまたはいかなる司法上の訴えを申し立てたことに対する反応としての使用者による解雇その他の不利益待遇に対して，被用者の保護に必要な措置を導入しなければならない(第11条)。

### D 広　報

**541** 加盟国は，この分野においてすでに効力を有する関連規定とともに，本指令の目的を追求するために採択された規定が，あらゆる適切な手段によって，その領域内を通じて，たとえば職場において，関係者の注意をひくように留意しなければならない(第12条)。

### E 労使対話

**542** 加盟国は，職場慣行，労働協約，行為規範のモニタリングを通じて，および経験と好事例の調査と交流を通じて，均等待遇原則を促進する意図をも

って，ソーシャル・パートナー間の対話を促進するための十分な措置を採用しなければならない．

　加盟国はまた，その自治を侵害することなしに，ソーシャル・パートナーが団体交渉の範囲内に該当する雇用分野における反差別ルールを定める適切なレベルの協約を締結するように奨励しなければならない．これらの協約は，本指令および関連する国内の実施方法により設定された最低要件を尊重するものとする．

## F　非政府組織との対話

**543**　加盟国は，均等待遇原則を促進する目的で差別との戦いに貢献することに適法な利益を有する適切な非政府組織との対話を促進するものとする（第14条）．

## III　最終規定

### A　遵　守

**544**　加盟国は，以下の事項を保障するために必要な措置を採用しなければならない．
**(a)**　均等待遇原則に反するすべての法律，規則および行政規定を廃止すること，
**(b)**　契約または労働協約，企業の就業規則または独立職業および労働者組織や使用者組織を規制する規則に含まれる均等待遇原則に反する規定が無効と宣言されるかまたは修正されること（第16条）．

### B　制　裁

**545**　加盟国は，本指令を実施するために採択された国内規定の違反に適用される制裁のルールを定め，かつ，それが適用されるために，必要なすべての措置をとるものとする．被害者への損害賠償の支払いを含む制裁は，効果的，比例的かつ抑止的なものでなければならない．加盟国は，少なくとも2003年12月2日までに欧州委員会にこれらの規定を通知するものとし，またその後の修正についても，遅滞なく通知しなければならない（第17条）．

## C　実　施

**546**　加盟国は，遅くとも 2003 年 12 月 2 日までに本指令を実施しなければならず，あるいは労使の共同提案に基づき，労働協約に関する規定に関して，本指令の実施をソーシャル・パートナーに委託することができる．

　特定の条件を考慮するために，加盟国は，もし必要であれば，年齢および障碍に関する本指令の実施については，2003 年 12 月 2 日から追加的に 3 年間の猶予期間，つまり全部で 6 年間を設定することができる．この場合，加盟国は欧州委員会に通知しなければならない．

　これらの措置を採択する場合，加盟国は，その公示の際に，本指令への言及を含むものとし，またはそのような言及を伴うものとする．その言及の方法は，加盟国により設定されるものとする（第 18 条）．

## D　報　告

**547**　加盟国は，遅くとも 2005 年 12 月 2 日までに，およびその後 5 年ごとに，本指令の適用に関して，欧州委員会が欧州議会および閣僚理事会に報告するために必要なすべての情報を委員会に提供しなければならない．

　委員会の報告は，適切であれば，ソーシャル・パートナーおよび関連する非政府組織の見解を考慮するものとする．男女均等の主流化の原則にしたがって，本報告は，男女間にとられた施策の効果に関する評価を提供するものとする．受領した情報を参照して，本報告は，必要であれば，本指令の改正および更新の提案を含むものとする（第 19 条）．

## 第 2 節　人種的または民族的出身にかかわりない均等待遇

**548**　2000 年 6 月 29 日の理事会指令 2000/43/EC は，人種的または民族的出身にかかわりない均等待遇原則を実施している．本指令は，総則，救済および執行，均等待遇の促進のための機関および最終規定の 4 章から構成されている．

# 第5章　均等待遇

## I　総　則

### A　目　的

**549**　本指令の目的は，加盟国において均等待遇原則に実効性を与えるために，人種的または民族的出身に基づく差別と戦うための枠組みを設定するものである．

### B　差別の定義と概念

**550**　均等待遇原則とは，人種的または民族的出身に基づいて直接または間接の差別が存在しないことを意味する．

　比較可能な状況において，人種的または民族的出身に基づいて，ある者が他の者よりも不利益に取り扱われるか，取り扱われたかまたは取り扱われたであろう場合に，直接差別が存在する．

　表面上は中立的な規定，基準あるいは慣行が，ある人種的または民族的出身の者に他の者と比較して不利となるであろう場合に，当該規定，基準あるいは慣行が，適法な目的により客観的に正当化され，かつその目的を達成する手段が適切かつ不可欠でない限り，間接差別が存在する．

　ハラスメントとは，人種的または民族的出身に関連する望まれない行為が人の尊厳を侵し，かつ脅迫的，敵対的，冒瀆的，屈辱的または攻撃的な環境を作り出す目的または効果をもって行われる差別の形態である．この意味において，ハラスメントの概念は，加盟国の国内法と慣行にしたがって定義され得る．

　他人を差別するよう指示することも差別を構成する(第2条)．

### C　適用範囲

**551**　本指令は，以下の事項に関して，公共部門および民間部門両方に関して，公的機関を含め，すべての者に適用される．
**(a)**　活動分野にかかわらず，また昇進を含む職業的階梯のすべての段階において，選抜基準および採用条件を含め，雇用，自営もしくは職業へのアクセスの条件，
**(b)**　実地就労体験を含め，すべてのタイプおよびすべての水準の職業指導，職業訓練，高等職業訓練および再訓練，

**(c)** 解雇や賃金を含め，雇用・労働条件，

**(d)** 労働者組織もしくは使用者組織または特定の職業を遂行する他のいかなる組織の構成員であること，あるいはその活動に関与すること，そしてそのような組織により提供される給付，

**(e)** 社会保障および保健医療を含め，社会的保護，

**(f)** 社会的利益，

**(g)** 教育，

**(h)** 住居を含む，公衆が利用できる商品およびサービスへのアクセスおよび供給．

　本指令は，国籍に基づく待遇の相違には適用されず，加盟国の領域内における第三国国民や無国籍者の入国，居住に関する規定や条件，当該第三国国民や無国籍者の法的地位から生ずるいかなる待遇をも妨げない(第3条)．

### D　真正かつ決定的な職業的要件

**552**　加盟国は，人種的または民族的出身に関連する性質に基づく待遇の相違は，遂行される特定の職業活動の性質またはそれらが遂行される文脈に基づき，その目的が適法であり，かつ要件が比例的であり，そのような性質が真正かつ決定的な職業的要件を構成するものであれば，差別を構成しないと規定することができる(第4条)．

### E　ポジティブ・アクション

**553**　加盟国は，人種的または民族的出身に関連する不利益を防止しまたは補償するための特別の措置を維持しまたは採用することができる(第5条)．

### F　最低要件

**554**　加盟国は，本指令に規定されたよりも均等待遇原則の保護に有利な規定を導入しまたは維持することができる．

　本指令の実施は，いかなる状況においても，加盟国によりすでに付与された差別への保護の水準を低下させる根拠を構成することは決してない(第6条)．

## II 救済および執行

### A 権利の擁護

**555** 加盟国は,差別があったと申し立てられた関係が終了した後でも,適当と考えるときには適当な調停制度を含め,均等待遇原則が適用されないことにより権利を侵害されたと主張するすべての者が利用し得る司法上および行政上の手続を保障しなければならない.

　加盟国はまた,本指令の規定が遵守されることを保障することに適切な利害を有する団体,組織またはその他の法人が,申立人の同意のもと,申立人のためにまたは申立人を援助して,以上の義務の執行のために提供される司法上または行政上の手続に参加することができることを保障しなければならない.

　これらは,均等待遇原則に関する訴訟提起期間の制限に関する国内規定を妨げない(第7条).

### B 挙証責任,不利益待遇,広報,労使対話および非政府組織との対話

**556** 本指令(第8条—第12条)は,指令2000/78と同一の保護を規定している.

## III 均等待遇を促進する機関

**557** 加盟国は,人種的または民族的出身に基づく差別なしに,すべての者の均等待遇を促進するための機関を指定しなければならない.これらの機関は,人権の擁護もしくは個人の権利の保護の任務を有する国内レベルの機関の一部を構成することができる.

　加盟国は,これらの機関の権限に以下のものが含まれることを保障しなければならない.
—被害者および団体,組織または法人の権利に抵触しない限り,差別の被害者に対して,差別についての申立てをなす際に,独立した支援を提供すること,
—差別に関する独立した調査を実施すること,
—こういった差別に関連する問題について独立の報告書を刊行し,勧告を行

うこと(第13条).

## IV　最終規定：遵守，制裁，実施および報告

**558**　本指令(第14条―第18条)は，2000/78指令と同一の規定を有している．

## 第3節　男女均等待遇：原則と適用範囲[訳注1]

　　［訳注1］　原著（第8版）では節題は「男女同一賃金」となっているが，これはもともと第7版以前では「第5章　男女均等待遇」の「第1節　原則と適用範囲」であった部分であり，第8版において著者が一般と人種に係る指令についての2つの節を章の冒頭にもってきたため，このように変えられたものであるが，内容的に整合しないので，本訳書ではもとに戻す形にした．

### I　総　論

**559**　EC条約第141条は，社会的事項における加盟国間の法律の接近と加盟国間の協同という一般的目的に限定される第136条および第137条とは対照的に，同一価値労働に対する男女同一賃金を実現する加盟国の義務を創設した[1]．

　フランスのイニシアティブの成果である第141条は，以下の二重の目的を有している．
―社会的目的：ILO第100号条約ですでに具体化している均等待遇原則をEC法として規定すること，
―経済的目的：「男性労働力よりも低賃金である女性労働力を使用することによる『ソーシャル・ダンピング』の試みに対する障碍を創設するため」に，「ゆがみのない競争を保障するシステムの確立こそが，共通市場の基本的目的のひとつを達成するための一助となる」こと[2]．

　　(1)　Adv.Gen.Dutheilet de Lamothe, C.O.J., 25 May 1971, Defrenne v. Belgium (No. 80/70, ECR, 1981, 229).
　　(2)　C.O.J., 15 May 1986, M.Jonston v. Chief Constable of the Royal Ulster Constabulary, No. 222/84, ECR. 1986. 1651.

**560**　第141条は，EC条約前文に規定される社会的進歩を目指すECの社会的目的の一部である．欧州司法裁判所は，基本的人権の尊重はEC法の一般原則であり，ECはそれを遵守する義務を負うと繰返し判示している．性別に基づく差別の根絶が基本的人権の一部であることに疑問の余地はない[1]．それ

は，ECの基礎の一部である．とりわけ第141条は，改善が維持される一方で，労働条件の調和という文脈で表現されているから，同条の文言が最低の賃金を引き上げる以外の方法で遵守され得るという反対論は棄却されなければならない(2)．この6つの法制，すなわち第141条および5つの指令が，互いに補完的でありかつ互いを強化する一体のルールを形成していることは明白である．

(1) 15 June 1978, G,Defrenne v.Sabena(No.149/77,ECR,1978.1365).

(2) C.O.J., 8 April 1976, G, Defrenne v.Sabena(No.43/75,ECR.1976.455).

**561** 第141条と諸指令は，均等待遇原則の性質から来る一般的適用範囲があり，それゆえ民間部門と同様，公的部門(1)や自営業者(2)にも適用される．

(1) C.O.J., 8 April 1976, G, Defrenne v. Sabena(No.43/75,IELL, Case Law, No. 22)および2 October 1997, Hellen Gaster v. Freistaat Bayern(C-1/95. ECR, 1997, 5223).

(2) C.O.J., 8 November 1983, Commission v. U.K. of Great Britain and Northern Ireland，No.165/82,ECR,1983.3431.

**561-1** （改正された）1976年指令の第1a条によれば，「加盟国は昇進も含めた雇用および職業訓練へのアクセスならびに労働条件および社会保障に関する分野において法律，規則，行政規定，政策および活動を計画および実施するときには，男女間の均等の目的を積極的に考慮に入れるものとする」（第1a条）．[訳注1]

[訳注1] このパラグラフは著者の第9版草稿による．

## II　男と女，性的志向

**562** EC条約第141条は，男女間の差別を禁止している．これは，一見するほど明白ではない．

均等待遇原則は，労働者の性転換(gender reassignment)の場合における性倒錯者(transsexuals)に適用される(1)．欧州司法裁判所は，このような差別がそれだけではないとしても本質的に，当該者の性別に基づいていると判決した．このような差別は人が特定の性別に所属するという事実に基づく差別として禁止されるべきであるとの結論を導くこの理由付けは，労働者の性転換の場合に限定され，それゆえ人の性的志向(sexual orientation)に基づく待遇の相違には適用されない．

グラント対サウス・ウェスト鉄道(Grant v. South West Trains Ltd.)事件判決(2)で提起された本質的な論点は，旅費補助が被用者の配偶者または結婚外

の内縁関係にある異性の者に付与されている場合，被用者と内縁関係にある同性の者に使用者が旅費補助を与えないことが，条約第141条および指令75/117によって禁止されているか否かであった．

グラント女史に補助を与えないことは，彼女が規則に規定された要件を満たしていないという事実，具体的に言えば，彼女が「配偶者」または少なくとも2年間「意味のある」関係を有していた異性の者と同居していないという事実に基づいていた．つまり，女性労働者に旅費補助が拒否されたのは，彼女が同性の者と同居していたからであった．

欧州司法裁判所は，社内規則により課された条件が男性労働者と同様に女性労働者にも適用されているから，直接的に性別に基づく差別を構成しないと判示した．

欧州司法裁判所はまた，同性のパートナーと内縁関係にある者が，異性のパートナーと結婚もしくは内縁関係にある者と同一の状況にあるのかを考察しなければならなかった．ECは両者を同一のものと規定していないというのが，欧州司法裁判所の見解であった．

現在のEC内における法状態において，同性の2人の内縁関係を，異性間の結婚または結婚外の内縁関係と同視することはできない．その結果，使用者は，EC法により，同性のパートナーと内縁関係にある者を，異性のパートナーと結婚しまたは結婚外で内縁関係にある者と同じように取り扱うことは要求されていない．

しかし，新しいEC条約第13条は，閣僚理事会が性的志向に基づく差別を含むいくつかの差別形態を除去するための適切な措置をとることを許容していることが想起されるべきである．ここに，若干の希望がある．

(1) C.O.J., 30 April 1996, P. and S. and Cornwall County Council,C-13/94,ECR,1996.2143.

(2) C.O.J., 17 February 1998, L.J.Grant/South West Trains Ltd,C-249/96,ECR,1998, 6.1-0621.

## 第4節　定　義

563　「均等待遇」という概念は，ECの各規定において，各々異なった定義をされている．1975年指令によれば，均等待遇とは「性別に基づくすべての差別を除去すること」(第1条)と定義されているが，1976年指令では，「均等待遇原則とは，とりわけ結婚上もしくは家族的地位に関連して，直接または間接的に性別に基づく差別が存在しないこと」(第2条第1項)と規定されてい

る．均等待遇原則は，すべての区別または不均等な待遇の形態をカバーする．「客観的」差別とは何を意味するのか．これは，差別の存在につき，特定の差別意図が必要とされない差別である．

「本指令は，任用に当たり性別に基づく差別の結果として受けた損害の賠償について過失の要件を求める国内法の規定を認めていない」[1]．

(1) C.O.J., 22 April 1997, Nils Draehmpehl v. Urania Immobilienreserve OHG, C-180/95.ECR,1997,2195.

**563-1** 2002年改正により，以下の定義規定が設けられた．

―直接差別：ある人が性別に基づき他の人が比較可能な状況において取り扱われる，取り扱われた，または取り扱われるであろうよりも不利に取り扱われる状況，

―間接差別：当該規定，基準または慣行が合法的な目的により客観的に正当化されかつそれを達成する手段が適当かつ必要であるのでない限り，外見上は中立的な規定，基準または慣行がある性別の人を他の性別の人と比較して特定の不利益を与える状況，

―ハラスメント：人の性別に関連した求められざる行為が，人の尊厳を侵犯するとともに脅迫的，敵対的，冒瀆的，屈辱的もしくは攻撃的な環境を作り出す目的でまたは結果として発生する状況，

―セクシュアル・ハラスメント：いかなる形態であれ言語的，非言語的または身体的なセクシュアルな性質の行為が，人の尊厳を侵犯するとともに脅迫的，敵対的，冒瀆的，屈辱的もしくは攻撃的な環境を作り出す目的でまたは結果として発生する状況(第2条第2項)，

本指令にいうハラスメントおよびセクシュアル・ハラスメントは性別に基づく差別と見なされ，それゆえ禁止される．

人がかかる行為を拒否するかまたは受け入れるかがその人に影響を与える意思決定の基礎として用いられてはならない(第2条第3項)．

性別を理由に人を差別するように指示することは本指令にいう差別と見なされる(第2条第4項)．[訳注1]

　［訳注1］　このパラグラフは著者の第9版草稿による．なお，草稿は理事会合意テキストに基づき項番号を付しているが，官報掲載テキストに基づきいずれも修正した．

## I　機会の均等か結果の均等か

**564** EC法は(出発点における)機会の均等を目指すものなのか，それとも(最

終的な）結果の均等を目指すものなのかという疑問が生じる．同一賃金の場合，結果の均等は現実に意図された金額である．しかし，1976年指令のすべての規定においてそうだというわけではない．同指令第4条第2項は，昇進を含む雇用へのアクセス[1]に関する「機会均等」を規定しているが，いかなる現実の職務も保証されていない．しかし，解雇を含む労働条件の場合，結果の均等が意図されている．

(1) C.O.J., 10 April 1983, Colson and Kamann.No.14/83, ECR,1983.1891.

## II　直接差別と間接差別

**565**　EC法は，直接差別および間接差別を禁止している．すなわち，直接差別とは性別に基づくものであるのに対し，間接差別とは，表面上(prima facie)は客観的かつ許容し得る基準が用いられているが，実質的(de fact)に一方の性に対する差別的待遇をもたらすものである．これは，「結婚上もしくは家族的地位に関連して，直接的もしくは間接的」に均等待遇を規定する1976年指令第2条第1項に表現されているのを見ることができる．[訳注1]

　　［訳注1］　2002年改正で，「間接差別：当該規定，基準または慣行が合法的な目的により客観的に正当化されかつそれを達成する手段が適当かつ必要であるのでない限り，外見上は中立的な規定，基準または慣行がある性別の人を他の性別の人と比較して特定の不利益を与える状況」という定義規定が設けられた．

**566**　1997年12月15日の指令によれば，「間接差別は，表面的には中立的な規定，基準もしくは慣行であるが，実質的には，一方の性の大多数に不利益を与えるもので，その規定，基準もしくは慣行が適切かつ不可欠であり，性に関連しない客観的要素により正当化されないことを意味する」（第2条第2項）とされている．これは，同一賃金に関する1975年指令の場合と同様に，第141条の場合にも適用される．ジャネット・ジェンキンス対キングズゲート(Jeanette Jenkins v. Kingsgate)事件において，欧州司法裁判所は，パートタイム労働に関してこの意味の判決を下した．ジェンキンス女史は，フルタイム労働の時間給より10％低い時間給を受け取る女性パートタイム被用者であった．欧州司法裁判所は，フルタイム労働とパートタイム労働との賃金格差は，それが実際には単に，パートタイム労働者の集団がもっぱらまたはほとんど女性で構成されていることに基づいて，パートタイム労働者の賃金を減少させるという間接的なやり方であるのでない限り，条約第141条で禁止される差別には該当しないと判示した[1]．同様の問題がカリン・フォン・ウェーバー・ハルツ対ビルカ・カウフハウス(Karin von Weber Hartz v. Bilka-

第5章　均等待遇

Kaufhaus)事件で取り扱われた。というのは，ビルカ社で働くパートタイム被用者が，20年の全期間につき15年以上フルタイムで働いてさえいれば，企業年金を得ることができたであろうからである。再び，欧州司法裁判所は，パートタイム被用者が職域年金から除外され，この除外が男性よりも女性に著しく影響する場合，この除外が性に基づくいかなる差別にも関連しない客観的に正当化される事由に基づいていることを企業が証明しないかぎり，第141条に抵触すると判示した。[3]

この判決は，ヘルガ・ニンツ対ハンブルク(Helga Nimz v. Hamburg)事件において確認された。同事件は，ニンツ夫人が，所定労働時間の4分の3以下の労働時間であることを理由として，国家公務員組合との間で締結された賃金労働協約の規定に基づいて，より高い賃金表を適用することを拒否されたことに関するニンツ夫人とその使用者であるハンブルク市との紛争である。欧州司法裁判所は，とりわけ遂行される職務の性質と一定の労働時間労働した後にこれら職務の達成によって蓄積される経験との関係に関して，その客観性に依拠する要素が存在することを使用者が証明できないかぎり，これは差別を構成すると判示した。

労働協約の規定における間接差別の場合には，国内裁判所は，労働協約もしくは他の手続によりまずこれを削除することを要求したり期待することなしに，この規定を適用しないことを求められ，他の被用者に適用されるのと同一の規定を適用することが要求される[4]。

男性よりも女性に多く適用される国内法が，個別の時間割をもとに，パートタイムで雇用される職場委員会のメンバーが，職場委員会の活動に関連する訓練課程に参加することに関して，使用者から代償休日または時間外手当という形で補償手当を受け取ることを制限することは違法である。当該訓練課程は，企業で実行されているフルタイム労働の時間割の中で編成されている。それゆえパートタイム被用者の個別の労働時間割を超過している。にもかかわらず，フルタイム被用者にはそのフルタイム労働の時間割をもとに，同一の訓練課程への参加に対して補償する一方で，パートタイム被用者に対する補償は，パートタイムの時間割にのみ基いた時間外手当や代償休日に限定している。性別に基づくいかなる差別にも関連しない客観的な事由のみが，こういった待遇における相違を正当化し得る[5]。

(1) 31 March 1981, No.96/80,ECR,1981,911．この事案において，使用者は，フルタイムとなることを奨励するために，パートタイム労働者に低い賃金を支払っていると説明している。またC.O.J., 13 July 1989, Ingrid Rinner-Kühn v. FWW Spezial-Gebäude-reinigung GmbH & Co.KG, No.17. 171/88, ECR, 1989. 2743.

(2) C.O.J., 13 May 1986,No.170/84,IELL,Case Law,No.93; また，C.O.J., 27 June 1990, M.Kowalska v.Freie und Hansestadt Hamburg,No.C-33/89, パートタイム労働者に対してのみ労働協約によって付与される一時解雇手当．ECR.1990,2591.

(3) ジョブ・シェアリングの賃金についての相違につき，C.O.J., 17 June 1998, Kathleen Hill and Ann Stapleton v. the Revenue Commissioner and the Department of Finance, C-243/95, ECR.1998,3739.

(4) 7 February 1991, Helga Nimz v. Freie und Hansestadtd Hamburg, C-184/89, ECR,1991,297.

(5) C.O.J., 4 June, Arbeitswohlfart des Stadt Berlin e.V (AWSB) v. M.Bötel,No.C-360/90, ECR, 1992, 3589.

**567** レンゲリッヒ市対アンジェリカ・ヘルミッヒ（Stadt Lengerich v. Angelica Helmig）事件[1]において，欧州司法裁判所は，パートタイム被用者に対する時間外手当について判決を下した．問題は，パートタイムで働く女性たちとその使用者との訴訟の過程で生じた．この女性たちは，フルタイム被用者に対して所定労働時間に付加して行われた時間外労働に適用される率と同一の率で，パートタイム被用者の個別労働時間に付加して行われた時間に対しても時間外手当を支払われる権利があると主張した．関連する労働協約により，フルタイム被用者もパートタイム被用者も，同協約により設定された通常の労働時間を超えた労働時間についてのみ時間外手当を保障されていたが，パートタイム被用者は，その個別労働時間を超える労働時間については，時間外手当は保障されていなかった．

申立人は，労働協約の関連する規定が，通常の労働時間を超えた時間に時間外手当を制限している点で，EC条約第141条および1975年指令に違反していると主張した．

欧州司法裁判所は，「これらの規定が条約第141条に違反する間接差別を構成するか否か」との問題を提起した．「このためには，使用者がフルタイム被用者とパートタイム被用者との間で異なった待遇をしたのか否か，そして，この相違が男性よりも女性に著しく不利益を与えているのか否かを決定しなければならない．

雇用関係の基礎に基づき，同一の労働時間数について，フルタイム被用者の賃金総額が，パートタイム被用者のそれより高い場合には，不均等な待遇が存在する．考察される状況において，パートタイム被用者は，同一の労働時間数につき，フルタイム被用者と同一の賃金総額を受領している．もしパートタイム被用者が労働協約により設定された通常労働時間を超えて労働すれば，それにより時間外手当を受けることが保障されているから，パートタ

イム被用者はまた，フルタイム被用者が保障されているものと同一の賃金総額を受け取っている．

結局，問題となっている規定は，パートタイム被用者とフルタイム被用者との間に異なった待遇を与えておらず，それゆえ条約第141条および本指令第1条に違反する差別は存在しない」．

(1) 15 December 1994, Case,c-399/92,C-425/92,C-34/93 および C-78/930,ECR,1994. 5727.

**568** ジェニファー・メイヤーズ(Jennifer Meyers)[1]とイギリスの裁決官(Adjudication Officer)は，低所得世帯貸付金(family credit)の給付を受けるために，その収入総額から育児費用を控除する権利があるかどうかについて意見が一致しなかった．低所得世帯貸付金は，育児を行う低所得の労働者の収入に付加するために付与される所得関連給付である．

単親であるメイヤーズは，自分自身と，当時3歳であった娘に関して，低所得世帯貸付金の申請を行った．この申請は，同給付の目的のために算定された所得が受給資格の水準を超えていることを根拠として，裁決官により拒否された．

社会保障控訴審判所(Social Security Appeal Tribunal)への控訴において，メイヤーズは，夫婦の場合には，労働時間を調整し，それにより子供が夫婦のいずれかにより養育されることが容易であるから，所得の算定にあたり育児費用を控除しないことは，単親者に対する差別であると主張した．大半の単親が女性であるから，それは女性に対する間接差別を構成する．

低所得世帯貸付金の支給の条件の一つは，申請者が有償労働に従事していることである．この給付の目的は，家族が労働していなかった場合よりも，仕事をしていることでより貧困に陥ることのないようにしようとするものである．それゆえ，それは低賃金労働者を雇用に維持しようと意図するものである．そうであれば，低所得世帯貸付金は，本指令第3条に規定する雇用へのアクセスに関連するものである．

さらに，それは，雇用へのアクセスという概念に含まれる雇用関係が開始される以前に，獲得される条件のみではない．もし失業者が低賃金労働を受け入れるならば，低所得世帯貸付金を受け取れるという予測は，失業者がそのような労働を受け入れることを奨励するものであり，結果として，この給付は雇用へのアクセスを支配する約因に関連するものである．

雇用関係へのリンクが存在しないことを証明しようとするイギリスの議論によってはこの認定は覆されなかった．結婚または同棲している失業中の女性であって，その夫またはパートナーの労働により給付を受けている女性の

場合のように，労働者がその給付を直接に受給していない場合であっても，給付を受ける資格を与えるのは他ならぬ雇用関係の存在である．

そのうえ，均等待遇という基本原則の遵守は，雇用関係に当然関連している低所得世帯貸付金のような給付が，本指令第5条にいう労働条件であることを前提としている．労働条件の概念を雇用契約で設定されたまたは労働者の雇用に関して使用者により適用される労働条件にのみ限定することは，本指令の適用範囲から，雇用関係により直接にカバーされる状況を除外するものであろう．

(1) C.O.J., 13 July 1995, Case C-116/94, ECR,1995,2131.

**569** もう一つの興味ある事案は，職場協議会のメンバーにその職務を遂行するのに必要な知識を提供する訓練課程への出席に対する手当にかかわる[1]．

この問題は，原告であるヨハンナ・レヴァルク（Johanna Lewark）と，被告である透析・腎移植医療センター（Kuratorium）との間で，彼女が職場協議会の職務を実施するのに必要であるが，彼女の個別労働時間外で行われた訓練課程に費やされた時間につき，被告が原告に手当を払わないことに関して生じたものである．

原告は診療室で週30.8時間で雇用されていた．彼女はまた，3人から構成される職場協議会に属していた．

透析センターは，診療室で21人の被用者を雇用していたが，うち7人が男性，14人が女性であった．男性のうち，6人がフルタイム，1人がパートタイムであった．女性のうち，4人がフルタイム，10人がパートタイムであった．原告は，パートタイムで働く唯一の職場協議会メンバーであった．

1990年11月12日から16日まで，原告は，職場協議会の決定と被告の同意に基づき，職場協議会の職務を遂行するのに必要な知識を獲得するために，フルタイムの訓練課程に出席した．1990年11月13日の訓練は7.5時間続いた．もしその課程に参加していなければ，原告はパートタイム被用者として雇用されていたから，当日は働くことはなかったであろう．しかし，被告はその課程に費やした時間に手当を払うことなく，週30.8時間という契約上の労働時間に基づいて賃金を支払った．

労使関係法によれば，このような課程に参加する職場協議会のメンバーは，賃金を失うことなく，その雇用から生じる義務を使用者から免除されることとなっていた．

原告は，その課程への参加に費やした7.5時間に対する手当を請求した．その見解によれば，パートタイムで働く職場協議会のメンバーは，フルタイムで働く者と比べて特別の犠牲を負う義務はないはずである．彼女は，被告が

## 第5章　均等待遇

支払を拒否したことは条約第141条および1975年指令の両方に違反すると主張した．

そして，職場協議会の職務を遂行するのに必要な情報を伝える訓練課程に出席するための賃金の喪失に対する補償は，雇用関係の存在を理由として使用者により間接的に支払われる給付を構成するから，第141条にいう賃金であると主張する．

欧州司法裁判所は，職場協議会の職務を遂行するのに必要な訓練課程が，企業内で有効なフルタイムの労働時間内であるが，職場協議会に従事するパートタイム被用者の個別労働時間外に編成される場合，同一労働時間数につき，パートタイム被用者が受領する総賃金は，同一の職場協議会に従事するフルタイム労働者が受領する額より低いことは疑いないと述べた．

このような待遇の相違が存在する以上，確定した判例法からして，女性が男性よりも遥かに少数しかフルタイムで働いていない場合，パートタイム労働者を一定の給付から除外することは，フルタイムで働く女性労働者が直面する困難を考慮して，その措置が性別に基づくいかなる差別をも除外する要素によって説明できない場合には，第141条に違反するであろう．

参照命令によれば，公的な雇用・社会統計は，1991年6月末において，全パートタイム労働者の93.4％が女性であり，男性は6.6％であることを示している．

この数字に争いはないから，本件で問題となっているような法規定の適用は，女性労働者に対する間接差別を構成するものと考えられる．そうでないのは，存在が認定された待遇の相違が，性別に基づくいかなる差別にも関連しない客観的な要素によって正当化される場合のみである．

加盟国が，選択した措置が自国の社会政策の適法な目的を反映したものであり，それを達成することが適切であり，かつそのために不可欠であると証明できるならば，当該法規定が男性よりも多くの女性に影響するという事実のみで，第141条違反とはみなされ得ないであろう．

もっとも，問題となっている法規定が，女性の比率が紛れもなく優勢であるパートタイム類型の労働者を，職場協議会の職務を遂行したり，それを遂行するために必要な知識を獲得することから抑制しがちであり，それゆえこのような類型の労働者が資格ある職場協議会のメンバーによって代表されることを困難とすることが想起された．

これらのすべての考察にてらして，また他の措置により問題となっている社会政策の目的を達成する可能性を考慮して，待遇における相違は，その目的を達成するのに適当かつ必要と考えられる場合にのみ，第141条および同

指令の趣旨により正当化され得るであろう．

　この推論により，欧州司法裁判所は以下のような結論に至った．

「パートタイム労働者のカテゴリーが男性よりも遥かに多数の女性を含んでいる場合，賃金に関する間接差別の禁止は，適法な社会政策の目的を達成するために適当かつ必要ではなく，フルタイムで雇用されている職場協議会のメンバーが，フルタイムの労働時間に基づいて同一の課程に出席することにより手当を受け取るにもかかわらず，パートタイム被用者として雇用されている職場協議会のメンバーが，当該企業に適用されるフルタイム労働者の労働時間内ではあるが，個別のパートタイム労働者の労働時間外に行われる，職場協議会に従事するのに必要な知識を付与する訓練課程に出席することにつき，使用者から受け取るべき手当をその個別の労働時間に制限する効果を有するような国内規定を排除する．」

　1976年2月9日の理事会指令(76/207/EEC)が，公務員の勤続期間の長さを算定する目的のために，労働時間が通常労働時間の2分の1から3分の2の間にある雇用期間を通常労働時間の3分の2として算定することを要求する国内法を，このような法制が性別に基づくいかなる差別にも関連しない客観的な基準により正当化される場合を除き，排除していることも追加しておかなければならない[2]．

(1) C.O.J., 6 February 1996, Kuratorium für Dialse und-Nierentransplantation eV v. Johanna Lewark. Case C-457/93,ECR,1996,243. また C.O.J., 7 March 1996, Edith Freers, Hannelore Speckman v. Deutche Bundespost, Case C-278/93,ECR, 1996,1165 参照．

(2) C.O.J., 2 October 1997, Hellen Gerster v. Freistaat Bayern, C-1/195, ECR, 1997, 5253; C.O.J., 2 October 1997, Brigitte Korging v. Senator für Finanzen, ECR, 1997, 5289.

**570**　間接差別はまた，ルイジア・サバチーニ対欧州議会(Luisia Sabbatini v. European Parliament)事件において論議された．欧州委員会職員であるサバチーニは，結婚のために海外赴任手当を失った．欧州委員会職員規則によれば，「結婚の日に海外赴任手当の資格を満たさない者と結婚した職員は，結婚により世帯主とならない限り，当該手当を受ける権利を喪失するものとする」．

　通常，世帯主は結婚した男性職員であり，これに対して結婚した女性職員は，たとえば夫が病弱または重病といった特別の場合にのみ世帯主とされる．欧州司法裁判所は，受給者から結婚の後に海外赴任手当を撤回することは，この家族状況の変更が問題の給付の正当化要件である海外赴任という状態に

第5章　均等待遇

終了をもたらすような場合においてのみ正当化されると判示した．しかし，この点に関して，海外赴任の地位の終了は男女職員の両方につき性別にかかわりない統一基準に基づいたものでなければならないのである，職員は男女のいずれであるかによって異なった待遇を受けることはできない．その結果，海外赴任手当の支給を世帯主という地位に基づいたものとすることによって，職員の間に恣意的な待遇の相違が創り出された[1]．類似の問題がジャンヌ・エローラ対欧州委員会(Jeanne Airola v. Commission)事件でも生じた．ジャンヌは，イタリアでユーラトムに勤務していたが，イタリア人と結婚してイタリア人となり，その結果海外赴任手当を喪失した．欧州司法裁判所は，職員規則に規定する「国民」という文言は，実際に，比較可能な状況にある男女職員間の是認しがたい待遇の相違を回避するような方法で解釈されなければならないと判示した．このような是認しがたい待遇の相違は，国民という概念を，結婚に基づき女性職員に法によって課され，そして女性職員が放棄することができない国籍をも包含するものとして解釈することから結果として生じている[2]．

(1)　7 June 1972, No.20/71,ECR,1972,363.
(2)　20 February 1975, No.21/74,ECR,1975,235.

**571**　パートタイム労働にかかわるもう一つの事案は，ドイツ語と英語の2カ国語で起案する技能の資格を有する有資格の銀行員として，バンクハウス(Bankhaus)に雇用されるカッヒェルマン女史(Ms.Kachelmann)に関するものであった．彼女は，ハンブルク支店の文書伝達部の「リカバリー」班の管理責任者であった．彼女は，週30時間のパートタイム労働で雇用されていた．フルタイム労働の所定労働時間は，労働協約により38時間であった．

その国際的活動量の減少のため，バンクハウスは，それまで独立していた「リカバリー」班を残りの文書伝達部に合併することを決定した．これは職務の部分的再配置を伴った．バンクハウスは，職員が過剰であるとして，カッヒェルマン女史に経済的理由による解雇を通知した．

カッヒェルマン女史はハンブルク労働裁判所で解雇を争った．彼女は，経済的理由による解雇通知をする過程で，バンクハウスは，同一の職務を遂行する全労働者の中から，社会的基準に基づいて選択をしなかったと主張した．同社は，彼女が解雇通知を受ける前にフルタイムで働くつもりだと述べていたにもかかわらず，週30時間で働くカッヒェルマン女史と，週38時間のフルタイム労働者とを比較しなかった．

ドイツの労働裁判所は，カッヒェルマン女史の申立てを棄却した．同裁判所は，彼女の雇用契約の変更なくしてフルタイムへの転換は不可能であり，

377

彼女の職務とフルタイム労働者の仕事は比較可能でないと認定した．また，彼女の解雇を回避することを唯一の目的として彼女をフルタイムで雇用できるように，彼女の雇用契約を修正することにより，彼女の労働時間を増加させる義務はバンクハウスにはなかった．申立人は，これが間接差別であり，それゆえ，経済的理由による整理解雇をする場合に使用者が社会的基準に基づき選択しなければならない労働者のカテゴリーからパートタイム被用者を除外することは本指令に違反すると主張した．

**572** 欧州司法裁判所は，以下のように判示した．ドイツのパートタイム労働者は圧倒的に男性よりも女性の方が多いというのが共通の立場である．それゆえ，本件において問題となっているような国内ルールの適用により，フルタイム労働者がパートタイム労働者とは異なった待遇を受ける結果を生じているかを評価することが必要である．もしそうであると証明される場合には，検討されるべき次の課題は，待遇の相違が性別に関連しない客観的事由により正当化されるか否かである．

第1に，社会的基準に基づく選択過程にあるフルタイム労働者とパートタイム労働者の間での比較可能性の欠如が，パートタイム労働者に対しいかなる直接の不利益をももたらさないことを想起することが重要である．

フルタイム労働者，パートタイム労働者の双方が，各々の特定の場合に，廃止されるのがフルタイムのポストかパートタイムのポストであるのかに従い，同一の有利な待遇または不利益な待遇を受ける．

しかし，ドイツで，そしておそらくEC全体を通じて，フルタイムで雇用される労働者の数は，パートタイム労働者の数よりも，全産業で多い．職務が廃止される場合，パートタイム労働者は，他の比較可能な職務に就くことが困難であるから，一般に極めて不利な地位にある．

その結果，社会的基準に基づく選択過程におけるフルタイム労働者とパートタイム労働者との間の比較可能性が存在しないことは，パートタイム労働者への不利益待遇を生ぜしめるであろうし，また間接的な不利益をもたらすであろう．

もしそうであれば，待遇の相違が性別に基づく差別に関連しない客観的な要素によって正当化されるか否かを決定する必要がある．

EC法が現在示しているように，社会政策は，加盟国の問題であり，加盟国は，社会保護措置の性質およびその実施のための詳細な制度に関して，合理的な裁量権を享受している．もし，そのような措置が社会政策の適法な目的と合致しており，その目的を達成するために適切かつ必要であり，それ故性別に基づく差別に関連しない理由により正当化されるならば，それは，均等

待遇原則に反するものと見ることはできない．

　問題となっているドイツの立法目的は，一方で企業の経営的および経済的必要性を考慮しながら，他方で解雇に直面する労働者を保護することである．

　この点に関して，その職務が企業に特有な理由に基づき廃止される労働者が，その専門的資格や彼が企業内で現在まで遂行してきた活動を考慮して，これまで他の労働者によって行われてきた他の同等の職務を遂行しうるか否かを評価することにより，職務の比較可能性がそれぞれの雇用契約の実際の内容によって決定されることは明確である．

　パートタイム労働者の職務がフルタイム労働者の職務と比較できないから，このような基準の適用はパートタイム労働者に間接的な不利益を創りだすであろう．しかし，もしフルタイム労働者とパートタイム労働者との職務の比較可能性が社会的基準に基づいて選択基準に導入されるとすれば，それはフルタイム労働者を不利益にする一方で，パートタイム労働者を有利な地位におく効果をもつだろう．その職務の廃止の際には，パートタイム労働者は，たとえその雇用契約が保障していなくとも，フルタイムの職を提供されなければならないであろう．

　パートタイム労働者がそのような有利さを享受すべきかという問題は，国内法規定の問題であり，それは，関連する諸々の利益における雇用法制の適正なバランスを見出すものでなければならない．この場合，その評価は当該労働者の性別にかかわりない考慮に基づくものである．

　このような状況において，使用者が経済的理由に基づきパートタイムの職を廃止するときに，社会的基準に基づいて選択しなければならない場合，パートタイム労働者がフルタイム労働者と比較しえないという一般的な根拠に基づいて進行する国内ルールの解釈を除外しないものとして，本指令第2条第1項および第5条第1項が解釈されるべきというのが解答でなければならない．」[1]

　(1) C.O.J., 26 September 2000, Bärbel Kachelmann v. Bankhaus Hermann Lampe KG, C-322/98, ECR, 2000, 7505.

**573** シャーリー・プレストン他対ウォルバーハンプトン医療信託(Shirley Preston and Others v. Wolverhampton Healthcare NHS Trust)事件およびドロシー・フレッチャー他対ミドランド銀行(Dorothy Flecher and Others v. Midland Bank Plc)事件[1]において，欧州司法裁判所は，職域年金制度の遡及的加入資格の権利を擁護する活動を支配するイギリスの手続ルールがEC法に抵触すると判示した．

　1994年[2]，欧州司法裁判所はすでに，職域年金制度の加入資格が，とりわ

けパートタイム労働者に関して，男女同一賃金原則を保障する EC 条約の適用範囲に該当すると判示していた．欧州司法裁判所は，同裁判所がこれらの規定の直接的効力を初めて承認した日である 1976 年 4 月 8 日から，職域年金制度に加入する権利に関する均等待遇を遡及的に主張するために，これらの規定を援用することができると判示した．

イギリスでは，いくつかの職域年金制度がパートタイム労働者を除外していた．1986 年から 1995 年までに，フルタイム労働者と同一の条件で，パートタイムが加入できるように，職域年金制度が変更された．

にもかかわらず，これらの変更がなされる前にパートタイムで働いた期間につき，これらの年金制度への遡及的加入の権利を承認することを保障するために，数多くの労働者がイギリスの裁判所に訴訟を提起した．

このように，6 万件の訴訟がイギリスの裁判所に提訴された．そのうちの 22 件が，法の先行問題を処理する意図を有するテストケースとして取り扱われた．

1970 年男女同一賃金法は，その雇用の終了から 6 カ月以内に，労働者が訴訟を提起することを要求している．同法の他の規定は，労働者が除外された年金制度の遡及的加入権の保障を得る期間を訴えの日に先立つ 2 年間に限定している．

イギリスの裁判所によれば，これらの二つの手続規定は EC 法に合致している．貴族院は，イギリスの制定法により設定された手続ルールが EC 法と一致するか否かに関して，欧州司法裁判所の判断を求めた．

(1) 16 May 2000, Case C-78/98, ECR, 2000, 3201.
(2) 28 September 1994 in Case C-57/93 Vroeg v. NCIV Instituut voor Volkshuisvesting and Stichting Pensioenfonds, ECR, 1994, 4541 and Case C-128/93 Fisscher v. Voorhuis Hengelo and Stichting Bedrijfspensioenfonds voor de Detailhandel, ECR, 1994, 4583.

**574** 欧州司法裁判所は，まず，EC 法は，職域年金制度の加入資格（これから年金給付の権利が発生する）の申立てが申立てが関連している雇用の終了から 6 か月以内に提起されねばならないとする国内手続規定を排除するものではないと判示した．しかし，この制限期間は国内法に基づく訴訟よりも，EC 法に基づく訴訟が不利であってはならない．

「他方，欧州司法裁判所は，EC 法が，申立て人の年金給付がその申立ての日に先行する 2 年より以前に遡らない日以降の勤続期間についてのみ算定されると規定する国内手続ルールを排除すると判示した」．

欧州司法裁判所は，承認を求めるパートタイム雇用の全期間をカバーする

ために最初に保険料を支払う場合にのみ，当該労働者が関連制度およびその結果としての給付の支払いの遡及的加入資格を保障されることを明確にした．
**575** 第141条に照らして，加盟国が採用する措置が間接差別となる程度にまで男女間に乖離的効果(disparate effect)を有するかどうかを確定するために，国内裁判所は男性よりも圧倒的に少数の女性しかその措置により課される要件を充足できないことを入手可能な統計が示しているかを実証しなければならない．もしそうであれば，その措置が性別に基づく差別に関連しない客観的な要素により正当化されない限り，間接差別が存在する．

　もし，男性より圧倒的に低い比率の女性しか2年間の雇用期間という要件を充足できなければ，当該ルールがその社会政策の適法な目的を反映したもの，すなわちその目的が性別に基づく差別に関連していないことを証明し，かつ，当該措置がその目的を達成するために適切であることを証明すべきなのは，訴えられた差別的ルールの作成者である加盟国である[1]．

　(1) C.O.J., 9 February 1999, Regina v,. Secretary of State for Employment,ex,parte Nicole Seymour-Smith and Laura Perez,Case C-16/97,ECR,1999,623.

## III　例　外

**576** 1976年指令の第2条第6項から第8項まで[訳注1]均等待遇ルールへの例外がある．均等待遇の基本原則からの適用除外として，これらは厳格に解釈さなければならない[1]．

　［訳注1］　2002年改正指令により修正．

　(1) C.O.J., 15 May 1986, M. Jphnston v. Chief Constable of the Royal Ulster Constablary, No.222184, ECR, 1986, 1651.

## A　活動の性質

**577** （改正された）1976年指令の第2条第6項によれば，「加盟国は，訓練を含む雇用へのアクセスに関して，関係する特定の職業活動の性質またはそれらが遂行される文脈の理由により，そのような特徴が純粋かつ決定的な職業的要件を構成する場合には，その目的が適法でありかつ要件が均衡のとれたものであることを条件として，性別に関係する特徴に基づく待遇の相違が差別を構成しないと規定することができる．」[訳注1]

　第2条第6項は，可能性を構成するものであって，義務ではないことが指摘されるべきである．適用除外の権限を特別の方法で行使することを加盟国

に要求する目的や効果を有するものではない．しかし，(旧)第9条第2項は，加盟国が，いかなる形態においても，均等待遇原則の適用から除外される職業および活動の完全かつ証明可能なリストを完成させること，およびその結果を欧州委員会に通知することを要求している．欧州委員会は，当該規定の適用を確認しなければならない(1)．欧州委員会対イギリス(Commission v. Great Britain and Northern Ireland)事件において，欧州委員会は，私的世帯における雇用，雇用される者の数が5人を超えない場合，あるいは助産婦の場合について，これら三つのケースはいずれも均等原則への例外として認めつつ，差別の禁止は適用されると主張した．イギリスは，これらの例外が正当化されると主張していた．なぜなら，

「これらは使用者と被用者との間の密接な個人的関係にかかわるものであり，使用者が特定の性別の者を雇用しないことを妨げることは法的に可能ではないからである．」(2)．

世帯に関する限り，欧州司法裁判所は，このような考察はある種の雇用について決定的であることは否定できないが，問題となっているすべての種類の雇用については必ずしもそうではないと判示した．小企業に関しては，欧州司法裁判所は，イギリスは，活動の性質または遂行される文脈を理由として，いかなる小規模企業においても労働者の性別が決定的な要素であることを証明する論議を提示していないと認定した．しかし，助産婦の例外については認められるものである．欧州司法裁判所は，現時点では，個人的な微妙さは助産婦と患者との関係において重要な役割を果たしていると判示した．

　　　［訳注1］　この部分は著者の第9版草稿による．改正前の規定(第2条第2項)は「その適用分野から，その性質や遂行される文脈を理由として，労働者の性別が決定的な要素を構成するような職業活動および(適切であれば)そのための職業訓練を除外する加盟国の権利を妨げない」と規定していた．本書の以下の記述は，この改正前の規定に関する判例であり，改正規定はこの諸判例を踏まえて設けられたものである．なお，草稿は理事会合意テキストに基づき「第2条第5項」としているが，官報掲載テキストに基づき「第2条第6項」に修正した．

(1) C.O.J., 21 May 1985, Commission v. Germany, No.248/83, ECR,1985,1459.
(2) Op. cit.

**578** ジョンストン対北アイルランドのアルスター警察本部長(Johnston v. Chief Constable of Ulster, Northern Ireland)事件(1)において，問題はジョンストン女史がフルタイムの警官として採用されなかったことであり，これは，武器の携行を必要とする出動が頻繁にある一般的な警察の責務がもはや女性に課されるべきではないという決定がなされたからであった．彼女はその結

果，低賃金でパートタイムの通信助手としての職務を受け入れざるを得なかった．欧州司法裁判所は，加盟国が，頻繁な暗殺があるという域内事情において，一般的な警察の責務を武器を携行する男性に制限するために公共の安全の要件を考慮することができるという見解を示した．

(1) Op.cit. 26 October 1999, Angela Maria Sirdar v. The Army Board and Secretary of State for Defence, Case C-273/97.［未公刊］および C.O.J., 11 January 2000, Tanja Kreil v. Bundesrepublik Deutscheland, Case C-285/98.［未刊行］．

**579** 前述したように，加盟国は，社会的発展に照らして，それが依然として正当化され，維持されるべきかを見るために，定期的に第2条第2項の例外を検討することを義務付けられている．加盟国はその検討結果を欧州委員会に報告しなければならない[訳注2]．

[訳注2] 1976年指令第9条第2項は，2002年改正指令によって明示的に削除されてはいないが，本来1976年指令の最終規定の一部であって，2002年改正指令により事実上効力を失っているものと思われる．訳稿作成時点で改正後の溶け込み条文は公表されていないが，新第2条第6項への読み換え規定がない以上，この検討・報告義務は無意味なものとなっている．

## B 女性の保護

**580** 均等待遇に関する1976年指令第2条第7項[訳注1]は，「女性の保護，とりわけ妊娠および出産に関する規定を妨げない」と規定している．さらに欧州委員会によれば，この例外は厳格に解釈されなければならない(1)．しかし欧州司法裁判所は，同指令は，保護的措置とその実施のための詳細な編成の双方に関して，妊娠および出産に関連する女性の保護を保証するために加盟国が採択する社会的措置について加盟国の裁量に委ねていると判示した．ジョンストン対警察本部長事件において，欧州司法裁判所はこう述べた．
「妊娠および出産への明文の言及から，指令が女性の生物的条件と女性とその子供との間に存在する特別の関係を保護しようとしていることは明白である．」

ウルリッヒ・ホフマン(Ulrich Hofmann)事件は，母親が利用し得る8週間の法律上の保護期間の満了と子供が6カ月に達した日との間の期間，すなわち母親が雇用され続ける一方で父親が育児する期間につき，使用者から無給の休暇を取得した父親に関するものである．ウルリッヒは，母性保護法(Mutterschutsgesets)により導入された産前産後休暇が，実際には，生物学的および医学的理由に基づき母親に社会的保護を与えるために設計されたもの

ではなく，むしろ子供に対する保護を意図するものであり，この休暇が子どもの死亡によって終了するという事実から，これは当該休暇が母親ではなく子供の利益のために設けられたものであることを示していると主張し，産前産後休暇への賃金支払を求めた。欧州司法裁判所はこの議論を肯定しなかった。欧州司法裁判所は，本指令は家族構成に関する問題を解決するために設けられたものではないし，両親間の責任分担を変えるために設けられたものでもないと判示した。本指令は，均等待遇原則については，二つの観点から女性のニーズを保護することの適法性を認めた。第1に，妊娠中の，そしてそれ以降の女性の心理的，精神的な機能が出産後に平常に回復するまで，女性の生物学的状態を保護することは適法である。第2に，母子関係と同時に雇用を追求することからもたらされうる複合的な負担によって，母子関係がかき乱されることを防止することにより，妊娠と出産の後の期間を通じて女性とその子供との特別な関係を保護することは適法である。それゆえ，原則的には，法律上の保護期間の満了時に女性に付与される産前産後休暇のような措置は，妊娠と母性の効果に関連して女性を保護しようとするものである限り，指令76/207の第2条第3項の適用範囲に含まれる。そうであれば，時期尚早に職場復帰するようにという望ましくない圧力を受けるのは母親のみであるという事実を考慮して，このような休暇を他の者を排除して母親にのみ付与することは適法である。本指令は，両親がそう決めたとしても，このような休暇を父親に付与しなければならないという要件を加盟国に課しているわけではない[2]。

(1) COJ,12 July 1984, Ulrich Hoffmann v.Barnard Ersatszkase,No.184/83,ECR, 1984,3047.

(2) 同.

［訳注1］　改正前は第3項．官報掲載テキストに基づき項番号を修正した．次の2パラグラフも同じ．

**580-1**　1976年指令は，女性の保護，特に妊娠，出産に関する規定を妨げない．

母親出産休暇(maternity leave)をとっている女性は，母親出産休暇の期間の終了後，より不利益な条件を付することなく，原職またはこれに相当する職に復帰し，かつその休暇中に得ていたであろういかなる労働条件の改善から生ずる利益を得る権利を有する．

妊娠または指令92/85/EECにいう母親出産休暇に関係する女性への不利益待遇は本指令にいう差別を構成する(改正第2条第7項第2文および第3文)．
［訳注1］

　［訳注1］　このパラグラフおよび次のパラグラフは著者の第9版草稿による．

第5章　均等待遇

**580-2**　1976年指令はまた，UNICE, CEEP および ETUC により締結された育児休業に関する枠組み協約に関する1996年6月3日の閣僚理事会指令96/34/EC および妊娠中および出産直後または授乳期の女性の安全と健康の改善を促進する措置の導入に関する1992年10月19日の閣僚理事会指令92/85/EC の規定を妨げない．本指令はまた，加盟国が父親出産休暇(paternity leave)および/または養子休暇(adoption leave)への独自の権利を認める権利を妨げない．

　これら当該権利を認める加盟国は，働く男性および女性を当該権利の行使のために解雇されることから保護し，このような休暇の終了後，原職またはこれに相当する職に復帰し，かつその休暇中に得ていたであろういかなる労働条件の改善から生ずる利益を得る権利を有することを確保するものとする(改正第2条第7条第4文および第5文)．

## C　積極的差別

**581**　加盟国は，男性と女性の間の現実の十全な均等を確保する観点で，条約第141条第4項にいう措置を維持または採択することができる(改正第2条第8項)．[訳注1]

　　[訳注1]　本パラグラフは著者の第9版草稿により置き換えた．なお，官報掲載テキストにより項番号を修正した．第8版の記述は以下のとおり．
　　　「これは，1976年指令第2条第4項で規定されている．積極的差別(positive discrimination)は，とりわけ女性の機会に影響する現存の不均等を除去することにより，男女の機会均等を促進する措置である．」

**582**　積極的差別の可能性は，EC条約の新第141条第4項の規定において高まった．すなわち，

「職業生活の慣行における男女の完全な均等を確保するために，均等待遇原則は，加盟国が，より少数の性(underrepresented sex)に属する者が職業活動を追求することを容易にし，または職業経歴における不利益を防止しもしくは補償するために，特別の便宜を提供する措置を維持または採用することを妨げるものではない．」

　アムステルダム条約に付属する宣言は，このような措置を採用する加盟国は，まず第1に雇用と職業における女性の地位の改善を目的としなければならないことを明らかにしている．

**583**　この領域では，早い時期に，カランケ対ブレーメン市(Kalanke and Freie Hansestadt Bremen)事件において，はなはだ論争を巻き起こした判決が欧州

385

司法裁判所によって出された．この判決で欧州司法裁判所は，自動的な性質を有するクォータ制を拒否したのである．事案は次のとおりである．

ブレーメン公園部の課長(Section Manager)のポストの採用の最終段階において，2人の候補者がリストアップされた．すなわち，本件における原告であり，園芸学と造園学の学位を保有しており，1973年以来，公園部の園芸担当職員として働いており，課長補佐職にあるエックハルト・カランケ氏(Eckhard Kalanke)であり，1975年に公園部の園芸担当職員として雇用され，1983年以来造園学の学位を取得していたグリスマン女史(Glißman)である．人事委員会は，カランケの昇進に同意を与えるのを拒否した．

斡旋に付された結果，カランケを昇進させるよう勧告がなされた．すると人事委員会は斡旋が失敗したと述べて使用者を拘束する仲裁委員会に訴え，同委員会は，2人の候補者は同一の資格を有しており，それゆえ，ブレーメン市の均等待遇条例(LGG)にしたがって女性に優先権が与えられるべきであると判断した．

労働裁判所において，カランケは，グリスマンよりもより高い資格を有しており，仲裁委員会はこれを認識しなかったと主張した．カランケは，そのクォータ制を理由として，均等待遇条例はとりわけブレーメン市憲法とドイツ基本法に違反すると主張した．しかしながら，カランケの申立ては第1審判決で棄却され，控訴審である地方労働裁判所でも再び斥けられた．

連邦労働裁判所は，本質的に，1976年指令第2条第1項および第4項が，昇進リストに掲載された異なった性別の候補者が同一の資格を有している場合，組織図に規定される関連職員集団または職務階層における個々の賃金等級(pay brackets)に少なくとも半分の女性がいない場合にはより少数の性であると推定しつつ，本件におけるように女性がより少数である分野においては，女性に自動的に優先権を付与するような国内法の規定を排除するものであるか否かを問うた．

欧州司法裁判所は，以下のように判示した．

「第1条第1項に述べるように，本指令の目的は，加盟国において，とりわけ昇進を含む雇用へのアクセスに関して，男女均等待遇原則を実効あるものにすることである．第2条第1項は，均等待遇原則とは『直接または間接的に，性別に基づくいかなる差別も存在しない』ことを意味すると規定している．

同一の昇進への候補者である男女が同一の資格を有する場合，女性がより少数であれば，女性が自動的に優先権を与えられるとする国内法のルールは，性別に基づく差別を伴う．

しかしながら，このような国内法のルールが『女性の機会に影響する現存の不均等を除去することにより，男女の機会均等を促進する措置を妨げるものではない』と規定する第2条第4項により許容されるか否かが考察されなければならない．

この規定は，表面上差別的であるが，実際には，社会生活の現実に存在する不均等の現実の事例を除去または減少させることを意図する措置を認めるために特別かつ排他的に設けられたものである．

それゆえ本規定は，昇進を含む雇用へのアクセスに関連して，労働市場での競争能力を改善し，また男性とイコール・フッティングでキャリアを追求する観点で，女性に特別の有利さを付与する国内措置を許容している．

しかしながら，指令に規定された個別の権利の適用除外として，第2条第4項は厳格に解釈されなければならない．

採用または昇進につき女性に絶対的かつ無条件の優先権を保証する国内ルールは，均等待遇の促進を超えるものであり，指令第2条第4項の例外の限界を踏み外すものである．

そのうえ，ある部局のすべての等級および階層にある男女の数を均等にすること(equal representation)を追求する限り，そのような制度は，第2条第4項が目指す機会均等を，そのような機会を提供することにより達成されるべき結果でもって代替することになる．

それゆえ，欧州司法裁判所は，以下のように結論した．
「1976年指令第2条第1項および第4項は，昇進にリストアップされた異なった性別の候補者が同一の資格を有する場合，組織図に規定される関連職員集団または職務階層における個々の賃金等級に少なくとも半分の女性がいない場合にはより少数の性であると推定しつつ，女性がより少数である分野において女性に自動的に優先権を付与する国内法ルールを排除する．

 (1) 17 October 1995, Case C-450/93,ECR,1995,3051.

**584** 欧州司法裁判所による判決は，膨大な論争をもたらした．積極的差別は，もちろん適法かつ受け入れられるものであるが，クォータ制は，自動的にというのではなく，ケース・バイ・ケースであれば有益のように思われる．

欧州委員会の解釈に従えば，女性の採用に対する厳格なクォータ制のみが違法とされたものであり，雇用の特定の部門や階層において女性が少数である場合に女性の数を増加させる意図を有する多くの積極的な措置は，この判決により影響されないのである．同時に，欧州委員会は，女性が少数である場合，使用者がつねに所与の場合において特定の状況を考慮する可能性を有していることを条件として，この規定により提供される措置が，両性の一方

の採用および昇進を有利にする行動を含むことを明示的に規定するように，男女均等待遇に関する指令76/207/EECの第2条第4項を改正することを提案した．

　欧州委員会は，欧州司法裁判所は単に，女性が少数である部門において両者の資格が同一であれば，自動的に女性に対し絶対的かつ無条件の採用や昇進の権利を付与するブレーメンの条例という特別の形態を非難したものと考えた．それ故，違法であるのは完全に厳格であり，かつ個別の状況を考慮する可能性を全く有しないようなタイプのクォータ制のみであるという見解である．それゆえ，加盟国および使用者は，弾力的なクォータ制を含むいかなる形態のポジティブ・アクションにも訴えることができる．例えば，

**(i)** 女性の数を増やし，昇進させる期限を設定するが，個別の採用および昇進の差異に自動的に強制されるものではないような女性昇進計画，

**(ii)** 採用，昇進に当たり，より少数の性に属する者を優先する原則を使用者に課すこと，この場合，優先されるべき権利はいかなる者にも与えられない，

**(iii)** 女性が少ない産業分野において，労働市場に復帰してきた女性を採用する企業に対する社会保障負担の減額措置，

**(iv)** 職業訓練，職業指導，労働時間の再編成，保育などに焦点を絞ったポジティブ・アクション．

　カランケ判決の結果に照らして，欧州委員会は，指令76/207/EECの第2条第4項を改正するために，以下のような「雇用，職業訓練および昇進へのアクセスならびに労働条件についての男女均等待遇原則の実施に関する指令76/2071EECを改正する指令案」を提案した．すなわち，

「4　本指令は，第1条第1項に規定する分野において，とりわけより少数の性の機会に影響する現存の不均等を除去することにより，男女機会均等を促進する措置を採択することを妨げない．可能な措置は，雇用または昇進へのアクセスに関連して，そのような措置が個別ケースの特定の状況の評価を排除しないものであれば，より少数の性に属する者に優先権を付与することを含むものとする.」

　ヘルムート・マルシャル対ノルトライン・ヴェストファーレン州(Hellmut Marschall v. Land Nordrhein Westfalen)事件[2]において，欧州司法裁判所は，その立場を確認した．欧州司法裁判所は次のように述べた．

「公共サービス部門の問題のポストの階層において男性よりも女性が少なく，かつ，当該ポストへの男性および女性の候補者が適性，能力および職業的業績が同一である場合に，個別の男性候補者に特有の理由があればそちらにバ

ランスが傾くようなものであれば，女性候補者の昇進に優先権を認める国内ルールは，以下を条件として，本指令第2条第1項および第4項によって排除されない。」
―各個別事案において，女性候補者と同一の資格を有する男性候補者に対して，個別の候補者に特有の基準を考慮し，かつ一またはそれ以上の基準が男性候補者に有利にバランスを傾ける場合には女性候補者に与えられた優先権を逆転させるような客観的評価にしたがってなされるという保証を提供すること，および，
―そのような基準が差別的なものでないこと
　(1)　O.J., 22 June 1996, No.C-179/8.
　(2)　C.O.J., 11 November 1997, C-409/95,ECR,1997,6363.

**585**　EC条約の新第141条，とりわけ第4項を採択する際に，EUの立法者は，カランケ判決で確定した欧州司法裁判所の判例法に論駁し，欧州委員会の提案の線で積極的差別に関するより進歩的なアプローチを採用した。

**585-1**　バデック(Badeck)事件において，欧州司法裁判所は，男女同権および公務労働における女性差別の除去に関するヘッセン州の法が76/207/EEC指令に合致するか分析した。

その法において，ヘッセン州の行政部局は，公職において男女均等待遇に貢献し，特に，女性促進計画によって女性がより少数である状態をなくすことが求められていた。各計画は，女性がより少数である部門において，定員の半分以上のポストを女性に与えなければならないことを定めなければならない。法は細則，選出基準，例外について定めをおいている。

欧州司法裁判所は，カランケ(Kalanke)判決(1995年10月17日)およびマルシャル(Marshall)判決(1997年11月11日)における先の判断に従い，女性がより少数である公務部門における女性の昇進を優遇することを目的とする措置は，次の場合にEC法と合致するとみなされなければならないとする。すなわち，
―男女が同等の職業資格を有するとき自動的かつ無条件に女性を優遇せず，かつ
―立候補がすべての候補者の特殊人的事情を考慮する客観的な査定に服する場合

「弾力的な結果クオータ制」を規定するヘッセン州法はすべての当該部門，部局に統一的なクオータ制を定めるものではなく，これらの部門，部局の特性が義務付ける目標を確定するにあたって決定的であると定めている。第2に，法は，手詰まりの状況(候補者が同じ職業資格を有する)にある各選出手続

の結果は必ず女性を有利に扱わなければならないと必ずしも初めから自動的に決定していない。

　欧州司法裁判所は，当該法律における候補者の選出手続は，候補者らの適合性，能力および専門的技術を募集対象のポストまたは与えられるべき官職への必要性という観点から査定することからはじめなければならないとした。

　欧州司法裁判所によれば，法によって定められた査定基準は，性別に関して中立的な文言からなり，男性を利することも可能だが，一般的に女性を優遇する。それらは明らかに社会生活において現実に発生しうる不均等を減少させることで形式的というよりむしろ実質的平等を導くことを意図している。

　欧州司法裁判所の観点においては，法によって導入された優遇規則はカランケ判決にいう絶対的かつ無条件のものではないが，より重要な法的力点（例えば，重度の障碍者の優遇，または長期失業を終了させるための優遇）の根拠は，女性に対する優遇を定める規範に優位することを認めた。規範が立候補がすべての候補者の特殊人的事情を考慮する客観的な査定に服することを保障しているかを評価するのは国内裁判所である。

　この事情において，欧州司法裁判所はEC指令は当該法を排除しないと判示した。欧州司法裁判所は，学術部門における有期のポストおよび学術助手に関する特別な制度は絶対的な上限を確定せずに，その部門における資格を有する女性の割合に言及しているため，EC法に適合すると述べた。

　法は，女性がより少数である熟練職業への女性のアクセスを可能にするために，州が訓練を独占していない職業の訓練の場の少なくとも半分が女性のために用意されるべきことを定める。欧州司法裁判所は，民間部門によって組織される類似の訓練を男性が受けることを禁止しない当該規則は，EC法に合致するとした。

　最終的に欧州司法裁判所は，欧州理事会指令はそれを実施するために採用された立法規定がそれらの組織の少なくとも半分のメンバーが女性であるものとする目標を考慮することを奨励する労働者の代表機関および行政監督期間の組織に関する国内規定を排除しないと判断した[1]。

(1) C.O.J., 28 March 2000, およびその他の仲裁例. Hessische Mnisterpräsident and Landesanwalt beim Staatsgerichtshof des Landes Hessen, Case C-158/97, ECR, 2000, 1875.

585-2　その職業資格が男性候補者のそれと同等でない場合でさえ，公的地位への女性のアクセスを自動的に促進するスウェーデンの法律は，EC法に違反する。欧州司法裁判所が指摘したのは，職業資格が同等であるときに女性を優遇することは，バランスを回復する手段として，それぞれの候補者を客

観的に評価することが保障されている限りにおいて，EC法に反しないということである．

事件の概要は次のとおりである．ヨーテボリ(Göteborg)大学は教授職の欠員を発表した．その欠員通知は，当該ポストの任命は専門的生活における両性の均等の促進に寄与すべきであり，スウェーデン法に基づいて積極的差別が適用されうると定めていた．

権限を有する選任委員会は，候補者の専門的業績および積極的差別に関するスウェーデン法の両方を考慮して候補者をランク付けした．

その法律では，教授の地位への任命は，より少数の性を優遇することを，そうすることがその性に属する候補者を採用するために必要であることが立証された場合，候補者間の職業資格の差違が任命を行うにあたり客観性の要件の侵害が発生する程大きくない限りにおいて，認める必要性を考慮するものとする．

大学の学長の決定は，任命されなかったアンデルソン氏(Mr.Anderson)およびアブラハムソン女史(Ms.Abrahamsson)の訴えの対象となった．

大学の申立て委員会は欧州司法裁判所に対し，スウェーデン法は男女均等待遇に関するEC法に合致するかについて先行判決を求めた．

欧州司法裁判所は，はじめに，以下の場合であって，女性がより少数である場合，公的部門において女性を昇進について優遇することを意図する基準はEC法と矛盾しないとみなされなければならないとの判例法を参照した．
―男女が同等の職業資格を有するとき自動的かつ無条件に女性を優遇されない場合であり，かつ
―立候補がすべての候補者の特殊人的事情を考慮する客観的な査定に服する場合．

欧州司法裁判所は，スウェーデン法は，十分な資格を有するにもかかわらずもう一方の性の他の候補者と同じ職業資格を有しないより少数の性に属する候補者を優先することを認めることを可能にしたと判断した．

欧州司法裁判所は，当該選任手続における候補者の職業資格の評価は，明確および特定の基準(例えば，年功，年齢，最終昇進日，家族的地位またはパートナーの収入)に基づいていないと判断した．候補者の職業的資格を任意に評価する危険性は，透明性のある基準の適用によって完全になくなるものではない．

スウェーデン法は，十分な職業資格を有するより少数の性に属する候補者を自動的に優遇し，それについてそれぞれの性の候補者の業績の差違が任命を行うにあたり客観性の要件の侵害が発生する程大きくないことのみを条件

としていた。

　欧州司法裁判所は，スウェーデン法における選出方法は EC 法に合致しないと結論した。選任は，究極的には単により少数の性に属するとの事実に基づいていたのであり，立候補はすべての候補者の特殊個人的な事情を考慮した客観的な査定に服するものではなかった。選任方法は，求められている目的についてみても不適切であった[1]。

　(1) C.O.J., 6 July 2000, Katarina Abrahamsson and Leif Anderson v. Elisabet Fogelqvist, Case C-407/98, ECR, 2000, 5539. ［訳注1］

　　［訳注1］ 以上の2つのパラグラフは，原著では別の場所に610, 611, 616, 617パラとしておかれているが，内容的に積極的差別にかかわるものであり，恐らく編集上の切り貼りミスと思われるので，本訳書では本来あるべき場所に移動した。

## 第5節　目　的

### I　同一労働同一賃金か同一価値労働同一賃金か

#### A　同一労働か同一価値労働か

**586**　EC 条約第141条は，同一労働または同一価値労働にかかわる。

**587**　欧州司法裁判所は，同一価値労働にかかわる事案で，女性の工場労働者を男性の商店労働者と比較することを求められた。女性労働者は，電話その他の器具の分解，清掃，オイル差しおよび再組立の仕事に従事していた。男性労働者は，器具や部品の清掃や集配業務や，要求される貸与に関する全般業務を担当していた。男性の同僚と比較して，女性労働者は，より高度の労働に従事していただけでなく，低い賃金を支払われていた。そこで問題は，EC 法の同一労働同一賃金原則が，申立人の労働が申立人が比較を求めた者よりも高い価値を有すると評価される状況において，同一価値労働に基づく同一賃金の申立てに拡張されるかということであった。その解答は，第141条に基づいて，より一層 (a fortiori) 肯定されるというものであった。反対の解釈をすることは，同一賃金原則を無効かつ無価値なものにするに等しいものであろう。本件において，使用者は，低い賃金を支払われる特定の性別の労働者に付加的なまたはよりやっかいな仕事をあてがうことにより，この原則を容易に逸脱することができるであろう[1]。

　(1) 4 February 1988, Mary Murphy and Others v. Bord Telecom Eirann, No. 157/86, ECR,1989,673.

第5章　均等待遇

**588**　2人の助産婦の賃金に関する他の事案[1]は，同一価値の労働に従事しているにもかかわらず，医療技師よりも低い賃金を受領していたというものである。問題は，両者の労働が同一価値であることを理由として，賃金に相違があることおよび医療技師が高い賃金をもらっていることについて生じた。

　欧州司法裁判所は，以下のように判示した。

「もしこの比較される二つのグループの賃金格差の存在が認められ，かつ入手可能な統計的数値が有利な地位にある男性よりも女性の比率が実質的に高いことを示していれば，条約第141条は使用者に対し，性別に基づく差別に関連しない客観的要素により，その相違を正当化することを要求している。」

「条約第141条および指令75/117の目的のための賃金の比較の基礎として用いられる給与計算のために考慮されるべきであるのは，3交替制勤務に従い実施される労働に関して付与される標準的な日勤の所定労働時間に関しての労働時間の短縮でもなければ，そのような短縮の価値でもない。しかし，そのような短縮は，性別に基づくいかなる差別にも関連しない賃金格差を正当化する客観的事由を構成しうる。本件においてそうであることを証明すべきは使用者である。」

(1) C.O.J,, 30 March 2000, Jämställdhetsombudsmannen v. Orebro läns landsting, C-236/98, not yet published.

**589**　第141条および本指令は，賃金が全面的にまたは大部分各労働者の個々の出来高に依拠している出来高払い賃金制度（piece-work pay schemes）に適用される[1]。

　同一賃金の原則は，出来高払い制度において，圧倒的に女性から構成され，あるタイプの労働を遂行する労働者集団の平均的賃金が，圧倒的に男性から構成され，同一価値が推定される他のタイプの労働を遂行する労働者集団の平均的賃金よりも明白に低いという事実の認定だけでは，賃金に関する差別が存在すると認めるには十分ではないことを意味する。しかしながら，個々人の賃金が，各労働者の出来高や関連する労働者集団に基づく固定要素という変動要素から構成されている出来高払い制度において，賃金における変動要素を算定するために用いられる算定率または算定単位を決定する要素を特定することができない場合，使用者は，認定される相違が性差別によるものではないことを証明する責任を負わなければならないであろう。

　二つの出来高払い労働者の集団の平均賃金を比較するためには，国内裁判所自身が，労働の性質，職業訓練の要件および労働条件のような，一連の要素を考慮して，比較し得る状況にあると認められるすべての労働者を二つの集団が含み，かつその相違が純粋に偶然や短期的な要素によるものや関連す

る労働者の個々の出来高の相違によるものであることを保障するだけの相対的に多数の労働者をカバーすることを証明しなければならない。

　同一賃金原則が遵守されているか否かを確定する際に，第1に，問題となっている労働者集団の一方によりなされる労働が機械にかかわり，特定の筋力を要求する一方，もう一つの集団によりなされる労働が特定の技巧性を要求する手作業であり，第2に，有給の休憩，自分の作業を編成する自由および作業に関連した不便さに関して二つの集団の労働の間に相違があるような状況下において，二つのタイプの労働が同一価値であるか，またはこういった状況が賃金の相違を正当化する性別に基づくいかなる差別にも関連しない客観的要素とみなされうるかどうかを決定すべきは国内裁判所である。

　男女同一賃金原則はまた，賃金の要素が団体交渉または事業所レベルの交渉により決定される場合にも適用される。しかし，国内裁判所は，労働者の二つのグループの間の平均賃金の相違が性別に基づくいかなる差別にも関連しない客観的要素によるものであるか否かの評価においてこの事実を考慮に入れることができる。

　　(1)　C.O.J., 31 May 1995, Specialarbejderforbundet i Danmark v.Dansk Industri, originally Industriens Arbejdsgivere, acting for Royal Copenhagen A/S, Case C-400/93, ECR, 1995, 1275.

**590**　1975年指令第1条第2項は，職務評価制度が賃金決定に用いられている場合，男女双方に同一の基準で用いられており，性別に基づくいかなる差別をも排除するものでなければならないと規定している。

　職務評価は，ギゼラ・ルンマー対ダト・ドルック(Gisela Rummer v. Dato-Druck)事件において論議された。本件では，知識，集中力および責任の程度といった要素と並んで，筋力要件や筋肉的な努力の要素がかかわっていた。欧州司法裁判所は，本指令は，賃金率を決定するための職務評価において，もし関連する任務の性質に鑑みて，遂行されるべき労働が一定程度の身体的強健さを要求するものであれば，その制度が全体として他の基準を採用することにより性別に基づくいかなる差別をも排除するものである限り，筋力要件や筋肉的な努力または労働の重さの基準を用いることを禁止していないと判示した。さらに，欧州司法裁判所は，労働が筋力や筋肉的努力を要求する程度または重い仕事かどうかを決定する基礎として，一方の性別の労働者の平均的成果を反映する価値を用いることは性別に基づく差別の形式を構成し，指令に違反すると判示した。職務評価制度は，各々の性別の労働者が特定の適性を示すことができる基準を考慮しなければならない[1]。

　　(1)　1 July 1986, No.237/85, ECR,1986,2101.

**591** 外見上同一の仕事（たとえば心理療法士として雇用された有資格心理学者）が，その職業の遂行のための同一の訓練または専門資格を有していない別の者の集団によって遂行される場合，各々の集団にそれぞれ課される仕事の性質，これらの仕事の遂行に必要な訓練要件や遂行の際の労働条件を考慮して，異なった集団が実際に条約第141条にいう同一労働を行っているかどうかを確定する必要がある．

専門的訓練は，同一労働に異なった賃金が支払われることを客観的に正当化する要素の一つであるだけでなく，同一労働が遂行されたか否かを決定するための可能な基準のひとつでもある．

このような状況において，異なった専門的訓練を受け，そして採用される根拠に基づいて，当該訓練の結果得られる資格の範囲の相違を理由として異なった仕事や責務を遂行することを求められる者の二つの集団は，比較可能な状況にあるとみなすことはできない．

それゆえ，その職業を遂行するための資格の基礎が異なっている者により同一の活動が著しい長期間にわたり遂行されている場合には，「同一労働」との文言は，EC条約第141条または本指令の意味においては適用されない．[1]

同一労働同一賃金原則が「単一の職場」に関してのみ解釈されるべきかという問題が生じた．この問題は，欧州司法裁判所によって判断されなかった[2]．しかし，デフレンヌ（Defrenne）第2事件において，欧州司法裁判所は以下のように述べた．

「個別企業に関してのみならず，ある産業分野全体についても，また全体としての経済システムにおいてさえ，男女間の直接および間接のすべての差別を根絶することによる第141条の目的の完全な実施は，一定の場合，その実施がECおよび国内レベルで適切な措置を採用することを不可欠とする基準の彫琢を必要とするということを認識しないでいることは不可能である」．[3]

さらに，同じ判決において，欧州司法裁判所は，民間部門か公的部門かを問わず，第141条の直接的効果を同一の事業所または施設において遂行されている労働に限定している．しかしながら，ヴェルローレン・ヴァン・テマート（VerLoren van Themaat）法務官は，上記のデンマークの事件において，労働の比較を同一の事業所に限定することにより，デンマーク政府は，第141条にも本指令にも見当たらない条件を追加しているという見解であった．本指令第1条第2項から明らかなように，ある企業の同一の固定的な事業所内または単一企業内での職務の比較さえ，必ずしも十分ではない．一定の状況において，同一の労働協約によりカバーされる他の企業における同一価値労働の比較が必要である．しかしながら，欧州委員会が正式に異議を提起して

いないので，欧州司法裁判所がこの問題に判決を下す理由は存在しない。[4]

マッカーシー社対ウェンディ・スミス(Macarthys v. Wendy Smith)事件において，同一労働同一賃金原則は，男女労働者がその使用者に対し同時に同一労働をしている状況に限定されるかという問題が生じた。ウェンディ・スミスは，週給50ポンドで雇用される卸問屋の支配人であった。彼女は，4か月の間隔の後に彼女が就任した前任者の男性の週給が60ポンドであることを理由に差別であると申し立てた。欧州司法裁判所は，イギリスの雇用控訴審判所が正当に認識したように，同一のポストにあるが時期において異なった期間にある2人の労働者の間の賃金格差が，雇用期間の間の期間，一般的な経済状況の変化，あるいはより制限的な賃金政策の採用といった，性別に基づくいかなる差別にも関連しない要素によって説明され得ることを否定できないと認識せざるを得なかった。このような正当化事由を欠く賃金格差は第141条に違反する。それゆえ，男女が同一労働につき同一賃金を受領すべきという第141条に具体化された原則は，男女が同一使用者に同時に同一労働に従事する場合に限定されない。以前に同一労働を行っていた男性が受領していた給与のみならず，より一般的に，現在同一労働を遂行する男性や過去に遂行していた男性が存在しない場合であっても，彼女がもし男性であれば得られたであろう給与をも請求できるのかという疑問，すなわち「仮想的男性労働者」の問題も提起された。回答は，そのような推定は産業の全分野の包括的な研究を必要とし，それゆえ，評価基準に関するECおよび国内の立法機関による彫琢が必要であるというものである。このことから，第141条の直接的適用の範囲に該当する現実の差別の場合，比較は同一の事業所または施設内での異なった性別の被用者により現実に遂行される労働の具体的な評価を基礎として引き出された同等者に限定される。

最後に，連続する職務は第141条にいう同一労働である。欧州司法裁判所は，この結論に達するのに本指令に含まれた「同一価値労働」の概念を必要とはしなかった。

(1) C.O.J., 11 May 1999, Ahgestelltenbetriebsrat der Wiener Gebietskrankenkasse v. Wiener Gebietskrankenkasse, Case C-309/97, ECR, 1999, 2865.

(2) Commission v. Denmark, 30 January 1985, No. 143/83, ECR, 1985, 427.

(3) 8 April 1976, No. 43/75, ECR, 1976, 455.

(4) 上記マッカーシー社対ウェンディ・スミス事件を見よ．

第5章　均等待遇

## B　同一賃金

**592**　第141条は,「同一賃金」の概念を含んでいる．1976年指令が「賃金」という用語に言及することなく労働条件のみを規定しているのに対し,1975年指令は単純に第141条に言及している．賃金は労働条件であるから,均等待遇に関して,賃金は1976年指令によりカバーされているということができる．実際,この問題は,「本条の目的のために,『賃金』とは,現金か現物給付かを問わず,使用者から雇用に関して,直接または間接に労働者が受け取る通常の基本的なまたは最低の賃金または給与およびその他のいかなる報酬をも意味する」と規定する141条の解釈に要約される．

性別に基づく差別のない同一賃金とは,

a　出来高払いの同一労働に対する賃金は,同一の計算単位に基づいて算定され,

b　時間給の労働に対する賃金は,同一の職務につき同一であること,

を意味する．

**593**　使用者が法令または労働協約に基づいて支払う年末ボーナスは労働者の雇用に関して受領され,その結果第141条にいう賃金を構成する．

この点に関して,第141条は男女が同一労働につき同一賃金を受領すべきとする原則を規定しているが,ある労働者集団が同一の性別の他の労働者集団よりも不利益に取り扱われる場合には関連していないことを想起すべきである．

他方で,この原則は直接的性差別をもたらす規定の適用を排除するのみならず,これら待遇の相違が性差別に関連しない客観的要素に帰せられない場合,性別に基づかない基準の適用の結果として,職場の男女間に異なった待遇を維持する規定の適用をも排除している．次に指摘されるべきは,第141条は性質において強行的なものであるから,男女労働者間の差別の禁止は,公的機関の活動に適用されるのみならず,雇用関係を規制することを意図する労働協約や個人間の雇用契約に拡張適用される．

労働協約により,週所定労働時間が15時間以下で通常賃金が月ベースの半ば以下である雇用にある労働者を,特別年次ボーナスの権利から除外し,かつこれに基づき強制社会保険から除外することは,この除外が労働者の性別とは独立に適用されるが現実には男性よりも女性に著しく高い比率で女性に影響する場合,性別に基づく間接差別を構成する[1]．

(1)　C.O.J., 9 September 1999, Andrea Krüger v. Kreiskrankenhaus Ebersberg, Case

C-281/97, not yet published.

**594** 第141条は，休職の結果として労働者に生じる職業的不利益を相殺するために支払いがなされる場合，産前産後休暇を取得する女性労働者にのみ一括払いをすることを排除していない。[1]

「賃金」の概念は実に多くの解釈論争を生じさせている[2]。

 (1) C.O.J., 16 September 1999, Oumar Dado Abdoulaye and Others v. Regie nationale des usines Renault SA, Case C-218/98, ECR, 1999, 5723.

 (2) 産前産後給付は第141条にいう賃金である。これが産前産後休暇の開始前に女性によって受領されていた賃金に基づいて計算される限り，給付の額は期間の始期と産前産後休暇の終期の間の賃金引き上げを含まなければならない(C.O.J., 13 February 1996, Joan Gillespie and Others v. Northern Health and Social Services Board and Others, Case C-342/93, ECR, 1996, 475)。15 June 1978, G. Defrenne v. Sabena, No. 149/77, ECR, 1978, 1365)

**595** クリスマス・ボーナスは，それが使用者により任意に支払われるとしても，また主にまたはもっぱら将来の労働または企業への忠誠心ないしその両方に対するインセンティブとして支払われていたとしても，賃金である。

 第141条は，このボーナスがその年の過程において遂行された労働に対する賃金として遡及的に支給される場合，ボーナスが支払われる年度内になされた労働または（その期間中は労働が禁止される）母性保護のための期間を考慮することなしに，使用者がクリスマスの例外的な手当てとして任意に支払われるボーナスの給付から育児休業にある女性労働者を完全に除外することを排除している。

 しかしながら，第141条も指令92/85の第11条第2項も，UNICE, CEEP, ETUCによって締結された育児休業に関する枠組み協約（1996年）の第2条第6項も，この手当が支給されるときに労働者が雇用にあって活動していなければならないという唯一の条件に基づいている場合には，育児休業にある女性に対するそのようなボーナスの支払を拒むことを排除していない。

 第141条，指令92/85の第11条第2項および上記協約の第2条第6項は，使用者がクリスマス・ボーナスを育児休業を取った女性労働者に支給するときに，支給額を時間比例で削減するために育児休業期間を考慮に入れることを排除していない。

 しかしながら，第141条は，使用者がクリスマス・ボーナスを支給するときに，支給額を時間比例で削減するために（その期間中は労働が禁止される）母性保護のための期間を考慮に入れることを排除している[1]。

 特に，直接賃金と間接賃金の区別はなお困難なものである。この問題はま

第5章　均等待遇

ずガブリエラ・デフレンヌ (Gabriella Defrenne) 第1事件で取り上げられた．デフレンヌはスチュワーデスとしてサベナ航空に雇用された．1969年11月3日の勅令は航空会社の乗務員に関する退職年金制度を規定している．デフレンヌ女史は一般年金制度でカバーされていた．しかし，労働協約の文言に基づき採択された彼女の雇用契約では，40歳を超えてその業務を遂行し続けることができなかったため，その制度では彼女は全額給付を受け取ることができなかった．それで彼女には完全なキャリアを得る可能性はなく，女性にとっては60歳である一般制度によって規定された年齢の前にいかなる退職年金も要求することができなかった．結果として，労働者，使用者の保険料および国の補助金によって賄われる社会保障の条件のもとで与えられる退職年金は，労働者がその使用者から雇用に関して間接的に受け取る報酬を構成するかどうかという疑問が欧州司法裁判所に提起された．

　(1)　C.O.J., 21 October 1999, Susanne Lewen v. Lothar Denda, Case C-333/97, ECR, 1999, 7243.

**596**　欧州司法裁判所は1971年に（それゆえ1976年指令以前に），法務官の見解にしたがってその理論を基礎付け，解釈の困難性は「現金か現物給付かを問わず，使用者から雇用に関して，直接または間接に労働者が受け取る通常の基本的なまたは最低の賃金または給与およびその他のいかなる報酬」との文言に集中することを確認した．

　欧州司法裁判所によれば，以下の要素が維持されなければならない．
1　使用者による労働者に対する直接または間接の支払，
2　その雇用に関する支払い

　それゆえ，問題は「年金」が両方の要素を有しているか否かであった．ここでは，区別は，年金の種類によってなされた．すなわち，すべての労働者に給付される一般制度と，特定の労働者集団のみに給付される特別の制度である．

**597**　欧州司法裁判所は，社会保障給付の性質の報酬が原則的に賃金概念に相容れないものではないとしても，第141条に定義されたこの概念の中に社会保障制度または給付，特に関係する企業や職業分野内部のいかなる協約の要素もなしに立法によって直接規制される労働者の一般的範疇に強制的に適用される退職年金を持ち込むことはできないと判示した[1]．これら制度は労働者に法的制度の給付を，使用者と労働者の間の雇用関係というよりは社会政策的考慮によって決定された方法で，労働者，使用者それに可能なら公的機関の拠出により保障している．したがって，そのような制度を賄うために使用者が拠出した部分は労働者への直接または間接の賃金を構成するものでは

399

ない．さらに，労働者は通常使用者が拠出したからという理由ではなく，労働者が給付を受ける要件を満たしたという理由だけで，法的に規定された給付を受給する．似たような特徴は，立法により設立された一般的社会保障制度の内部で特定の労働者範疇に関係する特別の制度にもある．立法により規定された社会保障制度の枠内で設立された退職年金は，第141条にいう被用者が使用者からその雇用に関して間接的に受け取る報酬を構成しない．

(1) 欧州司法裁判所は，老齢年金および退職年金の支給のために性別によって異なった支給開始年齢を設定することを認めることを目的とした EC 立法，そしてこの相違に直接関連する差別の形式について考察した (C.O.J., 7 July 1992, The Queen v. Secretary of State for Social Security Ex Parte: The Equal Opportunities Commission (EOC), No. C-9/91, ECR, 1992, 4297.; see also: Ten Oever G.C. v. Stichting Bedrijfspensioenfonds voor het Glazenwassers-en Schoonmaakbedrijf, 6 October 1993, N0. C-109/91, ECR, 1993, 4287.).

**598** 特別の退職制度の場合，異なった前提が考察されねばならない．使用者により直接に支払われる年金は，第141条にいう直接賃金を構成する．その理由は，それらが雇用に関する支払であり，多くの場合賃金の減額が生じるからである．使用者の拠出による一般的な法的制度から独立で異なった職業または職業横断的な企業に雇用される特定の労働者集団のために設立された追加的な退職制度もまた，支払が基金によってなされるにもかかわらず「賃金」を構成し，ここにある意味における間接賃金の形式に当面する．実際，使用者は拠出し，そこには雇用関係との特別の関係が存する．このような制度は使用者と密接な関連を示す．

**599** 行政的かつ組織的観点から，一般的な国家制度の一部であり，かつ一般的制度よりもより高い額を給付しているという事実によって特徴付けられる特別な社会保障制度（すなわち炭鉱労働者，船員のための，またガス・電気などの業種への特別制度）は，これらの一般制度から分離することはできない．ここでは使用者との関連はとても弱い．保険料と年金額との間には，現実の関連性はなく，使用者は，直接的にも，間接的にも支払ってはいない．

結論として，より一般的な社会政策の枠組みで設立された一般のおよび特別の退職制度は EC 条約第141条にいう「賃金」ではないということができる．逆に，使用者によって支払われ，またはこの目的のために設立された使用者の基金を通じて支払われる年金は，「賃金」を構成する．これはデフレンヌ女史が敗訴するということを意味する．基準を繰り返そう．

1　使用者により直接または間接に支払われ，
2　雇用に関しては，特定の企業における特定の雇用関係に基づく，

報酬でなければならない.

「この点について，欧州司法裁判所が何回にもわたって，唯一の可能な決定的基準は年金が労働者とそのかつての使用者との雇用関係を理由として労働者に支給されるのか否か，すなわち第141条の文言それ自身に基づく雇用の基準であると繰り返していることを想起すべきである.

明らかに，欧州司法裁判所は，法定社会保障制度が全面的にまたは部分的に労働に関連した賃金を反映していることから，雇用基準が排他的であるとは見なされ得ないと認識してきた.

他方，年金が特定の労働者範疇にしかかかわらず，直接勤続期間にかかわり，その額が最終給与に基づいて算定されるならば，社会政策，国家組織，倫理の考慮，あるいは国内立法による特定の制度の設立に影響または影響してきた財政的関心さえも，一般化することはできない.

さらに，職域年金制度の下で支払われる遺族年金は遺族の配偶者が当該制度に加入していたことから派生する利益であり，したがって第141条の適用範囲に含まれる.

以上から，問題の種類の職域年金制度の下で支払われる遺族年金は[1]，本質的に受給者の配偶者の雇用関係から生ずるものであり，当該配偶者の賃金にかかわり，条約第141条の適用範囲に含まれる[2].

(1) 国営電気企業の保険制度.
(2) C.O.J., 17 April 1997, Dimossia Epicheirissi Ilektrismou (DEI) v. Efthimios Evrenenopoulos, C-147/95, ECR, 1997, 2057.

**600** リーフティング他対アムステルダム大学病院当局(Liefting and Others v. Direction of the Academic Hospital of Amsterdam)事件において，年金がふたたび争点の中心となった．事案は，以下のような社会保障制度に関するものである.
1 保険料は被用者の給与を基礎として算定されるが，一定の限度額を上回らない，
2 夫婦がひとりの者として扱われ，再び上限を付して，双方の給与を合計したものを基礎として保険料が算定される，
3 国はその被用者のために本人負担の保険料を支払う義務を負う，
4 夫婦がともに公務員である場合，夫を雇用する機関が第一に保険料を支払う責任があり，また妻を雇用する機関は，夫のために支払われる保険料が上限に達していない場合にのみ，保険料を支払うことを求められる.

妻のために支払われる保険料は，このように，夫のために支払われるものよりも少ない．両者が同一の可処分所得を享有するが，保険料が給与に付加

されるから，夫の給与総額は，その妻の給与よりも高くなる．給与総額は，整理解雇手当，失業給付，家族手当および社内融資などの給与にリンクする他の有利な算定の基礎とされるから，これは重要である．欧州司法裁判所は，その夫もまた公務員である女性公務員の給与総額と，男性公務員の給与総額との相違が，整理解雇手当，失業給付，家族手当および社内融資のような，給与によって決定される他の給付に直接影響する限りにおいて，そのような制度が EC 条約第141条に規定する原則に違反すると正当に判断している[1]．

D.ニース対ヒュー・スティーパー社(D.Neath v. Hugh Steeper Ltd.)事件において，第141条の解釈およびバーバー(Barber)判決の時間的効力に関して三つの問題が提起された．

この三つの問題は，企業年金の付与と年金権移転の規定に関する訴訟において提起された．問題のポイントは，私的職域年金制度の領域における性別による異なった年金数理的要素の利用であった．

欧州司法裁判所は，本件で問題となっているような確定給付職域年金制度においては，使用者の関係被用者へのかかわりは，所与の時点において，そのかかわりがなされた時点で既に決定基準が知られており，第141条にいう賃金を構成する定期的な年金の支給にかかわると述べた．しかしながら，このかかわりは必ずしも第141条の適用範囲外にとどまる年金の定期的な支給を確保するために選択された資金の仕組みと関わりを持つ必要はない．

拠出制度では，資金は被用者の支払う保険料と使用者の支払う保険料を通じて提供される．被用者による保険料は，定義上賃金である被用者の給与から直接差し引かれるのであるから，賃金の要素である．それゆえこれら保険料の額は，欧州司法裁判所に持ち出された事件において実際そうであったように，男女すべての被用者について同一でなければならない．これは約束した年金の費用をカバーするのに必要な資金の十分さを確保し，それゆえ使用者のかかわりの実質である将来における払いを確保するための使用者の拠出には当てはまらない．

続けて，年金の定期的な支給とは異なり，性別によって異なる年金数理的要素を用いることによる積立確定給付制度の下で支払われる使用者の拠出金の不均等は，第141条によって打撃を受けない．

似た事案はウォリンガムとハンフリー対ロイズ銀行(Worringham and Humphreys v. Lloyd's Bank Limited)事件で取り扱われた．ロイズ銀行ではすべての常勤職員は入社するときに退職給付制度に加入するよう求められる．25歳未満の女性を除き全員が給与の5％を基金に拠出するよう求められる．保険料は各人の給与から源泉徴収され，銀行から直接信託会社に支払われる．

ここでもまた，男性の給与総額はより高く，上述の5％の保険料が整理解雇手当，失業給付，家族手当と同時に社内融資のような特定の給付や社会的便宜の額を決定するのに含まれ，この年金にかかわらない他の側面に関する異なった規則をもたらす．論理的に，欧州司法裁判所は，給与総額に追加する方法で被用者の名目で使用者により支払われ，それゆえ給与額を決定するのに寄与する退職給付制度への保険料は，EC条約第141条第2項にいう「賃金」を構成すると結論した．

(1) 18 September 1984, No.23/83, ECR, 1984, 3225.
(2) 22 December 1993, No.Case C-152/91,ECR, 1993, 6935.
(3) 11 March 1981, No.69/80, ECR, 1981, 767.

**601** ガーランド対英国鉄道(Garland v. British Rail)事件における争いは，退職によって配偶者および扶養の子どものための交通援助(travel facilities)の利用を，男性労働者は可能であるにもかかわらず，継続することができなかった女性労働者が被ったと主張される差別に関するものであった．問題はこのような援助が第141条にいう賃金を構成するかどうかであり，とりわけ，契約上義務付けられずに使用者がその援助を付与していることから問題となる．欧州司法裁判所は，当初，退職後に付与される特別鉄道交通援助は，雇用期間に付与されていた援助の延長と考えられなければならないとの見地を維持した．使用者の好意によって退職した男性労働者またはその扶養家族に対して直接的あるいは間接的に雇用と関連して援助が付与されているため，それらは第141条にいう賃金として扱われることを可能とする基準を満たしている．欧州司法裁判所は，援助は契約上の義務と関連しないという主張を重要でないと判断した．援助の法的性質は，それが雇用との関連から付与される限りで，第141条の適用にとって重要でないのである[1]．

もう一つのケースは欧州委員会職員の海外赴任手当に関するものである．このような手当の目的は，欧州委員会職員になることおよびそれにより結果的に生じる居住地を変更する義務から生じる特別な費用や損害を公務員に補償することである．職員規則は，「結婚の日に手当を受給する資格を有さない者と結婚する職員は，その際世帯主とならなければ，海外赴任手当の権利を失うものとする」と規定していた．しかし，世帯主は通常，既婚男性職員に対して適用され，既婚の女性職員は夫が精神薄弱や重度の疾病に罹患している場合など，例外的な場面においてのみ世帯主とみなされる．このことが示すのは，手当は結婚した職員に対し，受給者の個人的事情だけでなく，結婚によって発生した家族的事情をも考慮して支払われるということである．職員規則は職員を男性か女性かによって区別して取り扱うことはできず，海外

赴任の地位の終了は性別とは無関係な男女職員双方にとって統一的な基準に基づかなければならないため，欧州司法裁判所は，申立人の海外赴任手当を撤回した決定を取り消した(2)。第141条は，使用者によって離職を希望する労働者に支払われる希望退職給付(voluntary redundancy benefits)へのアクセスの条件に対しても適用される(3)。

60歳以上の女性労働者を追加的整理解雇手当の支給対象から除外する法律を維持することで，加盟国は同じように第141条の義務を果たしていない(4)。

最後に，G. デフレンヌの雇用契約が終了しなければならなかった40歳というような年齢要件は，間接的に報酬と関連するが，もちろん第141条にいう「賃金」を構成しない。

(1) 2 February 1982, No.12/81, ECR, 1982,359.
(2) C.O.J., 7 June 1972, Sabbatini v. European Parliament, No.20/71, ECR, 1972, 363.
(3) C.O.J., 16 February 1982, Arthur Burton v. British Railways Board, No.19/81, ECR, 1982, 554.
(4) C.O.J., 17 February 1993, Commission of the European Communities v. Kingdom off Belgium, No.C-173/91, ECR, 1993, 673.

**602** ニューステッド対運輸省(Newstead v. Department of Transport)事件では，以下の事案が争われた。ニューステッドが加入する職域年金制度が寡婦年金基金の規定を置いた。当該基金は一部公務員の保険料によってまかなわれていた。しかし，男性公務員は結婚しているかいないかに関係なく全給与の1.5％を拠出することを義務付けられたにもかかわらず，女性公務員は，一定の場面においては納入が許されたが，基金に保険料を拠出することを義務付けられることは無かった。職域制度の対象期間に一度も結婚しなかった公務員については，寡婦年金基金に対する拠出は，退職時に年4％の複利とともに返還されるものと定められた。それ以前に死亡した場合，その額は遺産に加えられる。未婚であるニューステッド氏は，女性公務員が全給与の1.5％を支払う義務を負っていないことを理由として，寡婦年金基金に拠出する義務は同等の地位にある女性公務員と比較して自身にとって差別的な効果を有すると主張した。欧州司法裁判所はこの事件を判断するにあたり，男性のみが社会保障制度に拠出する必要があるという事実を埋め合わせるために，男性の総賃金が女性のそれよりも高い場合にも第141条は適用可能であると簡潔に述べた同裁判所の初期の判決を念頭に置いた。欧州司法裁判所が強調したのは，割増しされた賃金が後に使用者によって控除され，その労働者の年金

基金に支払われたとしても，それは他の給与と関連した給付（解雇手当，失業給付，家族手当，社内融資）の計算を決定し，そして第141条第2項における労働者の賃金の内容となっていた点である．ニューステッドについてこのような事情は存在しないと欧州司法裁判所は判断した．争われている控除は，社会保障制度に対する拠出のために手取り賃金の減少をもたらし，上で触れた他の給与と関係する給付は通常通り計算されたため総給与に影響を与えなかった．むしろ驚くべきは，第141条が適用されないとした点である．1976年2月9日の指令76/207も社会保障の事項への適用を予定していないことを理由に適用が否定され，1978年12月19日の指令79/7も同指令第3条第2項が「遺族給付に関する規定には適用しないものとする」と定めていることを理由に適用が否定された．付け加えるべきは，1986年7月24日の指令86/372第9条が職域社会保障制度における男女均等待遇の原則の実施について以下のように定めていることである．

「加盟国は次の点について均等待遇の原則の強制適用を延期することができる……**(b)**指令がその点に関する法定社会保障制度における均等待遇の原則を要請するまで，遺族年金」

　ジョージ・ノエル・ニューステッドは，本件が負けるはずがない事件であることを一応確信していたはずにもかかわらず敗訴した．第141条および均等待遇指令の「賃金」の概念が進んだ法的技術に属することがすぐに明らかになる．

**603**　このことを確定的にしたのは，バーバーが強制整理解雇されたことに対して早期退職年金を受ける権利について争われたダグラス・ハーベイ・バーバー対ガーディアン王立取引所(Douglas Harvey Barber v. Guardian Royal Exchange Group)事件である．バーバーの契約条項は，整理解雇の場合，ガーディアンによって設立された年金基金の構成員は男性は55歳，女性は50歳に到達していたことを条件として早期年金を受ける権利を有すると定めていた．これらの条件を満たさない従業員は，勤務期間に応じて計算された一定の現金給付および男性は62歳，女性は57歳に固定された通常の年金受給年齢において支払われる延期年金を受給した．バーバー氏は52歳の時に整理解雇された．ガーディアンはバーバーに，退職規定において定められている現金給付，法定整理解雇手当および法的義務のない手当を支払った．バーバー氏は62歳の誕生日から退職年金を受給する権利を有するはずであった．バーバー氏と同じ立場にある女性は法定整理解雇給付とともに早期退職年金を受給したであろうこと，そしてこれらの給付の総価値がバーバー氏に支払われた額を超えるであろうことは議論がなかった．したがって，バーバー氏は差

別を受けたと主張した．

**604** 本件について判断するにあたり，欧州司法裁判所は，いくつかの点を確認する一方で，多くの原則に関する重要な決定を行った．

1　ある給付が雇用関係の終了後に支払われるという事実は，それがEC条約第141条にいう賃金の性質を有することを妨げない[1]．

2　整理解雇に対する補償は，それが雇用契約もしくは制定法の規定に基づきまたは任意に支払われようと，労働者がその雇用との関連において権利を有し，雇用関係の終了に伴って支払われる賃金の一形態を構成する．

3　国内の法定社会保障制度によって付与される給付とは異なり，外部委託された制度によって支払われる年金は，雇用に関して使用者から労働者へ支払われる対価を構成し，したがって第141条の適用範囲に含まれる．

4　たとえ男女間の年金受給年齢の差違が国内の法定社会保障制度によって定められている差違に基づくとしても，外部委託された制度において支払われる年金について性別によって異なる年齢条件を課すことは第141条に反する[2]．

5　欧州司法裁判所は，性別に基づくあらゆる差別を防ぎ，必要ならば根絶するために，国内裁判所による検討の透明性および特に可能性の基本的な重要性を強調した．

6　仮に国内裁判所が，状況に応じて男女に付与されるすべての多様なタイプの報酬を調査，比較する義務を負うならば，司法的検討は困難となり，結果的に第141条の有効性は縮減される．効果的な検討を可能にする真の透明性は，同一賃金の原則が男性または女性に対して与えられるそれぞれの報酬の要素に対して適用される場合にのみ保障される．

7　欧州司法裁判所は，確立した同裁判所の判例法に従い，第141条を適用するための国内またはECの措置によるより精確な定義を必要とすることなく，第141条は当該条文に示される同一労働同一賃金の基準の助けによって主として明らかにされるあらゆる形態の差別に直接適用されると考えた．

8　第141条の直接的効力は，判決日以前の効力と同様，労働者または労働者に関する主張が，その日以前に法的手続を開始した，または当時適用可能な法に基づいて同様の主張を提起したものである場合を除き，年金に関する権利の主張について依拠することができない．欧州司法裁判所は，同裁判所の判決が過去の出来事について与えるかもしれない深刻な困難を考慮して，欧州司法裁判所が先行判決の付託手続において規定に与えた解釈に依拠するすべての関係者に対する可能性の制限を，例外の方法によって，

除去しうることを実際に想起した[3]．
  (1) これは欧州委員会対ベルギー(Commission v. Belgium)事件(17 February 1993, No.C-173/91, IELL, Case Law, No.201)において確立した．「60歳に達した女性労働者について，1975年1月16日の勅令によって法として成立した労働協約第17号に定められた整理解雇において支払われる補完的手当の不適格を定める現行法を維持することで，ベルギーはEC条約第141条における義務を果たしていない．」
  (2) C.O.J., 14 December 1993, Moroni v. Finma Collo GmbH, No.C-110/91, ECR, 1993, 6591 も参照のこと．
  (3) 17 May 1990, No.262/88, IELL, Case Law, No.146．なお，C.O.J., 6 September 1993, G.C. Ten Oever v. Stichting, 14 December 1993, M.Moroni, 22 December 1993, D.Neath v. Hugh Steeper Ltd. No.C-152/91, ECR, 1993, 6935 参照．

**605** 年金の物語は続く．バード・アイ・ウォールズ社対F.M.ロバート(Bird Eye Walls Limited v. F. M. Robert)事件[1]では，経過年金に関する均等待遇を検討する際，当該女性が実際に受給している国の年金を考慮すべきかについて疑問が提示された．本件において欧州司法裁判所は以下のように判示した．
「1　使用者によって健康不良を理由に早期退職した男女労働者に支払われ，特に国の年金の受給に必要とされる年齢にいまだ到達していなかったことから生じる収入の喪失を補償することを意図する経過年金の額を計算するにあたり，後に受給するであろう国の年金の額を考慮に入れ，したがって経過年金の額を減少させることは，60歳から65歳の男女の場合に女性の退職者が男性の退職者よりも少ない経過年金を受給する結果，すなわち使用者のもとで実施された勤務期間について60歳から権利を有する国の年金の額に匹敵する差違が生じる結果となったとしても，EC条約第141条に違反しない．
2　経過年金を算定するにあたり，結婚した女性が低率の拠出を選択していなければ受給するであろう満額の国の年金や，減額された年金のみを受給する権利あるいは年金を受給する権利を有しないこと，または当該女性によって受給することが可能であり満額の国の年金と同額である寡婦年金を選択したことを考慮に入れることは，EC条約第141条に反しない．」
  (1) C.O.J., Bird Eye Limited v. F.M.Robert, 9 November 1993, No.C-132/92, ECR, 1993, 5579.

**606** 1994年9月28日，欧州司法裁判所はバーバー事件の含意に関連する6件もの事件の判決を行った[1]．これらの判決の収穫は以下のように要約できる．
1　バーバー判決により，EC条約第141条の直接的効力は，職域年金に関す

る均等待遇の主張については，1990年5月17日以降の勤務期間について支払われる給付との関連においてのみ主張可能であり，その日以前に法的手続を開始したまたは適用可能な法に基づいて同等の主張を提起した労働者あるいは労働者に関する主張にとって利益となる例外に服する．

2 バーバー判決の効力の時間的限定は遺族年金に適用され，その結果，この年金に関する均等待遇は，1990年5月17日以降の勤務期間に関してのみ主張されうる．
バーバー判決の効力の時間的限定は，実際の勤務期間の長さと関連しない給付について，効力発生事由が1990年5月17日以前に起こった場合のみ，適用可能となる．

3 バーバー判決によって定められた原則および，より限定的には判決の効力の時間的限定は，外部委託された職域制度だけでなく外部委託されたのではない職域制度にも関連する．

4 設立された確定給付型職域年金制度において性別に応じて変化する保険数理的要素を利用することは，EC条約第141条の適用範囲に含まれない．したがって，制度を設立するために選択された協定のみを基礎として金額が決定されうる主たる給付または代替的給付の総額における不均等も，同様に第141条の適用対象とならない．

5 第141条に規定された均等待遇の原則は，職域制度によって支給されるすべての年金給付に対して，それらの給付の拠出元の種別，すなわち使用者の拠出か労働者の拠出かに応じてなんらの区別をすることなく，適用される．

6 労働者の転職によってある職域制度から他の職域制度への年金権の移転が行われる場合，第2の制度は，労働者が定年に達するにあたり，移転された資本が不十分であったことによって労働者が第141条に反して被った影響をなくすための移転を受け入れた場合，支払いを引き受けた給付を増やす義務を負う．これは，第1の制度において被った差別的待遇の責めによるものであり，1990年5月17日以降の勤務期間について支払われる給付について以上のようになされなければならない．

7 第141条は常に一方の性別のみの構成員しか有しない制度には適用されない．

8 第141条は，1990年5月17日から当該制度における均等を達成するための措置が効力を発生する日までの間になされた勤務期間について，職域制度が女性の定年を遡及的に上昇させることを排除する．

9 第141条は，女性労働者に適用される協定と同様の協定を男性労働者に

第5章　均等待遇

適用する以外の方法によって達成される均等な状態を認めない．
10　公務員年金制度において支払われる給付は第141条にいう賃金とみなされなければならない．
11　差別によって不利益な立場に立たされた既婚男性は，既婚女性と同様に扱われ，同様の規則が適用されなければならない．

(1) COL, 28 September 1994, Coloroll Pension Trustees Ltd v. James Richard Russel and Other, C-200/91, ECR, 1994, 4389,Constance Christina Ellen Smith and Others v. Avdel Systems Ltd., Case C-408/92, ECR, 1994, 4435,Maria Nelleke Gerda van den Akker and Others v. Stiching Shell Pensioenfonds, Case C-28/93, ECR, 1994, 4527, Bestuur van het Algemeen burgerlijk pensioenfonds v. G.A. Beune, Case C-7/93, ECR, 1994, 4471,Anna Adriaantje Vroege v. NCIV Instituut voor Volkshuisvesting BV and Stichting Pensioenfonds NCIV, Case C-57/93, ECR, 1994, 4541,Geertruida Catharina Fisscher v. Voorhuis Hengelo BV and Stichting Bedriffspensioenfonds voor de Detailhandel, Case C-128/93, ECR, 1994, 4583.

**607**　職域年金制度に加入する権利は第141条の適用範囲に含まれ，したがって差別禁止によって保護される．バーバー判決の効力の時間的限定は，職域年金に加入する権利または退職年金の支払に関する権利に適用されない．労働者が遡及的に職域年金の加入者であることを主張できるという事実は，労働者に当該加入者期間の拠出の支払を避ける権利を与えない[1]．

(1) COL, 24 October 1996, Francina Johanna Maria Dietz v. Stiching Thuiszorg Rotterdam, Case C-435/93, ECR, 1996, 5224.および,C.O.L., 25 May 2000, Jean-Marie Podesta v. Caisse de retraite par répartition des ingénieurs cadres & assimilés(CRICA) and Others, Case C-50/99, ECR, 2000, 39 参照．

**608**　職域社会保障制度における男女均等待遇原則の実施に関する指令(1986年7月24日，86/378)が1996年12月2日に採択された指令96/97によって改正されたことに注目すべきである[1]．1996年指令は1986年指令をバーバーおよびその後の事件における欧州司法裁判所の判決に一致させている．

(1) O.J., 17 February 1997, No.L 46.

**609**　労働者が不公正に解雇された場合に補償を得る権利を有するかを決定する条件と同様，不公正に解雇されない権利の侵害に対する司法的補償付与は，第141条にいう賃金を構成する．しかし，労働者が不公正に解雇されたときに，復位または復職する権利を有するかを決定する条件は，1976年2月9日の76/207/EEC指令の範囲に含まれる．

すべての重要な法的・事実的状況を考慮し，不公正解雇に対する保護が最

低2年の期間継続して雇用されていた労働者のみに適用される効果をもつ規範の適法性が検討されるべきときに，その点について判断するのは，国内裁判所である(1)．

(1) C.O.J., 9 February 1999, Regina v. Secretary of State for Employment, ex parte Nicole Seymour Smith and Laura Perez, Case C-167/97, ECR, 1999, 623.

## II　雇用，昇進，職業訓練へのアクセス

**612**　（改正された）1976年2月9日の76/207指令は，均等待遇原則，これはすなわち，公的機関も含めて，公的または民間部門において，以下との関係で，性別に基づく直接または間接の差別が存在しないことを意味するが，その適用を目的とする．
**(a)** 活動分野の如何を問わず，昇進を含め職業階梯のすべての水準において，選抜基準および採用条件を含め，雇用，自営業または職業へのアクセスの条件，
**(b)** 職場実習を含め，あらゆるタイプ，あらゆる水準の職業指導，職業訓練，発展的職業訓練，再訓練へのアクセス（第3条第1項）．
　このために，加盟国は次を確保するために必要な措置をとるものとする．
**(a)** 均等待遇原則に反するいかなる法律，規則，行政規定をも廃止すること，
**(b)** 契約，労働協約，企業の内部規則または独立職業および労働者組織，使用者組織を規制するルールに含まれる均等待遇原則に反するいかなる規定も，無効であると宣言されるかまたは改正されること（改正第3条第2項）．
　加盟国は，国内法，労働協約または慣行に従い，使用者および職業訓練へのアクセスに責任を有する者が，性別に基づくいかなる形態の差別，とりわけ職場におけるハラスメントおよびセクシュアル・ハラスメントを防止する措置をとるよう促進するものとする（改正第2条第5項）[訳注1]．
　求人の申し込みが指令の範囲に含まれていない点は興味深い．

[訳注1]　本パラグラフのここまでは，著者第9版草稿による記述である．なお，官報テキストに基づき項番号を修正した．

(1) COL, 21 May 1985, Commission v. Germany, No.248/83, ECR, 1985, 1459.

**613**　1997年10月，シュノルブス女史（Ms.Schnorbus）（ドイツ人）は，法律職の第一次国家試験に合格した．連邦およびヘッセン州の法律では，司法官または上級公務員の地位に就くには法律実習訓練を受け，第二次国家試験に合格しなければならなかった．しかし彼女の申込みは拒絶され，その理由としてあまりに多くの申込みがあったため，選抜を行わなければならなかったこと

第5章 均等待遇

が彼女に通知された。

彼女は法律実習訓練の受入れ拒否について異議を申し立て，特に，選抜手続が，男性のみによってなしうる強制的な兵役または市民奉仕を完了した申込者を選好していたため，女性に対する差別にあたることを主張した。申立ては，兵役または市民奉仕を終えることを義務付けられた申込者が被る不利益との釣り合いをとるために作成された当該規則が，客観的に明確な要因を基礎とすることを理由に棄却された。

**614** 欧州司法裁判所は以下のように判示した[1]。

「公務員雇用へのアクセスに必須の法律実習訓練への受入日について規定する国内規定は，1976年2月8日の76/207/EEC閣僚理事会指令の範囲に含まれる。

本件における当該国内規定のような規定は，直接，性別に基づく差別を構成しないが，性別に基づく間接差別を構成する。

76/207指令は，本件における国内規定のような規定を，そのような規定が客観的な理由によって正当化され，強制的な軍事・市民奉仕を終了させることから生じる遅れとある程度バランスをとる目的によってのみ設定された限りにおいて，排除しない。」

(1) C.O.J., 7 December 2000, Julia Schnorbus v. Land Hessen, Case C-79/99, 判例集未掲載

**615** 欧州司法裁判所はオランダの事案で，使用者は，仮に当該ポストに適切であると判断した候補者と雇用契約を結ぶことを拒否し，その拒否が，病気に基づく労働不能と同様に妊娠・出産に基づく労働不能について定める公的機関によって採用された労働制限に関する規則の結果として，妊娠した女性を雇用することで使用者に生じる可能性がある不都合な結果に基づく場合，均等待遇原則に直接違反すると判断した[1]。

(1) 8 November 1990, E.J.P. Dekker v. Stichting Vormingscentrum voor Jong Volwassenen (VIV Centrum) Plus, No.C-177/88, ECR, 1990, 3941.

**618** しかしながら，76/207指令は，補完的手当または収入補助のような社会保障制度については適用されないと解釈されるべきである。なぜなら単に，給付を受給する権利の条件は，職業訓練またはパートタイム雇用へのアクセスをする一人親の能力に影響を与えうるからである[1]。

(1) COJ, 16 July 1992, S.Jackson and P.Cresswell v. Chief Adjudication Officer, Joined Cases Nos.C-63/91 and C-64/91.ECR, 1992, 4737.

**619** 雇用へのアクセスに関する男女均等待遇に関するEC指令は，妊娠した女性の保護を保障することを求める国内法に基づき，妊娠した女性を期間の

411

定めないポストへの採用を拒否することを排除する．事案は以下のとおりである．

マールブルク女史(Ms.Mahlburg)は手術室付き看護婦としてメクレンブルク・フォアポンメルン州立ロストック大学心臓外科診療所(Rostock University Heart Surgery Clinic of the Land Mecklenberg-Vorpommern)に有期契約で雇われた．彼女が診療所において期間を定めることなく契約することが可能な二つのポストのうちの一つに申し込んだとき，彼女は妊娠していた．マールブルク女史は妊娠していることを書面により使用者に通知した．妊娠している女性を保護するドイツ法を守るため，使用者はすぐに彼女を他の院内のポストに配転した．

しかしながら，最終的に使用者は，害を及ぼす影響を持つ危険な物質にさらされる場所について使用者が妊娠した女性を雇用することを明示に禁止するドイツの法律(母性保護法(Mutterschutzgesetz))に従い，マールブルク女史を任用しないことを決定した．そのポストは手術室であった．

マールブルク女史は不採用について申立てを行った．彼女は，期限の定めのない雇用契約の締結を拒否したことおよび当該拒絶の理由が不適法であると主張した．

**620** 欧州司法裁判所は，EC指令は，妊娠している状態に関連する雇用における制定法上の禁止がそもそも妊娠した女性を当該ポストに雇用することを禁止することを理由にして，その期間の定めのないポストへ妊娠した女性を採用することを拒否することを排除すると判示した．

欧州司法裁判所は判例法を引用した．すなわち，女性のみが妊娠を理由として雇用を拒絶されるのであり，したがってそのような拒絶は性別に基づく直接差別を構成する．しかし指摘すべきは，本件における不均等な待遇は女性が妊娠していることを直接の理由としているのではなく，その体調に適用される雇用に関する制定法の禁止規定を理由としている点である．したがって検討すべき問題は，EC指令は使用者が，妊娠した女性の雇用に関する禁止規定に従うことは女性が任用の対象となっているポストで働くことをそもそも禁止するとの事実を理由に，期間の定めのない雇用契約を結ばないことを許容しているかどうかである．

欧州司法裁判所によれば，判例法，特に妊娠した女性の解雇に関する判例に従い，妊娠した女性の保護に関する規定の適用は，雇用へのアクセスについて不利益な待遇を発生させるべきものではないため，妊娠について生じる雇用における禁止が妊娠女性を任用の対象となっている期間の定めのないポストに雇用することを当初からそして妊娠期間中常に禁止することを理由に，

第5章　均等待遇

使用者が妊娠した女性の雇用を拒絶することは許されないとする．

妊娠した女性を雇用する義務によって生じうる金銭的な影響，特に中小企業に対するそれについては，欧州司法裁判所は判例法を引用し，妊娠を理由として女性の雇用を拒絶することは，妊娠した女性を任用した使用者が当該女性の産休の間被る金銭的損失を理由として正当化されないことを示した[1]．

(1) C.O.J., 3 February 2000, Silke-Karin Mahlburg v. Land Mecklenburg-Vorpommern, Case C-207/98, ECR, 2000, 549.

**621**　シルダー (Sirdar)（イギリス海兵隊 (Royal Marines)）事件[1]およびクライル (Kreil)（ドイツ連邦軍 (Bundeswehr)）事件[2]において，欧州司法裁判所は軍隊における女性労働の問題に取り組み，特に一般部隊および特別戦闘部隊からの女性の除外について異なった結論に達した．

欧州司法裁判所はまずはじめに，軍隊の組織について決定を行うのは，国内外の安全を保障する適切な対策を採用しなければならない加盟国であると述べた．しかしながら，そのような決定が完全に EC 法の範囲外にあるとはしなかった．

欧州司法裁判所がすでに判示したように，公共の安全に影響を与えうる状況において適用可能な適用除外について定める条約の条文は，第30条，第39条，第46条，第296条および第297条であり，これらは例外的かつ明確に定義された事例を対象とする．これらの条文から，EC 法の適用範囲から公共の安全のために採用されているすべての措置を除外する一般的な例外を推定することは不可能である．このような例外の存在を認めることは，条約によって定められた明確な要件を無視し，EC 法の拘束力を有する性質および統一的な適用を弱めることになろう．

公共の安全の概念は加盟国の国内の安全と対外的な安全の両方を含む．さらに EC 条約によって定められた適用除外のいくつかは，物，人，サービスの自由な移動に関するルールのみに関連しており，男女均等待遇をその内容の一つに含む EC 条約の社会的規定については関知していない．

本指令第2条第2項[訳注1]に基づき，加盟国は，職業活動が行われている本質または背景を理由として，指令の適用範囲から性別が決定的な要素となる職業活動を除外することができる．しかしながら，留意しなければならないのは，指令において定められた個人の権利の適用除外であることから，その規定は厳格に解釈されなければならないことである．

欧州司法裁判所は，例えば，刑務所の看守や刑務所の看守長のようなポストや，重大な内部暴動が発生した状態で行われる警察活動のようなある種の活動，ある特別戦闘部隊における業務などについて性別が決定的な要因であ

りうることを認めた。

(1) C.O.J., 26 October 1999, Angela Maria Sirdar v. The Army Board and Secretary of State for Difence, Case C-273/97, ECR, 1999, 7403.
(2) C.O.J., 11 January 2000, Tanja Kreil v. Bundesrepublik Deutschland, Case C-285/98, ECR, 2000, 69.

［訳注1］　改正指令では第2条第6項。以下のパラでも同じ。

**622**　加盟国はそのような活動および関連する専門訓練を男性または女性に対して，適切である限りで，制限することができる。そのような場合には，本指令第9条第2項に明らかであるように，加盟国は，社会的発展の観点から，指令の一般的制度の適用除外をいまだ維持してもよいかを決定するために，定期的にその活動を調査する義務を負う。

　男女機会均等のような個人の権利からのあらゆる適用除外の範囲を決定するにあたっては，EC法の一般原則の一つである比例原則も検討されなければばならない。この原則は，適用除外が，予定している目的を達成するために適切かつ必要である限度であることを必要とし，均等待遇の原則と問題となっている活動が行われるべき背景を決定する公共の安全の必要性とが可能な限り調和することを必要とする。

　しかしながら，状況により，国家権力は加盟国の公共の安全を保障するために必要であると考える措置を採用するときに，ある程度の裁量の範囲を有する。

　したがって，国家権力によって作られた措置が，利用が認められている裁量を行うにあたり，実際に公共の安全を保障する目的を有しているかどうか，目的を達成するために適切かつ必要なものであるかが問題となる。

　本件において，原告が雇用されることを望んだドイツ連邦軍の業務に彼女を雇うことを拒否したことは，武器の使用を含む軍隊のポストに女性が就くことを完全に禁止し，医療および軍楽隊へのアクセスのみを許可するドイツ法の規定に基づいていた。

**623**　その範囲から見て，ドイツ連邦軍のほとんどすべての軍隊の業務に適用されるそのような例外は，当該ポストの特別な性質，または当該活動が行われる特別な背景によって正当化される適用除外措置とみなされることはできない。しかしながら，本指令第2条第2項に定められた適用除外は，特別な活動のみに適用することができる。

　さらに，軍隊のまさに本質を考慮すれば，軍隊で働く者は武器の使用を求められうるという事実は，それ自体，軍隊のポストへの女性のアクセスを除外することを正当化できない。当該除外を維持する可能性について加盟国が

有する裁量を考慮に入れたとしても，国家権力は比例原則と矛盾せずに，ドイツ連邦軍のすべての軍隊組織が男性に独占されたままでなければならないとの一般的な立場を採用することはできない．

武器使用を含むすべての軍隊のポストから完全に女性を排除することは，女性の保護への関心からくる指令第2条第3項によって認められた異なる待遇の一つではない．

指令は，武器使用を含む軍隊のポストから一般的に女性を排除することを強制し，医療および軍楽隊に対してのみ女性のアクセスを認めるドイツ法のような国内規定の適用を排除する．

**624** しかしながら，イギリス海兵隊のような特別戦闘部隊の業務から女性を排除することは，問題となっている活動の本質およびそれらが行われる背景を理由に76/207/EEC指令第2条第2項において正当化することが可能である[1]．イギリス海兵隊の組織は基本的にその他の軍隊の部隊とは異なり，「矢尻の部分」である．イギリス海兵隊は少ない戦力で最重要な攻撃を意図している．

 (1) C.O.J., 26 October 1999, Angela Maria Sirdar v. The Army Board and Secretary of State for Defence, Case C-273/97, ECR, 1999, 7403.

## III 労働条件

**625** 労働条件に関する均等待遇は，均等待遇に関する1976年指令の第1条に定められ，解雇に関する待遇については第5条第1項に定められている[1]．労働条件の文言は定義されていない[訳注1]．

イタリアの1977年法は，子どもを養子にした女性，あるいは養子をとる前にそのために後見を得た女性は，養子受入れ家族への子どもの受入れ，そしてそれに関する金銭給付に加えて産前産後休暇を請求することができる．養父はその権利を有しない．欧州司法裁判所は，その区別は，非常に繊細なはじめの期間に，受入れ家族に子どもが受け入れられる状態を家族に新しく産まれた子どもが加わる状態と可能な限り同じように適切に配慮することで正当化されると判示した[2]．

 (1) 夜業について第1部第7章第3節参照．
 (2) 26 October 1983, Commission v. Italy, No.163/82, ECR, 1983, 3273.

 ［訳注1］ 著者の第9版草稿にはないが，2002年改正指令によって，労働条件については，第3条第1項に第C号として．

  (C)解雇及び指令75/117/EECに規定する賃金を含め，雇用および労働条

**626** 昇進も差別禁止の適用範囲に含まれる．昇進に関する問題がエブリヌ・チボー(Évelyne Thibault)のフランスの保険会社を相手取った事件において提起された[1]．その会社の一般的な業務規定によると，1年のうち少なくとも6カ月出勤したあらゆる労働者は，上司によって業績査定を受けなければならないとされていた．会社は，産前産後休暇を取得して欠勤したために6カ月の期間出勤していなかったチボー夫人に対して査定を行うことを拒否した．彼女は，産前産後休暇による欠勤を理由として，彼女の業績について査定を行わなかったことは差別を構成し，結果として昇進の機会を失ったことを主張した．

(1) C.O.J., 30 April 1998, Caisse National d'Assurance Vieilesse des Travailleurs Salariés (CNAVTS) v. Évelyne Thibault, C-136/95, ECR, 1998, 2011.

**627** 欧州司法裁判所は以下のように判示した．
「非差別原則は，産前産後期間中雇用契約に基づいて使用者によって拘束され続ける女性は男女両方に適用され雇用関係の成果である労働条件の利益を奪われるべきではないことを要求する．本件のような事情において，女性労働者が年に一度業績査定を受ける権利を否定することは，労働者としての立場において女性を差別することである．なぜならば，仮に女性が妊娠しておらず，権利として与えられている産前産後休暇を取得しなければ，当該年に一度の査定を受けることができ，したがって昇進を認められたであろうからである．」

**627-1** 使用者によりその職員に利用可能とされている補助金付き保育施設もまた労働条件である．[1]この問題はロンメルス氏(Mr.Lommers)と彼の勤務するオランダ農業省の大臣の間で，補助金付き保育施設へのアクセスは原則として同省の女性職員にのみ留保されているという理由で彼の子どもの受入れを拒否したことをめぐって起きた．

1993年11月15日，農業大臣は同省の職員に一定数の女性職員用保育施設を利用可能にした旨の通達を採択した．その子どものために保育施設を得た職員は，その所得に応じ，子どもの数に逓減的に設定された育児拠出金を払わなければならない．この拠出金は職員の給与から控除された．

通達は特に，「原則として，局長の定める緊急の場合を除き，保育施設は本省の女性職員にのみ利用可能である」と述べていた．

ロンメルス氏は農業大臣に保育施設を留保するよう申請した．彼の申請は，男性職員の子どもは緊急の場合を除き問題の保育施設を付与されないという理由により拒否された．

## 第5章 均等待遇

以下のような疑問が欧州司法裁判所に提起された．

「1976年2月9日の閣僚理事会指令76/207/EECの第2条第1項および第4項は，補助金付き保育施設へのアクセスが，男性被用者の場合に使用者によって決定される緊急の場合を除き，女性被用者にのみ利用可能とされている使用者のルールを排除するか？」

欧州司法裁判所は次のように判示した．

まず，使用者により職場またはその外部に保育施設を利用可能にすることは，実際に本指令にいう「労働条件」と見なされる．

この範疇化は，本件において，保育施設の費用が部分的に使用者によって負担されるというだけの理由で，「賃金」の範疇化によって拒否され得ない．この関係で，欧州司法裁判所が従前，特定の労働条件の設定が金銭上の結果をもたらすという事実はそのような条件がなされた労働の性質と賃金額の間に存在する密接な関係に基づいた規定であるEC条約第141条の適用範囲に含めるには十分ではないとしてきたことを想起すべきである．

さらに，本件で問題となっているような措置は本質的に実際的なものである．保育施設を利用可能にすることは被用者にその子どものために適当で安価な保育施設を見つけるよう努力することにかかわる不確実性と困難さから救う．それゆえ，そのような措置の第1の目的および効果は，特に保育施設の供給が不十分である場合には，当該被用者の職業活動の遂行を容易にすることにある．

第2に，使用者によりその職員に対して利用可能にされた保育施設が女性被用者にのみ留保される制度は，実際に本指令第2条第1項および第5条第1項にいう性別に基づく待遇の相違を作り出す．男性被用者および女性被用者，それぞれ幼児の父親であり母親であるが，いずれも雇用されているのでその状況は保育施設を利用するありうべき必要性に関して，また類比によって，その子どもを養育しようとする女性被用者および男性被用者の状況に関して比較可能である．

結果として，第3に検討されるべき疑問はそのような措置が本指令第2条第4項のもとで許容されるかどうかである．

この問題に関する限り，第2条第4項が特にかつ排他的に，外見的には差別的であるが，実際には社会生活の現実に存在する不均等の現実の事例を根絶または減少させることを意図する措置を認めるために設けられたということは確立された判例法である．それは，労働市場で競争し，男性と対等にキャリアを追求する能力を改善する観点で女性に特別の便宜を与える，昇進を含めた雇用へのアクセスに関係する国内措置を認める．

第2に，適切で安価な保育施設が不十分であるということは，より特に女性被用者にその仕事を諦める原因となりがちである．

　保育施設のような措置は，それが女性に留保された雇用の場でなく，そのキャリアの追求および昇進を容易にするためにも受けられた特定の労働条件の享受である限りにおいて限定された機会均等の概念の一部を構成し，原則として女性の雇用へのアクセス機会の少なさの原因を根絶し，労働市場で競争し，男性と対等にキャリアを追求する能力を改善するために設けられた措置の範疇に含まれる．次に，問題の措置は完全に男性職員をその対象から排除しているのではなく，使用者によって決定される緊急の場合に男性職員からの申請を認めるものであることが想起されなければならない．

　結果として，欧州司法裁判所は，「以上のすべての考察から，先行判決のために付託された疑問に対する回答は，本指令第2条第1項および第4項は，そのもとで，適切で安価な保育施設の明らかな不足によって特徴付けられる文脈において，同省によってその職員のために利用可能とされた限定された数の補助金付き保育施設が，男性職員は使用者によって定められた緊急の場合にのみアクセスすることができる一方，女性公務員にのみ留保されるという，同省によって設けられた女性がより少数であることに取り組むための制度を排除しないというものでなければならない．しかしながら，これは，特に，上記男性職員のための例外が，彼ら自身で子供の世話をするものが女性職員と同一の条件で保育施設へのアクセスを認められると解釈される限りにおいてである．」[訳注1]

(1) C.O.J., 19 March 2002, Case C-476/99, H.Lommers v. Minister van Landbouw, Natuurbeheer en Visserij, not yet published.

　［訳注1］　本パラグラフは著者第9版草稿による．

**628**　改正された1976年指令によれば，本指令にいうハラスメントおよびセクシュアル・ハラスメントは性別に基づく差別と見なされ，それゆえ禁止される（改正第2条第2項）．定義は以下のとおりである．

—ハラスメント：人の性別に関連した求められざる行為が，人の尊厳を侵犯するとともに脅迫的，敵対的，冒瀆的，屈辱的もしくは攻撃的な環境を作り出す目的でまたは結果として発生する状況，

—セクシュアル・ハラスメント：いかなる形態であれ言語的，非言語的または身体的なセクシュアルな性質の行為が，人の尊厳を侵犯するとともに脅迫的，敵対的，冒瀆的，屈辱的もしくは攻撃的な環境を作り出す目的でまたは結果として発生する状況，

　人がかかる行為を拒否するかまたは受け入れるかがその人に影響を与える

意思決定の基礎として用いられてはならない(改正第2条第3項)。

性別を理由に人を差別するように指示することは本指令にいう差別と見なされる(改正第2条第4項)[訳注1]。

[訳注1] このパラグラフは著者の第9版草稿による。なお，官報テキストにより項番号を修正した。

**629** マーシャル対サザンプトン保健局(Marshall v. Southampton Health Authority)事件[1]における判示も政策方針を実際に実施するにあたって重要である。マーシャル女史は62歳に達したとき解雇された。もし男性であれば，65歳まで働くことができた。欧州司法裁判所によると，No.76/207指令第5条第1項に含まれる「解雇」の文言は幅広い意味を与えられなければならない。すなわち，退職に関する使用者の一般的な方針に基づく労働者の強制的解雇に関する年齢制限は，仮にその解雇が退職年金の保護を含んでいたとしても，その意味において解釈された解雇の文言に該当する。単に男女で異なる国の年金の受給年齢に到達したことに基づく女性の解雇を含む解雇に関する一般方針は，性別に基づく差別を構成するという意味に第5条第1項は解釈されなければならない。第5条第1項は，第5条第1項に適合しないあらゆる国内規定の適用を無効にするために，その適用にあたり使用者として振る舞う国の権威に対抗するものとして利用される。そうすることで指令は公的(国家)機関に対して直接的な拘束力を有するのである。

(1) C.O.J., 26 February 1986, No.152/84, IELL, Case Law, No.86, ECR, 1986, 6723. Burton(1982)前掲，参照。

**630** デフレンヌ事件において，EC条約に付け加えられた「EC条約第141条に関する第2議定書」(「議定書」)および1976年2月9日の76/207/EEC理事会指令第5条の解釈が問題となった。

議定書は以下のように規定する。

「本条約第141条[訳注1]においては，職域社会保障制度における給付は，それらが1990年5月17日に先だつ雇用期間に基づくものである限りでは，以前に適用可能な国内法に基づいて法的手続を開始した，またはそれと同様の訴えを提起した労働者または労働者について訴えた者に関する場合を除き，報酬とみなされないものとする。」

この事案は，60歳以上の労働者に対して，失業給付を受給していることを条件に，追加的整理解雇手当の制度を設けた1974年12月19日の全国労働審議会で締結された労働協約第17号にかかわる。追加的手当は労働者の最後の使用者によって支払われるべきであり，実質算定基礎賃金と失業給付の差額の半分に等しい。

雇用および失業に関する1963年12月28日の勅令第144条の下では、失業者は、男性については65歳、女性については60歳に到達した月の次の月の第1日から失業給付を受ける権利を失う。この規定は、男女両方に60歳から65歳の柔軟な定年を設定する1990年6月20日の法によって修正されなかった。

労働協約第17号は、業種レベルの労働協約においてその制度を55歳以上の女性に拡張することを締結する可能性を定めている。1984年5月23日、そのような労働協約が合同小委員会第315(1)号（サベナ航空）において、とりわけ航空産業に特有な労働作業のオートメーション化の発展から生じる整理解雇に対応し、若年労働者の職を保護するために締結された。

その協約は補完的失業給付制度を55歳以上の年齢の自主退職した女性労働者に拡張した。支給は、男性については65歳、女性については60歳に到達するまで続けられる。上に示した協約によれば、サベナ航空は25年間勤務した従業員に解雇される直前の月に受け取っていた実質給与の82％の額の追加的給付を保障していた。

欧州司法裁判所が労働協約第17号によって定められた追加的整理解雇手当の受給適格からの60歳以上の女性労働者の除外を非難した欧州委員会対ベルギー事件(Commission v. Belgium, Case C-173/91, [1993] ECR Ⅰ-673)の判決に従い、全国労働審議会は1997年12月17日の協約（労働協約第17号）の第4条を修正した。

当該規定が修正された後、すべての労働者が、65歳に到達する月の最終日まで、失業給付で保障されている最高年齢よりも年齢が高いという事実に関係なく、使用者によって支払われる追加的支給をうける権利を有することとなった。

デフレンヌ女史は1960年6月27日にサベナ航空の被用者となった。1984年11月14日、彼女は1984年5月23日の労働協約の適用を求めた。1984年11月29日、彼女は2年の予告(1984年12月1日開始、1986年12月31に終了)とともに、退職前手当を認められた。サベナ航空は労働協約に定められた補助の支払いを1987年1月1日から60歳に到達する月の最後まで(1991年11月30日)引き受けた。補完的失業給付は、実際にデフレンヌ女史に対してその月の終わりまで支払われた。その日に彼女は年金を受給しはじめた。

**631** 1993年2月17日、欧州司法裁判所は上述の欧州委員会対ベルギー事件(C-173/91)における判決を下し、その中で、1975年1月16日の勅令によって効力を与えられ、労働協約第17号によって定められた追加的整理解雇手当の受給資格から60歳以上の女性労働者を除外する立法を維持することで、ベル

ギー王国は条約第141条における義務を果たしていないと宣言した.

その判決に従い,デフレンヌ女史は1993年6月10日に手紙で,サベナ航空に対して,彼女の65歳の誕生日すなわち1996年6月30日まで彼女が受給する権利を有する手当の支払を求めた.

サベナ航空が拒否したとき,デフレンヌ女史は1993年12月21日にブリュッセルの労働裁判所に訴訟を提起し,サベナ航空に対して1991年12月1日から1996年11月30日までの期間の補完的失業給付を彼女に支払うことを求める命令を求めた.1995年6月28日の判決によって,労働裁判所は彼女の訴えを棄却した.

労働裁判所は,問題となっている手当は,第141条の時間的な範囲を制限している議定書の対象となるとの観点をとった.デフレンヌ女史の訴えが1990年5月17日以前の雇用期間に関連すること,または彼女がその日以降になって手続を開始したことについては,争いはなかった.

　　［訳注1］　本項および後続の諸項の原文に「第119条」との記述がいくつかあるが,現在の「第141条」であるのですべて置き換えた.

**632**　次の問題について欧州司法裁判所に付託された.

1　1975年1月16日の勅令によって効力を与えられた労働協約第17号および合同小委員会第315(1)号において締結された1984年5月23日の労働協約において定められている追加的退職前手当は,EC条約第141条に関する議定書が適用される職域社会保障制度において支払われる給付として扱うことが可能か.

2　失業給付に上乗せして保障される追加的整理解雇手当を構成する退職前給付を男性については65歳まで保障される一方で,60歳を超えた女性労働者をそれから除外する労働協約第17号および合同小委員会第315(1)号において締結された1984年5月23日の労働協約の規定は,指令76/207/ECの第5条と合致するか.

3　上の二つの質問に肯定的に答えるならば,EC条約第141条に関する議定書の適用は,指令76/207第5条の違反があることを理由としてデフレンヌ女史によって提起された訴えを退けるか.

国内裁判所に適切な解答を与えるために,はじめに,本件における当該手当が議定書にいう職域社会保障制度に関する給付に当たるかが決定されなければならない.

本件における当該給付が労働協約に定められた,失業給付を定める立法の社会保障制度の補助の一つである,手当であることについては議論はない.

しかしながら,デフレンヌ女史および欧州委員会の主張に反し,欧州司法

裁判所が本件において当該手当は EC 条約第 141 条にいう「賃金」を構成すると判断した事実は，そのような賃金が議定書のための職域社会保障制度における給付を構成するかという問題に対する解答をさせずにはいなかった．

　EU 条約および議定書が効力を発する前に，その問題は生じえなかったのであり，したがって，欧州司法裁判所はその点について決定する必要はなかった．

　次に，企業（本件においてはサベナ航空）に雇用されている労働者に，法定の社会保障制度に定められた失業給付を補完することを目的とした給付を与えることによって失業に対する保護を定める，本件における当該制度のような職域制度は，職域社会保障制度における男女均等待遇の原則の実施に関する 1986 年 7 月 24 日 86/378/EEC 閣僚理事会指令第 2 条および第 4 条にいう職域社会保障制度として位置づけられなければならない．

　本件における当該追加的手当は議定書にいう職域社会保障制度における給付を構成するということになる．したがって，議定書は，その定められた条件が満たされたときに適用される．

　議定書は，1990 年 5 月 17 日以前に法的手続を開始したまたは同等の主張を行った労働者の場合を除き，同日以前の雇用期間に基づく職域社会保障制度における給付に対する EC 条約第 141 条の適用の余地を与えない．

　この状況において，最初の疑問に対する解答は，議定書は 1975 年 5 月 23 日の勅令によって効力を与えられた労働協約第 17 号および合同小委員会第 315(1) 号において締結された 1984 年 5 月 23 日の労働協約に定められた追加的退職前手当のような手当に対して適用されるというものでなければならない．

　同時に把握されるべき第 2 および第 3 の疑問の本質は，指令第 5 条が本件において適用されるかである．本件にあるような，条約第 141 条にいう「賃金」を構成する給付は，指令 76/207 によってもカバーすることはできない．

　したがって，答えは本件のような条約第 141 条にいう「賃金」を構成する追加的手当は，指令第 5 条によってカバーされないということでなければならない．

**633**　欧州司法裁判所は，以下のごとく判示した．

「1　EC 条約付属の EC 条約第 141 条に関する第 2 議定書は，1975 年 1 月 16 日の勅令によって効力を与えられた労働協約第 17 号および合同小委員会第 315(1) 号において締結された 1984 年 5 月 23 日の労働協約において定められている追加的退職前手当のような給付に適用される．
2　本件において EC 条約第 141 条にいう「賃金」を構成する追加的給付は，

1976 年 2 月 9 日の 76/207/EEC 理事会指令第 5 条によってカバーされない[1]。」

しかしながら，今では，次のように改正された 1976 年指令第 3 条第 1 項第 c 号により，賃金もカバーされている。「指令 75/117/EEC に規定する賃金と同様，解雇を含め，雇用および労働条件」と。[訳注1]

(1) C.O.J., 13 July 2000, Marthe Defrenne v. Sabena SA, Case C-166/99, ECR, 2000, 6155.

[訳注1] この部分は著者第 9 版草稿による追加である。

**634** ヘルツ夫人(Mrs. Hertz)とその旧使用者であるアルディ・マーケット(Aldi Market)の間の事案においては，均等待遇は妊娠および出産から生じる病気に起因する度重なる欠勤を理由として解雇を認めるかどうか，という問題が提起された。欧州司法裁判所は，1976 年指令は妊娠または出産から生じた病気の場合を規定していないと述べた。しかしながら，産前産後休暇のように，女性に妊娠および出産を理由として特定の権利を保証する国内規定を欧州司法裁判所は認めた。産前産後休暇の後にあらわれた病気の場合には，妊娠および出産から生じた病気を他の病気と区別することは不必要であった。それゆえ，その種の病理状況は病気に適用される一般的ルールによってカバーされた。欧州司法裁判所は，女性と男性はどちらも病気になりやすい，と述べた。一方または他方の性に特有な特定の問題があるとはいえ，唯一の論点はそれゆえに，女性が男性と同じ条件の下で，病気に起因する欠勤を理由として解雇されるかどうか，ということであった。もしそうなら，性別に基づく直接差別は存在しない。欧州司法裁判所は，その結果として，本指令は妊娠および出産から生じる病気に起因する欠勤の結果生じる解雇を排除しない，と判示した[1]。

妊娠を理由として被用者に一時的に夜間労働を禁止する法律を根拠に，女性の妊娠を理由として期間の定めなき契約を終了させることは，無効宣告によろうと取り消しによろうと，正当化されえない，と欧州司法裁判所は判示した[2]。

(1) 8 November 1990, Handels- og Kontorfunktionaerernes Forbund i Danmark v. Dansk Arbeidsgiverforening, No. C-179/88, ECR, 1990, I -3979

(2) C.O.J., 5 May 1994, G .Habermann-Beltermann v. Arbeiterwohlfart, Bezirkverband Ndb./Opf.eV., C-421/92, FCR, 1994, 1657

**635** メアリー・ブラウン対レントキル社(Mary Brown v. Rentokil Ltd.)事件においては，欧州司法裁判所は，従業員が連続して 26 週以上病気のために欠勤する場合には彼または彼女は解雇されると規定する，雇用契約のある条項

の妥当性に関して裁かなければならなかった．ブラウン女史は，妊娠に起因する病気が原因の就労不能により欠勤した．このような場合，欧州司法裁判所は，均等待遇原則は，彼女の妊娠期間中はいつでも，妊娠に起因する病気による欠勤に対して，女性労働者の解雇を排除すると判示した[1]．

(1) C.O.J., 30 Jun 1998,Mary Brown v.Retokil Ltd.,C-394/96,ECR,1998, I -4185

**636** 妊娠と関係のある病理状態を理由として労働に適しないと診断書によって立証されている産前産後休暇の開始前の妊娠している女性は，使用者から満額の賃金を受け取る資格はないが，地方機関によって支払われる給付を受け取る資格があるとし，病気を理由として就労不能であると診断書によって立証されている場合には，労働者は原則としてその使用者から満額の賃金を受け取る資格がある，と国内法が規定することは，第141条および指令75/117に違反する．このような状態にある女性が自分の満額賃金を奪われるという事実は，本質的に妊娠に基づく待遇でありしたがって差別であるとみなされねばならない．

産前産後休暇の開始前の妊娠している女性が，実際には労働不能でもないのに日常的な妊娠にかかわる些細な不調を理由として，あるいは，胎児を保護しようと意図された医療上の勧告ではあるが実際の病気の状態または胎児にとって何らかの特別なリスクに根ざしていないものを理由として，欠勤した場合に使用者から賃金を受ける資格がない，と規定することは，第141条および指令75/117に矛盾しない．

被用者が給料の一部または全部さえ，就労不能に基づかないそのような欠勤を理由として失うという事実は，本質的に妊娠に基づく待遇とみなすことはできず，むしろ被用者による働かないという選択に基づく待遇とみなしうる．

使用者が妊娠している女性を，就労に不適格ではないのに，彼女に提供する仕事はないと考えて満額の給料を支払うことなく家庭に戻してもよいと国内法が規定することは，指令76/207および妊娠中および出産直後または授乳期の女性の安全衛生改善促進措置の導入に関する指令92/85に違反する[1]．

(1) C.O.J., 19 November 1998,Handels-og Kontorfunktionœrenes Forbund i Denmark,acting on bshalf of Berit Høj Pedersen v.Fœllsforeningen for Denmarks Brugsforeinger and Dansk Tandlœgeforening and Kristelig Funktionoer-Organisation v. Dansk Handel &Service, Case C-66/96, ECR,1998, 7327

**637** 本指令が目指す結果を達成するために指令から生じる加盟国の責任と，一般的であれ特殊であれ，この責任の成就を確保するためのあらゆる適切な

措置を取る条約第5条に基づく加盟国の義務は，その管轄権の範囲内であれば裁判所をも含めて加盟国のあらゆる機関を拘束する．国内法，特に指令を実施するために特別に導入された立法条項を適用するに当たり，国内裁判所は可能な限り，条約第249条第3項[訳注1]が追求する結果を成し遂げるために本指令の文言と目的に照らして，国内法を解釈することを要求される．

指令76/207第6条[訳注2]は加盟国に対し，雇用関係終了後に，本指令にいう均等待遇原則の遵守を求めて起こした司法手続への報復として，使用者が身元保証書を与えようとしない労働者に対して，司法の保護を確保するのに必要な措置を国内法制度に導入することを要求している．

指令76/207第6条に規定されている効果的な司法コントロールの原則，加盟国に共通の立憲的伝統に根ざし，人権と基本的自由の保護に関する欧州規約第6条にも規定されている原則は，もしその規定する保護が，本指令にいう均等待遇原則の遵守を求めて起こした司法手続への報復として使用者がとりうる措置をカバーしないならば，その有効性の本質的部分を失うであろう．利用可能な法的救済がない場合，そのような措置の恐れのために，自らを差別の被害者と考える労働者は，自らの主張を司法過程によって追求することを思いとどまってしまうかもしれず，その結果，指令が追求する目的の実施を危うくしかねない．

その結果，欧州司法裁判所は以下のように判示した．
「第6条は，加盟国に対し，雇用関係終了後に，本指令にいう均等待遇原則の遵守を求めて起こした司法手続への報復として，使用者が身元保証書を与えようとしない労働者に対して，司法の保護を確保するのに必要な措置を国内法制度に導入することを要求している(1)．」

　［訳注1］　原著は第189条第3項とあるが，修正ミス．

　［訳注2］　第6条は **639-2** パラにあるように2002年改正された．

　(1)　C.O.J., 22 September 1998, Belinda Jane Coote v. Granada Hospitality Ltd, Cace C-185/97, ECR,1998,5199

**638**　今一つの事案(1)においては，欧州司法裁判所は，均等待遇指令は，性転換手術を受けるという彼ないし彼女の決定を理由として性倒錯者の解雇を禁止するかどうか，について判断することを求められた．

男性の身体的属性を備わって生まれたPは，コーンウォール州会が運営する教育施設の管理者として働いていた．1992年4月，Pの使用者は，Pが性転換手術を受けることを決心した，ということを知らされた．つまり女性の衣装をし，振る舞いをする期間のあとで，女性の身体的属性を付与されるための外科手術をするということであった．Pはその後1992年12月に有効に

解雇された．州会は解雇理由は整理解雇であると主張したけれども，労使審判所は，本当の解雇原因は P の性転換の計画であると認めた．

　欧州司法裁判所は，まず「手術を受けた性倒錯者は……かなり良く定義されかつ認知しうる集団を形成する」と述べる欧州人権裁判所の法制を参照した．欧州司法裁判所はそれから，指令が述べる目的は「性別に基づくいかなる差別も存在しない」ことを保証することであるとし，性別を理由として差別されない権利は，その遵守を欧州司法裁判所が確保しなければならない基本的人権の一つであると指摘した．

　欧州司法裁判所は以下のように続けた．
「したがって，本指令の適用範囲は，単に，ある人物が一方または他方の性に属することに基づく差別に限定することはできない．その目的とこれを保障しようとする権利の性質に鑑みて，指令の適用範囲は，本件のように当該者の性転換から生ずる差別にも適用される．

　このような差別は，それのみではないにしても本質的に，当該者の性別に基づく．男性でも女性でも，性転換手術を受けようとしているまたは受けたという理由で解雇されるならば，彼または彼女は，性転換手術を受ける前に彼または彼女が属すると見なされていた人々と比較して不利な扱いを受ける．

　こうした差別を認めることは，そのような人にとっては，彼または彼女に資格のある尊厳と自由を尊重しないことも同然であり，それを欧州司法裁判所は保証する義務を負うのである．」

　欧州司法裁判所は，解雇が第 2 条第 2 項によって正当化されないかぎり，そのような人の解雇は指令第 5 条第 1 項に違反する，と結論した．しかしながら，本件において，解雇を正当化する抗弁の存在を示唆する材料は欧州司法裁判所に提出されていない．

　　(1) C.O.J., 30 April 1996, P. v. S. and Cornwall Council, Case C-13/94, ECR,1996, 2143

## IV　社会保障，年金

**639**　1976 年指令は社会保障分野には適用されない．第 1 条第 2 項は，閣僚理事会が後にこれについて行動する予定であると規定しており，これは社会保障分野における男女均等待遇原則についての漸進的実施に関する 1978 年 12 月 19 日の指令 79/7 を通じてなされた．この指令は，例えば，高齢者の保護を規定する制度にかかわる．しかしながら，本指令第 7 条第 1 項第 a 号は，本指令が「老齢，退職年金の支給開始年齢の決定およびそれの他の給付への

第5章　均等待遇

ありうべき影響」を適用除外する加盟国の権利を妨げない，と規定している。例外は限定的に解釈されなければならず，解雇の条件としての適格年齢とは区別しなければならず，先に指摘したように，男女に均等でなければならない。第7条第1項第a号に含まれる例外は，老齢，退職年金の支給開始年齢の決定およびそれの他の給付へのありうべき影響にのみ適用される(1)。

　ある事案において，欧州司法裁判所はさらに，一度加盟国が男女に同じ年金支給開始年齢を導入し，異なる年齢要件を廃止するとすると決定した場合，男女双方とも年金給付の算定については均等に扱われなければならない。算定の相違はその間に廃止された年齢要件の相違によって正当化することはできない，と判示した(2)。

　しかしながら，国内法制が男女労働者に異なる年金支給開始年齢を維持している場合には，当該加盟国は，労働者の性別によって異なる年金総額を算定することができる(3)。

(1) C.O.J., 26 February 1986, Joan Roberts v. Tate & Tyle Industries Ltd., Case No. 151/84, ECR,1986,703,26 February 1986,Vera mia Beets-Proper v. F. van Lanschot Bankies NV, No. 262/84,ECR,1986, 773

(2) C.O.J., 1 July 1993, R. Van Cant v. Rijksdienst voor Pensionen, no. C-154/92, ECR,1993,3811.

(3) C.O.J., 22 October 1998, Luis Wolfs v. Office national des pencions (ONP), Case C-154/96,ECR,1998,6173

## V　結社の自由 [訳注1]

**639-1**　（改正された）1976年指令は，均等待遇原則，これはすなわち，公的機関も含めて，公的または民間部門において，以下との関係で，性別に基づく直接または間接の差別が存在しないことを意味するが，その適用を目的とする。

「労働者もしくは使用者の組織または特定の職業を行うものを会員とする組織への加盟および参加（そのような組織によって提供される便益を含む）」（改正第3条第1項第d号）。

　[訳注1]　以下の2節は著者第9版草稿による追加である。

## VI （改正）1976年指令のフォローアップ，促進および労使対話

### A　執　行

**639-2**　改正指令の第6条によれば，加盟国は，適当であると考える場合は和解手続も含め，本指令の下の義務の執行のための司法上のおよび/または行政上の手続が，差別があったと訴えられている雇用関係が終了した後であっても，均等待遇原則が自らに適用されないことで不当な扱いをされたと考えるすべての者にとって利用可能であるように確保するものとする（第1項）．

　加盟国は，第3条に反する差別の結果として被害を受けた人が被った損失および損害を，加盟国が決定するように真にかつ効果的な賠償または補償を確保するのに必要な措置を，被った損害に対して抑止的かつ均衡のとれたやり方で国内法に導入するものとする．そのような賠償または補償は，使用者が本指令にいう差別の結果として応募者が被った損害は応募を考慮に入れられなかったことのみであることを証明した場合を除き，あらかじめ上限を設定することによって制限することはできない（第2項）．

　加盟国は，国内法で規定する基準に従い，本指令の規定が遵守されることを確保することに適法な利益を有する団体，組織その他の法人が，申立者のためにまたは援助して，その承認の下に，本指令の下の義務の執行のために設けられたいかなる司法上のおよび/または行政上の手続にも関与することができるよう確保するものとする（第3項）．

　第1項および第3項は均等待遇原則に関して訴えを起こす時効に関する国内ルールを妨げない（第4項）．

### B　労働者代表を含む被用者の保護

**639-3**　改正指令の第7条は，加盟国の国内制度に，均等待遇原則の遵守を執行する目的での企業内における苦情申立てまたは司法手続に対する報復として，使用者による解雇または他の不利益待遇から，国内法および/または慣行に規定する被用者代表であるものを含め，被用者を保護するのに必要な措置を導入するよう義務付けている．

### C　促　進

**639-4**　さらに，加盟国は，性別に基づく差別なくすべての人の均等待遇の促

進，分析，監視および支援のための機関を指定しおよび必要な編成を行うものとする．これら機関は国内レベルにおいて人権の擁護または個人の権利の保護の責任を負う政府機関の一部を形成することができる．

　加盟国はこれら機関の権限が以下のものを含むよう確保するものとする．
**(a)** 被害者および第6条第3項にいう団体，組織その他の機関の権利に抵触しない限り，差別に関する申立ての追求において差別の被害者に独立の支援を与えること，
**(b)** 差別に関する独立の調査を行うこと，
**(c)** そのような差別に関するいかなる問題に関しても独立の報告を発表し，勧告を策定すること（改正第8a条）．

## D 労使対話

**639-5** 加盟国は，国内法および慣行に従い，職場慣行の監視，労働協約，行為規範，調査または経験や好事例の交換を通じることを含め，均等待遇を促進する観点でソーシャル・パートナーの間の労使対話を促進する十分な措置をとるものとする．

　国内法および慣行と整合する場合には，加盟国は，その自治に抵触しない限り，ソーシャル・パートナーが男女均等を促進し，適切なレベルで，団体交渉の範囲に該当する第1条に規定する分野における差別禁止のルールを規定する協約を締結するよう奨励するものとする．これら協約は，本指令に規定する最低要件および関連の国内実施措置を尊重するものとする．

　加盟国は，国内法，労働協約または慣行に従い，使用者が計画的かつシステマティックな方法で職場における男女の均等待遇を促進することを奨励するものとする．

　このため，使用者は被用者およびその代表に適当な間隔を置いて当該企業における男女均等待遇に関する情報を提供するよう奨励されるものとする．

　このような情報は，組織の異なったレベルにおける男性と女性の比率に関する統計や，被用者代表と協力して状況を改善する可能な措置を含むことができる（改正第8b条）．

## E 市民対話

**639-6** 加盟国は，国内法および慣行に従い，均等待遇原則を促進する観点で性に基づく差別との戦いに貢献することに適法な利益を有する適切な非政府

組織との対話を促進するものとする(改正第8c条).

## 第6節　挙証責任

**640**　1997年12月15日の理事会指令97/80は，性別に基づく差別事件における挙証責任を扱っている(1)．本指令は，原告が直接または間接の差別が存在すると推定される事実を立証することを条件として，挙証責任を転換している．

　(1) O.J., 20 January 1998, L 14/6

### I　目　的

**641**　本指令の目的は，均等待遇原則が自らに適用されないことで不当な扱いをされたと考えるすべての者が，他の権限ある機関への可能な訴えの後に司法過程によってその権利を主張することができるように確保することである．(第1条)

### II　定　義

**642**　定義は次のとおり．(第2条)
―均等待遇原則：直接であれ間接であれ，性別に基づくいかなる差別もないこと，
―間接差別：当該条項，基準または慣行が適当かつ必要であり，性別にかかわりのない客観的な目的によって正当化されえない限り，外見上は中立的な条項，基準または慣行が，一方の性の著しく高い比率の成員に対し不利益を与える場合．

### III　適用範囲

**643**　本指令は次に適用される．
―EC条約141条および1975年指令，1976年指令によってカバーされる状況，および差別に関する限りで指令92/85(1)および指令96/34(2)．
―任意的性質の裁判外訴訟手続を除き，国内法のもとに救済措置(3)を規定しているような，あるいは国内法において規定されている，公私の分野に係る民事的もしくは行政的手続．

第5章　均等待遇

(1) 妊娠中および出産直後または授乳期の女性の安全衛生改善促進措置の導入に関する1992年9月19日指令
(2) 育児休業の枠組み協定に関する1996年6月3日指令
(3) 特に斡旋や調停のような手続きにおいて

**644** 加盟国が別段の定めをしない限り，本指令は刑事訴訟手続には適用しない．（第3条）

## Ⅳ　挙証責任

**645** 均等待遇原則が適用されないことで不当に扱われていると考えるすべての者が，裁判所または他の権限ある機関における手続のいかなる段階においても，それにより差別が存在することが推定される事実を立証すれば，男女均等待遇原則の違反が存在しなかったことを立証すべきは被告とする（第4条第1項）．訴訟手続きのいかなるふさわしい段階でも，原告にとってより有利である証拠方式を導入することは，加盟国に委ねられる．（前文第14項）

**646** 加盟国は原告にとってより都合のよい証拠方式を導入することを認められる．（第4条2項）1

(1) 加盟国は第4条第1項を，事案の事実を裁判所または権限ある機関が捜査するような手続に適用する必要はない．ここにいう手続とは，原告が事実を証明することを要求されず，裁判所または権限ある機関が捜査するようなものである（前文第16項）．

## Ⅴ　情報提供

**647** 加盟国は，本指令にしたがって採られる措置が，既に実施中の規定と併せてあらゆる適切な手段によりすべての当事者の注意を引くように確保するものとする．（第5条）

## Ⅵ　後退禁止

**648** 本指令の実施は，いかなる状況においても，適用範囲にある労働者の保護の一般的水準の低下の十分な根拠とはならない．（第6条）

431

## Ⅶ 実　施

**649**　加盟国は2001年1月1日までに本指令を実施しなければならない。本指令が効力を発してから2年以内に，加盟国は欧州委員会に対し，欧州委員会が欧州議会および閣僚理事会に報告書を作成するために必要なすべての情報を，伝えなければならない。(第7条)

## 第7節　実　施

**650**　1975年指令と1976年指令は，どちらも実に多くの均等待遇原則を実施するための措置を含んでいる。
―加盟国は国内立法を適応させなければならない。
―加盟国は，同一賃金原則に違反する法律，規則，行政規定から生じる男女間のすべての差別を廃止するものとする。(1975年指令第3条)。
―均等待遇原則に違反するいかなる法律，規則，行政規定も廃止されるものとする。(1976年指令第3条第2項第a号)。
―加盟国は，同一賃金原則に違反する労働協約，賃金表，賃金協約または個別雇用契約に現れる規定が無効と宣言されるか宣言することができるか，あるいは改正することができることを確保するためにあらゆる必要な措置をとらなければならない。(1975年指令第4条，1976年指令第3条第2項第b号)
―元来それらを生み出した保護への関心がもはやよく見出されない場合，均等待遇原則に違反する法律，規則，行政規定は，改正されなければならない。(1976年指令第3条第2項第c号)[訳注1]。

　指令76/207は，その協約が生じるまたは生じない法律上の効果の性質に区別なく，あらゆる労働協約をカバーする。指令が全く有効であることを確保する必要性は，たとえ労働協約が雇用関係に対して事実上の影響を有するだけにせよ，いかなる規定もカバーされていることを要求する[1]。無効化とは，無効である賃金が自動的により高い賃金に置き換えられることを意味する[2]。

　(1)　C.O.J., 8 November 1983, Commision v. United Kingdom, No. 165/82, ECR, 1983,3431.
　(2)　Advocate-General in Defrenne Ⅱ ,op.cit.
　　[訳注1]　この規定は2002年改正で削除されている。

## 第8節　告知，執行，直接的効果

### I　告　知

**651**　1975年指令と1976年指令双方により(それぞれ第7条と第8条)，加盟国は，指令にしたがって採択された関連規定が，既に有効な関連規定とともに，あらゆる適切な手段で，例えば雇用の場所に，被用者の注意を引くように留意するものとする．挙証責任に関する1997年の指令についても同様である．

### II　解雇からの保護

**652**　1975年指令と1976年指令のそれぞれ第5条および第7条により，加盟国は，同一賃金原則を遵守することを目的とする企業内の苦情申立てまたはいかなる司法上の訴えを申し立てたことに対する報復としての使用者による解雇に対して，被用者の保護に必要な措置をとるものとする[訳注1]．

　　[訳注1]　2002年改正により1976年指令第7条は改正され，解雇だけでなく，「解雇またはその他の不利益取扱い」に保護の対象を拡大した．

### III　司法手続き

**653**　両指令のそれぞれ第2条と第6条により，加盟国は，均等待遇原則が自らに適用されないことで不当な扱いをされたと考えるすべての者が，他の権限ある機関への可能な訴えの後に司法手続きによってその権利を主張することができるようにするのに必要な措置を国内法制度に導入するものと規定する．効果的な司法コントロールの原則は，人権と基本的自由の保護に関する欧州規約第6条および第13条にも規定されているように，加盟国に共通の立憲的伝統に根ざしている．[1]．

　　(1)　C.O.J., 15 May 1986, Johnston, op. cit

**654**　EC法は，訴えを提起するのが遅れたのは使用者が類似の労働を遂行するもう一方の性別の者が受け取る報酬の水準をその被用者にわざと偽って伝えていたからである場合であっても，報酬の支払延滞金または同一賃金原則の違反への賠償を受ける被用者の資格を，訴えが提起された日から遡って2年間の期間に制限し，そこには期間延長の可能性が存在しないような国内法ルールの適用を排除する．

　　使用者の詐欺行為のせいで労働者が同一賃金の訴えを提起するのが遅れて

しまったような場合にも支払延滞金を得る権利を訴えの前2年間に制限する国内法に依拠することで使用者を許すことは，有効性の原則と明らかに矛盾する．こういう国内ルールの適用は，性差別に関して報酬の支払延滞金を得ることを事実上不可能にあるいは極めて困難にするように思われる．

どんなに情報通の被用者でも，自分が差別されていたかどうか，あるいは差別されているとしてそれがどの程度なのかを確定する手段はないであろう．その結果，使用者は被用者に指令75/117によって規定された手段を奪うことができることになろう．

EC法は，たとえ他の救済手段が利用可能であっても，それが類似の国内訴訟に適用されるのよりも不利益な訴訟ルールまたは他の条件をもたらすようなものである場合には，報酬の支払延滞金または同一賃金原則の違反への賠償を受ける被用者の資格を，訴えが提起された日から遡って2年間の期間に制限するような国内法ルールの適用を排除する[1]．

(1) C.O.J., 1 December 1998, B.S. Levez v. T.H. Jennings (Harlow Pools) Ltd, Case C-326/96, ECR, 1998, 7835.

## Ⅳ 制　裁

**655**　両指令は制裁規定を含んでいない．しかし1975年指令第6条は，加盟国は同一賃金原則が適用されることを確保するために必要な手段をとるものとすると述べている．制裁の必要性は第6条からだけでなく，他の権限ある機関への可能な訴えの後に司法手続きによってその主張を追求する手段を保証する1976年指令の第6条からももたらされる．この問題は，サビーネ・フォン・コルソンとエリザベート・カマン対ノルトライン・ヴェストファーレン州(Sabine von Colson and Elizabeth Kamann v. Land Nordrhein-Westfalen)事件[1]について扱われた．この事案では，2人の資格のあるソーシャルワーカー（サビーネとエリザベート）が，彼女らの性別にかかわる理由のために，もっぱら男性囚人を収容しており州によって管理されている刑務所に採用を拒絶された．ドイツ法のもとでは差別への唯一の制裁は賠償金であるので，ドイツの労働裁判所は，そのポストに応募するために原告が被った旅費の賠償を命じるのみで，原告の他の主張は認められないと判断した．それではEC法のもとではこれらの主張は可能であるかというのが問題となった．欧州司法裁判所は以下のように回答した．

「1　指令76/207は，雇用へのアクセスに関する性に基づく差別が，差別の張本人である使用者に，差別された応募者と雇用契約を締結することを義

務付けるという方法によって制裁に服せしめることを要求していない．
2　起こりうるいかなる差別に対する制裁に関しても，規定された期間内に採択された実施措置がない場合に，それが国内法で規定されたり認められたりしていない場合には，本指令の下で個人が特定の制裁を得るために依拠しうるようないかなる無条件かつ十分に厳密な義務をも，本指令は含んでいない．
3　1976年指令は，差別禁止の違反に対する制裁を課すために，本指令の目的を達成するのにふさわしい異なった解決法の間での自由な選択を加盟国に委ねているが，しかしながら，もし加盟国が賠償金によって禁止の違反を罰することを選択する場合，それが効果的でかつ抑止的な影響を及ぼすことを確保するために，賠償金はどんな場合でも被った損害に関して十分でなければならないし，かつそれゆえに，例えば応募に関連して被った費用についてのみの賠償金のような，純粋に名目的な賠償金を超える額でなければならない，と要求している．国内法のもとでそうする裁量権を与えられるかぎり，EC法の要求にしたがって指令の実施のために採択された法律を解釈し適用するのは国内裁判所である．」

(1) C.O.J., 10 April 1984, No. 14/83,ECR,1984,1891

**656**　差別の被害者として取り戻しうる賠償金の額に関する極めて重要なマーシャル第2事件においても同様に疑問が提起された．これは，サザンプトン当局によるマーシャル女史の解雇の結果として彼女が被った損害の賠償請求に係る，マーシャル女史と彼女の旧使用者との間の紛争に関して提起された．

この請求は，本指令第5条第1項は，国内法の下で男性と女性で異なって設定されている国の年金の支給開始年齢に到達したまたは過ぎたというだけの理由による女性の解雇にかかわる一般的な解雇政策は，性に基づく差別を構成し，本指令に違反するという意味に解釈されるべきであるから，解雇は違法であるということ(1986年2月26日判決)に基づいていた．欧州司法裁判所の認定では，1975年性差別禁止法(Sex Discrimination Act 1975)によれば，労使審判所が雇用に関する違法な性差別の訴えに十分根拠があると認めた場合には，原告に賠償金を支払うよう被告に命じることができる．しかしながら，賠償金額は特定の限度額を超えることができない．

さらに，事実の時点で，労使審判所は力をもっておらず，あるいは少なくとも，利息や賠償金を裁定するような力をもつかどうかに関しては規定の関連では曖昧であった．

本指令第6条は加盟国を，差別により不当な扱いをされたと考えるすべて

の者が司法手続きによってその権利を主張することができるようにするのに必要な措置をとる義務のもとに置くと，欧州司法裁判所は述べた。そのような責任は，問題の措置が本指令の目的を達成するために十分に効果的であり，かつ当事者によって国内裁判所において依拠されうるものであるべきことを含意する。

しかしながら第6条は，差別禁止の違反の場合にとられるべき特定の措置を規定せず，起こりうるそれぞれの事情に依拠して，本指令の目的を達成するのにふさわしい異なった解決法の間での自由な選択を加盟国に委ねている。

目的は真の機会均等に到達することであり，それゆえそれが遵守されなかった場合には，到底そのような均等を取り戻すのに適切な措置なくして到達し得ない。

本指令に違反する差別的な解雇の場合，差別の被害者を復職させるか，その代わりに被った損害に対する金銭賠償を与えるかしなければ，均等の状況は取り戻すことはできない。

金銭賠償が上述の目的を達成するために採用された措置である場合，それは十分でなければならず，適切な国内ルールにしたがって，差別的解雇の結果として現実に被った損害が全額賠償されることを可能にするものでなければならかった。

第1の疑問は，差別の被害者に対して埋め合わせうる賠償金額に上限を設定する国内規定が本指令第6条に違反するかどうかである。

第2の疑問は，第6条は(a)違法な差別の結果被った損害賠償は全額賠償であるべき，(b)違法な差別の日から賠償金が支払われた日までの元金に対する利息の支払を含むべき，と規定しているかどうかである。

欧州司法裁判所は，上述の第6条の解釈は，規定が求める賠償の水準に関する第2の疑問の最初の部分に対し直接の回答を与えているとした。

その解釈からして，本件における問題の種類の上限額設定は，それが賠償金額を差別的解雇の結果被った損害への十分な賠償を通じて真の機会均等を確保する必要性と必ずしも整合的でない水準にあらかじめ制限しているので，定義上本指令の適正な実施ということはできない。

利息の支払に係る第2の疑問の第2の部分に関しては，差別的解雇の結果被った損害への全額賠償は，その価値を実際に減少させうる時間の経過のような要因を考慮の外におくことはできないということで十分である。それゆえ，利息の支払いは，適用しうる国内ルールにしたがって，真の均等待遇を取り戻すための賠償金の不可欠な構成要素と考えられなければならなかった。

第3の疑問として，差別的解雇の結果として損害を被った人は，使用者と

して行動している国の機関に対して，補償金として得られる賠償額に上限を課す国内ルールの適用を阻止するために指令第6条に依拠しうるかどうかが確かめられた．

欧州司法裁判所は，本指令の第5条と第6条の組み合わされた規定は，差別的解雇の結果として損害を被った人の方には，その人が国内裁判所において国と国の出先機関に対して依拠することができる権利をもたらさないとした．

加盟国が起こりうるそれぞれの事情に依拠して本指令の追求する目的を達成するために異なった解決法の間で選択することができるという事実は，本件におけるもののように国内機関が選択した解決法の適用について全く裁量の余地を持たない状況において，個人が第6条に依拠することを妨げられるという結果にはなりえない．

欧州司法裁判所はこの関係で，本指令の目的を達成するいくつかの可能な手段の間で選択する国の権利は，その内容が十分正確にもっぱら指令を根拠に決定される権利を個人が国内裁判所において行使する可能性を除外しないと指摘した．

それゆえ，欧州司法裁判所は，以下のように判示した．

「1　雇用，職業訓練および昇進へのアクセスならびに労働条件についての男女均等待遇原則の実施に関する1976年2月26日の理事会指令76/207の解釈は，差別的解雇の結果として被った損害の賠償は，予め設定された上限額や裁定された元金が実際に支払われるまでの時間の経過の結果として賠償金受給者が被った損失を保障するための利息の欠如によって制限することはできないということでなければならない．

2　差別的解雇の結果として損害を被った人は，使用者として行動している国の機関に対して，補償金として得られる賠償額に上限を課す国内ルールの適用を阻止するために，本指令第6条に依拠することができる．

　　(1)　C.O.J., Marshall M.H.v.Southampton and South West Hampshire Area Health Authority, No.C-271/91, 2 August 1993, Ecr,1993,4367

**657**　これはドラーンパール・ニルス対ウラニア不動産(Draehmpeahl Nils v. Urania Immobilienreserve)[1]事件で確認された．欧州司法裁判所は以下のように述べた．

「これに関しては，たとえ本指令が加盟国に明確な制裁を課さなくても，第6条が加盟国に本指令の目的を達成するために十分に効果的な措置をとり，それら措置が当事者によって国内裁判所において効果的に依拠されるようにすることを義務付けていると指摘しなければならない．

さらに，本指令は，もし加盟国が賠償金の支払によって差別禁止の違反に罰を課すことを選択するならば，その賠償金は真のかつ効果的な司法上の保護を保証し，使用者に抑止的な効果を有するものでなければならず，かつどんな場合でも被った損害との関係で十分でなければならないと，規定している．純粋に名目的な賠償金は本指令の効果的な国内法への転換の要求を満たさない．
　本指令の目的を保証する適切な解決法を選択することにおいて，加盟国はEC法の侵害が手続上であれ実質上であれ，類似の性質と重要性を持つ国内法の侵害に適用されるものと同等の条件のもとで罰を課されるよう確保しなければならない．
　以上から，他の国内の民法および労働法の規定とは異なり，採用における性に基づく差別の場合に得られる賠償額について給与の3カ月分という上限額を設定する国内法はこれら条件を満たさない．」
「本指令は，採用において性に基づいて差別された応募者に支払われる賠償総額に上限を設定する国内法の規定を排除するか」という疑問について，欧州司法裁判所はこう述べた．
「フォン・コルソンとカマン判決で欧州司法裁判所が判示したように，本指令の結果，加盟国が選択した制裁が使用者に真の抑止的効果をもたねばならず，かつ真のかつ効果的な司法上の保護を確保するために被った損害との関係で十分でなければならない．
　採用において性別に基づいて差別されたすべての応募者の賠償総額に給与の6カ月分という上限額を設定する規定が，数人の応募者が賠償を請求している場合，賠償額の減少をもたらし，応募者がその権利を主張することを抑止するような有害な効果を有することは明らかである．このような結果は真のかつ効果的な司法上の保護を意味しないであろうし，本指令が要求する使用者への真に抑止的な効果をもたないであろう．
　さらに，このような賠償金総額の上限は国内の民法または労働法の他の規定には規定されていない．
　しかしながら，欧州司法裁判所が既に判示したように，EC法に基づく補償の権利を規制する手続きと要件は，比較可能な国内ルールによって定められたものよりも不利であってはならない．」

　(1) Case No.C-180/95, 22 April 1997,E C R,1997, I -2195

第 5 章　均等待遇

## V　直接的効果

**658**　EC 条約第 141 条は直接に適用可能であり，それゆえ諸裁判所が保護しなければならない個人の権利をもたらす[1]．実際，本条は明確で，内容的にも十分厳密であり，いかなる留保も含まず，国内裁判所によるその適用が加盟国であれ EC であれいかなるそれに伴う実施措置をも要求していないという意味において，それ自体完璧である．

指令 76/207 の第 5 条第 1 項は，その法的形態が何であれ，国の管理の下で公共サービスを提供する責任を有し，この目的のために個人間の関係に適用される通常のルールから生ずるものを超える権限を有する機関に対する賠償請求において依拠することができる[2]．

この関連で，欧州司法裁判所が繰り返し，指令が期待する結果を達成する加盟国の責任と，一般的であれ特殊であれ，EC 条約第 5 条のもとでこの責任の達成を確保するためにあらゆる適切な措置をとる義務は，その管轄権の範囲内ならば裁判所も含め，加盟国のすべての機関を拘束している，と述べてきたことを想起しなければならない．国内法，とりわけ指令 76/207 を実施するために特に導入された国内法の規定を適用するに当たり，国内裁判所は国内法を EC 条約第 249 条第 3 項にいう結果を達成するための指令の文言と目的に照らして解釈することを要求される[3]．欧州司法裁判所は，マーシャル第 2 事件において，その主題事項がかかわる限り，指令の規定が無条件かつ十分に厳密であると思われる場合はいつでも，当局としてであろうが使用者としてであろうが，国が規定された期日の終期までに指令を国内法として実施しなかったかあるいは的確に実施しなかった場合には，個人が国を相手取ってこれらの規定に依拠することができるということを想起することが必要であるとした．指令 76/207 の第 5 条第 1 項は，個人によって国を相手取って依拠しうるに無条件かつ十分に厳密であると見なされうる[4]．

(1)　C.O.J., Defrenne II
(2)　C.O.J., 12 July　1990,A. Foster and Others v.British Gas,No.c-188/89,ECR,1990, 3313
(3)　Johnston, op.cit
(4)　Marshall II，op.cit

## Ⅵ　行為規範

**659**　1996年7月17日に，欧州委員会は同一価値労働男女同一賃金の適用に関する行為規範を採択した．規範の目的は，

（ⅰ）　あらゆる意味における「同一労働同一賃金」原則のあらゆる要素における適用を確保するために，使用者および企業レベル，産業別レベルまたは産業横断的レベルで遂行される団体交渉の当事者に具体的なアドバイスを与えること．

（ⅱ）　報酬構造が職務分析と職務評価に基づく場合の性別に基づく差別の除去．

ソーシャル・パートナーとの密接な協力で設計されたこの規範は可能な限り提案されたアプローチを反映している．例えば，

（ⅰ）　自発的かつ効果的なやり方で，団体交渉のさまざまな局面で用いることができ，

（ⅱ）　公的部門および民間部門の職場で

適用される短い規範である．

使用者はそれらを自社の構造に合わせることでその中に含まれる勧告にしたがうようにすすめられる．

　　［訳補］　原著ではここに「第9節　均等待遇指令案：1976年指令の改正」と題して，欧州委員会の提案および閣僚理事会における共通の立場についてごく概略を記述していたが，本訳書では，著者第9版草稿により正式に採択された改正指令の内容を各関係部分に記述したため，この節は第660パラグラフとともに消滅する形となった．

# 第6章　母性保護

661　EC憲章を実施する行動計画において，欧州委員会は職場の妊娠女性に対する保護に関する理事会指令の採択をその目的に含めた．1992年10月19日の指令(92/85)は，EC条約137条に基づいており，また職場の労働者の安全と健康の改善を促進する措置の導入に関する1989年6月12日の指令(89/391)第16条第1項の意味における第10番目の個別指令である[1]．上述の枠組み指令の規定，とりわけ第10条(労働者に対する情報提供)，第11条(労働者との協議および労働者参加)および第12条(労働者の職業訓練)が適用される．枠組み指令の定義において，労働者の意味は「訓練生や徒弟を含む使用者に雇用される者」であり，また使用者の意味は「労働者と雇用関係にあり，かつ企業または事業所に責任を有する自然人および法人である」ことが想起されるべきである

(1)　枠組み指令第15条は，特に感受性の強い集団は彼らにとくに影響を与える危険から保護されなければならないと規定している．(O.J., 29 June 1989, No.L 183/1)

662　本指令の目的は，妊娠中および出産直後または授乳期の労働者の安全と健康の改善を奨励するための措置を実施することである[1]．

同指令は，以下のような保護措置を規定している．

1　妊娠または授乳に健康と安全上の危険があるかまたは影響があるような物質，過程または労働条件に曝される特定の危険にかかわりやすいすべての活動について，使用者は，いかなる措置がとられるべきかを決定するために曝露の性質，程度および期間を評価するものとする．使用者は，当該労働者の労働条件を一時的に調整することにより，当該労働者のそのような危険への曝露を回避するのに必要な措置を採るものとする．これが不可能な場合，使用者は，労働者を他の職務に移動するための措置をとるものとする．他の職務への移動が技術的または客観的に不可能であり，あるいは正当な実質的理由に基づき合理的に要求しえない場合には，当該労働者は，国内法または国内慣行に従って，休業することができる(第5条)．これは，有給または適当な手当を受け取る権利を含む(第11条第1項)．第11条第3項は，どのようなものが適切な手当てであるかを示している．

2　夜間労働の代替．これは単純に昼間労働への転換，休業もしくは産後休

暇の延長を意味する(第7条)。
3　出産の前後に最低14週間の継続的な産前産後休暇(第8条第1項)。この産前産後休暇は出産の前後に2週間の強制的休暇を含まなければならない(第8条第2項)。
4　妊娠の開始から産前産後休暇の終了までの関連労働者の解雇の禁止。労働者がこの期間に解雇されれば，使用者は解雇の正当な実質的理由を書面で通知しなければならない(第10条第1項および第10条第2項)。

　本指令は「本指令が採択される時点において，各加盟国の状況と比較して，妊娠中，出産直後または授乳期の労働者に付与される保護の水準を低下させる効果を有してはならない」と明文で規定している(第1条第3項)。

　ソーシャル・パートナーは，労働協約により，国内レベルにおいて，指令の実施について必要な措置をとることが認められる(第14条)。

　　(1)　妊娠中および出産直後または授乳期の労働者の安全と健康の改善を促進する措置の導入に関する1992年10月19日の閣僚理事会指令92/85. O.J., 28 November 1992, No.L 348/1.

662-1　指令92/85/EECの第10条は，直接的効力を有し，指令によって規定された期間内に加盟国によってとられた国内法への転換が存在しない場合には，国の当局に対して国内裁判所で依拠しうる個別の権利を付与するという効果を持つと解釈されるべきである。

　国内法および/または慣行で認められた条件に関係しない場合において，妊娠中，出産直後または授乳期の労働者の解雇の禁止からの適用除外を認めるに当たり，指令92/85の第10条第1項は，加盟国にそのような労働者が解雇されうる特別の理由を特定することを求めていない。

　指令92/85の第10条で規定された差別の禁止は期間の定めなき雇用契約と有期契約の双方に適用される一方，そのような契約の期間満了時の不更新は，本規定で禁止される解雇とは見なされ得ない。しかしながら，有期契約の不更新が労働者の妊娠状態を動機とするものである場合には，それは性別に基づく直接差別を構成し，1976年2月9日の閣僚理事会指令76/207/EECの第2条第1項および第3条第1項に反する。

　妊娠中，出産直後または授乳期の労働者の解雇が，例外的な場合に，適当であれば権限ある機関が同意を与えることを条件に起こりうると規定することにおいて，指令92/85の第10条第1項は，加盟国に，権限ある機関が妊娠した労働者の解雇を正当化する例外的な場合があることを見出して，使用者による労働者を解雇するという決定に先立ってその同意を与えるという義務を課していると解釈されるべきではない[1]。

第6章　母性保護

　1976年2月9日の閣僚理事会指令76/207/EECの第5条第1項と閣僚理事会指令92/85/EECの第10条は,
―彼女が有期雇用で採用され,
―彼女が,雇用契約が締結されたときにそのことを知っていたにもかかわらず,使用者に妊娠していることを告げず,
―妊娠のために,彼女は契約期間の相当部分の間,労働することが不可能となった場合に,
労働者が妊娠を理由として解雇されることを排除するものとして解釈されるべきである(2)［訳注1］.

　(1) C.O.J., 4 October 2001, Case C-438/99, Maria Luisa Jiménez Melgar v. Ayuntamiento de los Barrios, ECR, 2001, 6915.
　(2) C.O.J., 4 October 2001, Tele Danmark A/S v. Handels-og Kontorfunktionarernes Forbund i Danmark (HK), acting on behalf of Marianne Brandt-Nielsen, Case C-109/00, ECR, 2001, 6992.
　［訳注1］　本パラグラフは著者第9版草稿による.

663　欧州司法裁判所は,マーガレット・ボイル他対イギリス機会均等委員会 (Margaret Boyle and Others v. Equal Opportunities Commission)事件[1]において,以下のように判示した.

「1　(条約)第141条,指令75/117の第1条および指令92/85の第11条は,指令92/85の8条にいう産前産後休暇の期間,産前産後休暇に関する法定の手当以上の額の手当の支払を,子どもの出産の少なくとも1カ月後に職場に復帰するという約束にかからしめ,彼女がそうしない場合には産前産後休暇の期間中に受け取るはずであった額と実際の支払額との差額を払い戻すよう求める雇用契約の規定を排除するものではない.
2　指令92/85の第8条および理事会指令76/207の第5条第1項は,出産予定週に先立つ6週間前に産前産後休暇を開始する意図を表明し,かつその日の直前に妊娠に関連する病気で病気休暇にある被用者に対し,有給の産前産後休暇の開始日を,出産予定週に先立つ6週間前の日にするか,病気休暇の開始日にするかを提出することを要求する雇用契約の規定を排除するものではない.
3　女性労働者が仕事に復帰し,その産前産後休暇を終了させない限り,女性労働者が指令92/85の第8条第1項により保障された最低14週間の産前産後休暇期間中に,病気休暇を取得することを禁止する雇用契約の規定は指令92/85に反している.これとは対照的に,女性労働者が仕事に復帰し,その出産休暇を終了させない限り,使用者によって付与された付加的

な産前産後休暇期間に病気休暇を取得することを禁止する雇用契約の規定は指令 76/207 および指令 92/85 に反しない．
4 　指令 92/85 および指令 76/207 は，指令 92/85 の第 8 条により女性労働者に保障されている最低 14 週間の産前産後休暇に年次有給休暇が生じる期間を制限し，使用者により付与される付加的な産前産後休暇中には年次有給休暇が発生しなくなると規定する雇用契約の規定を排除するものではない．
5 　指令 92/85 は，完全に使用者により賄われる職域制度において，本指令第 8 条にいう産前産後休暇の期間中の年金権の発生を当該契約もしくは国内法により女性が賃金を受領する期間に制限する雇用契約の規定を排除するものではない．

(1) C.O.J., 27 October 1998, Case C-411/96, ECR, 1998, 6401.

664 　クリスマス・ボーナスは，それがたとえ使用者が任意に支払い，将来の労働へのインセンティブあるいは企業への忠誠のために，主にもしくはもっぱら支払われるものであっても，報酬である．しかし，それは，指令 92/85 第 11 条第 2 項の賃金の概念には該当しない[1]．

(1) C.O.J., 21 October 1999, Susanne Lewen v. Lothar Denda, Case C-333/97, ECR, 1999, 7243.

665 　最後に「家庭生活と職業生活」と題する 2000 年 12 月にニースで採択された「家族および職業生活」という見出しの基本権憲章第 33 条を加えておこう．
1 　家庭は，法的，経済的および社会的保護を享受するものとする．
2 　家庭生活と職業生活とを両立させるために，何人も，妊娠出産に関連する理由による解雇から保護される権利，および有給の産前産後休暇ならびに出産または養子の後の育児休業の権利を有するものとする．

# 第7章　労働時間，日曜休日，夜間労働および育児休業

## 第1節　労働時間

### I　概　要

**666**　労働時間に関しては，二つの勧告に言及する必要がある。一つは1975年7月22日に遡る40時間労働の原則と4週間の年次有給休暇の原則に関するものである(1)。これらの原則は遅くても1978年12月31日，そして同日より可能な限り早くEC全体に適用された。言うまでもなく，この勧告は今日では歴史的かつシンボル的な価値しかなく，現在では多くの出来事に覆われてしまった。

　もう一つの勧告，1982年12月10日の勧告は，退職年齢に関するものである(2)。この勧告によって，閣僚理事会は加盟国に柔軟な退職，すなわち，被用者がいつ退職年金を受給するかを選択する権利を社会政策の目的の一つとして認識させた。同勧告は，また，使用者を代表する組織，被用者を代表する組織および他の利益を代表する組織の参加を得て職業生活の終わる前の数年間に退職準備計画が開始されるべきであるとしている。

　(1)　O.J., 30 July 1975, No. L 199.
　(2)　O.J., 18 December 1982, No. L 357.

**667**　1990年8月3日，欧州委員会は，基本的社会権に関するEC憲章第7条および第8条を実施する目的で労働時間の編成の一側面に関する指令案を作成した。本指令案は，閣僚理事会が特定多数決で決議することを許すEC条約第137条に基づいて作られた。本指令案は，次の事項を内容とする基本的規則に関係している。
―日，週および年間の休息
―夜間労働，交替制労働
―労働時間の調整から生じる就労形態の変更に伴う被用者の健康と安全の保護

　欧州委員会は，近年において，個々の労働者の労働時間と工場の操業の不

一致がほとんどの加盟国において重要性を増してきたという事実，すなわち，個々の労働時間が短くなる一方で操業時間が長くなったという事実から出発する．例外的に，被用者が，例えば，2×12時間働く週末労働の場合のように個々の労働時間が長いこともある．この傾向は，企業が弾力性を増し，稼働率を上げ，新たな環境に円滑に適応し，生産性向上を達成しまた競争力を向上させることに資する．さらに，工場の操業時間の延長は，しばしば，近代化への投資の刺激となるし，とにかく，企業が所与の生産を行うための固定生産資本の節約を可能にする．これらの傾向は，また，職業と家庭責任とをより上手に両立させることへの被用者の渇望によりよく適合するものと思われる．加えて，労働時間編成の弾力性の増加は，より多くの人々を労働市場に統合し，雇用機会を増加させることに役立つ．

しかし，これに関連し，欧州委員会は，労働者が職場における健康と安全に有害となり得る過度の長時間労働から自身を守るための一定の休息期間に関する最低限度の規則にどの程度依拠できるかを考えなければならない．労働疲労（それは，もちろん，労働の種類とその労働がなされる諸条件によるけれど）は労働時間の長さにより増加する．8時間を超える仕事上の身体的精神的な労力は軽労働の場合でさえ疲労が起こるのであるから一段と激しくなるのである．その効果は，静止または緊張した姿勢を要する仕事，反復動作または重く複雑な任務を伴う仕事により著しく増悪される．特に現代的技術の適用に関しては，長時間労働はしくじりや間違いを増加させる傾向がある．労働事故——とりわけ重大な事故——のより大きな蓋然性およびストレスの増加はしばしば労働の終わる時間帯に生じる．週の労働時間でも同じことが言える．すなわち，50時間以上の週労働時間は，長期的には，労働者の健康と安全（疲労，睡眠障害，健康診断中に明らかになる諸問題）に有害であり得る．夜間労働および交替制労働の場合についても同様に考えられる．このゆえに，欧州委員会の提案がなされた．

**668** 最後に，(2000年12月)ニースで採択された基本権憲章の第31条第2項が「すべての労働者は労働時間の上限制限，日および週の休息期間および年次有給休暇の権利を有する．」と宣言していることに言及したい．同憲章を起草した会議の幹部会(Presidium of the Convention)により明言された同宣言は，欧州社会憲章第2条と労働者の権利に関するEC憲章第8条の精神を受け入れ，また労働時間の編成の一側面に関する指令(93/104/EC)にも適切な考慮がなされている．

第7章 労働時間，日曜休日，夜間労働および育児休業

## II　1993年11月23日の指令

**669**　労働時間の編成の一側面に関する指令は1993年11月23日に採択された。本指令はEC条約第137条に基づき特定多数決で採択された[1]。一般的なコンセンサスを得るには至らなかった。加盟国の過半数は本指令に反対し続けたイギリスの要求に可能な限り応じてしまった。その結果，本指令は多くの例外と委任の可能性を有し，必ずしもそれほど進歩的とはいえない相当歪んだ難しい法規となってしまった。イギリスは第137条を条約上の根拠とすることを受け入れず，欧州司法裁判所で本指令を争う姿勢を示した。しかし，欧州司法裁判所は，第137条は広義に解釈されるべきであると判示した[2]。

主な原則は次のとおりである：
1　24時間ごとに連続する11時間の最低休息期間
2　一日の労働時間が6時間を超えるときの休憩
3　週7日ごとに，原則として日曜日を含む，切れ目のない24時間の最低休息期間(いくつかの場合を除き，11時間の日ごとの休息期間に付加して)
4　各7日間で時間外労働を含み48時間を超えない平均労働時間
5　最低4週間の年次有給休暇。この最低期間は理論的には金銭補償によって代替出来ない。
6　夜間労働。a)24時間の期間中で平均8時間を越えない通常労働時間。b)重大な心身の緊張をもたらす特別な負荷を伴う労働に関しては，24時間につき最高8時間。

(1) O.J., 13 December 1993, No. L 307/18.
(2) C.O.J., 12 November 1996, *UK v. Council of the European Union*, Case C-84/94, ECR, 1996, 5755. See further Chapter 8,§2.

## A　前文：適法性，目標と目的

**670**　指令前文は，閣僚理事会が，労働者の安全と健康のよりよい保護水準を達成するため，指令によって，特に労働環境の改善を推進する最小限の要件を採択すると規定するEC条約第137条に言及する。

これらの指令は，中小企業の起業と成長を抑制するような行政的，財政的および法的規制を回避することとしている。職場の労働者の健康と安全の改善を促進する措置の導入に関する1989年6月12日の理事会指令89/391/ECの規定は，そこに含まれるより厳格かつ特定の規定に反しない限り，本指

令の適用される領域に例外なく適用される。
　域内市場の完成はECにおける労働者の生活および労働条件の改善をもたらさなければならない。その完成の過程は，特に労働時間の長さと編成，および，例えば有期契約，パートタイム労働，派遣労働および季節労働のような期間の定めなき契約以外の雇用形態の改善を伴う生活および労働条件の接近から生じなければならない。
　このことは，次のことを意味する。
「―すべての労働者は週の休息期間および年次有給休暇の権利を持たなければならない。そして，それらの期間は，国内慣行に従い漸進的に調和されなければならない。
―すべての労働者は労働環境における満足すべき健康と安全の条件を共有しなければならない。
―労働者の安全と健康を確保するため，労働者は日，週および年ごとの最低の休息期間と十分な休憩を与えられなければならない。
―週労働時間の上限も定められる必要がある。
―時間外労働を含め夜間労働時間の長さを制限し，夜間労働者を定期的に使用する使用者は，所轄官庁の要請に応じ，夜間労働時間に関する情報を通知する義務を定める必要がある。
―夜間労働者は，職務配置前およびその後定期的に無料の健康診断を受ける権利を得なければならず，また，健康上の問題が生じたときは，可能であればいつでも，その者に適した昼間勤務に配転されるべきである。
―夜間および交替制労働者の状況は安全と健康の水準がその労働の性格にふさわしいものであり，かつその保護および防止措置の体制および機能が有効でなければならない。
―特定の労働条件は，労働者の健康と安全に悪い影響を与える。他方，一定の仕方により労働を編成する場合は，労働者に労働を合わせるという一般的な原則を考慮しなければならない。
―時間外労働を含む夜間労働時間の長さを制限し，定期的に夜間労働者を使用する使用者がその情報を要求に応じ所轄官庁に通知することを義務づける必要がある。
―夜間労働者は配置前およびその後定期的に無料の健康診断を受ける権利を与えられるべきであり，健康問題を有する場合には可能な限り，適切な昼間労働に配転されるべきである。」
　指令前文は，また，労働時間に関するILO条約および勧告，加盟国の相違，弾力性，補完性およびソーシャル・ダイアローグにも適切な配慮を払ってい

る．

指令93/104は，本指令から適用除外された業種および活動に適用される労働時間の編成の一側面に関する2000年6月22日の指令2000/34/ECによって修正されている[1]．

(1) O.J., 1 August 2000, No. L 195.

## B 適用範囲と定義

### 1 適用範囲

**671** 本指令は労働時間編成のための最低の安全および健康の要件を定め，次の事項に適用される．

**a** 毎日の休憩時間，週休および年次休暇の最低期間および週労働時間の上限，

**b** 夜間労働，交替制労働および労働パターンの特定の側面，

本指令はすべての公的および私的な活動に適用される[1]．

本指令はEC船主協会(ECSA)およびEU運輸労働組合連合との間で締結された船員の労働時間の編成に関する協約に関する1999年6月21日の理事会指令1999/63/ECに規定された船員には適用されない[2]．

道路運送業に雇用される全ての労働者は，事務所職員も含め，本指令の適用対象から除外される[3][訳注1]．

(1) 指令89/391/EECの第14条および第17条に抵触しない限り，同指令第2条の意味における．

(2) 本指令第2条第8項に抵触しない限り．

(3) C.O.J., 4 October 2001, Case C-133/00, *J.R. Bowden, J.L. Chapmen, J.J. Doyle v. Tuffnells Parcels Express Ltd.*, ECR, 2001, 7031.

［訳注1］ この部分は著者第9版草稿による．

### 2 定 義

**672** 本指令に関しては，次の定義が適用される．

1 労働時間：労働者が使用者の自由に任されかつ労働者の活動または任務の遂行として国内の法律や慣行に従って労働する期間．

2 休息期間：労働時間でない期間

3 夜間：国内法によって定められた7時間を超えない期間であり，どのような場合でも，午前零時から午前5時までの期間を含まなければならない．

4 夜間労働者：

a 一方で，通常，一日の労働時間の少なくとも3時間は夜間において労働する労働者であり，かつ，

b 他方で，次のうち当該加盟国の選択で定められる年間労働時間の一定割合を夜間に労働する見込みの労働者．

　i 労使との協議の後，国内法で定められるか，あるいは，

　ii 国または地域レベルにおいて締結される労働協約または協定で定められる．

5 交替制労働：労働者がローテーションを含む一定のパターンに従って同一の場所で相互に労働を引き継ぎ継続し，かつ，当該労働者が所与の複数の日または週にわたって異なった時間に労働する必要性を伴う継続的または非継続的なシフトで労働を編成する方法．

6 交替制労働者：その労働時間割の一部が交替制労働である労働者．

7 移動労働者とは，陸路，空路または内水路で乗客または貨物を輸送する業務を行う企業によって輸送または航空要員として雇われた労働者を意味する．

8 沖合労働（*offshore work*）とは，炭化水素を含む鉱物資源の探査，採取および活用に直接または間接的に関連して主に（掘削装置を含む）沖合施設においてまたはそこから行う労働およびそのような活動に関連して，沖合施設または船舶から行われるか否かを問わずなされる潜水を意味する．

9 十分な休息とは，労働者が規則的な休息期間を取ることを意味する．その長さは時間で表され，かつ疲労または不規則な労働形態の結果として，労働者が自身，同僚労働者その他の者への傷害を引き起こし，また短期的または長期的にそれらの者の健康を害しないようにするために十分に長くかつ継続的なものでなければならない．

**673** 欧州司法裁判所は，初期医療チームに所属させられた医療職員に対し，職場における労働者の安全と健康の改善に関するEC指令の一部を適用する決定を行った．

　SIMAPは，ヴァレンシア地域の公的医療労働者を代表する組合である．その地域の保健局に対する訴訟において，同組合は診療所における初期医療チームに所属させられた職員に関して，労働時間の期間と編成に関する一定の規定の実施を求めた．

　同組合によれば，当該医師たちは時間的制限の利益を享受することなく，かつ，その労働時間を日，週，月および年ごとの制限に服せしめることなく労働することを求められている．

　ヴァレンシア地域高等裁判所は，欧州司法裁判所に対し，職場の労働者の

安全と健康と一定の労働時間編成の改善の促進に関する EC 法の解釈に関する判決を求めた．

　欧州司法裁判所は，まず，EC の職場における労働者の安全と健康の改善に関する諸原則，とりわけ労働時間の編成の一側面に関する指令は，初期医療チームの医師の活動に適用されると判断した．その活動は，その特別な性格のゆえに，EC の諸法規が適用除外される専門的範疇（例えば，公の秩序と安全を維持することを意図する特定の公務活動）には該当しない．

　欧州司法裁判所は，待機中の医師が費やす時間は，当該医師が実際に診療所にいるか単に連絡可能であるに過ぎないかにかかわりなく，EC 法においては労働時間，すなわち，労働者が職場においてその活動と任務を遂行する期間の一部を構成する時間とみなされるべきであるか否かを検討した．

　欧州司法裁判所は，本指令の目的は労働者に最低の休息期間と十分な休憩を与えることによってその安全と健康を確保することにあることを指摘した．

　欧州司法裁判所によれば，医師が物理的に診療所で待機しているときには，労働時間の特徴が存在する．他方，欧州司法裁判所は，医師が単にいつでも連絡可能である場合，医師はより軽度の緊張をもってその時間を管理する地位にあるから，初期医療に実際に費やされた時間だけが労働時間に当たる，と考えたのである．

　欧州司法裁判所は，また，待機中の初期医療チームの医師によりなされる労働は EC 法の意味する交替制労働を構成すると考えた．当該労働者は，一定の日または週にわたり異なった時間に労働することを必要とするローテーションに基づいて，継続的に同一の労働ポストに従事するからである．

　最後に，欧州司法裁判所は，労働時間に関する EC 法の一定の観点からの不利益な適用除外を受ける個々人はその同意を必要とし，かつ労働協約はその同意に代わることはできないと判示した[1]．

(1) C.O.J., 3 October 2000, *Sindicato de Médicos de Asistencia Pública* (*SIMAP*) v. *Conselleria de Sanidady Consumo de la Generalidad Valencia*, Case C-303/98, ECR, 2000, 7963.

**673-1**　外部救急を取り扱う初期医療チームおよび他のサービスにおいて，待機勤務でセルビシオ・ガレゴ・デ・サウデ(Servicio Galego de Saúde)のために労務を提供する医療看護職員のような活動は，1993 年 11 月 23 日の閣僚理事会指令 93/104/EC の適用範囲に含まれる．

　この活動は職場における労働者の安全と健康の改善を促進する措置の導入に関する閣僚理事会指令 89/391/EEC の第 2 条に規定する例外または適用除外の範囲には含まれない．しかしながら，そのような活動は当該規定の条

件が満たされる限りにおいて，指令93/104の第17条に規定する適用除外に当てはまりうる．

外部救急を取り扱う初期医療チームおよび他のサービスにおいて，待機勤務で労務を提供する医療看護職員による，物理的にそこにいることが要求されて待機で費やされる時間は，適当であれば時間外労働時間も含め，全面的に指令93/104にいう労働時間と見なされなければならない[1] [訳注1]．

(1) C.O.J., 3 July 2001, Case C-241/99, *Confederación Intersindical Galega (CIG) v. Servicio Galego de Saúde (Sergas)*, ECR, 2001, 5139.

［訳注1］　本パラグラフは著者第9版草稿による．

## C　最低休息期間，その他労働時間編成の観点

### 1　日ごとの休息

**674**　すべての労働者は24時間ごとに継続11時間の1日ごとの最低休息期間を得る権利がある(第3条)．

### 2　休　憩

**675**　1日の労働時間が6時間を超える場合，労働者は休憩時間を得る権利がある．休憩時間の詳細は，その付与される長さと諸条件を含め，労使の労働協約または協定，またそれが可能でない場合には国内法により定められなければならない(第4条)．

### 3　週ごとの休息期間

**676**　7日の期間ごとに，すべての労働者は第3条に定められた1日ごとの11時間の休息に加え最低24時間の継続的休息期間を得る権利がある[1]．

目的，技術または労働組織条件上の正当な理由がある場合には，24時間の最低休息期間が適用され得る(第5条)．

(1) 欧州司法裁判所は，週ごとの最低休息は原則として日曜日を含むべきである(第5条第2文)とする規定を無効とした．欧州司法裁判所は「閣僚理事会は週ごとの休息期間としての日曜日が何ゆえに週の他の日よりも労働者の安全と健康により深く関係しているといえるのかについて説明しなかった」と述べた．*UK v. Commission*, 12 November 1996

### 4　週労働時間の上限

**677**　週労働時間の長さは，法律，規則または行政規程によりもしくは労使の

労働協約または協定により制限される.

7日の期間ごとの平均労働時間は,時間外労働を含め,48時間を超えてはならない(第6条).

## 5 年次休暇

**678** すべての労働者は,国内の法律や慣行により定められるその資格と付与の条件に従って,最低4週間の年次有給休暇を得る権利がある.

年次有給休暇の最低期間は,雇用関係が終了する場合を除き,代償手当で代替することは許されない(第7条).

指令93/104/ECの第7条第1項は,加盟国が,同一の使用者に最低13週間連続して雇用されるまで年次有給休暇の権利が発生しないという国内ルールを採択することを認めない[1] [訳注1].

> (1) C.O.J., 26 June 2001, *The Queen v. Secretary of State for Trade and Industry, ex parte Broadcasting, Ebtertainment, Cinematographic and Theatre Union (BECTU)*, Case C-173/99, ECR, 2001, 4881.
>
> [訳注1] この部分は著者第9版草稿による.

## D 夜間労働,交替制労働,労働形態

### 1 夜間労働の長さ

**679** 夜間労働者の通常の労働時間は,24時間の期間ごとに平均8時間を超えてはならない.

その労働に特別な危険または重い心身の緊張が伴う夜間労働者は,その夜間労働を行う24時間ごとに8時間を超える労働を行ってはならない.

特別な危険または重い心身の緊張を伴う労働とは,国内の法律や慣行または労使間で締結される労働協約によって,夜間労働の特別な影響と危険を考慮して,定義されなければならない(第8条).

### 2 健康診断と夜間労働者の昼間労働への配転

**680** 夜間労働者は,

**a** 配置前およびその後定期的に無料の健康診断を受ける権利がある.

**b** 当該労働者が夜間労働を行っているという事実に関係すると認められる健康問題を有している場合には,可能な限り当該労働者に適した昼間労働に配転すべきである.

無料の健康診断は,医療上の秘密を遵守しなければならず,国内医療制度

453

の中で実施することができる(第9条)．

### 3  夜間労働に関する保証
681  夜間労働者の一定の種類の仕事は，夜間労働に関係する安全または健康の危険を負っている労働者の場合において，国内の法律や慣行によって定められる条件のもとで一定の保証に服しなければならない(第10条)．

### 4  夜間労働者の常態的使用の通知
682  夜間労働者を常時使用する使用者は，その要求に応じて，所轄官庁に通知しなければならない(第11条)．

### 5  安全と健康の保護
683  加盟国は，次のことを確実にするために必要な措置をとらなければならない．
1  夜間労働者および交替制労働者がその仕事の性格に応じた適切な安全と健康上の保護を有すること．
2  夜間労働者および交替制労働者の安全と健康に関する適切な保護と防止のサービスまたは設備が他の労働者に適用されるものと同等であり，かつ常時利用可能なものであること(第12条)．

### 6  労働のパターン
684  一定の形態で労働を編成しようと意図する使用者は，当該労働者に労働を合わせるという一般原則を考慮しなければならない．特に労働時間の間の休憩時間に関し，その活動の種類に応じ，また，安全と健康の要請の種類に応じ，単調な労働および予定された労働速度を緩和するために必要な措置を取らなければならない(第13条)．

## E  雑　則

### 1  より特定的なECの諸規定
685  本指令の諸規定は，ECの他の法令が一定の職業および職業的活動に関する労働時間の編成に関するより特定的要件を含んでいる場合には適用されない(第14条)．

### 2  より有利な諸規定

**676** 本指令は労働者の安全と健康の保護のためにより有利な法律,規則または行政規定を適用または導入する加盟国の権利または労働者の安全と健康の保護のために労使で締結されるより有利な労働協約または協定の適用を促進または許可する加盟国の権利に影響を与えるものではない.

## 3 算定基礎期間

**687** 加盟国は次のように規定することができる.
1 第5条(週の休息期間)の適用に関しては,14日を超えない算定基礎期間.
2 第6条(週労働時間の上限)の適用に関しては,4カ月を超えない算定基礎期間.年次有給休暇および病気休暇の期間は含めないか,または平均時間の計算において中立たるべきである.
3 第8条(夜間労働の長さ)の適用に関しては,全国または地域レベルの労使の協議の後,または労使間で締結された労働協約によって定められた期間.第5条により24時間の週最低休息期間がその算定基礎期間にはいっている場合,それは平均の計算の中に含まれるべきでない(第16条).

## 4 適用除外

**688** 労働者の安全と健康の保護の一般原則を尊重しつつ,加盟国は,当該活動の特定の性格を考慮に入れて,労働時間の長さが測定されずかつ(または)予定されない場合または労働者自身によって決定でき,かつ特に次のような場合においては,第3条,第4条,第5条,第6条,第8条または第16条を適用除外することができる.
**a** 役員または独立の意思決定権限を有する者,
**b** 家族従業者,または,
**c** 教会および宗教団体の宗教的儀式を執り行う労働者.

適用除外は,法律,規則または行政規程または労使間の労働協約または協定によって行われる.後者は,関係する労働者たちが同等の代償休息期間を与えられるか,それが不可能な例外的な場合には,適当な保護が与えられることが条件とされる.

第3条(1日の休息),第4条(休憩),第5条(週の休息期間),第8条(夜間労働の長さ)および第16条(算定基礎期間)の適用除外は,次のような場合になされる.
**(a)** 沖合労働を含め,労働者の職場と住居が離れている場合や労働者の複数の職場が相互に離れている場合の活動,
**(b)** 財産や生命を保護するために常駐が求められる警備や監視の活動,特に

警備員や管理人または警備保障会社の活動，
**(c)** サービスまたは生産の継続の必要性のある活動，とりわけ，
　（ⅰ）　研修医の活動を含む病院または類似の施設，居住施設および刑務所によって提供される収容，治療および（または）看護に関する活動，
　（ⅱ）　港湾または空港労働者，
　（ⅲ）　新聞，ラジオ，テレビ，映画制作，郵便および電気通信サービス，救急，消防および防災のサービス，
　（ⅳ）　ガス，水道および電力の生産，送電，供給，家庭廃棄物の収集と焼却場，
　（ⅴ）　技術的な理由で仕事を中断できない産業，
　（ⅵ）　研究開発活動，
　（ⅶ）　農業，
　（ⅷ）　定期的な都市交通サービスで乗客の輸送にかかわる労働者，
**(d)** 活動の波が予測可能な場合，特に，
　（ⅰ）　農業，
　（ⅱ）　観光旅行業，
　（ⅲ）　郵便業
**(e)** 鉄道輸送で働く者の場合，
　（ⅰ）　その活動が断続的であるか，
　（ⅱ）　労働時間を列車に乗車して過ごすか，または，
　（ⅲ）　その活動が輸送時刻表に関係し，交通の継続性と定期性の確保に関係する者．

　第3条（1日の休息），第4条（休憩），第5条（週の休息期間），第8条（夜間労働の長さ）および第16条（算定基礎期間）の適用除外は，次の場合に認められる．

**a** 職場における労働者の安全と健康の改善を促進する措置の導入に関する1989年6月12日の指令89/391/EEC第5条第4項に規定された事情がある場合，

**b** 災害が発生しまたは災害の危険が差し迫っている場合，

　第3条（1日の休息）および第5条（週の休息期間）の適用除外は，次の場合に認められる．

**a** 労働者がシフトを交替し，あるシフトの終了から次のシフトの開始まで1日および（または）週の休息期間をその都度とることができない交替制労働の場合，

**b** 労働時間が1日中に分散する活動の場合，特に清掃員の活動の場合．

第 7 章　労働時間，日曜休日，夜間労働および育児休業

　研修医の場合，第 6 条（週労働時間の上限）および第 16 条第 2 項（算定基礎期間）が次のように適用除外される．
**(a)**　第 6 条に関しては，2004 年 8 月 1 日から 5 年間の猶予期間の間．
　（ⅰ）　加盟国は，保健および医療を組織し提供するその責任に鑑みて労働時間の諸規定を満足させることの困難を勘案し，必要であれば，さらに 2 年間を猶予することができる．

　　　猶予期間終了前の最低 6 カ月間において，当該加盟国は，理由を説明して欧州委員会に通知するものとする．そうすることにより，その通知受領から 3 カ月以内に適切な協議を行った後で，委員会はその意見を述べることができる．加盟国が欧州委員会の意見に従わないときは，当該加盟国はその正当化理由を明らかにする．加盟国の通知と正当化理由および委員会の見解は，EC 官報に公表され，欧州議会に送られる．
　（ⅱ）　加盟国は上記の責任を達成する特別な困難を勘案し，必要であれば，さらに 1 年の追加的な猶予期間を置くことができる．

　　　それらの加盟国は（ⅰ）項に掲げた手続きによるものとする．
　　　猶予期間の範囲内で，
　（ⅲ）　加盟国は，週の労働時間数がどのような場合にも，その猶予期間の最初の 3 年間は平均 58 時間，その後の 2 年間は平均 56 時間，そして残りの期間は平均 52 時間を超えないようにするものとする．
　（ⅳ）　使用者は，その猶予期間に適用される取決めに関し，可能な限り，合意に到達する意図を持って適切な機会に被用者の代表と協議するものとする．第(ⅲ)点に定められた上限の範囲内で，上記の合意は，次の事項を含むことができる．
　　―猶予期間内での平均週労働時間，および
　　―猶予期間終了までに週労働時間を平均 48 時間にまで減少させるために取るべき措置．
**(b)**　第 16 条第 2 項に関しては，算定基礎期間が，第(a)(ⅲ)号に特定された猶予期間の最初の部分においては 12 カ月を超えず，その後は 6 カ月を超えない場合．

　第 3 条（1 日の休息），第 4 条（休憩），第 5 条（週の休息期間），第 8 条（夜間労働の長さ）および第 16 条（算定基礎期間）は，国または地域レベルの労使間で締結される労働協約または協定によって，または，そこで定められた原則に基づいて，より低いレベルの労使間で締結される労働協約または協定によって，適用除外することができる．

　本指令の対象とする事項に関し，国または地域レベルの労使間で締結され

る労働協約または協定と締結を確実にするための制定法上の制度を有しない加盟国，または，その目的のため，その枠内で特定の立法の枠組みを有する加盟国は，特定の集団レベルにおいて，労使間で締結された労働協約または協定により第3条，第4条，第5条，第8条および第16条の適用除外を認めることができる．

　適用除外[1]は，同等の代償休息期間が関係労働者に与えられ，または，客観的な理由によりそのような期間を与えることが可能でない例外的な場合には，関係労働者には適切な保護が与えられる，との条件の下で認められるものとする．

　加盟国は，次のような規定を定めることができる．
―労使による本項の適用に関する規定，および
―国内の法律および（または）慣行に従い本項に基づいて締結された労働協約または協定の規定の他の労働者への拡張適用に関する規定．

　算定基礎期間（第16条）の適用除外の選択肢は，6カ月を超える算定基礎期間を定めることまでは認めない．

　しかし，加盟国は，労働者の安全と健康の保護に関する一般原則を遵守し，客観的または技術的理由もしくは労働組織に関する理由で，労使間で締結される労働協約または協定が12カ月を超えない算定基礎期間を設定することを認める選択肢を有する．

　第18条第1項第a号に規定された日から7年の期間が満了する前に，閣僚理事会は，欧州委員会の評価報告を伴う提案に基づいて，本項の諸規定を再検討し，どのような行動を取るべきかを決定する（第7条）．

　(1)　第17条第3項の第1文および第2文に規定する．

## 5　最終規定（第18条）

### a　施行期日

**689**　加盟国は，1996年11月23日までに本指令を実施するために必要な法律，規則および行政規定を定め，またはその日までに労使が合意により必要な取り決めをなすことを確保するものとする．そして，加盟国は本指令に定められた諸規定が実施されることを常に保証することができるようにするために必要なあらゆる法的措置をとる義務がある．

### b　週労働時間の上限

**690**　加盟国は労働者の安全と健康の保護の一般原則を尊重しつつ，かつ次のことを確保するために必要な法的措置をとることを条件として，第6条を適

用しない選択肢を有する．
―使用者が最初からそうした労働を行うとの労働者の合意をとっていない限り，使用者が労働者に対し第16条第2項に規定された算定基礎期間平均で計算された7日の期間で48時間を超えて労働することを要求しないこと．
―労働者がそうした労働を行うとの合意を与えようとしないことを理由として，使用者が労働者に不利益を与えないこと．
―使用者がそうした労働を行うすべての労働者の最新の記録を保管すること．
―その記録は，所轄官庁の使用に供される．そして，所轄官庁は労働者の安全および（または）健康に関する理由により，週労働時間の上限を超える可能性を禁止しまたは制限することができる．
―使用者は，その要求に応じて所轄官庁に対して，第16条第2項に規定された算定基礎期間平均で計算される7日の期間に48時間を超えて労働するという労働者の合意があった場合に関する情報を与えること．
第(a)号に定められた日から7年の期間が満了する前に，閣僚委員会は，評価報告を伴う欧州委員会の提案に基づいて，この第(ⅰ)号の規定を検討し，どのような行動を取るべきかを決定する．

c 猶予期間――年次休暇
**691** 加盟国は，第7条の適用に関して，第(a)号に定められた日から3年間を超えない猶予期間を利用する選択肢を有するが，その猶予期間は次のようなものであることを条件とする．
―すべての労働者が，国内の法律および（または）慣行によって定められた年次有給休暇の資格と付与の条件に従って，3週間の年次有給休暇を取れること，および，
―3週間の年次有給休暇は雇用関係が終了する場合を除いては，手当に代替することはできないこと．
加盟国は，そのことにつき，直ちに欧州委員会に通知するものとする．
加盟国がそうした法的措置をなすとき，それは本指令への言及を含み，または，その公布の際に本指令への言及がなされるものとする．その言及の方法は加盟国によって定められるものとする．

d 一般的な保護水準
**692** 本指令に定める最低条件が遵守される限り労働時間の分野における異なった法律，規則または契約規定を事情の変化に鑑みて発展させる加盟国の権利は認められるが，本指令の実施を労働者に与えられる一般的保護のレベ

ルを下げるための適法な理由とすることはできない．

### e 法律の原文，報告および情報の伝達

**693** 加盟国は，本指令の対象領域で既に採択されたかまたは採択される国内法の規定の原文を欧州委員会に伝えるものとする．

加盟国は，本指令の諸規定の実施につき5年ごとに，欧州委員会に対して，労使の意見を示す報告を行うものとする．

欧州委員会は，それらについて，欧州議会，閣僚理事会，経済社会評議会および労働安全衛生健康保護諮問委員会に通知するものとする．

欧州委員会は，5年ごとに，欧州議会，閣僚理事会，経済社会評議会に本指令の適用に関する報告書を提出するものとする．

## F 移動労働者と沖合労働

**694**
1 第3条，第4条，第5条および第8条は，移動労働者には適用されない．
2 しかし，加盟国は，第17条第2項に定める場合を除き，移動労働者が十分な休息を取れるようにするため必要な措置をとるものとする．
3 労働者の安全と健康の保護に関する一般原則に従い，かつ，関係する使用者と被用者の代表の協議およびあらゆる適切な形のソーシャル・ダイアローグを促進する努力があることを条件として，加盟国は，客観的または技術的理由または労働組織に関する理由により，主に沖合労働を遂行する労働者に関し第16条第2項に定める算定基礎期間を12カ月に延長することができる．
4 2005年8月1日に，欧州委員会は，加盟国および欧州レベルの労使と協議した後，必要なら，適切な修正案を提出する目的を持って健康と安全の観点から沖合労働者に関する諸規定の運用につき見直しを行うものとする．（第17a条）．

## G 遠洋漁船乗り組み労働者

**695**
1 第3条，第4条，第5条および第8条は，加盟国の国旗を掲げる遠洋漁船の乗り組み労働者には適用されない．
2 しかし，加盟国は，加盟国の国旗を掲げる遠洋漁船の乗り組み労働者が

十分な休息を取りかつその労働時間数を 12 カ月を超えない算定基礎期間で計算して週平均 48 時間に抑えることができるようにするため必要な措置をとるものとする．

3　第2項，第4項および第5項に定める規制の範囲内で，加盟国は，遠洋漁船乗り組み労働者の安全と健康の保護の必要に応じて，次のことを確保するため必要な措置をとるものとする．
　(a)　労働時間が一定の期間において超えてはならない上限労働時間に制限されること，または，
　(b)　一定の期間内における最低の休息期間数が定められること．
　労働時間の上限または最低休息期間は，法律，規則，行政規定または労使間の労働協約または協定によって特定されるものとする．

4　労働時間または休息期間の制限は，次のいずれかとする．
　(a)　次を上回らない労働時間の上限．
　　(ⅰ)　24 時間ごとに 14 時間で，かつ，
　　(ⅱ)　7 日間に 72 時間，または，
　(b)　次を下回らない最低休息期間．
　　(ⅰ)　24 時間ごとに 10 時間で，かつ，
　　(ⅱ)　7 日間に 77 時間．

5　休息期間は 2 つの期間を超えて分割できない．それぞれの期間は少なくとも 6 時間でなければならず，継続する休息期間相互の間には 14 時間を超える中断があってはならない．

6　労働者の安全と健康の保護に関する一般原則に従い，かつ，客観的または技術的理由または労働組織に関する理由により，加盟国は，第2項，第4項および第5項に定める制限を，算定基礎期間の設定を含め，適用除外することができる．

　そのような適用除外は，可能である限り定められた基準に従わなければならないが，より頻繁またはより長い休暇期間，または，労働者に対する代償休暇の付与を考慮に入れることができる．この適用除外は，次のような方法で定めることができる．
　　(ⅰ)　可能ならば関係使用者および労働者の代表との協議および適切な形のソーシャル・ダイアローグを促進するための努力があることを条件として，法律，規則または行政規定，または，
　　(ⅱ)　労使間の労働協約または協定

7　遠洋漁船の船長は，当該漁船，乗組員または貨物の緊急の安全のため，あるいは，海上で遭難している船舶や人の救助の目的で，乗り組み労働者

に対し必要な労働時間労働することを求める権利がある．
8　加盟国は，ある遠洋漁船が1カ月を超えない暦年の特定の期間に操業することが認められないと決めている国内の法律または慣行がある場合，その遠洋漁船乗り組み労働者が当該期間内に第7条に従って年次休暇を取らなければならない旨定めることができる（第17b条）．

**696**　加盟国は，2003年8月1日までに2000年7月22日の指令2000/34の実施に必要な法律，規則および行政規定を施行し，または，遅くともその日までに，労使が合意によって必要な法的措置をとることを確保するものとする．加盟国はまた本指令によって課せられた成果を保証する立場にいつでも立てることを可能にするために必要なあらゆる法的措置をとるものとする．研修医に関しては，施行日は2004年8月1日である．加盟国は，直ちに，そのことについて欧州委員会に通知するものとする．

　加盟国がそうした法的措置をなすとき，それは本指令への言及を含み，または，その公布の際に本指令への言及がなされるものとする．その言及の方法は加盟国によって定められるものとする．

　本指令に定める最低条件が遵守される限り労働時間の分野における異なった法律，規則または契約規定を事情の変化に鑑みて発展させる加盟国の権利は認められるが，本指令の実施を労働者に与えられる一般的保護のレベルを下げるための適法な理由とすることはできない．

　加盟国は，本指令の対象領域で既に採択されまたは採択される国内法の規定の原文を欧州委員会に通知するものとする（第2条）．

　2009年8月1日以前に，欧州委員会は，加盟国および欧州レベルの労使と協議した後，必要なら，適切な修正案を提出する目的をもって，遠洋漁業船乗り組み労働者に関する諸規定の運用につき見直しを行うものとし，特に，これらの規定が特に健康と安全に関して，適切であり続けているか否かを検討するものとする（第3条）．

　2005年8月1日以前に，欧州委員会は，加盟国および欧州レベルの労使と協議した後，必要なら，定期的な都市交通サービスによる乗客の輸送に関係する労働者に関する規定の運用につき，同分野における一貫しかつ妥当な対応を確保するため，必要ならば，適切な修正案を提出する目的をもって，見直しを行うものとする（第4条）．

## III　船員の労働時間

**697**　1999年6月21日の理事会指令1999/63/ECは，EC船主協会（ECSA）と

第7章　労働時間，日曜休日，夜間労働および育児休業

EU 運輸労働組合連合(FST)によって締結された船員の労働時間の編成に関する 1998 年 9 月 30 日の労働協約を実施するものである．

　(1) O.J., 2 July 1999, No.L167.

【適用範囲】
**698**　本協約は，所有の公私を問わず，加盟国の領土において登録されかつ通常商業的な航海に従事するすべての遠洋航海船に乗務する船員に適用される．本協約に関しては，2 つの国家に登録されている船舶は，その掲揚している国旗の所属する国家の領土に登録されているものとみなされる．

【定　義】
**699**　本協約に関しては，
(a) 「労働時間」とは，船員がその船舶のために労働する義務のある時間を意味する．
(b) 「休息期間」とは，労働時間外の時間を意味する．この文言は休憩を含まない．
(c) 「船員」とは，本協約が適用される遠洋航海船上の何らかの職務に雇用されまたは従事する者を意味する．
(d) 「船主」とは，船舶の所有者，その他の組織または自然人，例えば，船主から船舶の運航を任され，かつその任務を引き受ける際にそれに伴うすべての義務と責任を負うことに同意した支配人または裸用船契約者を意味する．

【労働時間】
**700**　一定の期間に超えてはならない労働時間の上限または一定期間に与えられなければならない最低休息時間が定められるものとする．
　船員の通常労働時間の基準は，原則として，1 週 1 日の休日と公的休暇の休息を伴う 1 日 8 時間制である．加盟国は，この基準を下回らないことを前提として，船員の通常労働時間を決定する労働協約を認可しまたは登録する手続を有することができる．
1　労働時間と休息期間の制限は次のいずれかとする．
(a) 次を上回らない労働時間の上限．
　（ⅰ）　24 時間ごとに 14 時間で，かつ，
　（ⅱ）　7 日間に 72 時間，または，
(b) 次を下回らない最低休息期間．

463

(ⅰ) 24時間ごとに10時間で，かつ，
(ⅱ) 7日間に72時間．
2 休息期間は二つの期間を超えて分割できない．それぞれの期間は少なくとも6時間でなければならず，継続する休息期間相互の間には14時間を超える中断があってはならない．
3 国内の法律および規則および国際法規に定める点呼，消防および救助訓練は休息期間への妨害を最低限にとどめ，かつ，疲労を発生させない仕方で実施されるものとする．
4 機械室の当番がいないときなどに船員が呼び出される事態に関して，通常の休息期間が呼び出し勤務によって妨害される場合，船員は十分な代償休息を与えられるものとする．
　労働者の健康と安全の保護の一般原則に関し，加盟国は，所定の上限の適用除外を認める労働協約を認可しまたは登録するための国内の法律，規則または所轄官庁の手続を有することができる．そうした適用除外は，できる限り，所定の手続に従わなければならないが，より頻繁かつ長期の休暇期間，または，当直船員または短期航海の船舶に乗船して労働する船員に対する代償休暇の付与を考慮することができる．

【勤務割表】
701　すべての職務に関し，少なくとも次の事項を含む船上勤務取決めを含む勤務割表が見易いところに掲示されるものとする．
(a) 海上および港湾における勤務割，および，
(b) 加盟国で施行されている法律，規則または労働協約の定める労働時間の上限と最低休息時間．
　勤務割表は，作業言語または当該船舶の言語および英語で標準化された様式で作成されるものとする．

【18歳未満の船員】
702　18歳未満の船員は夜間労働することはできない．「夜間」とは，午前零時から午前5時までの期間を含む最低9時間の継続的な期間を意味する．所定の制度と計画に従った16歳から18歳までの若年船員の効果的な訓練に障害が生じる場合には，この規定は適用されない．

【海上遭難】
703　船長は当該船舶，乗組員または貨物の緊急の安全のため，あるいは，海

第7章 労働時間,日曜休日,夜間労働および育児休業

上で遭難している船舶や人の救助の目的で,乗り組み労働者に対し必要な労働時間労働することを求める権利がある.

　船長は通常の状態が回復するまで通常の労働時間または休息期間の予定を停止し,船員に対して必要な労働時間労働することを求めることができる.

　通常の状態が回復された後は可能な限り早く,船長は予定された休息期間内に労働した船員に十分な休息時間が与えられるようにするものとする.

【記　録】
**704**　船員の1日の労働時間または休息期間の記録が保管されるものとする.船員は,船長または船長と船員とによって権限を与えられた者が記入した自己に関する記録の写しを与えられるものとする.

　記録する間隔を含め,当該乗船記録を保管するための手続が決定されるものとする.入手可能な国際的指針を考慮して,船員の労働時間と休息期間の記録の様式が定められるものとする.

　この協定および関係する労働協約に関する国内法の関連規定の写しが船内に保管され,乗務員が容易に入手できるようにされるものとする.

【乗務員数の水準】
**705**　乗務員数の水準を決定し,承認しまたは改定する際に,できる限り超過労働時間を回避または最小限に抑え,十分な休息を確保し,疲労を抑えることの必要性を考慮することが必要である.

　記録またはその他の証拠が労働時間または休息期間に関する諸規定に違反することを示している場合,必要であれば当該船舶の乗務員数の見直しを含め,将来の違反を避けるための措置がとられるものとする.

　本協定が適用されるすべての船舶は,最低安全乗務員の確保に関する文書などの文書に従い,十分で安全かつ効率的な乗務員を有するものとする.

【16歳未満の者】
**706**　16歳未満の者は船上で労働することはできない.

【必要な資金】
**707**　船主は,船舶に適切な乗務員数に関する義務を含め,本協定に基づく義務を履行するために必要な資金を船長に与えるものとする.船長は船員の労働および休息の時間に関する本協定の義務が履行されるようにするためのすべての必要な措置をとるものとする.

【健康証明書】

**708** すべての船員は,海上で雇用される労働に適性があることを証明する証明書を所持するものとする。なされるべき健康診断の性格および医療証明書に含まれるべき事項は,関係する船主および船員の団体と協議した後に定められるものとする。

すべての船員は定期的に健康診断を受けるものとする。夜間労働に従事しているという事実に起因する健康問題を有する旨の医師の診断を受けた当直員は,可能な限り,適切な昼間労働に配転されるものとする。

健康診断は無料かつ医療上の秘密を遵守するものでなければならない。そうした健康診断は国内の医療制度の中で行われることができる。

【当直員と夜間労働】

**709** 船主は,その要求のある場合には,国内の管轄官庁に当直員その他の夜間労働者に関する情報を提供するものとする。

【安全と健康】

**710** 船員は,その仕事の性格に応じ適切な安全と健康の保護を有するものとする。夜間労働する船員にも昼間労働する船員にも同等の保護と予防のサービスまたは設備が与えられるものとする。

【年次休暇】

**711** すべての船員は,国内の法律および(または)慣行によって定められたその資格および付与条件に従って,1年に最低4週間または1年未満の雇用の期間に比例した年次有給休暇の権利を与えられるものとする。

年次有給休暇の最低期間は,雇用関係が終了する場合を除き,手当で代替することはできない。

## Ⅳ　民間航空における移動労働者の労働時間

**712** 2000年11月の理事会指令2000/79/ECは,欧州民間航空協会(AEA),欧州運輸労働者連合(ETF),欧州操縦士協会(ECA),欧州地域航空協会(ERA)および国際航空輸送協会(IACA)によって締結された民間航空における移動労働者の労働時間の編成に関する欧州レベル労働協約[1]の実施に関するものである。

本指令と労働協約は,民間航空の移動職員の労働時間の編成に関して,指

第7章 労働時間，日曜休日，夜間労働および育児休業

令93/104/ECの第14条の意味するところのより特定的要件を定めるものである．

(1) O.J., 1 December 2000, No. L302

## A 適用範囲

713 本協約は民間航空の移動職員の労働時間に適用される(第1条)．

## B 定　義

714
1　*労働時間*とは，労働者が使用者の自由に任されかつ労働者の活動または任務の遂行として国内の法律や慣行に従って労働する期間を意味する．
2　*民間航空の移動職員*とは，加盟国で設立された企業によって雇用された民間航空機に乗務する乗組員を意味する．
3　*単位飛行時間*とは，飛行機が離陸のため最初に駐機場から移動し目的地の駐機位置に停機し，すべてのエンジンが停止するまでの時間を意味する(第2条)．

## C 年次有給休暇

715
1　民間航空の移動職員は，国内の法律および(または)慣行によって定められたその資格および付与条件に従って，最低4週間の年次有給休暇の権利を与えられる．
2　年次有給休暇の最低期間は，雇用関係が終了する場合を除き，手当で代替することはできない(第3条)．

## D 健康診断

716
1　(a)　民間航空の移動職員は，配置前およびその後定期的に無料の健康診断を受ける権利がある．
　(b)　民間航空の移動職員は，当該労働者が夜間労働を行っているという事実に関係すると認められる健康問題を有している場合には，可能な

限り，当該労働者に適した昼間労働に配転される．
2 第1項第(a)号に定める無料健康診断は，無料でかつ医療上の秘密を遵守するものとする．
3 第1項第(a)号に定める無料健康診断は，国内医療制度の中で行うことができる(第4条)．

## E 安全と健康

**717**
1 民間航空の移動職員は，その労働の性格に応じた適切な安全と健康の保護を享受する．
2 民間航空の移動職員の安全と健康に関する十分な保護と防止のサービスおよび設備が常に利用可能である(第5条)．
　一定のパターンで労働を編成しようとする使用者が労働者に労働を合わせるという一般原則を考慮に入れるようにするため必要な措置が取られる(第6条)．
　民間航空の移動職員の特定の労働のパターンに関する情報は，その要求に応じ，所轄官庁に与えられるものとする(第7条)．

## F 労働時間

**718**
1 労働時間は，飛行および職務時間の制限と休息条件に関する将来のEC法に違反することなく，かつ，すべての関係事項に関して考慮されるべき労働時間に関する国内法と整合して，考えられるべきである．
2 適用されるべき法律によって決定される業務命令待機の要素を含む最大年間労働時間は2000時間とし，そのうち単位飛行時間の上限は900時間とする．
3 最大年間労働時間は，年間を通じ可能な限り均等に割り当てられるものとする(第8条)．

## G 解放日

**719** 第3条に抵触しない限り，民間航空の移動職員は，すべての任務および待機から解放される次のような解放日を得る権利を有する．その日は事前に

第7章 労働時間，日曜休日，夜間労働および育児休業

通知される．
(a) 法律により要求される休息期間を含めることができる暦月ごとに所在国における最低7日間，かつ，
(b) 法律により要求される休息期間を含めることができる暦年ごとに所在国における最低96日間(第9条)．

## H 見直し

**720** 協約の両当事者は，本協約に効力を付与する閣僚理事会の決定において定められた実施期間の最終日から2年後に上記の諸規定を見直すものとする(第10条)．

## I 実 施

**721**
1 加盟国は，本指令に定められた規定よりも有利な規定を維持または導入することができる．
2 本指令の実施は，いかなる事情の下においても，本指令の適用される領域の労働者の一般的な保護のレベルを下げる十分な正当化理由とはならない．本指令は，本指令に定める最低条件が遵守される限り，加盟国および(または)労使が，事情の変化に鑑みて，本指令の採択時に支配的であったものと異なる法律，規則または契約規定を設ける権利を妨げるものではない(第2条)．

加盟国は2003年12月1日以前に本指令を実施するために必要な法律，規則および行政規定を施行し，または，遅くてもその日までに，労使が協約によって必要な措置をとることを確保するものとする．加盟国は，本指令の効果を常に保証することができるようにするために必要なあらゆる措置をとるものとする．加盟国はそのことを直ちに欧州委員会に報告するものとする．

加盟国は，これらの法的措置をなすとき，それらの措置が本指令への言及を含み，または，その公布の際に本指令への言及するものとする．その言及の方法は加盟国によって定められるものとする(第3条)．

本指令はEC官報における公示日に発効する(第4条)．

第1部　個別的労働法

## V　移動型道路運送労働者の労働時間[訳注1]

**721-1**　2002年3月11日の指令2002/15/ECは移動型道路運送活動に従事する者の労働時間の編成にかかわる⁽¹⁾。

　道路運送に関係する一定の社会的法制の調和化に関する閣僚理事会規則3820/85は運転時間および運転手の休息期間に関する共通のルールを規定しているが，この規則は道路運送の労働時間の他の側面をカバーしていない．

　ソーシャル・パートナー間の熱心な交渉にもかかわらず，道路運送における移動型労働者の主題に関する協約に到達することができなかったので，特別の指令が作られた．

　　［訳注1］　本節は，著者の第9版草稿に基づいて本訳書に挿入したものである．
　(1)　O.J., 23 March 2002.

### A　目　的

**721-2**　本指令の目的は，移動型道路運送活動に従事する者の健康と安全の保護を改善するために労働時間の編成に関する最低要件を設定し，道路の安全を改善して競争条件を一致させることにある(第1条)．

### B　適用範囲

**721-3**　本指令は加盟国内に設立された道路運送活動に参加する企業に雇用される移動型労働者に適用する．次項の規定に抵触しない限り，本指令は2009年3月23日から自営運転手に適用するものとする(第2条第1項)．

　指令93/104/ECの規定は本指令の適用から除外された移動型労働者に適用するものとする(第2条第2項)．

### C　定　義

**721-4**　本指令において，
(a)　「*労働時間*」とは，
1　移動型労働者の場合，その間に移動型労働者は自分のワークステーションにあり，使用者の自由に任されかつその任務または活動を遂行する労働の開始から終了までの時間をいい，換言すれば，

## 第7章 労働時間，日曜休日，夜間労働および育児休業

―全ての道路運送活動に充てられた時間．これらの活動は，とりわけ，
  (ⅰ) 運転，
  (ⅱ) 荷物の積み卸し，
  (ⅲ) 乗客の乗降の手助け，
  (ⅳ) 清掃と技術的維持，
  (ⅴ) 車両，その荷物および乗客の安全を確保し，荷物の積み卸しのチェック，警察，税関，入国管理官などの行政上の手続を含め，実行中の特定の運送活動に直接関係した法的または規制的な義務を果たすための他の全ての作業である．
―その間に，移動型労働者が時間を自由に使うことができず，ワークステーションにいることが求められ，勤務中のものに関連する一定の任務を伴って，通常の作業に着手する用意があり，出発前であれ，問題の期間の実際の開始の直前であれ，あるいはソーシャル・パートナー間で交渉されたおよび（または）加盟国の法律条項の下の一般的条件の下で，とりわけ事前にその期間を予見し得ない積み卸しを待つ期間をいう．
2 自営運転手の場合，その間に自営運転手は自分のワークステーションにあり，顧客の自由に任されかつ実行中の特定の運送活動に直接関係しない一般的な管理活動以外の任務または活動を遂行する労働の開始から終了までの時間に同一の定義が適用される．

第5条にいう休憩時間，第6条にいう休息期間および，そのような期間が補償されまたは制限されるべきと規定する加盟国の法制またはソーシャル・パートナーの間の協約に抵触しない限り，本条第b号にいう「待機時間」(periods of availability)は労働時間から除外される．
(b) 「待機時間」とは，
―移動型労働者がそのワークステーションにとどまるよう求められないが，運転を開始もしくは再開しまたは他の作業を遂行するよういかなる命令にも応えることができるよう待機していなければならない休憩時間および休息期間以外の時間をいう．とりわけ，このような待機時間は，国境通過待ちの時間や運行禁止により待っている時間とともに，フェリーボートまたは鉄道で運送されている車両に移動型労働者が伴っている時間を含む．

　これら時間およびその予見しうる長さは，出発前であれ，問題の期間の実際の開始の直前であれ，あるいはソーシャル・パートナー間で交渉されたおよび（または）加盟国の法律条項の下の一般的条件の下で，事前に移動型労働者に知らされるものとする．

―チームで運転する移動型労働者の場合，車両が動いている間に運転手の脇または小寝台に座って過ごした時間．
(c) 「ワークステーション」とは，
―本社または主たる事業の場所と同じ場所に所在するかどうかにかかわりなく，さまざまな補完的な事業の場所とともに，移動型道路運送活動を遂行するものが任務を果たす企業の主たる事業場の場所
―移動型道路運送活動を遂行するものがその任務を果たすときに利用する車両，
―輸送と関連する活動が遂行される他のいかなる場所，
を意味する．
(d) 「移動型労働者」とは，訓練生や徒弟を含め，自らの計算により賃料または報酬のために，乗客または商品を道路によって運送するサービスを運営する企業のサービスにあって，外勤職員の一部を構成するいかなる労働者をも意味する．
(e) 「自営運転手」とは，その主たる職業が，乗客または商品を道路によって運送するEC免許または他のいかなる職業許可のもとでもEC法制の意味における賃料または報酬のために，乗客または商品を道路によって運送することである者であって，自分自身で仕事をする資格があり，雇用契約または他の類型の作業階梯関係によって縛られておらず，関係する労働活動を編成する自由があり，その所得は直接に得られた利潤に依存し，個人的にであれ自営運転手間の協力を通じてであれ，何人かの顧客と商業関係を有する者を意味する．
本指令において，これらの基準を満たさない運転手は，本指令により移動型労働者に付与されるのと同一の権利から生ずる義務と利益に従うものとする．
(f) 「移動型道路運送活動を遂行する者」とは，そのような活動を遂行するいかなる移動型労働者または自営運転手をも意味する．
(g) 「週」とは月曜日の0時0分と日曜日の24時0分の間の期間を意味する．
(h) 「夜間」とは国内法の規定に従い，0時0分と7時0分の間の少なくとも4時間の期間を意味する．
(i) 「夜間労働」とは夜間に遂行されるいかなる労働をも意味する（第3条）．

### D 週労働時間の上限

721-5 加盟国は以下を確保するに必要な措置をとらなければならない．

第7章 労働時間,日曜休日,夜間労働および育児休業

(a) 平均週労働時間は48時間を超えることができない.最長週労働時間は,4カ月を通じて週平均48時間を超えない場合にのみ60時間に延長することができる[1].
(b) 異なった使用者のための労働時間は労働時間の合計である.使用者は関係の移動型労働者に書面で他の使用者のために働いた時間の報告を求めるものとする.移動型労働者はそのような情報を書面で提供するものとする(第4条).

## E 休 憩

**721-6**
1 加盟国は移動型道路運送活動を遂行する者が,いかなる場合でも休憩時間なしに連続6時間以上労働しないよう確保するに必要な措置をとらなければならない.労働時間は,もし総労働時間が6時間と9時間の間であれば少なくとも30分の休憩,もし総労働時間が9時間を超える場合には少なくとも45分の休憩によって中断されるものとする.
2 休憩はそれぞれ少なくとも15分の期間にさらに分割することができる(第5条).

## F 休息期間

**721-7** 徒弟および訓練生は休息期間に関して他の移動型労働者と同一の規定でカバーされる(第6条).

## G 夜間労働

**721-8** 加盟国は以下を確保するに必要な措置をとらなければならない.
―夜間労働が遂行される場合,毎日の労働時間は24時間につき10時間を超えないこと,
―夜間労働に対する補償が国内の立法措置,労働協約,産業労使の間の協定,および/または国内慣行に従って,そのような補償が道路の安全を危険にすることのないように与えられること(第7条第1項).

473

## H　適用除外

**721-9**　適用除外は，客観的もしくは技術的理由または労働組織に関する理由により，労働協約，ソーシャル・パートナー間の協定，またはこれらが可能でなければ，関係する使用者および労働者の代表への協議が行われ，かつあらゆる適切な形態の労使対話を奨励する努力がなされることを条件として，法律，規則もしくは行政規定の手段によって採択することができる．
2　適用除外する選択肢は，最長平均週48時間労働の計算のために，6ヵ月を超える算定基礎期間を設定する結果となってはならない（第8条）．

## I　情報と記録

**721-10**　加盟国は以下を確保するものとする．
(a) 移動型労働者は，雇用契約または雇用関係に適用される条件を労働者に情報提供する使用者の義務に関する1991年10月14日の閣僚理事会指令91/533/EECに抵触しない限り，関係の国内要件，企業の内部規則および本指令に基づいて締結された産業労使間の協定，とりわけ労働協約およびいなんらかの企業協約について情報を提供される．
(b) 移動型道路運送活動を遂行する者の労働時間は記録される．記録は対象となる期間の終了後少なくとも2年間は保存される．使用者は移動型労働者の労働時間の記録に責任を有する．使用者は依頼により移動型労働者に実労働時間の記録の写しを提供するものとする（第9条）．

## J　最終規定

**721-11**　加盟国は，2005年3月23日までに本指令を遵守するのに必要な法律，規則および行政規定を採択するか，またはその日までに，産業労使が協約により必要な措置を設けるよう確保するものとする．この場合，加盟国は彼らがいかなる時でも本指令によって求められる結果を保証することができるよういかなる措置をもとるよう義務付けられる（第14条第1項）．

# 第1節　日曜休日

**722**　日曜休日は，何回にもわたって欧州司法裁判所により取り扱われてき

## 第7章 労働時間, 日曜休日, 夜間労働および育児休業

た[1]. より詳しく言うと, 小売業者が日曜日に店を開くことを禁ずる規則がEC法に適合するかどうか, 特にそのような禁止がEC条約第28条に言う輸入の実質的制限と同等の効果を有する措置であるかどうかという問題が提起された. マーチャンダイズ社事件では, ベルギーの1971年3月16日の労働法規に違反して, 日曜の正午12時以後に小売店で繰り返し労働者を使用したという理由で使用者に対する刑事訴訟が提起された.

　欧州司法裁判所によれば, まず第1点として, 日曜日に小売業者が店を開くことを禁ずる国内規則は, 輸入品と国内品に同じように適用される. それゆえ原則として, 他の加盟国から輸入された品物の販売は国内品の販売よりも困難とはなっていない. 次に, このような禁止は, それによってもたらされるEC貿易へのいかなる障壁もその期待される目的の達成に必要とされるものを超えず, その目的がEC法に関して正当化されない限り, 条約に規定する商品の自由移動に適合しない. この状況において, 問題になっているような規則がEC法に関して正当化される目的を追求することが必要である. この問題に関する限り, 欧州司法裁判所は既に1981年7月14日の判決[2]において, パンおよび菓子製造業における労働時間, 配達および販売を規制する国内規則は経済社会政策の合法的な一部をなし, 条約の追求する公共の利益の目的と適合すると判示している. 小売業者の開店時間を規制する国内規則についても同様の考察が適用されなければならない. そのような規則は, その目的が労働時間と非労働時間とが国内や地域の社会文化的な特性に沿って編成され, 今日のEC法の状況下では加盟国の問題であることが確保される限り, 特定の政治的および経済的選択を反映するものである. さらに, そのような規則は加盟国間の貿易パターンを規制するために考案されたものではない.

　それゆえ, 条約第38条は, 小売業者が日曜日に開店することを禁止する国内規則には, それがもたらしうるEC貿易への制限的効果がこの種の規則に付き物の効果を超えない限り, そこで規定される禁止には当たらないと解釈されなければならない.

(1) C.O.J., 23 November 1989, *Torfean Borough Council v. B & Q plc*, No.C-145/88, ECR,1989,3851; C.O.J., 28 February 1991, *Union Départementale des Syndicats CGT de l'Aisne v. Sidef Conforama and Others*, No.C-312/89,ECR,1991,997 and *Criminal proceedings against A. Marchandise and Others*, No.C-332/89,ECR,1991, 1027. See also: C.O.J., 16 December 1992, *Reading Borough Council v. Payless Diy Limited and Others*, No.C-304/90,ECR-I-6493,1992; C.O.J., 16 December 1992, *Council of the City of Stoke-on-Trent and Norwich City Council v. B & Q plc*, No.-C-

475

169/91,ECR,1992,6635.(2) Oebel(1981), ECR, 1993, No. 155/80.

## 第3節　夜間労働と均等待遇

**723**　ECは女性の夜間労働の問題に対し，均等待遇の視角すなわち1976年2月9日の指令(76/207)の第5条を基礎に取り組んできた．実際，1989年10月4日の判決で，フランスのイルキルシュ地方刑事裁判所は1976年指令第5条の解釈に関する問題を先行判決を求めて欧州司法裁判所に付託した．SUMASAの経営者であるストッケル氏がフランス労働法典第L-213条に違反して77名の女性を夜間に使用したという容疑で提起された刑事裁判の中で問題が起こってきた．この問題は，夜間労働に関するフランス労働法制が産業における女性の夜間労働の禁止を含むILO第89号条約の批准の結果として設けられたという事実のため，より微妙でさえあった(1)．欧州司法裁判所の決定により，フランスとともにベルギーも第89号条約を破棄せざるをえなくなった．

　女性の夜間労働と男女の均等待遇に関する一方ではILOから由来する国際文書と他方ではECから来る超国家的規範の対立という問題の解決は，EC条約第307条にある．この条項によれば，関係加盟国は当該国際協定が本条約と矛盾する限り「当該矛盾を除去するためにあらゆる適当な手段をとる」．

　問題の事件では，関係企業のリストラクチュアリングが使用者と労働組合の間で交渉され，約200名の被用者の集団整理解雇を避けるために交替制と夜間労働を導入するという労働協約が締結された．夜間労働に関する労働協約は女性労働者にも適用された．

　地方刑事裁判所の審理で，ストッケル氏は労働法典第213条が男女均等待遇に関する1976年指令の第5条に違反していると主張した．

　フランス政府は女性の夜間労働禁止には多くの例外規定があり，女性被用者を保護するという一般目的とともに暴行の危険や女性がより多くの家事責任を負っているといった社会的性格の特別の考慮にも合致すると主張した．

(1) M.A.Moreau ,'Travail de nuit des femmes, observations sur l'arrêt de la CJCE du 25 juillet 19917, Droit Social, 1992, 174-185 を見よ．

**724**　女性被用者を保護するという目的について，欧州司法裁判所は，妊娠および出産の場合を除いてそのような労働によって女性が被る危険が男性が被る危険と性質上極めて異なっているという証拠はないと考えた．暴行の危険に関する限り，欧州司法裁判所は，日中よりも夜間の方が危険が大きいという推定に基づき，男女均等待遇の基本原則を妨げることなくこれに対応する

第7章 労働時間，日曜休日，夜間労働および育児休業

ための適切な措置をとることができると判示した．

家族責任に関しては，欧州司法裁判所は本指令が家族のあり方についての問題を解決しようとするものでもなければ夫婦間の責任の配分を変えようとするものでもないと繰り返した．フランス政府が言及した夜間労働の禁止からの多くの適用除外に関しては，欧州司法裁判所は，本指令は女性を夜間労働から除外するいかなる一般原則も認めておらず，実際適用除外は差別の原因となりうることから，指令76/207 に効力を与えるには不十分であると考えた．それゆえ，欧州司法裁判所は，次のように判示した．1976 年指令の第5条は加盟国に法律によって女性の夜間労働を禁止する原則を規定しない義務を，たとえ例外があったとしても，男性の夜間労働が禁止されていないならば，十分明確に課している[1]．

(1) C.O.J., 25 July 1991, *Ministère Public v. A. Stoeckel*, No.C-345/89,ECR,1991,4047. 夜間労働に関する若干の重要な背景情報については，*Singleton and Dirikx, Ergonomics,Health and Safety*, Leuven,1991 を見よ．

**725** 閣僚理事会指令 76/207/EC の第1条から第5条までの解釈に関する先行判決を求める欧州司法裁判所への問題はフランス公共省および労働雇用局によって，フランス労働法典第213条の1に違反して23名の女性を夜間に働かせたとして召喚されたジャン・クロード・レヴィに対する刑事訴訟において提起された．

この規定は1948年7月9日の産業における女性の夜間労働に関するILO第89号条約を実施するために採択された．

1991年7月25日のストッケル事件の判決で，欧州司法裁判所は指令の第5条は加盟国に法律によって女性の夜間労働を禁止する原則を規定しない義務を，たとえ例外があったとしても，男性の夜間労働が禁止されていないならば，十分明確に課していると考えた．原則として国内裁判所はこの判決の全面的効果を確保し，これに矛盾するいかなる国内規定も適用しないようにしなければならない．

今回の事件では先行判決を求められている問題は基本的に，ECの規則に反する国内規定が EC 条約が発効するよりも以前に関係加盟国，他の加盟国および非加盟国によって締結された ILO 条約のような条約を実施するためのものである場合に国内裁判所は同様の義務を有するかということである．EC の規則がそれに先行する国際条約によって効力を左右されるかどうかを決定する上で，その条約が関係加盟国に条約の当事者である非加盟国によってなお主張されうる遵守の義務を課しているかどうかを検討することが重要である．

この点で，欧州司法裁判所は，男女の均等待遇がEC法体系によって認識された基本権を構成することは事実であるが，ECレベルでさえその実施は指令という手段による閣僚理事会の介入を必要とする漸進的なもので，これら指令も均等待遇原則からの一定の適用除外を一時的に認めていると考えた。

こういった状況下で，その義務の遵守が条約第307条の第1文で保護されている先行する国際条約のもとの領域で，均等待遇原則が加盟国の遵守義務を妨げるというには十分ではない。

今回の事件では，もし国際法の発展からILO条約によって規定された女性の夜間労働の禁止が同じ当事者を拘束する後続の諸条約によって取り消されるのであれば，条約第307条第1文の規定は適用されまい。そうすれば国内裁判所が指令第5条を適用しこれに反する国内規定を無視するのを妨げるものはなくなろう。

しかしながら，先行する国際条約のもとでの関係加盟国の義務を決定し，どの程度までこれら義務が指令第5条の適用を妨げるかを決定するためにその限界を定めるのは先行判決手続における欧州司法裁判所ではなく国内裁判所である。

欧州司法裁判所は次のように判示した。

「国内裁判所は雇用，職業訓練および昇進へのアクセスならびに労働条件についての男女均等待遇原則の実施に関する1976年2月9日の閣僚理事会指令76/207/EECの完全な尊重を確保し，これと矛盾するいかなる国内法規定もそのような規定の適用が関係加盟国によるEC条約の発効に先立って非加盟国と締結された条約から生ずる義務の遵守を確保することが必要でない限り，適用されないようにしなければならない[1]。」

(1) C.O.J., *Ministère Public v. J.C.Levy*, 2 August 1993, No.C-158/91, ECR, 1993, 4287.

## 第4節　育児休業

**726**　育児休業は1995年12月14日のUNICE，CEEPおよびETUCにより締結された育児休業に関する枠組み労働協約に関する1996年6月3日の指令96/34/EC[1]によって導入された。この労働協約はマーストリヒトの社会政策協定(1991年)のもとで認められたソーシャル・パートナーによって締結された初めての欧州労働協約である[2]。

これら産業横断的組織は実際に1995年12月14日，育児休業に関する枠組み労働協約を締結し，この枠組み労働協約を欧州委員会の提案に基づく閣僚

第7章　労働時間，日曜休日，夜間労働および育児休業

理事会決定によって実施するよう共同要請を欧州委員会に提出した．

マドリード首脳会議の際に，欧州理事会の構成員（イギリスを除く）はこの枠組み労働協約の締結を歓迎した．この文言は指令によって実施される前に欧州議会と経済社会評議会に提出された．

(1) O.J., 19 June 1996, No. L 145/4.
(2) 第2部第1章を見よ．

**727** この枠組み労働協約は1997年12月15日の指令97/75/EC[1]によりイギリスに拡張された．

(1) O.J., 16 January 1998, No. L 010/24.

## I　目的と原則

### A　目　的

**728** この枠組み労働協約は，職業と家庭生活を両立させ男女の機会均等と均等待遇を促進する重要な手段として，育児休業と不可抗力を理由とする業務からのタイムオフに関する最低要件を規定する．

### B　価　値

#### 1　家庭生活

**729** この労働協約は，社会の変わりゆく必要により良く適合し企業と労働者の双方の必要を考慮に入れた新たな柔軟な労働と時間の組織方法の導入を奨励することにより職業と家庭生活を両立させることを目的としている．家庭政策は人口学的変化，人口高齢化の影響，世代ギャップの縮小と女性の労働力への参加の促進という文脈で考えるべきである．さらに，男性は家庭責任を均等に負担するように，例えば育児休業を取る意識啓発プログラムのような手段を通じて奨励されるべきである．

#### 2　均等待遇

**730** 同時にこの労働協約は男女の機会均等と均等待遇の促進を求めている．この理由で育児休業は譲渡できない権利として与えられる（第2条第2項）．

## C　補完性と比例性

**731**　補完性と比例性の原則を保つため，指令は目的を達成するのに必要な最小限のものに制約され，目的の達成に必要なものを超えない．それゆえ，この労働協約は，産前産後休暇とは明確に区別される育児休業と，不可抗力を理由とする業務からのタイムオフに関する最低要件を規定する枠組み労働協約であるにとどまり，その取得の条件や適用の詳細な規則の制定については各加盟国における事情を考慮に入れるために加盟国およびソーシャル・パートナーに委ねている．

　その結果，加盟国は，
— 育児休業の最低限の期間中に疾病保険のもとの各種給付を受ける資格を維持するよう規定し，
— 国内の条件が適当であれば財政状況を考慮に入れて，育児休業の最低限の期間中に関係する社会保障給付を受ける資格を維持するように考慮すべきである．

　締約当事者は経営と労働が使用者と労働者の双方の必要に対応した解決策を見出すのに最も良い地位にあることに合意し，それゆえ彼らにこの労働協約の実施と適用における特別の役割を与えなければならず，これがまた補完性原則のもう一つの適用となる．

## D　競争力——中小企業

**732**　この労働協約は社会政策の要件を改善する必要性だけでなく，EC経済の競争力を高め，中小企業の創出と発展を阻害する行政的，財政的および法的制約を課すことを避けることも考慮に入れている．

## II　適用範囲

**733**　この労働協約は働く両親の親としての責任と職業的責任の両立を容易にするために考案された最低要件を規定する（第1条第1項）．

　これは「各加盟国で効力を有する法律，労働協約または慣行によって規定された雇用契約または雇用関係を有する男性および女性の全ての労働者に適用される」（第1条第2項）．これはそれゆえ民間部門と同様公的部門にも適用される．

第7章　労働時間，日曜休日，夜間労働および育児休業

## III　内　容

### A　育児休業

#### 1　概　念

**734**　この労働協約は男性および女性の労働者に，子どもの誕生または養子縁組に基づいてその子どもの世話をするために，8歳に達するまでの加盟国または経営と労働が定める年齢まで，少なくとも3カ月間，個人の権利としての育児休業の権利を付与する(第2条第1項)。

育児休業の権利は原則として譲渡できない権利として付与される(第2条第2項)。

#### 2　適用条件と詳細

**735**　育児休業の適用を受ける条件と詳細の規則は，この労働協約の最低要件が尊重される限りにおいて，加盟国における法律または労働協約によって定められる(第2条第3項)。

加盟国または経営と労働は，特に，
(a) 育児休業がフルタイムで付与されるかパートタイムで付与されるか，時間分散型かあるいはタイムクレジット制の形式で付与されるかを決定し，
(b) 育児休業を取得する条件として，1年を超えない期間の職業資格または勤続年数を設定し，
(c) 養子縁組という特別の状況への育児休業の適用について適用条件と詳細の規則を調整し，
(d) 育児休業の権利を行使し，休業期間の始期と終期を特定するときに，労働者から使用者への告知期間を設定し，
(e) 使用者が国内法，労働協約および慣行に従って協議をした上で，企業の運営に関係する正当な理由(職務が季節的である，告知期間内に代替要員が見つからない，同時に大量の労働者が育児休業を請求，特定の職務が戦略的に重要である，等)に基づいて，育児休業の付与を延期することができる条件を定め，
(f) 　(e)に加え，小企業の運営上，組織上の必要に対応するための特別の調整を認めることができる。

#### 3　解雇からの保護——職場復帰

**736**　労働者が育児休業の権利を行使できることを確保するために，加盟国お

481

よび経営と労働は国内法，労働協約または慣行に従って，労働者が育児休業を請求しまたは取得したことを理由として解雇されることから保護するために必要な措置をとるものとする（第2条第4項）．

育児休業の終了に当たり，労働者は同一の職務に復帰する権利を有する．これが不可能なときには，雇用契約または雇用関係上同等のまたは同様の職務に復帰する権利を有する（第2条第5項）．

### 4　既得権――雇用上の地位

**737**　育児休業を開始した日において労働者が有していたまたは獲得過程にあった権利は育児休業の終了時までそのまま維持される．育児休業の終了時において，国内法，労働協約または慣行から生ずるいかなる変化も含めてこれら権利は適用される．

加盟国または経営と労働は育児休業中の雇用契約または雇用関係の地位を定めるものとする（第2条第6-7項）．

### 5　社会保障

**738**　この労働協約との関係における社会保障に関するすべての事項は，さまざまな制度でカバーされる社会保障，とりわけ保健医療の受給権の継続性の重要性を勘案して，国内法に従って加盟国が考慮し決定する．

## B　不可抗力を理由とする業務からのタイムオフ

**739**　加盟国または経営と労働は，国内法，労働協約または慣行に従って，病気や事故のため労働者が至急にいなければならないような場合における緊急の家族的理由に基づく業務からのタイムオフの権利を労働者に付与するために必要な措置を講ずるものとする．

加盟国または経営と労働はタイムオフの適用条件を定め，その権利を1年につきまたは1回の事例につき一定の時間内に限定することができる（第3条）．

## IV　最終規定

### A　一　般

**740**　加盟国はこの労働協約に規定されたものよりより有利な規定を適用し

または導入することができる。

　この労働協約の規定の実施はこの労働協約の対象となる分野において労働者に付与された一般的な保護水準を切り下げる有効な根拠とならない。これは加盟国または経営と労働が，現在の労働協約に規定された最低要件を遵守する限りにおいて，（譲渡不可能性の導入を含め）変化する状況に照らして，異なった法制的，規制的または契約的規定を発展させることを妨げない。

　現在の労働協約は経営と労働が欧州レベルを含む適当なレベルにおいて，特定の状況を考慮に入れるためにこの労働協約の規定を適応させまたは補完する労働協約を締結することを妨げない。

## B　実　施

**741**　加盟国は理事会指令を遵守するのに必要な法律，規則および行政規定を指令の採択後2年以内に採択するか，または経営と労働[1]がこの期間の末までに労働協約の方法によって必要な措置を導入することを確保するものとする。加盟国は，特定の困難または労働協約による実施を考慮して必要であれば，この決定を遵守するのに最大限さらに1年間猶予することができる。

　(1)　EC条約第137条第4項で言うところの

## C　紛争と解釈

**742**　この労働協約の適用から生ずる紛争および苦情の予防および処理は国内法，労働協約および慣行に従って取り扱われる。

　欧州委員会，国内裁判所および欧州司法裁判所のそれぞれの役割を妨げることなく，欧州レベルにおけるこの労働協約の解釈に関係するいかなる事項も第一義的には欧州委員会によって締約当事者にその意見を求めて照会されるべきである。

## D　見直し

**743**　締約当事者は，もしこの労働協約の当事者の一方から要請があれば，閣僚理事会決定の日の5年後にこの労働協約の適用を見直すものとする。

## Ⅴ　1996年6月3日の指令：実施

**744** 指令の前文が示すところでは，枠組み労働協約の実施の通常の手段は「条約第251条の意味における指令であり，それはそれゆえ加盟国をその達成されるべき結果について拘束するが，形式や方法の選択は当該加盟国に委ねられている」。

指令の第2条によれば，加盟国は遅くとも1998年6月3日までに本指令を遵守するのに必要な法律，規則および行政規定を効力あるものとするか，または遅くともその日までに経営と労働が労働協約の手段によって必要な措置を導入することを確保するものとする。加盟国はいかなる時にも指令によって課された結果を保証する立場にあることを可能にするために必要な措置を取ることを要求される。加盟国はこれについて欧州委員会に通知する。

加盟国はもし特別の困難または労働協約による実施を考慮に入れて必要であれば，最大限さらに1年間猶予することができる。加盟国はそのような状況について欧州委員会に通知しなければならない。

加盟国がこれらの措置を取ったときは，本指令に言及するかまたはその官報への掲載時にそのような言及を添付するものとする。そのような言及の方法は加盟国が定める。

**745** イギリスによる実施の日は1999年12月15日である。

# 第8章　健康と安全

## 第1節　初期の措置

### I　欧州原子力共同体（ユーラトム）

**746** 当初は，諸条約は健康と安全に関して大きな権限をECに授権してはいなかった．この点に関して明示の規定を含んでいたのはユーラトム条約のみであった．ユーラトム条約第2編第3章は，たしかに「健康と安全」のための章である．第30条および第31条は電離放射線から生ずる危険に対して労働者と一般市民の健康を守るための基準を定めるようECに義務づけている．基準という表現の意味は，

**a** 十分な安全と矛盾しない最大許容量
**b** 被曝と汚染の最大許容レベル
**c** 労働者の健康管理を行うための基本原則(第30条)

　各加盟国は設置された基準に従うことを保障するために適切な法令を定めなければならず，また教授，教育や職業訓練に関して必要な措置を施す義務を負っている(第33条)[1]．

(1) 電離放射線の危険に対して労働者と一般市民の健康を守るための最低安全基準を定めた指令を修正する1980年6月15日の指令80/836参照(O.J., 17 December 1980, No. L 246, amended by No. 84/467, O.J., 5 October 1984, No. L 265)．

### II　EC：輸送

**747** 欧州委員会は，EC内の安全事項に関する行動を正当化するために，輸送に関するEC条約第71条によってECに授与された通常権限，すなわち，「何らかの適切な措置」を施す権限を拡張解釈することを求められた．この非常に黙示的な権限に基づいて，かなり多くの重要な規則と指令が採択されたが，その中でも重要なものだけを以下にあげる．
―道路輸送に関する一定の社会的な立法の調和に関する1985年12月20日

の規則 3820/85⁽¹⁾，
―道路輸送の記録装置に関する1985年12月20日の規則3821/85⁽²⁾，
―道路輸送の記録装置の標準審査手続に関する1988年11月23日の指令88/599⁽³⁾，
―危険物品を道路輸送する一定の運転手の職業訓練に関する1989年12月21日の指令89/684⁽⁴⁾，

 (1) O.J., 31 December 1985, No. L 370.
 (2) O.J., 31 December 1985, No. L 371.
 (3) O.J., 29 November 1988, No. L 325.
 (4) O.J., 30 December 1989, No. L 398.

## III その他の行動

**748** ECの機関は，健康と安全の分野において限られた権限しか与えられていなかったにもかかわらず，法の接近に関するEC条約第100条[訳注1]の枠組みの中でかなり多くの重要なイニシアティブが執られた。社会行動計画についての1974年1月21日の決議では，閣僚理事会は，特に職場における健康と安全の向上に関連して，労働者の生活と労働条件に人間性を与えることを目的とした労働者のための行動計画を設ける必要性を確認した。保護措置は加盟国間で異なること，および，共通市場の機能に直接的影響をもたらすこれらの国内法は，ECにおける調和的な経済・社会発展を考慮して，調和され改善されなければならないことが指摘された。このような思考の潮流はかなり多くの重要な法案を採択するのを促したが，そのうち最も重要なもののみを以下にあげると，
―職場での安全標識についての規定に関する1977年7月25日の指令77/576⁽¹⁾，
―塩化ビニルモノマーに曝露する労働者の健康保護に関する1978年6月29日の指令78/610⁽²⁾，
―職場での化学的・物理的・生物的要因への曝露に関する危険からの労働者の保護に関する1980年11月27日の指令80/1107⁽³⁾，
―一定の産業活動での大事故の危険に関する1982年6月24日の指令82/501⁽⁴⁾，
―職場での金属鉛および鉛イオン化合物への曝露の危険からの労働者の保護に関する1982年7月28日の指令82/605⁽⁵⁾，
―職場でのアスベストへの曝露の危険からの労働者の保護に関する1983年

9月19日の指令83/477[6],
― 職場での騒音への曝露の危険からの労働者の保護に関する1986年5月12日の指令86/188[7],
― 特定の物質および特定の作業の禁止による労働者の保護に関する1988年6月9日の指令88/364[8],
― 職場での化学的・物理的・生物的要因への曝露に関する危険からの労働者の保護に関する指令80/1107を修正して極限値を表示する1991年5月29日の指令91/322[9],
― 船上での医療の改善のための最低限の健康と安全要件に関する1992年3月31日の指令92/29[10],
― 危険物質に係る大事故の危険管理に関する1996年12月9日の指令96/82[11].

(1) O.J., 7 September 1977, No.L299, 指令79/640(O.J., 19 July 1979, No.L183)によって修正された.
(2) O.J., 22 July 1978, No.L197, 1999年4月29日の指令1999/38の第2条によって, 1993年4月21日付けで廃止(O.J., 1June 1999, No.L138.)
(3) O.J., 3 December 1980, No.L327, 1988年12月16日の指令88/642により修正(OJ,24 December 1988, No.L358.).
(4) O.J., 5 August 1982, No.L230, 指令87/216(O.J., 28 March 1987, No.L85)および, 指令88/610(O.J., 7 December 1988, No.L336)により修正.
(5) O.J., 23 August 1982, No.L247.
(6) O.J., 24 September 1983, No.L263.
(7) O.J., 24 May 1986, No.L137.
(8) O.J., 9 Jule 1988, No.L179.この指令は第118A条に基づいている.指令案は1984年に溯るので,この期間のものとしてみなすべき一連の指令の一部である.
(9) O.J., 5 May 1991, No.L177.
(10) O.J., 30 April 1992, No.L113/19.
(11) O.J., 14 January 1997, No.L010.

[訳注1] 現在は第94条である.

## 第2節 単一欧州議定書と第118A条(EC条約第137条)

**749** 1986年の単一欧州議定書はEC条約に第118A条を挿入し,労働者の健康と安全に関するECの権限を明示的に確認した.

**750** この権限は現在EC条約第137条で保持されており,この権限に従って

ECは，労働者の健康と安全を守るための労働環境に関する加盟国の活動を援助・補完するものとする(第1項)．閣僚理事会は特定多数決によって最低要件を定める指令を採択することができる．この指令は，中小企業の創出・発展を抑えるような行政的・財務的・法的制約を課すことは回避しなければならない(第2項)．最後に，第137条第5項に従って制定された規定は，加盟国が労働条件の保護のため，EC条約と矛盾しない範囲で更に厳格な措置の維持や導入を行うことを妨げるものではない．したがってこれらは，最低限の法的規制のためのものとなる．

**751** 第137条の草案および文言から判断すれば，この本文は困難で複雑な交渉の結果によるものということになるが，このことは，必ず多くの解釈上の困難をもたらすだろうし，関連する指令を閣僚理事会の特定多数決によって採択し，拒否権を行使できる国がない時にはなおさらそうであり，被用者の「権利と利益」がかかわる場合(EC条約第95条第2項)もまたそうである．それゆえこの文言を明確にするために多くの説明が必要となる．第1に，健康と安全は共同責任であることを指摘しなければならない，すなわち，加盟国とECは共に健康と安全の向上のために権限を有するのである．第2に，EC機関は最低要件を設けるが，加盟国はこれを上回ることはできてもそれを下回って労働者を犠牲にすることはできない．これらの条件は一定期間内に漸次達成されるものである．さらに，中小企業の発展を妨げるような行政的・財務的・法的制限を課すことは避けなければならない．それゆえ，不必要な官僚主義はあってはならない．この最後の条件が法的に拘束力を持つかどうかはそのうちわかるだろう．我々は，ここで再び，法的拘束力のある条約の文言よりも，プログラム的な政策義務という問題に直面することとなる．

**752** 解釈上の困難については，欧州司法裁判所が決定的な役割を担っていることは明らかであるが，第137条の第1項の中の，「労働環境」，「労働者の健康と安全」という文言が特に問題となる．

**753** 欧州司法裁判所は，イギリス政府対EU閣僚理事会事件[1]において解釈上決定的な役割を果たしたが，当該事件ではイギリス政府は労働時間を規制する指令(1993年)の無効を主張した．イギリス政府は，指令は，特定多数決を認めるEC条約第137条に基づいているので違法であると強硬に主張した．イギリス政府によれば，第137条は厳格に解釈されるべきものであるので労働時間指令の適切な法的根拠となりえない．また，この指令は，閣僚理事会において全会一致が求められる第94条や第308条のような条約の規定に基づくべきであった．

しかしながら，欧州司法裁判所は広い解釈を示し，以下のように判示した．

## 第8章 健康と安全

「第137条は，ECに，EC内部での社会政策に関する法的権限を付与するものである．条約中に他の規定が存在することは，第137条の範囲を制限する効果をもつものではない．条約の「社会規定」に関する章に明らかなように，第137条は労働者の健康と安全の保護に関する措置に限定されている．したがって，第94条や第95条よりも特定的な規則である．この解釈は第94条と第95条の実際の文言によって認められているが，それは，当該条約にそうではないと規定された場合を除きこれらの規定が適用されることを定めるものである．よって，原告の主張は認容されない．

第137条で用いられる「労働環境」「安全」「健康」の概念については，身体的要因であろうとなかろうと，労働時間規制という一定の要因を特別に含むかどうかが問題となるが，労働者の労働環境における健康と安全に影響を与え得るすべての要因を包摂するものではないというように，限定的に解釈されるべきとする文言は第137条には存在しないし，他の規定も存在しない．反対に，「特に労働環境において」という文言は，労働者の健康と安全の保護のために第137条が閣僚理事会に授与した権限の広い解釈を認めることを支持するものである．さらに，「安全」「健康」という文言のこのような解釈は，すべての加盟国が属する世界保健機関（WHO）の規約の前文によっても，特に，支持されているものである．健康とは，WHOでは，病気や虚弱でない場合にのみ存在するのではない，完全な身体的・精神的・社会的健康をさすものと定義されている．

最低要件を定める権限を閣僚理事会に与えることで，第137条は，当該規定が明示で指示している課題，すなわち，労働者の健康と安全に関して，達成レベルを維持する一方で状態の向上のための活動を遂行するために閣僚理事会が必要と考える行動範囲を妨げるものではない．第137条の「最低要件」という表現の重要性は，第137条第2項で確認されるように，まさに，ECの行動の主題を構成する措置よりももっと厳格な措置を採用する権限を加盟国に与えることにある．

さらに，ECの行動は特定の状況下における労働者に対して適用可能な特定の措置に限定されなければならず，より広範な目的のための措置は第94条に基づいてとられるべきであるという主張の根拠は，第137条の文言には存在しない．第137条は一般的に「労働者」について言及しており，第137条が追求すべき目的は，これら労働者の健康と安全分野に存在する一般的な「条件」の調和によって達成されるべきと規定している．

加えて，第94条および第95条と第137条の適用範囲の境界確定は，第94条および第95条による一般的な措置をとる可能性と第137条による特別の

489

措置をとる可能性の区別に拠るのではなく，構想される措置の主たる目的が何であるかによる。

　当該措置の主たる目的が労働者の健康と安全の保護である場合には，たとえそのような措置が域内市場の確立や機能に付随的な効果をもたらすとしても，第137条が用いられなければならないということになる。」

　法務官は，意見の中で，単一欧州議定書に関する政府間協議でデンマークが提案した広義の解釈を支持する見解を認容している。法務官によれば，「デンマーク法における「労働環境」の定義は，技術的装置および使用する物質・材料とともに，労働の遂行や職場状況をも含む非常に広義のものである。したがって，関連するデンマーク法は，厳格な意味での職場での健康と安全に関する古典的な措置に限定されず，労働時間，精神的要素，労働の遂行方法，健康と安全に関する訓練，若年労働者の保護，そして解雇および他のいかなる労働条件を低下させる企図に対する保障に関する労働者代表にかかわる措置をも含むものである。「労働環境」の定義は不変のものではなく，社会の社会的・技術的発展を反映するものである……。

　結局，わたしが提案してきた「労働環境」の概念の定義を唯一限定するものは，それを支える労働者という用語の中に見いだされるべきである。これによって，一般公衆の健康と安全が主題であるような措置の根拠として第137条を用いる可能性は，おそらく，労働者に独自のものではない危険性に言及することで，排除される。

　わたしの見解では，「健康と安全」という言葉は，逆に，労働環境という概念を考慮して，広義の解釈を与えられるべきである。

　……第137条の立法経緯は「健康と安全」の厳格解釈になじまない。それは，物理的，化学的要因の影響に対する労働者保護のみに限定する解釈から遥かにかけ離れている。第2に，限定的な解釈は我々の社会の傾向に逆行すると思われる。閣僚理事会と補助参加人[訳注1]はこの点について，WHO——ちなみに，全EU加盟国がWHOに加盟しているが——によって採択された「健康とは身体的・精神的・社会的に健康な状態であり，病気や虚弱ではないことではない」という原則に極めて適切に言及した。

　……第137条の文言には，広い意味での労働者の健康と安全に関連するいかなる要因も排除されるべきとするものはない。反対に，当該規定は，「達成された改善を維持するとともに」「改善」と調和を行うことを明示に定めている。

　いずれにしても，特に健康の概念のこのような広義の解釈は，WHOにより支持されたことと一致するが，第137条に基づく指令を採択するためにEC

の機関によってすでに採用されている．例えば，(妊婦に関する) 指令92/85では，(賃金の形であっても，「十分な」手当の形であっても) 産前産後休暇中の収入維持は，妊婦の健康とはかかわりのないものではないとみなされる．

結論として，第137条はこの領域で前進するためにEUに対し広い権限を与えるものである．

(1) C.O.J., 12 November 1996, Case C-84/94, ECR, 1996,5755.

［訳注1］ 欧州委員会のことである．

## I  労働環境における健康と安全

**754** 第137条の「雇用された」という文言は何を意味するかという問題が残っている．通常の意味において雇用されていなければならないことは明らかである．たしかに，言葉どおりである．これが第二の基本原則である．これら二つの基本原則を念頭において以下のように定義しようと思う．

**755** 「労働環境」という言葉は労働が行われる場所と関係している．これは被用者が立ち入る企業内の設備だけではない．概念はこれよりも広い．在宅労働の場合には企業と同様に自宅にかかわる，また，建設労働者の場合には建設現場，教師は教室，坑夫の場合には坑内，プロサッカー選手にはサッカー場，競輪選手には競輪場などが関連することとなる．

**756** 健康と安全という言葉は相互補完的なものである．両者は，人間の完全性，すなわち，被用者の身体的・精神的状態の増進を目的とする．目的はたしかに，損害（ストレス，労働災害，職業病）の防止だけではなく，(快適で，安心で，元気が回復するような) 積極的な方法での被用者の健康と安全の増進である．第137条は，労働者の健康と安全が危険に曝される虞れを排除することだけでなく，積極的な方法でこれを増進する措置を講ずることも目的としている．

**757** このように健康と安全という言葉は以下のような事項に関連している．

―機械および設備，また新技術・新製品・新素材の導入，

―照明，温度，放射，電気，ガス，

―職場，建設現場の状況，

―労働組織および労働周期，

―企業による，企業からのおよび企業内部での輸送，

―給食設備および食堂，

―喫煙および酒・薬の使用，

―スポーツおよび娯楽活動．

ここに列挙したものは，もちろんこれですべてではなく一例にすぎない．ともかく——政治的ではなく法的理由によって——わたしたちが擁護している限定的な解釈にもかかわらず，重要で広範な問題をわたしたちが取り扱っていることを，これは示している．

**758** さらに，第 137 条は，わたしたちの考えでは，企業内の健康と安全に関する企画立案にも関係することを加えなければならない．それゆえ，このことは，医療・看護・調剤についての出来る限りのサービスとともに，結果的に企業内の安全のためのサービスの組織化・派遣・実施，また産業医学サービスをも含んでいる．この組織化という事の中には，以下のことも加えることができる．労働災害や職業病の防止に関する情報や労働者の訓練．安全表示の情報は労働者が良く理解できる言語によって与えられるように配慮しなければならない．たとえば，数十人のイタリア人労働者が，フランス語で書かれた安全表示を完全に理解していなかったために死亡したという，30 年以上前のベルギーのマルシネル（Marcinelle）の大惨事を，わたしたちはよく覚えている．安全計画の立案，消防団の組織，障碍をもつ労働者に対する特別な保護策，そしてその他の措置もまた必要とされる．

759 ここではまた，労働者参加も考慮事項であることは明らかである．労働者への情報提供と協議は，意思決定への参加と共に，第 137 条に基づく EC 法によって処理されうる問題である．同様に，例えば多国籍グループの遠隔地にある本社によって決定が下される場合，子会社の労働者と共に子会社の経営者も意思決定過程に多くの影響を及ぼすことができるように，事前に充分な情報を得るために必要な措置がとられるべきであることは明らかである．最後に，健康と安全は，労働者の譲渡不可能な権利の核心に属するものであることに留意しなければならない．これらの権利は，原則として，労働者が雇用される企業の規模にかかわらず，平等でなければならない．この点に関して規制緩和の余地はない．

## II 適 用

**760** EC は，健康と安全に関する権限を非常に大胆な方法で行使しているようだ．EC 条約第 137 条に従って，職場の健康と安全に関するあらゆる危険を網羅するために，1989 年 6 月 12 日の枠組み指令とともに，より多くの個別指令が採択されたが，その主なものは以下のようなものである．職場，作業用機械器具，個人用防護具，ディスプレイ・スクリーン器具による作業，背骨の損傷の危険を伴う重量物を扱う手作業，臨時または移動建設現場，漁業お

よび農業(枠組み指令第 16 条第 1 項)，特定の物質と作業の禁止，有期または派遣労働者の職場の健康と安全，そして船上での医療の改善．

## A　1989 年 6 月 12 日の枠組み指令

**761**　枠組み指令 89/391 は，職場の健康と安全の改善を促進する措置の導入にかかわっている[1]．これは，職業上の危険防止，健康と安全の保護，事故および危険要素の排除，情報，協議，労働者および労働者代表の調和的な参加と訓練とともに，これら原則の実施のための総括的指針を含んでいる(第 1 条第 2 項)．

　(1)　O.J., 29 June 1989, No.L183.

### 1　適用範囲および定義

**762**　本指令は，軍隊や警察など市民の防衛のための一定の特殊な活動を除き，民間部門・公的部門共に，(工業，農業，商業，行政，サービス，教育，文化，娯楽など) すべての業種の活動に対して適用される．結局，労働者の健康と安全は，指令の目的に照らして可能な限り確保されなければならない．

**763**　本指令において，以下の用語は次のように定義される．

a　労働者：使用者に雇用されるすべての者，ただし訓練生や徒弟は含まれるが，家事使用人は除く，

b　使用者：労働者と雇用関係にあり，企業または事業所に責任を有する自然人または法人，

c　労働者の健康と安全に関し特別に責任を有する労働者代表：職場における労働者の健康と安全の保護に関して問題が生じた場合，労働者を代表するために，国内法または慣行に従って選挙，選出または指名された者，

d　予防：職業上の危険を減らすために企業内でのあらゆる作業段階において執られ，または計画されるすべての手段または措置(第 3 条)．

### 2　使用者の義務

**764**　使用者は，労働に関連するあらゆる側面で労働者の安全と健康を保障する義務を負う．加盟国は不可抗力による使用者の責任の免除または限定を行うことができる(第 5 条第 1 項，第 4 項)．

　使用者は，職業上の危険の予防や情報と訓練の提供を含め，必要な措置を講じなければならない．使用者がすべての財務負担を負うのは言うまでもなく，職場における安全，衛生，健康に関する措置は，いかなる場合でも労働

者に経費負担を負わせてはならない(第6条第5項)．

使用者は，以下の一般的な予防原則に基づいて措置を実行しなければならない．
a　危険の回避，
b　避けられない危険の評価，
c　危険にその根源で対処すること，
d　職場設計，作業用機械器具および労働・生産方式の選択に関して，特に単調労働および決まった労働率による労働を緩和し，これらの健康への影響を軽減する観点から，仕事を個人に適応させること，
e　技術革新への適応，
f　危険物を，危険性のないまたは危険性の低いものに代替すること，
g　技術，労働組織，労働条件，社会関係および労働環境に関係する要因の影響をカバーする一貫した総合的予防策の発展，
h　個人的な防護策よりも集団的な防護策を優先させること，
i　労働者に適切な指示を与えること(第6条第2項)．

**765**　企業または事業所の活動の性質を考慮して，使用者はさらに以下の義務を負う．
a　特に，作業用機械器具，使用された化学物質または調合剤，および職場の備品などの選択に関して，労働者の健康と安全への危険性を評価すること，
b　労働者に仕事を任せる場合，その労働者の健康と安全に関する能力を考慮すること，
c　新技術の計画・導入は，労働者の健康と安全のための，器具の選択および結果，労働条件および労働環境に関しては，労働者または労働者代表との協議に必ず従うこと，
d　充分な研修を受けた労働者のみが重大かつ特別な危険がある場所への立ち入りができることを保障するための適切な手段を講ずること(第6条第3項)．

使用者が複数いる職場では，使用者は健康と安全の規定を共同して実施するものとする(第6条第4項)．

使用者は，職業上の危険の防護と予防に関する活動を遂行するために，資格のある労働者を1名または複数指名する，そのために，使用者は有能な外部からのサービスや人員を導入してもよい(第7条)．救急，消火および労働者の避難などについての措置が講じられなければならない(第8条)．

### 3　情報提供・協議・労働者参加

第8章　健康と安全

766　労働者は，企業または事業所全般と，個々の仕事場または職務の両面において，健康と安全についての危険性および，防護と予防の措置と活動に関して必要なすべての情報を与えられなければばらない．被用者代表は，その任務を実行するために，危険評価および防護措置，ならびにこの目的で作成されるリストおよび報告書などへの関与を認められなければならない(第10条)．協議および参加は第11条に規定されている．これは以下のことを条件としている．
―労働者への協議，
―労働者または労働者代表の提案権，
―国内法または慣行に従ったバランスのとれた参加．これは，労働者参加に関して，国内法および慣行に照らすことと，これに関するECのルールは存在しないことを意味する．

労働者代表はその活動を理由として不利益を受けないものとする．彼らは任務を果たすために，賃金カットを受けることなく適切なタイムオフを与えられ，また，必要な手段を与えられなければならない．苦情があれば，労働者および労働者代表は責任者に申し入れる権限を有する．労働者代表は，管轄機関による臨検監督の際に，所見を提出する機会を与えられなければならない(第11条)．

### 4　雑　則

767　枠組み指令は，最後に，労働者への適切な健康と安全の教育についての規定を含んでいる．労働者の義務（つまり，自分自身の健康と安全と共に他人のそれにもできるかぎり気を付けること）と健康診断．各労働者は希望により定期的に健康診断を受けることができる(第12条～第14条)．

## B　個別指令

768　枠組み指令に従って，様々な個別指令が採択された．
―職場における健康と安全の最低基準に関する1989年11月30日の指令89/654[1]，
―職場で労働者が用いる作業用機械器具の使用に関する1989年11月30日の指令89/655[2]．「作業用機械器具」とは，職場で用いるすべての機械，装置，道具または設備を意味する，
―職場における個人用防護具の使用に関する1989年11月30日の指令89/656[3]，

495

―特に背骨の損傷の危険性のある重量物を扱う手作業に関する指令90/269[4]，
―ディスプレイ・スクリーン器具による作業に関する1990年5月29日の指令90/270[5]，
―職場における発癌物質への曝露に関する1990年6月28日の指令90/394[6]，
―臨時または移動建設現場での健康と安全の最低基準の実施に関する1992年6月24日の指令92/57[7]，
―職場における健康と安全の標識の最低基準に関する1992年6月24日の指令92/58[8]，
―妊娠中および出産直後または授乳期の労働者の職場での健康と安全の改善を促進する措置の導入に関する1992年10月19日の指令92/85[9]，
―鉱物採掘業における掘削作業に従事する労働者の健康と安全のための保護の強化の最低基準に関する1992年11月3日の指令92/91[10]，
―地表および地下での鉱物採掘業における労働者の健康と安全のための保護の強化の最低基準に関する1992年12月3日の指令92/104[11]，
―漁船甲板上での作業の健康と安全の最低基準に関する1993年11月23日の指令93/103[12]，
―職場における発癌物質への曝露に関する1990年6月28日の指令90/394（指令89/391の第16条第1項による6番目の個別指令）を最初に改正した1997年6月27日の指令97/42[13]，
―職場における化学的要因による危険からの労働者の健康と安全の保護に関する1998年4月7日の指令98/24[14]，
―職場における発癌物質への曝露に関する1990年6月28日の指令90/394を2回目に改正し，これを催奇性物質にまで拡張する1999年4月29日の指令1999/38[15]，
―爆発の危険のある環境からの労働者の健康と安全の保護の強化のための最低基準に関する1999年12月16日の指令1999/92（指令89/391の第16条第1項による15番目の個別指令）[16]，
―職場における化学的要因による危険からの労働者の健康と安全の保護に関する1998年4月7日の指令98/24の実施に当たり，職業上の曝露の限界値を示す最初のリストとなった2000年6月8日の欧州委員会指令2000/39[17]，
―職場における生物的要因による危険からの労働者の健康と安全の保護に関する2000年9月18日の指令2000/54（指令89/391の第16条第1項による7

第8章　健康と安全

番目の個別指令）[18]，
―職場における物理的要因（振動）による危険への労働者の曝露に関する最低限の健康と安全の要件に関する2002年6月25日の指令2002/44/EC（指令89/391の第16条第1項による16番目の個別指令）[19]．
―物理的要因（騒音）から生ずる危険への労働者の曝露に関する最低限の健康と安全の要件に関する2003年2月6日の指令2003/10/EC（指令89/391の第16条第1項による17番目の個別指令）[20]．

これらの指令の多くは改正されている．

これらの様々な指令に，情報提供，協議および労働者参加に関する規定が含まれているので，枠組み指令の該当規定が参照されなければならない．

(1) O.J., 30 December 1989, No.L393.
(2) O.J., 30 December 1989, No.L393. 2001年6月27日の指令(2001/45/EC)により修正された．
(3) O.J., 30 December 1989, No.L393.
(4) O.J., 21 June 1990, No.L156.
(5) O.J., 21 June 1990, No.L156.

　1　「グラフィック・ディスプレイ・スクリーン」とは，ディスプレイ・スクリーン器具による作業に関する1990年5月29日の指令90/270（指令89/391の第16条第1項による5番目の個別指令）の第2条第a号に照らして，アナログまたはデジタルの様式で記録される映像を表示する画面を含むと解釈されなければならない．

　2　テレビ番組を製作するために技術装置またはコンピューター・プログラムの助けを借りてアナログまたはデジタル画像が処理されていた重要な事件において，「機械の……管制室」も，そのような仕事であるとまでは拡大解釈されないと判示されたが，指令90/270の第1条第3項第a号は，このような意味で解釈されるべきである（C.O.J., 6 July 2000, Margrit Dietrich v. Westdeutscher Rundfunk, Case C-11/99, ECR, 2000,5589）．

(6) O.J., 26 July 1990, No.L196.
(7) O.J., 26 August 1992, No.L245.
(8) O.J., 26 August 1992, No.L245.
(9) O.J., 28 November 1992, No.L348.
(10) O.J., 28 November 1992, No.L348.
(11) O.J., 31 December 1992, No.L404.
(12) O.J., 13 December 1993, No.L307/1.
(13) O.J., 8 July 1997, No.L179.
(14) O.J., 5 May 1998, No.L131.

(15) O.J., 1 June 1999, No.L138.
(16) O.J., 28 January 2000, No.L023.
(17) O.J., 16 June 2000, No.L142.
(18) O.J., 17 October 2000, No.L262/21.
(19) O.J., 6 July 2002.
(20) O.J., 15 February 2003.

# 第9章　利潤と企業業績への被用者参加

**769**　ECの加盟国は，1992年7月27日に閣僚理事会によって承認された勧告に記されるように，利潤と企業業績に関する被用者の財務参加を奨励することに賛成している[1]。

　本勧告では，被用者の参加は，被用者を自分の企業の将来に一層関与させるのを助け，同時に，被用者の企業内での役割，より良い報酬への願望，および企業の財務均衡との間での調和をはかるための，有効な手段であると述べられている．財務参加制度は，今日，複数の加盟国で採用され，成功の度合いは異なるものの，この見解は最終的にすべての加盟国で承認されている．

　もちろん，すべての偏見が一夜にして消滅するわけではない．本勧告は，「この制度の現実的効果についての実証的な調査は，総合的利点が多くあるとの強力な証拠を提供するまでには至っていない」と言う点を指摘している．それにもかかわらず，研究者たちは，「この制度は，特に被用者の動機付けと生産性および競争力に関して，多くの積極的効果を生みだすに十分な兆候がある」ので，EC内でこの制度が発展させられるべきであると結論づけている．

　(1) O.J., No.92/443, 26 August 1992, No.L245/53.

**770**　本勧告は，その結果，労使間の利潤分配制，社員持ち株制度，またはこれらの混合という方法による利潤と企業業績への被用者参加を増やすための様々な幅広い制度を，もっと広く活用することによる潜在的利点を認識するよう，加盟国に要請している．本勧告は，加盟国に対し，自国の法制度が財務参加制度を効果的に導入するのに適しているかどうか確認し，また，会計的または他の財務的インセンティブによって制度を促進することを考慮するように求めている．加盟国は，また，充分な情報提供によってこの制度の利用を促すことを求められており，どの制度を発展させるかを決める前に，他の加盟国による経験を考慮するようにも求められている．本勧告はさらに，ソーシャル・パートナーが広範な選択肢や取り決めの可能性を有することによって，彼らの選択ができるだけ被用者と企業に近いところで行われるようにするよう提案している．

**771**　最後に，勧告は，附則で，企業利潤への被用者参加を発展させること，

および加盟国が新しい参加制度を準備したり現行制度を見直す場合に考慮すべき幾つかの点について述べている。それは以下のとおりである。
1　規則性：定期的に参加制度が適用され、少なくとも年に1回はボーナスが与えられること。
2　事前に決定された計算式：明確な方法で、また、各期間が始まる前に、被用者に配分される額の計算式の定義がされていること。
3　賃金交渉の維持：財務参加制度の存在が、賃金や労働条件を扱う通常の交渉や、交渉を通じた賃金や労働条件の設定を妨げてはならない。被用者の財務参加に関する新しい法令に基づく労働協約は、賃金決定や労働条件を扱う通常の交渉に取って代わるのではなく、その交渉で取り上げることができる。
4　任意の参加：参加制度の採用、または、参加を希望している財務参加制度もしくは取り決めに関して、加盟国に存在する法律や規則または協定の枠内で、企業も被用者もともに、選択を表明する機会を与えられる。
5　被用者への分配額の計算：ボーナスの額は、一般的には前もって定めることはできないが、(利益または他の指標に基づいて明示された)一定期間の企業実績、すなわち、明示に特定した業績を測るために選択された尺度に照らして、事前に決定された計算式を基に決定することができる。
6　額：ボーナスの計算式は、収入の大幅な変動を避けるために、(相対的または絶対的な意味において)一定の限界を超えることはできないが、期待どおりのインセンティブを生むようなものでなければならない。
7　危険性：被用者は、財務参加制度に伴う危険を認識していなければならない。参加制度に伴う収入変動の危険はもとより、あまり分散投資的ではない投資の形態をとる参加制度では、被用者は一層の危険にさらされる、この意味で、資産価値の低下の危険を予防する制度を設けることができるかどうかは、考慮に値する。
8　受益者：受益者は主として、雇用契約を結んでいる賃金労働者などの被用者である、可能な限り、参加制度へのアクセスは当該企業に雇用されるすべての人に開かれていなければならない。より一般的には、同じような客観的状況にある労働者は、参加制度へのアクセスに関して等しい権利を有するものとする。
9　企業類型：参加制度は、適切な企業業績または利益の指標が得られる、または得られうる限り、私企業によっても公企業によっても設立できる。
10　企業規模：
　a　中小企業が、財務参加制度を実行できる充分な機会を持てるようにす

る，特に，行政的制約は数としては少なく，財務上の最低基準は，仮に必要ならば，あまり高くないようにすることが重要である，
- b 大企業，特に多国籍企業では，被用者の利益のすべてまたは一部を，企業全体の業績よりも，異なる利益ごとの構成単位による実績とリンクさせるほうが有効であろう，
- c 企業規模と最適な制度の選択は，相互に関連するであろう．
11 複雑性：複雑な参加制度は回避されなければならない．
12 情報提供と訓練：参加制度の成功を確実なものとするために，充分な情報提供と，必要であれば，関係するすべての被用者への訓練を行うための，努力が強く求められるであろう．

**772** 欧州委員会は，1998年から2000年の社会行動計画で，1992年の勧告を基に，好事例を挙げ，また，障碍を特定して，企業内での労働者の財務参加を促進するための新構想の着手を奨励した．

1997年1月8日に，欧州委員会は，加盟国での（株式参加を含む）利潤と企業業績への被用者の参加の促進に関する報告書を採択した(PEPPER II—1996)[1]．

この報告書は，1992年勧告に従って準備され，加盟国に送付された質問への回答に基づいている．

収益性に関して，PEPPER制度（利潤と企業業績への労働者参加の促進）の積極的効果は広く認められている．利益分配は必ず，生産性の向上と連携している．

加盟国によって採られた政策の不一致は，財務参加に関する加盟国の伝統や慣行に照らして検討されなければならない．

財務参加制度の促進のためのほとんどの法律が，会計上または他の財務的特典のような誘導政策を含んでいる．被用者への株式・社債の免税発行，利益分配での免税限度額，社会保障保険料の免除など．これらの誘導政策を使用者と労働者の双方に適用している国もある．制度に参加する従業員の最低割合，入会資格，保留期間など，一定の条件下での減税を行う法律を有する国もある．

報告書は，PEPPER制度を前進させるために多くの提案を行っている．国内の枠組み法の発展，公的な税金の対象となる賃金とPEPPER制度による特典との明確な区別，より緩やかな参加資格，ソーシャル・パートナーを通しての活動，加盟国間での情報交換の促進など．

(1) COM(96)697 final, Official Journal 未掲載．

# 第10章　企業リストラクチュアリング

**773**　1970年代には，ヨーロッパ労働法の黄金時代と呼ばれたように，共通市場の機能から労働者を保護するための三つの指令が採択された．様々な加盟国からの労働法の専門家グループによる議論では，これらの指令の根底にある論理は以下のことであったと思う．企業が自らを適応させなければならない拡大を続ける大市場が存在する，このことはリストラクチュアリング，統合，買収，集団解雇，および破産を意味する．労働者が共通大市場の創出の代償を払う必要はないとたしかに言われていた．この論理に基づいて三つの指令が提案され，当時の閣僚理事会の政治的メンバー構成のおかげで，これらが採択された．それは，集団整理解雇(1975年)，企業またはその一部の譲渡(1977年)，および使用者の倒産(1980年)に関するものである．これらの指令を分析すると，経済的な決定に関する経営権は無傷で残っていることに気付くであろう．当時普及していたフランス法に合わせて，集団整理解雇に関しては解雇を禁止する提案が行われたこともあるが，これらの提案は支持されなかった．この点については後述する．つまり，指令は企業リストラクチュアリングの社会的重要性を述べているにすぎないのである．

## 第1節　集団整理解雇

**774**　集団整理解雇に関する加盟国の法の接近に関する1975年2月17日の指令75/129[(1)]はAKZO事件に原点がある．1973年に，オランダとドイツの多国籍企業であるAKZOは，企業リストラクチュアリングに取り組む中で5000人の労働者の整理解雇を計画していた．AKZOは他のEC加盟国にも多くの子会社を持っていたので，これらの国々での，いわゆる解雇費用を比較し，最もコストの低い国での解雇を選択することができた．この戦略が明らかになったとき，欧州の各方面では若干の憤慨が起こり，将来このような戦略を不可能にし，集団整理解雇の場合にはヨーロッパ規模での最低限の保護を定めるためにEU法を制定すべきとの要求が起こった．

　1992年6月24日の閣僚理事会指令92/56は指令75/129を修正した．いくつかの理由が修正を促した．それは，他の形態での使用者からの雇用契約の

終了も整理解雇と同様に扱われるべきということ，また，原指令の規定の，労働者代表への情報提供と協議に関する使用者の義務について補足し，明確にすべきということである．

　修正指令は明示的に，当該修正を実施するために，ソーシャル・パートナーに，団体交渉に関する労働協約によって適切な措置を講ずるように任せることができると述べている（第2条）[2]．

　両指令は，明確性と合理性を持たせるために，集団整理解雇に関する加盟国の法の接近のための1998年7月20日の閣僚理事会指令98/59によって統合された[3]．

　(1) O.J., 22 February 1975, No.L48.
　(2) 指令92/56，O.J., 26 August 1992, No.L245.
　(3) O.J., 12 August 1998, No.L225/16.

**775** 指令98/59は，共通市場の設立または運営に直接影響する加盟国の法律や規則，行政規定の接近を定めるEC条約第94条に基づいている．指令の前文は以下のように記されている．

「ECにおける調和のとれた経済的・社会的発展の必要性に配慮して，集団整理解雇の場合には，より大きな保護が労働者に与えられることが重要である．」

「収斂は進んでいるものの」（どのような収斂のことだろう？）「整理解雇における実際の手はずおよび手続や，整理解雇が労働者に与える影響を緩和するための措置に関する加盟国の現行法には，未だに差異が残っており，これらの差異は市場の機能に直接影響を及ぼし得るものである．」

　結局，EC条約第136条に照らして，発展を維持しつつ，この接近が促進されなければならない．指令の規定は，それゆえ，すべての加盟国に適用される共通規定を確立することを意図しており，これ以上の保護を労働者に与える規定を定めるかどうかは加盟国に委ねている[1]．本指令は，集団整理解雇の場合には，公的所轄機関への届け出とともに，労働者への情報提供と協議について定めている．同時に，契約終了通知を行うことができない期間を新たに定めた．

　(1) C.O.J., 8 June 1982, Commission v. Italy, No.91/81, ECR, 1982, 2455.

## I　定義および適用範囲

**776** 本指令第1条は，「集団整理解雇」と「労働者代表」の両方の定義を含んでいる．本指令は(1)解雇を扱い，それも(2)集団的なものを扱っている．それ

ゆえ第1の要件は，被用者を解雇する使用者がいることである．
「使用者が賃金の支払を停止すると発表した後に，労働者自身が雇用契約を終わらせることは，本指令にいう使用者による解雇とは見なされない．」[1]

解雇は，当該個別労働者には関係のない一つあるいは複数の理由によって，使用者によって実行されなければならない．解雇はさらに，集団的でなければならない．したがって，加盟国の選択に従い，整理解雇の人数とは以下のとおりである．

―30日の期間内に，
(1) 常時20人以上100人未満の労働者を雇用している事業所では，少なくとも10人，
(2) 常時100人以上300人未満の労働者を雇用している事業所では，少なくとも労働数の10%以上，
(3) 常時300人以上の労働者を雇用している事業所では，少なくとも30人．

―または，90日の期間内に，当該事業所に常時雇用されている労働者の数に関わりなく，少なくとも20人．

本指令は，主に労働者の集団的解雇を規定しているが，「整理解雇の人数の計算上，5人以上の解雇があれば，個別労働者に生じた雇用契約の終了は整理解雇とみなすものとする」と規定している（第1条第1項第b号）．

原則として，本指令は，裁判所の決定に従って当該事業所が活動を終了する場合の集団整理解雇にも適用される．

(1) C.O.J., 12 February 1985, Metalarbejderforbund and Specialarbejderbund i Danmark v. H. Nielsen & Son, Maskinfabrik A/S, in liquidation, No.284/83, ECR, 1985, 553.

**777** 事業所の概念の内容は，デンマークのロクフォン社（RockfonA/S）とデンマーク特別労組（Specialarbejderbund i Danmark）（デンマークの半熟練工の組合，以下「SID」．）との間での訴訟で問題となったが，この事件では，多数の労働者の解雇が，指令によって定められた協議と通知の手続に従わないで実行されたと主張された．ロクフォン社は，ロクウール（Rockwool）多国籍グループの一員である．

第1の問題は，本指令第1条第1項第a号は，一つのグループで二つ以上の企業が共同の採用・解雇部署を設けて，ある企業における解雇がその部署だけでの承認によって実行されることを禁じているかどうか．二つ目は，このような状況下で，第1条第1項第a号の「事業所」とは，当該募集・解雇部署を利用するすべての企業を指すのか，それとも，解雇された被用者が通

常働く企業が「事業所」として扱われるべきかという問題である．

最初の問題に関して，欧州司法裁判所は以下のように判示した．

「明らかに，指令の唯一の目的は，集団整理解雇の手続の部分的調和であって，企業が活動を計画したり，企業の必要性に最も適うと考える方法で人事部署を組織するのを制限することではない．」

「事業所」については，指令では定義されていない．ロクフォン社は，独自に大規模解雇を行える管理部門をもっていないので，自身を事業所ではないと主張した．

欧州司法裁判所は，「事業所」という用語は EC 法の用語であり，加盟国の法に照らして定義されてはならないと判示した．指令の様々な言語による訳文が，若干異なる語句を用いて，問題となる概念を伝えている．当該訳文について，使用されている語句を比較すれば，事業所，企業，労働拠点，地方組織，職場などの意味が異なる語感を伴うことがわかる．

ブシェロー (Bouchereau) 事件[2]において判示されたように，EC 文書の異なった言語への訳文は統一解釈がされなければならず，したがって，訳文の不一致の場合には，当該規定は全体的な規定の目的と基本的体系に照らして解釈されなければならない．

本指令は EC 条約の第 94 条と第 136 条に基づいて採択されたが，後者は，加盟国が，持続的な発展と共に調和を可能にするために，労働者の労働条件の向上と生活水準の向上を促進する必要があることを述べたものである．前文の第 1 文から，指令が，集団整理解雇の場合に，労働者により大きな保護を与えることを，明確に意図していることは明らかである．

この点について二つの見解が可能である．第 1 に，ロクフォン社事件での判示のような「事業所」の解釈は，同じグループに属する企業が，別個の意思決定機関に整理解雇の決定を行う権限を与えることによって，指令の適用の回避を許すことになる．これによって，労働者保護のための一定の手続に従う義務を逃れることが可能になり，多くの労働者が，指令に基づいて当然に有する情報提供と協議の権利を否定されることになろう．

第 2 に，欧州司法裁判所は，雇用関係は，被用者と，彼が任務を遂行するために配置される企業または事業の一部との間において存在する関係によって基本的に特徴付けられると判示した．

欧州司法裁判所は，それゆえ以下のように結論付けた．

「指令第 1 条第 1 項第 a 号における事業所という用語は，当該状況下では，整理解雇された労働者が任務を遂行するために配置された部署を意味すると解釈されなければならない．この場合に事業所とされるために，当該部署が

独自に集団整理解雇を行ことができる経営権を与えられていることは要件ではない.」

(1) C.O.J., 7 December 1995, Case C-449/93, ECR, 1995,4291.
(2) C.O.J., 22 October 1977, Case C-30/77, ECR, 1977,1999.

**778** 指令は以下の場合には適用されない.
a 一定期間または特定の仕事のための雇用契約の終了に基づく集団整理解雇, ただし期間満了あるいは契約終了以前に行われる整理解雇は除く.
b 公的行政機関, または公法に基づく事業所 (または, このような概念がない加盟国ではこれに相当する機関) によって雇用される労働者,
c 海上船舶の乗務員.

## II　労働者代表への情報提供・協議

**779**　集団整理解雇に関する情報は, 事前に与えられなければならない. 事前とは, 決定が下される前を意味する. 第2条第1項の文言によりこの点は明らかである. 第2条第1項は, 集団整理解雇を計画している使用者に関係する規定である. 本指令は, 使用者は適当な時期に労働者代表と協議しなければならないと明示的に述べている. 本指令は, 使用者が集団整理解雇を企図している時にのみ適用される. 使用者が解雇を計画し, 所轄行政機関に告知しようとすれば, これは必然的に企図にあたる (第3条第1項).

「本指令は, 使用者が実際に集団整理解雇を計画したとき, または集団整理解雇の計画をたてた時にのみ適用される. 企業の財務状況からして, 使用者が集団整理解雇を計画してしかるべきなのにそうしていない場合には, 適用されない.」(1)

(1) C.O.J., 7 December 1995, Case C-449/93, ECR, 1995, 4291.

**780**　情報提供の目的は, 労働者代表が建設的提案を行えるようにすることである. 使用者は少なくとも以下の点について知らせなければならない. 計画されている整理解雇の理由, 解雇される労働者の数と種類[訳注1], 通常雇用される労働者の数と種類[訳注2], 計画されている整理解雇の実施期間, 労働者の選定の基準の提案, および (国内法および慣行に基づくもの以外の) 整理解雇手当の計算方法. 使用者は, 整理解雇手当の計算方法に関する情報を除いて, 労働者に与えた情報の写しを, 所轄機関に提出する義務を負う (第2条第3項). 労働者代表も, 使用者が所轄機関に提出すべき情報の写しを手に入れる権利を有する. 労働者代表は, 意見があれば何でも所轄機関に送ることができる. (第3条第2項).

第10章　企業リストラクチュアリング

[訳注1]　原著は "The number of categories of workers" とあり，指令英文もそうなっているが，指令仏文は "le nombre et les categories des travailleurs" であって，こちらが正しいと思われる．

[訳注2]　原著は "the number or categories of workers" とあるが，指令では " the number and categories of workers" となっている．

**781**　本指令は，集団整理解雇の決定が使用者によって行われるか，または当該使用者を支配する企業によって行われるかにかかわりなく適用される(第2条第4項)．情報提供義務違反の判断に関し，集団整理解雇の決定を下す企業によって必要な情報が使用者に与えられなかったという使用者側のいかなる抗弁も考慮されないものとする．使用者は，労働者代表と合意に達することを念頭において，協議しなければならない(第2条第1項)．これは非常に強力な協議の形態であり，団体交渉に大変似ている．協議は，集団整理解雇を避け，影響を受ける労働者の数を減らし，また，深刻な結果を和らげる方法や手段も取り上げなければならない(第2条第2項)．

修正第2条第2項は，これをとりわけ解雇対象労働者の再配置や再訓練の支援を目的とした付随する社会的措置にかかわらせている．

**782**　労働者代表は，加盟国の法または慣行によって選出されるものである．1994年6月8日の欧州司法裁判所の判決以来[1]，加盟国が労働者代表の総合的な制度を有していない場合でも，労働者代表が存在しないということは不可能になった．欧州司法裁判所は，イギリスを批判して，以下のように判示した．「使用者は，集団整理解雇を計画している場合，または被用者を一つの事業から他の事業に移転させる場合には，当該被用者との情報提供および協議を行う法的義務を負っている．これは，組合のない企業でも協議のための制度を，たとえまだ存在していなくとも，設けなければならないことを意味する．」

このように，欧州司法裁判所は，企業の経営交替や集団整理解雇が行われる場合の被用者の権利保護に関するイギリスの規則は，EC法違反であると判示した．欧州司法裁判所は，イギリスは，完全な拘束力のあるEC指令の実施を行わなかったと述べた．これらの指令は，上述のように，事業の譲渡や集団整理解雇の場合の被用者の権利保障に関するものである．両指令は，譲渡や整理解雇の影響を受ける労働者代表に情報提供と協議を行う義務を使用者に課している．

イギリスは，使用者が労働組合承認を拒んだ場合における企業の労働者代表の指名について規定しないことにより，これらの指令を適切に国内法に転換していないという理由で，欧州委員会によって提訴された．

イギリスは，企業内の組合承認は伝統的に任意の承認制度によっているので，組合承認をしていない使用者は指令の義務を負わないと主張した．

欧州司法裁判所はこの主張を退けた．欧州司法裁判所は，指令の目的は，すべての加盟国における被用者の同等の権利を保障し，EC 内の企業のこれについての費用を調和させることであると述べた．その目的のために，指令は，被用者代表との情報提供および協議に関して使用者に強制的義務を課している．

欧州司法裁判所は，指令の下では，加盟国は，被用者の権利を国内法の下で組合代表を設置すべき義務のある企業のみに制限することはできないと判示した．指令の1つは，企業が被用者代表を置いていない特定の状況について規定を定めているが，裁判所は，この規定は単独で解釈されるべきではなく，これは，このような代表がない場合でも被用者が適切な情報を得ることを認めるという意味であると述べた．欧州司法裁判所は，指令に定められた義務を確実に実行するためには指名は不可欠であるので，被用者代表が指名されない状況を容認するような加盟国での異なる法制度を認めるのは，EC 法の意図するところではないと述べた．

裁判所は，指令が，労働者代表がいない場合にこれを指名するよう加盟国に求める特定の規定を含んでいないという事実には，全く配慮しなかった．

指令は，譲渡または集団整理解雇が行われる場合には，被用者がその代表を通して情報提供・協議を受けるのを保障するために必要なすべての措置を講ずるように，加盟国に求めている．この義務は被用者代表の指名に関する特別の規定を要求するものではない．

さらに二つの意見が欧州委員会によって出された．一つ目は，イギリスの規定は，使用者に，被用者代表と協議し，その意見を考慮し，回答し，労働者代表の意見を拒否した場合にはその理由を答えることだけを求めているにすぎないという点である．指令の求める義務は，合意に達することを目的として代表と協議することである．イギリスは，国内法がこれを定めていないことを認めた．

二つ目の意見は，情報提供・協議の義務を果たさなかった場合に，国内法に定められる罰則が，使用者に対して十分な抑止効果となるものではないという点であった．

欧州司法裁判所は，EC の指令が違反に対する明確な罰則規定を設けていない場合や，これを国内法に委ねている場合には，EC 条約に基づく加盟国の義務は，手続的にも実体的にも，性質や重要性が類似した国内法違反に適用され，いかなる場合でも罰則が効果的，比例的かつ抑止的であるような条件

と同等の条件の下で，EC法違反が必ず処罰されるようにすることである，と述べている．

(1) Commission v. UK, C-382/92, ECR-1-2435, 1994.

## III 政府の役割

**783** 所轄公的機関の役割は，情報提供，整理解雇の効力が生じない期間の設定，および予定される集団整理解雇によって生じる問題の解決を探ることに限定されている．労働者代表が適切に情報提供および協議を受けると，所轄機関に通知される．使用者は，予定する集団整理解雇について書面で所轄機関に通知しなければならない．この通知は，整理解雇の理由，整理解雇の対象となる労働者数，通常雇用される労働者数および整理解雇が実施される期間を含んでいなければならない．実際には，これは既に労働者に提供されたものと同じ情報である．しかしながら，裁判所の決定の結果として事業所の活動を終了することから生ずる集団整理解雇が予定される場合には，加盟国は，使用者は所轄機関が求めた場合にのみ通知する義務を負うと規定することができる．

**784** 集団整理解雇は，解雇予告に関する個別労働者の権利を規制する規定に抵触しない限り，所轄機関への通知の後少なくとも30日間は効力を生じない．所轄機関はこの期間を利用して，予定された集団整理解雇から生ずる問題の解決を探らなければならない(第4条第1項・第2項)．どのような解決策を求めるべきかは指令は示してはいないが，労働者の職業紹介，再訓練，再就職援助その他が考えられる．ここで再びプログラム的な規定を取り扱わなければならない．

**785** 加盟国は，30日の期間を短縮したり延長する権限を所轄機関に与えることができる．当初定められる期間が60日よりも短い場合には，加盟国は，予定される集団整理解雇が当初の期間内で解決しそうにない場合には，この期間を60日にまで，あるいはもっと長期間に延長する権限を与えることができる．使用者は，当初の30日の期間が切れる前に，延長とその理由を知らされなければならない(第4条第3項)．

本指令は，加盟国が，裁判所の決定による事業所の活動の終了から生ずる集団整理解雇には第4条を適用しないことを認めている(第4条第4項)．

第1部　個別的労働法

# 第2節　企業譲渡および株式会社の合併と分割

## I　企業譲渡

**786**　指令77/187は，企業，事業または事業の一部の譲渡の場合に被用者の権利を保護することに関するものである(1)。1977年の指令は，域内市場の影響，経営困難な状況にある企業の救済に関する加盟国の国内法の動向，および欧州司法裁判所の判例(2)に照らして，1998年6月29日の指令98/50(3)によって改正された。本指令は，「定められた明確性および合理性のため」2001年3月12日の閣僚理事会指令2001/23(4)によって条文整理された。新指令は，法の接近についてのEC条約94条にも根拠をおいている。本指令の目的は，使用者の変更の場合に，被用者の権利保障を確かなものにすることであるが，これは譲渡に際して，既に合意された労働条件で被用者が新使用者との雇用関係を維持することで可能になる(5)。本指令の目的はそれゆえ，共通市場内の企業のリストラクチュアリングが，当該企業の労働者に不利に働かないようにすることである(6)。

(1) O.J., 5 March 1977, No.L61.
(2) Consideration 3.
(3) O.J., 17 July 1998, No.L201/88.
(4) O.J., 22 March 2001.
(5) O.J., 15 March 1988, P Bork International A/S in liquidation and others v. Foreningen of Arbejdsledere i Danmark, acting on behalf of Birger E. Peterson, and Junkers Industries A/S, No.101/87, ECR, 1988, 3057.
(6) C.O.J., 7 February 1985, H.B.M. Abels v. The Administrative Board of the Bedrijfsvereninging voor de Metaal Industrie en de Electronische Industrie, No. 135/83,ECR, 1985, 519.

### A　定義と適用範囲

**787**　様々な者がこの指令には登場する。譲渡人，譲受人および被用者代表である。「譲渡人」とは，企業譲渡によって使用者ではなくなる自然人または法人である。「譲受人」とは，企業譲渡によって，当該企業の使用者になる自然人または法人である(第2条第1項第a号および第b号)。「被用者代表」という語および関連する表現は，加盟国の法または慣行に基づいて選出される被用者の代表を意味するものとされる(第2条第1項第c号)。

**788** 本指令は「被用者」の語の定義を明示に含んでいる．「被用者」は，当該加盟国において，国内法によって被用者として保護されるすべての人を意味する（第2条第1項第d号）．

本指令は，雇用契約または雇用関係の定義に関して国内法を妨げない．しかしながら，加盟国は，雇用契約を指令の適用範囲から以下の理由のみによって排除することはできない．
(a) 遂行されたまたは遂行されるべき労働時間数，
(b) 有期雇用契約によって規定される雇用関係であること[1]，
(c) 派遣雇用関係であり，かつ譲渡された企業が派遣事業者であること[2]．
これに該当するかどうかを判断するのは国内裁判所である．

> (1) 1991年6月25日の閣僚理事会指令91/383に照らして．第1部，第3章第1節を見よ．
> (2) 同上．

**789** 本指令は，法的譲渡または合併の結果，EC条約が適用される地域内に存在する企業，事業または事業の一部の他の使用者への譲渡に適用される（第1条第1項第a号）．本指令は，利益を求めて活動するかどうかを問わず，経済活動を行う公的および私的企業に適用される．公的行政組織の行政再編成または公的行政機関間の行政機能の移転は，本指令の定義する譲渡ではない（第1条第1項第c号）．

本指令は，企業，事業，ならびに企業または事業の一部が，EC条約の適用地域に存在する場合またはそのかぎりにおいて，適用される（第2条第2項）．本指令は海上船舶には適用されない（第1条第3項）．

それが中心的なものであろうと副次的なものであろうと，経済活動を行うという目的を有する資源の組織的な集合という意味で，同一性を保持している経済的実体が移転される場合に，本指令の適用対象となる譲渡が発生する（第1条第1項第b号）．

この定義は，譲渡の概念についてのヨーロッパの豊富な判例法を要約するものである．この判例法は以下のように解釈される．この定義の重要な要素は，被用者が，企業譲渡の結果，新たな法律上の使用者に直面するかどうかという点に係わっている．言い換えれば，株式売却の結果として新たな経済上の所有者が生ずる場合は，適用対象ではない．

「本指令は，企業の所有権の移転の有無にかかわらず，法的譲渡または合併の結果，事業の継続に責任を有し，かつ，これによって，当該企業の被用者に対して使用者としての義務を負う法人または自然人に変更がある場合に適用される．」[1]

第1部　個別的労働法

　それゆえ，使用者の生産能力を移転させるという合意はすべて適用対象となる。オランダ法では可能であるリース売買契約（分割払いでの売買，売却対象物は譲渡のみによっては買収者の所有物にはならない）に従って企業譲渡が行われ，裁判所の決定によって当該リース売買契約が終了となったため当該企業が再譲渡された場合には対象となる[2]。また，リースされた企業の所有者が，賃借人によるリース契約違反のために当該企業の活動を引き継ぐ場合も対象となる[3]。リース契約を終了させるための予告の後に，または予告によって終了したために，当該企業の所有者がリース契約の所有権を再取得し，その後これを第三者に売却し，この第三者が，リース契約の終了によって中止されていた企業の活動を，売却後まもなく，元の賃借人が雇用していた従業員の約半数で再開した場合にも，当該企業が同一性を保持しているという条件で，本指令は適用される[4]。

　1992年5月19日，欧州司法裁判所は，「公的機関が，ある法人に支払われていた補助金を停止する決定を下し，その結果，当該法人の活動が最終的にすべて終了し，類似の目的をもつ別の法人に移転するという状況」にも，本指令は適用されると判示した[5]。

　本指令は，「企業が，譲渡の前にはただ1人の被用者によって行われていたにすぎないような清掃業務を行う責任を，他の企業に契約で委託する場合にも適用されると解釈されなければならない。」[6]

　欧州司法裁判所は，しかしながら，公的行政組織の再編成または公的行政機関間での行政機能の移転は，本指令の対象となる譲渡には当たらないと判示した[7]。

　(1) C.O.J., 5 May 1988, H. Berg and J.T.M.Busschers v. I.M. Busselen, Joined Case Nos.144 and 145, 87, ECR, 1988, 2559.
　(2) Id.
　(3) C.O.J., 17 December 1987, Landesorganisationen i Danmark for Tjenerforbunkei i Danmark v. Molle Kro, No.276/86, ECR, 1987, 5465.
　(4) C.O.J., Bork International A/S, op.cit.
　(5) C.O.J., 19 May 1992, S. Redmond Stichting v. H. Hartol and Others, No.C-29/91,ECR, 1992, 3189.
　(6) C.O.J., 14 April 1994, Schmidt C. v. Spar und Leihasse, No.C-392/92, ECR, 1994, 1311.
　(7) C.O.J., 15 October, Annette Henke v. Gemeinde Schierke and Verwaltungsgemeinschaft 'Brocken', Case C-298/94, ECR, 1996, 4989.

**790**　本指令は当該企業が同一性を保持するという条件で適用されるが，それ

は，同じまたは類似の活動によって，操業が新使用者によって実際に継続されるかまたは再開されている事業継続中の企業であるような場合をさす．このような条件を満たすかどうか審査するために，特に，企業の有体，無体の資産および被用者の大多数が継承されているかどうか，譲渡との関連で中止された活動があるとすれば譲渡の前後の期間の活動の類似性の程度などを含め，当該移転に関するすべての状況が検討されなければならない(1)．

それゆえ，「独自の目的を追求する特殊な形態の活動が，必要であれば，指令の対象となる事業または事業の一部として扱われることを理解しつつ，当該移転を取り巻くすべての状況を考慮して，仕事の遂行が，同じまたは類似の活動によって，実際に新たな法人によって行われているかまたは再開されているかどうかを審査する必要がある．」(2)

本指令はしたがって，企業が，それまで直接に行っていた，労使間の協定に基づいてその料金や様々な特典などの条件について決められる被用者へのサービスを提供するという責任を，契約によって他の企業に委託するような場合に適用される(3)．

(1) C.O.J., Bork International A/S, op.cit.
(2) C.O.J., 19 May 1992, S. Redmond Stiching v. H. Bartol and Others, No.C-29/91, op.cit.
(3) C.O.J,, 12 November 1992, A. Watson Rask and K. Christensen v. ISS Kantineservice A/S, No.C-209/91, ECR, 1992, 5755.

**791** 同じ問題がスペイカーズ(Spijkers)事件で扱われた(1)．スペイカーズ氏はオランダのヴォルム(Worm)のウルバッハ(Ulbach)にあるヘブルーダーズ・コラリス・アバトワール(Gebroeders Colaris Abattoir)社に副支配人として雇用されていた．1982年12月27日に，コラリス社の事業活動は「すでにすべて終了し，事業ののれんは全く残っていなかった」が，様々な部屋と事務所を備えた食肉解体処理場，敷地および一定の物品がベネディク・アバトワール(Benedik Abattoir)社によって買収された．実際には1983年2月3日からであるが，前年12月27日より，ベネディク・アバトワール社はアルフレッド・ベネディク(Alfred Benedik)社との共同会計によって食肉解体処理場の事業を行っていた．スペイカーズ氏ともう1人を除くすべての被用者はベネディク・アバトワールに承継された．ベネディク・アバトワール社が建物内で行う事業活動は，コラリス社によってそれまで行われていた活動と同種のものであった．ベネディク・アバトワール社は，コラリス社の顧客は承継しなかったが，事業資産の承継によってコラリス社の活動を継続することが可能であった．1983年3月3日，コラリス社は破産を宣告した．1983年3

月9日の令状によって，スペイカーズ氏はベネディク・アバトワール社とアルフレッド・ベネディク社に対し仮救済の裁判に出頭するように求め，1982年12月27日または少なくとも社長が適当と考える日からの未払い賃金を払うか，または命令が出された日時から少なくとも2日以内に彼に仕事を与えよという命令を求めて訴えた。スペイカーズ氏は，本指令の対象となる企業譲渡が発生し，そのため，法の効力によって，必然的に，コラリス社との雇用契約に基づく権利・義務をベネディク・アバトワール社に移転させることになると，主張した。一審および控訴審で棄却された後，スペイカーズ氏は，オランダ上院の破棄院に上告したが，破棄院は，本件で本指令の対象となる事業譲渡が発生したかどうかについて欧州司法裁判所に判断を求めた。

(1) C.O.J., 18 March 1986, J.M.A. Spijkers v. Gebroeders Benedik Abattoir CV and Alfred Benedik en Zonen BV, No.24/85, IELL, Case Law, No.88, ECR, 1986, 1119.

**792** 欧州司法裁判所での係争中に，イギリス政府と欧州委員会は，譲受人が操業中の事業を所有する状況におかれ，当該活動または少なくとも同種の活動を継続することが可能であるかどうかが，基本的な基準であると提案した。オランダ政府は，「譲渡」の語は，本指令の社会的目的に照らせば，譲受人が同じ事業の一部として譲渡人の活動を実際に継続することを意味していることは明らかであると強調した。欧州司法裁判所は，この見解を採用した。指令77/187の枠組みおよびその第1条第1項の文言から，本指令は，所有権の変更にかかわりなく，事業内部に存在する雇用関係の継続を保証することを意図しているのは明らかである。欧州司法裁判所は，また，本指令の対象となる譲渡であるかどうかを判断する決定的な基準は，当該事業がその同一性を保持しているかどうかであると述べた。結局，企業譲渡は，資産が処分されるということのみでは発生しないのである。そのかわり，当該事件のような場合には，事業が操業中のものとして処分されるかどうか，とりわけ，その操業が新使用者によって同じまたは類似の活動を伴って実際に継続されまたは再開されたかどうかによって，判断することが必要である。

**793** このような要件が当てはまるかどうかは，当該移転を特徴付けるすべての要素を考慮することが必要であるが，これには，企業または事業の種類，建物や動産のような有体資産が移転したかどうか，移転時の有体資産の価値，被用者の大多数が新使用者に承継されたかどうか，顧客が移転されたかどうか，また，活動が中止されたのであれば，移転の前後に行われたそれぞれの活動の類似性の度合いなどが含まれる。しかしながら，これらの状況は総合的な評価における一要素にすぎず，切り離して考慮されてはならないという

第10章　企業リストラクチュアリング

ことに注意しなければならない．指令の適用となるべき譲渡があったかどうかを判断するために，前述の解釈の基準に照らして，必要な実際の評価を行うのは国内裁判所である．結論として，事業が操業中のものとして処分されたかどうかは，移転を特徴付けるすべての要素を考慮して，とりわけ，その操業が新使用者によって同じまたは類似の活動を伴って実際に継続されたかまたは再開されたかどうかによって，判断することが必要である．

**794**　この論点は，メルクスとノイハウス対フォード社事件[1]において繰り返されたが，メルクス(Merckx)氏とノイハウス(Neuhuys)氏によってフォード社を被告として提訴された本件では，アンフォ自動車(Anfo Motors SA)の事業の中止と，アンフォ社が保有していた販売権がノヴァロベル社(Novarobel SA)によって引き受けられることが，メルクスおよびノイハウスがアンフォ自動車と結んだ雇用契約に対して影響をおよぼすかどうかが問題となった．判決は，再び，譲渡の定義は事件毎に判断されなければならないこと，また，欧州司法裁判所は広い解釈をしていることを強調した．これは非常に重要なことである．なぜなら，我々の拡大する情報ネットワーク社会において外部委託が増大しているからである．

当時メルクスとノイハウスはアンフォ自動車のセールスマンであった．アンフォ自動車はブリュッセル首都圏の多くの自治体でフォード社のディーラーとして自動車を販売していたが，フォード社自身がアンフォ自動車の大株主でもあった．

1987年10月8日，アンフォ自動車はメルクスとノイハウスに対して，同社は同年12月31日にすべての活動を中止する予定であり，同年11月1日からは，アンフォ自動車が販売権を有していた自治体で別のディーラーのノヴァロベル社とともにフォード社が自ら仕事を行うことを告げた．ノヴァロベル社は，アンフォ自動車の64人の被用者のうち14人を雇用する予定であるが，14人は職務，年功および他の契約上の権利を保持するということも述べられた．

アンフォ自動車はまた，事業活動の中止を知らせ，顧客に新しいディーラーによるサービスを勧めるために文書を郵送した．

メルクスとノイハウスは，得意先を維持できるかどうか，あるいは特別の人事異動が行われるかなどの確約がなければ，アンフォ自動車は異なる労働条件で別の企業あるいは別の場所で彼らを働かせることはできないと主張して，同年10月27日，文書によって，移転の申し出を拒否した．

第1の問題は，本指令第1条第1項は，一定の地域を対象とする自動車販売権を有する企業がその事業を中止したのち，その販売権が，資産移転はな

515

いが，従業員の一部を承継し顧客に推薦された企業に移転された場合には，適用されると解釈されるべきかどうかであった．第2には，本件訴えでの事実認定を考慮したうえで，国内裁判所への有益な回答を与えるために，本指令の第3条第1項は，企業移転の当日に譲渡人の被用者であるものが，その雇用契約または雇用関係の譲受人への移転に異議を唱えることを認めないかどうかを判断する必要があった．

　欧州司法裁判所は再び以下のように判示した．
「本指令の目的に照らして譲渡が発生したかどうかを判断する決定的な基準は，操業が実際に継続または再開されるかで示されるような，当該企業が経済的実体の同一性を保持しているかどうかであるというのは，確定した判例法である．この条件を満たすかどうか判断するためには，企業または事業の種類，建物や動産のような事業の有体資産が移転したか，移転時の無体資産の価値，被用者の大多数が新使用者に承継されたか，顧客が移転されたか，そして，活動が中止されたならば移転の前後の期間における活動の類似性の度合いなどのような，当該移転を特徴付けるすべての事実を考慮することが必要である．

　これらのすべての事実を総合的に考慮すれば，本件訴えのような状況下での販売権の移転は本指令の対象と認められうるという見解が支持される．しかしながら，メルクスとノイハウスが主張する一定の事実がこの判断の反論となりうるかどうかは確かめられなければならない．

　一定の分野では，特定の地域の自動車販売の排他的な販売権の目的は，別の企業名で，別の店舗から，別の設備を伴って遂行されるとしても，変わるものではない．契約上の対象範囲が同じであるならば，事業の本拠地が同じ大都市圏の異なる地域に存在していることも，関係ない．

　この意味で，もしも，労働者保護という本指令の目的が損なわれないのであれば，譲渡が行われた時に譲渡人がその活動を中止し，その後清算されたという理由だけでは，本指令の適用を免れることはできない．

　本指令第4条第1項は，企業，事業または事業の一部の譲渡は，それ自体では解雇の理由とはならないと定めている．しかしながら，この規定は，労働力の変更を必然とする経済的，技術的，組織的理由によって行われる解雇には適用されない．

　したがって，譲渡が行われた時に従業員の大多数が解雇されたという事実は，本指令の適用を排除するのには十分ではない．

　判例法によれば，本指令を適用するために，譲渡人と譲受人との間に直接の契約関係があることは必要ではないというのは明らかである．結論として，

第10章　企業リストラクチュアリング

一企業と結ばれた自動車販売権が終了し，新たな販売権が同じ活動を行う別の企業に与えられた場合，企業譲渡は，欧州司法裁判所で解釈されたように，指令の目的に照らして，法的譲渡の結果発生したものである。」

かくして，欧州司法裁判所は以下のように判示した．
「特定の地域での自動車販売権を有する企業がその活動を中止し，当該販売権が，資産移転は伴わないが，従業員の一部を引き受け顧客にも推薦されたような別の企業に移転する場合には，1977年2月14日の指令の第1条第1項が適用されると解釈されなければならない。」

スーゼン対ツェーナッカー社事件[2]では，建物の清掃を第1の企業に委託していたある人がその企業との契約を終了し，第2の企業と新たな契約を結んだが，その際同時に，第1の企業から第2の企業に有体ないし無体資産の移転は行われなかった場合に，本指令が適用されるかどうかが問題となった．

掃除婦のスーゼン夫人(Süzen)は学校の清掃をしていたが，その学校が彼女の使用者(清掃企業ツェーナッカー社(Zehnacker))との契約を終了させた後，他の7人とともに解雇された．8人のうち7人は，学校と新契約を結んだ清掃企業ルフォース社(Leforth)に再雇用された．再雇用されなかったスーゼン夫人は，新清掃企業に移った同一の経済的実体の一部であると主張した．

欧州司法裁判所は以下のように判示した．
「新旧の契約先によって提供されるサービスが似ているという事実だけでは，経済的実体が移転したという結論を支持することはできない．実体とはそこに委託された活動に還元されるものではない．その同一性は，労働力，管理者，労働組織の仕方，運営方法，あるいは必要であれば仕事の遂行のために利用可能な資源などの他の要素からも生ずる．

それゆえ，単に競争相手にサービス契約を奪われたということだけでは，本指令の対象となる譲渡が存在した証しにはなり得ない．そのような状況では，契約によってそれまで委託されていたサービス企業は，顧客を失った時点で，そのために存在を完全に止めることはなく，それに属していた事業または事業の一部が新たな契約先に移転されてしまったのだと考えることはできない．

また，資産移転は，企業譲渡が実際に発生したかどうかを判断する際に，国内裁判所によって考慮されるべき基準の一つではあるが，そのような資産がないことが必ずしも移転の存在を否定することにはならない．

国内裁判所は，問題となる移転を特徴付ける事実を評価するにあたり，他の要素の中でも特に，当該企業または事業の種類を考慮しなければならない．本指令の対象となる譲渡であったかどうかを審査するためのそれぞれの基準

の重要性の度合いは，行われる活動または，実際には企業，事業または事業の一部で採用される生産または操業方法によって様々であろう．一定の部門で，経済的実体が，特に重要な有体ないし無体資産が何もなくても機能することが可能な場合，その実体に影響を与える移転の後の同一性の維持は，論理的にはそのような資産の移転には影響されない．

　一定の労働集約部門では，常勤で共同作業に従事する労働者集団は経済的実体を構成するので，新使用者が当該活動を遂行するだけでなく，前任者によってその仕事に配置されていた被用者およびその技術の主要部分が承継される場合，経済的実体がその移転の後に同一性を保持するのは可能であると理解されなければならない．このような状況下では，新使用者が，譲渡人の企業の活動または一定の活動を定期的に遂行するのを可能にする主要資産を承継する．

　以上の解釈指針に照らして，本件で譲渡が発生したかどうかを判断するのは国内裁判所である．」

　一つの結論が確かである．下請けの変更だけではそれ自体で企業の移転ではないということである．移転は安定的な経済的活動に関係しなければならない．実体という語は，組織的な人の集合と，特定の目的を遂行する経済活動を実施するための資産も意味する．

(1) C.O.J., 7 March 1996, Albert Merckx and Patrick Neuhuys v. Ford Mortors Company Belgium SA, Joined Cases C-171/94 and C-172/94, ECR, 1996, 1253.

(2) C.O.J., 11 March 1997, Ayse Süzen v. Zehnacker Gebäudereinigung Gmb H Krankenhausservice, C-13/95, ECR, 1997, 1259.

**795**　企業が一時的に閉鎖されているため被用者がいない場合に，本指令が適用されるかということが問題となった．この事件では，ホテルのような季節的な事業が問題とされた．欧州司法裁判所は，本件を判断するためには，あるとすれば企業の一時閉鎖，および，移転時には被用者が誰もいなかったという事実を含む，当該移転を取り巻くすべての事実状況が考慮されなければならないと判示した．もっともこれらの事実だけでは季節事業の場合には本指令の適用を排除することにはならない[1]．

(1) C.O.J., 17 December 1987, Landesorganisationen i Danmark v. Ny Molle Kro, op.cit.

**796**　しかしながら，本指令は任意清算の場合に企業が他の企業に資産のすべてまたは一部を移転し，労働者が移転先の企業から，清算企業が行うべきである業務の指示を受ける場合には，適用される[1]．

(1) C.O.J., 12 November 1998, Europièces SA v. Wilfred Sanders and Automotive

第10章　企業リストラクチュアリング

Industries Holding Company SA, Case-399/96, ECR, 1998, 6965.

**797**　アレン対アマルガメイテッド建設株式会社事件(1999年)では，あるグループに属する企業が，鉱山での掘進坑道の工事に関する契約を同一グループの他の企業に下請けさせる契約を結ぶ決定をしたという状況にかかわっているが，以下の論点が欧州司法裁判所に付託された．

「1　既得権指令は，共通の所有権，経営管理者，建物，業務を有する同じ大企業グループの2社に適用されるか，あるいは，本指令の目的に照らせば，そのような企業は単一企業か．特に，A社が同一グループ内のB社に労働力の重要な部分を移転させる場合，本指令の目的に照らして事業譲渡があるといえるか．

2　1の問いが肯定されるなら，そのような譲渡があったかどうかの判断基準は何か？特に，以下のような状況では，事業譲渡は発生したのか．

**(a)**　一定期間に，労働者がA社から，表向きは整理解雇として解雇され，A社の地理的に離れた事業または事業の一部，すなわち坑道を掘るという工事を行う関連企業B社での雇用を提供され，

**(b)**　A，B両社間に，建物，経営管理者，設備，物品または資産の移転がなく，坑道掘削工事のために両企業によって使用されている重要な資産の大部分が，第三者である鉱山操業者によって供給され，

**(c)**　A社が進行中の建設工事に係わる第三者である顧客との唯一の契約者でありつづけ，

**(d)**　A社からB社への労働者の移動と，工事を行う契約の始期と終期との間に同時性がほとんどあるいは全くなく，

**(e)**　A社とB社とが経営管理者と建物を共有し，

**(f)**　被用者がB社に雇用された後，A，B両社に責任を有する現地経営者の要請で，両社のために工事を行い，

**(g)**　請け負われた工事は継続され，活動の中止が全くなく，または工事が行われる方法に変更がない場合．」

**798**　欧州司法裁判所は以下のように判示した．

「本指令は，法的移転または合併があれば，企業の所有権の変更の有無に係わらず，そのことによって，当該被用者に対する使用者としての義務が生じ，当該事業の遂行に責任を有する自然人また法人に変更がある場合には適用される．それゆえ，本指令が規定する他の要件も満たすなら，本指令は，使用者としての人に法的変更がある場合には適用されると意図しているのは明らかであり，また，それゆえ，被用者と特別な雇用関係を有する互いに別の法人であるような同一グループの二つの子会社間での移転に適用されることも

519

明らかである．

　両社が同一の所有権のもとにあるだけでなく，経営管理者と建物も同一であり，同一の工事に従事しているという事実は，この点に関して違いをもたらすものではない．本指令の適用の判断において，異なる法人格を有する企業の形式的な区別以上に，親会社と子会社の市場での統一的行動が重要だという理由はない．本指令の適用範囲から同一グループ内での異なる企業間の移転を除外するという結果は，欧州司法裁判所が言うように，使用者の変更の場合に，可能な限り被用者が譲渡人との間で合意されている労働条件のまま新使用者との雇用関係にあり続けることを認めることにより被用者の権利保障を確保するという指令の目的に全く矛盾するものである．

　それゆえ，第1の質問の第1の部分についての回答は，本指令は同一の所有者，経営管理者，建物を持ち，同じ工事に従事する，同一企業グループ内の二つの企業の間での譲渡に適用できるということでなければならない．

**799**　第1の質問の第2の部分と第2の質問によって，付託した裁判所は基本的に，譲渡の発生を決定する基準を確かめ，それらの基準が本件で満たされるかどうかの判断を求めている．

　本指令の目的は，所有者の変更にかかわらず，経済的実体における雇用関係の継続を確保することである．指令の定義する譲渡の発生を判断する基準は，その活動が実際に継続または再開されているという事実によって特に示されるように，当該実体が同一性を保持しているかどうかである．

　第1に，譲渡は，ある特定の工事契約を遂行することに活動が限定されていない，安定的な経済的実体に係わっていなければならない．それゆえ「実体」の語は，組織的な人の集合および，特定の目的を遂行する経済活動の存在を助ける資産を意味する．前述の解釈基準に照らせば，遂行された坑道掘削工事が，当該工事を下請けに出す以前に，経済的実体の形で組織されていたかどうかを判断するのは国内裁判所である．

　第2に，経済的実体の譲渡のための要件を満たすかどうか判断するために，特に，企業または事業の種類，建物や動産のような有体資産が移転したかどうか，譲渡時点での無体資産の価値，新使用者によって中心的な従業員が承継されたかどうか，顧客が移転されたかどうか，譲渡の前後に行われた活動の類似性の程度，および活動の中断があるならその期間，などを含む，当該移転を特徴付けるすべての事実を考慮しなければならない．しかしながら，これらのすべての状況は，総合的評価が行われる際の一要素に過ぎず，それゆえ単独で考察されてはならない．

　それゆえ，坑道掘削工事の契約を結んでいる企業によって行われたサービ

スと，当該工事が下請けされた企業によって行われたものが似ているという事実だけでは，第１の企業と第２の企業との間で経済的実体が譲渡されたという結論を正当化することはできない．経済的実体というものを委託された活動に還元することはできない．その同一性は，労働力，経営管理者，労働組織の方法，操業方法，適切であれば可能な操業用資源などの他の要素から発生するものである．

　国内裁判所は，問題となる移転を特徴付ける事実を評価するにあたり，他の要素の中でも特に，当該企業または事業の種類を考慮しなければならない．本指令の対象となる譲渡であったかどうかを審査するためのそれぞれの基準の重要性の度合いは，行われる活動または，実際には企業，事業または事業の一部で採用される生産または操業方法によって様々であろう．一定の部門で，経済的実体が，特に重要な有体ないし無体資産が何もなくても機能することが可能な場合，その実体に影響を与える移転の後の同一性の維持は，論理的にはそのような資産の移転には影響されない．

**800** 欧州司法裁判所はそれゆえ，活動が基本的に労働力に基づいている一定の部門では，常勤で共同作業に従事する労働者集団は経済的実体を構成するので，新使用者が当該活動を遂行するだけでなく，前任者によってその仕事に配置されていた被用者およびその技術の主要部分が承継される場合，経済的実体がその移転の後に同一性を保持するのは可能であると理解されなければならないと判示した．このような状況下では，新使用者が，譲渡人の企業の活動または一定の活動を定期的に遂行するのを可能にする主要資産を承継する．

　地下トンネルの掘削は相当量の施設や設備を要するので，基本的に労働力に基づく活動であると見なすことはできないが，鉱業においては，掘削工事に必要な基本的資産が鉱山所有者自身によって供給されるのが一般的であるというのは明らかである．企業経営に必要な資産の所有権が新所有者に渡されなかったという事実は，譲渡の存在を排除しない．この状況においては，資産譲渡がなかったという事実は決定的に重要とはいえない．

　譲渡人と譲受人との間での顧客の移転は，譲渡が発生したかどうか確かめるために行われる総合的判断のための要素の一つにすぎない．さらに，本指令は，契約関係に関しては，当該企業の被用者に対する使用者としての義務を有し，事業の続行に責任のある自然人または法人に変更がある場合には，いつでも適用される．

**801** 譲渡人の被用者の再雇用が契約の開始または終了時期と一致しなかったという事実に関しては，企業譲渡は終了までに時間を要する法的かつ実務

的な複合行為であることがわかるはずである．したがって，下請け化された業務の開始と被用者の再雇用とが同時期ではなかったということに特別の重要性はない．

さらに，企業活動の一時的な中断それ自体では，譲渡があったという可能性は排除されないとしても，業務の中断または遂行方法の変更がなく，継続的に行われるという事が，やはり，企業譲渡の通常の形態である．

二つの子会社の間の移転が実際に経済的実体を伴う限りにおいては，譲渡人と譲受人が経営管理者および建物を共有し，2社の間での管理者の移転がなかったという事実によっては，譲渡の発生が排除されることはない．

一企業が，一定の労働者および資材によって，一定の業務を遂行させることができるというだけでは，譲渡は発生しない．しかしながら，この状況は，業務計画全体が下請けされた本件とは異なるものである．

それゆえ，第1の質問の第2の部分および第2の質問への回答は，「本指令は，移転が2社間で実際に経済的実体の譲渡を伴う限り，企業が同一グループに属する別の企業に，鉱山での掘削工事の契約を下請けさせる決定をするという状況に適用される．『経済的実体』という用語は，特定の目的を遂行する経済活動の実行を促進する組織的な人の集合および資産を指す[1]．」というものである．

(1) C.O.J., 2 December 1999, G.C.Allen and Others v. Amalgamated Comstruction Co. Ltd. Case C-234/98, ECR, 1999, 8634.

**801-1** もう一つの事案は，フォルクスワーゲン・ブリュッセル(Volkswagen Bruxelles SA)（以下「フォルクスワーゲン社」）の生産工場の清掃契約を持つ清掃企業であるテムコ・サービス産業(Temco Service IndustriesSA)（以下「テムコ社」）と，ブイル・メドロス・ヴァース・アソシエーツ(Buyle-Medros-Vaes Associates SA)（以下「BMV社」）の下請会社として，終了した以前の契約の下で同じサービスをすぐ前に提供する責任があったゼネラル・メンテナンス・コントラクターズ(General Maintenance Contractors SPRL)（以下「ゼネラル・メンテナンス社」）の4人の被用者の間の訴訟にかかわる．テムコ社は，これら4人の被用者の雇用契約が指令によって自動的に同社に移転するという訴えに対して論駁した[1]．

事案は次のとおりである．フォルクスワーゲン社は1993年5月2日から1994年12月までその数カ所の生産工場の清掃をBMV社に委託し，1994年12月に契約を終了した．BMV社は清掃作業をその子会社であるゼネラル・メンテナンス社に下請に出していた．

契約により，フォルクスワーゲン社はテムコ社に同じサービスを提供する

第10章　企業リストラクチュアリング

ように指示した．ゼネラル・メンテナンス社は，この時唯一の事業がフォルクスワーゲン社の工場の清掃であったが，1993年5月5日の労働協約第1条に従って保持した4人の保護された被用者を除いて，職員全員を解雇した．契約の喪失の後，ゼネラル・メンテナンス社は活動を停止したが，存在しなくなったわけではない．

テムコ社はゼネラル・メンテナンス社の職員の一部と再契約した．

同時に，ゼネラル・メンテナンス社は国内法に規定する手続に従って4人の保護された被用者を解雇しようとした．同社は関連する合同委員会に彼らを解雇するだけの経済的または技術的理由があると承認するよう依頼した．この依頼は拒否された．

ゼネラル・メンテナンス社は外形的には既に，同社がフォルクスワーゲン工場の清掃を受け継いだ時，すなわち1995年1月9日に，本指令を実施する労働協約第32a号に従って，これら4人の契約は自動的にテムコ社に移転されたと書簡で述べていたにもかかわらず，4人の被用者はゼネラル・メンテナンス社によって短時間の作業に割り当てられた．ゼネラル・メンテナンス社が彼らへの賃金の支払いを停止した1995年12月から，これら4人の被用者は，ゼネラル・メンテナンス社，BMV社およびテムコ社を相手取ってブリュッセル労働裁判所に訴えを提起した．

以下の疑問が先行判決を求めて欧州司法裁判所に付託された．
1　1977年2月14日の閣僚理事会指令77/187の第1条第1項は，企業Aが企業Bとその工場の清掃の契約を結び，企業Bがその作業を企業Cに委託し，企業Cは企業Bとの契約の喪失の後に4人を除きその職員全員を解雇し，そこで企業Dが企業Aから契約を与えられ，労働協約に従い企業Cの職員の一定割合を雇用したが企業Cの資産は一切受け継がず，企業Cは存在し続けその設立目的を追求し続けている場合の状況に適用されるか．
2　企業Cが存在し続けるにもかかわらず譲渡人と捉えられる場合，上記指令は同社がその業務に一定の労働者を保持しうることを排除するか．

欧州司法裁判所は次のように判示した．

本指令第1条第1項の文言からして，その適用可能性は三つの条件にかかっている．すなわち，譲渡は使用者の変動という結果にならなければならない，それは企業，事業または事業の一部にかかわらなければならない，そして契約の結果でなければならない．問われた疑問は使用者の変動にかかわるものではなく，譲渡の主体とその契約的性質の分析を求めるものである．

【譲渡の主体】

本指令が使用者のいかなる変動にもかかわりなく，経済的実体内部に存在する雇用関係の継続性を確保しようとするものであることを観察しなければならない．さらに，本指令にいう譲渡があるかどうかを決定する決定的な基準は問題の事業がその同一性を保持しているかどうかである．

　それゆえ，譲渡はその活動が一個の特定の作業契約を遂行することに限定されない安定的な経済的実体に関係していなければならない．それゆえ「実体」という用語は特定の目的を追求する経済活動の実行を容易にする人間および資産の組織された集合を表す．

　経済的実体の譲渡の条件が満たされたかどうかを決定するために，とりわけ企業または事業のタイプ，建物や動産のような有形資産が譲渡されたかどうか，譲渡の時点における無形資産の価値，被用者の多数が新たな使用者に引き継がれたかどうか，顧客は譲渡されたかどうか，譲渡の前後に遂行される活動の類似性の程度，およびもしあればこれら活動が停止されていた期間を含め，問題の移転を特徴付けるすべての事実を考慮する必要がある．

　しかしながら，これらすべての状況は，なされるべき全体的評価の単に一要素に過ぎず，それゆえ孤立して考慮することはできない．

　欧州司法裁判所は既に清掃業における経済的実体の譲渡の問題を考慮しなければならなかった．本指令にいう譲渡が存在するかどうかを決定するそれぞれの基準に付せられるべき重要性の程度は，必然的に遂行される活動，あるいは当該企業，事業または事業の一部で採用されている生産や運営の方法によって様々であるという見解である．それゆえ，とりわけ経済的実体が特定の業種においていかなる顕著な有形または無形資産もなく機能することが可能である場合には，それに影響する移転の後の同一性の保持は，論理的に，そのような資産の譲渡によることはできない．

　それゆえ，特定の労働集約的業種においては，恒常的ベースでの協同活動に従事する労働者の集合が経済的実体を構成しうる．それゆえ，新たな使用者が問題の活動を追求しようとするだけでなく，従来の使用者によってその任務に特に割り当てられていた被用者の大多数を，その数と技能で，受け継いだ場合には，そのような実体は譲渡された後にもその同一性を保持することができる．それゆえ，特別にかつ恒常的に共通の任務に割り当てられていた賃金労働者の組織された集合は，他の生産要素がない場合には，経済的実体になる．

　問題の被用者が譲受人によって再雇用されるほんの数日前に，譲渡人の職員が解雇されたという事実は，解雇の理由が事業の譲渡であるということを示し，労働者から譲受人によって保持される雇用契約にあるべきその権利を

奪うような効果を持つことはできない．これらの状況において，譲渡の日においてそのような職員はなお企業の雇用にあると見なされなければならない．

　欧州司法裁判所は，被用者がもっぱら譲渡の結果として解雇されたかどうかを決定するために，解雇が起こった客観的状況，たとえば解雇が譲渡の日に近い日に起こり，問題の被用者は譲受人によって再雇用されたといった事実を考慮に入れることが必要であるとした．それゆえ，ゼネラル・メンテナンス社の職員はテムコ社によって再雇用されるまでゼネラル・メンテナンス社の一部であったと考えられなければならない．

　さらに，本指令の第1条第1項は，譲渡は事業のほんの一部にもかかわりうると明白に規定している．それゆえ，譲渡人企業がその活動の一つが他の企業によって受け継がれた後にも存在し続けているという事実と，同社がその活動に従事していた職員の一部を保持しているという事実は，譲渡された活動はそれ自体の権利において経済的実体なのであるから，本指令の下における譲渡の概念分類には影響を及ぼさない．いずれにしても，判例法からして，フォルクスワーゲン社とBMV社の間の清掃契約の終了後もゼネラル・メンテナンス社が経済的実体として存在し続けていても，同社はテムコ社に受け継がれた活動は停止したのである．

【譲渡の契約的性質】
　第1条のもとで，本指令は法的移転または合併の結果である譲渡に適用される．テムコ社は，本件におけるように譲渡人と譲受人の間にはいかなる契約関係もないし，譲渡人と清掃作業を譲受人に下請に出した企業との間にのみ関係を有するもともとの契約者の間にも何ら契約関係はない場合には，法的移転は存在しないと意見を述べた．テムコ社によれば，もともとの契約者と清掃契約に入った企業は，清掃職員は下請企業に所属しているのであるから，必然的にいかなる職員も譲渡することはない．

　しかしながら，欧州司法裁判所が捉えたように，譲渡人と譲受人との間に契約関係がないことは本指令にいう譲渡を排除するものではない．譲渡は譲渡人および譲受人が同一の法人または自然人と二つの連続する契約を締結した場合にも有効である．この判例法はたしかに，本件におけるように，契約者が最初の契約が終了して次の契約というように二つの異なる企業との間で二つの連続する清掃契約に入った場合の状況にも適用される．

　譲渡人企業がもともとの契約者と最初の契約を結んだものではなく，もともとの共同契約者の下請事業者に過ぎないという事実は，たとえ契約関係が間接的であっても譲渡が契約関係の網の目の一部であれば十分であるから，

法的移転の概念に影響を与えない．本件においてはゼネラル・メンテナンス社のフォルクスワーゲン社との関係は，フォルクスワーゲン社によって契約を与えられた BMV 社は同社の結んだ契約により契約の遂行をゼネラル・メンテナンス社に下請契約により委託したのであるから，本指令にいう契約的性質であるように見える．さらに，そのような下請契約は契約者と下請事業者の間に，直接の支払の場合のように法的でもあり，作業の監視や日常的な監督の場合のようにいずれにせよ実際的な直接の関係を作り出す．ゼネラル・メンテナンス社は BMV 社によって，フォルクスワーゲン社のために同社が結んだ清掃契約を遂行するためだけに，子会社として設立されたのであるから，このような関係は特に本件のような議論では重要である．

先行判決を求めて付託された第1の疑問に対する回答は，それゆえ，本指令第1条第1項は，その事業所構内の清掃契約をそれをさらに下請に出した第1の企業に委託した契約者がその契約を解消し，第2の企業と同じ作業の遂行の新たな契約に入り，移転は第1の企業または下請事業者と第2の企業の間のいかなる有形または無形資産の譲渡にもかかわらず，第2の企業は労働協約の下で下請事業者の職員の一部を受け継いだという状況に，この受け継がれた職員はその数および技能において下請け作業の遂行に下請事業者によって割り当てられていた職員の重要な一部であるならば，適用されるということである．

本指令の第3条第1項は，企業の譲渡の日において存在する雇用契約の下で譲渡人において有効であった権利および義務の譲渡人から譲受人への自動的な移転の原則を規定している．移転は当事者の同意なしに生ずるとするこれらの規定からもたらされるルールは強行的である．これから被用者にとって不利益なやり方で適用除外することはできない．したがって，本指令によって被用者に付与された権利の実施は譲渡人または譲受人の何れの同意にも，あるいは被用者代表または被用者自身の同意にもかからしめることはできない．

しかしながら，雇用契約の移転は使用者と被用者の双方に課されるにもかかわらず，欧州司法裁判所は被用者がその雇用契約が譲受人に移転されることを拒否する選択肢を有することを認めてきた．このような場合，被用者の地位は個別加盟国の法制によることになる．被用者を譲渡企業に拘束する契約は被用者によりまたは使用者により解消することができ，あるいは企業との契約を維持することもできる．

先行判決を求めて付託された第2の疑問に対する回答は，それゆえ，本指令第3条第1項は，労働者が自分の雇用契約または雇用関係の譲受人への移

第10章 企業リストラクチュアリング

転に反対している場合には，本指令第1条第1項にいう企業の譲渡の日に譲渡人によって雇用されていた労働者の雇用契約または雇用関係が譲渡人との間で継続することを排除しないということである[訳注1]。

(1) C.O.J., 24 January 2002, Temco Service Industries SA v. Samir Imzilyen , Minoune Belfarh, Abdesselam Afia-Aroussi, Khalil Lakhdar, intervener: General Maintenance Contractors SPRL (GMC), Buyle-Medros-Vaes Associates SA (BMV), formerly Weisspunkt SA, Case C-51/00,not yet published.

[訳注1] 本パラグラフは著者第9版草稿による．

**802** 本指令は，加盟国が反対の規定を置かない限り，譲渡人が，譲渡人の資産の清算のために行われる裁判所での破産手続または類似の倒産手続の対象であり，公的所轄機関の監督下にある場合，どのような譲渡にも適用されない[(1)]。

本指令が譲渡人に関連して開始された[(2)]倒産手続中の譲渡に適用される場合，当該手続が公的所轄機関の監督下に置かれることを条件として[(3)]，加盟国は以下のように規定できる．

**(a)** 雇用契約または雇用関係から生じ，譲渡以前または倒産手続開始以前に支払可能であった譲渡人の債務は，当該手続が倒産指令[(4)]に定められるのと少なくとも同等の保護を講じていることを条件として，譲受人に移転されない(第5条第2項第a号)．

あるいは，

**(b)** 現行法または慣行が認める範囲で，譲受人，譲渡人，または譲渡人の機能を実行する人と，被用者代表との間で，企業の生き残りを確保することによって雇用機会を守るために考案された被用者の雇用条件の変更について合意することができる(第5条第2項第b号)[(5)]．

加盟国は，本指令で認められる権利を被用者から奪うような倒産手続の濫用を防ぐために，適切な措置を講じなければならない(第5条第4項)．

(1) 公的所轄機関によって認可された破産管財人がこれに当たろう．
(2) 譲渡人の資産の清算を目的としてこれらの手続が開始されたか否かに係わりなく．
(3) 国内法によって決定される破産管財人がこれに当たろう．
(4) 使用者の倒産の場合の被用者保護に関する国内法の接近についての1980年10月20日の閣僚理事会指令80/987．第1部第10章第3節参照．
(5) 「加盟国は，国内法の定義によって譲渡人が深刻な経営危機の状況にあると判断される譲渡に対し，1998年7月17日までに国内法に規定が存在し，当該状況が公的所轄機関によって宣言され，司法の監督が可能であることを条件として，第2項第b号

527

の規定を適用することができる．欧州委員会は，2003年7月17日までに，この規定の効果に関する報告書を公表し，閣僚理事会に適切な提案を提出するものとする．」
（第5条第3項）

**803** マユール（Mayeur）事件[1]では，論点は，行政法の特定規定に基づいて活動する公法人である自治体が，それまで私法人である非営利組織によって当該自治体のために行われていた公衆に提供されるサービスの広報・情報活動を承継する場合に，指令77/187は適用されるか否か，またどのような条件でか，であった．欧州司法裁判所は以下のように答えた．

「第1条第1項の適切な解釈として，本指令は，行政法の特定規定に基づいて機能する公法人である自治体が，それまで私法人である非営利組織によって当該自治体のために行われていた公衆に提供されるサービスの広報・情報活動を承継する場合，譲渡される実体が同一性を保持するという条件のもとに，適用される．」

リーケンネ（Liikenne）事件[2]では，それまで他の企業によって行われていた定期路線バスの運行のような非海運の公共輸送事業が，指令92/50に基づく公共サービス契約の付与手続の後で，企業によって承継されることは，指令77/187の第1条第1項に規定する本指令の物的適用範囲に該当するか否かという問題が出てきた．本件での事実は以下のとおりである．

入札手続の後で，ヘルシンキ首都圏合同理事会（Greater Helsinki Joint Board）（YTV）は，それまでハクニラン・リーケンネ・オイ（Hakunilan Liikenne Oy）社によって運行されていた7つの地方路線バスの運行を，リーケンネ（Liikenne）社に向こう3年間認可した．26台のバスでこれらを運行していたハクニラン・リーケンネ社は，この結果45人の運転手を解雇したが，そのうち33人はリーケンネ社に応募し全員再雇用された．リーケンネ社はまた，新たに18人の運転手を採用した．ハクニラン・リーケンネ社の運転手だった者は当該産業の全国労働協約に基づく労働条件で再雇用されたが，ハクニラン・リーケンネ社の時よりも総合的には不利であった．

リーケンネ社がハクニラン・リーケンネ社に取って代わった時，車あるいは路線バスの運行に関連する他の資産は譲渡されなかった．リーケンネ社は，注文した22台の新しいバスが届くまでの2-3カ月の間ハクニラン・リーケンネ社から2台のバスを借り，業務に就く数人の運転手のユニフォームを買い取っただけであった．

(1) C.O.J., 26 September 2000, Didier Mayeur v. Association Promotion de l'information messine (APIM), C-175/99, ECR, 2000, 7755.
(2) C.O.J., 25 january 2001, Oy Liikenne Ab, v. Pekka Liskojärvi and Pentti

Juntunen, C-172/99, ECR, 2001, 745.

**804** リスコヤルビ(Liskojärvi)氏とユントゥネン(Juntunen)氏はともに、ハクニラン・リーケンネ社によって解雇されリーケンネ社に採用された33人の運転手の1人であった。彼らは、2社の間には経済的実体の移転があったので、前使用者によって与えられていた雇用条件を継続して享受する権利があると考え、リーケンネ社に対して訴えを起こした。リーケンネ社は譲渡の発生を否定した。

国内裁判所は、付託依頼において、活動の承継が当事者間の契約に基づくものではなく、重要な資産の移転もなかった本件のような事件では特に、企業譲渡の概念に当たるかどうかは不明確であると考えていた。国内裁判所は、さらに、本件の状況は指令92/50に従って実施された付与手続であるとの見解をもっていた。このような状況に指令77/187を適用するのは、被用者の権利保障の一方で、企業間競争を妨害し、指令92/50が目的とする効果を阻害するかもしれない。国内裁判所はこのような状況での2つの指令の相互関係について確信が持てなかった。

国内裁判所は審理を中断し、以下の疑問について欧州司法裁判所に付託した。

「公共サービス契約に関する指令92/50に基づく入札手続の結果、あるバス企業から他の企業に路線バスの運行が移るような状況は、指令77/187の第1条第1項に照らして事業譲渡とみなされるべきか？」

指令77/187の目的は、所有権の変更にかかわらず、経済的実体における雇用関係の継続を確保することであることが思い起こされなければならない。バスによる乗客輸送が公的機関の権限行使に係わらないのであれば、経済的実体によって行われる活動が、公的機関によって別の運営者に付与され引き継がれることは、指令77/187の適用を排除するものではない。

このように欧州司法裁判所は、指令77/187は、家事援助サービスを委託契約していたり、建物の管理契約をある企業と交わしている公的機関が、企業との契約の満了または中止後に、別の企業に当該サービスを委託する決定、または、別の企業と契約を結ぶ決定を行う場合には、適用されると判示した。

この結論は、当該バス輸送契約が、指令92/50に従っておこなわれる公共事業調達手続の結果結ばれたという理由では、変わることはない。指令77/187はそのような適用除外を定めてはいないし、指令92/50もそのような効果についての規定を含んではいない。それゆえ、移転が指令92/50に従って行われるという状況はそれだけでは指令77/187の適用を排除しない。

指令77/187の規定が、指令92/50の対象となる移転である一定の事件に適

用可能であるというのは，指令 92/50 の目的に疑問を呈するものと見ることはできない．

**805** 指令 92/50 は，入札に何の制約もないように，特にその社会的側面や安全面について，当該活動に適用されるすべての法律や規則を当該活動に適用することから，契約を行う公的機関やサービス提供者を除外することを意図するものではない．指令 92/50 の目的は，法律や規則に従って，またそれらが定める条件の下で，特に，自営業の自由やサービスを提供する自由という権利を実行に移すために，経済活動を行うものが機会の均等を有することである．

　この意味で，運営者は，他者と駆け引き・競争をし，異なる入札を行う余地を残しているのである．定期路線バスの運行による旅客輸送の分野では，実施者は，例えば，車両の設備水準や燃料・環境に関する性能，組織の有効性や公衆との接触方法，また，どの企業でもそうであるように，予定利潤などを調整することができる．入札する運営者は，入札が成功すれば，現行契約者から重要資産を取得し従業員の一部またはすべてを承継することがその利益になるかどうか，そうする義務があるかどうか，もしもそうであれば，指令 77/187 にいう企業移転の状況におかれるかどうかなども，評価できなければならない．

　前記評価および様々な可能な解決方法に必要な費用の評価は，競争の一部であり，リーケンネ事件での付託意見に反して，法的安定性の原則の侵害の現れであるとすることはできない．競争におけるどのような行為も，多くの要因に関しての不安定性はさけられないであろうし，現実的な分析を行うのは運営者の責任である．たしかに，競争相手とは違って，それまで契約を結んでいた企業は，契約の対象であるサービスの提供に要する費用を正確に知っている．しかし，これは入札制度に固有のもので，法律を適用しないことを正当化できないし，また，初めて入札に参加する競争者と比べれば，入札募集の新たな条件に適応するために運営条件を変更するという企業にとっての一層の困難があるということによって，ほとんどの事件では，おそらくこの利点は相殺されてしまう．

「国内裁判所に与えられるべき最初の回答は，それゆえ，それまで他の企業によって行われていた定期路線バスの運行のような，非海運の公共輸送事業が，指令 92/50 に基づく公共サービス契約の付与手続の後で，企業によって承継されることは，指令 77/187 の第 1 条第 1 項に述べられているような指令の物的適用範囲に該当するということである．」

　国内裁判所がこのような状況に指令 77/187 を適用する可能性があるとい

うことを考慮すれば，次に，本件で指令第1条第1項に照らして譲渡が発生したか否かを判断するのに必要な基準が与えられなければならない．国内裁判所はこの点に関し，バス路線の承継が新旧契約者の間での契約に基づいているものではなく，両者の間での重要な資産の移転もなかったということに注目した．

指令77/187にいう譲渡が発生したかどうかのテストは，その活動が実際に継続したまたは再開したという事実にとりわけ示されるように，当該実体が同一性を保持しているか否かである．

譲渡人と譲受人との間に，またはこの事件のように，路線バスの運行を連続して委任された2つの企業の間に，契約上の関係がないということは，指令77/187にいう譲渡がないということを示すかもしれないが，このことは必ずしも決定的ではない．

指令77/187は，事業の遂行に責任を有し当該企業の被用者に対する使用者責任を負うことになる自然人または法人の契約関係に変更がある場合にはいつでも，適用できる．それゆえ，指令が適用されるために，譲渡人と譲受人との間に直接の契約関係がある必要はない．譲渡は，所有者または出資者のような第三者を間に介して2段階で行われてもよい．

「指令77/187は，指令92/50に基づく公共サービス契約の取得手続の後で，公法人によって行われていた定期路線バスの運行のような，非海運の公共輸送事業の契約を，前後して付与された2企業間に直接の契約関係がない場合でも，適用される．」

**806** しかしながら，指令77/187が適用されるためには，譲渡が，特定の仕事を行うための唯一つの契約のみに限定されていない安定的な経済的実体に関するものでなければならない．「実体」の語はそれゆえ，特定の目的を遂行する経済的活動の実行を促進する組織的な人の集合または資産を指す．

前記判断要素に照らして，本件において論点となっている，路線バスの運行がリーケンネ社に委託される前にハクニラン・リーケンネ社の経済的実体として行われていたかどうかを判断するのは，国内裁判所である．

しかしながら，経済的実体の譲渡の条件を満足するかどうかを判断するために，とりわけ，当該企業または事業の種類，建物や動産のような有体資産の移転の有無，新被用者による中心的被用者の承継の有無，顧客の移転の有無，譲渡の前後に行われた活動の類似性の度合い，活動の中止期間があればその期間などを含む，当該譲渡を特徴付けるすべての事実の考慮も行われなければならない．個別の要件ではあるが，これらは単独で判断されてはならず，総合的な評価が行われなければならない．

それゆえ，新旧契約者によって行なわれていたサービスが似ているという事実だけでは，二つの企業の間で経済的実体の移転があったという結論を正当化するものではない．そのような実体は，委託業務に縮小解釈されるものではない．実体の同一性は，労働力，経営管理者，労働組織の方法，運営方法，または運営のための資源などのようなすべての要素から形成されるものである．

　前述のように，当該移転を特徴付ける事実の評価にあたり，国内裁判所は，他の何よりもまず，当該企業または事業の種類を考慮しなければならない．それゆえ，指令の対象となる譲渡が発生したか否かを判断するためのそれぞれの基準の重要度は，遂行された企業活動，または，企業，事業もしくは事業の一部で採用される生産もしくは運営方法によって必然的に様々であるという結果になる．

　この点に関して，欧州委員会は，スーゼン事件に言及しつつ，バス路線の契約の新旧保有者の間で資産移転がないことは重要ではなく，新契約者が旧契約者の被用者の重要部分を承継したという事実が決定的であるとの見解を示した．

**807**　欧州司法裁判所はたしかに，一定の産業部門では，経済的実体は重要な有体，無体資産がなくても機能しうるので，移転の後でのそのような実体の同一性の保持があるかどうかは論理的には資産の移転には関係がないと判示した．

　欧州司法裁判所は，それゆえ，活動が基本的に労働力に基づいている一定の部門では，常勤で共同作業に従事する労働者集団は経済的実体を構成するので，新使用者が当該活動を遂行するだけでなく，前任者によってその仕事に配置されていた被用者およびその技術の主要部分が承継される場合，経済的実体がその移転の後に同一性を保持するのは可能であると理解されなければならないと判示した．このような状況下では，新使用者が，譲渡人の企業の活動または一定の活動を定期的に遂行するのを可能にする主要資産を承継する．

　しかしながら，バス輸送はかなりの設備や機材を必要とするから，基本的に労働力に依存する活動とは見なされ得ない（鉱山での掘削業務に関する同様の結論を参照のこと）．路線バスの運行に用いられる有体資産が旧契約者から新契約者に移転しなかったということは，それゆえ，考慮されるべき状況の一つとなる．

　結局，本件のような状況では，指令 77/187 は，旧契約者から新契約者への重要な有体資産の移転がなければ適用されない．

国内裁判所への第2の回答は，それゆえ，指令77/187の第1条第1項は以下のように解釈されなければならないということである．

「―本指令は，指令92/50に従って行われる公共サービス契約付与の手続の後で，公法人によって行われている定期路線バスの運行のような非海運の公共輸送サービスが，前後して付与された二つの企業の間に直接の契約関係が存在しない場合にも適用される．

―本件訴えのような状況では，指令77/187は，そのような二つの企業の間で重要な有体資産の移転がない場合には適用されない．」

**808** コリーノ(Collino)氏とチャペロ(Chiappero)氏対テレコム・イタリア(Telecom Italia SpA)事件[1]では以下の問題が問われた．

「国の直属機関である公共体が経営する企業体の価値が，国の制定法に基づき，省令に従って，株式のすべてを保有する別の公共体によって設立された私企業に有償で移転されることは，移転された活動が行政認可によって私企業に付与された場合には，指令77/187の第1条の適用範囲に入るか．」

欧州司法裁判所は以下のように判示した．

「企業譲渡の際の労働者の権利の保護に係わる加盟国の法の接近に関する1977年2月14日の閣僚理事会指令77/187の第1条は，公衆のための電気通信サービスを運営し，国家行政としての公共体によって経営される実体が，公的機関の決定の後で行政免許の形で，全資本を保有する別の公共体によって設立された私企業に，有償で移転される対象であるという状況には，適用されると解されなければならない．しかしながら，そのような移転にかかわる人は，従来も国内雇用法のもとでの労働者として保護されていた者でなければならない．」

(1) C.O.J., 14 September 2000, Renato Collino and Luisella Chiappero v. Telecom Italia SpA, C-343/98, ECR, 2000, 6659.

## B  既得権

### 1  個別的権利

**809** 大ざっぱには，譲渡の場合には雇用契約に基づく被用者の権利・義務は，自動的に移転される．言い換えれば，譲渡の日に雇用されている被用者は，被用者や新使用者が望むと望まないとにかかわらず，自動的に，既得権とともに新使用者に移される．それゆえ，労働契約または労働関係の条件は，賃金に関して，特に支払い日や合計が変わらなくてもその構成についても，変更することはできない．しかしながら，本指令は，国内法が企業譲渡と関係

なく，そのような変更を認めている限り，企業の新首脳との労働関係の変更を妨げるものではない[1]．

欧州司法裁判所が繰り返し判示してきたように，「本指令は，使用者の変更があった時に，労働者が，譲渡人と合意されたのと同じ条件で新使用者のために働き続けるのを可能にすることによって，労働者の権利を保護することを意図しているのである．

被用者に不利な方法で権利を損なうことができないように，特に譲渡を理由とする解雇から労働者を保護することにかかわる本指令の規定は強行的である，と考えられなければならないということもまた，確定された判例法である．

その結果，企業譲渡の場合には，雇用契約および譲渡された企業で雇用される従業員の雇用契約または雇用関係は譲渡人との間で維持されるのではなく，譲受人との間で自動的に維持される．

しかしながら，第3条第1項第2文に従えば，雇用関係は譲受人へ自動移転されるという規定は，譲渡の日に存在する雇用契約または雇用関係に基づき，譲渡の日以前に生じた義務に関して，譲渡人および譲受人は，譲渡の日以降は共同または個別に責任を有すると，加盟国が定めるのを妨げるものではない．

本指令が認める労働者保護についての強行的効力によって，また，実際にその保護が労働者から奪われないために，雇用契約の移転を譲渡人または譲受人の意思に従わせてはならないし，特に，譲受人が義務を果たすことを拒むことによって譲渡を妨害することはできない．」[2]

被用者が働いていた企業の一部が譲渡されたかどうかが，被用者の権利保護のために第一に重要である．換言すれば，当該企業の譲渡された部分では雇用されていないが譲渡された部分に配置された資産を用いて一定の仕事を行っていた被用者，または当該企業の譲渡されていない管理部門で雇用されていながら譲渡された部門のために一定の仕事を行っていた被用者との，雇用契約または雇用関係から生ずる譲渡人の権利，義務を，本指令は対象としていない．欧州司法裁判所は，被用者と被用者が仕事を行うために配置された企業または事業の部門との間に存在する関係によって，雇用関係は基本的に特徴付けられると判示した．それゆえ，雇用関係に基づく権利，義務が移転するかどうかを決定するために，被用者が企業または事業のどの部門に配置されていたかを確定すれば十分である[3]．譲渡の時点で雇用契約または雇用関係が存在していたかどうかは，国内法に基づいて評価されるが，しかしながら，譲渡を原因とする解雇から被用者を保護することを目的とする指令

の強行規定は守られなければならない[4]．
  (1) C.O.J., 12 November 1992, A. Watson Lask and K. Christensen v. ISS Kantineservice A/S, No.C-209/91, op.cit.
  (2) C.O.J., 14 November 1996, Claude Rotsaett de Hertaing v. J. Benoidt SA, in liquidation and others, C-305/94, ECR, 1996, 5927.
  (3) Idem.
  (4) Bork, op.cit.

**810** 前掲コリーノ，チャペロおよびテレコム・イタリア事件[1]において，以下の論点が問題となった．

「**(a)** 指令77/187の第3条第1項は，譲受人との雇用関係の継続は強行規定であり，それによって，労働者が譲渡人によって雇用された日から勤続期間が継続し，譲渡人の下で労働した期間をすべて譲受人による雇用として解雇手当を受け取る権利を有することができると判断されることを求めているか？

**(b)** 第3条第1項は，譲受人に適用される労働協約に基づいて経済的権利が勤続期間に付随しているような場合に，譲渡人に雇用されている間に労働者が獲得した勤続期間のような特典も，譲受人に移転された労働者の『権利』に含まれると，常に解釈しなければならないか？」

欧州司法裁判所は以下のように判示した．

「指令77/187の第3条第1項第1文は，解雇手当や昇給のような被用者の勤続期間に付随する経済的権利を，譲受人の事業で算定する場合，そうする義務が被用者と譲渡人との間の雇用関係から生ずる限りは，両者の間で合意されている条件に従って，譲受人は，譲受人のもとでの雇用および移転された被用者が雇用されていた譲渡人のもとでの雇用の両方の勤続期間を，すべて考慮しなければならないと，解釈されなければならない．指令77/187は，しかしながら，国内法が事業譲渡以外の状況での雇用関係の変更を認めている場合，譲受人がそのような変更をするのを排除するものではない．」

  (1) C.O.J., 14 September 2000, Renato Collino and Luisella Chiappero v. Telecom Italia SpA, C-343/ECR, 2000, 6659.

**811** 既得権は，譲渡の日に存在している権利（第3条第1項）のみでなく，譲渡の日以前に生じている権利も意味する[1]．これは，たとえ当該企業で雇用される労働者が同意せずまたは反対したとしても，譲渡の日以後は，譲渡の効力のみによって，譲渡人は雇用契約または雇用関係のもとで生ずる義務から解放されることを意味する[2]．第3条第1項第2文は，確かに，加盟国は譲渡後の譲渡人と譲受人の共同責任を定めることができると明記している．これは

つまり，加盟国がこの規定を用いなければ，譲渡人は譲渡のみを理由として使用者としての義務から解放され，この法的結果は当該被用者の同意にはかかわらないということを意味する。同様に，雇用契約から生ずる義務は自動的に譲受人に移転することを定める本指令の明文に照らせば，加盟国の法制度において一般的に認められているような，いわゆる，債務は債権者の同意をもってのみ譲渡されうるというような法原則に基づいて行われる主張は，受け入れることはできない[3]。たとえ，権利放棄から生ずる不利益が利益によって相殺されるので，全体としてみれば不利な状況に置かれるわけではないとしても，指令2001/23の強行規定によって与えられる権利を被用者は放棄できないということも，付け加えておくべきであろう[4]。本指令は，雇用契約や雇用関係が譲渡の日に有効である労働者の権利や義務について定めるだけであり，譲渡の時点で当該企業に雇用されるのをやめていた労働者の権利や義務を定めるものではない。企業の譲受人は，譲渡の日に企業に雇用されていなかった被用者への休暇手当や補償に関する義務については，責任を負わない[5]。指令2001/23は，譲渡の日に譲渡人に雇用されていたが，自らの意思決定で譲受人の下で被用者としては働き続けないとした人の権利や義務の移転を含んではいないことも，付け加えなければならない。

　本指令第3条第1項から，雇用契約および雇用関係の移転は，企業譲渡の日に必ず行われるのか，譲渡人または譲受人の意向によって別の日に延期されうるのかという問題が生ずる。

　本指令の実際の文言からは，雇用契約および雇用関係の移転は企業譲渡の日に発生するということになる。

　第3条第1項は，譲渡の日以降は，譲渡人は，譲渡の効果のみによって，雇用契約または雇用関係から生ずるすべての義務から原則的に解放される，という意味に解釈されなければならない。労働者保護が本指令の目的であるとすれば，当該義務が譲渡の日から譲受人に移転される場合にのみ，これは果たされうる。

　譲渡人または譲受人に，雇用契約または雇用関係が移転される日を選択できるのを認めることは，少なくとも一時的に使用者が指令の定めから逸脱するのを認めることになるであろう。しかしながら，これらの規定は強行的である[7]。

　本指令は，被用者が享受する基本的な労働の自由の見地から，被用者が譲受人との雇用契約または雇用関係を継続しないと自由に決定できる場合には，雇用契約または雇用関係は，譲渡人との間で維持されなければならないと加盟国が規定することを求めていない[訳注1]。本指令はそれを排除しているわけ

第10章　企業リストラクチュアリング

でもない。このような場合，譲渡人との雇用契約または雇用関係の運命を決定するのは加盟国である[8]。つまり，国内法が反対の規定を置かない場合は，譲受人との雇用契約を維持しないと決めた被用者は譲渡人との雇用契約に縛られることになるのである。欧州司法裁判所のこの理由付けは奇妙な結果を導き，企業譲渡の場合の大きな警戒を呼びおこしている。

加盟国は，譲渡の時点で譲渡人が了知しておりまたは了知しているべきであったものであるかぎり，譲受人に移転されるすべての権利，義務を，譲渡人が必ず譲受人に知らせることを確保するために適切な措置を取ることができる。移転されるべき権利，義務を譲渡人が譲受人に知らせなかったことは，これら権利，義務ならびにこれら権利，義務との関係で被用者が譲受人または譲渡人に対して有する権利の移転に影響を及ぼさない(第3条第2項)。

(1) Abels, op.cit.
(2) Berg, op.cit.
(3) Idem.
(4) C.O.J., 10 February 1988, Foreningen of Arbejdsledere i Danmark v. Daddy's Dance Hall AS, No.324/86, ECR, 1988, 739.
(5) C.O.J., 7 February 1985, Kund Wendelboe and others v. L.J.Musie A/S, in liquidation, No.19/83, ECR, 1985, 457.
(6) Foreningen, No.105/84, op.cit.
(7) Idem.
(8) C.O.J., 16 December 1992, G.Katsikas and Others v. A Konstantinidis and Others, Joined Cases Nos.C-132/91, C-138/91, ECR, 1992, 6577.

[訳注1]　原著は「求めている」となっているが，指令にそのような規定はなく，文脈からしても，"not"が落ちたものと考えられる。

## 2　労働協約

812　本指令第3条第3項に従って，譲受人は，譲渡後も，労働協約の解約もしくは期間満了の日または別の労働協約の効力の発生もしくは適用開始の日までは，当該労働協約の下で譲渡人に適用されたのと同じ条件で，その労働協約で合意されている労働条件を遵守し続けなければならない[1]。本指令は，譲渡の時点で企業に雇用されていなかった労働者に関しては，労働協約で合意されている労働条件を遵守し続けることを譲受人に義務付けてはいない[2]。加盟国は，このような労働条件の遵守期間を1年以上の期間であることを条件として限定することができる(第3条第3項第2文)。

(1) C.O.J., 12 November 1992, A. Watson Lask and K. Christensen v. ISS

Kantineservice A/S, No.C-209/91, ECR, 1997, 5753 も参照．

(2) Landesorganisationen v. Ny Molle Kro, 17 December 1978, No.287/86, ECR, 1987, 5465.

### 3 社会保障

**813** 既得権に関する規定は，加盟国が反対の規定を定めない限り，加盟国の公的社会保障制度以外の補完的な企業年金または企業間年金の制度による老齢年金，障碍年金，遺族年金に関する被用者の権利には適用されない．しかしながら，加盟国は，補完的年金制度での障害年金を含む老齢年金への即時または将来の受給資格を付与する権利に関して，被用者および譲渡の時点では譲渡人の事業にもはや雇用されていなかった人の利益を保護するために必要な措置を，採用しなければならない（第3条第4項）．

**813-1** 一定の年齢に到達した被用者の解雇の際に支払われる，早期退職の条件を高めることを意図した早期退職給付は，指令77/187/EEC第3条第3項にいう企業年金または企業間年金の制度による老齢年金，障碍年金，遺族年金ではない．

指令77/187/EEC第3条の通常の構成において，被用者に関して使用者を拘束する雇用契約，雇用関係または労働協約から生ずる被用者の解雇の際に適用される義務は，これら義務が法定の制度から派生したとか法定の制度により実施されているということにかかわりなく，またそのような実施に採用されている実際の仕組みにかかわりなく，本条に規定する条件と制限に従って譲受人に移転される(1) [訳注1]．

(1) Beckmann Katia v. Dynamco Whichloe Macfarlane Ltd, 4 June 2002, Case C-164/00, not yet published.

［訳注1］ 本パラグラフは著者第9版草稿による．

### 4 解雇からの保護

**814** 本指令第4条第1項は，譲渡の場合に，労働力の変更を避けられない経済的，技術的，組織的理由を除いて，譲渡を理由とした譲渡人または譲受人による解雇を禁じて，当該被用者を保護している．被用者が単に譲渡の結果として解雇されたのかどうかを確かめるために，特に，譲渡の日に近接した日に解雇が行われた，あるいは，譲受人によって当該被用者が再雇用されたというような，解雇が行われた客観的な状況を考慮にいれることが必要である．したがって，第4条第1項に反して，譲渡の日以前の日から雇用契約または雇用関係が終了され，その効力が生じている被用者は，なお譲渡人との

第10章　企業リストラクチュアリング

雇用関係に止まり，結果として被用者に対する使用者の義務は自動的に譲渡人から譲受人に移転されるとみなされなければならない[1]。

(1) P.Bork, op.cit.

**815** この判例法は，ドチェ(Dethier)事件で確認された。譲渡人も譲受人も経済的，技術的，組織的理由により被用者を解雇することができる。企業譲渡の直前に譲渡人によって違法に解雇され，譲受人に承継されなかった被用者は，譲受人に対して違法解雇を申したてることができる[1]。メルクスとノイハウス対フォード社事件[2]では，自分の雇用契約または雇用関係の移転を阻止する被用者の権利が論点となった。この事件では，欧州司法裁判所は，フォアニンゲン・アフ・アルベイスレデレ・イ・デンマーク対ダンモルス・インベンター(Foreningen af Arbejdsledere i Danmark v. Danmols Inventar)事件[3]のように，当該労働者が，譲渡後に新使用者との雇用関係を継続しないと自発的に決めた場合には，指令が保障しようとしている保護は，整理解雇として扱うことであると判示した。

また，カツィカス他対コンスタンディニディス社(Katsikas and Others v. Konstandinidis)事件[4]での判決で欧州司法裁判所が判示したように，本指令が，譲渡人と合意されたのと同じ条件で新使用者との雇用関係に留まることを被用者に認めているからといって，このことは，譲受人との雇用関係を継続することを被用者に強制しているのだと解釈されてはならない。そのような義務は，被用者の基本的権利を危うくするであろう，というのは，被用者は自らの使用者の選択に自由でなければならず，自由に選択していない使用者のために働くことを強制されることはないのである。

その結果，譲受人との雇用契約または雇用関係を継続しないと自発的に被用者が決める場合，雇用契約または雇用関係がどうなるかを決めるのは加盟国である，ということになる。欧州司法裁判所の見解に照らせば，第4条第2項は，第1条第1項に該当する譲渡が被用者を犠牲にする労働条件の重大な変化を含んでいることを理由として，雇用契約または雇用関係が終了されたならば，使用者が当該終了に責任があったと見なされるべきであると定めていることに注意しなければならない。結論として，メルクスとノイハウスが主張するように，ノヴァロベル社（譲受人）が従前の賃金水準の維持の保障を拒否したとすれば，ノヴァロベル社は雇用関係の終了に責任があるとみなされなければならない。

(1) C.O.J., 12 March 1998, Jules Dethier Equipememt SA/J. Dassy en Sovam SPRL, in liquidation, C-319/94, ECR, 1998, 1061.

(2) Op.cit.

(3) Op.cit.

(4) Op.cit.

**816** しかしながら，本指令第3条第1項は，企業譲渡の日に譲渡人に雇用されていた労働者が，自発的にそうすることを条件として，自分の雇用契約または雇用関係を譲受人に移転することに反対することを妨げてはいない。譲受人によって提案された雇用契約が，労働者を犠牲にする重大な労働条件の変更を含んでいるかどうかを審査するのは，国内裁判所である。もしも含んでいるなら，本指令第4条第2項は，使用者が雇用契約の終了に責任があるとみなされるよう規定することを加盟国に求めている[1]。

(1) C.O.J., 12 November 1998, Europièces SA v. Wilfried Sanders and Automotive Industries Holding Company SA, Case C-399/96, ECR, 1998, 6965.

**817** 第4条第1項第2文に従って，加盟国は，当該解雇からの保護は，解雇からの保護に関する加盟国の法または慣行の適用を受けない一定の範囲の被用者には，適用しないことを定めることができる。この例外は厳格に解釈されなければならない。

「第4条第1項の文言および本指令の目的から，当該規定は，国内法によって企業譲渡によって使用者の変更がおこる場合を含むと規定されている場合に，使用者によって行われる解雇に対する制限を拡大することで，被用者の権利の維持を保障することを意図しているのは，明らかである。」

したがって，この規定は，譲渡の影響を受ける被用者が国内法の下での解雇からの保護を，例えば試用期間のように限定されたものであっても，なにがしか享受できる状況であれば適用され，その結果，本指令の下でこの解雇からの保護が譲渡という理由だけで奪われたり，削減されたりしないのである[1]。

(1) C.O.J., 15 April 1986, Commission v. Belgium, No.237/84,89.

**818** 譲渡が被用者の犠牲において労働条件の重大な変更を含んでいるために雇用契約または雇用関係が終了するのであれば，使用者は当該雇用契約または雇用関係の終了に責任があったとみなされる(第4条第2項)。

### 5 労働者代表

**819** 事業が自律性を維持している場合には，被用者代表団の組織の条件が満たされるかぎり[訳注1]，譲渡の影響を受ける被用者の代表者または代表団の地位と機能は維持される[1]。企業，事業または事業の一部がその自律性を維持しない場合には，加盟国は，譲渡の前に代表制の下にいて承継された被用者が，国内法または慣行に従って被用者代表の再組織または再指名を行うのに必要

な期間，適切に代表され続けることを保証するために必要な措置をとらなければならない(第6条第1項第4文)．

譲渡が，破産手続または，譲渡人の資産の清算のために行われ公的機関(公的機関によって認められた破産管財人でもよい)の監督下におかれる同様の倒産手続等の対象である場合，加盟国は，被用者代表の新たな選出または任命までの間，承継された被用者が適切に代表されることを保証するために必要な措置をとらなければならない(第6条第1項第3文)．

譲渡の影響を受ける被用者の代表者の任期が譲渡の結果終了する場合には，代表者は国内法または慣行によって与えられる保護を受け続けるものとされる(第6条第2項)．

(1) 加盟国の法律や規則，行政規定または慣行に基づいて，または被用者代表者との合意によって，被用者代表者の再指名または被用者代表団の再組織に必要な条件が満たされる場合には，これは適用されない(第6条第1項第2文)

［訳注1］　原著は「被用者の代表者の再指名または被用者代表団の再組織の条件が満たされないかぎり」と，条件節を"unless"と逆接にし，指令原文にないものを付け加えている．これは，注1にある同項第2文との関係を著者が誤解したためであろう．第1文は，代表団の構成がそのまま移転される条件を規定したものであり，第2文は企業譲渡によって代表団の構成が変わる場合を規定したものである．

## C　情報提供と協議

**820**　本指令は，譲渡人および譲受人は，譲渡の影響を受ける個々の被用者の代表者に以下の情報を知らせなければならないと，規定している．
―譲渡の日時または予定日時，
―譲渡の理由，
―被用者にとっての移転の法的，経済的，社会的含意，
―被用者に関して予定される措置．

譲渡人は，譲渡の実行以前に早めに，これらの情報を与えなければならない．譲受人は，早めに，またはとにかく，その被用者が労働および雇用条件に関して譲渡によって直接影響を受ける前に，これらの情報を与えなければならない(第7条第1項)．譲渡人または譲受人が被用者に関して行う措置を予定しているならば，かれは，早めに，または，合意に達することを目的としてそのような措置について，労働者代表と協議しなければならない(第7条第2項)．

**821** 労働者代表が，被用者に関する措置の決定のために仲裁機関に頼ることができると，国内法が定める場合には，加盟国は情報提供および協議を，実行された譲渡が，かなりの数の被用者に重大な不利益を伴いそうな事業の変更を引き起こす場合に，限定することができる．情報提供および協議は，少なくとも，被用者に関して予定される措置を含み，事業の変更よりも早めに行われなければならない(第7条第3項)．加盟国は，被用者を代表する団体組織の選出または任命のための条件を満たす被用者数についての，企業または事業に対する義務を限定することができる(第7条第5項)．加盟国は，企業または事業に労働者代表がいない場合には，被用者は譲渡が行われそうな場合には事前に知らされるべきことを定めることができる(第7条第6項)．

当該被用者は事前に以下の点について知らされなければならない．
―譲渡の日時または予定日時，
―譲渡の理由，
―被用者にとっての移転の法的・経済的・社会的意味，
―被用者に関して予定される措置(第7条第6項)．

第7条[訳注1]に定められる義務は，譲渡を行うという結論が使用者または使用者を支配する企業によって行われるか否かにかかわらず，強制される．

情報提供および協議の義務の違反があると考えられる場合，使用者を支配する企業が情報を与えないために違反が起こったという主張は，違反回避の理由としては認められない(第7条第4項)．

　　[訳注1] 原著は「第6条」とあるが誤り．

## II　株式会社の合併と分割

**822** 1978年10月9日と1982年12月17日の株式会社の合併と分割に関する(第3および第6)指令(1)は，それぞれ，既得権に関する指令2001/23が，各合併会社の被用者の権利の保護(第12条)，分割の決定にかかわる会社の被用者の権利の保護(第11条)を規制すると規定している．これらの指令は，EC条約第44条第2項第g号に基づき，株式会社に関する国内法制の調整の観点で採られたものである．

　(1)　EC条約第44条第2項第g号（[訳注]原著に「第54条第3項第g号」とあるのは誤り）に基づき，No.78/855(O.J., 20 October 1978, No.L 295)とNo.82/891 O.J., 31 December 1982, No.L 287.

**823** これら指令において，(取得によるまたは新会社の設立による)合併とは，一または複数の会社が清算することなく終了し，すべての資産と責任を一方

に移転する一方で，これと引替えに合併会社の株式を被合併会社の株主に発行し，可能なら発行株式の名目価値（名目価値がない場合には価値ごとの勘定）の10%を超えない現金を支払うという操作である（第3条第1項および第4条第1項）．

**824** 本指令において，（取得によるまたは新会社の設立による）分割とは，ある会社が清算することなく終了した後，すべての資産と責任を複数の会社に譲渡する一方で，これと引替えに分割される会社の株主に分割の結果として資産を受ける会社（以下「受給会社」という）の株式を分配し，可能なら発行株式の名目価値（名目価値がない場合には価値ごとの勘定）の10%を超えない現金を支払うという操作である（第2条第1項および第21条第1項）．

## 第3節　使用者の倒産[訳注1]

[訳注1]　原著は2002年の改正前の指令に基づいて記述しているが，2002年9月23日に，改正指令（2002/74/EC）が採択されているので，本訳書では以下現行指令に基づいて必要な限り訳注の形で情報を付加する．

**825**　使用者の倒産の際の被用者の保護は1980年10月20日の指令80/987によって規制されている[(1)]．本指令は国内法の接近に関するEC条約第94条[訳注1]に基づいている．指令の前文は，ECにおける均衡のとれた経済的社会的発展の必要性を考慮しつつ，使用者の倒産の際の被用者の保護，特に未払債権の支払の保証を規定することが必要であると示している．基本的な考え方はもちろん，共通市場の機能によってもたらされるであろうリストラクチュアリングが破産や倒産をもたらしうるということである．こういった点について加盟国間になお残る相違を考えて，前文は，共通市場の機能に直接的な影響を及ぼしうるこういった相違を減少させるべく努力がされるべきだと述べている．それゆえ，EC条約第136条に言う改善を維持しつつ，法の接近が促進されるべきである．

(1) O.J., 28 October 1980, L 283, amended by Directive No.87/164, 2 March 1987, O.J., 11 March 1987, No.L 66.

[訳注1]　原著は「第100条」とするが誤り．

**826**　欧州司法裁判所は，極めて重要な判決において，指定された期間内に国内法に転換する措置が執られていない場合において，関係者が国内裁判所で国を相手取って指令に規定された権利を主張することはできないと判示した[(1)]．しかしながら，欧州司法裁判所は，国の責任の原則を認めた．実際，加盟国に責めを帰すべきEC法違反によって個人の権利が損なわれるときに個人

がその賠償を得ることができないのでは，EC 法の十全な有効性は損なわれ，そこから生ずる権利は保護されないということになる．さらに，EC 法は，加盟国が加盟国に責めを帰すべき EC 法違反によって与えた損害について個人に賠償する義務を課すという原則を規定している．

　欧州司法裁判所は国の責任について相当に拡大した．第一に，欧州司法裁判所によれば，条約は EC 自身の法秩序を形成し，これは加盟国の法制度に統合され，その裁判所を拘束し，加盟国だけでなくその国民にも適用され，それが個人に負担を課すのと同様に，EC 法もまたその法的伝統の一部を構成する権利を生ぜしめるのであり，そのような権利は条約に明確に規定されたものだけでなく，条約が明確な言葉で個人，加盟国および EC 機関に課した義務によっても生ずるということを念頭に置くことが重要である．

　さらに，欧州司法裁判所が述べ続けているように，EC 法を，その規定が十全に効力を持ちそれが個人に付与した権利を保護する観点で，適用する責任は国内裁判所に懸かっている．

　加盟国に責めを帰すべき EC 法違反によって個人の権利が損なわれるときに個人がその賠償を得ることができないのでは，EC 法の十全な有効性は損なわれ，そこから生ずる権利は保護されないことになる．

　特に，本件のように，EC 規定の十全な有効性が加盟国のとる行動に懸かっており，そのためそのような行動がとられなければ個人は国内裁判所で EC 法によって自分に付与された権利を行使することができないことになる場合には，加盟国から賠償を得る可能性が必要である．

　さらに，加盟国に責めを帰すべき EC 法違反の結果として個人に引き起こされた損害に対して国が責任を負うという原則は条約の制度に本質的であると述べる．そのような損害に賠償すべき加盟国の義務はまた条約第 5 条に基づいており，それによって加盟国は EC 法の下で加盟国に課せられた義務の達成を確保するために，一般的であれ特殊的であれ，適切なあらゆる措置をとるように求められる．これら義務には EC 法違反の違法な結果を中和する責務が含まれる．

　さらに以上の考察から，EC 法は，加盟国に責めを帰すべき EC 法違反によって個人に引き起こされた損害に対して加盟国が個人に補償すべき義務を有するという原則を規定していると述べる．本件のように，加盟国が条約第 189 条第 3 項に基づいて，指令が追求する結果を達成するのに必要なあらゆる措置をとるという課された義務を果たさなかった場合に，EC 法の規定の十全な有効性は三つの条件が満たされるならば補償の権利を作り出す．第 1 の条件は指令によって達成されるべき結果が個人に権利を付与することにかかわ

ることである．第2の条件はこれら権利の主題が指令の規定への言及によって確定することである．最後に，第3の条件は加盟国に課された義務の違反と被害を受けた個人が被った損害の間の因果関係の存在である．

　これらの条件は，EC法に直接基づいて補償を得る資格を個人に付与するのに十分である．この条件に従い，関係加盟国が引き起こされた損害を補償するように求められるのは，責任に関する国内法に基づいてである．ECのルールがなければ，権限ある裁判所を指定し，EC法の下で個人の権利を十全に保護するための法的訴訟の手続を規定するのは，各加盟国の法制度である．

　欧州司法裁判所はまた，損害補償に関して加盟国の法制が規定する実質的および形式的要件が国内的性格の同様の訴えに適用されるものよりも不利なものであってはならず，補償を得ることをほとんど不可能にしたり，過度に困難にしたりするような仕組みにしてはならない．

　これら条件下で，責任に関する国内法の文脈において，指令を国内法に転換しなかった結果として被った損害に対する補償を得る労働者の権利に効果を与えるのは国内裁判所の責任である．

　フェデリカ・マソ(Federica Maso)他事件[2]で，欧州司法裁判所は次のように決定した．

「使用者の倒産に関する指令の国内法への転換が遅れたことの結果として被用者が被った損失や損害を補償するに当たり，加盟国はそのような被用者に対して，当該指令が適切に国内法に転換されていることを条件として，保証機関の責任に関する集合または他の制限に対するルールを含め，遅れて適応された実施措置を遡及的に適用する権利を有する．しかしながら，受給者が被った損失や損害の賠償を確保するのは国内裁判所である．指令が保証する金銭的な利益から適切な時期に利益を得られず，損失もまた保証されなければならない結果となったという事実を考慮して，受給者が被った追加的な損失の存在を立証しない限り，指令を実施する措置を十全に遡及的かつ適切に適用することでこの目的には十分である」．

(1) 19 November 1991, A. Francovich and Others v. Italian Republic, Joined Cases Nos. C-6/90 and C-9/90, ECR, 1995, 3843. See Also C.O.J., 3 December 1992, M. Suffritti and Others v. Instituto Nazionale Della Previdenze Sociale(INPS), Joined Cases Nos. C-140/91, 278/91 and 279/91, ECR, 1992, 6337.

(2) C.O.J., 10 July 1997, C-375/95, ECR, 1997,4051.

**827**　要約すると，本指令の目的は使用者の倒産の際の被用者の保護に関する加盟国の法制の接近であるといえ，このためにその未払債権の支払を確保する特別の保護措置を規定している．指令は特に，

第1部　個別的労働法

—その資産が使用者の稼働資本から独立で倒産手続にかかわらない保証機関によって，雇用契約から生ずる被用者の未払債権の支払の確保，
—国の公的社会保障制度に対して使用者の義務的負担が不払いとなっていることのために被用者の受給資格に不利益を及ぼさないこと，
—公的社会保障制度以外の企業内または企業間の老齢給付および遺族給付への被用者の受給資格が保護されること，を規定している．

## I　定義と適用範囲

**828**　本指令は，倒産の状態にある使用者との雇用契約または雇用関係から生じかつ存在する被用者の債権に適用される（第1条第1項）．「被用者」「使用者」「賃金」「直ちに資格を付与する権利」「将来的に資格を付与する権利」といった用語の定義について，本指令は国内法に委ねている（第2条第2項）[1]．加盟国は，雇用契約または雇用関係の特別な性質を理由として[訳注1]，または本指令による保護の程度と同等の保護を被用者に与える他の形式の保証が存在することを理由として，例外の方法により特定の範疇の被用者の債権を本指令の適用範囲から除外することができる（第1条第2項）．ワグナー・ミレット（Wagner Miret）対スペイン賃金保証基金（Fondo de garantia salarial）事件[2]で，スペインの国内裁判所は，指令附則の第1節には含まれないので，高級管理職の数は使用者の倒産に関する指令の適用から除外されるかどうかを問うた．欧州司法裁判所は，使用者の倒産に関する指令は，附則に規定する者を除き，加盟国の国内法で被用者として定義されるすべての階級の被用者に適用されることを意図しており，それゆえ高級管理職にも適用されると述べた[訳注2]．

　本指令は，加盟国に，その適用範囲から，例外の方法により，特定範疇の被用者の債権を除外する権利を付与している．雇用契約または雇用関係の特別な性質を理由として適用除外が承認されれば，この適用除外は指令から結果としてもたらされ同等の保護を提供する他の保証の形式の存在を条件としない[訳注3]．しかしながら，その適用除外がそのような保護が存在するという理由で承認されたのであれば，その詳細のルールが指令の規定するものと異なっているとしても，指令に規定する本質的保証を被用者に付与するような保護を被用者が享受するという場合にのみ，適用除外が可能である[3]．

　さらに，すべての被用者に最低限の保護を与えるという指令の目的と，第1条第2項が認める適用除外の可能性の例外的性質の双方からして，この規定は広く解釈することはできない．それゆえ，それは本指令の附則に明示的

第10章 企業リストラクチュアリング

に示された範疇に限定される．

(1) C.O.J., 3 December 1992, M. Suffritti and Others v. Instituto Nazionale della Previdenza Sociale(INPS), Joined Cases Nos. C-140/91, 141/91, 278/91 and 279/91, IELL, Case law, No.197 も見よ．「被用者は，当該法が規定する一時的要件，すなわちこの基金によって提供される利益は当該法が効力を生じた後に雇用関係が終了し，倒産または実施の手続が開始されたときにのみ与えられるという要件を考慮に入れることなく，解雇手当に関するイタリア法 297/82 のもとで設立された保証基金からの支払いを得るために国内法における手続で 1980 年 10 月 20 日の理事会指令 80/987 の規定に依拠することは，できない．」

(2) C.O.J., 16 December 1993, No. C-334/92, ECR, 1993, 6911.

(3) C.O.J., 8 November 1990, Commission of the European Communities v. Hellenic Republic, No. C-53/88, ECR, 1990, 3917.

(4) C.O.J., 2 February 1989, Commission v. Italy, No.22/87, ECR, 1989, 143.

［訳注1］ 原著は旧指令に基づき「雇用契約または雇用関係の特別な性質を理由として」という一節を記述しているが，この特定範疇の被用者の適用除外規定は，2002年改正で削除された．

［訳注2］ この事件は上の訳注1で述べた既に削除された規定の解釈にかかわるものである．

［訳注3］ この記述も既に削除された規定に関するものである．

**829** しかしながら，欧州司法裁判所は，イタリアの事件[(1)]において，債権者の請求を集団的に満足させるために使用者の資産に関与する手続に使用者が従う場合にのみ保護されるという限度について，均等待遇の観点からして本指令が有効かという疑問を考慮しなければならなかった[訳注1]．

欧州司法裁判所によれば，本指令は条約第 94 条に基づき採択され，その目的は条約第 136 条にいう改善を維持しつつ，国内法の接近を促進することである．

条約第 94 条により付与された権限の行使に当たっては，EC 機関は特に調和に向けた手続の可能性に関しては，調整が求められる分野の特別な性質とその種の調和規定の実施が一般的に困難であるという事実を踏まえて，その段階についてのみ裁量権を有する．

本指令の採択に先立ち，使用者の倒産の際に被用者の債権を保証する機関は，条件は大幅に異なっていたとはいえ数カ国の加盟国に設立されていたが，他の数カ国の加盟国にはそのような機関はなかった．

この状況を考えると，本指令第 2 条第 1 項で定義されたような使用者の倒産の際に被用者の債権を保証する機関を設立する義務をすべての加盟国に拡

大することは，疑いなく労働条件の改善と EC 域内を通じた労働者の生活水準の改善に向けた，そしてこの分野における法の段階的調和に向けたさらなる一歩を構成する．

こういった状況および異なった加盟国における明確な適用が可能な倒産の概念を見出すことの困難性に照らして，その使用者が債権者の請求を集団的に満足させるために使用者の資産に関与する手続に従うかどうかによって被用者の間に線を引くことは，それ自体目的であり上述の調和化の困難性の理由で正当化される基準に基づき倒産の概念から生ずる．

(1) C.O.J., 9 November 1995, Andrea Francovich v. Italian Republic, Case C-479/93, ECR, 1995, 3843.

［訳注 1］　この記述は，2002 年改正以前の規定ぶりに基づくものであり，現在は倒産の概念は拡大されている．

**830**　使用者は次の場合に倒産の状態にあるとみなされる．
―債権者の請求を集団的に満足させるために使用者の資産に関与する手続の開始の請求がなされ，
―権限ある機関が手続の開始を決定するか，または使用者の企業または事業が決定的に閉鎖され，資産が手続の開始を保証するには不十分であると認めた場合(第 2 条第 1 項)．［訳注1］

［訳注 1］　これは 2002 年改正前の規定であり，改正後の規定は以下のとおりである．
「使用者の倒産に基づき，使用者の資産の部分的または全面的剥奪にかかわる集団手続の開始および清算人の指名の請求がなされ，かつ当該手続きに従い権限ある機関が
―手続の開始を決定するか，または，
―使用者の企業または事業が決定的に閉鎖され，資産が手続の開始を保証するには不十分であると認めた場合」

## II　保証賃金

**831**　本指令は，加盟国の選択により，以下の所与の日以前の期間について賃金を保証する［訳注1］．
―選択 1：使用者の倒産の開始の日，
―選択 2：使用者の倒産を理由として関係被用者に解雇を告知した日，
―選択 3：使用者の倒産の開始(1)または使用者の倒産を理由として雇用契約が終了した日．

加盟国は，保証機関の責任を限定する選択肢を有する．しかしながら，常

に最低限の保護がなければならず，それは加盟国の保証期間の選択に応じて，
―選択1：倒産の開始の日の前の6カ月の間に発生した雇用契約の最後の3カ月の未払賃金債権，
―選択2：解雇の告知の日の前の雇用契約の最後の3カ月の賃金の支払，
―選択3：使用者の倒産の開始または使用者の倒産を理由として雇用契約が終了した日の前の雇用契約の最後の18カ月の賃金の支払い．この場合，加盟国は8週間の期間または全体で8週間となるより短い期間に対応する賃金に支払の責任を限定することができる(第4条第1項―第2項)[2]．

しかしながら，本指令の社会的目的を超える額の支払を避けるため，加盟国は被用者の未払債権の責任に上限を設定することができる．加盟国がこの選択肢を行使する場合，上限の設定に用いた方法を欧州委員会に通知するものとする(第4条第3項)[3]．さらに，本指令は，加盟国が**(a)**濫用を避けるために必要な措置を執り，**(b)**被用者と使用者の間の特別な関係または両者間の共謀の結果としての共通の利益の存在を理由として，義務の履行が正当ではないとみなされる場合，責任を拒否または縮減する選択肢をとることを妨げない(第10条)[訳注2]．

(1) 「使用者の倒産の開始」は債権者の請求を集団的に満足させる手続の申請の日に対応する．なぜならそのような手続を開始する決定または事業が決定的に閉鎖され，資産が手続の開始を保証するには不十分であるとの認定よりも前に保証を提供することはできない．

(2) 「雇用契約または雇用関係の最後の3カ月」という用語は，連続する3カ月を意味するものと解釈されなければならない．

(3) 第4条の文言も目的も，通知の義務に従わないことでその上限が違法になるとは示していない．(C.O.J., 16 July 1998, AGS Assedic Oas-de-Clais and Francois Dumon v. Maître Froment, liquidator and representative of Establishments Pierre Gilson, C-235/95, ECR, 1998, 4531.)

[訳注1] 2002年改正により，このような複雑な制度は簡素化され，起算日を加盟国の裁量に委ね，最低限の3カ月保証を規定するという形になっている．

[訳注2] 2002年改正により，第10条に第c号が追加され，加盟国が「労働者が自らまたは親族とともに使用者の企業または事業の重要部分の所有者であるかまたはその活動に重大な影響を有する場合に，第3条に規定する責任または第7条に規定する保証義務を拒否または制限する措置をとることを妨げない」と規定された．

**832** 欧州司法裁判所は，被用者が参照期間の前の雇用期間に関係する使用者に対する債権と参照期間それ自体に関係する債権の双方を有している場合，

参照期間の間に支払われた賃金を参照期間の間の使用者の責任に対応するものとみなすべきか，それともより早い債権に対して優先的に充当されるべきかを問われた．欧州司法裁判所は支払はより早い債権に対して優先的に充当されなければならないと判断した．もしそうでなければ，本指令によって保護される保護の水準は，使用者が参照期間の間に特定の支払をするかどうかという偶然の意図的な決定によって左右されてしまい，損なわれることになる[1]．

(1) C.O.J., 14 July 1998, AGR Regeling v. Bestuur van de Bedrijfsvereniging voor de Metaalnijverheid, C-125/97, ECR, 1998, 4493.

## III　保証機関

**833**　被用者の未払債権の支払は保証機関によって保証される（第3条第1項）．加盟国は特に次の原則に従って，保証機関の組織，財務および運営の詳細なルールを規定するものとする．
a　機関の資産は使用者の稼働資本から独立で，倒産手続に関与しないこと，
b　公的資金によって全面的に賄われない場合には，使用者が費用を負担すること，
c　機関の責任は費用を負担する義務が果たされたかどうかにかかわらないこと（第5条）．

　使用者の倒産に関する指令は，加盟国にすべての階級の被用者のための単一の保証機関を創設し，結果的に管理職を他の階級の被用者のために設置された保証機関に従属させることを求めているわけではない．加盟国に与えられた裁量権から，管理職は他の階級の被用者のために設置された保証機関から未払給与の支払い債権について本指令に依拠することはできないと結論しなければならない．

　国内法を解釈，適用する際，すべての国内裁判所は「国は問題の指令の下の義務を十全に実施しようと意図している」と推定しなければならない．

　関係加盟国は，指令に従わないことのために管理職が被った損害を補償するよう求められる[1]．

(1) C.O.J., 16 December 1993, T.Wagner Miret v. Fondo de garantia salarial, No. C-334/92, ECR, 1993, 6911.

**834**　被用者が居住し雇用されている国以外の加盟国に使用者が設立されている場合，使用者の倒産の際に使用者の倒産の際の被用者の債権に対して責任を有する保証機関は，債権者の請求を集団的に満足させる手続が開始され

たかまたは使用者の企業または事業が閉鎖されたと認められた国の機関とする[1]。

 (1) C.O.J., 17 September 1997, Carina Mosbaeck v. Lonmodtagernes Garantifond, C-117/96,ECR, 1997, 5017.

**835** 別の事件で，欧州司法裁判所は，別の加盟国の法律の下で設立された会社の支社がある加盟国で設立され，その支社に使用者の倒産によって被害を被った被用者が雇用されており，その会社の登録事務所も清算の手続も別の加盟国であるような場合に，指令80/987の第3条のもとで被用者の未払債権の支払をすべき権限ある機関は，被用者が雇用されていた地域を有する国である[1][訳注1]。

 (1) C.O.J., 16 December 1999, G. Everson and T. J. Barrass v. Secretary of State for Trade and Industry, Bell Lines Ltd, Case C-198/98, ECR, 1999,8903.

 [訳注1] この判例に基づき，2002年改正で「第3a節　国際的状況に関する規定」として第8a条，第8b条が設けられた．規定は以下のとおりである．

  第8a条　少なくとも2加盟国の領域に事業所を有する企業が第2条第1項にいう倒産の状態にあり，倒産手続の開始が被用者が通常労働する加盟国以外の加盟国で請求されたときには，権限ある保証機関は被用者が通常労働する加盟国の保証機関であるものとする．

  2　被用者の権利の程度は権限ある保証機関を規制する法律の定めるところによる．

  3　加盟国は，本条第1項の場合において，他の加盟国で請求され，第2条第1項にいう倒産手続の文脈において行われる決定が本指令にいう使用者の倒産状態を決定する際に考慮に入れられるよう確保するために必要な措置をとるものとする．

  第8b条　第8a条を施行するに当たり，加盟国は第3条に規定する権限ある行政当局または保証機関の間の関係情報の共有の規定を設け，特に被用者の未払債権を支払う責任を有する保証機関に通知することを可能にするものとする．

  2　加盟国は，欧州委員会および他の加盟国にその権限ある行政当局または保証機関の接触の詳細を通知するものとする．

## Ⅳ　社会保障

**836** 加盟国は，保証基金が国の公的社会保障制度または国の公的社会保障制度以外の企業内もしくは企業間の補完的年金制度に基づく保険料に義務を負

わないものと規定することができる(第6条)。実際に加盟国が一方的に本指令から生ずる義務の範囲を限定できるような第6条の解釈は採ることができない。第6条の文言だけからでも，これが加盟国に，被用者の社会保障給付資格を保証する別の制度を選択することを認めることによって，倒産した使用者が払っていなかった保険料の責任を保証機関に課さないことを認めているに過ぎないことは明らかである[1]。

　加盟国は，倒産の開始前に，使用者による義務的負担が国の公的社会保障制度のもとの保険機関に不払いとなっていることのために，源泉徴収されている限りでこれら保険機関の関係で労働者の受給資格に不利益を及ぼすことにないように確保するために必要な措置をとるものとする(第7条)。この規定は，被用者と使用者の間の特別な関係または両者間の共謀の結果としての共通の利益の存在を理由として，義務の履行が正当ではないとみなされる場合，責任を拒否または縮減する選択肢をとることを妨げない(第10条第b号)。加盟国は，国の公的社会保障制度以外の企業内もしくは企業間の補完的年金制度のもとの遺族給付を含む老齢給付への直ちにまたは将来的に資格を付与する権利の関係で，労働者および使用者の倒産の開始の日において使用者の企業または事業を既に離れている者の利益を保護するために必要な措置を確保するものとする(第8条)。

(1)　C.O.J., 2 February 1989, Commission v. Italy, No.22/87, ECR, 1989, 143.

　　[訳補]　本章で扱われる三つの指令はいずれも1970年代のリストラクチュアリングの流行を受けて70年代後半に採択されたものであるが，90年代におけるリストラクチュアリングの波の高まりを受けて，21世紀に入って再びリストラクチュアリングの問題が正面から取り上げられるようになった。

　　2002年1月，欧州委員会は「企業リストラクチュアリングの社会的側面」に関して，ソーシャル・パートナーへの第1次協議を開始し，その中で，労働者のキャリア管理，エンプロイアビリティと適応能力，地域社会や下請企業への責任，労働者の関与，公正な補償，紛争の予防と解決など多岐にわたる論点を示している。

　　また，これに先立ち，2001年7月には，欧州委員会は「企業の社会的責任」に関するグリーンペーパーを発出して，労使にとどまらぬ社会のあらゆる層に問題意識を提示し，各界の意見を募った。その結果を踏まえて，2002年7月，企業の社会的責任に関するコミュニケーションが出され，この問題はさらに深く追求されてきている。

# 第 2 部　集団的労働法

## 第1章　団体交渉

**837** 伝統的に，集団的労働法は，被用者の集団および使用者団体という使用者の集団との間の関係を規律するルールの体系を包含する．次のような諸権利が思い浮かぶ．労働組合の自由権，自己の職業的利益の促進のために自らの選択で団体を結成する使用者および被用者の権利，自由かつ自律的な団体交渉の権利および労働協約を締結する権利を含む自己の利益に影響する企業の決定に参加する労働者の権利．経済的争い，すなわちストライキやロックアウト，集団的労働紛争の解決の防止を目的とした一連の措置に関するルールも，同様に，集団的労働法に属する．次のことは，躊躇なく，言えるであろう．すなわち，これらの事項は，国内法の管轄権にとどまり続けてきた，そして，欧州レベルで提案される集団的な諸措置は，たいていは非常に議論のあるものとなるので，労使間および加盟国間のコンセンサスは不可能であるように思われ，この状態は，将来も続くであろう．

**838** 労働者の基本的社会権に関するEC憲章(1989年12月)が，集団的労働法の領域に属する非常に多くの事項を含んでいることは，確かである．例えば，積極的および消極的労働組合の自由を含む，使用者および被用者の団結権(第11条)，最終的に，当事者が望ましいと思うならば，欧州レベルで，団体交渉し労働協約を締結する権利(第12条)．ストライキ権を含む，団体行動に訴える権利は，明確に承認されている．それとともに，労働争議の解決を促進するために，斡旋(conciliation)，調停(mediation)および仲裁(arbitration)に訴えることも助長されている(第13条)．労働者への情報提供，協議および労働者参加は，いくつかの加盟国における子会社を有する企業あるいは企業のグループにおいて，特に展開されなけれならない．これらは，そのときが来れば，特に以下の場合，すなわち，企業の技術的変化，リストラクチュアリング，および合併の場合，集団整理解雇手続の場合，および雇用されている企業が実施しようとしている雇用政策によって特に国境を跨いで働く労働者が影響を受ける場合(第17—18条)において，履行されなければならない．

**839** ここでまた，憲章も，集団的労働法上の諸権利のほとんどについて現行の国内法の実際に委ねており，そしてそのことは，補完性原則に関して，加盟国とEUとの間の明確な権限の分配を示している，ということを強調せざるを得ない．憲章の文言は，偶然のものではなく，むしろ故意のものである．私は次のことを付言しなければならない．すなわち，集団整理解雇に関する指令(1975年)，企業譲渡に関する指令(1977年)，および様々な職場の健康と安全に関する指令に基づき，労働者代表が有する情報提供および協議に関する権利について分析するとき，その「労働者代表」の概念が国内法の脈略の中で考えられなければならないことを再三再四確かめることになるに違いない．

第2部　集団的労働法

　社会行動計画(1990年)は，既に先駆けて発議されたもの(会社法第5指令案および欧州会社法案)の他は，集団的労働法の面に関する提案を，後で論ずる，欧州規模での企業における被用者の情報提供，協議および参加に関するEU法制に限定した．

　ヨーロッパ労働法および労使関係に関する本書の第2部においては，まず，欧州(レベルの)団体交渉の見込みについて考察し(第1章)，次に，労働者の参加に関する諸提案を取り扱う(第2章)．すなわち，情報提供と協議(第1節)，会社法第5指令案(第2節)，欧州会社法案(第3節)，および欧州労使協議会(第4節)である．特に，最後の項目，欧州労使協議会(EWC)は，欧州労使協議会または被用者への情報提供および協議の手続に関する指令の採択以降，新たな展望を開く．その指令は，約1,500の欧州規模の企業に関係するものである．

　また，欧州基本権憲章(2000年)は集団的権利，すなわち，
―集会および結社の自由(第12条)，
―企業内部における労働者の情報提供および協議の権利(第27条)，
―団体交渉および団体行動の権利(第28条)，
を含んでいる[訳注1]．

　　[訳注1]　この文は第9版のための著者草稿による．

# 第1章　団体交渉

## 第1節　労使対話

**840**　労使対話の促進は，欧州社会政策の鍵となる要素の中の一つを成す．このことは，明らかに EC 条約第 138 条第 1 項から当然のことである．同条は，次のように規定する．すなわち，「欧州委員会は，EC レベルでの経営と労働の協議を促進する任務を有し，当事者に対し均衡のとれた支援を保証することにより，その対話を促進するため，あらゆる適切な措置を講ずる．」労使対話の観念は，自明のこととして，団体交渉，ソーシャル・パートナー間の協約の締結をも含むものである．したがって，EC 条約第 139 条第 1 項は，「経営と労働がそのように欲するのであれば，EC レベルでの両者の間の対話は，協約を含む，契約的関係となりうる」．

**841**　しかしながら，団体交渉は，いわば繊細な花である．実際のところ，とりわけソーシャル・パートナーの間で見解が異なるものに関して，非常に多くの問題が持ち上がる．第 1 に，欧州レベルと国内レベルの間での役割の分配はどうなるのか．その問題に対する回答は議論になる，ということは，国内レベルでの被用者の情報および協議に対する権利に関しての欧州レベルでの協約締結の適切さについてのかなり激しい論争からして，当然のことである．使用者にとっては，これは，国内レベルでもっぱら扱われるべき問題であり，EC にはかかわりのないことであるのに対して，労働組合は，これは欧州レベルで扱われるべき問題であり，欧州レベルの最低要件が必要である，ということを強く弁護する．

　第 2 に，欧州レベルでのソーシャル・パートナーの間には力関係があり，よくとも，欧州レベルの労働組合には使用者を欧州レベルの団体交渉の席に着けるだけの力はない．しかしながら，その力のなさは，欧州の諸機関，とりわけ，欧州委員会からの政治的圧力によって，有効に補われる．実際のところ，「ダモクレス交渉」と呼ばれうるような状況がある．これは，次のようなことになる．欧州委員会が，欧州レベルのソーシャル・パートナーに，例えば，国内レベルでの情報提供および協議についてといった所定の事項に関する協約について，対話し，交渉するように要請する．当事者，とりわけ使

用者は，合意に達しなければ，欧州委員会が欧州レベルの立法を押し通すであろう，ということを知っている．したがって，使用者は，圧力の下に置かれており，なんとしてでも逃れたい結果，すなわち（欧州レベルの）立法を防ぐために，（対話に）参加するかしないか，そして結局のところ所定の事項に関して交渉するかしないかをよく考えなければならない．したがって，使用者の頭の上には，剣がつるされているのである．

**842** なおそのうえに，信頼性の問題がある．欧州レベルのソーシャル・パートナーは存在する．彼らは，自身が単なるロビイスト以上のものであり，積極的な役割を果たすことができるし，そうしたいということを証明したがっている．協約を締結することは，彼らが単にお互い話し合うこと以上のことをしている，ということを示すもののひとつである．

**843** ダモクレスの戦術は，今日欧州レベルでは広く用いられている．これは，例えば，育児休業やパートタイムに関し既に述べたような，産業横断的規模の協約に対してだけではなく，欧州規模の企業のレベルのものに対してもである．欧州労使協議会の例を挙げよう．ここでもまた，企業は，一定の柔軟性を考慮して，協約について交渉するか，それとも，合意に達しなかった場合に実施される強制的なルールに耐えるか，という圧力の下に置かれているのである．同様のシナリオは，欧州会社法の枠組みにおける労働者の参加制度導入についても進行中である．しかし，この最後の点については後述する．

**843-1** 最近，重要な発展が起こった．欧州委員会は，派遣労働の場合のようにECルールが緊要でない限り，合意に達しない場合にも協約に向けて「ダモクレス化」せずに，労使自身のやり方に委ね，ソーシャル・パートナーが団体交渉の完全な責任をとることを求めているように見える．前者の場合，交渉が頓挫したときには，欧州委員会は指令案を提出する．

同時に，ソーシャル・パートナーは，テレワーク協約のように，任意協約にもかかわっている．そこでは，「合意」は単に法的に拘束力がないだけでなく，当事者自身が協約を国内制度に統合することを，それにふさわしいように構成員に委ねている．

こうして，「職能と資格の生涯にわたる発展のための枠組み行動」（2002年2月28日）のような，より「自律的」でより「任意」なタイプの指針，行為規範等々が現れる [訳注1]．

　［訳注1］　このパラグラフは第9版のための著者草稿による．

## 第1章 団体交渉

## I 始まり：1985—1996 年

**844** 欧州委員会が，欧州レベルのソーシャル・パートナー，経済社会評議会やその他の協議機関における当事者の間でなされる様々な話し合いに加えて，欧州レベルでの相互的な「労使対話」を発展させ支援するよう最大限の努力をしている，ということには疑念がある．欧州委員会は，とりわけ 1985 年以降，「雇用と新技術の導入」などのテーマをめぐって，国内の部門別および産業間規模の交渉において参照しうる，欧州レベルの枠組み協約をもたらしうる，積極的な対話を持つよう望んでいる，ということを何度も何度も表明してきた．欧州委員会の発意により，多かれ少なかれ定期的に開催される，これらのソーシャル・パートナーの間での対話は，「共通方針」との名称で公刊される，合意文書をもたらしてきた．この対話におけるパートナーは，UNICE，CEEP および ETUC である．その合意は，共通見解の形をとった．それらは，訓練とモチベーション，情報提供と協議についての(1987 年 3 月 6 日)，欧州の職業的および地理的移動領域の創出，欧州労働市場の運営改善についての(1990 年 2 月 13 日)，教育訓練についての(1990 年 6 月 19 日)，学校から職業生活への移行についての(1990 年 11 月 6 日)，新技術，労働組織および労働市場の適応性についての(1991 年 1 月 10 日)，訓練機会への最も広い可能な限りの効果的なアクセスを容易にする方法についての(1991 年 12 月 20 日)，維持され雇用創出する成長プロセスへの回復へのガイドラインについての(1995 年 5 月 16 日)共通見解であり，そして，共同宣言と呼ばれる，欧州における雇用のための行動：信頼協定であった[1]．最後に，産業別委員会および共同委員会と非公式グループの名を挙げることができよう．それらは，産業別のレベルで働き，団体交渉が行われる装置ではなく，情報とアイデアの交換のためのフォーラムである[2]．

(1) これら共通見解のテキストは，IELL の一部である，Codex European Labour Law において公刊されている．

(2) 総論，第 1 節(III)(J)を参照．

## II 1997 年 EU レベルの労使対話についての第 1 回年次検討報告

**845** EU レベルの労使対話のプロセスに関する初めての年次調査は，1997 年 5 月 6 日に，欧州委員会によって採択された．その調査は，1996 年を欧州レ

ベルでの労使対話にとって「特に実りの多い年」と特徴付けた。

1996年には，UNICE，CEEP および ETUC によって，雇用に関する共同宣言の採択があった。1996年という年は，パートタイム労働に関する枠組み協約の締結も見たのである。

30の共通見解，覚書，勧告および協約が締結され，産業レベルの労使対話のあらゆる領域の活動が，勢いを得た。大多数の共通見解は，当該産業の活動を規律する基本原則の維持，あるいは産業における雇用の保護に関するものであった。産業別の労使対話のプロセスで採択された，協約，見解，および勧告は，以下のようなものを含んでいた。

―労働時間に関する理事会指令 93/104/EC のすべてまたは一部の適用を勧告する協約が，鉄道，海運および民間航空の部門で締結された，

―清掃産業のソーシャル・パートナーが，民間の個人向けの新しいサービスおよび創出された新しい活動に従事する労働者に適用される協約に関する覚書が締結された，

―流通業および民間警備業のソーシャル・パートナーが，そのイメージを改善し，より優れた専門家の技術に到達する方法を略述することを目的とする見解および勧告を出した，

―農業で，労働時間を削減し，新たな活動領域を展開することを目的とする協約がまとめられた，

―水産業が，その活動に対する環境政策との関係について検討した，

―健康と安全の問題が，建設産業における議論の焦点となった，そして，

―織物，衣料，履物産業が，国際競争の拡大と関連して自身の行為規範（児童労働の規制と基本権の尊重）の用意を始めた。

欧州レベルの労使関係の別の領域では，1994年9月に理事会指令 94/45/EEC が発効する前に，400以上の欧州労使協議会の設置に関する指令前の協約が締結された。

労使対話が進んでいる別の領域は，ETUC が設立した地域横断的労働組合委員会による，国境を跨いだレベルのものである。これらの委員会は，多くの地域における加盟国の公共職業安定所とリンクした EURES のネットワークと連携して働いている。

産業横断的諮問委員会および雇用常任委員会の展開も，検討の対象とされている。

**846** この第1回年次検討報告の結果を要約して，当時の雇用，労使関係および社会問題担当委員であるポーリック・フリン(Padraig Flynn)は，次のように主張した。「欧州レベルの対話が大きな成果をもたらしはじめているが，そ

第1章　団体交渉

れと国内レベルのものとの結びつき，および国内レベルと産業レベルのものとの結びつきが，問題をもたらしつつある．われわれは，欧州レベルの労使関係の文化を創り出さねばならない．それは，あらゆるレベルで，ヨーロッパをソーシャル・パートナーの戦略と対話へとまとめあげるものである．そして，それは，少なくとも，ソーシャル・パートナーにヨーロッパ統合の問題に気づかせるための最大の努力と訓練を必要とする．」

**846-1**　2002年初頭，全部で26の産業別労使対話委員会が活動している．

産業別労使対話でカバーされるトピックは，機会均等（商業，郵便），企業の社会的責任と基本的権利（衣料，個人サービス），社会条項（漁業），労働の現代化（民間警備），テレワーク（電気通信），訓練（履物，皮革，衣料，清掃および海上運輸），資格の相互承認（漁業），継続訓練（娯楽），徒弟制（砂糖），職業訓練（農業），健康と安全（漁業，ガス，電気通信，個人サービス），リストラに付随する社会的措置（鉄道）等が含まれる．

他のテーマは拡大（電気通信，銀行，商業，衣料）である[訳注1]．

　［訳注1］　本パラグラフは著者第9版草稿による．

## III　産業別労使対話

### A　欧州商業

**847**　ユーロ・コマース（使用者）とユーロ FIET コマース（被用者）の間での欧州商業における労使対話は，1999年8月6日に，強制労働の排除，児童労働の禁止，差別の排除，結社の自由および団体交渉権を含む，職場における基本権と原則に関する協約を生み出した．この産業における将来の労使対話の主題には，人種差別，テレワークおよび高年齢労働者の状況が含まれている．

商業における産業別労使対話は，1980年代半ばに初めて開催され，それ以降，児童労働，雇用，訓練および暴力といったものを含む幅広い問題に関する協約，見解および宣言を生み出してきた．この産業における労使対話は，1998年5月20日のECレベルの労使対話の適応と促進に関する欧州委員会コミュニケーションの後に，新たな局面に入った[1]．

1998年11月30日に，ユーロ・コマースとユーロ FIET コマースは，非公式のワーキング・グループに替えて，公式の産業別対話委員会を設立する協約を締結した．この委員会は，社会政策と密接な関係を有しこの産業における労使対話の発展と促進に責任のある，ECレベルでの展開について協議す

第2部　集団的労働法

る．産業別対話委員会を設立する協約において，ソーシャル・パートナーは，対話の枠組みにおける議題の優先権は次のものにある，と述べている．それらは，
—雇用の促進，
—電子商取引，
—EU の拡大，
—児童労働，および，
—人種差別と排外主義である．

その協約において設定された労使対話の構造は，対話の舵取りをする主要な機関である年次総会を含んでいる．これは，特定の問題に焦点を絞った二者構成のワーキング・グループによって補われる．1999年には，雇用，教育訓練，電子商取引，人種差別と排外主義，児童労働，および卸売り取引と販売代理商のような領域において，焦点を絞ったワーキング・グループが設置された．

　　(1) COM(98)322.

**848**　1999 年の労働者の基本権に関する協約は，1998 年の労働の基本原則および基本権に関する宣言において ILO が定義付けた四つの権利を含んでいる．ILO の宣言は，強制労働，児童労働，雇用に関する差別禁止，および結社の自由と団体交渉権を扱っている．

協約条項に基づき，ソーシャル・パートナーは，自己のメンバーが商業の企業および労働者に以下の権利を守り促進するよう促す，と述べている．それらの権利は，
—あらゆる形態の強制労働の排除，
—児童労働の有効な廃止，
—雇用および職業に関する差別の排除，および，
—結社の自由と団体交渉権の有効な承認である．

ユーロ FIET とユーロ・コマースの両者は，自己のメンバーが当該協約を支持することを勧告した．ソーシャル・パートナーは，欧州レベルの労使対話の枠組みにおいて，協約の履行について定期的に調査し評価すること，およびその後に必要な行動をとることを合意した．

1999 年 9 月 29 日には，ソーシャル・パートナーは，「コンピュータを用いた遠隔労働」——テレワーク——および構造的，技術的変化の文脈における高年齢労働者の保護に関する欧州レベルの枠組み協約について交渉することに合意し，その後，これらの問題に関して議論がなされた．1999 年 11 月 24 日には，人種差別と排外主義と戦うことに関する協約が締結された[1]．

(1) B.Neil, 'Commerce social dialogue and agrees on fundamental workers' rights', http:www.eurofound.ie/

## B 欧州農業

**849** 1997年7月24日に，GEOPA――農業団体評議会(COPA)の使用者団体――と欧州農業労働者労働組合連盟(EFA)――ETUCの欧州産業別委員会の中の一つ――は，欧州産業別枠組み協約に署名した．その発議は，1995年3月30日の農業における雇用に関する共同宣言はもちろん，1978年，1980年，および1981年における産業別のソーシャル・パートナー間で締結された労働時間に関する協約に基礎を置くものである．

「勧告枠組み協約」は，農業における有償雇用の改善に寄与しようとするものである．意義深いことに，それは，労働時間の適応および労働条件に関する補足規定に関する勧告を含んでいる．

署名当事者は，EUにおける農業の雇用の状況を改善するための措置を実施するために，申し合わせた行動をとることに合意している．これらの措置は，次のようなことに関したものである．それらは，

―農業雇用のイメージの改善，
―職業訓練および技能の促進，
―農業に特有の職業上の危険防止，
―有期契約，パートタイム労働，季節労働，および派遣労働のような，競争力を高め農業の雇用を増大する新しい形態の契約が何であるかを確認し，それを実施すること，
―労働市場の再編と改善，および
―環境に関する社会の要求および都市と農村の計画である．

その協約は，国，地方，地域のよい実例に関する情報を広く交換することも要求する．それは，欧州における農業雇用と郡部の雇用を統合し促進することを目的とした，あらゆるECの基金に基づく計画と発議の共同した促進と展開を勧告している．ソーシャル・パートナーも，農村観光事業，環境および地域開発のような，他の産業との雇用創出の「共同作用」の展開を求めている．

**850** ECは，共通農業政策を定めるに際して，競争力を強化する必要を考慮するよう求められる．規則2079/92における早期引退制度の農業労働者への拡大が，新しく要請されている．ソーシャル・パートナーは，欧州，国内，地方および地域レベルで農業における不法な闇雇用の問題と取り組むこと，お

よびこの問題をなくそうとするための関連する措置をそれぞれの当局に要求することが，非常に重要でもあることを主張している．

　労働時間の適応に関して，協約は，国内，地方および／あるいは地域の実態を考慮して，1,827時間という年間の労働時間の上限設定を勧告している．労働条件に関する補足規定は，年休や休日はもちろん，所得保証，時間外労働，休憩時間，夜間労働および労働時間とみなされる時間に及んでいる．

## C 履物産業

**851**　1998年9月16日に，履物産業における欧州レベルのソーシャル・パートナーが，1995年3月に最初にまとめた児童労働に関する憲章の適用範囲を，履物の製造業はもちろん小売業にまで拡大する共通協定に署名した．児童労働の問題は，この部門における労使対話の重要な関心事の一つであった．

　履物産業における欧州レベルの労使対話は，比較的長い歴史を有している．というのも，欧州委員会が後援者となったこの産業のための共同委員会が，1977年から1984年まで活発であったからである．対話は，公式化された共同委員会のプロセスがより非公式なワーキング・パーティーの配置へと置き換えられ，様々な形で1991年12月に復活した．1999年からは，非公式なワーキング・パーティーは，他の産業の類似のものとともに，「産業別対話委員会」に変えられることになった．履物産業部門の対話の当事者の使用者側は，欧州履物産業連盟(ECFI)である．労働者側を代表するものは，欧州労働組合委員会：織物，衣類および皮革(TLC)である．この機関は，欧州全体で150万人以上の労働者を代表する，23カ国からの47の労働組合をまとめている．

　児童搾取を根絶し，児童労働の利用をなくすためのインセンティブとなる措置に対する積極的な支援を提供するするための活動を引き受けるだけではなく，憲章に具体化されているソーシャル・パートナーの責任は，署名機関に加盟するあらゆる使用者と労働組合によって実行されるべき四つの主たる事項に集中している．これらは以下のものである．

―直接であれ間接であれ，15歳未満または義務教育修了年齢未満の児童を雇用しないこと，
―若年労働者の人としての成長に備えるための企業内での訓練および徒弟制度の発展を支援すること，
―企業，下請業者および部品供給者に憲章を配布すること，および
―雇用の許可の最低年齢に関するILO138号条約を支持すること．

　元々の憲章の最新版の部分として，ソーシャル・パートナーは，その進展

と実行の状況を監視した年次報告書を作成することに合意している．

1998年9月16日に，欧州靴小売業者連盟（CEDDEC）が加入したことで，履物産業児童労働憲章の適用範囲は，履物製造業から，履物小売業を含むまでに拡大された．

## D 商業で締結されたテレワーキング協約(2001年)

**852** 商業における欧州レベルのソーシャル・パートナー――使用者側のユーロ・コマースと労働組合側のUNI欧州委員会――は，2001年4月26日に，商業におけるテレワークの指針に関する協約を締結した．商業は，約2300万人の労働者（EUの労働力の16%）を雇用する，EUの中で最も大きい部門である．その協約に続いて，2001年2月に，電気通信産業において欧州レベルの協約が締結された．

協約の当事者は，欧州経済，消費者の需要，および被用者のニーズと望むものが絶え間なく変化することが，労働編成および職務設計に影響を与え続けている，と述べている．彼らは，「新しい技術を使って，遠距離からなす仕事を導入しそれに変えるであろう，労働編成あるいは職務設計のいかなる変化も，注意深く編成され導入される」ことが重要である，と強調する．

その協約の目的では，テレワークは，「被用者が，職場で行うことができる職務と比較可能であるが，企業の情報ネットワークに接続したコンピュータ技術を用いて，遠隔地ででもなすことができる」あらゆる職務と定義されている．協約は，テレワークが随時に行われる場合を適用対象とはしておらず，主としてそのような雇用関係にあるものについてのみ関係する．協約は，様々な加盟国の商業におけるソーシャル・パートナーが従うべき多くの詳細な指針を勧告している．

### 1 テレワークの導入

**853** 協定は，テレワークの導入あるいは実施に関する決定は，透明かつ現行の情報提供および協議の構造と手続を尊重した方法で，なされるべきである，と述べている．理想的には，テレワーキングの取決めは，使用者および被用者双方にとって都合のよいものとなるよう設計されるべきである．

テレワークを導入するに際しては，テレワーク労働者と職場の間の社会的な接触が失われないようにするための措置が講じられるべきである．これは，テレワーキングと企業施設での仕事とを組み合わせることを通して達成しうるであろう．さらにまた，協定は，テレワーク労働者に対する「ヴァーチャ

ル・コミュニティー」をつくりうるであろうことを提示している．
　テレワーク労働者がオフィスでの仕事への配置を望む場合には，「これを可能とするよう努めるべきである」．

### 2　雇用条件
**854**　協約は，テレワーク労働者が，同等の雇用上の権利，報酬体系，およびキャリアの機会を含む，オフィスで働く被用者と同じ権利を有すべき，と明言している．雇用契約または雇用関係に適用される条件を被用者に情報提供する使用者の義務に関する指令 91/533/EEC に従って，使用者は，以下のものを含む，多くの雇用条件をテレワーク労働者に通知しなければならない．それらは，

—関係当事者が誰であるかの確認，
—通常労働の就労場所（または様々な場所で被用者が働く旨の記載）および登記された事業の場所，
—テレワークのための家屋の利用，
—職務記述，
—雇用契約または雇用関係の開始の日，
—1日または1週の所定労働時間，および
—被用者が権利を有する報酬の基本額およびそれ以外の報酬である．

　それに加えて，協約の当事者は，良い雇用関係および労働慣行に従って，以下の範囲のことがテレワーク労働者に説明されなければならない，ということを提示している．それらは，

—社会保障上の保護と保険，
—監督および協議の構造，
—情報保護と機密，および
—訓練である．

　労働時間に関するいかなる立法の規定，労働協約の規定あるいは企業の就業規則も，テレワーク労働者に対しては，その特殊な状況を考慮して適用されるべきである．
　病気，休暇その他の理由によるいかなる欠勤も，企業の一般的な慣例に従って通知されるべきである．企業も，欠勤の場合に，当該テレワーク労働者が通常行っている職務がカバーされるよう手段を講じるべきである．

### 3　職務と機密
**855**　協約は，テレワーク労働者によってなされる仕事が監督され，監視され

るのであれば，使用者は，労働者のプライヴァシーと尊厳を保証する法律あるいは慣行を「十分に尊重」するよう保証しなければならない，と述べている．データの登録に対する権利への制限に関しては，特別な注意が払われるべきである．

テレワーク労働者としては，機密に関する確立されたルールを守り，許可されていない者が機密情報にアクセスできないことを確保するための「合理的な措置」をとるべきである．

### 4　就労場所と機材

856　協約は，テレワーキングの場所は，できる限り，企業の他の就労施設と同等なものであると認められるべきである，ということに特に言及している．さらには，仕事の場所および機材のデザインは，可能なときにはいつでも，企業施設の機材に適用されるものと同じ規則に従わなければならない．使用者は，テレワーキングに必要な機材の購入，設置，修理，および更新について責任を負う．それに対し，テレワーク労働者は，支給された機材について「合理的な注意」をすべきである．別の条項は，あらゆるコンピュータ・システムは，仕事の目的でのみ使われるべきであり，テレワーク労働者は，いかなるシステムまたはインターネットを通しても，違法な，下劣な，あるいは機密のデータを配信してはならない，ということを明言している．

### 5　健康と安全

857　健康と安全に関しては，協約は，健康と安全の代表者および使用者が指名した代表者が，被用者に訪問する旨の通知を行った後に，テレワーキングの就労場所に立入り査察する権利を有すべきである．

### 6　費用の補償

858　使用者は，一般に，機材に対する損害，第三者あるいはテレワーキング施設に対する損害を適用対象とする保険を含む，テレワーキングによってもたらされる経費を補償するシステムを案出すべきである．

### 7　労働組合権

859　すべてのテレワーク労働者は，提供された機材および設備を利用して，同僚と通信する権利を有する．この権利は，仕事に関係した問題および労働関係について，「テレワーク労働者が所属する労働組合あるいはその他の真正な代理人と」通信することを含まなければならない．

これらの通信は，秘密のものであるべきである——使用者はそれにアクセスしてはならない．

### 8　労働組合または他の従業員活動

**860**　最後に，協約は，テレワーク労働者が，労働組合に加入しまたは企業で行われる他の従業員活動に参加する権利をオフィスで働く被用者と同じように有しなければならない，と述べている．ただしそれは，次の条件の下においてである．その条件とは，組合活動への参加およびテレワーク労働者と被用者代表との通信は，オフィスで働く労働者の場合における同様の活動から生じる費用と比べ，「企業に不合理な費用をもたらすものではない」というものである．

## E　対人サービス産業における行為規範（2001年）

**861**　対人サービスにおける欧州ソーシャル・パートナーは，理容・美容業に対する行為準則に関する協約を締結した．同産業は，約40万の店で100万人を雇用している．「どのように仕事を進めるか」の準則は，欧州レベルで採択されたものの中では最も包括的なものと認められている．それは，優良な労働条件，公正な賃金，利得および生涯教育のような重要な主題を扱っている．それは，被用者に対する情報提供と協議に関する原則，および闇就労との戦いについても含んでいる．

その規範は，欧州 CIC（使用者）と欧州理容・美容 UNI（労働組合）とによって，合意された．それは，理髪事業のやり方についての原則，指針および基準を設定している．その指針は，すべてのステークホルダーに配布され，広範な慣習に届くように立案されている．そのテキストは法的拘束力のあるものではないが，欧州ソーシャル・パートナーは，彼らの国内のメンバーが，日々の営業においてそれを実行するよう，強く勧告している．その規範は，産業別労使対話委員会において，フォローアップされるであろう．その指針は，以下のようなものである．

「各自の責任を心に留め，事業を行っている国の適用される法律，広く行われている労働関係および雇用上の慣行の枠組みの中で活動し，理容・美容業の特色を考慮に入れて，理容・美容業者および被用者は，
1　利益をあげることが理容・美容業の事業の目的でありまたあるべきであり，理容・美容業者と被用者は闇就労を完全に禁ずるために協同すべきで

あるとの理解に基づき，顧客，被用者，経営者，オーナーおよび・または株主といった，すべてのステークホルダーのために，理容・美容業者の経済的，社会的および環境的発展に有効に寄与する目的で，共同と相互理解の精神で，共に働くべきである，
2 性別，人種，肌の色，民族あるいは社会的出身，遺伝的特徴，言語，宗教あるいは信条，政治的あるいはその他の意見，少数民族の一員であること，財産，血統，障碍，年齢あるいは性的志向，国籍，その他いかなる理由によっても，顧客や被用者を差別してはならない，
3 児童の保護および若年労働者に対する原則を守るべきである，
4 最良の徒弟を惹きつけうるように，また顧客に対し高い質のサービスを持続して保証するために，可能な限り最高の賃金と給付を支払うべきである，
5 職場における健康と安全および尊厳に関し，可能な限り最良の労働条件を提供し，事業運営に必要な弾力性を考慮に入れたうえで，1日および1週の上限労働時間，および休日ならびに年次有給休暇の日数に関する規則の遵守を保証すべきである，
6 家庭生活と職業生活の両立に助力すべきである，
7 被用者のエンプロイアビリティを保証し，流動性を高めるため，技能レベルの改善と開発を目指した継続訓練と生涯教育に基礎付けられた，被用者の自己表現と共同責任の機会を与え，可能な限りにおいて，職務内容の拡充の機会を与えるべきである，
8 不公正解雇からの保護に関する規則を遵守すべきである，
9 結社の自由および団体交渉の権利を尊重すべきである，
10 理容・美容業者の基本的な営業成績および相互の関心事項に関し，適切な時期に，被用者およびその代表者に対し情報の提供と協議をなすべきである。」

## Ⅳ 労使対話の役割についての異なる見方

**862** 使用者と労働組合は，産業横断的なEUレベルの労使対話プロセスの協議事項と役割を進展させる方向に関して，とりわけ，なお一層の枠組み協約の望ましさに関しては，異なるアジェンダを有している，ということがいよいよ明らかになっている。

1999年3月に，ETUCは，1993年の労働時間に関する指令の改正についての可能な勧告，およびEC条約第13条に基づく差別禁止の措置ならびにセク

シュアル・ハラスメントの問題とともに，派遣労働，テレワーク，生涯訓練の権利，および補足的な社会的保護（企業年金のポータビリティ）の問題に関する枠組み協約の交渉を含む，労使対話の作業計画を提案した．

これに対して，UNICE は，EU 雇用指針によって促されている弾力性と安定性をバランスさせる協約の領域における「最良の慣行」と「成功要因」に関するソーシャル・パートナーが共同して進行中の研究および健康と安全の問題について提案されている共同作業の完了に優先順位を与えたいと思っている．UNICE は，セクシュアル・ハラスメントの問題および EC 条約第 13 条の措置の問題については，その立場を留保した．

ソーシャル・パートナーの有期契約の労働に関する協約は，労働者派遣事業者により利用者企業に供給される労働者をその適用から排除しているが，「派遣労働者に関する同様の協約の必要を検討するのは当事者の意思である」と述べていた．1999 年 12 月に，ETUC は，派遣労働の規制に関する協約についての交渉を強く要求した．

EC レベルの協約の余地およびその望ましさについては，ソーシャル・パートナーの間および EU の諸機関や政府の間で，論争の的であり続けている，ということは明らかである．UNICE が交渉に入る主たる動機が，欧州の立法者が介入してくることの脅威である，ということは明らかである．

**862-1** しかしながら，そのとき以来ソーシャル・パートナーがいかにそれを進めていくかについて，彼らの自治性を強調して，共通の基盤を作ってきたように見える．

これは，2001 年 12 月 14—15 日のラーケン首脳会議で合意されたところに対応しており，そこでソーシャル・パートナーは今後いかに進めていくかについて共同声明を準備した．

この共同声明において，ソーシャル・パートナーは，社会政策の分野において協約に向けて交渉する権限がソーシャル・パートナーに与えられて 10 年経ち，彼らは自らの役割を「位置付け直し」（reposition）たいと思う．これは特に欧州の将来とガバナンス，EU の拡大計画，経済通貨統合の完成に関する議論のような発展によって生じている．特にソーシャル・パートナーは以下の点に取り組みたいと考える．

―二者構成の労使対話と三者構成の社会的協調の間の区別，
―より自治的な労使対話の作業計画の発展．

二者構成の労使対話と三者構成の協調に関しては，彼らは以下の間に明確な区分が引かれるべきであると信ずる．

―三者構成の協調は，ソーシャル・パートナーと EU 公的機関の間の交換を意

味し，
—ソーシャル・パートナーへの協議は，諮問委員会の活動ならびに EC 条約第137 条および第 138 条にいう欧州委員会の公式協議を意味し，
—労使対話は，ソーシャル・パートナーによって行われる 2 者構成の作業を意味し，それは EC 条約第 137 条および第 138 条の下の公式協議によって促進されるものでもそうでないものでもありうる．

　彼らはまた，雇用常任委員会を「成長と雇用のための三者協調委員会」によって代えることを提案した．これはリスボンで決定された欧州戦略に関するソーシャル・パートナーと公的機関の間の協調のための主たるフォーラムとなる．彼らはこの新たな委員会の作業がどのように編成されるべきと信ずるかに関して特定の提案をする予定である．

　労使対話のプロセスに最も射程距離の長い含意を有する共同声明の部分は，「自治的労使対話」に関するものである．彼らは，条約第 137 条および第 138 条に規定された手続に「極めて執着して」おり，欧州委員会のイニシアティブの権利と欧州機関の成長と雇用のための欧州戦略を発展させる上での役割を十分に認識していると述べる．

　しかしながら，ソーシャル・パートナーはより自治的な労使対話を発展させる最善の方法に関して現在考慮しており，労使対話サミットにおいてこの分野における具体的な措置を討議する予定である．このサミットは「多様な機関のスペクトル」に立脚した労使対話の作業計画を設定する予定である．これらには，欧州枠組み協約，意見，勧告，声明，経験交流，意識啓発キャンペーンおよび公開討論が含まれる[訳注1]．

　　[訳注1] 本パラグラフは著者の第 9 版草稿による．

## V　労働組合の戦略：欧州の協調交渉

### A　ETUC

**863**　2000 年 12 月に，ETUC の執行委員会は，団体交渉の調整のための ETUC 委員会によって定式化された，賃金交渉の調整に関する指針を歓迎し，支持した[1]．

　その指針の三つの主要な目的は，以下のようなものである．それらは，
—欧州レベルの労働組合に，欧州委員会の包括的経済政策指針や欧州中央銀行の指針に応じて賃金交渉を進めるための全般的な指示を出すことを認め，欧州レベルでの「マクロ経済的対話」に一般的な影響を及ぼすこと，

―欧州におけるソーシャル・ダンピング，賃金ダンピングおよび賃金発散をもたらすような状況を回避すること，および

―欧州，とりわけ欧州通貨統合地域を構成する国における賃金要求を調整すること，および欧州における生活水準の「上昇方向での収斂」を促進することである．

指針は，以下のような賃金要求についての方式を含んでいる．

「名目賃金の増加は，利潤と賃金のより良いバランスを確保するために，総賃金の上昇に配分される生産性の割合を最大化すると同時に，少なくとも，インフレ分を超えるものであるべきであり，そして，

生産性の残余部分は，費用に関して計量可能な場合には，労働の質的側面のような，他の面に資金を蓄えるために用いられるべきである．」

さらには，公共部門の賃金と民間部門の賃金は，同時に増えるべきである．

指針は，とりわけ来るべき時期の団体交渉の他の二つの面を強調する．それらは，労働の質への投資としての訓練および生涯教育に対するすべての労働者の権利を伸張させること，および低賃金と戦い，同一労働および同一価値労働に対する男女間での同一賃金を保証することである．

ETUCの執行委員会は，この指針に関する手続実行の一部として，毎年の賃金の伸長と2年ごとの労働の質的面の前進を再検討する，と述べた．これは，EU加盟国および欧州経済地域加盟国における状況の共通の分析に基づき，行われるであろう．加えて，ETUCは，評価の練習に参加するために，欧州連合への加盟を申請している諸国における傘下の組織を招集する．

団体交渉の調整に関する指針は，金属産業，織物産業，衣料産業およびサービス産業といった多くの欧州産業別労働組合組織によって，既に承認されている．

(1) 「ETUC執行委員会は，団体交渉の調整に関する指針を支持する」www.eurofound.ie.

## B ドールン・グループ[1]

**864** 2000年9月7―8日に，ベルギー，ドイツ，ルクセンブルク，およびオランダから50人以上の指導的労働組合の代表者達が，「ドールン・グループ」の第4回年次合同会議のために，ルクセンブルクに集まった．参加者達は，主要な産業別組合はもちろん，主要な国内の連合団体を代表するものであった．加えて，ETUC，欧州労研，欧州委員会，およびルクセンブルクの労働省からの代表者も，オブザーバーとして会議に参加するよう招かれた．

# 第1章　団体交渉

　ドールン・グループは，1998年に，関係する組合が，EU経済通貨統合の中で団体交渉の国境を越えた緊密な調整が大いに必要であることを表明した共同宣言を採択したオランダの町から，その名前をとっている．「ドールン宣言」は，様々な欧州諸国の労働組合が，一連の共同交渉指針を決定した最初のものを意味する．賃金および労働諸条件の引下げへ向かう競争を防止するために，関係労働組合は，以下のことに同意する．

「物価の漸進的変化の総計と労働生産性の上昇に対応する，団体交渉による解決を達成すること，

　大衆の購買力の強化と雇用創出措置（例えば，労働時間の短縮）の両方を達成すること，

　交渉政策の進展に関し，定期的に，相互に情報を提供し協議すること．」
「ドールン・グループ」は，関係する国内の主要な労働組合組織の指導的代表者によるサミット会議を毎年開催すると同時に，毎年のサミット会議とサミット会議の間には，国境を越えたワーキング・グループが，団体交渉の現在の進展についての定期的かつ集中的な情報交換を催すことを決定した．

　国境を越えたワーキング・グループは，それ以降，非常に緊密な調整のネットワークを作り上げ，2カ月または3カ月に1回集まっている．

　関係するすべての労働組合の間には，その創設4年後には，ドールン・グループは新しい段階に入り，その国境を越えた調整をさらに強めるに違いない，という一般的なコンセンサスがあった．「ユーロ・ランドにおける団体交渉の調整を改善する」というスローガンの下に，労働組合は，ルクセンブルクでの会議で共同のプレスリリースを行った．そのプレスリリースにおいて，労働組合は，2001年9月にベルギーで開催される次期のサミット会議までの期間の作業計画を提案した．

　第1に，労働組合は，ドールン方式に基づく賃金政策の調整を継続することに同意した．ルクセンブルク会議が，労働協約の諸規定の価値を算定するうえで重大な方法論的問題があると同時に，その方式自体の意味について各国に異なる解釈があることを示したことから，労働組合は，これらの問題に関する労働組合と外部の専門家による合同ワークショップを設置することを決定した．

　第2に，ドールン・グループは，団体交渉政策の賃金以外の面での調整を改善することを決定した．労働組合は，労働時間および継続訓練の問題に焦点を絞り，これらの事項に関する合同ワークショップを設立することに合意している．小規模の国境を越えたワーキング・グループは，これらの問題に関する共同の国境を越えた団体交渉のプロジェクトが中期的に見て可能か否

かを評価する任務を与えられた．次の年次会議で，労働組合は，団体交渉政策におけるいくつかの賃金以外の問題に関して共同のキャンペーンに乗り出すか否かを決定するであろう．

　第3に，ドールン・グループの労働組合は，関係する国にとってのマクロ経済のデータはもちろん，労働組合の要求に関する情報の日々の交換，進行中の交渉および新しい労働協約のいっそうの改善をを要求した．情報交換を改善する手段の一つとして，ドールン・グループは，自身のワールドワイドのウェブ・ページを立ち上げることを計画している．

　(1)　「ドールン・グループ」は，第4回の年次会議を開催する．www.eurofound.ie

**865**　その間に，労働者派遣事業に関する交渉は，2001年5月に，失敗に終わったのだが，UNICEは，テレワークに関する「任意の」協定についてのみは交渉したいと思っている．

## 第2節　欧州労働協約

**866**　本節では，EC条約第138条および第139条に従った，欧州労働協約を締結する可能性に伴ういくつかの問題を提出したい．そうするためには，多くの序論が必要とされるであろう．というのも，団体交渉が，改めて説明するまでもないようなものではなく，複雑かつデリケートな一連の関係を成しているからである．国内の範囲の団体交渉も，政治的にも，社会学的にも，法的にも，容易な主題ではない．なおさら，欧州レベルあるいは国際レベルで行われる場合には，それはよりいっそう複雑なものである．育児休業に関する最初の欧州労働協約(1995年12月14日)についても展望する[1]．

　(1)　第1部，第7章，第4節を参照．

### I　序　論

#### A　広義と狭義

**867**　「団体交渉」という術語には，広義のものと狭義のものの，少なくとも二つの意味がある[1]．広い意味においては，団体交渉は，より広い理解，政策の準備あるいは実行，必ず拘束力ある協約に結実するわけではないが，妥協に到達しようとすることを意図して，労使および政府当局を巻き込んだ，「二者あるいは三者による労働問題に関するあらゆる種類の話合い」を含む．自明なことに，この広義の交渉は，あらゆる形式の協議，協同および協調を含む．

第1章　団体交渉

　狭義の団体交渉は，事実上，道義上，あるいは法律上のいずれにおいてであれ，また，通常は労使間での，拘束力ある協約をもたらす話合いに焦点を合わせる．この意味における団体交渉は，拘束力のあるルールを含む協約はもちろん，使用者と被用者の代表との間の交渉プロセスを伴う．本章を通してわれわれがその術語を用いるのは，この後者，すなわち狭義の意味においてである．

　(1) S.G.Bounber and P.Sheldon, 'Collective Bargaining' in Comparative Labour Law and Industrial Relations in Industrialised Market Economies (ed. R. Blanpain and C.Engels), 7th ed., Kluwer, 2001, pp.549-584.

## B　多面的役割

868　E.コルドバ(E.Cordoba)[1]の正しく指摘するところによれば，団体交渉は，賃金や労働条件の決定，紛争の解決，および集団的労使関係当事者間の関係の規律といった，様々な働きをなし，それはまた，事実上，被用者の参加の形式のひとつでもある．

　(1) Op.cit.

## C　二様の内容をもつ協約

869　その複雑な性格を仮定すれば，労働協約は，二重につなぎ合わされた卵のようなものである．それは，二様の内容をもつ．

### 1　規範的部分

870　一方では，労働協約は，使用者と被用者の間の労働関係を規律する，賃金および労働条件に関する条項を含む．これらの賃金および労働条件は，規範的性格を有する．それらは，労働協約の場所的，人的，および職業的適用範囲に入っている者の労働条件を規律する，規範である．

871　労働協約の規範的部分は，個々の被用者の条件（賃金，給付，生活費用条項，職務分類，労働時間，休日，休暇等）から成る，個別的規範的条項を含む．それはまた，企業または事業所における集団的規範的条項も含む．それは，個々の被用者に対する関係では協約締結当事者にも使用者にも義務を生じない，規範である．それは，（個別的規範的なものと債務的なものとの間の）一種の中間的なルールであり，「集団的」労働関係を規律する．集団的規範的ルールの例は，(1)企業における労使協議会の設置，権限および役割，(2)労働争議の

解決手続，(3)一定の基金の設立等をふくむ，産業別労働協約における諸規定である．

### 2 債務的部分

**872** 労働協約は，他の合意と同じように，規範的ルールとは明確に区別されるべき，締結当事者間に債務を生じさせる．その債務は，明示のものでも（例えば，協約の解釈に関する），黙示のものでもありうる．いくつかのEC諸国では，なかんずく平和義務（協約の有効期間中は争議行為を行わないこと）が，黙示の義務に属する．そしてそれは，相対的なものも絶対的なもののありうる．一部の国は，協約を実行する締結当事者の黙示の義務（協約を守るようその構成メンバーに影響力を行使する）があることも認めている．自明のことではあるが，平和義務は，明示の条項でも定めうる．

## D 自由な団体交渉：多元主義的民主主義

**873** 自由な団体交渉と当事者の自律が常に結社の自由の本来的な面であると見られてきたことを，この文脈において想起させることは，不必要なことではない[1]．実際のところ，結社の自由，団体交渉，およびストライキ権は，既述のように，相伴うものである．被用者，そしてやがては使用者も，団体交渉を行うために結社をつくるのであるし，ストライキ権を伴わない交渉は，懇願に等しい．自律的な団体交渉は，多元主義的民主主義社会の必要条件を成す．すなわち，「多元」は，例えば，一定の政党のような，一つの団体ではなく，より多くの機関や人が，社会的な決定やルールづくりに参加することを意味する．言うまでもなく，ストライキ権（第13条）はもちろんのこと，団体交渉（第12条）も，1989年EC憲章に明示されている労働者の社会的基本権に属するものである．

> [1] B.Creighton, 'Freedom of Association' in Comparative Labour Law and Industrial Relations in Industrialised Market Economies (ed. R.Blanpain and C.Engels), 7th ed., Kluwer, 2001, pp.227-262.

## E 補完性

**874** 補完性のルールは，問題が適切なレベルで解決されるべきことを指摘して，欧州または国内政府当局が関係する限りにおいて，欧州レベルと国内または地域レベルとの関係だけではなく，問題が，政府の介入によってか，そ

れとも，社会的領域においてはソーシャル・パートナーを意味する関係当事者間の合意によって，処理されうるものかということも扱う．したがって，補完性のルールは，それが最良の方法であるときには，欧州レベルの団体交渉の余地があることも指摘する．

## F 国際的な（法的）枠組みの自制

**875** 国際的レベルあるいは欧州レベルの経営と労働の間での団体交渉に関する限り，国際的な法的文書は，常にほとんど沈黙している，ということは疑いない．それは，そのレベルでの交渉が，関係当事者による戦略的考慮によって混乱させられるためである．政府および関係するソーシャル・パートナーの対立する見解があるとすれば，OECD加盟諸国により公布されているもの(修正された，1976年)，あるいはILOの多国籍企業の社会政策に関する三者宣言(1977年)のような，多国籍企業に対する指針でさえ，明示にもまた黙示にも，国境を越えた交渉に言及することはない．したがって，EC条約第138条および第139条は，この領域における突破口であるが，欧州労働協約に伴う様々な法的問題を法体系化し監視する，定式化された明確なルールを含んでいないのは自明のことである．

## G 特定立法

**876** 特定の欧州法上のルールがないために，欧州レベルで労働協約が締結される場合に，どの法的ルールが適用されるべきか，という問題が生じる．欧州労働協約に伴う法的問題を満足に処理することができる一般的法原則が十分にない，ということは疑いない．そうするためには，解決のための国内法に頼らなければならないであろう．ここで，二つの可能性を区別しなければならない．（協約）当事者が，協約に適用されるであろう国内法を選択するか，その選択をしないかである．後者の場合，当該協約に最も緊密に結びつけられる国内法制度が，適用されるかもしれない．この枠組みにおいては，1980年6月19日の契約上の債務に適用される法に関する条約を参照しうるであろう．ただ，同条約の草案起草者は，条約を作り上げるときに，欧州労働協約を考慮していなかったのは確かではあるが．いずれにせよ，最終的に欧州法が普及しなければ，例えば，個別的な雇用契約に関する，欧州労働協約によって定められた，条項の適用に関する紛争事案において，国内法が，各地の裁判所によって適用されるであろう．

**877** 欧州法の下におけるソーシャル・パートナーの概念に関する，UEAPME事件の1998年6月17日の第一審裁判所判決からすると，当然の結果として，欧州司法裁判所の裁判官は，欧州労働協約，とりわけ，指令のために育児休業に関する枠組み協約を実行する理事会決定の適法性の問題に介入する，ということになる．

しかしながら，欧州司法裁判所は，欧州労使協議会についての1994年の指令に関する問題，そしてついには，協約の法的性格，（協約）当事者の能力，内容などを含む，欧州労使協議会を設立する当事者が締結した協約に関する問題に解答すべきである，ということが全く否定されるわけではない．

**878** 現在の法的状態において，欧州司法裁判所は，EC条約第234条の文言によれば，先行問題はEU法制に関する訴訟に限られるから，欧州労働協約の有効性あるいは解釈に関する先行問題を処理する資格があるようには思われない．

## II 協約当事者

**879** 労働協約は，単独の使用者あるいは複数の使用者または使用者団体と，単独の労働組合あるいは複数の労働組合，その他の真正な被用者の代表との間の，雇用条件および契約当事者の権利と義務に関する合意である．

欧州レベルの協約は，以下のようなもののどれかでありうる．すなわち，
1 欧州企業協約，
2 欧州産業別協約，
3 欧州産業横断的協約，
4 欧州地域横断的協約．

### A 欧州企業協約

**880** 欧州企業協約の場合には，使用者側は，EC加盟諸国内に法人格なき子会社を有している欧州企業か，欧州あるいは多国籍のグループの一部である，EC加盟諸国内に設立された，様々な法人格のある子会社の代表のどちらかで構成されている．明らかなことであるが，EC加盟国のすべてに子会社が存していなければならないというわけではない．さらには，一部の子会社は，EC内に位置していないにもかかわらず，交渉に関与し，その結果の協約にかかわる，ということ，同じく，協約が子会社の一部とだけ締結される，ということも予見しうる．

第1章　団体交渉

**881**　労働側は，様々な子会社で働く被用者を代表する労働組合の代表，あるいは（少なくとも理論上は），設立されうるものであり，権限を有し，それゆえ，企業における賃金その他の労働条件に関して，交渉し，労働協約を締結する権限を委任されている，欧州企業別労働組合により構成されうる．

　欧州労使協議会は，協議会の構成と権限次第では，欧州企業労働協約の当事者たりうる，ということも予見しうる．欧州労使協議会は，例えば，国内レベルで，その目的のために直接選出された者である，被用者の代表，あるいは，国内の協議会またはショップ・スチュワードや安全委員会その他の委員会のような，類似の機関の代議員である，被用者の代表で構成されうる．これらの（直接的または間接的）代表は，欧州レベルで，交渉し，協約を締結する権限を委任されていなければならない．直接的代表の場合には，このことは自明である．間接的代表の場合には，自国で権限を有しない代表に対しては間違いなく，明示的に委任されていなければならない．それは，多くの労使協議会に当てはまることである．というのも，多くの国においては，団体交渉の（法的）権利は，労働組合に保有されているからである．それを確保する問題は，欧州労使協議会の構造の観点から，後で論じられる[1]．

(1) 第2章，第4節，Ⅳを参照．

**882**　企業横断的協約の可能性は，アプリオリに許されないわけではない．

## B　欧州産業別協約

**883**　欧州産業別協約の当事者は，自明のことに，使用者団体と労働組合である．

　（国内の）労働組合は，当該産業における被用者の代表であり，交渉権限を有するものであるが，交渉および協約締結の権限を委譲されるか，あるいは交渉のテーブルに着くものとして代表とされ，労働協約の当事者となる，一つあるいは複数の欧州産業別労働組合を形成することもできるし，交渉委員会に委任することもできる．

　同じことは，他の条件が等しければ，使用者側にも当てはまる．この文脈において，産業別対話委員会に言及している[1]．

(1) 総論，第1節，Ⅲ，Jを参照．

## C 欧州産業横断的協約

**884** 欧州産業横断的協約は，欧州の民間部門（利益―社会的利益）[1]を全体として適用対象としうるし，複数の産業部門を適用対象としうる．また，国内レベルの連合体を集めた，一つまたはそれ以上の欧州労働組合連合体は，そのための権限を委任されることを条件として，労働協約の当事者となりうる，ということも考えうる．一部の国内連合体は，それ自身で，労働協約を締結する権限を有せず，それゆえに，その権限を欧州レベルの機関に委任することもできないかもしれない，という事実から，困難な問題があるかもしれない．国内連合体が協約当事者となっている，ということも考えうる．

(1) 共通市場の機能に影響する，公企業が含まれる．

**885** 産業の一部の業種のみを適用対象とする，産業横断的協約の場合には，その業種を代表する，国内レベルの労働組合が，労働協約の当事者となる，ということを考えうる．

**886** 使用者の側については，一つまたはそれ以上の欧州使用者団体連合体が，当事者となりうるし，国内の連合体自体もなりうるであろう．権限や一部の業種だけを適用対象とする協約に関しても，労働組合の場合と同じように，同じことが言える．

## D 欧州地域横断的協約

**887** 協約は，様々な加盟国に位置する，ECの様々な地域を適用対象として，締結されうる．これらの協約は，産業別協約でも，産業横断的協約でもありうる．

ここでは，(国内の)地域別使用者団体あるいは国内使用者団体はもちろん，欧州地域別使用者団体も，協約当事者たりうる．

労働組合の側からは，欧州地域別労働組合，(国内)地域別労働組合，あるいは国内の労働組合が，交渉のテーブルに着きうる．

### III 労働協約締結権限

**888** 労働協約を締結できるためには，当事者は，必要な権限を有していなければならない．ここでは，交渉する権限，締結する権限，および協約を承認する権限を区別しなければならない．

団体の場合には，この目的のために，その構成員である使用者または被用者によって，あるいは法律によって，権限の委任がなされていなければならない．欧州規模の団体の場合には，その構成団体が，欧州規模の団体にそのような権限を委任する権限を有していなければならない．

そのような権限の委任は，明示的にも黙示的にもなしうる．

もちろん，例えば，国内の諸団体が交渉チームを組織し，当該諸団体のために交渉を行い，承認権限が留保されたうえで，協約を締結する，という可能性はある．

## Ⅳ　EC 条約第 138 条および第 139 条：特別の法的問題

**889**　既に指摘したように，非常に難解な問題が，閣僚理事会の決定によって実施されるであろう協約であれ，法的に独立しているであろう協約であれ，EC 条約に基づく欧州労働協約に関して生じる．

### A　国内慣行に従った実施

#### 1　協約当事者

**890**　第 1 に生じる問題は，誰が欧州労働協約の当事者たりうるのか，ということである．当事者は，使用者，例えば，欧州企業，あるいは欧州使用者団体，あるいは地域，産業または連合レベルで組織された被用者の欧州労働組合であろう．前に指摘したように，当事者は，労働協約を締結するために必要な権限を有していなればならない．そうするためには，当事者は，そのメンバーから(明示の)権限の委任を受けるべきである．UNICE のメンバーは，例えば，ドイツ使用者連盟(Deutche Arbeitgebersbund)やイギリス産業連盟(Confederation of British Industries)のように国内レベルで交渉する慣行がないので，団体の構成メンバーが権限を委任する合意をしなければ，そのような権限の委任をすることは難しい立場にあるであろう．このことは，それらの団体の規約の改正を最終的に伴うものとなろう．

育児休業に関する協約における当事者は，「産業横断的団体」であり，使用者側は，UNICE，CEEP であり，被用者側は，ETUC である．理事会指令の前文第 13 項において，欧州委員会が，「……署名当事者の代表としての地位を考慮し」た，ということは，注目される．しかしながら，この点に関しては，欧州ソーシャル・パートナーの代表性に関する前出のわれわれの意見を参照せよ[1]．

(1) 総論，第3節，II，E1bを参照．

## 2　協約の内容

**891**　当事者は，賃金，および最も広い意味の労働条件に関し，協約を締結しうる．当事者は，自律的であり，EC条約第137条第6項で除外されている領域によって拘束されない．ただし，欧州レベルでのストライキ権やロックアウトの権利のような事項に関する協約は，理論的には可能ではあるが，ほとんど見込みはない，ということを認識しなければならない．

1995年12月14日の労働協約は，育児休業を扱っているが，それは，EC条約第137条第1項の意味における労働条件である．

## 3　形式および言語

**892**　欧州労働協約は，その中において協約が効力を有することを意図されている加盟国の様々な公用語で，起草されるべきであろう．だが，ベルギーの場合のように，協約に適用される国内法が，一定の言語を要件として含む場合を除けば，このことが協約の有効性を制約するとは思われない．

## 4　適用範囲

**893**　協約の地域的範囲は，15の加盟国および欧州経済地域(EEA)加盟国に必ずしも限られるわけではなかろう．というのも，例えば，UNICEやETUCのような，協約当事者となる可能性のあるもののいくつかは，(15の加盟国および欧州経済地域の加盟国といった)ECの外に構成メンバーを有しているからである．協約の適用に関する人的範囲は，協約自体の規定内容によって決まる．すなわち，それは，適用対象とされることが予定されている使用者および被用者であり，原則として，労働協約の地域的および職業的範囲に入る，あらゆる使用者および被用者である．職業的範囲は，締結ソーシャル・パートナーが資格を有する活動部門によって，決められる．協約は，共通市場の中で活動するすべての企業に対して適用されうる．この文脈においては，企業が，民間企業であるのか，(政府その他の公的機関が所有しているか，それらのコントロールの下に活動している)公共企業であるのかは，関係ない．ただ一つ重要な要素は，企業が共通市場の作用をもたらすか否か，ということである．しかしながら，協約は，厳格な意味での公共部門，すなわち，国家その他の公的機関の一般的利益を守ることをその目的とする，職務の遂行に当たり公法によって付与された権限の行使への直接的または間接的な参加を伴う制度には，適用されない[1]．

第 1 章　団体交渉

(1) Lawrie-Blum v. Land Baden-Würtemberg, 3 July 1986, No.66/85, ECR, 1986, 2121 を参照．

## 5　拘束力

**894**　協約の拘束力に関する限りは，協約の債務的部分と規範的部分とを区別しなければならない．債務的部分の拘束力は，契約に適用される法によって決まる．例えば，協約がブリュッセルで締結され，当事者が他の法体系を選択しなかったときのように，法がベルギーのものである場合には，当事者間の関係は，ベルギーの共同委員会および労働協約に関する 1968 年 12 月 5 日法によって，それが含むあらゆる問題を伴って，規律されるであろう．

**895**　協約当事者のメンバーに関する，例えば，UNICE に関する限りでは，国内レベルの使用者の連合に関する，協約の拘束力は，UNICE の規約によって決まるであろう．そのような規約から生ずる義務は，最終的には，不遵守の場合における懲戒措置によって実効性を確保されているであろう．ともかく，何であろうと，国内の団体が欧州労働協約（の問題）を国内での交渉のテーブルに置くような法的義務はないし，その結果について，すなわち，国内レベルの労働協約がもたらされるべき，という義務もない．義務的交渉は，実際のところ，広くヨーロッパの伝統となっているものではない[1]．

(1)　しかしながら，義務的交渉に関する一定形式の法的義務は，フランス，ルクセンブルク，ポルトガル，およびスペインに存するし，いくつかの事項に関してのそれは，デンマークとオランダにある．

**896**　協約当事者のメンバーに対して唯一ある義務は，既述のごとく，使用者団体あるいは労働組合のように，その代表する欧州レベルの組織の規約に従うことであり，国内レベルあるいはそれ以下のレベルでの団体交渉に乗り出すよう義務付けるであろう．しかしながら，例えば，個々の被用者が，欧州労働協約に規定されている諸事項について，交渉を開始していない国内の使用者組織あるいは労働組合を訴えることができるかについては，疑わしい．ここでは，多くのことは，国内法の状態，および他者が有しているであろう，契約上その他の債務に関する第三者の権利によって決まるであろう．

**897**　欧州労働協約の規範的部分の履行は，各加盟国のルールに従った団体交渉を発展させることにある．ここでは，若干の加盟国が労働協約の一般的拘束力を付与する手続を有しないことから，問題が生じる．それと同時に，法源のヒエラルヒー（立法，就業規則，個々の合意，慣行……）に関する限りは，労働協約の拘束力は，国により相当に異なる．一部の加盟国は，民間部門全体への協約の拡張手続を有しているが，その他の加盟国は有していない．若

干の国では，労働協約の不遵守には，このように拡張されて，刑罰による制裁が規定されているが，他の国ではそうした規定はない．

このように，協約が，通常の（国内での）団体交渉の構造あるいは仕組みを通して，完全にかつ万人に対して（普遍的に）履行されるであろう，ということについての法的保障はない．同等の法的結果をもって，万人に対する（普遍的な）効力を得るためには，結果として，この分野におけるECのさらなる立法的発展に伴い，事実上，閣僚理事会に決定を求めることを余儀なくされる．

### 6 解 釈

**898** 既に指摘されているように，先行問題はEC機関の行動に限られるという，EC条約第234条の文言を前提とすれば，欧州司法裁判所は，欧州労働協約の解釈に関する先決問題を取り扱う権限を有するようには思われない．しかしながら，解釈の仕組みは，労働協約の当事者自身によって，あっせんあるいは仲裁の仕組みとして，用意されうる．国内裁判所も，欧州労働協約の文言の意味について判決するよう求められうる．一般的ルールとして，解釈を求めている，当事者は，訴訟の当事者適格を有するためには，明白な利害関係に関する証拠事実を述べなければならない．

最初の労働協約，すなわち，育児休業に関する労働協約は，その最終規定第6項において，「欧州委員会，国内裁判所および欧州司法裁判所の各自の役割を妨げることなく，欧州レベルにおける本協約の解釈に関するいかなる問題も，第1に，欧州委員会によって，意見を出すであろう協約の署名当事者に付託されるべき」と規定する．その意見は，明らかに，指示的性格を有するだけであり，拘束力はない．協約の解釈に関する最終的な拘束力ある決定は，欧州司法裁判所によってなされるであろう．

当事者は，明らかに，閣僚理事会の決定によって拘束力あるものとなりうる，解釈に関する協約を締結しうるが，それはまた別の問題である．

### 7 期 間

**899** 当事者は，その協約中に，協約の期間および終了に関するルールを定めなければならないであろう．一般的ルールとして，協約は，期間の定めのないものか，あるいは期間の定めのあるものである．期間の定めのない場合には，予告期間および所定の形式が規定されることであろう．そのとき，協約に適用される，国内法に従わなければならないであろう．

育児休業に関する協約は，期間の定めのないものである．それは，協約の一部または全部の廃棄を通告するための規定を含まない．しかしながら，そ

れは，当事者の一方から要求があった場合に，閣僚理事会の決定の日以後に，当事者が協約の適用について再検討する，という条項を有している．これは，いずれの当事者もいつにても協約を廃棄する通告を行う権利を有している，ということを否定するものではない．その場合には，指令が中身のない殻となってしまうだろう．

## B 閣僚理事会決定による実施

900 国内法手続による実施に関して述べられてきたところのものの多くは，閣僚理事会の決定による欧州労働協約の実施にも関係している．ここでは，いくつかの特有の問題に限ることにする．

既に指摘したように，最初の産業横断規模の育児休業に関する欧州労働協約は，1996年6月4日の指令によって，実施された．

### 1 どの協約？

901 閣僚理事会の決定によって実施されるべき最初のものとなる資格のある労働協約は，あらゆる使用者および被用者を適用対象とする欧州産業横断的協約である，ということは明らかである．実際のところ，理事会指令に取って代わることになっており，原則として，ECのあらゆる使用者および被用者に適用されるのは，これらの協約である．しかしながら，アプリオリに，閣僚理事会の決定によって，産業別協約，地域別協約，あるいは欧州企業協約を実施する可能性を全く認めないということはできない．第1に，EC条約第139条は，かなり概括的であり，もっぱら産業横断規模の労働協約のみに限定してはいない．第2に，補完性原則を完全に充足するという観点においても，団体交渉の活力と自律性を尊重し促進しなければならない．換言すれば，閣僚理事会による，産業横断規模以外の労働協約を実施する決定は，法律上だけではなく，事実上も，実行可能性のあるものである．

### 2 内 容

902 協約の内容は，前に列挙された，EC条約第137条第1項および第3項により対象とされている事項に限定される．閣僚理事会は，協約当事者と閣僚理事会が合意するのでなければ，協約の本文を全体として承認するか，それとも拒絶するかしなければならず，その内容を変更したり，協約の一部だけを維持することはできない，というように思われる．閣僚理事会の決定は，協約の規範的部分だけを実施するであろう．実際に，決定が，そのうえ，当

事者間の契約的関係（協約の債務的部分）までも対象とすべき必要はないように思われる。

### 3　範　囲
**903**　自明のことであるが，協約の地域的範囲は，15 の加盟国の領域に限られるであろう。決定は，欧州経済地域協定の枠組みにおいては，EFTA 加盟諸国に対しても効力を有するであろう。

### 4　拘束力
**904**　決定の拘束力は，閣僚理事会が用いることを決定する文書，規則，指令，決定によって決まるであろう。ここでは，閣僚理事会は，一般的拘束力の守護者である。このことは，欧州協約が，規則あるいは指令の場合には，国内立法，国内の労働協約，就業規則，個別合意等に取って代わるであろう，ということを意味する。そのような閣僚理事会の決定は，以前の規則，指令あるいは勧告を修正しあるいは廃止しうるようにも思われる。

閣僚理事会の決定により実施される産業横断的 EC 規模協約は，同じく閣僚理事会の決定により実施される，産業別協約，地域別協約，あるいは企業協約に取って代わることもあるのか否か，ということを問うことができよう。その答えは，現在の状況においては，より上位の労働協約は，より下位のレベルの協約が尊重し拡張しなければならない最低基準を含んでいる，という意味において，肯定的なものと思われる。既に指摘したように，閣僚理事会は，常に，最新の命令を有しており，いつでも，労働協約を実施する決定を撤回したり，労働協約を全部または一部修正したり廃止したりする別の文書を採択することができる。

既に指摘したように，育児休業に関する労働協約は，指令によって実施された。このことは，必然の方向であった。というのも，それは，加盟国または権限あるソーシャル・パートナーによって，国内レベルで補充されるべき多くの余地が残されている枠組協約であるからである。その指令は，加盟国に対して，達成されるべき結果に関し，拘束力あるものであるが，形式や方法の選択の余地を認めている。

### 5　解　釈
**905**　閣僚理事会の決定の場合には，協約は，自明のこととして，先行問題に関する EC 条約に従い，欧州司法裁判所による最終的な解釈を求めて提訴される。

また，協約当事者は，例えば，斡旋や仲裁による，解釈問題を解決するための適正な取決めを作り上げることができる．

育児休暇に関する労働協約については，本節の A.6 で言及している．

### 6　所有主かそれとも奴隷か

**906**　（欧州労働）協約と協約を実施する閣僚理事会の決定との間の関係は，最も重要なものである．実際のところ，労働協約は，実施手続を通して，閣僚理事会決定の中に取り込まれ，それに吸収されることになって，法律上，消滅してしまい，存在しなくなってしまうのか，それとも，協約は生き続け，閣僚理事会の決定は協約に一般的拘束力を付与しているだけであって，協約は当事者の手の中にあるという意味において存続しているのか，という問題が生じる．多くは，閣僚理事会の決定がどのように解釈されるのかによって決まる．すなわち，決定は，協約の本文を吸収するだけなのか，それとも，（次の）協約が閣僚理事会の決定によって実施されるようになった，と述べているのか，ということである．後者の場合には，協約は，ソーシャル・パートナーのものであり続けており，そしてそのことは，ソーシャル・パートナーがそのように欲すれば，彼らの随意にまたは協約の規定に従って，協約を廃棄する通告を行うことができる，ということである．さもなくば，そのようなことはできないであろう．その場合，閣僚理事会の決定は，中身のない殻となるであろう．ソーシャル・パートナーの自律性を最大限に尊重するためには，協約を閣僚理事会決定に編入させる道をたどらないことが，適切である．

育児休業に関する労働協約を実施する，1996 年 6 月 3 日の指令は，協約を付属文書として公布し，協約に拘束力を付与することによって，ソーシャル・パートナーの自律性を尊重した．協約の本文は，かくして，いかなる点も修正されなかった．しかしながら，欧州議会は，全くかかわっておらず，協約の本文がソーシャル・パートナーによって合意された後に入っていけるだけであり，また，欧州委員会が，閣僚理事会の決定による実施の措置をとった，ということについて不平を訴えた．

### 7　団体交渉と競争

**907**　同じ日の三つの類似の事件において[1]，欧州司法裁判所は，労働協約の文脈で，ある産業の使用者および労働者を代表する機関によってなされた，その産業における補完的年金制度を運営する責任のある単一の年金基金を設立し，その産業の全労働者に同基金への加入を強制することを公当局に求め

る決定が，EC条約第85条に違反するか否かを，本質的に確かめた．三つの事件すべては，産業別労働協約によって設立された，単一の産業別年金基金および補完的年金制度を扱ったものであったが，その労働協約は一般的拘束力があるものと宣言された．このことは，すべての使用者および被用者がこの基金に加入すべき，という結果になる．一部の企業は，この強制を嫌い，自分たちはより低い掛け金の制度を用意することができると主張し，強制的な制度は共通市場における自由競争に反するものであるとも主張した．欧州司法裁判所は，当該労働協約の有効性を認め，一般的拘束力があるものと宣言した．

欧州司法裁判所が，EC条約第81条第1項およびEC条約第136条ないし第143条は，規定の有効かつ一貫した体系として解釈される，ということを述べたことから，労働および雇用の条件の改善のような社会政策的目的のために，経営と労働の間での団体交渉の文脈で，締結された協約は，その性格および目的のゆえに，EC条約第81条第1項の適用範囲の外にあるものということになる．欧州司法裁判所は，続けて次のように述べている．

「公当局によって加入が強制されうる，年金基金により運営される，補完的年金制度を特定の産業において設立する労働協約の形をとった協定は，その性格と目的のゆえに，EC条約第81条第1項の範囲に入らない．そのような制度は，その産業の全労働者のために年金の一定レベルを保証しようと一般的に努めているのであり，それゆえ，彼らの労働条件の一つ，すなわち報酬を改善することに直接的に寄与するものである．

協約当事者の求めによりなされる，そのような基金への加入を強制する，公当局による決定は，それゆえ，EC条約第81条に反する協定の採択，決定あるいは協調的行為を求めることまたは促進すること，またはその効果を強めること，とみなされることはできない．したがって，EC条約は，特定の産業における使用者および労働者を代表する組織の求めによりなされる，産業別の年金基金への加入を強制する公当局による決定を妨げるものではない．」

(1) C.O.J., 21 September 1999, Albany v. Stichting Bedrijfspensioenfonds Textielindustries, Case C-67/96; Brentjes' Handelsonderneming v. Stichting Bedrijfspensioenfonds voor de handel in bouwmaterialen, joined cases 115-117/97; Drijvende Bkken v. Stichting Pensioenfonds voor de vervoer-en havenbedrijven, Case C-219/97, ECR, 1999, 1999, 5751　N.Bruun and J.Hellsten (eds), Collective Agreement and Competition in the EU: The Report of the COLCOM-project, Copenhagen, 2001, 226pp.を参照．

# 第 2 章 労働者参加

## 第 1 節 情報提供と協議

**908** この見出しの下で，我々は 1980 年 10 月 24 日に欧州委員会によって採択され，当時の社会政策担当委員 H.フレデリング(H.Vredeling)の名を取って名付けられた，複雑な構造の企業，とりわけ多国籍企業[1]における被用者への情報提供と協議に関する，いわゆるフレデリング指令案[2]に特段の注意を払う。この指令案の目的は，国内企業と企業グループ全体であり，これにより子会社の経営者(local management)が子会社の被用者に対し，この企業が様々な国で活動している場合，全体としての企業活動の明確な姿を示すべき立場に置かれる。次に，本指令案は子会社の被用者代表に，子会社レベルの情報提供が不十分である場合には，経営中枢へのアクセスを規定しようとしている。最後に，その目的は，子会社の経営者が被用者代表に対し，子会社レベルで十分な情報を提供するとともに，遠隔地の本社で行われて子会社の状況に影響を与える重要な決定に関して協議の機会を与えられるようにすることにある。

(1) より立ち入った研究には，R.ブランパン，F.ブランケット，他「フレデリング指令案，多国籍企業における被用者への情報提供と協議」Kluwer,1983,219p を見よ。

(2) 労働者によって演じられる一定の役割（労働者参加，あるいはそれが可能でなければ少なくとも情報提供と協議）について規定する以下の諸指令案にも言及すべきであろう。

―被用者の関与に関して欧州公益法人規則を補完する理事会指令案，OJ,21 April 1992, No.C-99

―被用者の関与に関して欧州協同組合規則を補完する理事会指令案，OJ,21 April 1992, No.C-99

―被用者の関与に関して欧州共済組合規則を補完する理事会指令案，OJ,21 April 1992, No.C-99

**909** 指令案によれば，少なくとも 6 カ月おきに，親会社の経営者は子会社の経営者に企業グループ全体に関する情報ととりわけ，

a　組織と人員配置
b　経済財務状況
c　事業，生産，販売の見通し
d　雇用状況とその動向
e　生産，投資計画
f　合理化計画
g　製造・作業方法特に新作業方法
h　被用者の利益に重大な影響を与えることが確実な手続と計画
に関する情報を伝達する．
　子会社の経営者はこの情報を被用者代表に伝達する．もし情報が入手できないときは，被用者代表は経営中枢に情報提供を求めることができる（有名な被用者による子会社経営者のバイパス）．

**910**　支配企業の経営者が支配企業の全部または主要な一部もしくはその子会社の一つに関する決定であってその被用者の利益に重大な影響を有するようなものを提案するときは，EC内のすべての子会社の経営者に対し，遅くとも決定の採択の40日前までに，
―提案された決定の理由
―当該決定が被用者に及ぼす法的，経済的および社会的影響
―被用者に関して計画されている措置
についての詳細を含め正確な情報を伝達しなければならない．
　この情報は，
a　事業所またはその相当部分の閉鎖または移転
b　企業活動の縮小，拡大，事業活動の重大な修正
c　組織に関する主要な修正
d　他企業との長期的協力の導入またはその中止
に関する決定の場合には提供されなければならない．
　子会社の経営者はこの情報を遅滞なく被用者代表に伝達し，30日以上の期間を置いてその意見を求めなければならない．被用者の雇用条件に直接影響すると見込まれるときには，子会社の経営者は被用者代表に対し，被用者に関して計画されている措置について合意に達する目的をもって協議を行わなければならない．情報が伝達されずまたは協議が行われない場合には，経営中枢への別のアクセスが可能である（もう一つの子会社経営者のバイパス）．

**911**　フレデリング指令案ほど加熱した議論を湧き起こした指令案はほとんどない．労使両陣営とも自陣を塹壕で取り巻いた．誰もが被用者は情報提供と協議を受ける資格があると主張した．それが組織されるべき仕方と関与の

第2章　労働者参加

次元は別のことであった．ソーシャル・パートナーの間のコンセンサスは不可能に見え，しかも各政府の間も深く分断されていた．1983年7月13日の被用者への情報提供と協議の手続に関する修正指令案も同様に成功にいたらず，フレデリング指令案は葬り去られた．この問題は延期され，1989年に討議されたが，何も起こらず，フレデリングは歴史に属することとなった．上に示されたように，欧州委員会は1990年の社会行動計画の枠組みにおいて，「被用者の情報提供と協議に関する仕組み」を準備しようとした．これはEC規模の企業または企業グループにおける被用者への情報提供および協議のための欧州労使協議会の設置に関する指令案ならびに情報提供および協議に関する指令案の形を取った．

## 第2節　株式会社における労働者参加

**912**　EC条約第44条第2項第g号に含まれる協調任務に従い，閣僚理事会および欧州委員会は，事業活動の自由移動の枠組みの中で，株式会社に関する国内法制の調整を目指す多くの指令，例えば上で述べた株式会社の合併と分割に関する指令を構築してきた．長きにわたり，株式会社の構造に関する法案がテーブルに載ってきている．最初の法案は1972年に遡る．これは1983年に修正された．株式会社の構造およびその機関の権限ならびに責任に関する第5指令案である[1]．このイニシアティブが20年後になっても成就していない理由の一つは，労働者参加に関する一定の規定を含んでいるからである．前文の「鑑み」規定は，一定の加盟国の法律は監督役会または経営機関への被用者参加を規定するが，他の加盟国にはそのような規定は存在しないことに鑑み，欧州委員会はすべての加盟国においてそのような被用者参加の規定が設けられるべきであるとの意見であることを示している．異なった国内制度を可能な限り尊重し，一定程度の労働者参加に到達するために，欧州委員会の提案は加盟国に対し，会社の一層制または二層制の枠組みの中で，異なった労働者参加のモデルを選択することを認めている．これらの労働者参加に関する提案は，後にさらに分析するが，使用者側と特定の加盟国からの無条件の抵抗にあってきており，これら諸国は労働者参加には好意的であるとしつつ，これは補完性原則に従い国内で扱われるべきことであり，ECレベルでは立法介入が不必要なことは確かであって，物事は自発的な労使間の関係に委ねられなければならないと主張する．ETUCはその立場から，提案されたモデルのいずれもが労働者に十分な経営意思決定への影響力を与えていないことから，欧州委員会の提案が何ら先に進んでいないことに失望している．

591

議論の一部はこの問題が閣僚理事会において特定多数決の手段で扱うことができるのか，それとも全会一致が必要なのかということである．

(1) 19 August 1983, O.J., 9 September 1983, No. C-240

**913** 提案は，現在 EC において，このタイプの会社の経営の組織に関して二つの異なった編成のセットがあるという事実から出発する．その一方が一つの経営機関だけ（一層制）を規定するのに対し，他は二つの，主として会社の事業経営に責任を有する執行機関と執行機関の統制に責任を有する機関（二層制）を規定する．実際，欧州委員会は「鑑み」規定において，ただ一つの経営機関のみを規定するような編成においても，会社の事業を経営する執行担当役員(executive members)と監督に専念する非執行担当役員(non-executive members)との間にしばしば事実上の区別があると述べている．両方の制度において，これらのうちある責務または他の責務を課せられた人の責任の間に明確な区別がなされていることが望ましく，そのような区別を一般的に導入することが異なった加盟国からの構成員または構成員グループによって株式会社を設立することを容易にし，それゆえ EC 域内における企業の相互浸透を促進する．さらに，欧州委員会が示すところでは，少なくとも株式会社の選択肢としては二層制が一般的に利用可能となるべきであるが，二層制を強制的な形で一般的に導入することは現段階では現実的でなく，一層制はそれゆえそれが二層構造の機能と調和するように設計された諸特徴を備えていることを条件として維持することができる．結果的に，加盟国は会社が二層制(two-tier system)(執行機関(management organ)と監督機関(supervisory organ))に従って組織されるべきであると規定し，とはいいながら会社に二層制と一層制(one-tier system)(経営機関(administrative organ))の間で選択することを認めることができるということになる．(第2条第1項)

## I　会社の構造

### A　二層制

**914** 二重ないし二層制においては，会社は監督機関の監督の下で執行機関によって経営される．執行機関が何人かの構成員からなるときは，人事労務関係の問題に特に責任を有する1人の構成員が指名される(第3条)．監督機関の構成員は株主総会で指名される(第4条)．

**915** 監督機関は広範にわたる情報権限を有している．執行機関は少なくとも3カ月ごとに監督機関に対し会社の業務の進展に関する書面による報告を送

付し，年次計算書類，年次報告書の草案を送付し，監督機関はその要求に基づき会社の事業またはその特定の側面に関する特別報告を受け取る（第11条）．さらに，

a 企業またはその重要な一部の閉鎖または移転
b 企業活動の重大な縮小または拡大
c 企業内部の重大な組織変更
d 他の企業との長期的な協力の確立またはその終了

に関係する執行機関の決定には監督機関の承認を得なければならない（第12条）．

## B 一層制

**916** 一層制においては，会社は経営機関の非執行担当役員の監督の下で経営機関の執行担当役員によって経営される．経営機関の執行担当役員は非執行担当役員によって指名される．経営機関が1人以上の執行担当役員を有するときはそのうちの一人は人事労務関係の問題に特に責任を有する（第21条第2項）．

**917** 経営機関の構成員の権限は概ね二層制の構成員の権限と同様である．経営機関の執行担当役員は少なくとも3カ月ごとに経営機関の非執行担当役員に対し会社の業務の進展に関する書面による報告を送付し，年次計算書類，年次報告書の草案を送付し，経営機関の非執行担当役員はその要求に基づき会社の事業またはその特定の側面に関する特別報告を受け取る（第21R条）．さらに，経営機関は，

a 企業またはその重要な一部の閉鎖または移転
b 企業活動の重大な縮小または拡大
c 企業内部の重大な組織変更
d 他の企業との長期的な協力の確立またはその終了

といった運営に関して決定する権限を委譲することはできない．（第21S条）．

## II 労働者参加のモデル

**918** 労働者参加の異なったモデルを構築するに当たり，欧州委員会は加盟国において労働者参加が組織される様々なやり方から霊感を受けている．四つのモデルが残った．
—ドイツモデル
—オランダモデル

第 2 部　集団的労働法

―会社の被用者を代表する機関を通じての被用者参加
―労働協約による制度を通じての労働者参加

**919**　加盟国は，被用者の過半数がそのような労働者参加に対して反対を表明したときには，被用者参加はその会社に関しては実行されないものと規定することができる（第 4 条第 2 項，第 21B 条第 2 項）。

**920**　ドイツ（二層）システムにおいては，選出された被用者または労働組合役員が会社の監督機関の構成員となる。彼らは 500 人から 2000 人までの被用者を雇用する会社においては構成員の 3 分の 1 を構成する。この 3 分の 1 が 3 人以上であるときには労働組合役員が役員会に席を占めることができる。2000 人以上の被用者を雇用する会社においては，疑似均衡システムが監督機関で一般的である。主として，株主を代表する構成員と同数の被用者を代表する構成員が存在する。しかしながら，監督機関の議長は常に株主の代表であり，賛否同数の場合には最終的決定権を有する。この最後のドイツモデルが，（上級）中間管理職，主としていわゆるライテンデ・アンゲシュテルテン (leitende Angestellten) の代表に監督機関における特別の席を与えていることは言及しておくべきであろう。この代表は，ライテンデ・アンゲシュテルテンとライテンデ・アンゲシュテルテンを含むすべてのホワイトカラー労働者によって指名された二つのリストから選出される。

**921**　オランダ（二層）モデルは，監督機関には被用者にも労働組合代表にも入る余地はないという理屈から出発する。不必要な衝突を避け，円滑な意思決定過程を確保するために，共同選出のシステムが形成されている。このモデルの下では，役員会に欠員が生じたときはいつでも，株主，経営者およびオランダでは被用者のみで構成される労使協議会から別々に指名された候補者リストから，役員会の残りの構成員が候補者を共同選出する。これら候補者から，役員会の残りの構成員が新たな構成員を選ぶのである。新たな構成員は上記のように被用者でも労働組合役員でもあり得ないが，独立しており社会的に受け入れられる人でなければならない。もし，株主，経営者，労使協議会といったグループの一つが共同選出された候補者にはその資格がないと考えるときには，彼ないし彼女に対して拒否権を行使することができ，この場合事案はアムステルダムの「企業裁判所」に持ち出され，そこが拒否権を認めるか認めないかを決定する。明らかに労働組合は社会的守備要員のリストを有しており，これを労使協議会に提供するのであり，コンセンサスに達するために関係するグループの間で事実上の協調が存在する。

**922**　会社の被用者を代表する機関を通じての被用者参加とは，ある種の労働者の協議会が企業のあるレベルに設立され，これが会社の執行機関との関係

で，会社の経営，状況，進展および見通し，競争的地位，信用状況および投資計画について定期的な情報提供と協議を受ける権利を有することを意味する．これはまた監督機関の構成員または経営機関の非執行担当役員に付与されるのと同様の情報を受け取る権利を有する．労働者の代表はさらに，監督機関が承認を与える必要にある事案（閉鎖，移転等）において協議を受ける必要がある．もし被用者代表の意見が経営者によって認められなければ，その決定の理由が伝達されなければならない．

**923** 欧州委員会によって提案された最後の制度は，労働協約による制度を通じての労働者参加である．このモデルでは，被用者参加は会社とその被用者を代表する組織との間で締結された労働協約に従って規制される．こういった労働協約は他のモデルにおける情報提供や協議に比肩する権利を規定することになる．

## A 二層制

**924** 二層制においては，加盟国は(1000人以上の企業について)次のうちから選択できる．
—ドイツシステム：監督機関の構成員は，株主の代表に関しては最大限3分の2まで，労働者の代表に関しては最小限3分の1かつ最大限2分の1まで，株主総会によって指名され，いかなる場合でも投票手続においては株主の代表が最終決定権を有することを確保しなければならない（疑似均衡）（第4B条），
—オランダシステム：監督機関の構成員は当該機関によって指名される．しかしながら，株主または労働者代表は提案された候補者に対して，任務を遂行する能力に欠けるとか，もし指名されたら監督機関の構成が不適切になるといった理由により指名に反対することができる．この場合，公法によって存在する独立の機関によってこの反対が根拠がないと判断されない限り指名は行われない．（第4C条），
—会社の被用者を代表する機関を通じての被用者参加(第4D条)，
—労働協約による制度を通じての労働者参加(第4E条)．

**925** 指令案はいくつもの基本的な民主的権利を保護するためにいくつもの保証を含んでいる．加盟国は以下の原則が守られるよう確保しなければならない．

**a** 監督機関の関係構成員と労働者代表は，少数者が保護されることが確保される比例的代表制度に従って選出されること，

b すべての被用者が選出に参加することができなければならないこと，
c すべての選出は秘密投票によるべきこと，
d 自由な意見表明が確保されるべきこと(第 4I 条)

### B 一層制

**926** 一層制においては，次の三つの制度が維持される．
― 経営機関の非執行担当役員は株主総会により最大限 3 分の 2，会社の被用者により最小限 3 分の 1 かつ最大限 2 分の 1 が指名され，いかなる場合も株主の代表が最終決定権を有することを確保すること(第 21D 条)，
― 会社の被用者を代表する機関を通じての被用者参加(第 21E 条)，
― 労働協約による制度を通じての労働者参加(第 21F 条)．

## 第 3 節　欧州会社

### I　30 年以上にわたる議論

**927** 欧州会社(Societas Europaea(SE))法規則の最初の提案は 1970 年に遡り，1975 年に修正案が出された．最近，この考えは一方に欧州会社法に関する閣僚理事会規則案，他方に欧州会社における被用者関与に関し欧州会社法を補完する閣僚理事会指令案(いずれも 1989 年 8 月 25 日)[1]として，再活性化した．1991 年には修正案が作られた[2]．この提案は 30 年以上経っても 1970 年当時と同様に議論を呼ぶものである．

　(1)　OJ, 16 October 1989, No.C-263.
　(2)　OJ, 29 May 1991, No.C-138 and 8 July 1991, No.C-178/1.

**928** 提案を再び作成するに当たり，欧州委員会は一方で 1986 年の単一欧州議定書による新たな次元，他方で 1992 年計画のダイナミクスを考慮に入れた．域内市場の完成とそれが EC 全域にわたって経済社会状況にもたらすに違いない改善は，通商の障壁が除去されなければならないということだけでなく，生産構造が EC 次元に適応しなければならないということをも意味する．この目的のため，純粋に地域のニーズを充たすことにその事業が限定されない企業が，EC ワイドの規模でその事業の再組織を計画し，実行することができるようになることが必須である．現実の状況では，企業はなお特定の国内法に規制される会社の形態を選択しなければならない．その中でヨーロッパにおける事業を遂行しなければならない法的枠組みがなお国内法制に完

全に基づいているため,もはや異なった加盟国の企業から構成される企業グループの創設には適用できなくなっている.それゆえ,できる限りヨーロッパにおける経済単位と法的単位が合致するよう確保することが必須である.

**929** 欧州会社を規制する法的規則の枢要の目的は,異なった加盟国の企業が合併したり持株会社を設立し,経済活動を実行して異なった加盟国の法制で規制される会社や他の法的団体が共同子会社を設立することを可能にすることにある.EC全域で欧州株式会社の形式で会社を設立することができる.欧州会社の資本は株式に分割される.会社の債務と責任に対する株主の責任は出資額に限定される.欧州会社はその企業目的にかかわらず商事会社である.欧州会社は法人格を有する(規則第1条).欧州会社の資本は100万ECUを下回らない(第4条).この規則は強行規定ではなく,任意規定であって,企業は欧州会社を選択するかどうかを自由に選択することができることを指摘しておくべきであろう.

**930** 規則案は法制上EC条約第95条に基づいている.これはもちろん重要であって,それは第95条に基づく提案は特定多数決で採択することができるからである.これはたしかに税金については,明らかに議論を呼ぶ点である.労働者参加が別の立法,すなわちEC条約第44条に基づき株式会社に関する国内法制の接近を目指す様々な指令案が立法された事業活動の自由移動の枠組みに基づいていることも重要である.我々はまた,指令案が会社の機関とその権能に関して基本的に言及した第5指令案と同様,二層制とともに一層制を維持していることも指摘すべきであろう.要するに,第5指令案は国内法制の調整を目的としており,欧州会社は統一的な欧州制度をその目的としている.いずれの提案も労働者参加に関する同一の原則に霊感を得ている.

## II 労働者参加のモデル

**931** 欧州会社における労働者参加は1989年8月25日の指令案に規定されているが,例外は同日付けの規則案の第33条であり,それによれば,
「設立会社のそれぞれの経営機関または執行機関はその労働者代表との間で,欧州持株会社の設立のその被用者に対する法的,経済的および雇用に関する含意およびそれに対処するために提案されるいかなる措置についても討議するものとする.」

指令案の「鑑み」規定によれば,ECの経済的,社会的目的を促進するために,被用者が欧州会社の監督と戦略的発展に参加するように編成すべきである.被用者代表が参加する方法に関して加盟国に存在する規則や慣行が大変

多様であるため，欧州会社における被用者の関与に関する統一的規則を規定することは不可能[訳注1]である。これは，欧州会社のためにいくつもの労働者参加のモデルを含む枠組みを設け，まずは加盟国にその国内の伝統にもっとも良く対応するモデルを選択させるとともに，第二に欧州会社またはその設立会社の執行役会または経営役会，場合によっては労働者代表に彼らの社会的環境にもっとも良く適合するモデルを選択させることにより，加盟国の法制の特徴を考慮に入れるべきだということを意味する。指令案は規則案の規定に不可欠な補完を形成しており，それゆえ2つの規定のセットが同時に適用されることが必要である。欧州会社は労働者参加の制度の一つが選択されない限り設立され得ない(第3条第2項)。

　[訳注1]　原文はpossibleとなっているが，明らかにimpossibleの誤りである。

**932**　被用者の関与とは「欧州会社の監督および戦略的発展における」参加を意味する(第2条)。しかしながら，登録事務所と欧州会社の事業所の間で区別をしなければならない。事業所における労働者代表の地位と責務は国内法で決定される。登録事務所に関しては，加盟国は第5指令案と同様四つのモデルから選択することができる。各加盟国はその領域内に登録事務所を有する欧州会社に労働者参加のモデルが適用される方法を決定する(第3条第4項)。各加盟国はすべてのモデルを維持することも，その選択を一ないしそれ以上のモデルに制限することもできる(第3条第5項)。

**933**　欧州委員会によって維持されたモデルは次のとおりである。
—ドイツモデル：監督機関または経営機関の構成員は，最小限3分の1かつ最大限2分の1まで，被用者またはその代表によって指名される(モデル1)(第4条第1文)，
—オランダモデル：役員会による共同選出。株主総会または労働者代表は特定の候補者に対して，特定の理由により反対することができる。この場合，公法によって設立された独立の機関がこの反対を認められないと判断しない限り指名は行われない(モデル2)(第4条第2文)，
—別置機関が欧州会社の被用者を代表する。この機関の構成員の数とその選出または指名を規制する詳細規則は，加盟国の法律または慣行に従い設立会社の労働者代表との協議により定款に規定されるものとする(第5条第1項)。これら代表は第5指令案に規定されるものと同様の情報提供および協議の権利を有する(モデル3)，
—もう一つのモデルは設立会社の執行役会および経営役会とこれら会社の被用者またはその代表との間で締結された労働協約の手段により設立される。交渉の両当事者は設立会社の費用負担により自ら選んだ専門家の援助を受

けることができる．労働協約は期間を定めて締結し，期間の満了に当たって再交渉することができる．しかしながら，新たな労働協約が効力を発するまでは，締結された労働協約がなお効力を維持する．労働協約の両当事者がそう決めるか，あるいはそのような合意に達しない場合には，国内法で定める標準モデルが適用される．このモデルは被用者にとって少なくとも上述の情報提供および協議の権利を確保するものとする(第6条)(モデル4)．

**934** 適用されるべきモデルは，加盟国の法律と慣行の規定に従い，設立会社の執行役会および経営役会とこれら会社の労働者代表の間で締結された労働協約によって決定される．合意に達しない場合には，執行役会および経営役会は欧州会社に適用されるモデルを選択する(第3条第1項)．選択されたモデルはいつでも労働協約によって他のモデルに取り換えられる．欧州会社の労働者代表は彼らが代表する従業員の数を適切に考慮に入れた制度に従って選出されるものとする．すべての被用者が投票に参加することができなくてはならない(第7条)．初回は，欧州会社の労働者代表は設立会社の労働者代表によって彼らが代表する被用者数に比例して指名される(第8条)．労働者代表は適切な方法でその責務を果たすことができるように金銭的，物質的資源を受け取る(第9条)．

欧州会社の資本または利益ないし損失への被用者の参加は労働協約の手段により組織される(第11条)．

**935** 1995年11月14日の労働者への情報提供および協議に関するコミュニケーションにおいて，欧州委員会は労働者参加に関する議論を再開し，EC行動の可能な方向性について指し示した．

「選択肢1：現状を維持する

この選択肢は，現在の提案に基づいて閣僚理事会における議論を継続し，被用者への情報提供，協議および関与に関するEC行動の分裂したアプローチを維持することを意味する．この選択肢の最大の欠点はこのままではほとんど進展の望みが見られないということである．

選択肢2：全体的なアプローチ

この選択肢はすべての問題を見るやり方を変えることにかかわる．ECレベルで会社法に関するEC規則によってカバーされる各団体に特別の規則のセットを樹立しようとする代わりに，欧州レベルで被用者への情報提供および協議に関する一般的な枠組みを樹立することに努めようとするのである．これによって，欧州会社，欧州公益法人，欧州協同組合，欧州共済組合の規則案に付け加えられた指令案を撤回することができる．「第5指令案」や「フ

レデリング指令案」における社会的条項にも同様のことが言える．

　ECが既に国境を跨いだレベルでの被用者への情報提供と協議の法的枠組みを有していることを踏まえると，この全体的なアプローチは全く単純に国内レベルにおける情報提供および協議に関するEC立法が採択されるべきであるということを意味する．このアプローチを取る前に，答えておくべき多くの問題がある．これは補完性と比例性の原則に沿っているか．提案の性質は何か（法制の接近か最低要件の設定か）．そして最後に，どの法的根拠が用いられるべきか（条約かマーストリヒト協定か）．

　この選択肢の主たる利点は欧州法と欧州社会政策を簡素化する方向への一歩となることである．これにより，純粋に国内的な規模の関係事業がこの一般的枠組みによってカバーされることになるので，上述の諸提案に進展を達成することが容易になりうるし，それは実際必要でもある．

選択肢3：欧州会社，欧州公益法人，欧州協同組合および欧州共済組合に関する規則案に関する迅速な行動

　もし上述の全体的アプローチが採られるならば，これら提案，とりわけその採択が特に緊要である欧州会社法規則案を解錠する迅速な一歩が採られうる．これは欧州レベルの会社組織にとってのこの立法の重要性と汎欧州運輸基盤計画の必要に合わせた法的装置を見出す必要からも正当化されよう（加盟国はその迅速な法的効果にかかわらず，欧州会社法を実施する規定を導入するのに2年は要することを示している）．

　これは二つのやり方でなされうる．

　上述の諸指令案は，欧州会社法規則案第136条に規定するように，「欧州労使協議会」指令を国内法に転換していない加盟国においては欧州会社，欧州公益法人，欧州協同組合または欧州共済組合は設立することができないと規定する必要な変更を加え，同一の条件で撤回される．

　この解決策はこれら組織の設立と，常にこれら指令案の枢要の要素であった被用者への情報提供および協議の手続の適用の間の強制的な連係を維持するという利点を有する．これはまた，その登録事務所をどの加盟国に置くと決定するかによってこれら組織の間で差別が起きることを防止する．

　これら指令案の撤回には何ら条件は付けられない．この場合，現在効力を有するECの規定（「欧州労使協議会」，「集団整理解雇」「企業譲渡」指令）のみが適切なものとして関係組織に適用される．

　この副選択肢の欠点は一つの加盟国が「欧州労使協議会」指令でカバーされていないことである．これは，多国籍規模でその登録事務所をこの加盟国に置く欧州会社，欧州公益法人，欧州協同組合および欧州共済組合は，被用

者への国境を跨いだ情報提供および協議の領域においてそれ以外の加盟国に登録事務所を置く組織の場合とは，同一の義務に従わないことになる．

　上述の議論は，欧州委員会が加盟国間で，欧州議会と経済社会評議会で，そして欧州レベルのソーシャル・パートナーの間での議論への貢献として提供するものである．欧州委員会はこの議論の核心にある目標を達成するいかなる手段に対しても開かれている．それは第1に上述の指令案についての終わることなき機構内の議論という受け入れがたい状況を終わらせ，第2に被用者への情報提供および協議の領域におけるECの法的枠組みを補完し，それをより一貫して効果的なものにすることである．

　欧州委員会はこれらの問題に関して加盟国，欧州議会，経済社会評議会および欧州レベルのソーシャル・パートナーのコメントや見解を受け取りたい．特に，このコミュニケーションで示された選択肢に対する彼らの見解を知ることに興味がある．」

**936**　指導的な産業経営者にして欧州委員会の元副委員長であるE.ダヴィニオン(E.Davignon)氏が座長を務める専門家グループのお陰で，議論に新たな生気がよみがえった．「欧州労働者関与制度」に関する専門家グループは1996年11月に設置された．

　このグループは欧州委員会から主たる任務として次のことを与えられた．欧州会社に適用される労働者関与のルールのタイプを検討すること．グループは1997年5月に最終報告を提出した．

　ダヴィニオングループの提案(1997年)[1]は次のように要約できる．グループはその議論を欧州会社法規則案に規定する欧州会社を設立する四つの方法のうち三つに限定することを決めた．すなわち，

―既存の会社の合併，

―共同持株会社の設立，

―共同子会社の設立，である．

　既存の国内株式会社の転換は，国内制度を免れるために欧州会社になる可能性を避けるため，維持されなかった．

　すべての欧州会社は，その被用者数にかかわらず，労働者関与の制度を有する[2]．欧州労使協議会の道筋をたどり，報告は交渉が労働者関与制度の設立の一次的な方法であるべきことを勧告している．こうした交渉が失敗したときにのみ法定の「参照ルール」のセットが適用される．

　報告は欧州会社の関与の仕組みの交渉手続について詳細にわたる勧告を示している．

　被用者は国内の慣行と手続きに従って指名された労働者代表からなる交渉

機関によって代表される。労働者代表は専門家のサービスを受ける権利がある。

労働協約の内容は弾力的であるが，報告は労働協約の内容となるべき指示リストを示している。再度欧州労使協議会との並行が見られる。

もし合意に達しない場合には参照ルールのセットが適用される。

二つの関与の形態がある。

―被用者代表のグループを通じた情報提供と協議

―欧州会社の役員会における被用者の代表

労働者代表は執行役会または監督役会の構成員となる。労働者代表は問題の役員会の全構成員の5分の1，少なくとも2人を構成する。

役員会における被用者代表は完全な構成員である。

報告は閣僚理事会，欧州議会およびソーシャル・パートナーによって歓迎された。

(1) 'European Company Statute revisited, European Works Council Bulletin' 1997, 10, pp.8-13

(2) 「会社の経営，経済的財務的発展に関する決定の文脈において集団的意見表明とその利益の恒久的考慮を確保する観点で，会社の意思決定過程に労働者代表が参加することを認めるあらゆる仕組み」

## III アヴァンティス社の役員レベルの労働者参加

**937** アヴァンティス社の経営陣，ドイツの化学労働組合 IGBCE，フランスの CGT および CFDT 傘下の化学労組，欧州鉱山化学エネルギー労働組合連合会（EMCEF）の間で，欧州役員レベルの被用者参加に関する労働協約（2001年3月7日）が締結された。アヴァンティス社はフランスのストラスブールに本社を置くが，1999年にドイツの化学多国籍企業ヘキスト AG とフランスのローヌ・プーランク SA の合併により設立された。この企業は120以上の国で9万5000人もの被用者を雇用している。

この種のものとしては最初のものとして賞賛されたこの労働協約は，特に欧州会社法の観点からすると，アヴァンティス社の監督役会に全部で6人の労働者代表が出席することを規定する。この6人の代表のうち4人（ドイツ人2人とフランス人2人）は役員会の完全な構成員であり，労働組合の指名を受けて株主総会で役員に選出されている。2人の残りの労働者代表はフランス法に従い労使協議会によって指名されている。労働協約の条件下では，EMCEF はこれらの席の一つに候補者を指名し，これに合意したフランスの労使協議

会についてはアヴァンティス社欧州労使協議会（あるいは欧州対話委員会）で代表される権利を有する．4人の正規労働者代表は役員会において10人の株主代表と同様の権利を有し，労使協議会代表は諮問的地位で出席し，EMCEF代表は客員として出席する．

## IV　ニースサミット(2000年12月7—10日)：突破

**938**　ニース欧州理事会は欧州会社法に関して合意に達した．

　ニースサミットの結論文書によれば，この合意は各国の異なった雇用関係制度を考慮に入れるため，加盟国に対し，合併によって設立された欧州会社に適用される役員レベルの被用者参加に関係する参照ルール規定（経営と被用者代表の間に合意に達しなかった場合に適用されるもの）をその国内法に転換するかどうかの選択肢を認めている．欧州会社がこれら参照規定を国内法に転換していない加盟国において登録されるためには，労働協約はその会社の労働者関与の仕組みについて役員レベルの参加を含めて締結されていなければならないか，あるいは合併に関与する会社のいずれも欧州会社の登録に先立って役員レベルの参加のルールによって規制されていなかったかのいずれかでなければならない．

　2000年12月，EUの閣僚理事会は欧州会社に関する労働者関与規定に関して政治的な全会一致の合意に達した．

　欧州会社法の指令案と規則案は欧州議会に意見を求めて送付される．法文はその後採択のため閣僚理事会に返付される[訳注1]．指令案と規則案は採択の3年後に発効する．指令案は各欧州会社において適用されるべき労働者関与の仕組みについて経営と労働の間の交渉を必要とし，合意に達しなければ法定参照規定が適用されることになる．

　　　[訳注1]　欧州会社法規則と被用者関与指令は2001年10月8日に閣僚理事会で正式
　　　　　　に採択された．

## V　欧州会社法規則と被用者関与指令[訳注1]

**939**　EUの閣僚理事会の二つの文書が，すなわち欧州会社法規則と被用者関与に関し欧州会社法を補完する指令が，欧州会社に関係する．被用者関与のための仕組みがすべての欧州会社に設けられることになる．

　我々は，被用者関与に関係する両立法の規定を以下要約する．

　　　[訳注1]　原著は「法案：2001年2月1日(The Drafts：1 February 2001)」と題し

て，2001年2月段階の規則案，指令案(EU法制局で字句修正している段階のもの)に基づいて以下を記述しているが，これは10月に正式に採択された規則および指令とほぼ同じであるので，本訳書では正式に採択された法文に基づき，以下では「規則」「指令」と記述する．

## A 定 義

**940** 指令は，本指令の目的のために，多くの定義規定を含んでいる．
—「被用者代表(employees' representative)」とは，国内法または慣行により規定される被用者の代表をいう．
—「代表機関(representative body)」とは，EUの領域内に所在する欧州会社ならびにその子会社および事業所の被用者に情報提供しおよび協議することならびに適用される場合には欧州会社との関係において被用者参加の権利を行使する目的で，第4条に規定する協約によりまたは附則の規定に従い設置された被用者を代表する機関をいう．
—「特別交渉機関(special negociating body)」とは，第3条に従い，欧州会社における被用者の関与のための協約の締結に関して参加会社の権限ある機関と交渉するために設立される機関をいう．
—「被用者の関与(involvement of employees)」とは，情報提供，協議および被用者参加を含み，それを通じて被用者代表が会社の内部で執られる意思決定に影響力を行使する機構をいう．
—「情報提供(information)」とは，欧州会社自体または他の加盟国に所在するその子会社もしくは事業所にかかわる問題またはある時点において一加盟国内の意思決定機関の権限を超える問題について，被用者代表にその起こりうる影響の徹底的な評価を実行しおよび適当であれば欧州会社の権限ある機関(competent organ)との協議を準備することを可能にする方法および内容によって，欧州会社の権限ある機関により被用者の代表機関または被用者代表に情報を提供することをいう．
—「協議(consultation)」とは，被用者代表に提供された情報に基づいて，権限ある機関によって計画された措置について欧州会社内部の意思決定過程において考慮に入れられる意見を表明することを可能にする方法および内容によって，被用者の代表機関または被用者代表と欧州会社の権限ある機関との間で対話および意見の交換を樹立することをいう．
—「被用者参加(participation)」とは，被用者の代表機関または被用者代表が会社の問題について，

―会社の監督機関(supervisory organ)または経営機関(administrative organ)の構成員の一部を選出しまたは指名する権利，または
―会社の監督機関または経営機関の一部または全部の指名を推薦しまたは拒否する権利
によって影響力を行使することをいう．

## B　欧州会社の設立

**941**　規則(第2条)に従い，次の設立が可能である．
―合併による設立．吸収合併の場合には，吸収会社は合併が生ずるときに欧州会社の形式をとるものとする．新会社設立による合併の場合には，欧州会社は新たに設立された会社とする．
―持株欧州会社の設立．株式会社および有限会社は，少なくとも2社が，
　―異なる加盟国の法律の適用を受けているか，または
　―少なくとも2年間他の加盟国の法律の適用を受ける子会社または他の加盟国に所在する事業所を有する場合には，
持株欧州会社の設立を発起することができる．
―子会社たる欧州会社の設立．加盟国の法律に基づき設立され，EU域内に登録事務所および本社を有する会社または企業[訳注1]およびその他の公法または私法の適用を受ける法人は，少なくとも2社が，
　―異なる加盟国の法律の適用を受けているか，または
　―少なくとも2年間他の加盟国の法律の適用を受ける子会社または他の加盟国に所在する事業所を有する場合には，
その株式を出資することにより，子会社たる欧州会社を設立することができる．
―既存の株式会社の欧州会社への転換．加盟国の法律に基づき設立され，EU域内に登録事務所および本社を有する株式会社は，少なくとも2年間他の加盟国の法律の適用を受ける子会社を有する場合には，欧州会社に転換することができる．

　　［訳注1］　協同組合を含み，民法または商法に基づき設立された会社または企業(条約第48条第2項の定義)

## C　欧州会社の構造

**942**　欧州会社は，
**(a)**　株主総会および，
**(b)**　定款で採用された形式に従い，監督機関および執行機関（2層制）または経営機関（1層制）のいずれか，
からなるものとする．

### 1　二層制

**943**　二層制においては，執行機関が欧州会社の経営に責任を有する．執行機関の構成員は監督機関によって指名および解任される．

　監督機関は執行機関の業務を監督するものとし，欧州会社の経営の権限を自ら行使しない．監督機関の構成員は株主総会で指名されるものとする．執行機関は欧州会社の事業の進展および予見しうる発展について少なくとも3カ月ごとに監督機関に報告するものとする．監督機関はその構成員の中から議長を選出するものとする．構成員の半数が労働者によって指名されている場合には，株主総会によって指名された構成員のみが議長に選出されることができる．

### 2　一層制

**944**　経営機関は欧州会社を経営する．被用者参加が被用者参加指令に従い規制されている場合には，経営機関は少なくとも3人の構成員からなる．経営機関はその構成員の中から議長を選出する．構成員の半数が労働者によって指名されている場合には，株主総会によって指名された構成員のみが議長に選出されることができる．

## D　労働者の関与

**945**　被用者関与指令によれば，交渉手続またはそれがないときには準則に従って被用者の関与の仕組みがすべての欧州会社に設立されなければならない．

### 1　交渉手続
**a**　特別交渉機関の設置
**946**　参加会社の経営機関または執行機関が欧州会社の設立計画を作成した

ときは，合併もしくは持株会社設立の条件案を公表した後または子会社の設立もしくは欧州会社への転換の計画に合意した後，可能な限り速やかに，参加会社，関係子会社または事業所がどのようなものであるかおよびその被用者数についての情報を提供することを含め，欧州会社の被用者の関与の仕組みについてこれら会社の被用者の代表と交渉を開始するために必要な措置をとるものとする．

(1) 構 成

**947** この目的のため，参加会社および関係子会社または事業所の被用者を代表する特別交渉機関が以下の規定に従い設置されるものとする．

**(a)** 特別交渉機関の成員の選出または指名においては，以下が確保されなければならない．

（ⅰ） これら構成員が，参加会社および関係子会社または事業所によって各加盟国ごとに雇用されている被用者数に比例して，加盟国に関して当該加盟国で雇用されている被用者数が全加盟国の参加会社および関係子会社または事業所によって雇用されている被用者数の10％またはその残余に相当する部分ごとに1議席を配分することによって，選出または指名されること．

（ⅱ） 欧州会社が合併によって設立される場合，加盟国で登録され，被用者を有し，欧州会社の登録後は独立の法的存在ではなくなる参加会社について，特別交渉機関に少なくとも1名の各参加会社を代表する者が含まれることを確保するためにさらに各加盟国からの構成員を追加すること．ただし，

―そのような追加的な構成員の数は第（ⅰ）号によって算定された構成員数の20％を超えず，

―特別交渉機関の構成が関係被用者を二重に代表することにならない．

そのような会社の数が第1文に従って可能な追加的な議席数を超える場合には，追加的な議席はその雇用する被用者数の多い順に異なる加盟国の会社に配分されるものとする．

**(b)** 加盟国はその領域内で選出または指名される特別交渉機関の構成員の選出または指名に用いられる方法を決定するものとする．加盟国は可能な限り，構成員中に加盟国内に被用者を有する参加会社ごとに少なくとも1名の代表を含まれるよう必要な措置をとるものとする．そのような措置は構成員の総数を増加させてはならない．

加盟国は，そのような構成員が参加会社または関係子会社もしくは事業所の被用者であるか否かにかかわらず，労働組合の代表を含むことができ

るように規定することができる．

　労働者代表機関を設置すべき企業規模の下限を設定している国内法または慣行に抵触しない限り，加盟国は，その責めに帰すべき事由なく被用者代表を有さない企業または事業所の被用者が特別交渉機関の構成員を選出しまたは指名する権利を有するように規定するものとする．

(2) 被用者関与の仕組み

**948**　特別交渉機関と参加会社の権限ある機関は，書面による協約により，欧州会社における被用者の関与の仕組みを決定するものとする．

　この目的のため，参加会社の権限ある機関は特別交渉機関に対し，欧州会社の設立の計画および実際の過程をその登録までに通知するものとする．

(3) 意思決定のルール

**949**　特別交渉機関は，構成員の絶対多数決により，当該多数が被用者の絶対多数を代表しているという条件で，意思決定を行うものとする[1]．

　(1) 各成員は1票を有するものとする．しかしながら，

　　—欧州会社が合併によって設立される場合には，被用者参加が参加会社の被用者総数の少なくとも25％をカバーしているときに，

　　—欧州会社が持株会社の設立または子会社の設立によって設立される場合には，被用者参加が参加会社の労働者総数の少なくとも50％をカバーしているときに，

　交渉の結果が被用者参加の権利の縮減をもたらす場合には，そのような協約を承認する意思決定に必要な多数は，少なくとも2加盟国で雇用される被用者を代表する構成員の投票を含み，被用者の少なくとも3分の2を代表する特別交渉機関の構成員の3分の2の投票とする．

　　被用者参加の権利の縮減とは，第2条第(k)項の意味における欧州会社の機関の構成員の比率が参加会社において現存する最高比率を下回ることをいう．

(4) 専門家

**950**　交渉の目的のために，特別交渉機関はその選択により，その業務を援助するために，例えば適当なEUレベルの労働組合組織の代表のような専門家を依頼することができる．そのような専門家は，EUレベルの整合性を促進するために適当なときには，特別交渉機関の依頼により，顧問的資格において，交渉会合に出席することができる．特別交渉機関は交渉の開始を，労働組合を含む適当な外部の組織の代表に通知することを決定することができる．

(5) オプトアウト

**951**　特別交渉機関は，多数決[1]により，交渉を開始せずまたはすでに開始した交渉を終了し，欧州会社が被用者を有する加盟国において効力を有する被用者への情報提供および協議の規則によることを決定することができる．そ

のような決定は第4条に規定する協約を締結する過程を中断するものとする。そのような決定が行われた場合，附則のいかなる規定も適用されない。

　特別交渉機関は，労使がより早期に交渉を再開することに合意する場合を除き，上記決定の早くとも2年後に，欧州会社，その子会社および事業所の被用者またはその代表の少なくとも10％の書面による依頼により，再招集することができる。特別交渉組織が経営との交渉を開始することを決定したがその交渉の結果として何ら合意に達しない場合，附則のいかなる規定も適用されない。

　(1)　交渉を開始せずまたは交渉を終了する決定に必要な多数は，少なくとも2加盟国で雇用される被用者を代表する構成員の投票を含み，労働者の少なくとも3分の2を代表する構成員の3分の2の投票とする。

　　欧州会社が転換により設立される場合には，転換される会社に被用者参加があるときには本項は適用しない。

(6)　費　用

**952**　特別交渉機関の活動および一般的に交渉に関係するいかなる費用も，特別交渉機関がその任務を適当な方法で遂行することを可能にするために，参加会社が負担するものとする。

　この原則に従い，加盟国は特別交渉機関の活動に関する財務規則を制定することができる。この規則は特に専門家に係る費用を1名のみに限定することができる。


**b　協約の内容**

**953**　労使の自治に抵触しない限り[1]，労働協約は，

(a)　協約の適用範囲

(b)　欧州会社ならびにその子会社および事業所の被用者への情報提供および協議の仕組みとの関係において，欧州会社の権限ある機関の討議相手となるべき代表機関の構成，構成員の数および議席の配分

(c)　代表機関への情報提供および協議の機能および手続

(d)　代表機関の会合の頻度

(e)　代表機関に配分されるべき財務的および物質的資源

(f)　交渉中に労使が代表機関の代わりに一またはそれ以上の情報提供および協議の手続を設けることを決定した場合には，当該手続を実施するための仕組み

(g)　交渉中に労使が被用者参加の手続を設けることを決定した場合には，欧州会社の執行機関または監督機関において被用者が選出し，指名し，推薦

しまたは拒否することができる構成員の数，これら構成員が被用者によって選出され，指名され，推薦されまたは拒否される手続およびこれら構成員の権利を含むそれら仕組みの内容

(h) 協約の効力発生の日およびその有効期間，協約が再交渉されるべき場合およびその再交渉の手続

を特定するものとする．

協約は，別に定めない限り，附則に規定する準則に従うものではない．

(1) 第13条第3項第(a)号に抵触しない限り，転換によって設立された欧州会社の場合，協約は欧州会社に転換される会社において存在する被用者関与のすべての要素と少なくとも同一の水準を規定するものとする．

#### c 交渉期間

**954** 交渉は特別交渉機関が設置されれば速やかに開始し，以後6カ月継続するものとする．労使は共同の合意により，第1項に規定する期間を超えて，特別交渉機関が設置されてから1年間まで，交渉を延長することができる．

#### d 協調の精神

**955** 欧州会社の権限ある機関と特別交渉機関は，協調の精神により，欧州会社における被用者参加の仕組みについて協約に達する目的で交渉するものとする．

#### e 交渉手続に適用される法制

**956** 一般ルールとして，交渉手続に適用される法制は，欧州会社の登録された事務所が所在する加盟国の法制とする．

### 2 準則

**957** 加盟国は，指令の附則の規定を充たす被用者関与の準則を制定しなければならない．それは以下のとおりである．

#### a 被用者代表機関の構成

**958** 代表機関は以下の準則に従い設置される．

(a) 代表機関は，被用者代表によって（被用者代表がない場合は，すべての被用者によって）その数に応じて選出または指名された欧州会社ならびにその子会社および事業所の被用者によって構成されるものとする．

(b) 代表機関の構成員の選出または指名は，国内法または慣行に従い実施さ

れるものとする．加盟国は，代表機関の構成員の数およびその議席の配分が欧州会社ならびにその子会社および事業所において発生する変化を考慮に入れて適応するように確保する規則を設けるものとする．
(c) 規模によっては，代表機関はその構成員の中から少なくとも3名から構成される特別委員会を選出するものとする．
(d) 代表機関は自らの手続規則を採択するものとする．
(e) 代表機関の成員は，参加会社および関係子会社または事業所によって各加盟国ごとに雇用されている被用者の数に比例して，加盟国に関して当該加盟国で雇用されている被用者数が全加盟国の参加会社および関係子会社または事業所によって雇用されている被用者数の10％またはその残余に相当する部分ごとに1議席を配分することによって，選出または指名される．
(f) 欧州会社の権限ある機関は代表機関の構成について通知されるものとする．
(g) 代表機関はその設置の4年後，労働協約を締結するための交渉を開始するかまたは準則の適用を継続するかを検討するものとする．

　労働協約を交渉する決定がなされた場合，「特別交渉機関」とあるのは「代表機関」と読み替えるものとする．交渉が終了する期限までにいかなる協約も締結されなかった場合には，準則に従って当初に採択された仕組みが引き続き適用される．

**b　情報提供および協議の準則**

**959** 欧州会社に設置された代表機関の権能と権限は以下の規則に従う．
(a) 代表機関の権限は，欧州会社自体および他の加盟国に所在するその子会社または事業所にかかわる問題または単一加盟国内の意思決定機関の権限を超える問題に限定されるものとする．
(b) 代表機関は，この目的のため1年に少なくとも1回欧州会社の権限ある機関と会合し，権限ある機関によって作成された定期報告に基づいて，欧州会社の経営の進展およびその見通しについて情報を提供されおよび協議を受ける権利を有するものとする．

　欧州会社の権限ある機関は，代表機関に執行機関または適当であれば経営機関および監督機関の会合日程および株主総会に提出されるすべての文書の写しを提供するものとする．

　この会合は特に構造，経済的および財務的状況，経営ならびに生産および販売の予測，雇用の状況と今後の趨勢，投資，組織にかかわる実質的な

変更，新たな作業方法または生産過程の導入，生産の移転，合併，企業，事業所またはこれらの重要な一部の縮小または閉鎖，ならびに集団整理解雇に関するものとする．
(c) 被用者の利益に相当程度影響する例外的な状況，特に事業所移転，企業譲渡，事業所もしくは企業の閉鎖または集団整理解雇の場合には，代表機関は情報を提供される権利を有する．代表機関または，特に緊急の理由によりそのように決めた場合には特別委員会は，その要請により，被用者の利益に顕著に影響する措置について情報を提供されおよび協議を受けるために，欧州会社の権限ある機関または欧州会社の内部で意思決定権限を有するより適切な水準のいかなる経営者とも会合する権利を有するものとする．

　権限ある機関が代表機関の表明した意見に従って行動しないことを決定した場合には，代表機関は欧州会社の権限ある機関と合意を追求する目的でさらに会合する権利を有する．

　特別委員会により組織された会合の場合には，問題の措置に直接にかかわる被用者を代表する代表機関の構成員もまた参加する権利を有する．

　上に規定する会合は権限ある機関の経営権に影響するものではない．
(d) 加盟国は情報提供および協議の会合の議事に関する規則を定めることができる．欧州会社の権限ある機関とのいかなる会合に先立って，代表機関または特別委員会は権限ある機関の代表の出席なしに会合を持つ権利を有する．
(e) 代表機関の構成員は欧州会社ならびにその子会社および事業所の労働者の代表に情報提供および協議の手続の内容および結果を通知するものとする．
(f) 代表機関または特別委員会はその選択により専門家の援助を受けることができる．
(g) その任務の達成に必要な限りにおいて，代表機関の構成員は賃金を失うことなく訓練のためのタイムオフの権利を有するものとする．
(h) 代表機関の費用は欧州会社が負担し，その責務を達成することを可能にするのに必要な財務的および物質的資源を適当な方法で代表機関の構成員に提供するものとする．

　特に，欧州会社は，異なる合意がない限り，会合を開催し，通訳の施設を提供する費用および代表機関ならびに特別委員会の宿泊ならびに旅行の費用を負担するものとする．

　これらの原則に従い，加盟国は代表機関の運営に関する財務規則を制定

することができる．この規則は特に専門家に係る費用を1名のみに限定することができる．

**c 労働者参加の準則**

**960** 欧州会社における労働者参加は以下の規定に従う．
(a) 転換によって設立された欧州会社の場合には，登録の前に経営機関または監督機関への被用者参加に関する加盟国の規則が適用されていた場合には，すべての局面における被用者参加が欧州会社に引続き適用されるものとする．この目的のため第(b)項を準用する．
(b) それ以外により欧州会社が設立された場合には，欧州会社，その子会社および事業所の被用者または代表機関は欧州会社の経営機関または監督機関の構成員のうち，欧州会社の登録の前に関係する参加会社において効力を有していた最も高い比率に等しい数の構成員を選出し，指名し，推薦しまたは拒否する権利を有するものとする．

参加会社のいずれも欧州会社の登録前に被用者参加の規則が適用されていなかった場合には，欧州会社は労働者参加の規定を設ける必要はないものとする．

代表機関は様々な加盟国からの被用者を代表する構成員の中から経営機関または監督機関における議席の配分を決定し，または欧州会社の被用者が各加盟国ごとの欧州会社の被用者の比率に従ってこれら機関の構成員の指名を推薦しもしくは拒否することのできる方法を決定するものとする．一またはそれ以上の加盟国の被用者がこの比例的基準によってはカバーされない場合には，代表機関はこれら加盟国の1国（特に適当であれば欧州会社の登録事務所が所在する加盟国）から1名を指名するものとする．

代表機関または状況に応じ被用者によって選出され，指名されまたは推薦された欧州会社の経営機関または適当であれば監督機関のすべての構成員は，投票する権利を含め，株主を代表する構成員と同一の権利および義務を有する完全な構成員であるものとする．

**d 準則の適用**

**961** 欧州会社の登録された事務所が所在する加盟国の法制により制定される準則は，
(a) 労使がそのように合意するかまたは，
(b) 期限までに協約が締結されず，
—各参加会社の権限ある機関が欧州会社との関係で準則の適用を受け入れて

欧州会社の登録を継続し，かつ，
―特別交渉機関が第3条第6項に規定する決定をしない
場合に，欧州会社の登録の日から適用される。

　さらに，登録事務所の所在する加盟国の国内法制により規定される準則は，ただ，
(a)　欧州会社が転換によって設立された場合は，経営機関または監督機関への被用者参加に関係する加盟国の規則が欧州会社に転換された会社に適用されているとき，
(b)　欧州会社が合併によって設立された場合は，
　―欧州会社の登録前に，すべての参加会社の総被用者数の少なくとも25％をカバーする―またはそれ以上の参加会社に―またはそれ以上の形態の被用者参加が適用されるとき，または
　―欧州会社の登録前に，すべての参加会社の総被用者数の25％未満をカバーする―またはそれ以上の参加会社に―またはそれ以上の形態の被用者参加が適用され，かつ，特別交渉機関がそのように決定したとき，
(c)　欧州会社が持株会社の設立または子会社の設立によって設立された場合には，
　―欧州会社の登録前に，すべての参加会社の総被用者数の少なくとも50％をカバーする―またはそれ以上の参加会社に―またはそれ以上の形態の被用者参加が適用されるとき，または
　―欧州会社の登録前に，すべての参加会社の総被用者数の50％未満をカバーする―またはそれ以上の参加会社に―またはそれ以上の形態の被用者参加が適用され，かつ，特別交渉機関がそのように決定したとき，
にのみ適用されるものとする。
　様々な参加会社において―またはそれ以上の形態の被用者参加がある場合には，特別交渉機関はこれらの形態のいずれが欧州会社において樹立されなければならないかを決定するものとする。加盟国は，様々な参加会社において―またはそれ以上の形態の被用者参加がある場合に，登録された欧州会社においてこの問題にいかなる決定もなされない場合に適用される規則を定めることができる。特別交渉機関は参加会社の権限ある機関に本項に従って執られたいかなる決定をも通知するものとする。
　加盟国は，合併の場合においては「被用者参加の準則」に関する参照規定が適用されないものと規定することができる。

**3　雑　則**

## 第2章 労働者参加

### a 留保と機密

**962** 加盟国は，特別交渉機関または代表機関の構成員およびこれらを援助する専門家が，機密として提供されたいかなる情報をも開示することを許されないものと規定するものとする．

情報提供および協議の過程における被用者代表についても同様とする．

この義務は，対象の人物がどこにあっても，その在任期間が終了した後であっても，引続き適用されるものとする．

各加盟国は，特定の場合において国内法で規定された条件と制限の下で，その領域内で設立された欧州会社または参加会社の監督機関または経営機関が，客観的な基準に従い，その性質上，情報を伝達することが欧州会社（または，場合によっては参加会社）またはその子会社もしくは事業所の活動を深刻に害するかまたはそれらを損なうようなものであるときには，情報を伝達する義務を負わないものと規定することができる．

加盟国は，事前の行政的または司法的認可によってそのような免除をすることができる．

各加盟国は，その領域内で情報提供および意見の公表に関してイデオロギー的指導の目的を直接的および本質的に追求する欧州会社のために，本指令の採択の日においてそのような国内法制がすでに存在していることを条件に，特別の規定を設けることができる．

この場合，加盟国は，欧州会社または参加会社の監督機関または執行機関が機密性を要求しまたは情報を与えなかったときに，労働者代表が遂行することのできる行政的または司法的訴えの手続の規定を設けるものとする．

そのような手続は，問題の情報の機密性を保護するように設計された仕組みを含むことができる．

### b 代表機関の運営ならびに労働者への情報提供および協議の手続

**963** 欧州会社の権限ある機関および代表機関は協調の精神により相互の権利と義務を適切に配慮してともに作業するものとする．

被用者への情報提供および協議の手続の関係における欧州会社の監督機関または経営機関と被用者代表の間の協調についても同様とする．

### c 被用者代表の保護

**964** 特別交渉機関の構成員，代表機関の構成員，情報提供および協議の手続の下で権能を行使するいかなる被用者代表ならびに欧州会社の監督機関または経営機関における当該欧州会社，その子会社もしくは事業所または参加会

社の被用者であるいかなる被用者代表も，その権能の行使において，その雇用国で効力を有する国内法または慣行により被用者代表に与えられているのと同様の保護と保証を享受するものとする．

これは特に，特別交渉機関もしくは代表機関の会合，情報提供および協議の手続の場合におけるいかなる会合または経営機関もしくは監督機関のいかなる会合への出席および参加会社または欧州会社，その子会社もしくは事業所に雇用される構成員への，その任務の遂行のための必要な欠勤期間中の賃金の支払いに適用される．

### d　手続の濫用

**965**　加盟国は，EC法に従い，被用者から被用者関与の権利を奪いまたはそのような権利を与えないでおく目的による欧州会社の濫用を防止する観点で適切な措置をとるものとする．

### e　本指令の遵守

**966**　各加盟国は，その領域内に所在する欧州会社の事業所の経営者および子会社または参加会社の監督機関または経営機関ならびに被用者代表または場合によっては被用者自身が，欧州会社がその登録事務所をその領域内に有しているか否かにかかわらず，本指令の定める義務に従うことを確保するものとする．

加盟国は，本指令を遵守しない場合における適切な措置を規定するものとする．特に，本指令から発する義務が履行されることを可能にするような行政的または司法的手続が利用可能であるようにするものとする．

### f　本指令と他の規定との関係

**967**　欧州会社が欧州労使協議会指令でいうEC規模の企業であるかまたはEC規模の企業グループの支配企業である場合には，欧州労使協議会指令の規定およびそれを国内法に転換する規定は当該欧州会社またはその子会社には適用しない．

しかしながら，特別交渉機関が交渉を開始せずまたはすでに開始された交渉を終了したときは，欧州労使協議会指令およびそれを国内法に転換する規定が適用される．

国内法または慣行に規定する会社の機関への被用者の参加の規定（本指令を実施するものを除く．）は欧州会社法規則に従い設立された会社には適用せず，本指令が適用される．

## 第2章 労働者参加

本指令は，
(a) 欧州会社ならびにその子会社および事業所の被用者が享受している加盟国の国内法または慣行に規定する被用者の関与の権利（欧州会社の機関への参加を除く．）および，
(b) 欧州会社の子会社に適用される国内法または慣行に規定する機関への被用者参加の規定，
に影響を及ぼさない．

　これらの権利を維持するため，加盟国は，独立の法的存在ではなくなる参加会社の被用者代表の構造が欧州会社の登録の後にも維持されることを保証するために必要な措置をとるものとする．

### 若干の予備的考察

**968**

1　「被用者の関与」に対する欧州会社の設立の意味と重要性を測るに当たり，まずそのような設立は関係企業にとって任意的な事項にとどまり，彼らが欧州会社の設立に利益を感じるかどうかということを心に留めなければならない．かなりのことが欧州会社の設立に伴う税制のインセンティブ，企業がある国で生じた債務を別の国で生じた利益から控除することを認められるか，にかかっている．

2　この指令は様々な形態の労働者関与，すなわち，
　―情報提供，
　―協議，および，
　―被用者参加：会社の役員会への出席
　を予定している．

3　情報提供，協議，被用者参加を導入する方法は，1994年の欧州労使協議会指令に規定する手続に極めてよく似ている．関係当事者が労働協約を締結するか，準則が強制されるかである．

4　労働協約の手続の場合には，特別交渉機関が代表機関かまたは会社の役員会に被用者代表が出席する手続ないし定式を設置するように交渉する．

5　合意に達しない場合，準則が適用される．これら準則は被用者代表機関を通じて行使される情報提供と協議を規定し，それは欧州労使協議会の権利と似ている．役員会への被用者の出席については，そのような定式が関係企業において国内レベルで既に存在しており，合併の方法によって欧州会社を設立する場合に，加盟国が被用者参加の権利からオプトアウトしていない時に，現実のものとなる．

第2部　集団的労働法

6　被用者参加に関する指令が適用される場合，欧州労使協議会に関するルールは適用されない．
7　欧州労使協議会指令のように，関係当事者間の協調の精神が広がるべきことが特徴的である．
8　労働組合が特別交渉機関の構成において，そのありうべき専門家として明示的に言及されている．
9　この指令においても，リストラクチュアリングに関して情報が提供されるべき時点については多かれ少なかれ沈黙を守っている．「しかるべき時に」とか「適切な時に」といった表現すらなされていない．

## 第4節　情報提供と協議：欧州労使協議会または手続に関する指令[(1)]

### I　指令の起源——協調の精神

### A　起　源

**969**　被用者への情報提供と協議は常に，とりわけ1960年代の初め以来，欧州の社会的アジェンダの一部であった．しかしながら，そのような熱気に満ちた議論に対しほとんど問題が提起されてこなかった．今や，長き年月の後，1994年9月22日のEC規模企業およびEC規模企業グループにおける被用者への情報提供および協議を目的とした欧州労使協議会または手続の設置に関する欧州指令の採択は現実となった．数年以内に——遅くとも2000年までには[訳注1]——EC規模企業は欧州労使協議会または情報提供および協議の手続を法的に義務付けられることになる．本指令は被用者1000人以上を占め，(イギリスを除く[訳注2])二以上のEU加盟国およびEEA-EFTA諸国においてそれぞれ少なくとも被用者150人以上の子会社を二以上有する企業に適用される．およそ2000社の企業がこれに従わなければならないと試算されている．

1999年12月15日以前に，本指令はイギリスにも適用されることになる[訳注3]．

(1)　(94/95 EC) O.J., 30 September 1994, No. L 254/65.
　［訳注1］　この文章は改訂前の文章がそのまま残っているようである．指令は既に施行されている．
　［訳注2］　この文章は改訂前の文章がそのまま残っているようである．イギリスには既に適用されている．

［訳注3］　この文章は改訂前の文章がそのまま残っているようである．

**970**　指令の強制的な特徴は広く，特に使用者側から批判されてきた．この批判を胸におき，EUは可能な限り「自発主義」を促進し，1996年9月23日に指令が効力を発する以前に企業の経営中枢と被用者の代表との間で情報提供および協議に関する労働協約を自発的に締結することを奨励することを望んだ．この日付に先行する労働協約は1997年以後も有効であり，締結当事者によって延長することもできる．

**971**　こうして，EC規模企業と被用者の代表は，指令が効力を発するまで待つか，それともいわゆる先行設立協約を締結するか，という選択肢を提示される．このような労働協約は，守るべき幾つかの最低要件はあるものの，締結当事者にかなりの程度の弾力性を残している．

**972**　1990年12月5日，欧州委員会は「EC規模企業およびEC規模企業グループにおける被用者への情報提供および協議を目的とした欧州労使協議会の設置に関する閣僚理事会指令案」を提案した．

　欧州委員会の提案(1990年12月5日)が欧州委員会によって撤回されていないということは記憶しておかなければならない．これは，もしイギリスがこの指令に賛成しようと思えば，新たな手続や提案を必要とすることなく，閣僚理事会の決定でそれが可能だったということを意味する．

**973**　閣僚理事会では欧州委員会の提案に対し，提案の法的基礎(EC条約第94条)で必要とされる全会一致に達することは遂に一度もなかった．しかしながら，閣僚理事会は1993年10月12日の会合でベルギー議長国から提出された文言に対し，大多数の代表の間で広範なコンセンサスを形成した．欧州委員会は閣僚理事会に対して，1993年11月1日にEU条約が効力を発するのに合わせて，ベルギー議長国提出の文言および閣僚理事会での議論の過程で表明された意見を基礎にして，社会政策議定書付属社会政策協定に規定する手続を開始する意図を伝達した．

**974**　欧州委員会はこれら手続を始動させることを決定した．1993年11月18日，社会政策協定第3条第2項に従って，欧州レベルのソーシャル・パートナーに対する6週間の協議期間が開始され，EC規模企業または企業グループにおける労働者への情報提供と協議の領域におけるECの行動の可能な方向性に関する第1回目の協議文書が配布された．使用者側の団体，連合体，総連合体および労働組合は欧州委員会に対し彼らに与えられた質問に対する一般的な意見を提出した．

**975**　1994年2月8日，社会政策協定第3条第3項に従い，欧州委員会は欧州レベルのソーシャル・パートナーに対し，提案の内容について，そのような

提案の可能な法的基礎を含めて，協議を行うことを決定した．

**976** 実際には，1994年2月8日には，欧州委員会は欧州委員会が考えている提案の内容に関して欧州レベルの経営と労働に対して協議をする観点で新たな提案を導入した．

この提案は社会政策協定の署名国である11の加盟国にのみ提示された．イギリスは排除された．

フリン委員の提案の主たる部分は，経営中枢と被用者代表の間で締結されるべき労働協約の法的枠組みを提供するものであった．締結当事者は自由に彼らのニーズにもっとも適合した情報提供と協議のメカニズムを設定することができる．

**977** この第2段階の協議の終期（1994年3月30日）までに，ソーシャル・パートナーは欧州委員会に対し協議文書に対する彼らの意見を送付した．あらゆる努力にもかかわらず，ソーシャル・パートナーは社会政策協定第4条に規定する手続を開始するという合意に達することができなかった．

**978** 1994年4月13日，欧州委員会はEC規模企業および企業グループにおける被用者に対する情報提供および協議に関するECのイニシアティブがなお必要であるという観点に立って，社会政策協定第2条第2項を基礎として閣僚理事会に提出する観点で，現在の提案を採択することを決定した．

この提案はベルギー議長国の妥協案の要素の大部分を再度取り込みつつ，フリン委員のさらなる弾力性の要素をいくらか再導入した．社会政策協定からのイギリスのオプト・アウトは完全に尊重された．この指令は1994年6月22日，閣僚理事会による第1読で採択された．

**979** この指令は1994年9月22日，ほとんど2000年まで企業にその被用者と情報提供と協議に関する労働協約に向けて交渉する余地を与えつつ，第2読で採択された．

**980** 1997年6月16,17日のアムステルダム欧州理事会において，IGCの社会政策協定を条約に取り込むという合意が記録されたのに従って，指令94/95/ECはイギリスに拡張された．これは1997年12月15日の理事会指令97/74/ECによってなされた．この指令は1999年12月15日から適用されることになる[訳注1]．

[訳注1] この文章は改訂前の文章がそのまま残っているようである．

## B 協調の精神

**981** 欧州労使議会ならびに被用者に対する情報提供および協議の手続の

運営に関する指令第9条は，当事者すなわち経営中枢および欧州労使協議会に対して，「相互の権利および義務を尊重し,協調の精神を持って作業を行う」ことを命じている。「被用者に対する情報提供および協議の手続の場合の経営中枢および被用者代表との間の協調」についても同様である。似たような義務は労働協約の交渉に関する指令第6条第1項においても，それが「合意に達する目的をもって協調の精神で」なされるべきとの規定に維持されている。

**982** この協調への熟慮の選択は多くの重要な結果をもたらす。それは明らかに，
1 被用者とその代表を永続的存在としての企業に統合することを目指し，経営権を十全に尊重した彼らの理解と関与を促進し，かくして自由市場経済を建設的かつ社会的に修正された形で支持するとともに，
2 結果として労使関係の階級闘争モデルの拒絶を含むと同時に，経営と労働の調和というモデルをさらに進めるものである。

**983** もう一つの極めて重要な結果は，この指令がいかなる形式にせよ労使紛争にかかわる欧州の権限付与を何ら含んでいないという事実である。この指令は賃金や労働条件に関する団体交渉の権利を与えていないし，欧州レベルの団体行動を要請しているわけでもない。欧州労使協議会にしろ手続にしろ，法的にいえば，欧州企業における様々な企業/事業所の間の国境を跨いだ連帯行動のための装置ではない。

EC条約第137条第6項は明示的にストライキ権やロックアウト権のような事項を除外しており，その結果EC条約第137条第6項のもとではそのような権利を確立する法的根拠は存在しないというのが事実なのである。

## II 指令の目的と適用範囲

### A 目 的

**984** この指令の目的は，EC規模企業およびEC規模企業グループにおける被用者の情報提供および今日を受ける権利を改善することにある。このため，要求があった場合には，すべてのEC規模企業およびEC規模企業グループに，国境を跨いだ情報提供および協議の適切なメカニズム（すなわち，一ないしそれ以上の欧州労使協議会または一ないしそれ以上の被用者に対する情報提供および協議の手続）が設置されなければならない（第1条第1項）。

## B 適用範囲

### 1 地域的

**a 15のEU加盟国**

**985** この指令は15の加盟国に適用される．

1997年6月16,17日のアムステルダム欧州理事会において，IGCの社会政策協定を条約に取り込むという合意が記録されたのに従って，指令94/95/ECはイギリスに拡張された．これは1997年12月15日の理事会指令97/74/EC[1]によってなされた．この指令は1999年12月15日から適用されることになる[訳注1]．

(1) O.J., 16 January 1998, L 10/22.

[訳注1] この文章は改訂前の文章がそのまま残っているようである．

**b 欧州経済地域(15＋2)**

**986** EEA-EFTA諸国はEUの立法に至る意思決定過程に関与するが投票権を有しない．EC立法が閣僚理事会で採択された後に，その立法がEEA-EFTA諸国の国内法に転換されるかどうかを決定するEEA合同委員会に送られる．すべてのEEA諸国が同意しなければならない．こうして形式的にはこれら加盟国によるEU立法へのある種のオプトインが行われる．オプトインする場合には，適用されるEC法文のリストを含むEEA条約の附則が改正される．この附則には適用されるEC立法のリストが含まれる．新たな立法が採択されると，対応する改正がEEA協定の附則になされる．

**c EEA域外に本社を有する企業**

**987** この指令は，企業または企業グループが加盟国の領域外に本社を有している場合にも及ぶ．この場合，このような事業は，もっとも多くの被用者を有する加盟国の領域内に企業または企業グループの代表を有するEC規模企業と同様に取り扱われる．

### 2 人的：どういう企業？

**988** この指令は，民間経済部門に属するか公的経済部門に属するかにかかわりなく，公的および私的な企業に適用される．企業の認識はいかなる法的形態の企業をもカバーする．この認識は指令には明示的に定義されていないが，親会社，子会社，事業所，支店その他他のいかなる形式の経済的実態でもあり得る．

「企業」とはまた子会社，事業所等のグループから構成されることもあり得る．

**a 人　数**

**989**　指令によれば，欧州労使協議会または被用者への情報提供および協議の手続は，すべての EC 規模企業およびすべての EC 規模企業グループに設置されなければならない(第1条第2項)．

**(1) EC 規模企業**

**990**　「EC 規模企業」とは加盟国内で 1000 人以上の被用者を雇用し，かつ，二以上の加盟国でそれぞれ 150 人以上の被用者を雇用する企業をいう．

　労働協約によってより広い範囲が定められていない限り，欧州労使協議会の権限と権能および情報提供ならびに協議の手続の範囲は，EC 規模企業の場合には，加盟国内のすべての事業所に及ぶ(第1条第4項)．

　この被用者数の算定基準は，パートタイム被用者を含め，過去2年間に雇用されていた被用者の平均人数に基づいて，国内法および慣行に従って(時間比例) 算定される(第2条第2項)．

**991**　この指令は被用者という用語の明示的な定義を含んでいない．この指令が EU における情報提供と協議の部分的な調和化のみを達成しようとしていることを考慮すれば，被用者という用語は，関係加盟国において，国内雇用法制の下で被用者と考えられるいかなる者をも含むと解釈されるべきである．同様のことが第2条第2項に明示的に示されているようにパートタイム労働者にも当てはまる．

**992**　関係被用者とは EC 規模企業またはその事業所に雇用されている者でなければならない．これは，利用者たる EC 規模企業のために労働する派遣労働者や下請労働者または海外派遣労働者は，国内法または慣行が異なる規定をしない限り，当該企業の被用者としては算定しないということを意味する．

　被用者がブルーカラー労働者であるか，ホワイトカラー労働者であるか，管理職であるか，公務員であるか，いや彼が公法の下で雇用されているか私法の下で雇用されているかさえ問題にならない．

**993**　この指令は期間の定めなく雇用されている被用者と同等に，有期契約の被用者，補充要員契約その他にも適用される．これは通常，雇用契約が疾病休暇の理由により延長されている被用者，軍人その他にも，再度国内法または慣行が異なる規定をしない限り，同様である．

**994**　加盟国は被用者の平均人数の情報が指令の適用により関係当事者の要

請によって入手可能なようにしなければならない(第11条第2項).

### (2) 企業グループ

**995** 「企業グループ」とは,第2条第1項第b号によれば,一つの支配企業とその被支配企業をいう.

**996** 「被支配企業(controlled undertaking)」および「支配企業(controlling undertaking)」という用語は,公共事業契約の報酬の手続の調整に関する指令71/305/EEC を改正する閣僚理事会指令89/440/EEC に基づいている.

**997** 指令の適用上,「支配企業」とは資本の所有,資本の参加または支配する規則等により他の企業（被支配企業）に対して支配的影響力を行使することができる企業をいう(第3条第1項).

第3条第1項はすべてのありうべき「支配企業」をカバーしようとしている.

支配的影響力を行使することができるすべての企業は指令(第4条)の下で責任を果たすものと見なされ,彼ら自らそのうちのどれが「支配企業」であるかを決定しなければならない.これは,被用者代表がどの企業が「支配企業」であると見なされるかについて意見が分かれている場合にも起こりうる.

他の企業との関係で,ある企業が直接的にあるいは間接的に,
―その企業の引受資本の過半数を所有しているか,
―その企業の発行済み株式に基づき議決権の過半数を制しているか,
―その企業の経営機関,執行機関,監督機関の構成員の半数以上を指名することができる場合には,反証がない限り,支配的影響力を行使しうる能力を有するものと見なされる(第3条第2項).

議決および指名に関する支配企業の権利の中には,他の被支配企業の権利および他の被支配企業に代わって自分自身の名前で行動する個人または団体の権利も含まれる(第3条第3項).

生産,解散,破産,支払停止,債務免除または類似の手続に関する加盟国の法制に従い,執行者がその権限を行使しているという事実だけでは,支配的影響力が行使されているとは見なされない(第3条第5項).

**998** ある企業が「支配企業」であるかどうかを決定するために適用される法律は,その企業を管轄する加盟国の法律である(第3条第6条第1文).

支配的影響力を行使する可能性は経営中枢によって示されうるので,経営中枢は同様に第3条第2項の推定を逆転することができ,適用法制を選択する弾力性を有しているように見える.

企業を管轄する法律が加盟国の法律でない場合には,その企業の代表機関

が存在する加盟国の法律が適用され，そのような代表機関が存在しない場合には，被用者をもっとも多く雇用するグループ参加企業の経営中枢が存在する加盟国の法律が適用される（第3条第6項第2文）。

この場合，経営中枢は自由に，ありうべき被用者の介入なしに，どの企業または人が「代表」として行動するかを指示し，それにより同時に適用されることを望む法律を選択することができる。

**999** 「EC規模企業グループ」とは次のいずれにも該当する企業グループをいう。
―加盟国内で1000人以上の被用者を雇用していること，
―異なる加盟国に2以上のグループ参加の企業が存在すること，
――一の加盟国に150人以上の被用者を雇用するグループ参加企業が一以上存在し，かつ，別の加盟国に150人以上の被用者を雇用するグループ参加企業が一以上存在すること（第2条第1項第c号）。

EC規模企業グループの中に一以上のEC規模企業またはEC規模企業グループが含まれている場合には，労働協約で別に定めない限り，欧州労使協議会は企業グループ全体のレベルで設置しなければならない（第1条第3項）。

労働協約によってより広い範囲が定められていない限り，欧州労使協議会の権限および権能ならびに情報提供および協議の手続の範囲は，EC規模企業の場合には加盟国内のすべての事業所に，EC規模企業グループの場合には加盟国内のすべてのグループ参加企業に及ぶ（第1条第4項）。

**b　経営中枢**

**1000**　「経営中枢(central management)」とは，EC規模企業の経営中枢またはEC規模企業グループの場合には支配企業の経営中枢をいう（第2条第1項第e号）。

**c　商船の乗組員**

**1001**　加盟国は，本指令が商船の乗組員には適用されない旨を定めることができる（第1条第5項）。

## III　定義と概念

### A　情報提供と協議

**1002**　本指令は「情報提供」という言葉の定義を含んでいない。それで，我々

はこの用語がその文脈で示される通常の意味に言及し，ECの文書と加盟国の法制度の共通の概念から由来するような意味を獲得しなければならない．

**1003**　「情報提供」という言葉の意味は，かなり単純に見える．それは知識の伝達である．被用者代表への情報の開示は使用者が，その説明が求められ，疑問が提起された情報を提供することを意味する．

**1004**　「協議」は欧州労使協議会または手続に関する指令において，「被用者代表と経営中枢または経営側のより適切なレベルの者の間における意見の交換および対話の確立」として定義されている（第2条第1項第f号）．

**1005**　欧州労使協議会または手続に関する指令第2条第1項第f号は，被用者代表と経営中枢または経営側のより適切なレベルの者の間における意見の交換および対話の確立という言い方で，これらの問題を極めて広い条件においてしか示していない．まず，これは労働協約の当事者に経営のどのレベルがもっとも適切であるかの決定を自由に委ねている．さらに，他の問題も，当事者が先行する労働協約で結論を出していない限り，指令に規定された指針の範囲内で，当事者間で解決しなければならない．

## B　被用者の代表

**1006**　「被用者代表」の概念は集団整理解雇に関する閣僚理事会指令75/129/ECおよび企業譲渡に関する閣僚理事会指令77/187/ECに照らして検討しなければならない．欧州労使協議会または手続に関する指令第2条第1項第d号によれば，「被用者代表」とは国内法および国内慣行により規定された被用者の代表を意味する．企業譲渡指令とは対照的に，本指令は幾つかの加盟国において会社の経営機関，執行機関，監督機関の構成員として被用者を代表している者を除外していない．

　集団整理解雇や企業譲渡に関する上述の諸指令とは異なり，欧州労使協議会または手続に関するこの指令は，「加盟国は，被用者の責めに帰すべき事由がないにもかかわらず被用者代表が存在しない企業および事業所の被用者が，特別交渉機関の構成員を選出しまたは指名する権利を有する旨規定しなければならない」（第5条第2項第a号第2文），これは「被用者の代表機関を設けるための基準を設定している国内法制および国内慣行を妨げない」（第5条第2項第a号第3文）という極めて重要な規定を含んでいる．これは，何よりも，加盟国は例えば50人以上の被用者を雇用する事業所のみが特別交渉機関の構成員の選出または指名に参加すると規定することができるということを意味する．

「被用者代表」の概念が国内法または国内慣行に委ねられているので，これは国内法や慣行が認めれば，「非被用者」（例えば労働組合の常勤役員）が選出または指名されることもあり得るということを含意している．

## Ⅳ 欧州労使協議会または手続の設置

**1007** 当事者間の労働協約の方法による欧州労使協議会または手続の設置は，一定の期間内，遅くとも被用者によって交渉を開始せよとの最初の要求がなされてから3年間の間に，達成すべき異なった段階を踏んでいく．もし労使双方とも動きがなければ何事も起こらない．手続はまた，交渉を開始しない旨決定したり，既に開始された交渉を中止したりして，特別交渉機関の構成員の3分の2によって終了することもできる．

**1008** この段階とは，
―被用者代表または経営中枢のいずれかの発意による交渉を開始する旨の要求，
―交渉機関の設置，
―交渉会合の開催，
―労働協約の締結，である．

これはすべて，交渉を開始する要求から3年という期限のうちになされなければならない．さもなければ補完的要件が適用される．もし当事者が指令の効力発生の日の前に労働協約を締結すれば，これらの規則を免れることができる．

労働協約の再交渉の場合にも，既存の欧州労使協議会（またはその構成員たる被用者）が交渉機関を構成するとの理解の下に，他の事情が等しければ同様の規則が適用される．（附則―補完的要件第1条第f号第2文を参照．）

**1009** 補完的要件が適用されて欧州労使協議会が設置された場合，欧州労使協議会は設置の4年後，第6条に規定する労働協約の締結のための交渉を開始するか，それとも附則（附則第1条第f号第1文）に従って採択された補完的要件の適用を継続するかについて検討を行う．これは我々を2004年近くにまで連れていく．

### A 協調の精神で交渉する義務

**1010** 本指令は交渉当事者に対し「被用者に対する情報提供と協議の実施の

詳細な仕組みについて労働協約に達する観点で協調の精神を持って」(第6条第1項)交渉すべき必須義務を含んでいる．この必須の要件は明らかに重要であり，多くの含意を有している．

**1011** 協調の精神をもって，それゆえ対決の精神をもってではなく交渉すべき義務は，事実上単なる政策指針以上のものではなく，欧州当局の側では希望であり，法的拘束力ある規則などではない．明らかに，交渉に対する粗野な拒絶や妨害の場合には，それなりの措置や手続がなされ(第11条第3項)，補完的要件(第7条第1項)が適用されよう．しかし，何者も愛を命令することはできないし，特になお階級闘争を信じているものに対してはそうである．

**1012** しかしながら，この点は重要である．これは被用者関係が基礎付けられるべき信頼と誠実の精神の必要性を確認している．とはいえ，そのような精神状態は必ずしも存在しておらず，多くは彼らがかかわっているイデオロギーに係っている．本当のところ，利害の対立する当事者の間であっても信頼を構築することはできる．信頼の構築と協調の精神の養成は自然発生的なものではなく，あらゆる方面からの継続的で意識的な努力を必要とし，絶えず大切にし，育んでいかなければならない．

## B 責任と交渉の開始

### 1 経営中枢の責任

**1013** 経営中枢は，EC規模企業およびEC規模企業グループにおいて，本指令に定める条件と方法により欧州労使協議会または国境を跨いだ情報提供と協議の手続の設置に必要な条件と手段を作り出す責任を有する(第4条第1項)．

経営中枢が加盟国内に存在しない場合，加盟国内における経営中枢の代表機関(必要があれば指定される)は，欧州労使協議会または手続の設置の責任を負う．そのような代表機関が存在しない場合，上述の責任は加盟国の中でもっとも多くの被用者を雇用する事業所またはグループ傘下の企業の経営中枢に存することになる(第4条第2項)．被用者という用語は，関係加盟国において，被用者と見なされるいかなる人をも含むものとして解釈されるべきであり，その算定は国内法または国内慣行に従ってなされる．EC規模企業または企業グループの関係における被用者の認識に関して我々が先に述べたところもこれに従って適用される．

**1014** 指令の適用上，第4条第2項に規定するように，経営の代表機関が経営中枢と見なされる(第4条第3項)．

## 2　交渉の開始

**1015**　被用者に対する国境を跨いだ情報提供と協議の権利を確保するための手続は，経営中枢の発意によって，または二以上の異なる加盟国の二以上の企業または事業所の全部で100人以上の被用者またはその代表からの書面による要求の何れかによって開始される（第5条第1項）。全部で100人の被用者で十分である。異なった加盟国における二つの企業や事業所のそれぞれごとに100人の被用者かその代表が必要なのではない。

## 3　一またはそれ以上の欧州労使協議会——手続

**1016**　本指令は，EC規模企業または企業グループが，それ自体として欧州労使協議会またはそれに代わる手続の設置の資格のあるEC規模企業または企業グループを含んでいる場合であっても，一個の（交渉によるものであれ標準によるものであれ）欧州労使協議会またはそれに代わる手続の設置の義務を規定しているだけである（第1条第2項，第3項）。この場合，本指令は欧州労使協議会またはそれに代わる手続を「最高」レベルにおいてのみ設置することを義務付けている。

## C　労働協約の交渉

**1017**　欧州労使協議会または手続の設置の交渉は経営中枢と被用者代表から構成される特別交渉機関との間で行われる（第5条第2項）。そのような労働協約を締結する観点で経営中枢は特別交渉機関との会合を招集しなければならない。経営中枢はこの旨を事業所や子会社の経営者に通知しなければならない（第5条第4項）。

### 1　労働協約の当事者と特別交渉機関

**1018**　労働協約の当事者はそれゆえ，指令第5条によれば，一方では経営中枢に代表されるEC規模企業または企業グループであり，特別交渉機関を構成する（各加盟国で定義された）被用者の代表である。特別交渉機関はある意味で特別の法人格を有しており，欧州労使協議会または手続を設置する労働協約を締結し究極的には終了させる必要な権限を有している。同じように，特別交渉機関は，指令の対象となる事項に関係する紛争の場合に裁判所に訴えを提起する法的権限も持つべきである。労働協約を締結するためには，特別交渉機関はその構成員の過半数によって行動する（第6条第5項）。

a　交渉機関の構成

**1019**　特別交渉機関は以下の指針に従って設置される．

a　加盟国は，自国の領域内で選出されまたは指名される特別交渉機関の構成員の選出または指名に用いられる方法を決定するものとする（第5条第2項第a号第1文）．

　各加盟国内における構成員の選出または指名はこれら加盟国の立法に従って組織されるものとする（閣僚理事会および欧州委員会の宣言第2を参照．）．加盟国は誰が選出されまたは指名されるかに特別の注意を払うものとする．事業所・子会社レベルであれ経営中枢レベルであれ，法的には被用者であっても経営者は候補者としても選挙人としても資格を有さないということが思い浮かぶが，経営者集団を実際に事業所・子会社や中枢企業を運営している人々（高級経営者）に限定し，この認識をそれぞれに解釈することは合理的に思われる．これは，ブルーカラー，ホワイトカラー，「カードル」（中間やより上級の管理職）が特別交渉機関の選挙人として同時に選出され，指名される構成員としての資格を有するということを意味する．構成員となるためには，被用者は明らかにそのための候補者となることに同意する必要がある．

　これはまた，国内法や慣行に従い，例えば労働組合が被用者を代表することができることを意味する．上に見たように，加盟国は「被用者の責めに帰すべき理由がないにもかかわらず被用者代表が存在しない企業および事業所の被用者が，特別交渉機関の構成員を選出しまたは指名する権利を有する旨を規定」するものとする（第5条第2項第a号第2文）．加盟国は被用者代表機関の設立の最低要件を規定する権利を有する（第5条第2項第a号第3文）．上で述べたように，これは加盟国が例えば少なくとも50人以上の被用者を雇用する事業所や企業の被用者にしか特別交渉機関の構成員の選出または指名に参加する資格を与えないことができるということを意味する．

b　特別交渉機関は最低3名，最大18名の構成員で構成される（第5条第2項第b号）．

　閣僚理事会と欧州委員会の宣言の第2によれば，最大18名という人数は必ずしもそれに達する必要はない．

c　これら選出または指名に当たっては以下のことが確保されなければならない．まず，「EC規模企業の一以上が存在し，またはEC規模企業グループの支配企業あるいは一以上の被支配企業が存在する加盟国ごとに1人の構成員が代表されること」（第5条第2項第c号第1文）．加盟国と協約当事

者が，可能な限りかつ適当であれば，若年被用者と中高年被用者，男性と女性，ブルーカラーとホワイトカラー，下級経営者のように，交渉機関の中で十分に代表されるべき異なった被用者グループを有する手段方法を求めることには道理がある．

次に，経営中枢の所在する加盟国の法令の規定に従い，事業所，支配企業または被支配企業の雇用する被用者数に応じた追加的代表を出すことである（第5条第2項第c号第2文）．

d　経営中枢および事業所・子会社レベルの経営者は，特別交渉機関の構成について通知を受けるものとし（第5条第2項第d号），おそらくは事業所・子会社の経営者によってまたは代表自身によって個別的にあるいは集団的にされる．この最後の方法は，もっとも示された方法であり，本指令第5条第1項に従い被用者代表が書面による要求により交渉を開始する可能性と結びついている．

b　交渉当事者の責務

**1020**　EC規模企業または企業グループの特別交渉機関および経営中枢は，当事者の自治に抵触しない範囲で，国境を跨いだ情報提供および協議の実施の詳細な仕組みに関する書面による労働協約の手段により，以下を決定する責務を有する．

―欧州労使協議会の適用範囲（企業または事業所），
―欧州労使協議会の構成，構成員数，議席の配分および任期，
―欧州労使協議会の情報提供および協議の機能と手続，
―欧州労使協議会の開催場所，開催頻度および開催期間，
―欧州労使協議会に与えられる財政的，物質的援助，
―労働協約の有効期間および再交渉の手続（第6条第2項）[訳注1]．

　　［訳注1］　原文は「または1もしくはそれ以上の情報提供および協議の手続の設置」まで記述して「（第6条第3項）」と記しているが，これは誤りで，転記ミスと思われる．

2　交渉の拒否または打ち切り

**1021**　特別交渉機関は，3分の2以上の議決により，交渉を開始しない旨あるいは既に開始した交渉を打ち切る旨を決定することができる．そのような決定は，労働協約を締結するための手続を中止させる．このような決定が行われた場合には，附則にある規定（補完的要件）は適用されない．関係当事者がより短い期間を定めた場合を除き，新たな特別交渉機関の招集の要請は上述

の決定の早くとも2年経過した後に行うことができる(第5条第5項)。

### 3 専門家と費用

**1022** 交渉の目的のために，特別交渉機関は自らが選択した専門家の援助を受けることができる(第5条第4項第2文)。これら専門家は被用者でもあり得るし，非被用者，例えば労働組合代表でもあり得る．労働組合がこれを彼らの役割と考え，このために被用者代表を援助しようとすることは疑いない．この点はまたしかしながら，交渉すべき事柄である．

交渉に関係するいかなる費用も特別交渉機関が適切に任務を遂行できるようにするために経営中枢により負担されなければならない(第5条第6項第1文)。この原則に則り，加盟国は特別交渉機関の運営に関する財政上の規則を定めることができる．この場合，加盟国は特に専門家については1名のみの負担に限定することができる(第5条第6項第2文)。

### 4 労働組合と使用者団体の役割

**1023** 労働組合と使用者団体は，指令によれば直接には情報提供および協議に関して締結される労働協約の当事者として関与するわけではないが，実際には活発な役割を果たしうる．疑いなく，欧州の労働組合事務局(欧州の産業別レベル)およびETUC(欧州の産業横断レベル)は強く欧州の労使対話への動きの背後にいるが，労働協約は労働組合によってではなく，被用者の代表によって締結されるというEUによる選択はよく考えられたものである．これはある意味であらゆる選択肢を可能にしている．労働組合はしかしながら例えば欧州労使協議会の構成員の訓練，専門家としての活動，締結当事者その他の役割さえ果たすことができる．UNICEと同様国内の使用者団体にとっても同様に，構成員たる企業に対する監視と指導を支援することができる．国内の労働組合は，例えばベルギーやフランスにおいてそうであるように，国内法や慣行がそのような役割を規定しておれば，特別交渉機関における(国内)代表の選出または指名において役割を果たすことができる．

## D 労働協約の性質，拘束力，形式および言語

### 1 労働協約の性質と拘束力

**1024** この労働協約は一方に欧州の経営者代表と，他方に欧州労使協議会または情報提供および協議の手続を設置する交渉機関の形式のもとで欧州の被用者代表の間で締結されたある特別な種類の集団的労働協約と見なすことが

できる．フランスにおけるように，この労働協約を「契約機関」すなわち機関を創設する契約，いったん創設されればそれ自身の生命力を維持することのできる経営と労働の間の情報提供と協議の枠組みと考えることもできる．この労働協約は他の集団的労働協約のように，債務的部分と規範的部分からなる．債務的部分は締結当事者の権利と義務に関係し，規範的部分は設置された情報提供および協議の機関——手続についてその適用範囲，構成，権限その他にかかわる．締結当事者は欧州労使協議会または手続を創設するのみならず，通知の形式と条件に合意することを考慮してこの労働協約を廃止することもできることから，まさにその存在を支配するのである．

**1025** 労働協約の双方（債務的および規範的）の部分の拘束力はそれゆえ契約に適用される法律によることになろう．ベルギーであれば，例えば労働協約がブリュッセルで締結されたから，あるいは欧州レベルの会合の場所なり手続の枠組みや経営中枢がブリュッセルに所在し，当事者型の法制度を選択しなかったからという理由により，締結当事者の間の関係はベルギー法によって支配される．これはベルギー契約法の一般原則であり，1968年12月5日の共同委員会および労働協約に関するベルギー法規は適用されない．なぜなら（1968年法の意味における）拘束力ある法的労働協約の資格を充たすためには，被用者側は（ベルギーの）労働組合の代表であることが必要であり，本指令の枠組みで運営される特別交渉機関はこれに当たらないからである．

### 2 労働協約の形式と言語

**1026** 欧州労使協議会または手続を設置する労働協約が書面で作成されなければならず，かつ経営者の代表と交渉機関に集合した各被用者代表の過半数によって署名されなければならないというのは道理にかなっている．交渉機関は，先に述べたように，十分な能力を有する法的当事者であり，関与する者の間の単なる対話の場や道具やコミュニケーションの手段ではない．労働協約の合法性に関するさらに形式的な側面として，署名されるべき写本の数といったことは適用法の要請に支配される．

**1027** 労働協約は，交渉当事者の（国別）構成に従って，加盟国の様々な公用語で起草することができる．署名当事者が署名した内容を理解しうる限り，翻訳のあるなしにかかわらず，一つの言語だけというのも可能である．労働協約に適用される国内法制に，特にこの法制がベルギーやフランスのように特定の言語的要件を含んでいる場合には，特段の注意を払う必要がある．

## E 労働協約の内容

**1028** 労働協約の内容は明らかに契約当事者の仕事である．彼らは自主的に彼らが望むところを労働協約に含めるよう決定し，望まざるものはそうしない．しかしながら，指令の第6条は欧州労使協議会の設置の場合におけるリストを含んでいる．このリストは必須の事項リストであるが，当事者はリストの各項目の具体的な内容を自主的に決定することができる．

指令によれば，欧州労使協議会の設置と手続の策定との間には区別がなされなければならない．欧州労使協議会と手続の間の違いを見出すのは，特に第6条第3項第2文が手続の場合においても被用者代表が彼らに伝達された情報を討議するために会合する権利を規定していることからするとそれほど容易ではない．実際，「労働協約はいかなる方法によって被用者代表が彼らに伝達された情報を討議するために会合する権利を有するかを規定しなければならない」．この情報は，特に労働者の利益に顕著に影響する国境を跨いだ問題にかかわるであろう．それゆえ，欧州労使協議会がより機構化されたコミュニケーションと対話の形式であり，手続はより緩やかな形式であるというのが論理的に思われる．しかし上で述べたように，どこで手続が終わり欧州労使協議会が始まるのか，明らかではない．第6条第2項に含まれるすべての事項を詳細にわたって規定していない労働協約は欧州労使協議会ではなくてむしろ手続に該当するのではないかという議論をする論者もあるかも知れない．しかしながら，当事者はその意図を明らかにし，労働協約の中で欧州労使協議会を選んだのか手続にしたのかを明示することができる．

手続のためには，なかんずく，経営者から伝達される書面の報告，いかなる方法であれ事業所・子会社レベルにおける情報提供と協議，国内レベルの既存の手続の範囲内であれ範囲外であれ，例えば情報提供や協議が国境を跨いだ問題にかかわることを前提に，欧州や国内レベルの人的資源管理担当の経営者が工場や国内レベルの被用者代表を訪問するといったこと，を想定することができる．この手続は必ずしもすべての企業で同じである必要はなく，加盟国によって，グループの事業その他によって異なっていてもよい．

いずれにせよ，当事者はこれらの事項について自由に決定することができ，被用者代表が彼らに伝達された情報を討議し対話に関与する権利を考慮に入れて，その仕組みを自分たちに適するように整えることができる．

労働協約は，別段の定めをおかない限り，附則に規定する補完的要件に従ったものである必要はない（第6条第4項第1文）．

第2章　労働者参加

## 1　適用範囲

**1029**　労働協約は「労働協約の対象となる EC 規模企業グループの傘下企業または EC 規模企業の事業所」を明らかにしなければならない(第6条第2項第 a 号)．

　労働協約は労働協約の対象となる地域的および人的適用範囲(事業所/企業)を明らかにしなければならない．この適用範囲はまた EU 諸国や EEA-EFTA 諸国の域外の企業をも含みうる．

## 2　欧州労使協議会の設置

**1030**　第6条第2項第 b 号は，欧州労使協議会の構成と構成員数，議席の配分および任期にかかわる．

　労働協約は欧州労使協議会が被用者のみから構成されると規定することもできるし，経営代表からも構成されると規定することもでき，また当事者は欧州労使協議会で(それゆえ)双方のグループ(経営側と被用者)の代表が議長となることに合意することもできる．当事者は先に示したように，ブルーカラーとホワイトカラー，管理職，女性労働者その他など，被用者の様々なグループの適切な代表を考慮するべきである．当事者はまた，他の構成員，例えば完全な権利を持つ構成員としてであれ純粋なオブザーバー，顧問あるいは専門家その他としてであれ，労働組合役員を含めることに合意することもできる．これらの事項に関しては労働協約当事者に完全な自由が存在する．当事者は，また，欧州労使協議会が被用者だけで構成されている場合，労働者グループのあるいは欧州労使協議会自身のために特別委員会を設けることに合意することもできる．

　主たる問題は欧州労使協議会の構成に影響を与える企業/事業所の合併その他のリストラクチュアリングの場合(特にそれぞれ欧州労使協議会を有する二つのグループの合併の場合)に生ずる．

　指令はこの問題に沈黙しているので，問題は適用可能な法に従って解決されるべきである．適用可能な法がこの問題を規制しないときには，当事者は労働協約を再交渉しなければならないだろう．新たな労働協約が合意されない限り，既存の労働協約が効力を持ち続ける．第7条に規定する期間内に新たな労働協約が合意されなかった場合には，補完的要件が適用されることになる．

　欧州労使協議会における議席の配分は，通常企業および事業所の被用者の数の大きさを考慮に入れる．選出と指名に関して，当事者は可能な限り密接に国内法および慣行に従い，例えば特別交渉機関の代表の選出のと同様の方

635

法を採ることが適当だろう。候補者は，ある程度の洞察と権限を持って同僚を代表し得るためにも，事業所や企業において被用者として一定の勤続年数（例えば1年）を有していることが望ましい。任期は長すぎず短すぎないよう一定年数とすべきである。2年から3年というのが下限であり，5年が上限というところか。

**1031** 第6条第2項第c号は欧州労使協議会の情報提供および協議を行う場合の手続にかかわる。

労働協約は，欧州労使協議会の権限を協議の性質が関係する限りにおいてより詳細に特定し，なかんずく経営者の権限が影響されないことを明らかにしうる。労働協約はまた情報提供と協議が行われる対象事項を明確に示すことができ，このために補完的要件に列挙された事項が参考となりえよう。対象事項を列挙するに当たり，被用者が特にその職務，広い意味における労働条件その他のようなその利益に重大な影響を与える国境を跨いだ問題に関して情報提供および協議を受ける権利があることを考慮に入れるべきであろう。被用者は特に経営上の決定の社会的な結果を和らげることに関心を有している。特に将来の展開と見通しについての情報が念頭に浮かぶ。実際，被用者は企業の社会経済的歴史よりも事業の将来により関心を持つのである。

**1032** 労働協約は，等しく情報提供および協議の「時期」（毎年か随時か）（決定がなされる前にか，随時の場合には可能な限り早急にか），意見の交換および対話の組織および可能なフィードバック，機密のあるいは不利益情報，専門家の役割，情報の確実性をチェックする会計士その他の事項を定めているべきである。他の点は，投票の際の多数決，議案の起草，報告の起草，作業部会の組織，代表団の継続的訓練，情報や協議結果の一般被用者や労働組合への伝達，報道機関との連絡等にかかわる。

ここに挙げられる点としてはまた，書面による手続か口頭の手続か，またそのタイミング。情報提供に関しては，文書はあらかじめ送付されるのか会合のどれくらい前にか。同様に情報提供と協議のタイミング，動議の提案と投票，翻訳と通訳（言語），専門家の役割について合意することができる。

**1033** 第6条第2項第d号は会合の開催場所，開催頻度および開催期間にかかわる。

労働協約は会合への招待および場所について何かをいうことができ，閉鎖や集団整理解雇のような特別に重大な事件が起こった場合には，一般的ないわば年次の情報提供会合と随時の情報提供会合との間に区別をすることもできる。労働協約はまた予備会合，作業部会の会合，労働者グループなどの特別委員会を規定することもできるし，そういった会合の期間を決定すること

もできる．

**1034** 第6条第2項第e号は欧州労使協議会に与えられる財政的，物質的援助にかかわる．

経営中枢は欧州労使協議会の運営のために支払われる必要な財政的資源（事務局，給食，宿泊等）を提供しなければならず，労働協約は旅費，被用者代表の賃金損失等の支払を規定しなければならない．専門家は通常その援助する当事者から，あるいはこの目的のためにEUから補助金を受ける彼らが代表する組織から支払を受けるが，労働協約がそうでないように規定することもできるし，究極的には専門家の費用は経営中枢によって負担されるとすることもできる．

**1035** 第6条第2項第f号は労働協約の有効期間と再交渉の手続にかかわる．

労働協約は期間の定めをせず，解約告知期間を定め，特定の形式（例えば登録書簡）や労働協約の廃止の場合に尊重されるべき再交渉の提案を含むこともできる．労働協約は，経営中枢または交渉機関（の構成員の過半数）のいずれによっても，全面的にまたは部分的に廃止することができる．双方当事者はまた労働協約を終了させることもできる．

労働協約はまた期間を定めて締結することもでき，この場合期間が過ぎれば自動的に終了する．当事者はまた，当事者の一方が一定の期日（例えば終期の1年前）までに労働協約を終了させない限り（同一の）期間延長されるという期間の定めをすることもできる．

いずれにしても，再交渉のための手続がなければならない．再交渉は通常経営中枢と交渉機関の間で行われる．しかしながら，附則（第1条第f号第2文）によるとこれは欧州労使協議会（の被用者代表）である．もし従前の労働協約の期間が切れる前に新たな労働協約が合意されなければ補完的要件が適用される．

**1036** 労働協約はまた労働協約に適用される法律に関し，解釈や適用上の困難の解決に関して，調停によるにせよ仲裁によるにせよ，権限ある裁判所その他に関して拡大することができる．

労働協約を締結する目的のため，特別交渉組織は構成員の過半数によって行動する（第6条第5項）．

### 3　手続の設置

**1037** 指令第6条第3項は，

「経営中枢および特別交渉機関は，文書により欧州労使協議会の代わりに，

一以上の情報提供および協議の手続を設置することができる。労働協約は、いかなる方法によって被用者代表が彼らに伝達された情報を討議するために会合する権利を有するかを規定しなければならない。この情報は特に被用者の利益に重大な影響を与える国境を跨いだ問題に関するものとする。」と規定する。

　当事者はなかんずく他の条件が等しければ，
a　手続の適用範囲
b　「情報を討議するために会合する権利」を含む運営の態様，
c　情報提供および協議の対象事項
d　手続の運営のために支出される財政的物質的資源，
e　労働協約の期間とその再交渉の手続，
f　労働協約に適用される法律

## V　不利益または機密情報，イデオロギー的指導

**1038**　指令第8条第2項第1文によると，加盟国は，情報の性質が客観的な基準に照らし，関係企業の活動に深刻な支障をもたらし，または関係企業に不利益を与えるものである場合には，個々の事例ごとに，かつ国内法令で定める条件および制限の下に，その国内に存在する経営中枢が，情報を提供する必要がない旨を規定することができる。

　加盟国はこのような適用除外を受ける条件として，事前の行政的または司法的許可を必要とする旨を規定することができる（第8条第2項第2文）。

　加盟国は，指令第8条第1項によれば，特別交渉機関または欧州労使協議会の構成員および彼らを援助する専門家が，秘密であることを明示されて提供された情報を，漏洩してはならない旨を定めるものとする。情報提供および協議の手続の枠組みにおける被用者代表についても同様である。この義務はこれらの人がその任期を終了した後にも引続き適用される。

**1039**　付け加えれば，指令第8条第3項は，加盟国が，本指令の採択の日に既にそのような規定が置かれていることを条件として，情報提供および意見表明に関してイデオロギー的指導を行うことを直接かつ主たる目的とする企業の経営中枢のために特別の規定を置くことができる可能性を含んでいる。

　この関係で，閣僚理事会と欧州委員会は「これは直接かつ本質的に，政治的，職業組織的，宗教的，慈善的，教育的，科学的または芸術的目的，情報提供および意見の表明にかかわる目的を追求する企業および事業所を意味する」と述べている。

**1040** 加盟国が機密（および不利益）情報にかかわる指令第8条を適用する場合，経営中枢が第8条に従い機密保持を要求しまたは情報を提供しない場合に，被用者代表が行うことができる行政的，司法的な訴えの手続に関する規定を置かなければならない（第11条第4項）．「そのような手続は，問題となる情報の機密を保護するための手続を含むことができる」（第11条第4条第2文）．

## Ⅵ 被用者代表の保護

**1041** 被用者代表はその国内の同僚と同様の保護を受ける．実際，指令第10条は，特別交渉機関の構成員，欧州労使協議会の構成員および情報提供および協議の手続の中で行動する被用者代表は，その任務の遂行に当たり，特に，特別交渉機関，欧州労使協議会の会合またはその他手続を設置する労働協約の枠組みにおける会合への出席，EC規模企業またはEC規模企業グループの職員である構成員が任務を遂行するために不在であった期間の賃金の支払いに関して，その雇用されている国で実施されている国内法令および慣行により被用者代表が与えられているのと同様の保護および保証を受けるものとする．

**1042** 付け加えれば，被用者代表が一以上の国で雇用されている場合とか，外交販売員の資格である場合に，どの国内法制が適用されるかを決定するために国際労働私法の規則に頼らなければならないかもしれない．

## Ⅶ 指令の遵守──リンク──最終規定

### A 指令の遵守

**1043** 各加盟国は，経営中枢がその国に存在するか否かを問わず，その国に存在するEC規模企業の事業所の経営者およびEC規模企業グループの傘下にある企業の経営者，それらの被用者代表，または場合によっては被用者が，この指令に規定される義務に従うべきことを確保しなければならない（第11条第1項）．

　加盟国は，本指令の適用される関係者の要求がある場合には，平均被用者数に関する情報が企業によって提供されるべきことを確保しなければならない（第11条第2項）．

**1044** ボフロスト事件[1]は，欧州労使協議会のありうべき設置の準備のため

に被用者数とその内訳および企業構造についての情報が被用者代表によって要求された場合にこれに答えるべき使用者の——第 11 条第 2 項に規定された——指令上の義務の範囲に関するものである．

　ボフロスト社のドイツ労使協議会は同社に対し，欧州労使協議会の設置を求める観点で，ボフロスト社グループの被用者数と企業構造に関する情報提供を何回も要求した．会社側はそのような情報を提供することを「決然と拒否した」．

　欧州司法裁判所は以下の疑問への回答を求められた．

　「指令第 11 条第 1 項および第 2 項による情報提供を受ける権利は，指令第 2 条第 1 項第 b 号にいう企業グループにおける指令第 3 条の意味における支配企業が存在するか否かが未だに不明である場合であっても存在するか？

　もしそうであれば，第 11 条第 1 項および第 2 項による情報提供を受ける権利はまた，関係企業に対し，第 3 条第 2 項にいう支配企業の推定に至るような情報を要求する権利を含むか？

　そして，情報提供を受ける権利に関する第 11 条第 1 項および第 2 項はまた，そのような情報を明確にし，説明する文書を企業に要求する権利を含むか？」

　欧州司法裁判所はこう答えた．

　「閣僚理事会指令 94/45/EC の第 11 条第 1 項および第 2 項の本来の構成において，企業グループの一部である企業は，企業内の労働者代表機関に対して，労働者の要求が向けられた経営者が企業グループ内の支配企業の経営者であることが未だ不明である場合であっても，情報を提供するよう求められる．

　企業グループの構造または組織に関係する情報が欧州労使協議会の設置または国境を跨いだ被用者に対する情報提供および協議のための交渉の開始にとって必須である情報の一部である場合には，グループ内の企業はその有するまたは入手しうる情報を，それを要求する企業内の労働者代表機関に提供するよう求められる．この目的のために不可欠である情報を明確にし説明する文書の伝達はまた，関係被用者またはその代表が交渉を開始するよう要求する資格があるか否かを決定することを可能にする情報にアクセスすることができるためにその伝達が必要である限りにおいて，求められる．」

　　(1) C.O.J., 29 March 2001, Betriebsrat der bofrost* Josef H. Boquoi Deutschland West GmbH & Co. KG and Bofrost* Josef H. Boquoi Deutschland West GmbH & Co. KG, Case C-62/99, not yet published.

**1045**　加盟国は，この指令が遵守されない場合に採られるべき適切な措置に

ついて規定しなければならない．特に，加盟国は，この指令から生ずる義務が実施されるように，適切な行政的または司法的手続が適用されることを確保しなければならない(第11条第3項)．

既に示したように，加盟国は経営中枢が機密保持を要求したときまたは情報を提供しないときに，被用者代表が行うことができる行政的または司法的な訴えの手続に関する規定を置かなければならない．そのような手続の中には，問題となる情報の機密を保護するための手続も含みうる(第11条第4項)．

加盟国はそれゆえ，その領域内に限られるとはいえ，条約と両立するより厳格な保護措置を維持しまたは導入することができる．我々には，明らかな理由から他の加盟国で規定されている種類の保護措置を注意深く検討するであろうから，加盟国がより厳格な措置を科するとは思えない．

### B　リンク

**1046**　指令第12条は，本指令と欧州レベル，国内レベル双方の他の規定との関係にかかわる．それによれば，本指令は集団整理解雇に関する指令(1975年)および企業譲渡に関する指令(1977年)に従って講じられる措置に抵触しない範囲で適用される．国内規定に関しては，「本指令は国内法に基づく情報提供および協議に関する被用者の既存の権利に抵触しない範囲で適用される」と述べている．

### C　最終規定

**1047**　「加盟国は，1996年9月22日までに，本指令を遵守するために必要な法律，規則および行政規定を実施し，またはその日までに経営と労働が労働協約により必要な措置を導入できることを確保しなければならない．加盟国はこの指令により定められた結果が常に保障されるために必要なすべての措置を講ずる義務がある．加盟国は，これらの措置が取られた場合には直ちに欧州委員会に報告しなければならない．」

これは，指令第14条が加盟国に対し，国内のソーシャル・パートナーに(必要であれば国内法制に従って)本指令を実施する労働協約を締結する可能性を与える選択肢を付与しているということである．これら労働協約は法として拘束力があり，関係するすべての企業と被用者を対象とするものでなければならない．これは，国内規定が労働協約に一般的拘束力を与える拡張手続を含んでいる場合に特に当てはまる．これは例えばベルギー，フランス，ドイ

ツ,オランダなどであるが,これが社会問題となっているスカンジナビア諸国のような国では必ずしもそうではない.

**1048** 問題は,労働協約が,政令によって拡張されそれゆえ一般的に拘束力あるものであっても,指令を国内法に転換する仕組みとして適当か否かという点に生ずる.理由は単純で,(部分的には)労働協約に適用される国内法次第である.実際,他の労働法指令とは異なり,欧州労使協議会指令は根本的に国境を跨ぐものであり,これは欧州労使協議会にも情報提供/協議手続にも言える.指令を転換する国内労働協約は,必要に迫られて,他の国で活動する参加者(企業,事業所,被用者代表その他)の労働関係を部分的ないし全面的に規制しなければならない.(国内)労働協約は,それゆえ,例えば,いかなる条件下で第13条労働協約が有効であるかを示したり,やむをえず他の加盟国に所在しながら特定の加盟国の被用者を代表する欧州労使協議会の補完的構成員の数を示したりしなければならない.現在通常,労働協約は法的には国内法が異なる定めをしない限り,国境内部の労働関係と労働条件を規制するようにしか備えがないし,異なる定めにも疑問がある.それで,労働協約がいわば国境を跨ぐ指令を実施する適当な基盤であるか否かは国内法に係っている.一点確かなことは,労働協約に関するベルギー法はそのような法的基礎を提供しないということである.したがって,1996年2月6日のベルギー労働協約第62号は,欧州労使協議会指令を実施する適当な方法と見ることはできない.欧州労使協議会指令それ自身が労働協約に関するベルギー法を変えることはできない.ベルギー法はベルギーの労働関係に関する法的に拘束力ある労働協約を認めているのであって,ベルギーの国境を跨いだこれら関係に関して認めているのではない.

**1049** 「加盟国がそのような措置を採択する場合には,その措置の中でこの指令について言及するか,またはそのような措置の官報掲載時に併せてこの指令について言及するものとする.言及の方法については,加盟国により定められるものとする」(第14条第2項).

## Ⅷ 補完的要件:強制的欧州労使協議会

**1050** 経営中枢と特別交渉機関がそう決定した場合,経営中枢が交渉を開始するようにとの被用者代表の要求が行われてから6カ月以内に交渉の開始を拒否した場合,あるいはこの要求が行われてから3年経過しても欧州労使協議会または被用者への情報提供および協議の手続を規定する労働協約を締結することができない場合,経営中枢の所在する加盟国の法制により規定され

た補完的要件が適用される(第7条第1項).

　加盟国の法制で採択された補完的要件は指令の附則に定める規定を満たさなければならない(第7条第2項).

　補完的要件はそれゆえある意味では，当事者が欧州労使協議会を設置する労働協約を締結しまたは情報提供および協議の手続を設置することによって自発的な道をたどらない場合にも，欧州の立法者が欧州の企業に遵守を求めている情報提供と協議の権利の強制的な中核を構成する．実際，補完的要件は上に示したように，欧州労使協議会の強制設立を規定している．

## A　欧州労使協議会の構成

**1051**　欧州労使協議会は，被用者代表またはそのような代表がいない場合には被用者全体により被用者数に応じて選出または指名された，EC規模企業またはEC規模企業グループの被用者により構成されるものとする(附則第1項第b号第1文).

　欧州労使協議会の構成員の選出または指名は，国内法および慣行に従って実施されるものとする(附則第1点第b号第2文).

　欧州労使協議会は，最低3名，最大30名で構成される．構成員数から見て可能な場合には，欧州労使協議会は，その構成員の中から最大3名で構成される特別委員会を選出するものとする．欧州労使協議会は自らの手続規則を定めるものとする．

　最大30名というのは必ずしもそれに達しなくてもよい．適用される法(経営中枢の所在する加盟国の国内法)によってより少ない人数を規定することもできる(閣僚理事会と欧州委員会の宣言第2).

**1052**　「欧州労使協議会の選出または指名に当たっては，次の点が保障されなければならない．

　第1に，EC規模企業の1以上の事業所が存在し，またはEC規模企業グループの支配企業あるいは1以上の被支配企業が存在する加盟国ごとに，代表を1名出すこと．

　第2に，経営中枢の所在する加盟国の法令の規定に従い，事業所，支配企業または被支配企業の雇用する被用者数に応じた追加的代表を出すこと」(附則第1項第d号).

　「経営中枢および他のいかなるより適当な経営レベルも，欧州労使協議会の構成について通知を受けるものとする」(附則第1項第e号).

第2部　集団的労働法

## B　権　限

**1053**　欧州労使協議会の権限は，EC規模企業またはEC規模企業グループ全体に関する事項についての情報提供および協議，または少なくとも異なる加盟国に所在する二以上の事業所またはグループ傘下企業に関する事項についての情報提供および協議に限られる（附則第1項第a号第1文）。

　企業または企業グループの場合には[訳注1]，欧州労使協議会の権限は，加盟国に存在するすべての事業所またはグループ傘下企業に関する事項，または異なる加盟国に存在する二以上の事業所またはグループ傘下企業に限られる（附則第1項第a号第2文）。

　　[訳注1]　原文では意味不明であるが，これは指令附則には「第4条第2項に定める」とあるのが欠落しているためであり，経営中枢がEU域外にある場合には，欧州労使協議会の権限がEU加盟国域外には及ばないということを述べているのである。

### 1　一般情報（年次）

**1054**　欧州労使協議会は，EC規模企業またはEC規模企業グループの事業の進展と見通しに関し，経営中枢により作成された報告書をもとに情報提供および協議を受けるため，年1回，経営中枢と会合を持つ権利を有する．子会社と事業所レベルの経営者は，この会合について通知を受けるものとする．（附則第2項第1文）．

**1055**　この会合は，特に，企業の構造的，経済的，財政的状況，事業，生産および販売の予測，雇用，投資の状況およびその予測，組織の実質的変更，新たな作業方法および生産過程の導入，生産の移転，企業，事業所またはその重要な一部の合併，縮小，閉鎖，および集団整理解雇に関するものでなければならない（附則第2項第2文）．

### 2　随時の情報

**1056**　特に再配置，事業所または企業の閉鎖，集団整理解雇のように被用者の利益に重大な影響を与える特別な場合には特別委員会，またはそのような委員会が存在しない場合には欧州労使協議会が，それぞれ情報提供を受ける権利を持つ．特別委員会なり欧州労使協議会は，要求することにより，EC規模企業またはEC規模企業グループの経営中枢またはその措置を決定する権限のあるより適切なレベルの経営者と，被用者の利益に重大な影響を与える措

置に関し，情報提供および協議を受けるために会合を持つ権利を有する．

　問題となっている措置と直接関係がある事業所および企業から選出または指名された欧州労使協議会の構成員は，特別委員会とともに会合に参加する権利を有する(附則第3項第2文)．

## C　手　続

**1057**　欧州労使協議会は，1年に1回，そしてもし特に上に示したような利益に顕著に影響する例外的な状況があれば，経営中枢と会合する権利を有する．
　年次会合は書面による報告書に基づいて行われる．
　特別の随時の情報提供および協議のための会合は，EC規模企業またはEC規模企業グループの経営中枢またはより適切なレベルの経営者により作成された報告を基に，可能な限り早急に開催されなければならない．このような報告に対しては，会合終了時または合理的期間内に意見を提出することができる．この報告もまた，極めて緊急であるため書面によることができず，口頭の報告がなされざるを得ない場合でない限り，書面によるものであると見なしてよいであろう．
　この会合は，経営中枢の経営権に影響を与えるものではない(附則第3項第4文)．
　加盟国は，情報提供および協議のための会合の議事規則を定めることができる(附則第4項第1文)．これは，適用される法が例えば多くの加盟国の共通の慣行に見られるように，経営側が会合の議長を務めるものと規定することができることを意味する．
　欧州労使協議会または特別委員会，必要な場合には附則第3項第2文により拡大されたものは，経営中枢との会合の前に，関係する経営者が出席しない場で会合を持つ権利を有する(附則第4項第2文)．
　機密情報に関する指令第8条に抵触しない限り，欧州労使協議会の構成員は，事業所またはEC規模企業グループの傘下企業の被用者代表に対し，またはそのような代表がいない場合には被用者全体に対し，この附則に従って行われた情報提供および協議の手続の内容および結果について通知するものとする(附則第5項)．

**1058**　欧州労使協議会は自らの手続規則を定めるものとする(附則第1項)．

### D　専門家の役割

**1059**　欧州労使協議会または特別委員会は，その任務の遂行に必要な範囲内で，自らが選択した専門家の援助を受けることができる（附則第6項）．これら専門家は被用者であり得るとともに非被用者でもありえ，それゆえ例えば，労働組合代表でもあり得る．労働組合がこれを彼らの役割と考え，このために被用者代表を援助しようとすることが疑いない．

### E　費　用

**1060**　指令の附則第7項によれば，欧州労使協議会の運営費用は，経営中枢によって負担される．関係する経営中枢は，欧州労使協議会の構成員が適切に任務を遂行できるように，これら構成員に対し，財政的，物質的援助を提供しなければならない．

### F　将来の展開

**1061**　欧州労使協議会が設置されてから4年後に，欧州労使協議会は第6条に規定する労働協約を締結するための交渉を開始するか，またはこの附則に従って採択された補完的要件の適用を継続するかについて検討を行うものとする．

　第6条に規定する労働協約の交渉を開始する決定が行われた場合には，第6条および第7条を準用し，この場合，「特別交渉機関」とあるのは「欧州労使協議会」と読み替えるものとする（附則第1項第f号）．

## IX　既存の労働協約——有効

**1062**　既に以前示したように，EUは欧州労使協議会または情報提供および協議の手続の設置において，指令の効力発生の前でさえこの目的で労働協約を締結することを奨励することによって，自発主義を選好している．

　この目的を心に置いて，指令第13条は次のように宣言している．
「第14条第1項に従い本指令が実施される日（1996年9月22日）または問題の加盟国において指令の実施がより早い場合には当該実施の日よりも前に，すべての労働者に適用される国境を跨いだ情報提供および協議について定め

る労働協約が既に存在する EC 規模企業および EC 規模企業グループには，本指令から生じる義務は適用されない．」

**1063** イギリスへの本指令の拡張のためその適用範囲に入ることになった企業または企業グループにとっては，第 13 条による労働協約は 1999 年 12 月 14 日まで締結することができる(1997 年 12 月 15 日の指令 97/74/EC 第 2 条).

## A 時期，存在形態，言語および労働協約の形式

### 1 時期，存在形態，言語

**1064** 労働協約は指令が転換された国内法の実施の日(1996 年 9 月 22 日または 1999 年 12 月 15 日)または問題の加盟国において指令の実施がより早い場合には当該実施の日よりも前に，締結されなければならない．

**1065** 指令第 13 条は労働協約が書面によるべきことを示していないが，既存の労働協約が有効な労働協約の資格があり，欧州労使協議会または被用者への情報提供および協議のための手続に関する指令の下の義務を免れるものでないかどうかを審査するためにも，絶対にそうであるべきであると思われる．

**1066** 労働協約は交渉当事者の構成に応じて，さまざまな公用語で起草することができる．署名当事者が署名した内容を理解しうる限り，翻訳のあるなしにかかわらず，1 つの言語だけというのも可能である．労働協約に適用される国内法制に，特にこの法制がベルギーやフランスのように特定の言語的要件を含んでいる場合には，特段の注意を払う必要がある．

### 2 形式：詳細または恒常的交渉？

**1067** 当事者は，労働協約の形式，多かれ少なかれ聖書のように詳細なものにするか，それとも事態の進行に応じて当事者が問題を解決するように，発展する関係に関する本質的原則を含むものとしての労働協約とするか，を選択しなければならない．しかしながら，指令それ自体と補完的要件が，当事者がお互いに期待するものとなされうるもののよき尺度となることは水晶のごとく明らかである．

## B 性質，拘束力および適用法

**1068** これらの問題については，本章第 4 節Ⅳ D を参照されたい．

## C 適用範囲と労働協約の当事者

**1069** 労働協約の（人的）適用範囲に特別の注意が払われなければならない．実際，第13条は労働協約がすべての労働力を対象とすべきことを規定している．

労働協約の当事者は明らかに，一方にEC規模企業または企業グループの代表，つまり経営中枢であり，他方に被用者の代表である．

## D 労働協約の内容

### 1 欧州労使協議会，手続またはそれ以外の仕組み

**1070** 当事者は彼らが欧州労使協議会を設置するのか，手続なのか，それとも情報提供および協議のためのその他の仕組みなのかを決定しなければならない．彼らはまた構成員の数に合意しなければならない．

さらに，欧州労使協議会を運営しまたは随時の関与が可能なように，被用者構成員または欧州労使協議会全体を代表する特別委員会ないし執行委員会を創設する可能性もある．事前会合，専門家の役割その他の問題についても決定しなければならない．

欧州労使協議会の委員会でない手続の場合，似たような問題が発生する．誰が関与し，情報提供や協議を受けるのか，当事者はどのようにお互いに関係を持つのか．再び，最大限の弾力性が認められるが，所与の点において被用者代表と経営者代表は会合し対話に関与すべきであり，これらすべてが書面に規定されなければならない．

### 2 権限：情報提供と協議

**1071** 指令第7条と補完的要件は当事者間で情報提供と協議の義務の内容を決定する上での明らかな参照点である．情報提供と協議は特に，少なくとも二の加盟国の企業なり事業所にかかわる国境を跨いだ問題に関係していなければならない(第13条第1項)．

### 3 運営

**1072** 当事者は経営中枢の代表と被用者の代表がいつ会合するかを決定しなければならない．毎年かそれとも被用者の利益に影響を与える重大な事件が起こった際に随時か，特別委員会ないし執行委員会について，経営中枢その

他との会合に先立つありうべき事前会合について．他の点としては，議案の作成（例えばすべての当事者が議案を提出する権利を有するなど），提出されるべき文書，会合規則，意見集約の方法，意見の交換，対話，報告（会合の記録），フィードバックなどがある．

**1073** 被用者の代表は何らかの形の事務局の援助やおそらく，部屋，現代的情報技術へのアクセス，電気通信その他の施設の便益が必要であろう．これは労働協約の課題である．

労働協約はまた，情報提供や協議の実施に用いられるべき言語や通訳設備に関する文言を含むことができよう．言語は被用者代表と経営者代表が効果的に理解しうるものでなければならないことは自明である．それゆえ，これは全く欧州労使協議会ないし委員会または手続に関与する人々の構成および彼らそれぞれの言語能力に係っている．

### 4 専門家の役割——費用

**1074** 専門家の役割は欧州労使協議会ないし委員会の運営または手続の成功にとって必須である．被用者の代表は自由にその専門家を選択できる．彼らは他の被用者でもあり得るし，労働組合代表あるいは外部の第三者でもあり得る．労働協約は誰が専門家たりうるか，その数，彼らがどの文書にアクセスできるか，事前会合または欧州労使協議会や手続その他の会合において援助できるかを規定できる．専門家の費用は，労働組合がEUからのこの目的の補助金を受給していない限り，企業によって支払われるのが通常である．欧州労使協議会ないし手続の運営費用は企業が負担すべきである．

## E 不利益情報と機密情報

**1075** これらの点は指令の規定するところに沿って労働協約で示すことができる．どの情報が与えられるか，どの情報が不利益ないし機密なのか，どの情報が被用者や他の者に伝達可能なのか．

## F 被用者代表の地位

**1076** 被用者代表の地位もまた労働協約で示されうる．当事者は，被用者がその任務に関して意見を守ったという理由で差別されえず，または国内法の下でと同様の保護が与えられるという文言を採用することを考慮することができる．前に述べたところを参照（第4節Ⅳ）．

## G　労働協約の有効期間

**1077**　労働協約はその有効期間を示すべきである．労働協約は期間の定めをせず，解約告知期間を定め，特定の形式（例えば登録書簡）や労働協約の廃止の場合に尊重されるべき再交渉の提案を含むこともできる．労働協約は，経営中枢または交渉機関（の構成員の過半数）のいずれによっても，全面的にまたは部分的に廃止することができる．双方当事者はまた労働協約を終了させることもできる．

　労働協約はまた期間を定めて締結することもでき，この場合期間が過ぎれば自動的に終了する．当事者はまた，当事者の一方が一定の期日（例えば終期の1年前）までに労働協約を終了させない限り（同一の）期間延長されるという期間の定めをすることもできる．

　当事者は再交渉のための手続に合意することもできる．更新の場合，労働協約は指令から生ずる義務を免れ続ける．旧労働協約が効力を失う前に新たな労働協約に合意されないときは，指令が適用される．

## X　欧州労使関係に対する欧州労使協議会の重要性

**1078**　欧州労使関係と労働法に対する欧州労使協議会の影響を考察することは時期尚早であるが，いくつかの新たな傾向は既に報告されている[1]．
1　労働組合と被用者代表の側にはある形の「文化変容」．企業戦略の国際化へのさらなる理解と他国における労使関係や労働条件，労働編成に関するより多くの情報によって新たな「欧州感覚」が作り出されてきた．
2　異なった諸国における被用者代表のネットワークは協調や共同行動を容易にするだろう．
3　欧州労使協議会の設置の結果としてのいくつかの国におけるグループレベルの代表機関の設置は，企業レベル労使関係の集権化への傾向を示している．これは被用者代表がより十分な情報を収集し，企業戦略をより良く理解する可能性を改善しうる．

　　これらの変化はおそらく，労使協議会が伝統的に存在しなかった諸国でより顕著であるように思われる．しかしながら，特に労使関係がより発達し，労働組合がより強いところでは，国内の文脈を超えて国際化の挑戦に立ち向かうためには労働組合の態度の重要な転換が必要である．
4　使用者団体は一般的に欧州労使協議会の権利を交渉を含むように拡張す

ることを好んでいない．彼らはしばしば欧州労使協議会を被用者への情報提供と参加の場として評価するが，世界規模の競争とグローバル化によって欧州レベルは不適当になってきたので，欧州レベルの交渉は有用ではないと考える．

(1) R.ペデルシニ「欧州労使協議会の影響」http:www.eurofound.ie/.

## XI 欧州委員会による指令の見直し

**1079**　「本指令の採択の5年後までに，欧州委員会は加盟国および欧州レベルの経営と労働と協議の上，その運用を見直し，特に必要があれば閣僚理事会に適切な改正案を提案する観点で適用要件である労働力規模が適切であるか否かを検討するものとする」(第15条)．

これは我々を21世紀に連れていくであろう．情報提供と協議の指令はそのとき，見直しまで生き延びていればであるが，20以上の加盟国と5億人以上の住民に適用されているだろう．

## 第5節　ECの被用者に対する情報提供および協議の権利の一般枠組みを設定する指令[訳注1]

### I　提案の起源

**1080**　1998年11月11日[(1)]，欧州委員会は「ECの被用者に対する情報提供および協議の権利の一般枠組みを設定する」指令案を提出した．この動きは，UNICEがこの問題について欧州労働協約に向けて交渉にはいることを拒否したことを受けたものである．指令案は，労働協約または法制に基づき，50人以上の被用者を雇用する企業に適用される国内レベルの労働者に対する情報提供および協議の規則を規定している．ETUCは指令案を歓迎したが，数多くの問題に十分に届いていないと考えた．UNICEはこの分野における欧州立法を不必要であるとして拒否した．

EUレベルの被用者への情報提供および協議の枠組みの導入の可能性は，欧州委員会の1995年の中期社会行動計画で初めて提起された．この分野におけるEU立法を求める声は，ベルギーのビルボールデにあるルノー社の工場の閉鎖によって炸裂した危機の後より大きな声となり，この事件はこの分野における現在のEU法制の不十分さを知らしめたものと多くの者が見た．1997年6月，欧州委員会は欧州レベルのソーシャル・パートナーに対して，

この分野における立法の適切性について第1次協議を開始した．

1997年11月，欧州委員会はこの問題についてのありうべきEU立法の内容について第2次協議を開始した．ソーシャル・パートナーはこの段階において，6週間の期限内に，枠組み労働協約に向けて交渉するよう決定し，かくして指令を先取りする機会を有していた．

協議の第2段階において，欧州委員会はこの問題について欧州労働協約に達するソーシャル・パートナーのイニシアティブに対する明確な選好を表明していた．しかしながら，UNICEはなお反対を続け，1998年3月そのような討議に加わることを拒否した．UNICEによれば，傘下の連合体は，国境を跨ぐような性質のないそのような事項にEUは介入すべきではないという信念で殆ど一致している．

ETUCは，この分野における枠組み労働協約の目的は国内レベルにおける良く機能している情報提供と協議の制度に取って代わることにではなく，この基本権に最低限の基準を設けることにあるというその立場を維持していた．より有利な国内規定は欧州労働協約で規定されたものに優先すべきである．

指令案は設立されるべき情報提供と協議の仕組みの正確な形と適用範囲の関係で十分な程度の弾力性を提供している．

　［訳注1］　原著は「ECの被用者に対する情報提供および協議の権利の一般枠組みを設定する指令修正案」と題して，欧州委員会の提案および閣僚理事会における共通の立場に基づいて以下を記述しているが，本訳書では第9版のための著者草稿に基づき，正式に採択された指令に基づいて記述する．

　(1) COM(98)612final SYN 98/0315, OJ, 5 Janyuary 1999, C 002.

**1081** 指令案は欧州議会，経済社会評議会および地域評議会によって修正された．

2001年6月11日，EUの雇用社会政策相理事会は指令案について共通の立場に関する政治的合意に達した．

本指令は2002年3月11日に採択された．

## II　目的と原則

**1082** 本指令の目的は，EC内の企業または事業所において情報提供および協議を受ける労働者の権利に関する最低要件を規定する一般的な枠組みを定めることにある．情報提供および協議の手続はその有効性を確保するように個別加盟国の国内法および労使関係慣行に従って定められかつ実施されるものとする．情報提供および協議の手続を定義しまたは実施するときには，使用

者および被用者代表は協調の精神で，それぞれの権利と義務を尊重し，企業または事業所および被用者双方の利益を勘案して職務を行うものとする(第1条)．

## III 定　義

**1083**　本指令において，
- **(a)**「企業」とは，営利目的であるか否かを問わず，ECの加盟国の領域内に所在するところの経済的活動を遂行する公的または私的な企業をいう．
- **(b)**「事業所」とは，国内法および慣行に従って定義される事業の単位であって，加盟国の領域内に所在し，経済活動が人的資源および物的資源とともに進行中の基礎の上で遂行されるものである．
- **(c)**「使用者」とは，国内法および慣行に従い，被用者との雇用契約または雇用関係の当事者たる自然人または法人をいう．
- **(d)**「被用者」とは，関係する加盟国において，国内労働法制のもとで国内慣行に従い被用者として保護されるいかなる人をもいう．
- **(e)**「被用者代表」とは，国内法または慣行により規定される被用者の代表をいう．
- **(f)**「情報提供」とは，使用者により被用者代表に対して問題の事項を知りかつ検討することができるようになされるデータの伝達をいう．
- **(g)**「協議」とは，被用者代表と使用者の間の意見の交換および対話の確立をいう(第2条)．

## IV　適用範囲

**1084**　本指令は，加盟国の選択により，
—いかなる一加盟国においても少なくとも50人の被用者を雇用する企業，または
—いかなる一加盟国においても少なくとも20人の被用者を雇用する事業所に適用する．
　加盟国は被用者の数を計算する方法を定めるものとする．
　本指令に規定する原則と目的に従い，加盟国は直接にかつ本質的に政治的，職業組織的，宗教的，慈善的，教育的，科学的もしくは芸術的目的または情報の提供および意見の表明に関する目的を追求する企業に適用される特別の仕組みを，このような規定が本指令の発効の日に国内法に既に存在すること

を条件として，規定することができる(第3条)．

## V 情報提供および協議の手続

**1085** 加盟国は本条に従って適切なレベルにおいて情報提供および協議の権利を行使するための手続を定めるものとする．

情報提供および協議は次のものをカバーするものとする．

**(a)** 企業または事業所の活動および経済状況の最近のおよびありうべき進展に関する情報，

**(b)** 企業または事業所内部の雇用の状況，構造およびありうべき進展ならびに特に雇用が脅かされる際には想定されるいかなる先制的な措置に関する情報提供および協議，

**(c)** 労働組織または雇用契約関係における顕著な変化をもたらすような決定に関する情報提供および協議(集団整理解雇指令と企業譲渡指令によってカバーされるものを含む)

被用者の代表が十分な研究を行い，必要であれば協議を準備することができるように，適切なときに適切な方法で適切な内容が提供されるものとする．

協議は，

―時，方法，内容が適切であるように確保しつつ，

―議論される問題に応じて，関係する経営者および被用者代表のレベルで，

―使用者によって提供される関連する情報および被用者代表が表明する権利を持つ意見を基礎として，

―被用者代表が使用者と会合し，その表明したいかなる意見に対しても応答および当該応答の理由を得られるような方法によって，

―使用者の権限の範囲内の決定に関して合意に達する目的をもって，

行われるものとする(第4条)．

## VI 労働協約に基づく情報提供および協議

**1086** 加盟国は，企業レベルまたは事業所レベルを含む適切なレベルのソーシャル・パートナーが，自由にかついかなる時にも，交渉による労働協約を通じて，被用者への情報提供および協議の手続を決定することを委任することができる．既存の労働協約ならびにこれらを改定した労働協約は指令と異なる規定を定めることができる(第5条)．

## Ⅶ　機密情報

**1087**　加盟国は，国内法で規定された条件および限界に従って，被用者代表および被用者代表を援助するいかなる専門家も，企業または事業所の合法的な利益において，明示的に機密として提供されたいかなる情報をも，被用者または第三者に対して漏洩することを認められないものと規定することができる．この義務は当該被用者代表または専門家がどこにいても，その任期が終了した後であっても適用されるものとする．しかしながら，加盟国は被用者代表および被用者代表を援助するいかなる者も，機密保持義務を負った被用者および第三者に対して機密情報を伝えることを認めることができる．

　加盟国は，特別の場合には国内法で規定された条件および限界の範囲内で，情報提供または協議の性質が客観的な基準から見て企業または事業所の運営を著しく損なうかまたは不利にするようなものであるときには，使用者が情報を提供しまたは協議を行う義務がないものと規定するものとする．

　現存する国内の手続に抵触しない限り，加盟国は，使用者が機密性を主張しまたは情報を提供しなかった場合に，行政的または司法的な訴えの手続の規定を設けるものとする．加盟国はまた問題の情報の機密性を保護するための手続きを規定することができる（第6条）．

## Ⅷ　被用者代表の保護

**1088**　加盟国は，被用者代表がその任務を遂行するときには，与えられた責務を適切に遂行することができるような十分な保護および保証を享受するように確保するものとする（第7条）．

## Ⅸ　権利の保護

**1089**　加盟国は，使用者または被用者代表が本指令に従わない場合に適切な措置を規定するものとする．特に，本指令から生ずる義務が履行されることを可能にする十分な行政的または司法的手続が利用可能であるように確保するものとする．

　加盟国は，使用者または被用者代表が本指令に違反している場合に適用される十分な罰則を規定するものとする．これら罰則は効果的かつ均衡がとれており，抑止的なものでなければならない（第8条）．

## X　本指令と他の EC 規定および国内規定との関係

**1090**　本指令は集団整理解雇指令および企業譲渡指令に規定する特別の情報提供および協議の手続を妨げない。

本指令は欧州労使協議会指令に従って採択された規定を妨げない。

本指令は国内法のもとでの情報提供，協議および参加への他の権利を妨げない。

本指令の実施は，本指令の適用範囲内における労働者の保護の一般的な水準との関係で，加盟国内において既に存在する状況への関係でいかなる後退の十分な根拠とならないものとする(第9条)。

## XI　経過規定

**1091**　本指令の発効の日において，労働者への情報提供および協議の一般的，恒常的かつ法制的な制度が存在せず，労働者がこの目的のために代表されることを許す職場における労働者代表の一般的，恒常的かつ法制的な制度が存在しないような加盟国は，本指令を実施する国内規定の適用を次のように制限することができる．
- (a)　2007年3月23日までは，少なくとも150人の労働者を雇用する企業または少なくとも100人の労働者を雇用する事業所，
- (b)　(a)号の日から1年の間は，少なくとも100人の労働者を雇用する企業または少なくとも50人の労働者を雇用する事業所(第10条)．

## XII　国内法への転換

**1091-1**　加盟国は，2005年3月23日までに本指令に適合するに必要な法，規則および行政規定を採択するか，または労使団体が労働協約により必要な規定を導入することを確保するものとする．この場合，加盟国はいかなる時も労使団体が本指令の要求する結果を保証することを可能にするために必要なあらゆる手段をとる責めを負う．加盟国は直ちにそれについて欧州委員会に情報提供するものとする．

加盟国がこれらの措置を採択した場合，これらは本指令への言及を含むか，または官報掲載時に本指令への言及を伴うものとする．当該言及の方法は加盟国が定めるものとする(第11条)．

第2章　労働者参加

### XIII　欧州委員会による見直し

**1091-2**　2007年3月23日までに，欧州委員会は加盟国および欧州共同体レベルの労使団体と協議して，本指令の適用についていかなる必要な修正をも提案する目的をもって見直すものとする(第12条)．

### XIV　発　効

**1091-3**　本指令はEC官報に掲載された日に発効するものとする(第13条)．

## 第6節　若干の結論的見解[訳注1]

　　［訳注1］　本節は著者の第9版草稿による．草稿では特に節を設けずに書かれているが，内容的に本章全般に渉るものであるので，本訳書では「第6節」とした．

【関心の復活】
**1091-4**　最近，EUにおける被用者の関与への関心が復活し，強くなっている．「被用者の関与」とは，2001年10月8日の雇用社会相理事会で承認された欧州会社法規則を補完する閣僚理事会指令によれば，「情報提供，協議および被用者参加を含み，それを通じて被用者代表が会社の内部で執られる意思決定に影響力を行使する機構」をいう(第2条第h号)．

　この関心の高まりの理由は自明である．実際，経済的グローバル化と市場経済の急速な進展は，多くの国で経済運営からの政府の撤退と経営の自由の増大や経営権の昂進を進めている．さらに，株主価値の実践が大陸ヨーロッパや日本でも動き出している．短期的財務予測と利潤がはびこっている．ステークホルダーの価値は失われたヨーロッパの夢の一部となった．

　同時にまた結果として，伝統的な，とりわけ国内の団体交渉構造は，多くの国でゆっくりと溶解していき，労働組合も全体として組合員を失い，労働市場への規制力を失ってきている．アウトソーシングとより小さな企業に特徴付けられる我々の情報に動かされる社会では，被用者はますます非組合化する傾向にある．

　世界規模の競争の激化は，リストラクチュアリング，合併，アウトソーシング，ダウンサイジングおよび個別雇用契約のアトム化をもたらす．企業は競争力を必要とする．それゆえ最低のコストで最高の商品とサービスというのが至上命令となる．より少ないものでより多くせよというのが押し寄せる

657

目的となる．

　それゆえ，疑問が自然に湧いてくる．一体被用者はどこにいるのか？　どこに立っているのか？　いかに関与されるべきなのか？　彼らが働く企業の中で意思決定にどんなインプットをするべきなのか？　EUはこれに関して何をすべきなのか？　要するに，被用者の声をどうしてくれるのか？

【意思決定への影響】
**1091-5**　上述の被用者の「関与」の定義によれば，その目的は「会社の内部で執られる意思決定に影響力を行使する」ことである．しかしながら，この影響力は原則として情報提供と協議に限られ，経営権を無傷に残しており，このことは欧州労使協議会と欧州会社法規則に関する指令に明確に示されている．さらに，明らかに，経営上の決定はますます市場の状況で左右され，他の諸国，時には他の大陸に所在する本社でなされるようになっている．欧州労使協議会についてもまた，経験は，戦略的経営意思決定が，原則として，被用者の関与によって抜本的に変わることはないことを示している．

　結果として，「被用者の関与」とともに進む目的は，被用者がリストラクチュアリングのような重要な問題に関して経営の意思決定に影響する機会を得るという意味では，力を失ってきている．

　被用者の関与は，当初は，創造性と情報が経済的成功の基本的成分であるような競争的環境の中で企業が被用者の協力を必要とするという事実とかかわりがある．情報提供と協議は，情報社会では必須であり，企業が競争力を持ち，被用者が賃金と労働条件を良くする上で不可欠の要素である．

【エンプロイアビリティ】
**1091-6**　さらに，被用者は，この急速に変化する世界の中で自分たちがどこに向かっているのかを知りたいと思う．自分たちに何が起こっており，これから何が起こるのか？　これは自分たちのエンプロイアビリティにどのように影響するのか？　明日新たな仕事を見つけられるかどうかは，経済の状況だけでなく，とりわけ彼らの技能と能力にかかってくる．

　企業内の対話とともに，情報提供と協議は，疑いなく相互理解と共同作業の雰囲気を作り出す．たしかに，被用者代表は果たすべき役割がある（間接参加）が，明らかに経営は，法的に課せられた関与構造を超えて，よく考えられた人的資源管理戦略が直接にすべての被用者を抱き込み（直接参加），対話を組織することを考えている．

第 2 章　労働者参加

【三姉妹】
**1091-7**　過去 10 年間，欧州レベルでも国内レベルでも，被用者の関与を高めることを目指す様々な欧州イニシアティブが日の目を見てきた．

まず初めに，1994 年に公布され 1996 年に施行された欧州労使協議会指令ができた．この指令は大成功で，600 以上の労使協議会が既に設置され，それ以上が形成中である．総数で約 1800 の欧州労使協議会ができるだろう．さらに，欧州労使協議会は欧州委員会による立ち入った再検討の主題であり，欧州議会による徹底的な討議の主題である．

第 2 に，そして遂に，2000 年 12 月のニース首脳会議で欧州会社法規則の突破がなされ，2001 年 10 月 8 日の雇用社会相理事会で通過に成功した．雇用社会相理事会は規則案および指令案を，2000 年 2 月 1 日以来上程されたとおりに，欧州議会による修正案を一切受け入れずに採択したが，これは驚くべきことではない．

第 3 に，「EC の被用者に対する情報提供および協議の権利の一般枠組みを設定する指令」ができた．2001 年 6 月 11 日，EU の雇用社会政策相理事会は指令案について共通の立場に関する政治的合意に達した．本指令は 2002 年 3 月 11 日に採択された．

【整合性】
**1091-8**　疑いなく，これら様々な EU 法制度の間には整合性が必要である．

第 1 に，用いられている概念に関して．ここでは欧州会社法に関する指令が最も詳細である．そこには上述のような「被用者の関与」の定義が含まれている．

「情報提供」とは，「欧州会社自体または他の加盟国に所在するその子会社もしくは事業所にかかわる問題またはある時点において一加盟国内の意思決定機関の権限を越える問題について，被用者代表にその起こりうる影響の徹底的な評価を実行しおよび適当であれば欧州会社の権限ある機関との協議を準備することを可能にする方法および内容によって，欧州会社の権限ある機関により被用者の代表機関または被用者代表に情報を提供すること」をいう．

「協議」とは，「被用者代表に提供された情報に基づいて，権限ある機関によって計画された措置について欧州会社内部の意思決定過程において考慮に入れられる意見を表明することを可能にする方法および内容によって，被用者の代表機関または被用者代表と欧州会社の権限ある機関との間で対話および意見の交換を樹立すること」をいう．

「被用者参加」とは，被用者の代表機関または被用者代表が会社の問題につ

いて，
—会社の監督機関または経営機関の構成員の一部を選出しまたは指名する権利，または
—会社の監督機関または経営機関の一部または全部の指名を推薦しまたは拒否する権利

によって影響力を行使すること」をいう．

　欧州労使協議会指令と一般労使協議指令は情報提供と協議の双方の概念を含んでいる．「情報提供」とは，「使用者により被用者代表に対して問題の事項を知りかつ検討することができるようになされるデータの伝達」をいう（一般指令）．
「協議」とは，「被用者代表と使用者の間の意見の交換および対話の確立」（一般指令）および「被用者代表と経営中枢または経営側のより適切なレベルの者の間における意見の交換および対話の確立」（欧州労使協議会指令）をいう．
「被用者代表」の概念は様々な制度において，国内法または慣行により規定される被用者の代表をいい，被用者の概念も同様である．
　特別交渉機関は，欧州会社および欧州労使協議会双方の枠組みで運用される機関である．
　概して，用いられる様々な概念は，同じ方向で同じ意味を有するという意味で，幾分なりとも「整合的」である．例えば，被用者の「関与」は経営権に影響しない．しかしながら，厳密な概念が被用者の関与に関する様々なEU法制度に用いられるべきである．
　同様に，様々なEU法制度は機密情報，被用者代表の保護，権利の保護と，集団整理解雇や企業譲渡の際の既得権に関する指令のような被用者の情報提供および協議の権利を規定する他の指令との関係に関するルールを規定している．しかしながら，集団的整理解雇指令は「合意に達する目的をもって……協議」と規定し（第2条第1項），これはまた一般労使協議指令でも維持されている（第4条第4項）ことが想起されるべきである．

【協調の精神】
**1091-9**　同時に，上述の三つのEU指令は，指令の実施について，自国の制度の要請と特徴を考慮に入れて，加盟国に十分な弾力的な余地を残している．そうすることで，これら指令は様々なEU加盟国のそれぞれの労使関係制度の組立を正当に尊重している．
　しかしながら，三つのEU被用者関与制度が，使用者と被用者という関与する当事者の間の関係を活性化する協調の精神を保持していることは顕著であ

る．実際，実に多くの国内制度が，例えばフランスやイタリアのように，この概念を承認していない．これら国内制度において「協調の精神」がどんな意味と意義を有するのか不思議に思うだろう．

【いつ？】
**1091-10** 様々なEUの被用者関与制度が計画性を欠いている一つの点は情報提供と協議を実施するタイミングである．いつ情報が提供され，協議がなされるべきなのか？　各指令はこの点について極めて曖昧である．一般労使協議指令では「適切な時期に」（第4条第4項）と，欧州労使協議会指令では「可能な限り早急に」（附則第3項）と規定するが，欧州会社法指令ではタイミングの問題には答はない．この曖昧さは疑いなく，経営意思決定の複雑さ，とりわけ意思決定が高度なレベルでなされる場合を反映している．しかし，同時に，被用者の「関与」の真の目的は戦略的意時化体に影響力を与えることではなく，経営上の決定の社会的結果を軽減することを助け，上に述べたように被用者の支持を得ることであるという示唆を与えている．

【要　約】
**1091-11** 要約すると，様々なEU法制度にはかなりの程度の整合性があるということができるが，しかしながら，とりわけ様々な概念の確定的な意味に関してはなお改善の余地がある．

さらに，情報提供および協議のタイミングに関する様々な表現は不十分である．OECDの多国籍企業指針(2000年6月)における語法を用いることが望ましい．OECDはその雇用労使関係指針6において，「このような変化に関する合理的な通知……各事例の特殊な状況を考慮して，経営側が最終的な決定を下す前にそのような通知を行うことが適切である．」と規定している．言い方を変えれば，これはもし経営側が事前に情報を提供できなければ被用者にその理由を説明すべきであることを意味している．

最後の疑問は欧州会社にかかわる．労働者関与のやり方と程度に関する各加盟国間の多様性を理由として，欧州会社法規則が採択されるのには30年以上を要した．しかしながら，欧州会社法指令は欧州労使協議会指令の規定に大筋では似ている．EU域内で1000人以上を雇用するすべての欧州会社は欧州労使協議会を有するべきだという方が容易であったのではないだろうか？しかし，おそらくこれは安易すぎたであろう．

# エピローグ

## ヨーロッパ・ソーシャル・モデル―夢か？―を求めて

**1093** ヨーロッパ人はヨーロッパ・ソーシャル・モデル(ESM)を，例えばアメリカのソーシャル・モデルより優れたものだと自慢する。個人主義と利益追求がアメリカ・モデルを支配しているのに対し，いわゆるヨーロッパ・ソーシャル・モデルは基本的社会権，連帯(solidarity)，ソーシャル・パートナーの関与と労働者参加によって特徴付けられる。

　ヨーロッパ・ソーシャル・モデルは当然のように思われる。我々がヨーロッパ・ソーシャル・モデルの存在を主張するとき，それは何を意味するのだろうか。ヨーロッパ・ソーシャル・モデルとは何か。単一のモデルなのか，それとも複数のモデルなのか。ヨーロッパ・ソーシャル・モデルは夢か，希望か，現実か，それともいずれでもあるのか。

　ヨーロッパ・ソーシャル・モデルは三つの構成要素を有する。
―モデル
―ソーシャル
―ヨーロッパ

　そこで，これらの構成要素を検討してヨーロッパがヨーロッパ・ソーシャル・モデルを主張する資格を有するか否かを見てみよう。

## モデル

**1094** モデルは物事を行い，それを組織し，所与の問題を解決する方法である。モデルを持つためには，次のことが必要である。
―構想：求めるものは何か。すなわち，価値，目標および実現したい価値，目標および目的
―権能：問題を組み立てて解決し，原則や法律を定め，機関を創造し，結果を制御し，判断するなどに必要な決定をなす権限。公式の権限（決定に到達する能力）のみならず実質的権限をも必要とする。
―当事者：行使できる権限を実施しつつ右の未来像を実現する者達。

## ソーシャル

エピローグ

1095　「ソーシャル」とはどういう意味か．我々は，「ソーシャル」を狭義に解するのか，広義に解するのか．個人的には，私は相当広義に解したい．実質的な意味において，ソーシャルとは仕事と雇用の関係を含み，それゆえに使用者，被用者および公務員を包含し，ボランタリー活動も含むのである．ソーシャルとは，また働いていない人達に関する広義の意味での社会保障を意味することも自明のことである．すなわち，欧州首脳によってニース(2000年12月)で採択された基本的社会権の形成によって規定されたような住宅，教育……など．

　ソーシャルは，また暗黙のうちに民主的ヨーロッパを意味することは自明のことである．

　ソーシャルは，公式な意味では，当事者，すなわち国家に関連するが，特にソーシャル・パートナーおよび使用者，被用者，労使協議会，ショップ・スチュワード，衛生委員会等，そして多分NGOにも関連する．

ヨーロッパ

1096　構成要素としてのヨーロッパはその地理的な規模および他の決定レベルと比較する一つの決定レベルとして用いられる．EU, EEA, 欧州評議会あるいはより広いヨーロッパを意味するのであろうか．ヨーロッパ・ソーシャル・モデルは，いろいろな加盟国に共通なものあるいは，例えば，EUの地域に共通なものを意味するのだろうか．

　個人的には，一次的には私はEU，すなわち欧州レベル，二次的に各加盟諸国のレベルとするのがよいと考える．

　要約すると，問題は，EUが未来像，権能および権限のみならず一つまたは複数のヨーロッパ・ソーシャル・モデルについて語ることのできるようなソーシャル・アクターの参加を有するか否かということである．

### I　構想

1097　たしかに明確な欧州の社会的構想，熱望および目標がある．それは何よりもEC条約第136条に定められている．同条は次のように定める．
―雇用の促進
―生活および労働条件の改善
―改善維持における調和
―適切な社会保護

―経営者と労働者の対話
―人的資源の開発
―雇用の継続と社会的排除との戦い

　これは大層に聞こえるが，社会的な構想にも限界がある．
　平等と労働の自由移動のように条約に定められた基本的社会権も存する．こうした権利はまた労働者の基本的社会権に関する EC 憲章(1989年) と EU 基本権憲章(2000年12月7日)にも定められている．
　これらの憲章は，しかし，単なる政治的宣言でしかない．もっとも，それらが規定している権利のいくつかは EU 条約 6 条によれば法的拘束力がある．それは，（法律を起草し実施する際，欧州機関および加盟諸国によって尊重されるべき）垂直的効力に過ぎず，例えば，使用者・労働者間の水平的効力ではない．
　さらに，「社会的構想」は EU の目的に関する限り，二次的なものに過ぎない．法的政治的に，インフレなき成長という目標を伴う経済通貨統合が一時的なものである．まず，グローバル経済の枠組みの中では，株主の利益こそが会社の追求する唯一の利益であるとされる株主の価値の実践もまた事実上優先されるのである．株主の価値は，会社がいつも適切な規模に合理化し，労働費用を削減し続けなければならないことを意味する．なぜなら，そうしなければ，株が下がるか，会社が譲渡されるからである．ここでは，世界的規模で投資をする「巨大な年金基金」が最善の取引を求めて，非常に重要な役割を演じているのである．
　したがって，欧州の社会的構想は，経済通貨統合および株主の価値に束縛されていて，水平的拘束力をも有する強制力のある基本的社会権に支持されないがゆえに，せいぜい二次的なものである．

## II　権　能

**1098**　EU は成熟した欧州社会政策を発展させるのに十分な権能を有するか．この問いに答えるときには，EU は加盟国が EU に委譲した権能しか有せず，その権能は条約に示された仕方で行使されなければならないということを思い起こす必要がある．
　この点につき，ヨーロッパ・ソーシャル・モデルは，きわめて弱いものである．実際，社会的「核心的」な問題は EU の権能から排除されているのである．すなわち，
―賃金，団結権，スト権およびロックアウト権(EC 条約第 137 条第 6 項)．

エピローグ

　他の重要な問題に関しては，閣僚理事会の全会一致が必要とされる，すなわち，
―社会保障と労働者の社会保護
―雇用保障
―共同決定を含む利益の代表行為と集団的防衛(EC条約第173条第3項)．

　15の加盟国の，そして将来は27加盟国の全会一致はほとんど不可能である．また，全会一致の要件は，イギリスの欧州懐疑派からの批判を沈静化するためにイギリスの首相の要請に応じてニースで強化された．

　さらに，特定多数決もまた達成がより困難なものにされた．「ニース条約に定められた馬鹿に複雑な投票システムが民主制，効率および拡大を脅かす」[1]ことは疑いない．加重された投票の他に，積極的な決定のためのさらに二つの要件が加えられた．すなわち，加盟国の単純過半数とEUの人口の最低62％という要件である．その加重された投票は最終決定を麻痺させる最悪な原因である．ニースは大国に対し，小国の加盟と引換えにより多くの投票権を与える．特定多数の割合は投票数の74％に引き上げられた．12の新たな加盟国は阻止可能な少数派を形成することができるが，三つの大国も同じことができるのである．

　(1) Q. Peel, 'Europe's guaranteed gridlock', *Financial Times*, 9 July 2001.

**1099**　これはあまりにもひどいから，アイルランドがニース条約を拒否するのももっともであった．ヨーロッパ・ソーシャル・モデルは，その権能に関する限り，ほとんど不存在であるといえるほどである．不幸なのは，社会政策に関する限り，不可能であると思われる全会一致でしか変更できないのであるから，これは恒久的な性格のものであるということなのである．

　いうまでもなく，雇用指針の場合に示されているような，いわゆる「高次の調整戦略」のような，社会的分野におけるほかの収斂方法が存在する．それは，加盟諸国がその指針を実施するための国内行動計画およびそれと同等の圧力を生み出す．この戦略は重要であり，他の分野でも利用し得る．

　しかし，このことは，EUが欧州最低賃金のような基本的問題に関する拘束力ある立法を行い，EUのレベルにおける集団的賃金協定に拘束力がある旨を宣言する権能をもたないことを変えはしない．全会一致を必要とする社会保障，雇用保障，団体交渉その他の基本的問題に関しては，拘束力ある欧州立法は絶対的に見込みがない．

　結論は明らかである．すなわち，EUは成熟したヨーロッパ・ソーシャル・モデルを組織，確立するために必要な基本的な権能を欠いているということである．さらに悪いことに，社会的な一層の統合を図ろうとする政治的意志

が欠けており，EU に加盟する国が増えれば増えるほど，その政治的意志を高揚させることが困難になるのである．

### III 当事者

**1100** 社会政策の策定に参加する主な当事者は EU の諸機関と EU のソーシャル・パートナーであることは自明のことである．EU レベルにおいて，政労使三者交渉におけるソーシャル・パートナーの助言と協議に対する依存が増えている．ソーシャル・パートナーは，また，実際上も関与している．

産業横断レベルおよび各産業レベルの欧州労使対話がこの中心的なものとなっている．それは，最終的に欧州指令により拘束力を与えられる協定になり，また，（任意的な）指針，行為規範その他になる．

この労使対話は，ヨーロッパ・ソーシャル・モデルの確立における極めて重要な特徴をなす．

しかし，そこにはまた重大な欠陥がある．

**1101** まず，ここにおいても「欧州の権能」が欠けている．ソーシャル・パートナーは，欲する如何なるレベルにおいてもあるいは如何なる問題に関しても，対話をなしかつ協定を締結することができるのはいうまでもない．しかし，ソーシャル・パートナーの間にはたくさんの「接触」(contact)はあるがたくさんの「契約」(contract)は存しないといわなければならない．欧州レベルにおける協定は極めて少ないというのが事実なのである．そのうえ，協定は，EU の権能原則に従ってのみ公式的に採択され法的拘束力を得ることができるのである．右の原則によれば，閣僚理事会における特定多数決ないし全会一致が要求される．賃金に関する協定は，すでに前述したように，法的拘束力を与えられえないのである．

労使対話の過程に明らかな弱点が存するという事実は重要である．まず，欧州レベルのソーシャル・パートナー間の力関係はほとんど存在しない．実際，EU レベルにおいて，労働組合はいかなる「市場的な力」も有しないのである．労働組合は，協定が妥結されなければ，欧州委員会が立法を開始するという意味においてしか政治的影響力を有しないのである．したがって，ダモクレスの交渉とよばれるのである．しかし，この力さえ過去のものとなったように思われる．欧州委員会は，パートナーが合意できなければそれでおしまいであると指摘したからである．

**1102** さらに，EU の使用者団体と同様に労働組合も欧州レベルにおける交渉の実益について内部的に見解が分かれてきている．一例を挙げると，国内レベルで相当強力なスカンジナビア，ドイツその他の組合は ETUC に権限と手段を委譲することにますます消極的になっており，国内レベルで独自の交

エピローグ

渉を行っている．UNICE はテレワークの場合におけるように任意協定の締結を望んでいる．

ソーシャル・パートナーがグローバル経済に対処する能力を有さず，空虚に振り回されているのは事実である．

これらの要素，特に新たな情報経済，グローバル化および変容する労働力の性質は，ソーシャル・パートナーがその構成員，代表者性を失ないそうした形で欧州レベルにおける代表権を失う結果となっている[1]．労働者の過半数が EU レベルにおいて代表されていないというのが事実である．

これに付言すべきは，多くの労働組合が一貫した民主主義の欠陥を示しているということである．イギリスを除き，一般組合員が労働組合の指導者選出の投票をしない．自選の少数派が労働組合組織を支配する．その者達は自己の権力を第一に考え，組合員の利益は副次的にしか考えないのである．組合はもっと民主的な機関にならなければならないのである．

欧州議会の役割がとりわけ労使対話の適用される領域において強化されなければならないことは疑いない．その領域では，協約が指令によって拡張される．

(1) For the employers' associations, see R.Hornung-Draus, *'Between e-economy, Euro and enlargement. Where are employer organisations in Europe heading?'*, June 2001, www.iira2001.org.

**1103** このことに加えて，UEAPME の場合が示しているようなソーシャル・パートナーの概念の問題がある．現在，ETUC，UNICE および CEEP のみが交渉当事者集団を構成する「特定された」ソーシャル・パートナーと考えられている．これは正されるべきである．国内の代表として組織されたすべての国内組織が十分に関与すべきなのである．

欧州レベルで締結された労働協約は疑いのない職人芸であるが，欧州労使協議会，欧州会社および情報提供・協議に関する指令が十分に示しているように，経営上の決定に実質的影響がないことも事実なのである．特に，リストラクチュアリングの場合に労働者がいつ知らされるべきかという問題は未決なのである．

ここでもまた EU レベルにおける労使対話を強化するために改善されるべき多くの必要事項が存する．しかし，言われているように，政治的意志が欠けていて，市場の力がより多くの労働者の投入の方向に動かないのである．ソーシャル・パートナーは関与するが，「実際の決定」にはますます影響を与えなくなっているのである．

**1104** 要するに，EU は均等待遇，労働者の自由移動，安全衛生，リストラク

エピローグ

チュアリングのような数多くの重要な社会的問題に重要な貢献をなしてきたことは疑いないが，一般的にヨーロッパ・ソーシャル・モデルがあるとはいえないのである。最大の欠陥は次のものである。
―権能の欠如，および
―EU の社会的権能を増進する政治的意志の欠如という事実

　ヨーロッパ・ソーシャル・モデルの欠如の結果，欧州労働法制が存せず，各種の国内法制が存することになっている。欧州の労働法は主に国内的問題にとどまり，これからもそうであり続ける。

　これらの国内法制は著しく多岐にわたっている。もちろん，労働組合の自由，団体交渉の権利，均等待遇，児童労働の禁止あるいは強制労働の禁止というような加盟諸国に共通のいくつかの基本的な原則が存するが，これらは ILO 基準に包含されている普遍的価値である。

　異なった国内法制をコーポラティズムシステム対株主価値システムといったように識別することができる。一例として，イギリスおよびドイツのシステムは，相互に対極的なものであることは明らかである。加盟国間の違いは大きくなりつつある。

　全体的な結論は，欧州レベルでも国内レベルでも，ヨーロッパ・ソーシャル・モデルは存しないということである。

　ヨーロッパ・ソーシャル・モデルの存在を信じ，切望する人たちに対する答えは明らかである。より広い欧州の権能を追求し，より社会的な民主主義と欧州議会の関与，より多くの拘束力のある基本的社会権を追求し続けることである。

　道のりは長く，険しく，狭いように見える。奇跡が呼び求められる。時には夢が実現する。

## ヨーロッパ労働法の現代化 [訳注1]

　　　[訳注1]　以下は著者の第9版草稿の記述である。上の従来のエピローグとの関係は明らかではないが，現時点でのブランパン教授の EU 労働法全般に対する見解を示しているものとして，興味深い。

**1105**　最近，欧州委員会は，一方で経済のグローバル化とこれがもたらす厳しい経済的意思決定と，他方では労働市場の多様化の拡大への回答を作成するために，EU における労働法と労使関係を現代化する様々なイニシアティブをとってきている。
以下のイニシアティブを挙げれば十分であろう。

エピローグ

―企業の社会的責任(Corporate Social Responsibility)の欧州枠組みの提案，
―EUにおける労使関係と変化に関するハイレベル・グループの報告，
―社会的にインテリジェントなリストラクチュアリングに関する協議，
―労働の現代化に関するソーシャル・パートナーへの協議，
―EUレベルの紛争処理機構に関する協議，
―欧州変化監視センター(EMCC)の創設，
―欧州労使対話への新たな刺激(2002年6月)．

　これら様々なイニシアティブは，EUにおいて労働法が発展し監視されてきた手法に関する多くの重要な変化を証言している．指令のような古典的な手法を別にして，他の手法や過程が用いられている．
　同時に，ソーシャル・パートナーがより活発な役割を果たし，リスボン欧州理事会の決議に沿って，EUレベルの十全な自治を確立しようと試みている．
　「ハードな法」よりもボランタリズムへの傾向が顕著である．例は自明である．
　まず，欧州の雇用創出へのアプローチの指針と行動計画を通じた発展で用いられる，ピア・プレッシャーを伴う開かれた協調手法がある．この手法を社会保障のような他の社会政策分野でも用いようという提案がなされている．
　次に，ソーシャル・パートナーによるいわゆる任意協約の交渉と締結である．例は，テレワークに関する協約(2002年)と「職業能力と資格の生涯的開発のための枠組み行動」(2002年)である．法的拘束力なきテレワーク協約の実施が欧州ソーシャル・パートナーの各国の加盟組織に委ねられ，この行使を極めて任意のものにしていることを銘記することが極めて重要である．
　これは通常の立法過程が停止してしまったことを意味するわけではない．欧州会社における労働者関与に関する指令(2001年)やEUにおける被用者への情報提供と協議に関する一般指令(2002年)に見られるとおりである．ソーシャル・パートナーが合意に到達できなかった派遣労働に関しても，欧州委員会が指令案を提案した(2002年)．しかし，この指令案は，派遣労働者と利用者企業における比較可能な労働者との「均等」といったような極めて重要な問題に自らを限定し，他の要素は他のレベルや他のチャンネルに委ねている．
　EUにより公正な社会的な顔を与えようとするより多様な絵図が現れて来つつある．
　同時にすべての関係者がより社会的なやり方で振る舞うように説得しようとする，企業の社会的責任に関する大いなる努力がなされている．
　欧州委員会によれば，企業の社会的責任に関する多くの定義は，企業がそ

の事業運営に社会的および環境的関心を統合し，自発的にそのステークホルダーとの相互交渉を行う概念である．

「社会的に責任あるということは単に法的な期待を満たすだけでなく，法の遵守を超え，もっと人的資源に，環境に，そしてステークホルダーとの関係に投資することを意味する．環境的に責任ある技術への投資と事業実践の経験は，法的遵守を超えて進むことは企業の競争力に貢献しうるということを示唆する．訓練，労働条件，経営と被用者の関係のような社会的分野で基本的な法的義務を超えて進むことは，生産性に直接的な影響を与えうる．それは変化をマネージし，社会的発展と競争力の改善を両立させる道を開くものである．」

「しかしながら，企業の社会的責任は，社会的権利や環境基準に関する規則や立法の代替物と考えられてはならない．そのような規制が存在しない国では，社会的に責任ある実践が発展する基盤となる土俵づくりのために規制や立法の枠組みを設定することに努力がなされるべきである．」

企業の社会的責任への呼びかけは，疑いなく新たなものではなく，世界レベルの「グローバル・コンパクト」やOECDの多国籍企業指針のような手法に加わるものである．

しかし，このことは，統合されたアプローチが執られる必要を取り去るものではない．それによって，法的，自発的，促進的そして商業的なものであっても，社会的な厚生とすべてのステークホルダーの関与に至るすべての道が，弾力性と安定性の新たな均衡を確立するためにかかわり，必要な経済的決定が社会的に望ましい措置によって釣り合わされる社会に至ることになる．やってみよう．

## 付　録 [訳注1]

付録1：労働者の基本的社会権に関するEC憲章(1989年)
付録2：1998年11月12日のUNICEとUEAPMEの間の協力協定
付録3：EU基本権憲章(2000年12月7日)
付録4：欧州委員会，FIFAおよびUEFAの間の国際移籍に関するFIFAルールの原則(2001年2月)

　　[訳注1]　本訳書では内容は省略．

# 事項索引

〔あ〕

ILO……………………………………51
アムステルダム条約……………………157
EEA……………………………………59
ECレベルの労働協約 ………………123
ETUC……………………………………73,571
育児休業………………………………131,478
一層制…………………………………593,606
一般労使協議指令……………………220,651
医療職の労働時間………………………450
請　負……………………………………300
エッセン欧州理事会……………………155
エンプロイアビリティ………………162,184
欧州委員会………………………………29,112
欧州会社法……………………………217,596
欧州議会…………………………………25
欧州経済地域……………………………59
欧州産業経営者連盟……………………63
欧州司法裁判所…………………………32
欧州社会基金……………………………35,108
欧州社会政策グリーンペーパー………148
欧州社会政策に関する白書……………153
欧州商工・中小企業協会………………71,135
欧州職業訓練発展センター……………36
欧州生活・労働条件改善財団…………37
欧州独立労働組合連合…………………90
欧州労使関係センター…………………43
欧州労使協議会…………………………618
欧州労働健康安全機構…………………39
欧州労連…………………………………73
公の秩序・公共の安全および公衆衛生…279

〔か〕

海外勤務被用者…………………………336
解　雇……………………………………442,502
会社の合併・分割………………………542
閣僚理事会………………………………27
活力ある高齢化…………………………185
間接差別…………………………356,363,370,430
起業家精神………………………………162,187
企業譲渡…………………………………510
規　則……………………………………45
既得権……………………………………482,533
基本権憲章………………………………94,211
基本的社会権に関するＥＣ憲章………144
休息期間…………………………………351,452
共同決定手続……………………………49
居　住……………………………………237
挙証責任…………………………………360,430
均等待遇（一般）………………………355
均等待遇（自由移動に関する）………242
グループ内異動…………………………300
経済社会評議会…………………………34
決　定……………………………………47
健康診断…………………………311,453,466,467
研修医の労働時間………………………457
公共職業安定所の独占…………………338
公的部門の雇用…………………………277
国際労働機関……………………………51
国際労働私法……………………………293
個人情報…………………………………96
雇用委員会………………………………38
雇用勧告…………………………………167
雇用契約（情報提供）…………………333
雇用指針…………………………………181
雇用常任委員会…………………………37
雇用政策…………………………………106
雇用のための信頼パクト………………156
コレペール………………………………50

671

事項索引

〔さ〕

裁判管轄権 …………………………293
差　別…………95, 187, 206, 210, 356, 363
産前産後休暇 ……………………416, 442
CESI …………………………………90
自営運転手 …………………………470
時間外労働 …………………………335
事業所 …………………………14, 504
仕事の質 ……………………………199
児童労働 ……………………………347
支配企業 ……………………………624
社会行動計画 ………………………192
社会政策アジェンダ ………………194
社会政策協定 ………………………148
社会的経済 …………………………188
社会的統合 …………………………204
社会的排除 …………………………204
社会的便益 …………………………250
社会保護委員会 ………………………43
社会保護の現代化 …………………203
就業率 ………………………………182
集団整理解雇 ………………………502
出国権 ………………………………234
主流化 ………………………………190
生涯学習 ………………………185, 190
障碍者に対する合理的な便宜 ……358
使用者団体 ……………………………63
情報提供・協議…494, 506, 541, 589, 611, 625
職域年金 ………………………379, 401
職業訓練 ………………………110, 286
職業資格 ……………………………289
職業紹介サービス …………………285
職業紹介所 …………………………338
職業的要件 ……………………357, 364
職務評価制度 ………………………394
指　令 …………………………………45
人種的または民族的出身 …………362

成長, 競争力および雇用に関する白書…151
性的志向 ……………………………367
セクシュアル・ハラスメント………369, 418
積極的差別 …………………………385
船員の労働時間 ……………………462
全会一致 ………………………103, 216
ソーシャル・パートナー ………63, 112, 557

〔た〕

第二次法源……………………………45
タイムオフ …………………………482
男女機会均等 ……………164, 190, 205
男女均等待遇 ………………………366
地域間労働組合評議会………………74
地域評議会 …………………………40
知識基盤経済 …………………194, 202
父親出産休暇 ………………………385
中東欧諸国 …………………………60
直接的効果 …………………………439
適応能力 ………………………163, 189
出来高払い賃金制度 ………………393
適用法 ………………………………298
テレワーク ……………133, 327, 565
テンポラリー労働 …………………308
同一(価値)労働同一賃金 …………391
倒　産 …………………………527, 543
道路運送 ……………………………470
ドールン・グループ ………………572
特定多数決 ……………………99, 216
特別交渉機関 …………………606, 629

〔な〕

ニース条約 …………………………211
二層制 …………………………592, 606
日曜休日 ……………………………474
入　国 ………………………………235
妊娠・出産 ……………………423, 441
年少者 ………………………………344

年齢に基づく待遇の相違 …………………358
パートタイム労働 ……………132,312,370
派遣労働 …………………………309,319
ハラスメント …………356,363,369,418
非差別原則 ………………313,317,324
非政府組織 ………………………361,429
フレデリング指令案 ……………………589
保　育 ………………………………343,416
補完性………………………………22,480
ポジティブ・アクション……………359,364
募集採用と紹介 …………………………338

〔ま〕

民間航空 ……………………………………466
民間紹介所 ………………………………338

〔や〕

夜間労働 ……………………351,453,476
UEAPME ………………………………71,135
有期雇用契約 …………132,309,315,442

UNICE ……………………………………63
より少数の性 ……………………………385

〔ら〕

濫用防止 …………………………………317
リストラクチュアリング …………502,552
リスボン首脳会議 ………………………194
ルクセンブルク欧州雇用首脳会議 ……161
労使対話 ……………123,207,360,429,557
労働協約 …128,312,315,327,478,574,632
労働組合………………………………………73
労働時間 ………………………350,445,488
労働者（の概念）…………………………259
労働者参加 ………………494,591,613
労働者代表 ………………495,506,540
労働者の海外派遣 ………………………299
労働者の家族 ……………………255,275
労働者の関与 …………………………606
労働者の自由移動 ………………………231
労働組織の現代化 ………………………189

〈著者紹介〉
ロジェ・ブランパン
ベルギー・ルーヴァン大学名誉教授，オランダ・ブラバント大学名誉教授

〈翻訳者紹介〉
小 宮 文 人　　（こみや・ふみと）・北海学園大学法学部教授
濱 口 桂一郎　　（はまぐち・けいいちろう）・衆議院厚生労働調査室次席調査員
山 田 省 三　　（やまだ・しょうぞう）・中央大学法学部教授
有 田 謙 司　　（ありた・けんじ）・山口大学経済学部経済法学科教授
家 田 愛 子　　（いえだ・あいこ）・札幌学院大学法学部助教授


ヨーロッパ労働法
2003（平成15）年4月15日　初版第1刷発行

著　者　ロジェ・ブランパン
監訳者　小 宮 文 人
　　　　濱 口 桂一郎
発行者　今 井　　 貴
　　　　渡 辺 左 近
発行所　信山社出版
〒113-0033　東京都文京区本郷6-2-9-102東大正門前
TEL 03 (3818) 1019
FAX 03 (3818) 0344

Printed in Japan

©小宮文人，濱口桂一郎　2003．印刷・製本／東洋印刷・大三製本

ISBN4-7972-2250-6 C3332